LES ENTRETIENS
DE NUREMBERG

LES ENTRETIENS DE NUREMBERG

conduits par Leon Goldensohn

Introduction et notes de Robert Gellately

Traduit de l'anglais
par Pierre-Emmanuel Dauzat

Ouvrage traduit
avec le concours du Centre national du livre

FLAMMARION

De Robert Gellately, en français

Avec Hitler. Les Allemands et leur Führer, trad. P.-E. Dauzat, Paris, Flammarion, 2003.

The Nuremberg Interviews was originally published in English in 2004.
This translation is published by arrangement with Alfred A. Knopf.
Titre original : *The Nuremberg Interviews*.

ISBN : 2-0821-0441-9

Sommaire

PREMIÈRE PARTIE

ACCUSÉS

DEUXIÈME PARTIE

TÉMOINS

Introduction

Nuremberg : des voix surgies du passé

Lorsque les États-Unis entrèrent dans la Seconde Guerre mondiale, Leon M. Goldensohn, de nationalité américaine, était psychiatre. En 1943, il rejoignit l'armée de terre et fut bientôt affecté sur le théâtre européen, où il participa aux batailles qui se déroulèrent en France et en Allemagne. Peu de temps après la fin de la guerre, il devint psychiatre à la prison de Nuremberg, la ville où se déroulèrent les premiers procès des grands criminels de guerre nazis. Goldensohn arriva à Nuremberg au début de janvier 1946, six semaines environ après le début des procès, et il y resta jusqu'à la fin du mois de juillet de cette même année. En tant que psychiatre qualifié, il fut chargé de veiller sur la santé mentale de près de deux douzaines de dirigeants allemands qui avaient survécu à la guerre et qui se battaient maintenant pour sauver leur peau devant le Tribunal militaire international. Médecin, il était conduit à voir les détenus quasiment tous les jours et notait soigneusement dans ses dossiers tous leurs problèmes physiques. Au fil des sept mois passés à la prison de Nuremberg, il s'entretint régulièrement avec nombre des vingt et un détenus qui s'y trouvaient à son arrivée et eut avec la plupart d'entre eux des entretiens officiels et fouillés. Il interrogea en outre bon nombre de témoins de la défense et de l'accusation, dont certains qui avaient été également des dignitaires nazis de poids.

Ce livre réunit pour la première fois un large choix des entretiens que Leon Goldensohn a conduits lors de son passage à Nuremberg. Ils représentent un ajout important aux archives des procès et du IIIe Reich. Ils sont uniques en ce qu'il s'agit d'entretiens systématiques menés par un psychiatre qualifié, et ils apportent un témoignage inédit sur la mentalité et les mobiles des grands criminels nazis.

Le contexte des procès de Nuremberg

Alors que les procès de Nuremberg furent l'aboutissement d'une multitude de préoccupations politiques et judiciaires, beaucoup aujourd'hui y voient un jalon dans l'histoire du droit international. Ils n'étaient cependant en aucune façon inévitables et auraient fort bien pu ne jamais se tenir. Au cours de la guerre, à mesure que les dirigeants alliés prirent la mesure de l'ampleur des atrocités nazies, le président américain, Franklin D. Roosevelt, le Premier ministre britannique, Winston S. Churchill, et le secrétaire général du PCUS, Joseph Staline, estimèrent tous, à un moment ou à un autre, qu'une exécution sommaire serait la réponse la plus appropriée aux crimes nazis.

Il semble que Viatcheslav Molotov, ministre soviétique des Affaires étrangères, ait été le premier à suggérer l'idée de procès dès le 14 octobre 1942. À cette date, il écrivit à divers gouvernements est-européens en exil à Londres pour leur faire part de l'inclination de Moscou à traduire les plus hauts dirigeants du « criminel gouvernement hitlérien » devant un « tribunal international spécial [1] ». Moscou était évidemment contrarié que la Grande-Bretagne ne fût pas disposée à juger Rudolf Hess, le bras droit de Hitler, qui s'était envolé vers l'Écosse en mai 1941, et les Soviétiques redoutaient que leurs alliés ne pussent même conclure une sorte de marché avec l'Allemagne. Pour leur part, les Alliés occidentaux pensèrent assez peu aux procès de l'après-guerre, mais continuèrent de pencher vers une forme d'exécution sommaire. Dans l'immédiat, leur priorité était de gagner la guerre.

Le 1er novembre 1943, néanmoins, avec la « déclaration de Moscou », les trois Alliés publièrent un communiqué commun sur le sort qu'ils réserveraient aux criminels de guerre. Le texte énonçait divers principes généraux. Par exemple, la déclaration précisait que les auteurs de crimes seraient remis aux autorités des localités où ceux-ci avaient eu lieu et seraient « jugés sur-le-champ ». Le procès et le châtiment se conformeraient aux lois du pays de chaque localité. Un traitement différent serait cependant réservé aux grands cri-

1. Cité dans l'excellente étude d'Arieh J. Kochavi, *Prelude to Nuremberg : Allied War Crimes Policy and the Question of Punishment*, Chapell Hill, 1998, p. 36. Voir aussi Richard Overy, *Interrogations : The Nazi Elite in Allied Hands, 1945*, New York, 2001, p. 8-9.

minels de guerre, dont on estimait que les crimes ne se limitaient pas à une aire géographique particulière. La déclaration de Moscou laissa précisément en suspens le sort qui serait réservé à ces hommes et omit de dire s'il y aurait jugement ou exécution sommaire [1].

Les vues de Churchill lui-même étaient loin d'être bienveillantes. Ainsi qu'il le déclara le 10 novembre 1943 derrière les portes closes d'une réunion de son gouvernement, juste avant la conférence de Téhéran, il estimait judicieux de dresser une courte liste de criminels de guerre spécifiques. Il était enclin à penser que promettre à ce groupe un traitement expéditif était de nature à hâter la fin de la guerre dans la mesure où les individus désignés deviendraient des personnages isolés au sein de leur propre pays. S'ils suivaient cette stratégie, les Alliés devaient éviter les complications des procédures légales, et Churchill lui-même était partisan de dresser une liste d'environ cinquante à cent dirigeants nazis. Une fois la liste épluchée par quelque commission internationale de juristes, ces hommes seraient déclarés « hors-la-loi » et deviendraient ainsi une cible légitime pour quiconque aurait envie de les tuer. S'il devait y avoir un procès des grands criminels de guerre, sa mission, dans l'esprit de Churchill, serait de vérifier l'identité de ces « hors-la-loi [2] ».

L'un des échanges les plus remarquables sur la question des exécutions sommaires eut lieu au cours de la conférence de Téhéran (28 novembre-1er décembre 1943) lors d'une rencontre entre Roosevelt, Churchill et Staline. Au cours du dîner, le 29 novembre, Staline suggéra au passage que si, à la fin de la guerre, on raflait et liquidait quelque cinquante mille chefs des forces armées allemandes, c'en serait fini une fois pour toutes de la puissance militaire de l'Allemagne [3]. Churchill fut interloqué par l'ampleur des liquidations envisagées par Staline. Il répondit simplement que le parlement et l'opinion publique britanniques n'accepteraient jamais de telles exécutions massives. Mais Roosevelt répondit plus chaleureusement à Staline et, voyant Churchill contrarié (tel était du moins le souvenir de ce dernier), le président américain ajouta que les Alliés

1. Ce document, avec beaucoup d'autres, est reproduit dans l'ouvrage très utile de Michael R. Marrus, *The Nuremberg Trial 1945-1946. A Documentary History*, Boston, 1997, p. 20-22.

2. Kochavi, *Prelude to Nuremberg*, p. 73-74.

3. Winston S. Churchill, *The Second World War. Vol. V : Closing the Ring*, Cambridge, Mass., 1951, p. 373-374 ; en français : W. Churchill, *La Deuxième Guerre mondiale. 10. L'étau se referme. De Téhéran à Rome, 1943-1944*, Paris, Cercle du Bibliophile, 1951.

devraient en exécuter non pas cinquante mille, mais « juste quarante-neuf mille ». Présent à cette occasion, le fils du président, Elliott Roosevelt, fit chorus en se disant sûr que l'armée des États-Unis « l'approuverait [1] ».

La dérive de cette conversation inquiéta si bien Churchill qu'il quitta la salle, mais un Staline jovial lui courut après et protesta que, bien entendu, ce n'était qu'une plaisanterie. Si nous examinons ce que l'on sait des discussions ultérieures, cependant, et considérons que Staline avait déjà entrepris la liquidation par milliers des siens, y compris de nombreux officiers soviétiques, on a des raisons de penser que, Churchill y eût-il consenti ce soir-là, une décision importante aurait sans doute été prise. Se serait-elle traduite par des exécutions en nombre ? La question reste ouverte à la spéculation et au débat. De toute évidence, Churchill n'était pas convaincu que, ce soir-là à Téhéran, Staline et Roosevelt avaient simplement voulu le faire marcher. Et s'il se laissa convaincre par Staline de revenir à table, il n'était pas « totalement persuadé que tout cela n'était que blague et ne dissimulait pas une intention sérieuse [2] ».

Au sein du gouvernement américain, les avis étaient très partagés sur l'attitude à adopter face aux crimes de guerre nazis. L'une des voix les plus fortes qui se soient élevées en faveur des exécutions, de préférence à un procès, sous une forme ou sous une autre, fut celle du secrétaire au Trésor, Henry Morgenthau Jr, qui, le 5 septembre 1944, proposa un plan qui aurait définitivement mutilé l'Allemagne. Dans ce cadre, il souhaitait l'exécution sommaire des dirigeants nazis, et sur une échelle qui semblait plus proche de la solution évoquée par Staline à Téhéran que de celle, plus « modeste », à laquelle songeait Churchill. Par chance, le secrétaire à la Guerre, Henry L. Stimson, incarna la voix de la raison du côté américain.

Âgé de soixante-six ans, Stimson n'acceptait pas l'idée qu'il faudrait désindustrialiser ou détruire l'économie de l'Allemagne, prétendument pour sauver le monde d'une nouvelle guerre, et il était aussi totalement opposé à l'approche des criminels de guerre défendue par Morgenthau. Il insista au contraire sur la nécessité de respecter les règles de procédure, qui devaient incarner les « aspects rudimentaires du Bill of Rights ». Dans un mémorandum du 9 septembre 1944, il observa sagement que la question n'était pas de se montrer sévère ou clément avec l'Allemagne, mais d'adopter

1. D'après Elliott Roosevelt, FDR avait donné le chiffre de 49 500 ce soir-là ; cité in Michael Beschloss, *The Conquerors : Roosevelt, Truman and the Destruction of Hitler's Germany 1941-1945*, New York, 2002, p. 27.

2. Churchill, *The Second World War. Vol. V : Closing the Ring*, p. 374.

une méthode appropriée pour faire un sort aux criminels nazis. Cette approche devait être le produit d'une « réflexion approfondie et d'une procédure bien définie ». Pour lui, les États-Unis devaient participer à une sorte de tribunal international, lequel accuserait les principaux dignitaires nazis de crimes contre « le droit de la guerre [*the laws of the Rules of War*], en ce qu'ils avaient commis des cruautés gratuites et inutiles en relation avec la poursuite de la guerre ». Défendues par la Cour suprême des États-Unis, ces mêmes règles devaient être la « base de l'action judiciaire contre les nazis [1] ».

À la plus grande consternation de Stimson, Roosevelt n'en continua pas moins de prendre le parti de Morgenthau, dont il était aussi un ami personnel, et d'approuver le principe d'exécutions sommaires, sans procès, par l'armée. De fait, à la suite de la conférence de Québec (11-24 août 1944), Roosevelt et Churchill affirmèrent dans un communiqué qu'un processus judiciaire n'était pas de mise pour des « grands criminels tels que Hitler, Himmler, Göring et Goebbels » : « En dehors des redoutables difficultés auxquelles on se heurterait pour constituer la cour, formuler l'accusation et réunir les preuves, la question du sort [des dirigeants nazis] est d'ordre politique, non pas judiciaire. On ne saurait abandonner à des juges, si éminents ou avertis soient-ils, le soin de trancher en dernière instance une affaire comme celle-ci, qui ressortit à la politique publique la plus large et la plus vitale. Cette décision doit être "la décision conjointe des gouvernements alliés". Tel était le sens de la déclaration de Moscou [2]. »

Roosevelt et Churchill en arrivèrent à la conclusion que, somme toute, mieux valait exécuter certains dirigeants nazis sans aucun procès. Et c'est un point de vue que Staline semblait lui aussi partager. Churchill fut donc un peu surpris d'apprendre, lors d'une visite à Moscou, en octobre 1944, qu'il avait manifestement changé d'avis. Lui-même et d'autres dirigeants soviétiques étaient maintenant partisans d'un procès dans l'esprit d'un tribunal international tel que l'avait initialement suggéré Molotov. Il est aussi possible que, ayant compris que Churchill n'approuverait jamais la liquidation par dizaines de milliers des membres de l'élite allemande, Staline se soit rangé à l'idée d'organiser un procès des grands criminels de guerre, dont on pourrait se servir à des fins de propagande. Peut-

1. On trouvera des extraits des memoranda de Morgenthau et de Stimson in Marrus, *The Nuremberg Trial*, p. 24-27.
2. Cité intégralement in Kochavi, *Prelude to Nuremberg*, p. 88.

être pensait-il aussi qu'en prônant des procès, il pourrait redorer son image ternie en Occident [1].

En attendant, les Soviétiques prenaient de leur côté des mesures pour régler leurs comptes avec les envahisseurs. Libérant leur terre du joug nazi au cours de l'été 1943, ils se mirent à organiser leurs propres procès, y compris en vue de juger leurs ressortissants, pour participation à des crimes de guerre nazis. Dans le premier procès de ce genre (14-17 juillet 1943), à Krasnodar, ils révélèrent au monde l'un des premiers cas de massacre collectif des Juifs. Il y eut huit condamnations à mort, exécutées sur la place de la ville devant une foule estimée à trente mille personnes [2]. En août-septembre, suivirent des procès de moindre importance, mais les 15-18 décembre, à Kharkov, se déroula, avec un résultat similaire, un autre grand procès public. L'événement fut largement couvert par les actualités cinématographiques ainsi que par la radio et la presse écrite. Certains observateurs occidentaux pensèrent, à juste raison, aux procès spectacles qui avaient été un trait saillant de la Grande Terreur soviétique à la fin des années 1930. Les Soviétiques profitèrent de ces premiers procès de sympathisants nazis pour en appeler à l'opinion mondiale aussi bien que pour renforcer le moral des troupes. Dans la pratique, les Soviétiques se mirent donc à donner la préférence à une certaine forme de procès plutôt qu'aux exécutions sommaires. Leur intention était naturellement d'exploiter le format d'un procès pour démontrer la culpabilité des accusés.

Ces procès spectacles soviétiques qui se tenaient juste derrière les lignes ne manquèrent pas de préoccuper les gouvernements américains et britanniques. Ils craignaient en particulier que ces procédures ne déclenchent des représailles de la part des nazis et ne se soldent par l'exécution de prisonniers de guerre américains et britanniques détenus en Allemagne. De fait, Hitler était fou de rage ; en guise de réponse, il ordonna à son tour l'organisation de grands procès, non pas de prisonniers de guerre soviétiques, mais de ce qu'il appelait les « criminels de guerre anglo-américains » et surtout des « bombardiers anglo-saxons qui sèment la terreur » [3]. Les ordres de Hitler eurent bel et bien des suites immédiates mais au bout du compte, comme nombre de ses ordres les plus destructeurs donnés à la fin de la guerre, ils ne devaient aboutir à rien.

1. *Ibid.*, p. 91.

2. *Ibid.*, p. 65.

3. Voir Gerd R. Ueberschär, « Die sowjetischen Prozesse gegen deutsche Kriegsgefangene 1943-1952 », in Ueberschär, éd., *Der Nationalsozialismus vor Gericht : Die alliierten Prozesse gegen Kriegsverbrecher und Soldaten 1943-1952*, Francfort, 2000, p. 245.

Aiguillonné par Stimson, le gouvernement américain se rangea progressivement à l'idée que des procédures judiciaires étaient préférables à des exécutions sommaires. Stimson ne pouvait se contenter d'exprimer son opposition à Morgenthau, qui paraissait avoir le soutien du président Roosevelt : il lui fallait avancer une solution de rechange. En septembre 1944, il confia le soin d'étudier un plan de ce genre à son secrétaire adjoint, John J. McCloy, qui le transmit par la voie hiérarchique à ses subordonnés. C'est finalement le colonel Murray C. Bernays qui produisit ce qui devait être un document clé dans l'évolution de la politique américaine.

Dans le civil, Bernays était avocat. Il rédigea un document sur ce qu'il appelait le « procès des criminels de guerre européens », plaidant avec force pour le respect des procédures. Il fit valoir qu'un procès aurait d'énormes avantages sur une condamnation politique pure et simple – comme à l'issue de la guerre précédente. Il ajouta que l'on pouvait et devait accuser les nazis de conspiration en vue de commettre un crime. De surcroît, il était possible de mettre en accusation certaines organisations (telles que le parti nazi, la Gestapo et les SS), et pas simplement une poignée de dirigeants à titre individuel. Ces organisations seraient également accusées d'avoir trempé dans un complot criminel. Il ne serait pas nécessaire d'accuser chacun de leurs membres, mais uniquement des « individus représentatifs ». Une fois l'organisation jugée et condamnée, chaque membre pourrait être jugé en tant que complice d'un crime et avoir droit à un procès sommaire organisé par les Alliés. Il importe cependant de noter que, contrairement à ce que dirent certains accusés lors de leurs entretiens avec Leon Goldensohn, l'article 10 de ce qui devint le statut du Tribunal militaire international ne déclara pas purement et simplement que certaines organisations nazies étaient criminelles. C'est au tribunal que fut laissé le soin d'en décider. De surcroît, tout membre ne devenait pas *ipso facto* un criminel après que le tribunal avait jugé ces organisations criminelles. Chacun avait droit à un procès [1].

La position politique et judiciaire de l'administration américaine en faveur des procès, en même temps que son approche de la conspiration et des organisations, reçut le soutien du secrétaire d'État Cordell Hull, du secrétaire à la Marine James Forrestal et de Stimson. Le 11 novembre 1944, ils adressèrent un mémorandum au

1. La position américaine sur la criminalité des organisations nazies fut présentée au tribunal le 28 février 1946 et publiée ensuite séparément. Voir Robert H. Jackson, *The Nürnberg Case*, New York, 1947, p. 95-119.

président Roosevelt dans l'idée de lui fournir des lignes directrices en vue de la prochaine conférence de Yalta [1].

Roosevelt fut cependant étonnamment lent à changer d'avis. À Yalta (7-12 février 1945), semble-t-il, il ne dit mot du changement de position de son administration. Churchill et lui paraissaient encore préférer des exécutions sommaires, mais aucune décision n'avait été prise.

C'est peut-être Staline et les Soviétiques qui, en fin de compte, firent le plus pour persuader les autres alliés que la voie était une « procédure judiciaire » sous une forme ou sous une autre [2]. Stimson et d'autres essayèrent sans relâche de faire évoluer le président dans cette direction. Ils continuèrent d'insister sur la nécessité d'éviter l'impression que les Alliés voulaient se venger. Entré en fonctions après la mort soudaine de Roosevelt, le 12 avril 1945, le nouveau président Harry S. Truman se rangea à leur point de vue [3].

Truman se ralliant à l'idée de procès, conformément à la suggestion avancée à la fin de 1944 et au début de 1945 par Stimson, Hull et d'autres hauts responsables gouvernementaux, les demandes d'exécution sommaire restèrent lettre morte [4]. Au fil de plusieurs réunions interalliées, en 1945, les Américains réussirent également à venir à bout des réticences britanniques. Le 3 mai, à San Francisco, les Alliés occidentaux et l'Union soviétique, ainsi que la France libérée depuis peu, approuvèrent tous le principe de poursuites judiciaires. Le 8 août, après encore des mois de négociations, ils élaborèrent finalement une charte pour les procès. Ils établirent minutieusement comment serait constituée la cour et les droits qu'auraient les accusés. Dans le même temps, ils définirent et approuvèrent les quatre chefs d'inculpation : conspiration criminelle, crimes contre la paix, crimes de guerre et crimes contre l'humanité [5].

Après même que les Alliés eurent accepté le principe des procès, il leur fallut encore surmonter les derniers obstacles à leur tenue. La

1. Voir Bradley F. Smith, *Reaching Judgment at Nuremberg*, New York, 1977, p. 27.

2. Overy, *Interrogations*, p. 8.

3. Beschloss, *The Conquerors*, p. 246.

4. Pour le projet de mémorandum de Cordell Hull, Henry Stimson et James Forestall (11 novembre 1944), ainsi que le mémorandum de Henry Stimson, du nouveau secrétaire d'État Edward R. Stettinius Jr et du ministre de la Justice Francis Biddle (22 janvier 1945), voir Marrus, *The Nuremberg Trial*, p. 28-32.

5. On trouvera le texte de l'accord et du statut (ou « charte ») in *Nazi Conspiracy and Agression*, Washington, 1946, vol. 1, p. 1-12. [pour une version française, voir l'ouvrage de Telford Taylor, cité *infra* (cf. note 1, p. 16), annexe A, p. 659-667. *N.d.T.*]

difficulté venait en partie de ce que les puissances anglo-américaines, libérales et démocratiques, et l'Union soviétique avaient de ces procès des conceptions très différentes. Les Soviétiques avaient enduré d'extrêmes souffrances entre les mains des envahisseurs allemands. Même en s'en tenant à des estimations prudentes et très fiables, la guerre germano-soviétique s'était soldée par vingt-cinq millions de morts, pour la plupart des civils, en URSS [1]. Pour les dirigeants soviétiques, les procès devaient ressembler davantage aux grands procès spectacles et seraient faits pour donner la « mesure de la culpabilité » de chacun des accusés, après quoi chacun recevrait le « châtiment nécessaire [2] ». Pour les États-Unis et la Grande-Bretagne, cependant, et sitôt acceptée l'idée d'un procès, il s'ensuivait nécessairement, tout au moins en théorie, que les accusés avaient dans une certaine mesure le droit de se défendre. Devait aussi prévaloir le principe de la présomption d'innocence tant que la culpabilité n'avait pas été démontrée, tandis qu'il fallait également envisager la possibilité qu'une partie, sinon la totalité, des accusés fussent remis en liberté ou, tout au moins, reconnus non coupables sur certains chefs d'accusation.

Il fut aussi difficile aux Alliés de trouver un accord sur la forme et les procédures des procès tant sont différentes les traditions juridiques anglo-américaines et continentales. Les États-Unis et la Grande-Bretagne ont un système de débat contradictoire [*adversarial*], où sont jugées des affaires relativement ouvertes : les preuves sont produites devant la cour, et les témoins, parfois aussi les accusés, sont soumis à des contre-interrogatoires sous serment par les avocats de la défense et de l'accusation, qui se font face et s'affrontent devant la cour. Sur le continent européen, en revanche, le système est plus « inquisitorial » ; le travail d'investigation est l'œuvre d'un magistrat, qui constitue un dossier fondé sur les preuves accumulées. Si une accusation se révèle justifiée, des copies du dossier sont transmises à la cour et à l'accusé. Au cours du procès, il appartient aux juges de décider d'entendre ou non de nouveaux témoignages. Ce sont eux qui questionnent les témoins, mais ils ne procèdent que rarement à un contre-interrogatoire des accusés, qui peuvent ou non faire une déclaration à la fin du procès. En 1945, au cours d'une des dernières réunions d'avant Nuremberg, le juge soviétique – dont la participation aux tristement célèbres

1. Voir l'utile récit de R. Overy, en particulier le tableau 3, qui indique les diverses estimations du nombre de morts ; in Richard Overy, *Russia's War*, Londres, 1997.

2. Le major général Iona T. Nikitchenko, cité in Overy, *Interrogations*, p. 18.

grands procès des années 1930, à Moscou, était bien connue en Occident – demanda avec une certaine consternation : « Qu'entend-on en anglais par "contre-interrogatoire" [1] ? »

Les Américains et les Britanniques eurent gain de cause sur la façon dont se dérouleraient les procès. Ils trouvèrent, comme on dit, un intelligent compromis avec les Soviétiques et les Français, mais, bien entendu, les accusés n'eurent jamais voix au chapitre au cours des discussions précédant les procès. Ils furent aussi privés de nombre des droits les plus importants consacrés par la Constitution américaine. Par exemple, les accusés ne pouvaient invoquer le cinquième amendement, qui leur aurait permis de refuser de répondre à une question sous prétexte que le faire serait de nature à les incriminer. La cour pouvait interroger les accusés – ce qu'elle fit –, l'un après l'autre, et ceux-ci ne pouvaient refuser de témoigner.

Les accusations

Quatre chefs d'accusation furent retenus contre les accusés de Nuremberg, les deux premiers se révélant une source de controverses particulières pour les spécialistes du droit international.

Suivant le premier, les accusés avaient « participé, en tant que dirigeants, organisateurs, instigateurs ou complices, à la formulation ou à l'exécution d'un plan commun ou d'une conspiration visant à commettre, ou impliquant la commission, de crimes contre la paix, de crimes de guerre et de crimes contre l'humanité tels qu'ils étaient définis dans le Statut [2] ».

En rapport avec le premier, le deuxième chef d'accusation visait les accusés et divers autres qui, au fil de longues années, avaient « participé à la planification, à la préparation, au lancement et à la conduite de guerres d'agression, qui étaient aussi des guerres en violation des traités, des accords et des assurances internationaux ». Ce chef d'accusation leur reprochait ce qu'on allait appeler des « crimes contre la paix » et devait manifestement inclure des actes d'agression comme l'invasion allemande de la Pologne le 1er septembre 1939, alors même que l'acte de guerre était clairement

1. Voir Telford Taylor, *The Anatomy of the Nuremberg Trials : A Personal Memoir*, Boston, 1992, p. 64 ; *Procureur à Nuremberg*, trad. fr. M.-Fr. de Paloméra, Paris, Seuil, 1995, p. 79. Taylor fit partie de l'équipe de juristes chargés de l'accusation aux procès.

2. On trouvera l'intégralité de l'acte d'accusation et de nombreux autres documents importants in *Nazi Conspiracy and Agression*, Washington, 1946 ; ici vol. 1, p. 15.

le fruit d'une conspiration conjointe avec l'Union soviétique, qui fut passée sous silence. Or, le pacte germano-soviétique de non-agression du 23 août 1939 non seulement ouvrit la porte à la guerre, mais contenait aussi des clauses secrètes sur la division de la Pologne, que l'Union soviétique envahit également par l'est alors que l'Allemagne le faisait par l'ouest.

Ces premiers chefs d'accusation exposèrent donc le tribunal à la controverse, notamment pour avoir omis d'accuser l'Union soviétique de ces « crimes contre la paix » – ce qui eût été politiquement fâcheux à l'époque. La présence de Soviétiques comme juges et procureurs à Nuremberg devait affecter l'apparence même de la justice rendue. Au total, sans doute eût-il mieux valu ne pas retenir les deux premiers chefs, mais se focaliser plutôt sur les crimes de guerre et les crimes contre l'humanité.

Suivant le troisième chef, les accusés s'étaient rendus coupables « d'un plan concerté ou d'un complot pour commettre des crimes de guerre ». L'exécution de ce plan, indiquait le texte, impliquait la mise en œuvre d'une « guerre totale », qui excédait les « lois et usages de la guerre ». Plus particulièrement, ce chef d'accusation se référait à des crimes tels que les massacres ou les mauvais traitements infligés à des populations civiles, la déportation et l'utilisation d'une main-d'œuvre servile, le meurtre et le mauvais traitement de prisonniers de guerre, l'exécution d'otages, ainsi que le pillage et la destruction gratuite d'agglomérations, de villes et de villages.

Le quatrième chef d'accusation traitait des « crimes contre l'humanité », lesquels comprenaient « le meurtre, l'extermination, l'asservissement, la déportation et d'autres actes inhumains commis contre des populations civiles avant et durant la guerre ». Il insistait aussi sur la « persécution pour des raisons politiques, raciales et religieuses dans l'exécution du plan concerté mentionné dans le premier chef d'accusation, ou en relation avec ce plan ».

Aucun des accusés traduit devant le Tribunal militaire international ne le fut sous le chef spécifique de la persécution ou de l'extermination des Juifs. Des mots comme « génocide » ou « Holocauste » n'entrèrent que plus tard dans l'usage courant. Le « génocide », vocable forgé en 1944 par le juriste polonais Raphael Lemkin, fut qualifié de crime par une convention spéciale des Nations unies de 1948 [1]. Le mot « Holocauste » existait déjà, certai-

1. Pour une excellente étude du concept de « génocide » et, en particulier, du rôle de Raphael Lemkin, qui inventa le mot et travailla aussi sans relâche à le faire adopter par les Nations unies en 1945, voir Samantha Power, *A Problem from Hell : America and the Age of Genocide*, New York, 2002, p. 1-60.

nement avant 1939, mais ne fut pas employé au cours des procès [1]. Toutefois, les atrocités sans précédent perpétrées contre les Juifs à travers l'Europe furent mentionnées en passant dans le cadre du troisième chef d'accusation et, de manière plus systématique, du quatrième, précisant que le « meurtre collectif » des Juifs impliquait des « millions de personnes ».

Ces quatre chefs portaient des accusations graves, toutes plus ou moins sans précédent dans le droit international. Les deux premiers étaient tout particulièrement problématiques, et sans eux – et sans les efforts continus et malencontreux pour rattacher tous les crimes à une conspiration mondiale –, les procès auraient pu être plus fructueux aux futures poursuites pour crimes de guerre et crimes contre l'humanité. Soucieuse d'obtenir gain de cause sur ces quatre chefs, cependant, et surtout sur le premier – la conspiration à long terme –, l'accusation exagéra l'intentionnalité et la cohérence des plans et des choix politiques nazis. Les États-Unis accueillirent avec un enthousiasme tout particulier l'accusation de conjuration, qui n'était pas étrangère au droit américain, même s'il en avait été fait jusque-là un usage beaucoup plus restrictif. L'idée d'une aussi large conjuration donna certainement des motifs d'inquiétude aux Britanniques, mais, dans l'optique des Américains, elle avait l'avantage de permettre de rattacher les violations des droits de l'homme et de la loi d'avant 1939 en Allemagne aux crimes autrement plus terribles commis au cours de la guerre.

L'idée de conspiration, qui sous-tendait en fait tous les chefs d'accusation, ouvrit les portes à la défense. Les avocats ne manquèrent aucune occasion de montrer, non sans vraisemblance, qu'une confusion considérable caractérisait l'autorité sous le IIIe Reich. Ils expliquèrent que le système administratif et gouvernemental du régime était aventureux, incohérent et inefficace. Les accusés prirent l'habitude de plaider l'ignorance et d'insister sur le caractère hautement compartimenté de l'administration nazie. Tous prétendirent n'en avoir eu qu'une connaissance limitée et n'avoir jamais trempé dans quelque conspiration à long terme que ce soit.

L'accusation, en revanche, devait prouver qu'il existait un plan clair, avec des objectifs partagés par les accusés dès les débuts du régime. Elle entreprit de démontrer que, dès l'origine, avait prévalu l'intention de commettre des crimes spécifiques – dont la planifica-

1. Pour une analyse terminologique utile, voir Omer Bartov, « Antisemitism, the Holocaust, and Reinterpretations of National Socialism », in Michael Berenbaum et Abraham J. Peck, éd., *The Holocaust and History : The Known, the Unknown, the Disputed, and the Reexamined*, Bloomington, 1998, p. 75-98. Ce volume contient aussi maint autre essai utile.

tion à long terme non seulement d'une guerre d'agression, mais aussi d'événements spécifiques comme l'extermination des Juifs. L'accusation finit par exagérer l'intentionnalité, de même que la défense la minimisa indûment afin de brosser le tableau d'un chaos administratif, de luttes pour le pouvoir sans fin et d'un système sans véritable chef. De la part de la défense, il était logique d'insister sur le fait que personne ne croyait à l'idéologie nazie ni n'avait lu le livre de Hitler, et moins encore ceux d'Alfred Rosenberg.

Aujourd'hui persiste parmi les historiens une controverse significative sur la nature et l'ampleur du rôle de Hitler et de ses relations avec les dirigeants nazis. Le tableau qui rallie désormais de nombreux historiens est plus complexe et mêle des éléments empruntés aux thèses de l'accusation et de la défense [1]. Reste que l'image, présentée par l'accusation, d'un Alfred Rosenberg en principal « théoricien » ou « philosophe » nazi est totalement dénuée de fondement.

Le Tribunal militaire international chargé de juger les grands criminels de guerre fut le produit de longs débats politiques et judiciaires. Après une séance préliminaire qui se tint le 18 octobre 1945 à Berlin, le tribunal se transporta au Palais de justice de Nuremberg, où il siégea à compter du 14 novembre. L'essentiel des débats, y compris les présentations de l'accusation et de la défense, durèrent un peu plus de neuf mois, du 22 novembre 1945 au 31 août 1946. L'organisation de ces procès fut une énorme entreprise. Il y avait quatre juges et quatre procureurs (avec des suppléants), et chacun avait sa propre équipe ; et tous ces hommes étaient issus des puissances victorieuses : États-Unis, Grande-Bretagne, Union soviétique et France. La cour siégea quatre cent trois fois en séance publique, entendit un total de cent soixante-six témoins et éplucha littéralement des milliers de déclarations écrites sous serment et des centaines de milliers de documents [2]. Le déroulement des procès fut lourd et lent, notamment parce que les débats se firent en quatre langues et nécessitèrent un énorme travail de traduction, ne serait-ce que pour consigner par écrit les dépositions, les contre-interrogatoires, les conclusions écrites et de nombreux documents. Un simple fait donne une idée de l'ampleur des procès : les transcriptions et un

1. Il est assez intéressant de constater que les historiens ont eu tendance à adopter l'une ou l'autre de ces deux positions, qu'on devait connaître par la suite, dans les années 1960 et au-delà, comme le débat entre « intentionnalistes » et « fonctionnalistes » ou « structuralistes ». Cette observation est de Michael Biddiss, « Nuremberg Trials », in *The Oxford Companion to the Second World War*, éd. I. C. B. Dear et M. R. D. Foot, Oxford, 1995, p. 824-828.

2. Marrus, *The Nuremberg Trial*, p. v.

choix des documents produits comme preuves, publiés là encore en quatre langues, occupent quarante-deux épais volumes [1].

Dans un premier temps, les accusations visèrent vingt-quatre hommes considérés, pour diverses raisons, comme de grands criminels de guerre. Parmi ceux-ci se trouvaient Robert Ley, le chef du Front du travail, qui se suicida le 24 octobre 1945, avant le début des procès, ainsi que l'industriel Gustav Krupp von Bohlen und Halbach, choisi par les Alliés en tant que « représentatif » du grand capital, et qui se révéla « inapte ». Au nombre des vingt-deux accusés, mais en son absence, devait être également jugé Martin Bormann, le secrétaire privé de Hitler. Les 30 septembre et 1er octobre 1946, la cour rendit ses verdicts. Douze des accusés furent condamnés à la mort par pendaison (Bormann par contumace, Hans Frank, Wilhelm Frick, Hermann Göring, Alfred Jodl, Ernst Kaltenbrunner, Wilhelm Keitel, Joachim von Ribbentrop, Alfred Rosenberg, Fritz Sauckel, Arthur Seyss-Inquart, Julius Streicher). Sur les dix autres accusés, trois furent reconnus non coupables (Hans Fritzsche, Franz von Papen, Hjalmar Schacht), trois condamnés à la réclusion à perpétuité (Rudolf Hess, Walther Funk, Erich Raeder), deux autres à vingt ans de prison (Baldur von Schirach, Albert Speer), un à quinze ans (Constantin von Neurath) et un autre à dix (Karl Dönitz).

Juste après que la peine eut été prononcée, les avocats de deux condamnés à la pendaison (Jodl et Keitel) demandèrent que fût accordée à leurs clients la dignité d'une mort militaire par peloton

1. La plupart des bibliothèques en possèdent des exemplaires. Pour ma part, je me suis servi de l'édition allemande, généralement plus exacte. Elle est toujours disponible en réédition courante. Il existe également une reproduction photomécanique des volumes originaux publiée sous la forme d'une *Sonderausgabe* par KOMET MA-Service und Verlagsgesellschaft GmbH, Frechen, *Der Prozess gegen die Hauptkriegsverbrecher vor dem internationalen Militärgerichtshof*, Nuremberg, 1946-1947. L'édition anglaise publie les témoignages et les contre-interrogatoires de la première moitié de la série en anglais. Malheureusement, l'importante moitié formée par les documents ne reste disponible qu'en allemand. Un choix de ces documents n'en a pas moins été publié en volumes à part, sous le titre *Nazi Conspiracy and Agression*, Washington, 1946. On peut aujourd'hui consulter sur l'Internet huit volumes de cette dernière série ainsi que l'édition en langue anglaise du procès de Nuremberg – autrement dit, les témoignages et les interrogatoires des grands criminels de guerre. Pour retrouver ces transcriptions, chercher « The Avalon Project at the Yale Law School » ou « The Nizkor Project ». Les deux sites présentent aussi de nombreux autres documents utiles et offrent de multiples liens supplémentaires. [Voir également Tribunal militaire international, *Procès des grands criminels de guerre devant le tribunal militaire international*, fac-similé de l'édition de 1947, Paris, T. Mage, 1993-1995. *N.d.T.*]

d'exécution. L'avocat de Raeder demanda aussi qu'il fût fusillé, plutôt que de purger une peine de prison à vie. Les trois demandes furent rejetées. Le 16 octobre 1946, tous les condamnés à mort furent pendus, à l'exception de Bormann et de Göring : ce dernier, maréchal du Reich, s'était débrouillé pour défier la cour en se suicidant dans sa cellule juste avant l'exécution prévue.

Les entretiens de Goldensohn

Après que le gouvernement des États-Unis eut enfin décidé, vers la fin de 1944 et en 1945, que des procès étaient nécessaires et préférables à des exécutions sommaires, les Américains prirent les choses en main. Presque aussitôt, et avec le soutien des Britanniques, ils insistèrent pour que les procès se déroulent en Allemagne hors du secteur sous occupation soviétique ; à la fin de juin 1945, leur choix se fixa sur Nuremberg. La ville avait été quasiment effacée au cours de la guerre, mais elle avait encore des bâtiments où pouvaient se tenir les procès [1]. Les puissances d'occupation tenaient beaucoup à ce choix. Le nom de la ville s'identifiait aux lois racistes de septembre 1935 ; au-delà, elle avait accueilli les rassemblements annuels du parti nazi, qui voyaient des centaines de milliers de gens envahir la ville et la pénétrer d'un extravagant enthousiasme pour Hitler. La tenue des procès des dirigeants nazis déchus à Nuremberg avait donc une valeur aussi bien politique que symbolique.

En septembre 1945, les procureurs américains, Robert H. Jackson et Thomas J. Dodd, purent faire appel à une équipe forte de deux cents personnes : des juristes et des experts en tous genres, mais aussi des traducteurs et des sténographes. Jackson fut de loin le plus actif des procureurs, suivi par son homologue de Grande-Bretagne, sir David Maxwell Fyfe. Cependant, l'équipe britannique ne comptait tout au plus que trente-quatre membres, généralement moins, tandis que les équipes soviétique et française étaient plus réduites encore [2]. Les Américains eurent donc tendance à dominer les débats à tous égards ou presque, et pas uniquement parce que le procès se déroula dans leur secteur d'occupation.

Outre une équipe médicale, les Américains disposèrent généralement, dans la majeure partie de la procédure, des services d'un psychologue et d'un psychiatre. Le premier psychiatre de prison à

1. Voir Robert E. Conot, *Justice in Nuremberg*, New York, 1983, p. 19.
2. Overy, *Interrogations*, p. 16-17.

Nuremberg fut le commandant Douglas M. Kelley, qui avait précédemment travaillé dans un camp de détention d'importants prisonniers nazis à Mondorf-les-Bains, au Luxembourg. La plupart des accusés de Nuremberg y avaient été internés avant les procès, et ce n'est pas sans une touche d'ironie que les vainqueurs alliés devaient évoquer ce camp sous le simple nom de « Cendrier » [*Ashcan*]. Il était dirigé à la spartiate par le colonel Burton C. Andrus, homme fort strict, réputé pour son attachement à la discipline. D'autres gros bonnets nazis, notamment Speer et Schacht, furent internés dans des conditions moins draconiennes au château de Kransberg, près de Francfort, dans un camp surnommé « Poubelle » [*Dustbin*]. Tous les dirigeants nazis furent interrogés au « Cendrier » ou à la « Poubelle », et certaines informations recueillies auprès d'eux ont été conservées. Des documents intéressants, pour beaucoup des matériaux jamais utilisés au cours des procès, ont été dernièrement publiés [1]. Le colonel Andrus et le commandant Kelley furent envoyés du « Cendrier » à Nuremberg. Le second n'y resta que durant le premier mois des procès ; à son départ, c'est Goldensohn qui le remplaça.

Tout au long de la période d'incarcération à Mondorf-les-Bains puis à Nuremberg, les gardiens américains s'abstinrent pour ainsi dire de communiquer avec leurs détenus, mais les surveillèrent en permanence pour les empêcher de se suicider. Dans un premier temps, il y eut un gardien pour quatre cellules ; après le suicide de Robert Ley en octobre 1945, cependant, le colonel Andrus en fit poster un devant chaque cellule, avec pour tâche de surveiller les détenus plus ou moins continûment par un petit clapet aménagé dans la porte. Avant de regagner leurs cellules, lesquelles étaient très peu meublées, les détenus devaient retirer leur ceinture, leurs bretelles et leurs lacets, etc. – en un mot, tout ce qui pouvait servir à se suicider. Les gardiens avaient ordre de ne jamais quitter des yeux la tête et les mains des prisonniers, y compris quand ils essayaient de dormir (uniquement sur le dos) au cours de la nuit. Les détenus étaient généralement isolés du monde extérieur et n'avaient pas

1. Voir Overy, *ibid.*, qui brosse aussi un tableau utile des conditions de détention générales des prisonniers. Pour un tableau plus complet, voir Ulrich Schlie, éd., *Albert Speer : « Alles, aus ich weiß » : Aus unbekannten Geheimdienstprotokollen vom Sommer 1945*, Munich, 1999. On trouve aussi dans ce volume un rapport du Dr Karl Brandt sur les « femmes dans l'entourage de Hitler ». Pour le contexte général, voir Joseph E. Persico, *Nuremberg : Infamy on Trial*, New York, 1994. Bien que ce livre soit généralement bien informé, il ne mentionne pas le Dr Leon Goldensohn et il est peu probable que son auteur ait su l'existence de ces entretiens.

droit à la presse. Leur courrier, même avec les membres de leur famille, était censuré, et ils ne pouvaient quitter leurs cellules que pour les repas, les entrevues avec leurs avocats et leur exercice quotidien. Chaque fois que possible, les accusés mettaient ces instants à profit pour se concerter et préparer leurs stratégies contre l'accusation. En règle générale, les gardiens ne communiquaient pas avec les détenus, alors même que le colonel Andrus, à leur insu, avait recruté comme gardiens quelques GI germanophones. Ils devaient lui signaler tout ce qu'ils trouvaient suspect ou qui pouvait être utile aux procès. Les détenus étaient quasiment coupés de tout contact humain, si ce n'est avec leurs avocats. Aussi ne s'étonnera-t-on pas de leur empressement à parler avec les psychiatres et psychologues qui travaillaient dans l'équipe médicale du 685e Internal Security Detachment (ISD) de l'avocat général [*chief counsel*] américain à Nuremberg. Quant aux médecins, ils disposaient à tout moment d'un accès plus ou moins libre.

Quand Leon Goldensohn fut affecté à Nuremberg, il avait trente-quatre ans. Né le 19 octobre 1911 à New York, il décrocha sa licence dans l'Ohio en 1932, puis son doctorat à la faculté de médecine de l'université George Washington, en 1936. Il suivit une formation en neurologie au Montefiore Hospital de New York et en psychiatrie au William Alanson White Institute of Psychiatry. À la fin de la guerre, avec le grade de commandant, il fut assigné au 121e Hôpital général de Nuremberg, et le 3 janvier 1946 au 685e Internal Security Detachment (ISD). Il servit en qualité de psychiatre de prison jusqu'au 26 juillet 1946 – date à laquelle les auditions de la défense touchaient à leur fin.

Juste après la défaite de l'Allemagne, au printemps 1945 et pendant l'été, lorsque fut annoncé l'institution du Tribunal militaire international, « ce qui faisait fonctionner ces nazis » suscita un immense intérêt [1]. Kelley fit allusion au « trésor psychologique » que le psychologue Gustave Gilbert et lui avaient au bout des doigts, et le projet initial était de publier un livre Kelley-Gilbert [2]. Le capitaine Gilbert était un officier de renseignement américain. Parlant couramment l'allemand, il réussit à se faire attribuer un poste de traducteur auprès du commandant Kelley. Ayant également reçu une formation de psychologue, il eut tôt fait de

1. Le Dr G. M. Gilbert rappelle cette expression (« *what made those Nazis tick* ») dans son introduction à Florence R. Miale et Michael Selzer, *The Nuremberg Mind : The Psychology of the Nazi Leaders*, New York, 1975, p. XII. Les auteurs étudient les résultats du test de Rorschach auquel le médecin soumit les nazis.

2. Persico, *Nuremberg*, p. 91.

convaincre le colonel Andrus de le nommer psychologue « officiel » de la prison. Apparemment, Gilbert partageait l'état d'esprit de Kelley et considérait les criminels de guerre « mis à sa disposition comme des souris de laboratoire [1] ». Outre les journalistes, des psychiatres et des psychologues du monde entier essayèrent d'obtenir un accès aux détenus. Goldensohn, tout comme Kelley et Gilbert, suscita vraisemblablement l'envie de ses pairs et de la multitude des journalistes, tous désireux d'interviewer les accusés [2].

Le projet de livre Kelley-Gilbert ne devait jamais aboutir. En revanche, le premier publia en 1947 son propre livre qui, quoique très daté, n'en conserve pas moins une utilité limitée [3]. Son ancien collègue, G. M. Gilbert, publia également un livre, paru plusieurs mois après. En forme de journal, il permet aux lecteurs de suivre le cours du procès à partir des expériences et de la perspective de l'auteur [4].

Goldensohn avait lui aussi l'intention d'écrire un livre. Il n'en fit jamais rien, mais ses notes ont survécu. Quelques-unes de ces transcriptions furent dactylographiées peu de temps après les entretiens. Les projets de livre s'arrêtèrent avec la mort prématurée du médecin, à cinquante ans, victime d'une crise cardiaque le 24 octobre 1961. Quelques petits carnets n'en furent pas moins dactylographiés par la suite sous la houlette de son frère, Eli, qui collationna et classa tous les matériaux originaux. Le présent volume correspond à un choix mis en forme et abrégé d'une partie des entretiens de Goldensohn avec dix-neuf accusés et quatorze témoins.

Nous sommes redevables à Goldensohn du scrupule avec lequel il prit ses notes. Tandis que le psychologue G. M. Gilbert se contentait de griffonner ses impressions en fin de journée, et en ce sens se fiait davantage à sa mémoire pour reconstituer ses conversations et ses impressions, le psychiatre L. Goldensohn se fit un devoir de prendre des notes détaillées. Si lui-même ne parlait guère allemand, quelques-uns de ses interlocuteurs connaissaient l'anglais et il put s'entretenir librement avec eux. Toutefois, lors de ses entretiens

1. *Ibid.*, p. 103.

2. Voir l'article du journaliste soviétique Arkadi Poltorak, repris in Steffen Radlmaier, *Der Nürnberger Lernprozess : Von Kriegsverbrechern und Starreportern*, Francfort, 2001, p. 125-126.

3. Douglas M. Kelley, *22 Cells in Nuremberg : A Psychiatrist Examines the Nazi Criminals*, New York, 1947.

4. G. M. Gilbert, *Nuremberg Diary*, New York, 1947 ; *Le Journal de Nuremberg*, trad. fr. M. Vincent, Paris, Flammarion, 1947.

officiels, il souhaitait que les accusés et les témoins ne s'expriment que dans leur propre langue, et il préféra donc très clairement s'adjoindre les services d'un traducteur. Il nota consciencieusement ses questions et les réponses des accusés, qu'il couchait par écrit au fur et à mesure.

L'allemand courant de Gilbert aurait facilité la conversation avec les détenus, pour la plupart diserts et avides de contacts humains. Certains d'entre eux avaient pourtant le sentiment que Gilbert les haïssait, à tout le moins qu'il nourrissait de sombres pensées à leur endroit. Selon l'un d'eux, il les accablait de sarcasmes. Par exemple, il leur présentait des photos de criminels de guerre nazis pendus parues dans *Stars and Stripes* en leur assurant qu'ils allaient subir le même sort. D'une manière générale, les détenus semblaient mieux disposés envers Goldensohn, qu'ils jugeaient plus détaché et professionnel. À l'occasion, Gilbert l'accompagna dans ses tournées, faisant alors office de traducteur.

En accord avec les convictions de l'époque, Goldensohn croyait à la « pathologie » des dirigeants nazis et, si douce que fût son approche, il était particulièrement soucieux de rendre compte de leurs « dépravations ». Jamais il n'y eut le moindre semblant de secret professionnel entre médecin et patient, et apparemment les détenus n'y comptaient pas. Si tous n'étaient pas satisfaits de cette situation, la majorité d'entre eux semblaient résignés à ce statut de « matériau » pour divers projets de livres. Aujourd'hui, avec le souci que nous avons du respect de la vie privée, il pourrait sembler troublant de voir un médecin demander sans détour et avec insistance à un détenu ce qu'il pensait d'un autre. Parfois, un interlocuteur pouvait bien le prier de garder quelque chose pour lui, mais Goldensohn n'était pas enclin à donner une assurance de ce genre. Comme pour les autres médecins de l'équipe américaine, les prisonniers nazis étaient à ses yeux des sujets d'étude, ainsi que, de manière assez secondaire – et encore –, des patients. Dans ses notes, il fait explicitement allusion aux « sujets » de ses investigations. Quant aux détenus eux-mêmes, ils voyaient dans leurs conversations avec les médecins l'occasion d'exprimer les propos ou les approches qu'ils allaient bientôt développer dans leur défense devant le tribunal. Goldensohn, qui en avait certainement conscience, les y encourageait. Dans leurs échanges avec les Américains, les accusés baissaient rarement la garde, surtout quand il s'agissait de confesser les crimes dont on les accusait, parce qu'ils craignaient que leurs déclarations ne pussent être retenues contre eux devant la cour. Et ceux que la présence de ces professionnels irritait les accusaient de se soucier moins de les soigner que d'engranger des matériaux pour les livres qu'ils écrivaient [1].

Goldensohn vit les accusés presque tous les jours, mais ce qui distingue ses notes de celles des autres, c'est son effort persistant pour mener des entretiens formels et souvent prolongés. Il notait tout ce qui pouvait présenter un intérêt psychiatrique et humain. On peut y lire ce que les accusés et les témoins avaient à dire du rôle d'un prévenu donné dans certains événements bien précis aussi bien que des détails sur sa famille et son dossier médical. Goldensohn leur demandait ce qu'ils pensaient de certains dirigeants, comme Hitler, et même comment ils se jugeaient les uns les autres, comment ils voyaient leurs crimes, mais il notait aussi comment ils se conduisaient devant le tribunal tel ou tel jour. Il enchaînait les questions, parfois jusqu'à exaspérer ses sujets, mais il ne se lassait pas de creuser toujours plus profond. Tout en assurant ne pas vouloir les soumettre à un contre-interrogatoire, il lui arriva de le faire au cours de ces tête-à-tête. Souvent il examina la déposition d'un accusé devant la cour, tout en signalant, par exemple, les parties qu'il ne jugeait pas crédibles ou qui lui paraissaient difficilement compréhensibles. Dans quelques-uns de ces échanges, il se montra plus difficile à satisfaire que le procureur.

En règle générale, Goldensohn ne notait pas les conversations à bâtons rompus, mais uniquement ses entretiens officiels par le truchement d'un traducteur. Du fait de la prise de notes et de la traduction, les accusés étaient rarement pris par surprise. Ils avaient au contraire tout le loisir de réfléchir rationnellement à la façon de répondre aux questions de Goldensohn, et peut-être était-ce précisément ce que celui-ci voulait.

Il est un point crucial qu'il ne faut pas perdre de vue : chacun des accusés risquait sa vie. Comme toutes les personnes accusées de crimes graves, ces hommes étaient décidés à se disculper. (Dans au moins une tradition philosophique importante, notamment incarnée par Thomas Hobbes, chacun, si abominables que soient ses crimes, conserve le droit naturel de se battre pour défendre sa vie.) Pour la grande majorité des accusés, au fond privés de la plupart de leurs droits juridiques (en tout cas tels qu'on les entend communément dans le cadre de la Constitution américaine), le simple fait de voir Goldensohn prendre des notes

1. Un médecin en poste à Nuremberg a dernièrement publié des souvenirs intéressants sur le procès. Il apporte des détails inédits, en particulier sur les exécutions qui suivirent. Voir Roy A. Martin, *Inside Nürnberg : Military Justice for Nazi War Criminals*, Shippensburg, Pa., 2000.

était de nature à les alarmer. Les accusés n'étaient pas protégés contre l'auto-incrimination, et les avocats n'étaient pas non plus présents. Aussi n'était-il pas déraisonnable de leur part d'imaginer que la cour pourrait leur opposer leurs propres paroles telles que les avait notées le Dr Goldensohn. Si cela ne se produisit jamais, au moins ne devons-nous pas perdre de vue que les accusés ne savaient à quoi s'en tenir quant au statut de ces entretiens, qui n'étaient pas couverts par le secret professionnel. Goldensohn pouvait bien se considérer avant tout comme un médecin et un homme de science : aux yeux des accusés, il faisait partie des vainqueurs, quand eux comptaient au nombre des vaincus, et force leur était de voir en lui un membre de l'équipe d'accusation. Il leur assura qu'ils n'avaient rien à craindre et qu'ils pouvaient s'exprimer librement, mais il ne pouvait leur donner de véritables raisons de le croire.

Les accusés essayèrent généralement de s'en tirer par tous les moyens et, ainsi que le suggéra l'un d'entre eux, ils y réussirent parfois. C'est en effet ce que prétendit l'architecte de Hitler, Albert Speer, souvent considéré comme le plus astucieux des accusés. Il se montra insatisfait de l'issue du procès quand il vit que Fritzsche, Papen et Schacht étaient acquittés alors que lui-même écopait de vingt ans : « Mensonges, camouflages, dépositions controuvées ont finalement été payants », observa-t-il dans son journal [1]. Speer s'offusquait de n'avoir pas été disculpé par la cour, mais ce n'était certainement pas faute d'avoir menti ou maquillé la vérité [2]. Speer et sans doute d'autres accusés en voulaient à des hommes comme Goldensohn et Gilbert. Pour autant qu'on puisse le dire, Speer ne fit à Goldensohn qu'une déclaration brève et sèche (reprise dans ce volume). Il reprocha à Gilbert d'être « toujours en quête de lumières psychologiques ». Alors que le psychologue le questionnait sur sa peine, il répondit par un mensonge : « Vingt ans, les choses étant ce qu'elles sont, ils ne pouvaient pas m'infliger un moindre châtiment. Je ne peux pas me plaindre. Je ne le veux pas non plus [3]. » Speer lui-même l'avoua plus tard : il ne disait pas la vérité ; en fait, il estimait que la cour avait été injuste envers lui.

1. Albert Speer, *Spandau. The Secret Diaries*, New York, 1977, p. 2-3 ; *Journal de Spandau*, trad. fr. D. Auclères et M. Brottier, Paris, Robert Laffont, 1975, p. 17.

2. Voir Gitta Sereny, *Albert Speer : his Battle with Truth*, New York, 1995 ; *Albert Speer : son combat avec la vérité*, trad. fr. W. O. Desmond, Paris, Seuil, 1997.

3. Speer, *Spandau*, p. 2-3 ; trad. fr., p. 16.

On pourrait multiplier les exemples de dissimulation de ce genre, mais ils ne signifient pas que tout ce que dirent témoins et accusés n'était que tissu de mensonges. À lire les entretiens, on est au contraire bien souvent frappé par la franchise des récits, voire par leur brutale véracité. À divers moments, une partie au moins des accusés ou des témoins admettent que des crimes abominables ont été commis, même s'ils essaient souvent d'en rejeter la culpabilité sur d'autres. Leurs excuses, leurs arguments et leurs efforts pour se soustraire aux conséquences juridiques de leurs actes sont intéressants en eux-mêmes. Parfois, nous constatons que Goldensohn s'est laissé fourvoyer, qu'il n'a pas bien saisi l'importance de telle ou telle information, ou que des indices révélateurs lui ont échappé. Malgré tout, les accusés en disent long sur eux-mêmes et sur ce qui les attira vers Hitler et le nazisme.

C'est l'éditeur qui m'a contacté pour me demander de mettre en forme les entretiens. Je l'ai fait aussi soigneusement que possible. J'ai corrigé des erreurs évidentes, notamment concernant les dates, mais j'ai aussi rectifié des noms, des indications de lieu et de grade, tous parfois très déformés [1]. Goldensohn n'en arriva jamais au stade du contrôle et de la correction des erreurs touchant les faits, les dates et les noms mentionnés au cours des entretiens ; et j'ai moi-même essayé de vérifier tout ce qui était possible. Il commit parfois de simples méprises en prenant des notes sur les expériences sociales, éducatives et militaires d'un interlocuteur. J'ai rectifié les lapsus flagrants pour autant que j'aie pu les identifier, mais sans nul doute subsistent quelques inexactitudes. Et je veux croire qu'elles ne sont pas de nature à détourner de la substance même des témoignages.

Chaque fois que cela a été possible, je me suis efforcé de rester aussi près que possible de l'original. Toutefois, j'ai dû procéder à de nombreux changements stylistiques afin de rendre la prose plus claire. Ces changements, d'ordre mineur, sont pour la plupart destinés à améliorer la syntaxe et à pallier la maladresse de certaines phrases. Les lecteurs de ce livre remarqueront peut-être que certains

1. Je me suis appuyé sur tout un éventail de références et de sources, mais les ouvrages suivants m'ont été particulièrement utiles : Robert Wistrich, éd., *Who's Who in Nazi Germany*, New York, 1982 ; Israel Gutman, éd., avec Eberhard Jäckel, Peter Longerich et Julius H. Schoeps, *Enzyklopädie des Holocausts*, 4 vol., Munich, 1995. Une édition parallèle de cette encyclopédie a paru en anglais [*Encyclopaedia of the Holocaust*, éd. Israel Gutman, New York, 1990. *N.d.T.*]. Également utile est l'ouvrage de Erich Stockhorst, éd., *5000 Köpfe : Wer war was im 3. Reich (Sonderausgabe)*, Kiel, 2000.

entretiens paraissent plus fluides que d'autres. Cette hétérogénéité tient au texte de Goldensohn lui-même. Parmi les facteurs susceptibles de l'expliquer, on peut mentionner : leur bonne volonté – accusés comme témoins – à se montrer ouverts et francs ; les plages de temps plus ou moins longues qu'ils voulaient consacrer à d'autres activités, personnelles et politiques ; leur connaissance des initiatives prises sous le régime de Hitler ; leur niveau d'intelligence et leur facilité d'expression, le moment de la journée au cours duquel avait lieu l'entretien (parfois, ils étaient fatigués) ; l'état d'esprit de Goldensohn lui-même, qui devait varier selon les cas ; et enfin, la façon dont étaient transcrites les notes télégraphiques prises par Goldensohn pendant les entretiens (parfois, il les transcrivait tout de suite après, d'autres fois plus tard). J'ai opéré des coupes en cas de redites ou de chevauchements évidents, par exemple quand dans une séance l'interlocuteur revenait sur un terrain déjà abordé. Pour que le volume du manuscrit demeure raisonnable, il m'a fallu aussi exclure des entretiens entiers avec quelques accusés et de nombreux témoins, mais mon intention a toujours été de retenir tout ce qui avait le plus d'importance pour les archives historiques. J'ai dû parfois procéder à d'amples changements afin de rester fidèle à la substance des propos des accusés. Certains problèmes tenaient à des difficultés de traduction, d'autres à une méprise de Goldensohn sur le sens des indications qu'on lui donnait, par exemple sur le fonctionnement du système politique allemand. Comme tous les éditeurs, j'ai dû m'en remettre à mon jugement professionnel, fondé sur ma recherche et sur celle des autres, pour essayer de résoudre les problèmes d'interprétation qui n'étaient pas bien tranchés.

Je n'ai pas cherché à corriger toutes les erreurs ni tous les mensonges flagrants que Goldensohn a consignés à son insu. Parfois, ses interlocuteurs ont minimisé leur rôle ou leur connaissance, ou ont tout simplement cherché à justifier les crimes. Certains essayèrent aussi de réduire l'importance de leurs crimes en affirmant qu'ils menaient une guerre défensive ou préventive. Quelques-uns rappelèrent à Goldensohn ce que les Alliés, spécialement les Russes, firent subir aux Allemands à la fin de la guerre. Il n'est pas possible de traiter de chaque épisode de ce genre, mais il faut être attentif au problème des falsifications délibérées et des contre-vérités inconscientes.

Dans mes notes sur les entretiens, je donne aux lecteurs des points de repère et des références. J'apporte aussi le minimum d'indications indispensables sur les personnages et les événements notables chaque fois que cela me paraît nécessaire. De même, je signale les mensonges, les dénégations et les fabrications les plus flagrants et importants, ou encore la répétition de mythes et de rumeurs dénués de tout fondement. Je donne des informations plus précises sur la prise du pouvoir par les nazis et le nombre de Juifs assassinés.

Quelques-unes des personnes interrogées et Goldensohn lui-même parlent de cinq millions de Juifs assassinés sous le IIIe Reich. D'où tenaient-ils ce chiffre ? En fait, c'était le chiffre habituellement avancé par l'accusation à Nuremberg. Dans sa première déclaration au tribunal, par exemple, Jackson, le procureur américain, déclara que sur les « 9 600 000 Juifs qui vivaient en Europe sous la domination nazie, on estime de source autorisée que soixante pour cent ont péri ; 5 700 000 Juifs sont portés disparus dans les pays où ils vivaient autrefois, dont plus de 4 500 000 dont on ne saurait expliquer la disparition par le taux de mortalité normal [1] ». Plus tard, au cours du procès lui-même, l'accusation eut tendance à arrondir le chiffre à cinq millions.

À divers moments au cours du procès, aussi bien que dans les dernières observations du procureur Jackson et dans le jugement du tribunal, fut aussi avancé le chiffre plus important de six millions de victimes. Un témoin notable à cet égard fut Wilhelm Höttl, dont la déposition semble avoir été suivie dans le jugement. Or ses connaissances étaient au mieux de seconde main. Il déclara à la cour (et ajouta dans une déposition écrite séparée sous serment) qu'il avait interrogé Adolf Eichmann, à la fin d'août 1944, sur le nombre des Juifs qui avaient été tués [2]. L'intéressé répondit avoir fait savoir à Himmler, peu de temps auparavant, qu'environ quatre millions de Juifs avaient été tués dans les camps et que deux autres millions étaient morts de diverses manières, notamment en étant exécutés par balle. Toujours suivant les propos d'Eichmann rapportés par Höttl, Himmler pensait que davantage de Juifs encore avaient été tués à cette époque. Aujourd'hui, la plupart des historiens suggéreraient que les chiffres apparemment donnés par Eichmann et répétés par Höttl devant la cour étaient probablement trop élevés, en tout cas pour la période qui s'achève en août 1944.

Divers historiens, à commencer par Raul Hilberg dans son tableau définitif de la destruction des Juifs d'Europe, avancent le

1. On trouvera le texte du discours inaugural et de nombreux autres documents importants in Jackson, *The Nürnberg Case*, p. 54 pour les statistiques exactes et p. 97 pour le chiffre de cinq millions.

2. Déclaration écrite sous serment (affidavit) de Wilhelm Höttl, 26 novembre 1945. Document PS-2738. Voir *Der Prozess gegen die Hauptkriegsverbrecher vor dem internationalen Militärgerichtshof*, Nuremberg, 1946-1947, vol. 31, p. 85-87.

chiffre d'un peu plus de 5,3 millions [1]. Hilberg montre que le nombre de personnes assassinées à Auschwitz se situe autour de un million – chiffre certes renversant, mais bien en deçà de l'estimation donnée lors du procès par le commandant Rudolf Höss. Quoique peu fiable, ce chiffre beaucoup plus important – entre 2,5 et 3 millions – continue aujourd'hui encore d'être cité, même dans les études sérieuses consacrées à Auschwitz [2]. Il convient d'être aussi précis que possible dans les chiffres pour fermer ainsi la porte aux négationnistes et autres révisionnistes.

Nous pouvons aussi lire les entretiens du point de vue de ce qu'ils nous disent sur l'intelligence générale du nazisme et du IIIe Reich que l'on avait à cette époque du côté américain. Goldensohn, par exemple, souscrivait pleinement à l'une des principales accusations américaines, à savoir que les nazis avaient tramé un vaste complot pour commettre divers crimes, y compris des crimes contre la paix, des crimes de guerre et des crimes contre l'humanité, tels que les définissait la charte du procès. Il acceptait l'idée qu'une immense conspiration avait commencé plus ou moins au début du IIIe Reich et s'était poursuivie dans les années de guerre. Peu d'historiens, de nos jours, souscriraient à une telle approche « intentionnaliste » du IIIe Reich, tandis que la plupart se rallient à l'idée que de nombreuses politiques, y compris celle d'exterminer tous les Juifs d'Europe, furent improvisées et ne furent arrêtées qu'en pleine Seconde Guerre mondiale. Nous avons eu beaucoup plus de temps pour étudier le processus de décision mais, au-delà, la plupart d'entre nous avons une tout autre compréhension du IIIe Reich que Goldensohn et ses contemporains.

Des recherches récentes nous ont permis de voir une partie de l'importante documentation présentée à Nuremberg sous un jour

1. Les chiffres reposent sur la différence entre les populations juives en 1939 et en 1945 dans chacun des États concernés par l'Holocauste. Le chiffre se fonde sur Raul Hilberg, *The Destruction of the European Jews*, éd. revue, New York, 1985, 3 vol., ici vol. 3, p. 1048 ; *La Destruction des Juifs d'Europe*, trad. fr. de l'édition de 1985 par M.-Fr. de Paloméra et A. Charpentier, Paris, Fayard, 1988, p. 903, tableau XI-1, « Les pertes de la population juive de 1939 à 1945 ».

2. Hilberg, *The Destruction of the European Jews*, vol. 3, p. 894 et trad. fr., p. 774-775, montre qu'environ un million de Juifs perdirent la vie à Auschwitz. Il estime que 250 000 autres personnes, pour la plupart des Polonais, y trouvèrent la mort ainsi que de nombreux « Tziganes ». Ces chiffres sont généralement approuvés in Franciszek Piper, « Auschwitz Concentration Camp : How It Was Used in the Nazi System of Terror and Genocide and in the Economy of the Third Reich », in Berenbaum et Peck, éd., *Holocaust and History*, p. 327-386. L'auteur estime qu'environ un million de Juifs perdirent la vie dans le camp ; entre 140 000 et 150 000 Polonais ; 20 000 Tziganes ; 15 000 prisonniers de guerre soviétiques ; et entre 10 000 et 25 000 ressortissants d'autres nationalités.

plus complet et dans de nouvelles perspectives. Parfois, nous voyons beaucoup plus d'éléments dans certains documents que ne le pouvaient à Nuremberg l'accusation ou les juges, qui furent parfois submergés. L'une des nombreuses tactiques habiles de la défense consista à noyer le tribunal sous un océan de documents, de déclarations écrites sous serment et de dépositions de témoins oculaires [1]. Ce n'est que bien plus tard que nous avons pu nous faire une idée de ce que voulaient dire certains témoins qui déposèrent au procès – et que d'autres répétèrent au cours de leurs entretiens avec Goldensohn –, à savoir que les nazis projetaient d'éliminer trente millions de personnes. Il y aurait eu non pas un seul génocide, mais des génocides en série [2]. Alors que des documents cruciaux sur ces plans furent soumis au procès, on ne mesurait pas alors pleinement de quoi il retournait.

Si Goldensohn afficha généralement sa neutralité au cours des entretiens, il ne devait pas dissimuler non plus ses jugements, y compris le scepticisme profond que lui inspiraient nombre des explications offertes par les accusés. Comme nous le savons d'une autre source, ses réactions spontanées pouvaient être très brusques [3]. Par exemple, il interrogea Otto Ohlendorf, qui ne comptait pas au nombre des grands criminels de guerre, mais qui fut entendu comme témoin au cours de ce procès. (Il fut plus tard jugé et exécuté.) Ohlendorf avait été chef du Groupe d'action D – ou *Einsatzgruppe D* – qui, de son propre aveu, était responsable du meurtre d'au moins quatre-vingt-dix mille personnes, pour la plupart des Juifs [4]. Il s'agissait de l'un des quatre escadrons de la mort

1. Voir le récit d'un membre de la British War Crimes Executives Team, qui fut chargé, entre autres choses, de se pencher sur les éléments de preuve contradictoires concernant la criminalité de diverses organisations, dont la Gestapo, in Airey Neave, *On Trial at Nuremberg*, Boston, 1978.

2. Pour une introduction, voir Robert Gellately, « The Third Reich, the Holocaust, and Visions of Serial Genocide », in Robert Gellately et Ben Kiernan, éd., *The Specter of Genocide : Mass Murder in Historical Perspective*, Cambridge, 2003, p. 241-264.

3. Voir Conot, *Justice in Nuremberg*, p. 233.

4. Les *Einsatzgruppen* furent initialement créés en 1938, au moment de l'annexion de l'Autriche, en tant qu'unités de police spéciales. Six unités de ce genre, comprenant chacune des commandos plus petits (de 120 à 150 membres), furent utilisées au cours de l'invasion de la Pologne en septembre 1939. Les membres des *Einsatzgruppen* se recrutaient parmi les SS, le SD ou la Sipo (la Sécurité, autrement dit, la Gestapo et la police criminelle). Cependant, c'est au cours de l'invasion de l'Union soviétique (lancée le 22 juin 1941) qu'ils furent les plus actifs et devinrent des escadrons de la mort à part entière. Il y eut quatre groupes de ce genre (de A à D), formés de semblables recrues, venant notamment du RSHA, épaulées par des hommes venant d'autres forces de police – tandis que

opérant à l'Est, mais en réalité il y en eut beaucoup plus [1]. Ohlendorf lui-même aimait à se présenter comme l'un des leaders « intellectuels » du Service de Sécurité (SD) et se considérait comme un « idéaliste », pas même comme un antisémite. Il fut donc particulièrement troublé le jour où Goldensohn l'accusa d'être une sorte de sadique, de pervers ou de fou. Sans quoi, demanda le médecin, comment expliquer qu'Ohlendorf – un homme qui se targuait de son « intégrité » et de son « incorruptibilité » – ait pu ordonner le massacre de tant d'hommes, de femmes et d'enfants totalement innocents [2] ?

Les lecteurs le découvriront eux-mêmes dans les entretiens : habituellement, Goldensohn n'était pas si abrupt, mais il paraît être

chaque *Einsatzgruppe* était divisé en divers « commandos spéciaux ». Les *Einsatzgruppen* étaient de taille variable – entre 600 et 1 000 hommes –, et, dans un premier temps, chacun d'eux eut à sa tête des officiers de haut niveau culturel. Suivant une estimation, quelque 6 000 individus servirent à un moment ou à un autre dans ces *Einsatzgruppen*, mais les groupes et les commandos étaient généralement petits. Ils opéraient derrière les lignes des forces allemandes qui avançaient en URSS : au nord (d'abord sous la houlette de Franz Walter Stahlecker, en Lituanie, en Estonie et en Lettonie), au centre (avec Arthur Nebe, en Biélorussie), au sud (avec Otto Rasch, en Ukraine) et au sud-est (avec Otto Ohlendorf, dans le sud de l'Ukraine et dans le Caucase). Les chefs des *Einsatzgruppen* furent jugés lors du neuvième procès complémentaire de Nuremberg, en 1949 : quatre d'entre eux furent condamnés à mort. La principale tâche des *Einsatzgruppen* était de massacrer les Juifs et tous ceux qui étaient considérés comme des ennemis ou des « menaces pour la sécurité » derrière les lignes. Les *Einsatzgruppen* déportèrent aussi des Juifs vers les camps de la mort.

Il est très difficile d'estimer le nombre total de massacres commis par ces groupes. Nombre de leurs rapports d'activité (mais pas tous) ont survécu. Ces documents donnent une idée du nombre minimum de leurs victimes (pour l'essentiel, des Juifs), et encore ces chiffres ne concernent-ils pas la totalité de la période : l'*Einsatzgruppe A* en exécuta 240 410 ; le *B*, 71 555 ; le *C*, 105 988 ; et le *D*, 91 678. Pour une étude complète, voir Helmut Krausnick et Hans-Heinrich Wilhelm, *Die Truppe des Weltanschauungskrieges. Die Einsatzgruppen der Sicherheitspolizei und des SD 1938-1942*, Stuttgart, 1981, ici p. 618-619.

1. Sur le rôle de nombreux bataillons de la police régulière en uniforme, pour beaucoup composés d'Allemands non nazis, voir les récits glaçants de Christopher Browning, *Ordinary Men. Reserve Police Battalion 101 and the Final Solution in Poland*, New York, 1992 ; *Des hommes ordinaires. Le 101e bataillon de réserve de la police allemande et la solution finale en Pologne*, trad. fr. Élie Barnavi, préface de P. Vidal-Naquet, Paris, Les Belles Lettres, 1992 ; rééd. augmentée d'une « Postface » concernant les théories de Goldhagen, trad. fr. P.-E. Dauzat, Paris, Les Belles Lettres, 2002, et Daniel Jonah Goldhagen, *Hitler's Willing Executioners : Ordinary Germans and the Holocaust*, New York, 1996 ; *Les Bourreaux volontaires de Hitler : les Allemands ordinaires et l'Holocauste*, trad. fr. P. Martin, Paris, Seuil, 1997.

2. Voir à ce propos Conot, *Justice in Nuremberg*, p. 233.

arrivé à Nuremberg convaincu que certains nazis, ou peut-être beaucoup, étaient des sadiques, y compris ceux qui ne se livrèrent pas directement à des attaques cruelles. Cherchant des réponses à ses interrogations sur la nature du nazisme, il pouvait aussi se montrer intrusif dans sa façon de mener les entretiens. Il ne devait certainement pas hésiter à essayer de coincer les accusés quand il jugeait leurs propos insatisfaisants ou contradictoires, même s'il faisait généralement machine arrière quand il se surprenait à pousser trop loin ses contre-interrogatoires.

À l'exception de Rudolf Hess et peut-être, dans les dernières étapes du procès, de Hans Frank, les accusés de Nuremberg étaient tout sauf des malades mentaux. La plupart d'entre eux, hélas, n'étaient que trop « normaux » et, Hess excepté, restèrent mentalement lucides tout au long de leur carrière. La plupart d'entre eux avaient été de « bons pères de famille » et beaucoup avaient fait des études supérieures ou avaient reçu une formation professionnelle quelconque. Un test d'intelligence administré par le Dr Gilbert montra que tous les accusés sauf un (Streicher) étaient d'une « intelligence supérieure à la moyenne » – la moyenne correspondant à un QI compris entre 90 et 110. Sur les vingt et un responsables testés, sept avaient un QI de 130 ou plus et deux autres dépassaient la barre des 140 [1]. Naguère tout-puissants, ces « dirigeants du Reich » supportaient mal l'idée d'être ainsi examinés par leurs geôliers, mais sitôt que commença le test d'intelligence, chacun d'eux « s'efforça de faire la preuve de ses capacités [2] ».

Nuremberg, un projet inachevé

Entre décembre 1946 et avril 1949, douze autres procès complémentaires se déroulèrent à Nuremberg. Tandis que, lors du premier grand procès, les juges et le ministère public venaient des trois puissances alliées et de la France, les États-Unis agirent seuls contre des individus et des groupes spécifiques accusés d'avoir perpétré des crimes [3]. Ces procès ultérieurs furent particulièrement importants

1. Sur ce test, voir Gilbert, *Nuremberg Diary*, p. 34 et trad. fr., p. 33.

2. Albert Speer, *Inside the Third Reich*, trad. Richard et Clara Winston, New York, 1970, p. 509 ; *Au cœur du IIIe Reich*, trad. fr. M. Brottier, Paris, Fayard, 1971, p. 699.

3. Pour des renseignements utiles et une liste commode des accusés, des charges et des verdicts de ces douze procès complémentaires, voir Whitney R. Harris, *Tyranny on Trial : The Trial of the Major German War Criminals at the End of World War II at Nuremberg. Germany, 1945-1946*, éd. rev., Dallas, 1999, p. 550-558.

pour mettre en lumière la participation sociale plus large aux violations des droits de l'homme et l'implication dans les crimes de guerre et les massacres. Au fil des ans, l'Allemagne vit se succéder d'autres procès, tandis que chacune des puissances d'occupation – États-Unis, Grande-Bretagne, Union soviétique et France – poursuivit les nazis sous divers chefs d'inculpation [1]. Les Allemands eux-mêmes engagèrent aussi des procédures contre les auteurs de divers crimes commis sous le IIIe Reich, et alors même que la « politique » des procès pour crimes de guerre était et reste d'une extrême complexité, ils ont continué de le faire par intermittence jusqu'à nos jours [2].

C'est cependant le premier grand procès de Nuremberg, celui des principaux criminels de guerre, qui choqua réellement l'opinion publique. Bien que les gouvernements alliés aient rendu publics divers exemples d'atrocités nazies au cours de la Seconde Guerre mondiale, y compris l'extermination des Juifs, on avait tendance à les balayer d'un revers de main tant elles rappelaient les exagérations de la propagande sur les agissements des Allemands au cours de la Grande Guerre. La masse de documents présentés à Nuremberg eut donc au moins le mérite de faire toute la lumière sur la réalité des crimes.

Le grand public, y compris la population allemande, n'était pas préparé à ce qu'il apprit, mais, dans l'ensemble, il approuva les procès et en apprit beaucoup [3]. Nous avons toujours peine à croire à l'ampleur des violations des droits de l'homme, à l'échelle même des massacres et à l'horreur de cruautés indicibles.

Aux États-Unis, en Grande-Bretagne et ailleurs, les tenants du positivisme juridique ont généralement soutenu que les procès n'étaient pas valables parce qu'ils ne s'appuyaient sur aucun droit international existant. Mais les théoriciens pragmatiques du droit naturel ont rejeté cette position, soulignant au contraire que le procès était nécessaire du fait que la civilisation devait se protéger

1. Pour un tableau général, avec des statistiques sur le nombre et le type des procès de l'après-guerre, voir Adalbert Rückerl, *The Investigation of Nazi Crimes 1945-1978 : A Documentation*, Hamden, Conn., 1980.

2. Pour un récit intéressant, voir Norbert Frei, *Adenauer's Germany and the Nazi Past : The Politics of Amnesty and Integration*, New York, 2002.

3. D'octobre 1945 à août 1946, dans la zone américaine, sept enquêtes d'opinion montrèrent que 79 % des gens estimaient que les procès étaient « conduits équitablement », contre 4 % seulement qui les jugeaient iniques. Une forte majorité (75 % dans les enquêtes de décembre 1945 à mars 1946) estimait que les accusés étaient coupables, mais ce chiffre tomba à 52 % en août 1946. Voir Anna J. Merritt et Richard L. Merritt, éd., *Public Opinion in Occupied Germany : The OMGUS Surveys, 1945-1949*, Chicago, 1970, p. 33-35.

face à une telle criminalité sans précédent. Ces deux approches restent présentes dans le débat entre spécialistes et gardent leur importance dans notre intelligence de problèmes contemporains tels que les débats sur la nouvelle Cour pénale internationale (CPI) de La Haye [1]. En 1945, on passa outre à toutes les objections juridiques et philosophiques, et les procès allèrent de l'avant, plus ou moins suivant les vœux des théoriciens pragmatiques du droit naturel [2].

Robert GELLATELY

1. Pour une brève introduction, voir Harris, *Tyranny on Trial*, p. 571-594. Pour des informations à jour sur la CPI – qui évolue presque de jour en jour – et les différences avec les tribunaux des Nations unies, il suffit de chercher « Cour pénale internationale » sur l'Internet.

2. Pour un exposé clair des positions juridiques et philosophiques ainsi que de l'attitude du gouvernement américain, voir William J. Bosch, *Judgment on Nuremberg : American Attitudes Toward the Major German War-Crime Trials*, Chapell Hill, 1970.

Avertissement

Comment les entretiens de Nuremberg ont été obtenus et conservés

Les longues notes manuscrites que prit Leon Goldensohn dans les cellules des détenus, au cours des entretiens de Nuremberg, étaient consignées dans des carnets. Chaque entretien fut dactylographié dans les jours qui suivirent. Quand Leon quitta l'armée de terre, en 1946, il emporta ses archives et les conserva dans son appartement de New York jusqu'en 1950, puis dans sa maison de Tenafly (New Jersey) jusqu'à sa mort en 1961.

Pendant de longues années, sa veuve, Irene, conserva intacts à leur domicile les carnets, les entretiens dactylographiés et d'autres documents annexes (dont la correspondance personnelle de son mari).

En 1970, quand elle emménagea dans un petit appartement de la ville voisine de Fort Lee, elle vendit la majeure partie de sa bibliothèque à un marchand d'Englewood. Par inadvertance, se retrouvèrent dans ce lot plusieurs livres écrits par quelques-uns des accusés et acquis par Leon Goldensohn dans un magasin de Nuremberg. Ces livres étaient dédicacés : certains auteurs avaient écrit au frontispice de brefs messages adressés à Leon ; d'autres s'étaient contentés de les signer. C'est le Dr John Lattimer (un de mes collègues du Columbia-Presbyterian Medical Center de New York) qui les racheta plus tard au marchand d'Englewood. Le Dr Lattimer me demanda si je pouvais lui parler de ce « commandant Goldensohn » dont le nom figurait au frontispice. Je lui expliquai que Leon était mon frère, et nous eûmes plusieurs entrevues agréables où je lui donnai les renseignements voulus. À toutes fins utiles, le Dr Lattimer m'envoya des photocopies des dédicaces.

En 1983, Irene donna à ses enfants tous les matériaux de Nuremberg demeurés en sa possession. En 1994 – répondant à la proposition que j'avais faite de longue date de revoir le travail et d'explorer les possibilités de publication –, deux des enfants de Leon (Daniel, de San Francisco, Californie ; et Julia, de Jackson, Wyoming) acceptèrent de m'envoyer tous les matériaux qu'ils possédaient, et qui m'arrivèrent petit à petit au fil des mois.

L'original des entretiens dactylographiés mais aussi des copies au carbone se trouve désormais dans mon coffre de la M&T Bank de Nyack, dans l'État de New York. Sont également sous ma garde les projets de publication de Leon, évoqués dans ses lettres de l'étranger, ses notes de conférence ultérieures ainsi que six de ses nombreux carnets de notes.

Eli GOLDENSOHN

I

ACCUSÉS

Karl Dönitz
1891-1980

Le grand amiral Karl Dönitz fut commandant en chef de la marine à partir de 1943. Dans son testament, Hitler en fit le successeur désigné du Führer. À Nuremberg, il fut condamné à dix ans de prison pour crimes de guerre et crimes contre la paix. Libéré le 1er octobre 1956, il se retira dans le petit village de Aumühle dans le Schleswig-Holstein. Il rédigea divers volumes de mémoires, dont le plus important s'intitule Dix ans et vingt jours *(1968). Il mourut le 24 décembre 1980.*

3 mars 1946

Passé l'après-midi avec Karl Dönitz. L'homme est poli, affable à sa façon, autrement dit à demi soupçonneux, et parle un anglais presque parfait, mais il faut lui lâcher la bride, sans quoi il se tait, les lèvres serrées. Je me suis enquis de sa santé. Il m'a demandé de m'asseoir, m'a fait une place sur son lit. Nous avons parlé de ses rhumatismes, particulièrement fâcheux au poignet gauche. On observe un léger renflement du poignet gauche en comparaison du droit, mais aucune différence marquée. Il m'a demandé ce que je pensais des procès ; j'ai dit que j'avais été passablement occupé dans les derniers jours et que je n'avais pas assisté aux séances régulièrement.

Les séances de la semaine dernière ont porté essentiellement sur les chefs d'accusation retenus contre diverses organisations. « Votre juge Francis Biddle, a dit Dönitz, il y voit clair, très clair [1]. Vous l'avez entendu poser toutes ces questions à l'accusation ? » J'ai répondu que j'en avais entendu quelques-unes. Dönitz est très impressionné par Biddle, qui pour lui domine de beaucoup le reste des juges. « Il a ce discret sourire aux lèvres, dit-il, quand il entend quelque chose qui est contestable. Un homme admirable. Très honnête et fin. » J'ai répondu que Biddle était un homme excellent, qu'il avait fait partie du gouvernement de Roosevelt. J'ai fait cette observation à dessein, parce qu'il a été question de mobiliser la propagande anti-Roosevelt au service de la défense quand celle-ci commencera à s'exprimer, la semaine prochaine.

Dönitz a particulièrement apprécié la question que Biddle a posée au procureur Robert H. Jackson : jusqu'où irait la responsabilité des actes criminels au cas où les organisations seraient jugées criminelles ? Dönitz a le sentiment qu'il est « très dangereux » de criminaliser ces organisations parce que des milliers et des milliers de gens en ont fait partie, et que chaque Allemand a compté au moins un parent chez les SA, le SD, les SS et ainsi de suite. « Vous savez ce qu'a dit votre général Lucius Clay [2]. Il a dit que si ce tribunal jugeait les organisations coupables, il faudrait aussitôt arrêter quelque cinq cent mille Allemands. » J'ai répliqué que je n'étais pas au courant de la déclaration du général Clay ; cependant, le procureur Jackson avait indiqué très clairement qu'il n'avait pas l'intention de traduire en justice tous les membres de ces organisations, mais uniquement les dirigeants et certains individus [3]. Dönitz n'a

1. Francis Beverly Biddle (1886-1968) fut ministre de la Justice de 1941 à 1945 ; le président Harry S. Truman le nomma juge au procès de Nuremberg.

2. Le général Lucius Clay (1897-1978), adjoint du général Dwight Eisenhower, siégea en tant qu'Américain à la commission de contrôle des Alliés. Après la victoire, il fut nommé gouverneur militaire de la zone d'occupation américaine en Allemagne.

3. Suivant l'accusation, certaines organisations (comme le parti nazi, la Gestapo et la SS) pouvaient être inculpées, et pas seulement une poignée de dirigeants à titre personnel. Ces organisations seraient également accusées d'avoir fait partie d'un complot criminel, en sorte qu'il suffirait d'accuser des « individus représentatifs », non pas chacun des membres. Une fois l'organisation jugée et reconnue coupable, chaque membre pourrait être jugé en tant que complice d'un complot criminel et bénéficier d'une procédure sommaire entre les mains des Alliés. Il importe cependant de noter que, contrairement à ce que prétendirent certains accusés, l'article 10 du Tribunal militaire international ne devait pas déclarer

pas voulu tenir compte de ce détail, tout comme feignent de l'ignorer Baldur von Schirach, Wilhelm Frick et les autres avec qui je me suis entretenu au cours des tout derniers jours.

Nous avons parlé de beaucoup de choses. Les projets d'avenir de Dönitz, par exemple, se résument à ceci : « Je me trouverai une petite pièce, je m'isolerai avec ma femme, et j'écrirai mes mémoires. Je crois que je dois le faire pour le peuple allemand. Qu'il puisse voir par lui-même ce qui s'est passé et le peu que nous autres dirigeants savions des atrocités de Hitler et de Heinrich Himmler [1]. »

Pour un Américain, c'est difficile à comprendre, a expliqué Dönitz, mais le mot d'ordre de Hitler était : « Mêlez-vous de vos affaires et contentez-vous de faire votre travail. » Dönitz ne sut donc rien des plans d'une guerre d'agression, rien de l'extermination des Juifs, rien des plans pour l'extermination de trente millions de Slaves, rien des atrocités en Russie et en Pologne. « Je sais que les Russes ont fait les mêmes choses quand ils ont traversé la Prusse-Orientale. » Ce que j'ai contesté en lui demandant comment il le savait et de quelles preuves il disposait. Il a admis ne pas avoir d'informations de première main, mais que la presse nazie s'était largement fait l'écho des atrocités russes et que c'était sans doute en partie vrai.

Il a le sentiment d'avoir eu la « vie dure ». Il a combattu dans la dernière guerre, à la fin de laquelle il était lieutenant dans la division des sous-marins. Il n'a plus jamais quitté la mer. Il a parcouru la terre entière, mais étrangement n'est jamais allé en Amérique. Il a le sentiment que c'est dommage, et il aurait bien aimé voir les États-Unis. Il est allé au Japon et a fait le tour du monde. De 1918 à 1935, date à laquelle l'amiral Erich Raeder l'a chargé de réorganiser le service des sous-marins, il a servi sur des croiseurs et d'autres bâti-

purement et simplement que certaines organisations nazies étaient criminelles, mais laissa audit tribunal le soin d'en décider. De surcroît, tout membre de ces organisations reconnues finalement criminelles par le tribunal ne devenait pas automatiquement un criminel, mais avait le droit à un procès. La position américaine sur la criminalité des organisations nazies fut exposée au tribunal le 28 février 1946, puis publiée séparément. Voir Jackson, *The Nürnberg Case*, p. 95-119.

1. Heinrich Himmler (1900-1945), chef de la SS et créateur du système concentrationnaire, fut l'un des principaux promoteurs et acteurs de l'extermination des Juifs. Arrêté par les Britanniques en mai 1945, il se suicida. Pour une bonne introduction générale à Himmler et un portrait collectif des dirigeants nazis, dont la plupart de ceux qui furent jugés à Nuremberg, voir l'ouvrage toujours utile de Joachim C. Fest, *The Face of the Third Reich : Portraits of the Nazi Leadership*, trad. Michael Bullock, New York, 1970 ; *Les Maîtres du IIIe Reich. Figures d'un régime totalitaire*, trad. fr., Paris, Grasset, 1965, p. 87-109.

ments [1]. La mission était rude et il fut très surpris de l'obtenir. Il voit encore Raeder lui dire qu'il était responsable des sous-marins et de la formation sous-marine. Cela faisait si longtemps qu'il ne suivait plus l'évolution des sous-marins ; il n'y avait que des jeunes hommes dans la marine, et il lui fallait revoir toute l'affaire de fond en comble.

À compter de cette date, il est monté tous les jours sur un sous-marin. « Ce n'était pas bon pour mes rhumatismes, a-t-il précisé, d'être dans l'humidité, l'huile et l'eau à longueur de journée. »

Jusqu'en 1943, il n'a vu Hitler qu'une fois tous les deux ans. Après 1943, il l'a vu deux fois par mois. Dans les tout derniers mois, il était souvent en contact avec le Führer. Quand il a appris que ce dernier s'était suicidé et qu'il avait été désigné successeur de Hitler à la tête de l'État, il a décidé de rechercher la paix « tout de suite, ce que j'ai fait ». J'ai dit que si je me souvenais bien de ce que j'avais entendu alors à la radio, on avait commencé par annoncer que l'Allemagne se rendrait aux Britanniques et aux Américains, mais pas aux Russes. Il a acquiescé. Ce n'était qu'un geste symbolique, a-t-il précisé. Il savait que c'était impossible. Lui-même ne se considérait pas comme le successeur de Hitler. Il s'est dit qu'il avait été choisi pour demander la paix et organiser la reddition parce que seul un non-politique pouvait le faire. C'est la raison pour laquelle il accepta d'être désigné successeur de Hitler à la tête de l'État.

Je lui ai demandé ce qu'il pensait du « principe du Führer ». Il a répondu n'y avoir jamais été favorable parce qu'un homme a toujours besoin d'un « correctif ». C'est pourquoi un chef d'État a besoin d'un chef d'état-major et d'autres conseillers. S'est-il jamais opposé à Hitler, par quelque action ou des opinions exprimées ? Non. C'était un homme de la mer, un point c'est tout.

La plupart des atrocités, croit-il, ont été le fait des Autrichiens ou tout au moins des Bavarois. Il semble détester les Bavarois plus encore que les Autrichiens. « Ils sont colériques. » Il a expliqué ça en déclarant que les Bavarois étaient hyper-émotifs. Imaginez qu'un groupe d'Allemands du Nord fassent une promenade en traîneau et que le stick entre le traîneau et le cheval se casse en grimpant la montagne ; les Allemands du Nord vont descendre et se mettre à le réparer. En revanche, le Bavarois va se lever et s'emporter, se saisir du stick brisé pour en flanquer des grands coups contre un rocher :

1. Le grand amiral Erich Raeder (1876-1960) fut commandant en chef de la marine allemande jusqu'en 1943, date à laquelle Dönitz lui succéda. Jugé comme grand criminel de guerre à Nuremberg, il fut reconnu coupable sur les trois premiers chefs d'accusation, mais pas de crimes contre l'humanité. Condamné à la prison à perpétuité, il fut libéré en 1955 pour raisons de santé.

« Sale stick, stick de m… ! », et ainsi de suite. La scène l'a fait rire. Et le tempérament des gens du Nord ? lui ai-je demandé.

« L'Allemand du Nord est lent, posé, réfléchi, peut-être stupide. » Il a souri en disant ces mots. De toute évidence, il essayait de brosser un autoportrait. « L'Allemand du Nord n'est pas porté aux extrêmes. Il a des horizons plus larges que les hommes des montagnes de Bavière et d'Autriche. »

Je lui ai demandé si, à son avis, Hermann Göring ne savait rien lui non plus de ce qui se tramait concernant les plans de guerre, les atrocités et les programmes d'extermination. Il s'est dit persuadé que Göring disait la vérité et n'en savait pas plus qu'il ne le disait. « Je mesure bien combien ce doit paraître impossible à un Américain. Ça ne pourrait pas arriver dans une démocratie. Mais dans notre type de gouvernement, c'était possible. »

Joachim von Ribbentrop, à son avis, est « comme un homme des bois ». Il n'a pas grand-chose à dire à son sujet, si ce n'est que « lorsque ces procès ont commencé, vous savez, Ribbentrop a dit que sa mémoire était défaillante à cause des somnifères ». J'ai répondu qu'il était assez peu probable que les sédatifs créent de sérieux problèmes de mémoire. Dönitz a ri et a dit qu'il n'y croyait guère, lui non plus. « J'ai un bon avocat. Dans ma défense, il montrera que je ne connaissais guère aucun de ces hommes. Ribbentrop, je l'ai rencontré deux fois, la première en 1943, il me semble. Schirach, je l'ai rencontré pour la première fois, je crois, en 1944. »

Il a le sentiment que son avocat, un juge de la marine, est très capable. Quand on lui a fait savoir qu'il lui faudrait un avocat de la défense, il n'en connaissait aucun. Puis il s'est souvenu d'avoir été présent à une audience présidée par cet officier de marine, avant la guerre : il s'agissait de déterminer qui était responsable de l'emboutissage d'un navire. « J'ai aimé sa façon de traiter l'affaire, et j'ai donc demandé Otto Kranzbuehler. Je dois dire que je ne suis pas déçu. Et les Britanniques et les Américains font tout ce qui est en leur pouvoir pour m'aider dans ma défense. La semaine dernière, mon second avocat, lui aussi ancien officier de marine, s'est envolé pour Londres et n'a eu aucun mal à obtenir des documents en mon nom. Il doit rentrer cette semaine. »

Et Dönitz de poursuivre : « Saviez-vous que le juge britannique, sir Geoffrey Lawrence, m'a envoyé une lettre que la cour a reçue d'une centaine de commandants de sous-marins actuellement internés en Angleterre, et déclarant sous serment que je n'ai jamais ordonné de fusiller les survivants de bateaux coulés, bien au contraire ? »

S'agissant de ses projets d'avenir, une fois qu'il sortirait de prison, je lui ai demandé : quel sera le thème de vos mémoires ? Eh bien, a-t-il répondu en substance, je passerai en revue toute ma vie, sous l'empire, sous la République de Weimar, sous le IIIe Reich. Son thème majeur, pense-t-il, sera qu'il devrait y avoir des États-Unis d'Europe, sous la direction de la Grande-Bretagne. « Un Commonwealth des nations d'Europe pour se regrouper et faire contrepoids à la Russie, à l'est. » J'ai voulu savoir s'il pensait que cela allait vraiment se réaliser. Il a répondu que c'était son idée, et que ce n'était pas une idée nouvelle pour lui. Si la Grande-Bretagne se lance dans une telle entreprise, elle doit inviter l'Allemagne à être membre de ce Commonwealth des nations. Pour lui, l'Allemagne doit le faire parce que sa culture est liée à l'Occident, non pas à l'Orient, comme la culture russe.

Je lui ai demandé s'il pensait encore en termes d'équilibre des puissances. Oui, absolument. J'ai voulu savoir s'il n'avait pas le sentiment qu'une guerre avec l'Est était implicite dans ses recommandations visant la formation d'un Commonwealth européen uni pour faire contrepoids à la Russie. Il a répondu qu'il n'avait aucune idée de ce à quoi il fallait s'attendre à ce propos, mais qu'il ne songeait pas un instant à une guerre avec la Russie en recommandant une Europe unie qui serait un Commonwealth sous protection britannique.

Il m'a demandé où j'habitais. Je le lui ai dit. Il a voulu savoir si c'était un hôtel. J'ai dit que c'était un ancien immeuble d'habitation. Il a soupiré. « Je suis un vieil homme de cinquante-quatre ans, édenté, perclus de rhumatismes. » Il s'est expliqué en disant qu'il avait surtout des fausses dents et qu'il avait le sentiment que sa vie utile était plus ou moins passée. « Ma femme devra travailler pour gagner notre pain pendant que j'écrirai mes mémoires », a-t-il ajouté de manière saugrenue.

Je ne crois pas que cet homme ait la moindre idée de ce qui se passe dans le monde. Il est fin, en aucune façon obtus, mais son esprit semble s'être bloqué sur les traits saillants des procès jusqu'ici. Il rejette les atrocités, la tuerie de millions de Juifs, la barbarie des SS, tout le criminel *modus operandi* du parti nazi. Il ne voit qu'une chose, qu'il est innocent de tout crime, passé ou présent, et que tout effort pour l'impliquer, lui ou un autre des accusés, n'est qu'une machination politique. Pour lui, d'un côté, les actions de l'Allemagne ont été le fruit de l'oppression après la dernière guerre ; de l'autre, il refuse d'admettre sa culpabilité en tant que fidèle serviteur de Hitler et de son régime. Il nie toute atrocité en mer et reste sceptique sur celles qui se seraient déroulées à terre. Et les preuves ? lui ai-je demandé. « En effet, a-t-il répondu, le Dr Douglas Kelley et le Dr Gustave Gilbert m'ont tous deux dit que quand on a montré ce film, avec la population de Weimar obligée de se rendre à Buchenwald, il était clair d'après la tête des gens qu'ils ne savaient rien de ce qui se passait là-bas. Dans le film, ils avaient la mine réjouie en se dirigeant vers Buchenwald. Lorsqu'ils ont quitté les lieux, ils avaient l'air visiblement brisés. »

J'ai demandé si ce film en soi n'était pas une preuve suffisante quant aux crimes de guerre, à leur existence et aux atrocités du régime nazi. Reconnaissait-il que le film était un documentaire, qu'il disait vrai ? Oui, bien entendu, a-t-il dit, mais s'agissant des autres atrocités il était encore dubitatif. « Cela vous montre simplement ce que nous, parmi les dirigeants, savions de ce qu'il se tramait. »

Au cours de l'entretien, il a dessiné pour moi une torpille individuelle et m'a expliqué son fonctionnement. Je lui ait fait remarquer qu'à ce qu'on m'avait dit c'était pratiquement un suicide assuré pour le pilote. Il l'a admis, tout en ajoutant que c'était une arme très efficace quand l'ennemi était près des côtes : sous-entendu, détruire un grand cuirassé ou un autre bâtiment valait bien une vie. J'ai dit que je n'aimerais pas piloter une de ces torpilles. Il a ri : « Pour toucher un gros navire, ça vaut le coup. »

Alors que je me retirais, appelé au téléphone, il a écrit sur le papier où il avait dessiné la torpille sous-marine (en allemand) : « À un bel après-midi de conversation », et il a signé. Il a ajouté qu'il avait eu beaucoup de plaisir à discuter et que je devais repasser.

2 mai 1946

Ce soir, je suis allé voir Dönitz. Hjalmar Schacht avait été à la barre toute la journée. Dönitz a souri et m'a demandé où j'avais été toute la semaine. J'ai expliqué que j'avais pris l'avion et avais séjourné cinq jours à Londres. Il a voulu savoir comment les choses se passaient maintenant en Angleterre, quel était le sentiment de la population, ce que les gens pensaient des procès, si Londres avait été beaucoup détruite, etc. Je lui ai dit que mon impression se fondait sur un séjour très bref, et que tout ce que je pouvais dire, c'est que les choses me semblaient meilleures que lors de mon dernier séjour, l'an passé à la même époque. Quant à l'opinion publique concernant les procès, je n'en savais strictement rien. La presse britannique semblait leur donner plus de place que les journaux américains.

« Ah. Et qu'ont-ils dit de la défense de Julius Streicher ? Avaient-ils beaucoup de choses à dire sur le début du procès Schacht, ou étiez-vous à Londres à ce moment-là ? » J'ai dit que la presse londonienne assurait une couverture apparemment tout à fait convenable du procès et que je pouvais suivre très correctement les événements de Nuremberg en lisant le *Times* de Londres. « Avez-vous remarqué la différence entre certains Anglais et les autres ? Les uns ressemblent aux Allemands du Nord. Les autres, davantage à des Bavarois ou à des gens de l'est. » J'ai observé que je n'avais guère prêté attention à ces différences.

« Je le vois bien au tribunal. Le plus clair du temps, je ne prête pas grande attention aux discussions interminables de la défense et de l'accusation. Ça ne m'intéresse pas. Je regarde la tête des juges. Biddle a un visage sympathique, très intelligent. Tous les autres juges, à l'exception des Français et des Russes, qui sont pareils à des hommes de pierre, observent Biddle et réagissent selon ce qu'il chuchote à l'oreille de Lawrence. Le juge Lawrence essaie probablement de conduire les débats honnêtement, mais c'est Biddle qui s'interpose et oblige le ministère public russe à se conduire dignement quand il se lance dans l'une de ses extravagantes accusations. »

Qu'a pensé Dönitz de la défense de Streicher ? « Je n'ai pas écouté. J'ai fait des dessins et regardé Biddle. » Et Schacht ? « Eh bien, ce n'est pas moi qui vais commencer à créer des divisions entre nous autres, accusés. Schacht a tort au sujet de Hitler. Il n'avait pas à prendre position si violemment contre lui. Si Schacht en savait si long sur les exterminations ordonnées par Hitler, que ne l'a-t-il dit avant ce procès ? Personnellement, je ne pense pas que Hitler en ait donné l'ordre, malgré son testament [1]. » J'ai observé qu'il exprimait presque mot pour mot l'opinion de Göring, qui avait la même idée et m'a dit que c'était probablement Martin Bormann qui l'avait fait au nom de Hitler [2].

1. Le « dernier testament » de Hitler consiste en propos dictés dans la nuit du 29 avril 1945, juste avant sa mort, prévue pour le lendemain. Voir Adolf Hitler, « My Private Will and Testament » et « My Political Testament », in Jeremy Noakes et Geoffrey Pridham, éd., *Nazism 1919-1945 : A Documentary Reader*, 4 vol., Exeter, 1983-1998, vol. 4, 1998, p. 667-671. [Voir aussi *Le Testament politique de Hitler*, notes recueillies par Martin Bormann, préface de H. Trevor-Roper, trad. de l'anglais par J. Brécard, commentaires d'André François-Poncet, version française et présentation de François Genoud, Paris, Fayard, 1959. *N.d.T.*]

2. Martin Bormann (1900-1945) fut chef de la chancellerie du parti après la fuite de Hess en Grande-Bretagne en 1941. Des historiens suggèrent qu'en coulisses et plus ou moins anonymement Bormann devint l'homme le plus puissant du IIIe Reich après Hitler.

L'idée qu'il avait dit quelque chose qui paraissait sortir de la bouche de Göring n'était pas particulièrement au goût de Dönitz. « Je ne suis pas un homme politique. Quand la guerre a commencé, j'étais capitaine de corvette. Je n'ai guère connu Hitler avant 1942. Il a toujours paru raisonnable et ses exigences semblaient être pour le bien de l'Allemagne. Je vois aujourd'hui qu'il avait trop peu de considération pour d'autres peuples, comme les Juifs, ou les États voisins. Mais je n'ai jamais eu la moindre idée de ce qui se passait en ce qui concerne les Juifs. Hitler disait que chacun devait s'occuper de ses affaires, et les miennes c'étaient les sous-marins et la marine. »

Comme d'habitude, Dönitz en arriva à sa propre affaire et à tout ce qu'elle avait de ridicule. « C'est tellement ridicule. Cet officier de marine américain qui a présenté le dossier contre moi m'a fait une faveur. Mes meilleurs témoins ont été ceux de l'accusation. Ça revient à dire : si un sous-marin torpille un bateau et peut recueillir des survivants, c'est parfait. Mais si le sous-marin est en danger et doit quitter les lieux sur-le-champ, il est impossible de sauver les survivants. C'est aussi vrai dans les marines anglaise et américaine que dans la marine allemande. »

Il est revenu sur ce thème : lui-même était apolitique et n'était qu'un marin qui avait fait son travail. Si l'Allemagne avait gagné la guerre, on aurait certainement mis le holà aux abus de pouvoir du parti nazi. De retour chez eux, pas question pour les soldats et les marins de se laisser diriger par un chef de bloc [1] ; ils tenaient à leur liberté. Probablement le gouvernement national-socialiste se serait-il effondré peu après une victoire allemande.

N'était-il pas probable que, si Hitler avait gagné la guerre, il aurait été politiquement plus fort que jamais ? « Non, je ne le pense pas. Pas depuis que je vois quels crimes ont été commis au nom du parti, les exterminations, les massacres collectifs. Non. Je crois qu'un parti militaire aurait presque aussitôt accédé au pouvoir. »

J'ai observé qu'il me paraissait très satisfait, à tous égards, de Hitler, s'il acceptait la direction de l'Allemagne des mains de Hitler après le suicide de ce dernier. « Est-ce un crime ? Est-ce un crime d'accepter la direction d'un pays qui s'écroule ? Est-ce un crime d'empêcher les Russes, l'ennemi naturel de l'Allemagne, de

1. Les chefs de bloc étaient les chiens de garde du parti dans les quartiers et avaient pour mission de faire respecter la ligne. Pour une étude fouillée, voir Michael H. Kater, *The Nazi Party. A Social Profile of Members and Leaders, 1919-1945*, Cambridge, Mass., 1983. Pour une étude récente de la base sociale du parti, voir Carl-Wilhelm Reibel, *Das Fundament der Diktatur : Die NSDAP-Ortsgruppen 1932-1945*, Paderborn, 2002.

s'emparer de nos armes et de notre main-d'œuvre ? Aux yeux des Russes, probablement que oui. Mais je me réfère ici aux yeux d'un Occidental. Je savais que nous devions capituler, et je voulais que ce soit devant les Américains et les Britanniques, non pas devant l'Est. Je ne suis pas même accusé de crimes de guerre au sens d'atrocités. Il est clair qu'ils n'ont rien contre moi. J'ai accédé à une position de pouvoir en 1943. Comment peut-on m'accuser de conspiration ?

« Ils n'ont qu'une seule charge contre moi : que j'ai donné l'ordre de ne pas sauver des survivants. C'est faux, et la preuve en a été donnée par l'accusation et son témoin. Je dois aussi faire crédit à mon avocat, qui est très fin, critique et vigilant. Le procès ne peut que se terminer dans l'erreur, parce qu'il se fonde sur une erreur. Comment un tribunal étranger peut-il juger le gouvernement souverain d'un autre pays ? Aurions-nous pu juger le président Franklin Delano Roosevelt et le secrétaire Henry Morgenthau, ou Winston Churchill et Anthony Eden, si nous avions gagné la guerre ? Nous n'aurions pu le faire et n'en aurions rien fait. Tout procès devrait être le fait de la nation elle-même et de ses tribunaux. »

Maintenant tout excité, Dönitz a élevé la voix : « Vous imaginez un peu ! Des Russes siégeant à Nuremberg, pour juger les dirigeants allemands ! Les Russes ont coulé un bateau allemand avec des hommes, des femmes et des enfants. Je connais l'affaire. Mais fait-on une enquête ? Et vous autres, Américains, vous n'êtes pas non plus sans tache. Vous avez armé des bateaux de la marine marchande avant l'entrée en guerre des États-Unis. »

J'ai répondu que je n'étais pas là pour débattre avec lui, mais que je désirais simplement entendre son point de vue, que je puisse essayer de comprendre ses actions. Il a souri d'un air soupçonneux. « Et écrire un bouquin sur moi, pour dire au monde quel imbécile je fais, hein ? » Je l'ai rassuré : si j'écrivais quoi que ce soit, je devrais le faire approuver par qui de droit, et ce n'était ni mon intention ni mon but de le portraiturer autrement qu'il n'était.

L'une des choses qui m'intriguait, ai-je dit, c'est que Hitler l'ait choisi pour successeur. « Hitler m'a choisi parce qu'il a eu le sentiment, sans nul doute, que seul un homme raisonnable jouissant d'une honnête réputation comme un marin pouvait obtenir une paix digne. J'ai accepté volontiers. Pourquoi pas ? Je n'étais pas au courant alors de l'extermination des Juifs par Hitler, que j'ai apprise pour la première fois à Nuremberg. »

Dönitz était-il au courant des persécutions des Juifs ? « Oui et non. Autour de 1938, j'ai entendu parler des amendes infligées aux

Juifs et de quelques actions de rue dirigées contre eux [1]. Mais j'étais trop occupé par les sous-marins et les problèmes navals pour me soucier des Juifs. » Se sentait-il concerné par le destin de ces Juifs, maintenant ? « J'ai la conscience tranquille. Je n'ai pas participé aux brutalités ni aux actions criminelles. Que j'aie aidé Hitler à conduire une guerre pour ma Patrie ne m'expose pas à la critique de l'avoir aidé à anéantir les Juifs. Il n'en est rien, c'est comme ça. »

Dönitz était-il au courant des camps de concentration ? « Oui. J'ai su qu'il y avait des choses de ce genre en 1933-1934. Mais à l'époque ne s'y trouvaient que douze mille personnes environ, des ennemis politiques [2]. Aujourd'hui, rien que dans la partie de l'Allemagne sous occupation américaine, il y a plus de six cent mille Allemands internés. Y avez-vous jamais pensé ? » Il sourit, comme s'il avait marqué un point.

J'avais donc raison de conclure que les camps de concentration lui paraissaient justifiés ? « Dans une certaine mesure, ils se justifiaient. Si Hitler n'avait pas jeté les communistes dans des camps en 1933, il y aurait eu une guerre civile et un bain de sang. Les communistes se seraient révoltés contre le gouvernement légalement élu. Le plus grand danger de guerre civile en Allemagne survint en 1932, quand il y avait clairement un choix à faire entre communisme et national-socialisme. Paul von Hindenburg et les autres éléments bourgeois conservateurs ont donc choisi Hitler. Moi aussi, et je le referais s'il fallait choisir entre communisme et nazisme. » Il a ensuite entrepris d'expliquer que c'étaient des temps révolutionnaires, et que le parcage dans des camps de concentration de quelques milliers d'adversaires politiques n'était pas particulièrement une mauvaise chose. « En plaçant dans des camps ces gens avec des idées étrangères, on a sauvé le sang allemand. Aurait-il mieux valu avoir une guerre civile ? »

1. Dönitz fait ici allusion à ce qui s'est passé en Allemagne le 9 novembre 1938, lors de la fameuse « nuit de Cristal ». Pour un bref récit et les sources, voir Robert Gellately, *Backing Hitler : Consent and Coercion in Nazi Germany*, Oxford, 2001, p. 121-150 ; *Avec Hitler. Les Allemands et leur Führer*, trad. fr. P.-E. Dauzat, Paris, Flammarion, 2003, p. 167-202.

2. Pour un bref panorama des camps, y compris des statistiques, voir Gellately, *Backing Hitler*, p. 51-69 et trad. fr., p. 77-100. Suivant le dernier recensement (15 janvier 1945), les camps de concentration allemands comptaient 511 537 hommes et 202 674 femmes ; voir *ibid.*, p. 243 et trad. fr., p. 319.

14 juillet 1946

L'ancien grand amiral était couché sur son lit avec un mouchoir qui lui couvrait la tête et le front quand je suis entré dans sa cellule. Il s'est levé avec alacrité, s'est dit ravi de me voir, et m'a demandé des nouvelles du monde. J'ai répondu qu'il n'y avait rien de particulièrement marquant au bulletin d'informations que j'avais écouté à la radio le matin. Il a dit souffrir d'un léger rhume, qu'il a attribué au courant d'air entrant dans la cellule par la fenêtre ouverte du clapet carré découpé dans la porte.

Il s'est exprimé comme d'habitude, tout à la fois incisif et évasif. Le lendemain, son avocat, Kranzbuehler, allait présenter le dernier résumé de sa défense. « Un type très critique, mon avocat. Et il me dit que, pour ce qui est des crimes, la défense est limpide et l'accusation n'a pas même une jambe pour s'appuyer. » Voilà quelques semaines, alors qu'il planchait sur sa défense, son avocat lui a aussi dit que le chef d'état-major d'un amiral américain, venu suivre les procès, avait transmis personnellement ses salutations à Dönitz. « Votre amiral américain a déclaré qu'il me tenait dans la plus haute estime et a trouvé que je menais ma défense à la perfection. Il a fait dire par son chef d'état-major que ma conduite était irréprochable et qu'il avait la plus grande admiration pour moi. »

Je me souvenais d'avoir vu un détachement d'officiers de marine quand avait été présentée la défense de Dönitz, mais je ne savais pas le nom de l'amiral américain. Dönitz ne le savait pas non plus, mais il insistait sur l'importance des salutations transmises par son avocat.

« Les Russes vont vous créer des ennuis. Vous allez voir. Je les connais, ces Russes. Ernest Bevin a déclaré que les accords de Potsdam étaient la plus grande folie [1]. Harold Laski, le chef du parti travailliste anglais, a aussi déclaré que les frontières tracées par les trois puissances à Potsdam étaient une grande erreur. » Dönitz s'est mis à dessiner une carte de l'Europe sur un bloc, avec la ligne de démarcation entre les zones russe et américano-britanniques. « La totalité du blé et des patates, les greniers mêmes de l'Allemagne se trouvent dans la zone russe. Ils ne retireront jamais leurs troupes. Ils propageront le communisme. Ils ne se retireront jamais des Balkans non plus. La pauvre Turquie est désormais entièrement entourée par les Russes. Tout ce que les Russes ont fait l'an passé indique claire-

1. Ernest Bevin (1881-1951), un des dirigeants du parti travailliste britannique, devint en 1945 secrétaire d'État aux Affaires étrangères du nouveau gouvernement travailliste conduit par Clement Attlee (1883-1967).

ment qu'ils se mettent en ligne contre les puissances occidentales, à savoir contre les États-Unis et la Grande-Bretagne.

« Les Russes m'accusent d'avoir envoyé nos armées et notre flotte à l'Ouest quand j'ai pris le commandement de l'Allemagne après la mort de Hitler. Eh bien, permettez-moi de vous le dire, le général Dwight Eisenhower et surtout le général Bedell Smith et le Field Marshal Bernard Montgomery m'ont été très reconnaissants, à l'époque, de n'avoir pas laissé les Russes s'emparer de notre flotte, de trois millions de soldats allemands et de leurs armes. Pour moi, il était très clair, à l'époque, que si j'envoyais la flotte se rendre à Leningrad, par exemple, ou laissais trois millions de soldats tomber entre les mains des Russes, ces derniers seraient de ce fait beaucoup plus forts, et les soldats allemands finiraient par se battre contre l'Allemagne. »

La Russie était la plus grande menace pour la paix mondiale, a ajouté Dönitz, et il a cité des articles lus dans le *Reader's Digest*, écrits par Joseph Kennedy, l'ancien ambassadeur américain en Angleterre, et d'autres articles.

Dönitz croyait-il probable une nouvelle guerre ? Il a répondu dans un haussement d'épaules. « Non. Tout à fait impossible. Avec les nouvelles armes comme la bombe atomique, la Russie en disposerait elle aussi, et elle s'en servirait la première. C'est un monde très difficile. Mais que des ennuis soient imminents est une évidence. J'ai vu dernièrement dans le *Herald Tribune* un dessin humoristique montrant le monde divisé par un grand fossé, avec les États-Unis et la Grande-Bretagne d'un côté, l'URSS de l'autre. » Eh bien, comment ces difficultés allaient-elles être résolues, selon Dönitz ? « Je ne puis le dire aujourd'hui, alors que je suis prisonnier. Remettez-moi donc en liberté et j'en aurai des choses à écrire, et je dirai librement le fond de ma pensée. La Russie est la plus grande nation criminelle du monde et le communisme le plus grand mal. Je suis bien obligé de rire quand ils m'accusent d'avoir participé à une conspiration. Les Russes passent leur temps à conspirer.

« Les Russes nous ont demandé un bout du Danemark et des parties de la Pologne avant que nous entrions en guerre avec eux. Aujourd'hui ils m'accusent de conspiration politique. J'étais avec ma flotte dans la baie de Biscaye, je ne suis guère allé à Berlin avant 1943, quand Raeder s'est retiré et que j'ai été nommé chef de la marine. J'accepte la responsabilité de la guerre sous-marine depuis 1933, et celle de toute la marine à partir de 1943, mais me rendre responsable de ce qui est arrivé aux Juifs en Allemagne, ou aux soldats russes sur le front est – c'est tellement ridicule que je ne peux qu'en rire. »

Qu'en est-il de la marine elle-même ? La marine n'a-t-elle pris aucune mesure antisémite ? « Absolument aucune. Pour autant que je m'en souvienne aujourd'hui, j'avais quatre officiers supérieurs juifs. L'un d'eux s'appelait Rogge, un vice-amiral qui a été tout du long, jusqu'à la fin de la guerre, responsable de l'éducation des cadets [1]. Un autre était capitaine. J'ai eu un témoignage écrit sous serment de Rogge pour ma défense. Si l'un de ces quatre officiers juifs avait su ce qu'il arrivait aux Juifs en Allemagne ou ailleurs du fait de Himmler et de Hitler, il n'aurait pas manqué de me le dire. Il y a eu une lettre que j'ai reçue en 1943 de Hitler, disant que le parti se plaignait parce qu'un Juif était chargé de l'éducation des cadets de la marine. Il voulait parler de l'amiral Rogge. Je lui ai dit de se mêler de ses affaires.

« Notre marine était comme sur une île. Nous avions une totale autonomie. Hitler a quelquefois suggéré de confier à la SS ou à d'autres instances du parti la juridiction sur les délits politiques ou criminels commis par des membres de la marine. J'ai toujours refusé. J'ai toujours dit que la marine devait juger ses propres délinquants. »

Dönitz était-il un tant soit peu au courant de la persécution des Juifs ? « Non. Je ne savais rien en dehors des affaires navales. Ces affaires m'occupaient du matin au soir. Nous n'avions pas de problème juif dans la marine. » Quelle était son attitude envers les Juifs en général ? « Je n'avais pas de préjugés. Un jour de 1934, j'ai fait escale dans un port espagnol et j'ai reçu la visite d'un Juif allemand qui possédait quelques mines de plomb dans le nord de l'Espagne. J'ai donné un déjeuner à bord et l'ai organisé par le truchement du consul d'Allemagne. Je lui ai indiqué que je souhaitais inviter, entre autres, ce Juif et sa fille. Le consul d'Allemagne a répondu que c'était absolument impossible parce que l'homme était juif. Mon adjudant m'a adressé un large sourire parce qu'il connaissait mes positions. J'ai répondu que mon navire était mon domaine et que je ferais monter à bord qui je voulais. L'homme et sa fille sont venus déjeuner.

« C'était un type très convenable. Quand je suis parti, il m'a remercié et il était très bien disposé envers le nazisme. À l'époque, je faisais collection de porcelaines. Dans cette partie de l'Espagne, se trouvait une fabrique de porcelaine vieille de deux siècles qui

1. Dans les documents de la cour, W. Rogge est présenté, à un endroit, comme un capitaine de la marine responsable après la guerre d'un camp pour officiers de marine. Dans l'index du procès, il est cependant décrit comme vice-amiral à la retraite.

produisait un type d'assiette à motif bleu et blanc que je voulais pour ma collection. Je n'arrivais pas à en trouver une à acheter. Alors que nous étions en mer, mon adjudant m'a offert une belle assiette de ce type de porcelaine : un cadeau du Juif allemand. Il était très délicat ; il n'avait pas voulu me l'offrir personnellement, mais il a demandé qu'on ne m'en fasse cadeau qu'une fois en mer. J'ai correspondu avec lui jusqu'en 1939. Je ne sais pas ce qu'il est devenu par la suite. Il m'a écrit un jour que sa fille épousait un prince espagnol. »

Que pensait Dönitz des procès jusqu'ici ? « *Ach* ! C'est une plaisanterie, si vous voulez mon avis. Ce qu'ils vont faire de nous importe peu, mais que l'un d'entre nous soit coupable de conspiration est ridicule. Mon propre cas est on ne peut plus clair. C'est pourquoi j'attends ici, dans ma cellule, la conscience tranquille, en paix avec moi-même, la décision des juges. Probablement y aura-t-il une différence d'appréciation entre les Britanniques, les Américains, les Français et les Russes sur qui est coupable et de quoi, etc. Si ces procès se limitaient à établir qui a ordonné la tuerie des Juifs et d'autres tueries d'êtres humains, il n'y aurait rien à redire. Je ne resterais pas trois heures sur le banc des accusés. Or je suis ici depuis novembre, et j'entends toujours la même rengaine. La moitié du temps, je n'écoute plus. Je me contente de dessiner ou de coucher par écrit ce qui me passe par la tête. »

Jugeait-il coupable l'un des vingt et un accusés ? Il a esquivé la question. « Je ne suis pas juge. Je ne souhaite pas exprimer mon opinion. Avant d'aller à Mondorf [1], je ne serrais pas la main à Göring, je ne l'aimais pas. Je n'ai jamais vu Streicher avant Mondorf, et au début je ne lui adressais pas la parole. Ce n'est plus le cas maintenant. Nous avons tous la même destinée, tout au moins pour l'instant, et je ne vois pas pourquoi nous ne serions pas en bons termes les uns avec les autres. »

Certes, mais, au fond de lui, ne voyait-il pas de différence de culpabilité ou d'absence de culpabilité entre les vingt et un accusés ? J'insistais. « Au fond de mon cœur, j'établis certainement une gradation. Mais je ne puis jeter le blâme sur aucun de ces hommes qui partagent mon destin. La grande folie de ce procès, c'est qu'il manque les deux hommes qu'il faut blâmer de tout ce qui était criminel, à savoir Hitler et Himmler. »

Hitler et Himmler n'avaient-ils besoin d'aucune assistance pour accomplir leurs desseins ? N'était-il pas raisonnable de penser

1. Allusion au camp d'internement dirigé par les Américains à Mondorf-les-Bains, au Luxembourg.

qu'un ancien caporal de l'armée allemande avait besoin de l'aide de spécialistes pour agir ? « Eh bien, pour commencer, Hitler n'était pas un caporal allemand ordinaire. C'était un esprit hors du commun. Dans le test d'intelligence auquel m'a soumis le Dr Gilbert, j'arrive à mémoriser neuf chiffres dans l'ordre décroissant [1]. Hitler avait une mémoire phénoménale. Il avait le don de se souvenir de tout ce qu'il avait lu. »

Dönitz pensait-il donc qu'aucun des accusés n'était coupable de quoi que ce soit ? Voulait-il dire qu'ils pouvaient tous rejeter la faute sur Hitler et Himmler ? « Disons les choses ainsi. J'assume la responsabilité des sous-marins allemands depuis 1933, et de la marine allemande depuis 1943. Mais me rendre responsable d'une conspiration, c'est faux. Chaque homme doit assumer sa part de responsabilité. »

Dès lors, serait-il correct de dire que Wilhelm Keitel, par exemple, était responsable de la mauvaise conduite de l'armée de terre allemande dans la mesure où les ordres d'exactions portaient son nom ? « Je ne veux pas me prononcer. Keitel était totalement sous la coupe de Hitler. Mon propre cas est plus clair. Votre propre amiral, qui m'a envoyé ses salutations et sa haute estime, l'atteste. »

Et qu'en est-il de Ernst Kaltenbrunner, chef du Bureau central de la Sécurité du Reich (RSHA) auprès de Himmler ? « Là encore, je pense que le responsable était Himmler, pas Kaltenbrunner. Je sais que si j'avais reçu l'ordre de faire ce qui s'est fait dans la SS, j'aurais refusé. »

L'attitude de Dönitz consistant à faire « front commun » avec les accusés était particulièrement marquée en ce qui concerne Göring. « Pour ce qui intéresse ce procès, je ne vois rien à redire dans le comportement de Göring. Ils n'ont étayé aucune des accusations. Je l'ai dit à Göring : l'ennui, avec le national-socialisme, c'est qu'il s'agit d'une maison divisée, que nous autres Allemands avons essayé de vivre dans une communauté sans prendre nos voisins en considération, et Göring s'est dit d'accord avec moi. Même Göring n'est donc pas un aussi mauvais bougre que l'accusation voudrait le faire croire au monde. »

Il a eu un sourire cynique et a ajouté : « Attendons voir. » Je lui ai demandé où il voulait en venir. Ce qu'il allait se passer. « Vous verrez bien. Votre président Harry Truman et votre secrétaire James Byrnes vont avoir des ennuis avec la Russie. L'Est menace

1. Au test de QI administré par le Dr G. Gilbert, Dönitz obtint un score de 138, très supérieur à la moyenne. Pour les résultats du test auquel le psychiatre soumit Dönitz et les autres accusés, voir Gilbert, *Nuremberg Diary*, p. 34 et trad. fr. p. 33.

aujourd'hui l'Ouest. Deux cultures différentes, deux types d'êtres humains se disputent le pouvoir. Un jour, ils me remercieront d'avoir envoyé la flotte à l'Ouest et d'avoir retiré nos armées pour éviter une reddition devant les Russes. Je crois que c'est à cela que pensait l'autre jour votre amiral américain venu suivre les débats. Ça a été une initiative très judicieuse de votre président d'envoyer le général Bedell Smith à Moscou et le général George Marshall en Chine. Ces deux régions ont besoin d'un militaire pour sentir l'atmosphère et tâter le pouls du pays, pour découvrir, mieux que ne pourrait le faire un civil, quelles mesures sont prises en prévision d'une guerre.

« Je reçois des lettres de mes anciens officiers, qui me posent des questions. J'en tire plaisir et satisfaction. Savez-vous que la Russie a demandé à plusieurs de mes dessinateurs et ingénieurs de sous-marins de travailler pour le gouvernement russe et de livrer les plans du nouveau sous-marin secret allemand capable de voyager sous l'eau de l'Allemagne jusqu'au Japon ? Oui. Les Russes sont à l'affût de ces secrets. Puis ils produiront des centaines de sous-marins de ce genre, ce que nous étions sur le point de faire quand la guerre a pris fin. »

J'ai dit qu'il y avait quelques détails dans sa biographie que j'aimerais clarifier. Il s'est montré discrètement évasif sur de nombreuses questions qui m'intéressaient, en particulier sur sa petite enfance.

Il était tout petit, quatre ans, quand sa mère est morte, vraisemblablement de tuberculose pulmonaire. Il avait vingt et un ans quand son père est mort d'urémie à cinquante-cinq ans. Son père ne s'était jamais remarié. Il n'avait eu qu'un frère, de deux ans son aîné, qui trouva la mort lors d'un raid aérien sur Berlin, en 1943. Il avait eu une enfance « heureuse » dans le Schleswig-Holstein. « Diverses parentes de mon père » lui avaient servi de mère à divers moments.

Lui-même est heureux en ménage. Sa femme est en vie et se trouve à présent dans le Schleswig-Holstein, où elle n'attend plus que sa libération. Sa fille aînée est mariée et a trois enfants en bas âge. Elle habite la même ville que sa mère. Les deux fils de Dönitz sont morts au combat dans la marine, en 1943 et en 1944, à vingt et un et vingt-trois ans, célibataires.

« Mon seul véritable ami ici en prison, parmi les accusés, c'est Albert Speer. C'est un grand architecte et un grand génie de l'organisation. Quand je suis arrivé à Berlin en 1943 pour prendre en charge la marine, il y avait pénurie de logement. La marine m'avait assigné une maison qui ne payait pas de mine à Dahlem. J'ai téléphoné à mon ami Speer et je lui ai dit que j'avais besoin d'une maison. Il a promis de faire de son mieux. Il a rappelé le lendemain pour demander que ma femme aille inspecter la maison qu'il m'avait trouvée. C'était un beau manoir, sur une colline, avec deux grandes fenêtres de chaque côté et de vastes jardins tout autour. Il avait un étage, avec un bel et grand escalier pour monter au premier. Souvent, dans la soirée, Speer et sa femme venaient nous voir, et nous leur rendions leurs visites. Speer faisait venir ses pianistes et ses violonistes, qui étaient parfaits. Nous avons passé ensemble de nombreuses soirées musicales. »

Dönitz jouait de la flûte depuis l'enfance et il en joue encore « assez bien ». Son père, a-t-il ajouté, souhaitait le voir étudier le violon, mais son frère s'y mettait à l'époque, et on aurait dit un chat dont la queue est restée coincée dans une porte ; il a donc refusé et choisi plutôt des leçons de flûte. « Aujourd'hui, je regrette de n'avoir pas appris le violon, que je préfère à tout autre instrument. Ça prouve que j'aurais dû suivre le conseil de mon père. »

Que pensait-il du principe du Führer ? « C'est parfait, tant que le Führer est un homme bien. Hitler était bien, c'est du moins ce que j'ai cru jusqu'à la fin de la guerre et la révélation de toutes ces atrocités. Il n'y a rien de mal dans le principe d'un homme fort en politique. En fait, c'est vraiment dommage que votre président Roosevelt ne soit plus de ce monde. Les choses auraient été différentes à la conférence de Potsdam. Il y avait Churchill, Truman et Staline. Churchill venait d'être battu et c'est Clement Attlee qui est venu [1]. Truman était novice et ne savait comment s'y prendre avec Staline. Jamais Roosevelt n'aurait accepté les frontières telles qu'elles existent aujourd'hui du fait de la conférence de Potsdam. »

1. Clement Attlee avait battu Winston Churchill en 1945 ; Premier ministre, il forma le premier gouvernement travailliste.

HANS FRANK
1900-1946

Avocat personnel de Hitler, Hans Frank fut gouverneur général de la Pologne au cours de la Seconde Guerre mondiale.

Reconnu coupable à Nuremberg de crimes de guerre et de crimes contre l'humanité, il fut pendu le 16 octobre 1946.

12 février 1946

Ce soir, nouvel entretien avec Hans Frank. Revenu du tribunal environ une heure auparavant, il était dans sa cellule. Il venait de terminer son repas du soir. Il était aux alentours de 18 h 30. Il était visiblement heureux de nous voir, moi et M. Triest (le traducteur), qu'il appelait « M. le Traducteur ». Frank a débarrassé son lit et sa chaise de ses habits, jetés un peu n'importe comment, et nous a invités à nous asseoir. Il a dit quelques mots en anglais, mais j'ai préféré m'adresser à lui en allemand par le truchement de l'interprète. Je lui ai donné les raisons de ma préférence, précisant qu'il pouvait répondre comme il le souhaitait, en anglais ou en allemand. Il a paru satisfait de cet arrangement, et la conversation s'est déroulée largement en allemand. J'ai expliqué que je me préoccupais de la santé psychologique des accusés en ma qualité de psychiatre de la prison, mais que j'étais naturellement curieux de leurs traits de caractère individuels.

Il a paru consentant et a dit qu'il comprenait, car le Dr Kelley, mon prédécesseur, avait parlé avec lui. « Puisque vous êtes aussi psychiatre, probablement trouverez-vous mon cas intéressant. » Il a grimacé un sourire avec son habituel regard narquois, et gloussé. J'ai demandé s'il souffrait d'un problème physique particulier ou autre. « Aucun, en dehors de cet orgelet à l'œil droit. » Cela a commencé en décembre, pour revenir en janvier, puis de nouveau depuis quelques jours. Il a aussi souffert de « très sales » orgelets voici trois ans. À l'en croire, la cause en était sans doute les courants d'air et la violence de l'éclairage au tribunal. Il y a deux ans, la cause en était le surmenage. C'était très douloureux, a-t-il ajouté. Aujourd'hui, l'examen a révélé un léger orgelet de la paupière inférieure droite, près du canthus externe, sans grande inflammation.

Il a également ajouté que, quelques années plus tôt, il avait eu une infection de l'oreille moyenne avec drainage des deux oreilles. Dans son enfance, cependant, il n'a jamais eu de maladie des oreilles. En raison de cette infection, et à des fins prophylactiques, il a constamment les oreilles bouchées avec des tampons de coton. Je lui ai demandé depuis combien de temps il faisait ça ; il a répondu : par intermittence depuis deux ou trois ans. « J'ai une ouïe extrêmement fine, même avec des bouchons de coton dans les oreilles. Voyez-vous, je suis porté sur la musique. Je joue du piano et de l'orgue. » Ses compositeurs favoris étaient Brahms, Bach et Max Reger ; il a ajouté que ce dernier était un compositeur bavarois. « Je me fichais de Wagner », a-t-il observé d'un ton sérieux. « Mes goûts sont plus classiques. *Der Führer* n'avait aucun goût musical et aimait Wagner à cause de ses grandiloquentes gloires teutoniques. »

À cinq ans, il a « failli mourir » de la diphtérie. Il se rappelait une appendicectomie à treize ans. Il se souvenait qu'un médecin lui avait enfoncé une « aiguille » dans la gorge quand il avait douze ans. Le souvenir lui a arraché une grimace, puis un sourire. Il avait deux cicatrices dans le cou, une de chaque côté, au niveau du cartilage thyroïdien : des blessures qu'il s'était infligées, dit-il, le premier jour quand il avait été capturé (le 3 mai 1945) au Tegernsee. Il a fait une nouvelle tentative de suicide le 5 mai 1945, a-t-il précisé, en se lacérant le bras gauche, à hauteur de l'avant-bras et du poignet. Il avait encore une sensation de picotement aux trois premiers doigts.

« J'ai essayé de me suicider parce que j'ai tout sacrifié pour Hitler. Et cet homme pour qui nous avons tout sacrifié nous a laissés tout seuls. S'il s'était suicidé quatre ans plus tôt, c'eût été parfait. »

Quand a-t-il commencé à se rendre compte que Hitler n'était pas si bon ? Frank a soupiré et répondu sans équivoque : « J'ai perdu mes fonctions officielles en 1942 pour avoir dénoncé les camps de concentration et la politique de la force. Mon avocat a des copies de ces discours [1]. »

Et qu'a-t-il fait contre tout cela à compter de 1942 ? « Hitler m'a démis de toutes mes fonctions mais m'a maintenu gouverneur de Pologne. Je suis resté à Cracovie jusqu'à la fin. J'ai voulu démissionner douze fois, mais je n'ai pu obtenir de Hitler qu'il accepte ma démission. Je voulais retourner dans l'armée, mais Hitler ne voulait pas en entendre parler. » Il était lieutenant d'infanterie de réserve depuis la Première Guerre mondiale.

A-t-il eu des pensées suicidaires dernièrement ? « Au contraire. Un homme est responsable des milliers de gens qui ont travaillé sous ses ordres. Je tiens le suicide pour le plus grand des péchés. Je suis ravi d'avoir échoué. »

Sur ce, je lui ai offert une cigarette. Il a souri et accepté en disant : « Ah ! les cigarettes américaines, elles sont comme l'âme américaine – douces et légères. » J'ai eu l'impression qu'il n'était pas plus hypocrite qu'il ne cherchait à être cynique. Je crois que, dans son esprit, c'était un compliment, et que cette remarque en soi était significative du point de vue de son caractère.

Nous avons discuté à bâtons rompus de sa jeunesse. De 1906 à 1910, il a fréquenté l'école primaire de Munich. De 1910 à 1919, il a poursuivi sa scolarité, également à Munich, mais en 1916-1917, ne « supportant plus » l'école, il est allé à Prague. « Dans mon autobiographie, j'ai évoqué les conflits que j'ai eus à l'école. Ce fut une révolution intérieure. Je me révoltai contre des façons d'enseigner surannées. » Il a raconté avoir publié à cette époque un périodique intitulé *Deutsche Jugend Zeitung* (*Journal de la jeunesse allemande*), qui était ronéoté et « largement » diffusé parmi les élèves – « plus de mille exemplaires ». Le journal fut interdit par les auto-

1. Entre autres choses, dans des conférences données dans diverses universités au cours de l'été 1942, Frank appela de ses vœux un retour à une forme de droit constitutionnel. Hitler ne tarda pas à le démettre de toutes ses fonctions au sein du parti nazi et lui interdit de s'exprimer publiquement en Allemagne. Frank conserva néanmoins son poste de gouverneur général de la Pologne.

rités. Son point de vue était que « les étudiants devaient s'éduquer eux-mêmes – protestation contre des formes d'enseignement vieilles et obsolètes ».

Il a ajouté : « Ce n'était qu'une manifestation de la puberté : plus tard, j'ai oublié tout ça et je suis devenu juriste. » Il a fait quatre années de droit à Munich et à Kiel, obtenant son diplôme en 1926. Il est devenu maître assistant de jurisprudence à Munich et a continué d'enseigner jusqu'en 1930. Dans le même temps, il a exercé comme avocat et a eu Hitler parmi ses clients. En 1930, « j'ai dû trancher entre l'enseignement et le droit, et j'ai choisi le droit à cause de mes responsabilités familiales ». Il est devenu nazi en 1923, l'année où il a rencontré Hitler. Il avait une clientèle « politique ».

Frank s'est marié en 1925. Sa femme, Brigitte, a aujourd'hui cinquante ans – elle est de quatre ans et demi son aînée. Ils ont eu cinq enfants, trois garçons et deux filles, âgées de six à dix-huit ans. Sa femme va bien. Les trois dernières années, ils ont vécu séparés. Ils n'ont jamais été très heureux en ménage, précise-t-il. La seule chose qui les ait fait rester ensemble, ce sont les enfants, et maintenant les procès. « Ce n'est pas la faute de ma femme – c'est aussi la mienne. Une différence de tempérament. Ma femme était secrétaire, elle a reçu une éducation normale. Mais elle ne s'intéresse à rien de ce qui m'intéresse. Elle a le sens pratique, je suis idéaliste. » Ils manquaient de « points communs ». Par exemple, elle ne s'intéressait pas à la musique. Il ne la connaissait que depuis six mois quand ils s'étaient mariés. « Sexuellement, nous ne sommes pas très bien assortis. C'est un type froid, typique de la Prusse du Nord, le sexe ne l'intéresse pas. Des relations au jour le jour, et c'est tout. » Tous deux étaient catholiques. Dernièrement, Frank est retourné à l'église. « J'aimerais bien vous en dire plus à ce sujet quand vous en aurez le temps. »

5 mars 1946

Poursuite de l'interrogatoire de Frank. Passé une heure ou un peu plus avec lui ce soir. Sur le banc des accusés, au tribunal, il a l'air un peu hébété, tel que je l'ai toujours vu depuis mon arrivée ici le 8 janvier 1946. Parfois, un témoignage lui arrache un sourire sardonique ; d'autres fois, il sourit sans qu'on sache si ce sourire est le fruit d'un stimulus externe approprié ou celui d'une fantaisie intérieure. Je lui ai vu une fois un sourire radieux quand le juge américain, Biddle, a posé quelques questions au procureur américain, Jackson. C'était tout naturel, puisque tous les accusés approuvèrent chaleureusement les questions de Biddle (concernant les charges retenues contre les organisations), mais aucun des autres accusés n'a eu un sourire aussi radieux.

Dans sa cellule aujourd'hui, en début d'après-midi (la cour a suspendu ses travaux pour siéger à huis clos), il était très cordial, sémillant, souriant, débordant d'une bonne humeur déplacée. Quand je suis entré dans sa cellule accompagné de Triest (l'interprète), il lisait. Il a dit : « Vous avez entendu ? Jeudi commence la défense du collectionneur d'art ! » Il a ri bruyamment de son propre esprit, d'un rire haut perché, presque hystérique, avant de retrouver subitement son sérieux, faisant ainsi ressortir les méandres de sa veine temporale droite. « Eh oui. S'il avait passé plus de temps à collectionner des avions, et moins de temps à collectionner des œuvres d'art, nous n'en serions pas là où nous sommes aujourd'hui.

« C'est étrange. L'homme s'habitue à la captivité. Retour aux sensations du temps de l'homme des cavernes. » Il est reparti d'un rire bruyant, mais sans humour, pas vraiment contrôlé. Je lui ai demandé ce qu'il voulait dire, un exemple. Son visage a retrouvé son sérieux. « Le besoin d'activité n'est plus très grand. Je vis ici facilement, comme un saint, un ermite. » Il est parti d'un rire sec et rude. « Dans un cloître on doit volontairement tenir ses vœux de pauvreté et de virginité. Ici, on y est contraint. Vous êtes catholiques ? » La question s'adressait à Triest et à moi. Nous avons répondu par la négative et je lui ai demandé pourquoi il l'avait posée. « Peut-être que le pape ira en Amérique ! Il n'y a qu'une seule puissance au monde pour conjurer la Russie. Notre puissance était trop petite. Le pape Pie, qui règne aujourd'hui, a été autrefois en Amérique. »

Interrogé sur sa propre religion, il a répondu : « Je suis un catholique de convention. En Allemagne, le fils adopte toujours la religion de sa mère. Elle est catholique. Tout ça se trouve dans les trois cents pages de l'autobiographie que j'ai écrite et que j'ai donnée au Dr Gilbert [1]. » Puis il m'a montré un petit livre intitulé *Le Mousse de Christophe Colomb*, qu'il a écrit : « Mon idée était que Colomb avait un mousse qui était en réalité un jeune homme. J'ai dicté ce livre en dix heures. Il a été publié à la Noël 1944. Il est écrit sous la forme d'un vieux testament par une vieille dame. J'aurais mieux fait de m'en tenir à écrire des livres de ce genre plutôt que d'entrer en politique. »

1. Probablement s'agit-il de Hans Frank, *Im Angesicht des Galgens. Deutung Hitlers und seine Zeit auf Grund eigener Erlebnisse und Erkenntnisse*, Munich/Gräfelfing, 1953.

Le père de Frank est mort le 16 janvier 1945, le jour même où Frank quittait Cracovie. Il dit voir un signe dans le fait que ces deux événements se soient produits le même jour. Son père est mort à Munich, où lui-même avait exercé son métier d'avocat. Il avait soixante-dix-sept ans. Il était malade depuis trois mois, « à force de voir tant de gens brûler et mourir sous les bombardements ».

Frank a continué à parler de son père : « C'était un homme très facile à vivre, un juriste de la Rhénanie-Palatinat. Il pratiquait toutes sortes de droit, mais il était totalement apolitique. Doué d'un bon caractère, il était plein d'humour, aimait le vin et était très aimé, comme c'est normal quand on est de la Rhénanie.

« C'était un avocat chevronné, un juriste. » Quelle était son attitude envers les nazis ? « Il était un très farouche adversaire du parti nazi. C'était un démocrate. Il a toujours dit : “Tu vas voir ce qui va arriver.” Il avait de nombreux amis juifs. »

Comment se fait-il que vous soyez devenu antisémite ? « Ce n'est pas par antisémitisme que j'ai adhéré au parti. C'est à cause de l'Allemagne. » N'a-t-on pas tué beaucoup de Juifs en Pologne ? « Non. À Auschwitz, oui ; en Haute-Silésie. Je veux vous lire des documents qui prouvent que cela m'échappait complètement. Pour ce dont je suis responsable, je suis responsable, mais je n'ai jamais interné un seul Juif dans un camp de concentration, je n'en ai jamais brûlé un seul – je peux le prouver. Vous seriez surpris si vous voyiez ce qu'a mon avocat. L'extermination des Juifs était une idée personnelle de Hitler. C'était dans le testament de Hitler. Il y a expliqué qu'il avait exterminé les Juifs parce qu'ils avaient commencé la guerre. »

Frank a décrit sa mère, âgée de soixante-douze ans, comme « une femme très forte, de souche paysanne, originaire de Haute-Bavière. C'était une femme de caractère, qui avait beaucoup d'humour – une très belle femme, attirée par les arts. Elle est entourée d'un large cercle d'amis, qui s'occupent d'elle aujourd'hui. Le proverbe suivant lequel “on n'a plus d'amis quand on est dans le besoin” ne vaut pas dans mon cas. Je suis touché par les attentions que ma mère et ma femme reçoivent de leur entourage. Ma mère a une bonne culture et m'écrit toujours des citations de Goethe et de Schiller. C'est stupéfiant de la part d'une vieille dame, surtout depuis que mon unique sœur a été arrêtée. Elle n'a jamais été membre du parti : elle a été arrêtée uniquement parce qu'elle était ma sœur. Ma femme n'a pas été arrêtée. Peut-être ont-ils pris ma sœur parce qu'ils ne voulaient pas prendre ma femme ».

Sa sœur a quarante ans, elle est la femme d'un employé du bureau des brevets. Quand son mari est revenu du front, il a découvert que sa femme avait été arrêtée. Le mari de sa sœur n'était pas non plus porté sur la politique. « C'est la seule chose qui ne me plaise pas, la retenir prisonnière à cause de moi. » Elle est internée à Straubing, sur le Danube.

Frank avait aussi un frère, né en 1897, tué au combat en 1916. Il n'a donc plus que sa sœur mentionnée plus haut.

Interrogé sur son enfance, Frank a répondu : « Ce fut généralement une bonne enfance, même si ce fut difficile dans les années qui suivirent la Première Guerre. Papa n'était pas riche et on se nourrissait de choux et de pommes de terre. Quand j'avais vingt-trois ans, nous buvions du café de malt. Cela rend compréhensible l'idée nazie. À la fin, le mark ne valait plus qu'un milliardième de sa valeur [1]. C'est de cette période qu'est né le nazisme. »

Nous avons ensuite parlé des procès contre les organisations dont on a discuté ces derniers jours à la cour. « Contre la SS et la Gestapo, ils ont un dossier. Contre le Commandement suprême des Forces armées, ils ne peuvent pas. Sur un plan politique, c'est différent. Mais légalement, sur un plan légal, on ne peut rien faire. Peu importe que je sois interné ou que ces procès se déroulent. J'approuve tout – mais j'ai appris la majeure partie de l'histoire du national-socialisme et de ses crimes au cours de ce procès.

« En Allemagne, nous n'entendions pas parler de la persécution des Juifs. D'autres nations ont une presse libre, etc., mais en Allemagne on n'avait pas de presse ni de radio libre.

« Ce procès a une grande signification parce qu'il montre que le peuple allemand est innocent. »

Sur ce, Frank a eu un large sourire, un sourire forcé, a penché la tête en avant, comme pour une confidence et a dit d'un ton à la fois chaleureux et reconnaissant : « Vous en aurez des choses à dire – en tant que psychiatre, qui comprend les gens. C'est un endroit tragique, cette rangée de vingt et une personnes qui ont dirigé une partie du monde. Vous pouvez déjà observer des préparatifs qui pourraient rendre une autre guerre plus cruelle que la dernière. »

Par exemple ? « La bombe atomique. Mais j'espère que l'humanité est mentalement plus saine. Ma vie est finie. Rien ne m'intéresse. Pas même d'examiner l'Allemagne. C'est comme un rêve. Comme tout est politiquement dénué de valeur ! Peu importe qu'on me juge coupable de crimes. J'ai un grand sentiment de culpabilité

1. Ces chiffres sont à peine exagérés pour la grande inflation qui a sévi en Allemagne, surtout en 1923. L'ouvrage classique à ce sujet est celui de Gerald D. Feldman, *The Great Disorder : Politics, Economic, and Society in the German Inflation of 1914-1924*, New York, 1993.

– j'ai le sentiment d'avoir couru après Hitler comme un feu follet, sans raison. Si je peux sacrifier ma vie pour faire du bien, je le ferais volontiers. J'ai cru cet homme. Si j'avais su ce que j'ai appris au cours des procès, j'aurais protesté autrement qu'en 1942. »

Quelle protestation en 1942 ? « Le célèbre discours contre les camps de concentration et contre la SS, que j'ai donné à Vienne, Heidelberg, Munich et Berlin. Avant que je meure, je vous demande de lire ces discours dans mon journal. Ça a suscité un formidable tollé et une crise, et j'ai été démis de toutes mes fonctions au sein du parti et je suis devenu un membre ordinaire. Ils n'ont pas accédé à ma demande de transfert – ils m'ont maintenu là-bas parce que c'était l'endroit le plus terrible d'Europe. Les SS se conduisaient comme des fous. Mon QG se trouvait à Cracovie, dans le palais du vieux roi. On peut donc dire que j'ai été roi cinq ans, mais un roi sans pouvoir.

« C'était exactement comme tout le Führerstaat de Hitler : une façade. »

16 mars 1946

Frank était d'humeur enjouée, souriant et expansif. Il nous a salués chaleureusement, M. Triest, l'interprète, et moi, et s'est dit ravi de recevoir à nouveau notre visite.

« Je me sens très bien ; j'ai été très bien traité : c'est un honneur, la façon dont nous sommes traités. Si nous étions tombés entre les mains de Himmler, c'eût été différent. Je ne désire qu'une chose, une pipe, parce que les Américains m'ont pris la mienne. J'espère en obtenir une. »

Frank a raconté en riant que, lorsqu'il a été arrêté, on lui a pris tout ce qu'il possédait, y compris sa pipe. Après sa seconde tentative de suicide, a-t-il déclaré, le médecin américain conseilla qu'on lui retire son alliance par « souci de sécurité », mais quand Frank fut rétabli et qu'il la demanda à son médecin, celui-ci refusa, expliquant qu'il voulait la garder en souvenir. « Ce n'est pas bien. Ça ne se fait pas. Il y avait d'autres Américains présents qui ont dit la même chose, qu'on ne devait pas m'enlever ma bague ni mes autres effets. Ça s'est produit à l'hôpital militaire d'Augsbourg. »

Frank se distingue par sa labilité émotionnelle. Il change d'humeur et d'affect d'une minute à l'autre. Un moment il sourit et rit bruyamment, et juste après on le retrouve abattu et presque larmoyant.

Frank m'a demandé si j'avais des questions particulières à lui poser aujourd'hui. Rien de spécial, ai-je répondu, mais j'aimerais en savoir plus sur sa jeunesse et ses débuts dans la vie.

« Vous vous souvenez de ce que j'ai dit de mon oncle, qui a joué un grand rôle dans ma jeunesse. En fait, ma tante et mon oncle ont compté davantage dans ma vie que mon père et ma mère. Bien que je n'aie jamais vécu chez eux, j'allais souvent les voir, et ils ont exercé une influence profonde sur mon caractère. »

Frank a dit avoir pensé aux premières années de sa vie, en particulier à sa première rencontre avec Hitler. Il préférerait parler de cela aujourd'hui plutôt que de sa famille. « En novembre 1918, j'étais soldat à Munich. J'ai vu la chute de la Ire République – la République des Conseils – en 1919. Elle a coûté la vie à quatorze mille personnes. J'ai eu le sentiment que c'était une raison suffisante d'être antisémite. Beaucoup de Juifs étaient envoyés de Moscou la communiste, et nous savions tous quel régime de terreur prévalait là-bas. Par exemple, il y avait le dramaturge Ernst Toller. Il n'était pas russe, parce que allemand de naissance, mais ses pensées étaient influencées par les communistes. Il y avait quatre types qui venaient de Moscou et qui créèrent la République à Munich [1].

« Je suis entré dans les corps francs pour libérer Munich. Après trois jours de combats, nous avons enfin réussi. En septembre ou octobre 1919, j'ai rencontré le fondateur du mouvement national-socialiste. Ce n'était pas Hitler, bien entendu, parce que le parti a existé avant Hitler. L'homme dont je parle était un ouvrier du nom d'Anton Drexler [2]. C'était un homme simple qui n'avait pas acquis assez de maturité pour assumer la direction d'un parti, et il le quitta en 1922. Je n'étais pas encore membre du parti.

« Ce serait intéressant d'étudier le parti des origines parce qu'on verrait alors clairement comment, au fil du temps, Hitler a dénaturé les objectifs du parti. Göring lui-même a témoigné que Hitler n'avait pas respecté le programme du parti. Par exemple, dans ce programme, il n'est pas question de l'extermination physique des Juifs, mais plutôt, simplement, de les priver de leur influence. La décision criminelle d'exterminer physiquement les Juifs a été prise par Hitler dans le courant de la guerre. Il suffit de lire le testament de Hitler – et si l'on compare ce testament au programme du parti

1. Parmi eux, figuraient Towia Axelrod, Eugene Leviné et Max Levien. Selon les historiens, aucun de ces hommes n'aida Kurt Eisner dans la révolte de novembre. Pour plus de détails, voir Allan Mitchell, *Revolution in Bavaria 1918-1919. The Eisner Regime and the Soviet Republic*, Princeton, 1965, notamment p. 193, n. 80.

2. Anton Drexler (1884-1942) fut l'un des cofondateurs du parti nazi.

national-socialiste, on voit à quel point il s'en est écarté. J'ai le sentiment que derrière cet éloignement, se trouvaient Bormann, Joseph Goebbels [1] et Himmler.

« En 1919, Drexler m'a dit qu'il fallait absolument que j'entende Hitler, qui a l'époque était un jeune soldat et passait pour un orateur très intéressant. J'étais là quand Hitler a parlé pour la première fois devant un groupe important. Il avait l'air souffreteux, faible et fatigué. Il donnait l'impression qu'il ne vivrait pas longtemps. Personnellement, je n'ai pas été très impressionné par les déclarations de Hitler à cette époque.

« Comme je l'ai dit, Hitler parlait comme un malade qui allait mourir d'une minute à l'autre. Les premiers membres du parti étaient tous des petites gens, pour la plupart des ouvriers, aussi bien qu'un nombre étonnamment important de femmes. En 1920, j'ai rencontré à nouveau Drexler. Il m'a entraîné dans quelques grands rassemblements du parti et, au cours de l'un d'eux, Hitler a lu le programme. Je crois que c'était le 24 février 1920, à la Hofbräuhaus de Munich.

« Dans l'été 1923, je suis revenu de Kiel. À l'époque, j'étais un étudiant ambitieux. Un ami à moi m'a fait savoir que le mouvement national-socialiste avait pris un essor considérable et que c'était en Bavière que le parti était le plus fort. Cet ami m'a conseillé de m'en rendre compte par moi-même en assistant à quelques meetings.

« Au cours de l'été, sévissait l'inflation. Vous vous en souvenez par l'histoire : les Français occupèrent la Ruhr en janvier 1923. L'économie allemande dans son ensemble s'est effondrée. Il y a eu une terrible période de famine. Un dollar américain valait 400 000 marks. Plus tard, en novembre, un dollar valait un milliard de marks. C'est à cette époque cruciale que l'ascension de Hitler a commencé [2].

1. Joseph Goebbels (1897-1945) se rendit infâme en sa qualité de ministre du Reich pour l'éducation populaire et la propagande. Il joua un rôle clé dans le IIIe Reich et, après une période de disgrâce, revint sur le devant de la scène à la fin de la guerre. Il resta aux côtés de Hitler jusqu'au bout et se suicida le 1er mai 1945. Il fut un diariste compulsif ; son dernier journal, pour une bonne part découvert à Moscou uniquement dans les dernières années, est en cours de publication. Il représente une source importante pour l'histoire du IIIe Reich. En ont déjà paru vingt-deux épais volumes (en allemand), sous la direction d'Elke Fröhlich ; d'autres sont en préparation [voir notamment Goebbels, *Derniers carnets. Journal, 28 février-10 avril 1945*, trad. fr. J.-M. Gaillard-Paquet, Paris, Flammarion, 1977. *N.d.T.*]. Pour une brève introduction à Goebbels, voir Fest, *The Face of the Third Reich*, p. 83-97 et trad. fr., p. 39-64.

2. Voir Feldman, *The Great Disorder*.

« Mais je n'étais toujours pas au parti. J'étais un cavalier du corps franc Franz von Epp. Nous avions une table réservée dans une des grandes brasseries de Munich. Le 7 novembre 1923, quand je me suis attablé dans la brasserie, j'ai découvert qu'Adolf Hitler avait invité les membres du corps franc présents à ce moment à se rendre le 8 novembre à la Bürgerbräukeller. Le lendemain 8 novembre, quarante d'entre nous sommes allés à la *Keller*. Nous y sommes arrivés trop tard : autour de 21 h 30. Hitler avait déjà fait son putsch, qui avait commencé à 20 h 30.

« À l'époque, le national-socialisme enflammait les gens parce qu'ils avaient le sentiment qu'un gouvernement nouveau, libre, se profilait et que l'Allemagne se relèverait. Le général Erich Ludendorff se trouvait avec Hitler et marchait à ses côtés. C'est à cause de la présence de Ludendorff que nous autres, membres du corps franc von Epp, y avons participé. On se disait que ce devait être une bonne chose si le respectable Ludendorff était là. Je me souviens encore de Göring à la porte de la Bürgerbräukeller, nous expliquant : "Nous pouvons vous utiliser." On nous donna des armes et, avec les autres, nous allâmes de caserne en caserne. Régnait alors une véritable atmosphère révolutionnaire. Nous restâmes toute la nuit debout, sûrs du succès. Le lendemain 9 novembre, à midi, il y eut des affrontements armés ; la suite de l'histoire, on la connaît : le parti fut dissous et Hitler et quelques autres furent condamnés à des peines de prison.

« Au cours de ces affrontements, je m'en souviens, un juge du nom de Theodor von der Pfordten a été tué et j'ai aidé à retirer son corps de la rue. Après quoi je suis rentré chez moi ; le parti a été interdit, mais on ne l'a pas oublié.

« En 1926, j'ai adhéré pour la première fois au parti. Mais je l'ai quitté trois mois plus tard. "Je m'étonne que tu ne voies pas à quel point ce Hitler est cinglé, m'a dit mon père. Il est impossible et je ne comprends pas ce qui t'attire en lui." J'ai alors écrit à Hitler une lettre où je lui expliquais que je ne croyais pas qu'il eût raison de prôner certains principes du parti et j'ai démissionné. Je me suis plongé dans mon travail juridique. Le 27 décembre 1926, j'ai lu une petite annonce dans la presse : des gens pauvres recherchaient un avocat de la défense. » Sur ce, Frank lâche un gloussement. « Je suis devenu le défenseur de ces malheureux, qui étaient en fait des SA de Berlin. Il est paradoxal que je sois devenu l'avocat de militants d'un parti dont moi-même je n'étais pas membre.

« En 1928, j'ai rejoint le parti en tant que conseiller juridique. J'ai été de plus en plus absorbé et finalement intéressé par le mouvement. En 1929, Hitler est venu me voir en personne et m'a demandé de devenir son avocat à plein temps. J'ai accepté sous réserve d'être autorisé à reprendre à tout moment ma carrière professionnelle. Bien des années plus tard, en 1942, quand j'ai eu cette grande brouille avec Hitler, je lui ai rappelé cette disposition dont nous avions convenu en 1929. Hitler n'a rien voulu savoir et a balayé d'un revers de main mon offre de démission.

« Il n'y a qu'une seule explication. Il y a un destin qui entraîne les gens sur une route sans qu'ils le veuillent vraiment. Je ne dis pas ça pour me disculper, mais juste pour rendre les choses compréhensibles.

« Bien entendu, ce que je raconte cet après-midi, ce n'est que le cadre extérieur des événements qui m'ont conduit à ma tragédie présente. Je peux vous dire un millième seulement des choses qui m'ont mené là. Je peux vous assurer que, de toute ma carrière, je n'ai retiré aucun avantage financier. Je n'ai eu ni galerie de tableaux ni fortune personnelle comme ce Göring – rien de tel. Il m'est donc plus facile de voir aujourd'hui confisquer le peu que je possédais. En réalité, la seule chose qui puisse être confisquée, et qui m'ait appartenue personnellement, c'est ma petite maison. Quand on m'a capturé, l'officier américain m'a demandé où se trouvait mon château. Je suis heureux de dire que je n'ai jamais eu de château. »

Frank a voulu savoir ce que je pensais de la défense de Göring. J'ai esquivé sa question en expliquant qu'il m'était difficile de juger et qu'il était bien mieux placé que moi pour la commenter. Il a répondu : « La seule chose qui me plaise dans la défense de Göring c'est qu'il dise qu'il n'est pas innocent. Il n'a pas été innocent. Ça me plaît. Mais je pense que l'accusation aurait pu être plus efficace qu'elle ne l'a été jusqu'ici. Si Göring avait consacré plus de temps à l'aviation et moins de temps à ses bacchanales et aux pillages des trésors artistiques, peut-être l'Allemagne serait-elle mieux lotie aujourd'hui et ne serais-je pas ici dans cette cellule.

« Ma défense à moi est petite. En fait, mon avocat est petit et me rappelle Goebbels. J'espère que le Dr Seidl a une bouche comme celle de Goebbels, même si je doute que ça me serve à grand-chose.

« L'aspect le plus difficile, dans la défense de Göring, ça a été sa faiblesse concernant les collections d'œuvres d'art, etc. Votre procureur, Jackson, est solidement armé de toute une série de livres et de documents. La psychologie du procès est très intéressante. Je suis assis là, sur le banc des accusés, comme un spectateur. C'est difficile de se rappeler que, pendant que nous sommes assis là, le monde extérieur continue de tourner, et maintenant je rumine sur les débuts de Hitler et la façon dont tout ce foutu mouvement est né de la faim en Allemagne.

« Toutes ces choses demeurent apparentes aujourd'hui. Vous autres, Américains, vous voyez bien qu'il est impossible de nourrir le peuple allemand avec le sol allemand lui-même. Du point de vue d'un historien, on peut dire que Hitler ne serait jamais apparu si les Alliés n'avaient pas si mal traité l'Allemagne. Le procureur Jackson lui-même l'a dit. Aujourd'hui, les choses sont plus que jamais impossibles. L'Allemagne a été amputée de l'Est : autrement dit, la faim a créé Hitler et, paradoxalement, Hitler a créé plus de faim encore.

« Ce sont des réalités et on ne peut en faire abstraction. Les Polonais et les Russes sont en train d'expulser les Allemands, il se produit une grande catastrophe. Cela empire de jour en jour.

« Cela n'explique ni ne justifie les crimes que Hitler a commis. Un jour, un astrologue est venu me voir et m'a lu un horoscope d'Adolf Hitler dans lequel il le traitait de criminel. C'était il y a quatre ans environ. Je ne crois pas à l'astrologie, mais je crois implicitement à la force du destin – que nous tous, mortels, sommes pris dans les lois cosmiques de l'univers. Nous sommes dans le monde, et le monde fait partie de l'univers. Je crois à ce qu'a dit le Christ, qu'aucun moineau ne tombe du toit si telle n'est pas la volonté de Dieu.

« Je ne crois pas que cette guerre ait mis fin aux controverses. La lutte se poursuivra jusqu'à destruction de toutes les cultures existantes. Il s'est passé la même chose avec la chute de l'empire romain. L'Allemagne est toujours la première nation à se construire et la première à s'effondrer complètement. L'effondrement de l'Europe finira par se produire.

« L'Europe n'est rien : tout dépend simplement de ce que les Russes et les Américains décideront d'en faire. Il se produira un bouleversement complet. Voilà trois cents ans, l'Europe dominait le monde. L'autre chose qui court un grand danger, c'est l'empire britannique. Quarante millions d'Anglais, ce n'est pas suffisant pour gouverner un empire de quatre à cinq cents millions d'habitants.

« J'ai été un bon ami d'Oswald Spengler [1] ; avec sa nièce, j'ai sauvé sa bibliothèque au cours d'un raid aérien. La nièce de Spengler était responsable de la bibliothèque de l'université de Munich. Spengler a été le dernier grand homme en Allemagne. En 1933, il a prophétisé que le Reich sous Hitler périrait. Je n'ai pas voulu le

1. Oswald Spengler (1880-1936), célèbre historien de la culture, est surtout connu pour son livre, *Der Untergang des Abendlandes*, 2 vol., Vienne/Munich, 1918-1922 ; *Le Déclin de l'Occident*, trad. fr. M. Tazerout, Paris, Gallimard, 1948 ; rééd., 2 vol., 1976.

croire. Aujourd'hui, dans ma cellule, je pense souvent à la lettre que Spengler m'a écrite en 1936, peu avant sa mort. Il y disait que, d'ici à dix ans, le Reich allemand cesserait probablement d'exister. Il est mort en décembre 1936. Il m'a dit que lorsque Hitler hurlait "Dehors les Juifs", il prouvait qu'il n'était pas un homme d'État. Spengler avait le sentiment que, si Hitler avait été un homme d'État, il aurait dit que l'Allemagne ne se composait pas simplement d'Allemands ou de Juifs, mais qu'il fallait garder quiconque était utile à l'Allemagne. Il m'a donné l'exemple de lord Beaconsfield sous la reine Victoria, sur la question indienne, et m'a parlé des prouesses du Juif Cecil Rhodes en Afrique du Sud.

« Spengler disait que Hitler travaillait bien pour les ennemis de l'Allemagne. Vous imaginez la force de l'influence que devait avoir Hitler pour que même un homme comme moi ne se soit pas laissé influencer par la sagesse de Spengler mais n'ait été influencé que par Hitler.

« On ne saurait sous-estimer l'influence de la personnalité hypnotique de Hitler. Là encore, ce n'est pas une excuse, mais rien qu'un exemple. Après coup, on est toujours intelligent et philosophe.

« La différence est grande entre les destins et les personnalités de Napoléon et de Hitler. D'une certaine façon, leurs deux destins coïncident. Je peux vous le montrer en dix minutes. C'est une chose que j'ai déjà fait remarquer à Göring. C'est surprenant les analogies qu'on peut faire entre des personnalités historiques. C'est bon dans une cellule de pouvoir réfléchir aux choses, c'est sensationnel.

« J'ai connu ma femme en 1924. Notre rencontre a été le fruit du hasard et ça a été l'une des plus grosses erreurs de ma vie. Loin de moi de vouloir dénigrer son caractère, mais elle est trop vieille – cinq ans de plus que moi – et je suis d'avis que c'est vraiment regrettable. Deuxièmement, son caractère est à l'opposé du mien. J'ai été fiancé à une gentille personne qui m'aurait convenu à la perfection. Je crois que si j'étais resté fidèle à mon premier amour, ma vie aurait pris un autre tour. À cette époque, je dictais ma thèse de doctorat à une dactylo, et la dactylo en question était la femme qui est devenue mon épouse. Alors même qu'elle avait cinq ans de plus que moi, j'ai été soudain pris d'un désir mental pour cette femme.

« Tout cela était difficile parce que, d'un côté, ma femme était issue d'une famille pauvre. Je crois que j'étais intoxiqué, non pas littéralement mais au figuré. J'ai rompu avec ma première petite amie, qui était issue d'une famille aisée et influente, et qui était une jeune fille. J'ai épousé la dactylo, qui est aujourd'hui ma femme. En 1926 est né notre premier enfant et j'ai dû trouver un gagne-pain.

C'est l'une des raisons qui m'ont conduit à accepter l'offre de Hitler. Je ne veux pas rejeter la faute sur ma femme, mais c'était une nécessité économique.

« Le critique le plus véhément de ma femme, c'est ma mère. Aujourd'hui encore, alors qu'elle est complètement seule, elle refuse de recevoir ma femme. Il n'existe strictement aucun lien d'amitié entre ma mère et mon épouse.

« Voici de longues années que je n'ai plus de relation de mari à femme. En 1942, j'ai voulu divorcer, et en fait la procédure était engagée. Hitler est alors intervenu pour interdire cette action. Ma femme lui avait écrit et Hitler a décrété que je ne pouvais pas divorcer parce que tel n'était pas son désir. Cet exemple vous montre jusqu'où allait l'influence de Hitler en Allemagne. Une semaine après avoir engagé la procédure de divorce, le ministre de la Justice m'a fait savoir que Hitler désapprouvait la procédure. Dans le courant de l'été 1943, un hasard m'a fait croiser Hitler, qui m'a dit qu'en aucun cas je ne serais autorisé à divorcer. Aujourd'hui que je suis en captivité, je me contente de lui écrire, surtout dans l'intérêt des enfants, et parce que de toute façon mes jours sont comptés.

« J'ai connu la fille avec qui je comptais me remarier dans les dernières années. Elle aussi était malheureuse. On est sortis ensemble et on a pratiquement vécu comme mari et femme. Que nous ne nous soyons pas mariés est dû en partie, à l'origine, à ma stupidité personnelle, mais ça a été surtout, je crois, un tour du destin. Ma plus grosse erreur est d'agir et de parler sous des influences émotionnelles et de ne pas prendre une vue objective des circonstances.

« Ma vie de couple était telle que j'étais toujours seul. Je ne pouvais pas parler avec ma femme des choses qui me déprimaient. J'étais pour ainsi dire un célibataire marié. Ne vous méprenez pas : cela n'a rien à voir avec le caractère de ma femme. Probablement aurait-elle admirablement convenu à un autre type d'homme. » Je lui ai demandé à quel type d'homme, à son avis, elle aurait convenu. « Un homme pratique, un homme d'affaires industrieux, qui aime l'argent, donne des réceptions, et ce genre de vie. »

Je lui ai demandé comment il expliquait, émotionnellement, qu'il soit initialement tombé amoureux de sa femme. Il a répondu : « Sans doute y avait-il une attirance physique, qui s'est complètement éteinte au bout de deux ou trois ans. Ma femme était une beauté froide. Elle n'avait aucun besoin de satisfaction physique. L'une des raisons pour lesquelles elle ne voulait pas qu'un divorce brise notre couple, c'est, je crois, qu'elle n'a jamais éprouvé le moindre besoin d'une vie sexuelle. »

J'ai demandé à Frank s'il avait souvent des disputes avec sa femme. Réponse : « Il m'est arrivé de rester des semaines, voire des mois, absent de la maison. Ma vie politique m'obligeait à voyager, à faire des tournées. Bien entendu, on maintenait les apparences en société, mais c'était à peu près tout. »

Frank m'a ensuite parlé de sa maîtresse. « J'ai eu diverses maîtresses à divers moments. Toujours des filles plus jeunes – que j'avais connues dans ma jeunesse. Des filles que j'avais aimées dans ma jeunesse et dans mon enfance. Il n'y en a jamais eu de nouvelles. Pendant de longues années, j'ai vécu secrètement avec une fille qui était une vieille amie d'enfance à moi. Elle était mariée, mais son mari était malade et beaucoup plus âgé qu'elle, et elle était malheureuse comme moi. Je l'aurais épousée si elle avait été veuve et si j'avais pu obtenir le divorce. Elle avait tout : l'esprit de camaraderie, du caractère. Elle eût été une partenaire idéale. C'est la fille dont je vous ai parlé – celle avec qui j'ai rompu mes fiançailles pour épouser ma femme. Avec le recul, je me dis qu'elle avait le même âge que moi, dix-neuf ou vingt ans, mais elle était d'une famille riche et je n'étais qu'un étudiant sans le sou. Je n'avais ni la force ni le cran de lui demander de s'enfuir avec moi. Je crois que ça a été la première tragédie de ma vie.

« Cette femme merveilleuse, qui a été mon amie avant mon mariage mais aussi dans les toutes dernières années, est une très bonne amie de ma mère. Maman l'a toujours aimée et nos deux familles étaient très proches. Je vous dirai son nom – parce que, quand je serai mort, ça n'aura plus d'importance. » Sur ce, Frank a sorti une enveloppe de sa poche et m'a montré le portrait d'une jeune femme qui, a-t-il dit, était son amour de jeunesse. Il ne m'a pas donné son nom et je ne le lui ai pas demandé.

Après ses déclarations sur ses relations personnelles avec sa femme et sa maîtresse, il a paru assez abattu. J'ai voulu savoir pourquoi il semblait si déprimé. Réponse : « J'ai le sentiment d'être obligé envers les miens – ce n'est pas du pessimisme. Si j'essayais de prouver mon innocence, ce serait comme essayer de prouver que les Allemands sont coupables. Il n'y a qu'un seul innocent sur le banc des accusés – et cet homme est le symbole du peuple allemand. Avec une époque où se produisent des choses comme le meurtre de cinq millions de Juifs, et où l'on projetait d'exterminer des millions de Slaves – il faut en finir une fois pour toutes. Ça ne peut pas durer éternellement. Ceux d'entre nous qui sont coupables doivent en payer le prix et rendre sa liberté au peuple allemand, qu'on cesse de le blâmer de notre bêtise. »

Il m'a semblé que la dépression apparente de Frank était en fait davantage liée à sa vie et à son destin personnels qu'à sa banale préoccupation pour le peuple allemand. J'ai dit que je m'intéressais davantage à sa vie personnelle d'un point de vue psychologique et lui ai demandé s'il n'avait rien d'autre à me dire sur ses relations avec sa femme ou avec d'autres femmes. Il a exhibé à nouveau la photo de sa chérie et l'a regardée d'un air attendri. « En 1937 ou 1938, j'ai retrouvé cette ancienne petite amie et nous sommes devenus très intimes. Ça a été surtout vrai de 1941 jusqu'à la fin. Dans les derniers mois, avant mon arrestation, j'ai été presque constamment avec elle en Bavière, dans les environs de Munich. C'est une femme très intelligente. Ce n'est pas parce que je l'ai aimée que je dis cela, mais parce que je l'ai très bien connue.

« Ça pourrait vous intéresser de savoir que, lorsque je suis rentré de Cracovie, je suis allé non pas chez mon épouse, mais chez cette femme. Je savais alors que tout s'effondrait, et je désirais dire adieu aux belles choses de la vie. Le seul désaccord qu'elle ait jamais eu avec moi tenait au fait qu'elle était une farouche adversaire de Hitler et de tout ce qui se rapportait au national-socialisme. Politiquement, on n'arrivait pas à s'entendre. Voilà pourquoi j'ai dit que, si je l'avais épousée, je ne serais pas devenu nazi, et je dois admettre que je suis si petit et facilement influençable, surtout par une femme, que je puis le dire avec assurance. »

20 juillet 1946

Frank portait son treillis bleu et était plongé dans la lecture d'un magazine quand M. Triest et moi sommes entrés dans sa cellule ce matin. C'était samedi et la cour ne siégeait pas ce jour-là. Le soleil rayonnait par la fenêtre ouverte de la cellule. La plupart des autres accusés faisaient de l'exercice dans la cour. Courtois jusqu'à l'onctuosité, il était avide de compagnie. Comme d'habitude, il nous a salués avec éloquence, et nous a fait cérémonieusement une place, à moi sur sa chaise, et à M. Triest sur son lit, à côté de lui. Il a bourré sa pipe de tabac, une marque américaine, et n'a pas tari d'éloges à son sujet. « Ce bienheureux tabac Granger, une merveille ! » Je lui ai offert une cigarette, qu'il s'est empressé d'accepter en me remerciant à profusion.

À quoi avait-il pensé ces derniers jours ? Que pensait-il des procès dernièrement ? Et les organisations ? Il a souri tristement, a gloussé de son ton haut perché, puis a passé la main sur son visage comme pour changer d'expression. Quand il s'est mis à parler, il avait un air grave. « Poursuivre les organisations est une erreur. On l'a envisagé dans la première colère froide après la guerre. Si les Alliés devaient y réfléchir aujourd'hui, ils ne mettraient pas en accusation les organisations. On n'inculpe pas un gouvernement et ses organisations comme des criminels. La conception du gouvernement du Reich est séculaire. L'état-major général est séculaire. La SS, c'est une autre affaire, parce qu'elle a commencé avec le parti et par le parti. Mais il est tout à fait impossible d'inculper ou de condamner une organisation comme criminelle si elle compte parmi ses adhérents des millions d'innocents. »

Il a répété ce que tant de nazis ont dit à Nuremberg. « En tant que juriste, j'ai le sentiment que seule est correcte ou possible la mise en accusation d'individus. Pas celle d'organisations ou de tout un gouvernement. Pour ce qui est des organisations, je crois que le procès sera court parce que les Alliés mesurent déjà les difficultés. Si vous vous rappelez, il y a quelques semaines, il y a eu un vif débat entre le juge français, Donnedieu de Vabres, et M. Jackson ou M. Dodd – je ne sais plus très bien – à propos de la poursuite des organisations. Il y a eu une controverse très animée à propos de tout cela. Le juge français a dit exactement ce que je viens de dire : qu'on peut déclarer coupable un individu, mais qu'il est impossible de déclarer coupable un gouvernement ou une organisation entière. »

Qu'a pensé Frank du ministère public américain, du juge Jackson et de M. Dodd ? « Pour ce qui concerne la procédure, ce sont des politiques, pas des juristes. Leur mission est politique. Ils sont les porte-parole d'intérêts politiques qui visent la destruction du national-socialisme. Je veux dire qu'ils sont les outils qu'emploient les Alliés pour écraser idéologiquement aussi bien que concrètement le nazisme. Ni Jackson ni Dodd, ni les autres accusateurs alliés ne se réfèrent beaucoup à la loi ou à la légalité, parce que le sujet est trop difficile. C'est au tribunal qu'est laissé le soin de placer sous une lumière juridique les affaires discutées devant la cour.

« Tout le procès donne l'image d'un mélange de politique et de droit. Ce n'est pas la faute de Jackson. Il y a la vieille controverse entre les procédures légales anglo-saxonnes et américaines d'un côté, et le droit continental, tel que l'illustrent les méthodes françaises et allemandes, de l'autre. Dans une cour française ou allemande, par exemple, le procureur n'a pas du tout la même fonction que dans un tribunal américain. Personnellement, j'ai apprécié que Jackson déclare franchement et sans détour à la cour qu'il exprimait le sentiment du monde – et pas simplement qu'il représentait le droit.

« Voilà pourquoi je ne le tiens pas pour un avocat dans cette affaire. D'une certaine façon, il est aussi l'avocat de la défense des victimes de l'hitlérisme. Je dois attribuer à Jackson une position à part et au-dessus de la loi. Sa mission est politique, mais aussi morale et humaine. En second lieu, avez-vous jamais songé à quel point il serait impossible de poursuivre par des moyens légaux les actes de l'hitlérisme ? Hitler lui-même ne s'en est pas tenu à la loi, alors comment le procureur de l'hitlérisme peut-il se cantonner à la technique juridique ? »

Frank a dit avoir réfléchi assez méticuleusement à quelque chose au cours des derniers jours et il se demandait si j'aurais la gentillesse de lui dire mon sentiment sur ses idées. « Mon dernier discours, auquel je devrais travailler un de ces jours, parce que le procès va assez vite maintenant, j'ai pensé le consacrer presque entièrement à une nouvelle idée. Mon idée est de défendre Hitler. Non pas au sens coutumier du terme. Mais j'ai le sentiment qu'ici à Nuremberg nous avons vingt et un accusés, tous plus ou moins coupables, mais l'homme qui devrait être le principal accusé est absent parce qu'il s'est suicidé. Alors que Bormann est absent, il a un défenseur. Or la stratégie de chaque avocat de la défense a été de rejeter la faute sur Hitler. Donc, suivant une procédure judiciaire juste, l'homme qui est le plus fortement accusé, par la défense comme par le ministère public, devrait avoir un avocat ou un défenseur d'une espèce ou d'une autre.

« La question n'est pas de savoir si les actions de Hitler sont ou non défendables. Elles ne le sont pas. Son testament à lui seul est un document effroyable dans lequel il reconnaît la tuerie des Juifs et s'en vante. C'est le document le plus abominable, le plus effroyable de l'histoire. Mais à moins qu'un spectre n'apparaisse dans ces toutes dernières semaines au tribunal et ne s'exprime au nom de Hitler, il n'est pas entendu.

« Mon idée serait donc de consacrer l'essentiel de mon dernier discours à une défense de Hitler. Ce serait naturel, au sens où j'ai été son avocat des années durant, et son avocat personnel de 1927 à 1933 – je l'ai défendu dans plus de cent quarante affaires, le plus souvent pour diffamation, devant les tribunaux de l'Allemagne entière. Cela aurait du sens pour une autre raison. Cela contribuerait à détruire pour la postérité la possibilité d'une “légende de Hitler”. Si l'on accuse Hitler de tant de choses ignobles, et que personne ne s'exprime en son nom pour répondre aux accusations, la légende de la grandeur de Hitler pourrait s'amplifier. Mais si je dis : “Bien, je représente les intérêts juridiques de Hitler. Je répondrai aux accusations A, B, C et D", etc., et que j'entreprenne de le faire comme Hitler y répondrait, l'absurdité d'une légende hitlérienne serait à jamais dissipée. Parce qu'il n'y a pas de réponse aux choses qu'il a faites et au gouvernement qu'il a créé. Si quelqu'un comme moi, ou Hitler en personne, devait répondre aux accusations portées contre lui, il ne pourrait et ne devrait arriver qu'une seule chose. Les réponses seraient balayées d'un revers de main, considérées comme autant de foutaises et d'inepties. À tout ce que je pourrais dire à la défense de Hitler, le tribunal n'aurait qu'un seul mot à opposer : "Auschwitz". Cela suffirait. C'en serait fini une fois pour toutes de la légende de Hitler. Ce n'est là qu'un petit exemple.

« Le problème de savoir qui va défendre Hitler m'est souvent venu à l'esprit. » Frank a lâché un rire sardonique à sa manière, incontrôlé, haut perché. « Hitler est toujours attaqué, jamais défendu. C'est un problème. Ce serait dur de défendre Hitler, mais dans tout procès où l'on porte de multiples accusations contre un homme, celui-ci devrait être défendu. Je le répète, peut-être un spectre apparaîtra-t-il encore devant la cour pour défendre Hitler ! » Une fois encore, Frank est parti de ce grand rire hystérique qui le caractérise.

« C'est très intéressant d'un point de vue juridique parce que jusqu'à maintenant, alors même que le procès touche à sa fin, personne n'a été capable de défendre cet homme, ne serait-ce que d'un seul mot sensé. Nos défenseurs continuent d'attaquer Hitler, parce que leur idée est que si vous blâmez Hitler, leurs clients ne seront pas autant à blâmer. La tactique de la défense consiste à séparer Hitler des accusés. L'idée est de pousser Hitler dans un abîme et de dire : "Ces malheureux accusés n'avaient aucune idée du monstre qu'il était, et n'avaient rien à faire avec lui." Croyez-moi, rien ne saurait être plus éloigné de la vérité.

« Si Hitler est le principal accusé de ce procès, ce qu'il doit être, parce que tous les accusés lui mettent tout sur le dos, ce principal accusé devrait être entendu. Personnellement, j'aimerais voir Hitler au nombre de ceux contre qui va être prononcée une sentence. Or, si vous condamnez un homme, il doit être entendu, il faut lui donner une chance de se défendre. Ce serait plus efficace si nous disions que Hitler a voulu ceci et cela, mais que cela ne supporte pas la comparaison avec ceci ou cela, avec ce qu'il a fait concrètement et qui était criminel.

« Je pense souvent à ces choses, parce que je connais les Allemands. Parmi eux pourrait naître la légende de Hitler, parce que Hitler n'a pas été entendu au cours de ce procès. Le temps a toujours un effet de réconciliation. Sur toutes les ruines, l'herbe finit toujours par repousser, puis viennent des arbustes, et enfin, avant même qu'on s'en soit rendu compte, ce qui est en fait une vieille ruine hideuse devient une vue romantique et une légende.

« Et je tiens à mettre le monde en garde à ce sujet, concernant Hitler et ces procès. Je connais l'Europe et ses possibilités. Je serais très curieux, Dr Goldensohn, que vous me donniez votre sentiment. » J'ai répondu que son idée ne me semblait pas déraisonnable, mais que j'aimerais en savoir plus. D'un côté, dès lors que le personnage important de Hitler n'est pas sur le banc des accusés, que pourrait-on y faire, puisqu'il s'est suicidé ? Frank a répondu d'un air pensif : « Pour une part, voici ce qu'on peut faire. L'un ou l'autre d'entre nous, dans son dernier discours devant ce tribunal, devrait prendre la défense de Hitler. Non pas les avocats, les défenseurs attitrés, mais l'un de nous, les accusés, qui avons été les agents de Hitler.

« Le pire testament du monde est le testament de Hitler. La soi-disant fidélité de Göring à Hitler est une plaisanterie – une fadaise. Une fadaise criminelle. Mais l'un de nous devrait se lever et dire : "J'essaie de défendre Hitler en ma qualité d'avocat, de représentant de ses intérêts." La cour poserait alors des questions et laisserait y répondre quiconque entend défendre Hitler. Le ministère public, croyez-moi, aurait la tâche facile. Il n'aurait qu'à dire : "Hitler, voici votre testament. Qu'avez-vous à en dire ?" Que peut-on dire pour le défendre ? Pas un mot qui ait du sens ! C'est l'aveu de l'ordre de tuer les Juifs. Le document le plus horrible, attestant le crime le plus horrible de l'histoire du monde ! L'accusation n'aurait qu'à dire : "Qu'avez-vous à répondre à ceci, Herr Hitler ?" Il faut alors imaginer une réponse, un argument.

« La cour pèserait cet argument ou cette réponse, le qualifierait de sottise et l'écarterait. Bien entendu, il n'est aucun argument qui puisse le justifier. Toute mon idée, avec cette défense de Hitler, n'est qu'une réponse au problème psychologique de combattre toute possibilité d'une légende de Hitler.

« Bien sûr, on peut dire qu'il ne rime à rien de discuter de ces choses. Elles sont criminelles et n'appellent aucune discussion. Mais les Alliés eux-mêmes ont écarté cet argument en prenant l'initiative de ces procès. La possibilité d'une légende hitlérienne est bien réelle. Le procès traîne, l'histoire mondiale continue, et l'âge d'or n'est pas encore arrivé. Les Allemands sont dans un terrible dénuement.

« Au cours de ce procès, j'ai compté quarante-quatre noms dégradants qui ont été appliqués à Hitler, que l'on a traité de meurtrier de masse, et ainsi de suite. Je les ai ici, dans ma cellule, parmi mes notes. Ces noms ne sont pas venus de l'accusation, mais des accusés et de leurs défenseurs. Or il faut se demander comment Hitler se défendrait contre ses accusations. J'essaierais de rassembler tous les arguments, même les plus tirés par les cheveux, que Hitler pourrait essayer d'invoquer.

« Je vais encore y réfléchir, pour savoir si je vais placer toute cette affaire dans mon dernier discours. Bien entendu, je le ferai avec l'explication et l'introduction que je vous ai données. Je ne sais pas si c'est possible dans mon cas. Mais ça devrait l'être parce que je n'ai pas grand-chose à dire dans mon dernier discours vu que j'ai parlé sans détour à la cour de ma culpabilité et que je n'ai rien caché.

« Mais c'est une tâche terrible, ne serait-ce que de chercher des mots d'excuse pour Hitler. Même en art, il n'est pas de lumière sans ombres, et pas d'ombres portées sans un peu de lumière. Même l'ombre d'Adolf Hitler s'accompagne de quelque lumière. Je dirais à la cour que, en ma qualité d'ancien avocat de Hitler de 1927 à 1933, je vais le défendre. Puis je dirais que tous mes arguments n'étaient pas suffisants en tant qu'être humain et qu'il n'y a pas de défense en dehors des mots. Des mots dénués de sens.

« Je crois que cela combattrait la légende de Hitler. Cela répondrait à toutes les pensées que les milliers de partisans cachés de Hitler continuent de professer. Vous devriez dire, par exemple, que les Polonais ont massacré des milliers d'Allemands. Qu'il y a eu des haines et des jalousies contre Hitler. La réponse serait simple et plus importante que l'argument. Mais reste Auschwitz ! Voilà la réponse. Un millième de la réponse, mais suffisant. »

Nous avions apparemment épuisé le sujet de la brillante idée qu'a eue Frank de défendre Hitler, et de ses raisons de l'envisager. Je lui ai demandé s'il avait eu d'autres pensées dernièrement et s'il avait ou non envie de parler de quelque chose en particulier.

Il a répondu que son esprit ne cessait de « travailler », mais qu'il était maintenant dans un état de « paix avec le monde ». Je l'ai questionné à nouveau sur sa famille. Son visage s'est assombri, puis il a dit d'un ton léger : « Ma mère est encore en vie, vous le savez. J'ai souvent pensé à elle ici. C'est une femme merveilleuse. Tout mon esprit combatif, c'est d'elle que je le tiens. Mon père était un juriste, mais un faible, qui a eu beaucoup de soucis avec sa clientèle.

« En 1925, il s'est fait radier parce qu'il avait défendu les deux parties dans une affaire de divorce. Il représentait le mari, quand la femme s'est présentée devant lui, les larmes aux yeux, et il l'a donc conseillée elle aussi. Le tribunal local s'est aperçu qu'il agissait contre les règles, en représentant les deux parties, et l'a donc rayé du barreau. Mais trois ans plus tard, en 1928, il a été rétabli et a continué d'exercer le droit jusqu'à sa mort, le 15 janvier 1945. Cet épisode de 1925 n'est pas la seule difficulté que mon père ait connue avec sa clientèle. Ce n'est qu'un détail parmi beaucoup d'autres. Mais il n'a pas été un criminel ni rien de tout cela. C'est juste qu'il n'était pas fait pour le droit.

« Mon père était issu d'une vieille famille rhénane, dans la région du Palatinat. Les Frank sont une très vieille famille et le sang se raréfie. Si je n'avais pas hérité de l'esprit batailleur de ma mère, j'aurais été comme mon père, un homme indécis, n'arrivant jamais à grand-chose. Mais ma mère était différente. C'était une belle femme. Mon père et ma mère ne se sont jamais entendus. Ils sont restés mariés jusqu'à ce que j'aie dix ans, puis maman a quitté la maison pour retourner vivre dans sa famille. J'avais vingt ans passés quand mon père s'est remarié, avec une gentille vieille dame qui lui a rendu la vie confortable dans ses dernières années de déclin. Maman ne s'est jamais remariée.

« Dans les dernières années, maman a montré moins d'aigreur envers mon père que par le passé. L'âge les a adoucis l'un et l'autre, j'imagine. Les toutes dernières années avant la mort de mon père, ma mère aimait parler de lui, pour rappeler ses qualités. Auparavant, elle ne le supportait pas. Naturellement, cela a rendu mon enfance assez malheureuse. Je suis sorti du lycée à seize ans, puis j'ai fait une année d'école à Prague et, à dix-huit ans, je me suis engagé dans l'armée à la fin de la Première Guerre mondiale. Je n'ai jamais été en bons termes ni intime avec mon père. On pourrait dire qu'à partir de dix ans je n'ai pas eu de vie de famille. Ma mère avait disparu de la scène, emportant ma petite sœur avec elle quand elle était retournée vivre chez les siens, et moi je suis resté, avec mon frère, de huit ans mon aîné, chez mon père. J'ai passé le plus clair de mon temps au lycée Maximilien de Munich, à l'exception d'une année à Prague et du court passage dans l'armée en 1918. J'ai peu de bons souvenirs de ma petite enfance. Je n'ai vraiment commencé à connaître ma mère et à comprendre quelle femme merveilleuse elle était qu'une fois devenu adulte et indépendant. J'ai été plus ou moins indépendant toute ma vie, au moins à partir de dix ans, quand mes parents ont divorcé. »

Frank s'est ensuite lancé dans l'idée que la plupart des difficultés familiales, en Allemagne, étaient le reflet d'une vie malheureuse consécutive au manque d'espace vital et à la forte croissance de la population urbaine par rapport à la population rurale de 1870 à 1933.

« Je suis formel. Le pourcentage élevé des divorces, la grande incompatibilité des personnes mariées, les désordres de la vie de famille en Allemagne dans ces années-là ont été le fruit du surpeuplement urbain et du manque de possibilités de se développer. J'en suis un bon exemple. Quand j'étais ministre de la Justice, j'ai reçu des milliers de lettres de gens me demandant de les aider à obtenir le divorce [1]. Hitler était hostile à une procédure de divorce plus facile. J'y étais favorable, mais je n'y pouvais rien. Hitler m'a interdit à moi-même de divorcer d'avec ma femme, avec qui j'étais très malheureux – je vous l'ai déjà dit.

« Je crois que Hitler était anormal dans ses besoins sexuels. Je veux dire, il n'avait guère besoin du sexe opposé. Il considérait les femmes comme des objets décoratifs et il parlait souvent de sa mère avec affection. J'ai retiré l'impression qu'il n'aimait pas son père, parce qu'il n'en parlait jamais. Mais ce n'est pas une bonne chose qu'un homme ait trop peu d'éros en lui. Ça le rend insensible, et probablement cela le pousse-t-il à la cruauté. Freud, Sigmund Freud, le dernier des grands psychiatres allemands, qui est mort en Angleterre, a souligné la relation entre la frustration érotique et la cruauté. Je crois que c'est ce que vous, les psychiatres, appelez le sadisme. Je suis convaincu qu'un homme qui n'a pas besoin de l'amour d'une femme, et pense pouvoir s'en passer, ou y renonce, peut trouver un substitut dans la cruauté et le sadisme. »

Frank avait-il jamais lu les œuvres de Freud ? « Pas ses œuvres, pas ses livres, mais j'ai lu de nombreux articles sur ce qu'il a dit et sur son travail. Avez-vous jamais vu la correspondance entre Albert Einstein et Freud entre les années 1928 et 1933 ? Ça vaut la peine de la lire. Einstein a probablement des copies de cette correspondance, que j'ai eu le privilège de lire. Freud a prédit presque exactement ce qui allait arriver à l'avenir et qui s'est bel et bien produit pour ce qui est des atrocités et des meurtres collectifs. C'était un grand esprit. Il a vu le sadisme et la cruauté propres à Hitler et à l'hitlérisme. Einstein et Freud ont eu tous deux l'intelligence de quitter l'Allemagne, parce que Himmler les aurait sans doute arrêtés et assassinés tous les deux. »

Frank a soupiré. « Quel horrible système avions-nous. Comme nous avons été aveugles. »

1. Frank doit faire allusion à sa nomination en 1933 au poste de ministre de la Justice en Bavière.

WILHELM FRICK
1877-1946

Wilhelm Frick fut ministre de l'Intérieur de 1933 à 1943.

Reconnu coupable à Nuremberg de crimes contre la paix, de crimes de guerre et de crimes contre l'humanité, il fut pendu le 16 octobre 1946.

10 mars 1946

Wilhelm Frick a soixante-neuf ans, avec des cheveux gris coupés ras. Son attitude n'est ni hostile ni amicale. Il parle d'un ton sec et précis, ménageant des pauses appropriées, sa voix s'élève et retombe, mais son débit semble celui d'un automate chevronné. Il a été interrogé cet après-midi dans sa cellule, Triest assurant la traduction. Il dit quelques mots d'anglais. Son allemand est facile à suivre. Il donne toujours l'impression de faire un discours informel, chaque fois qu'on lui pose des questions se rapportant au national-socialisme, au rôle qu'il y a joué, et ainsi de suite. Il ne fait pas son âge, il se tient droit, n'est pas même ridé et est physiquement robuste. La taille fine, d'une stature moyenne et d'un poids modéré, il a tendance à être mince plutôt que le contraire, sans être maigre.

À la question de savoir s'il avait des plaintes à formuler, il a répondu que son seul motif de se plaindre était le bruit que faisaient les gardiens la nuit, mais qu'il comprenait bien qu'il était difficile de faire tenir les jeunes gens tranquilles. Physiquement, son seul problème est un mal de gorge occasionnel « causé par le temps », et qui revient deux ou trois fois par an, aux changements de saison.

Antécédents médicaux : « Problèmes pulmonaires » (probablement bronchite légère, à en juger par la symptomatologie décrite) entre six et douze ans. « Catarrhe bronchique chronique » jusqu'à trente ans. Pas d'autres maladies.

Formation : École primaire, quatre ans, à Kaiserslautern, puis lycée, de 1887 à 1896, dans la même ville. (Il est né à Kaiserslautern le 12 mars 1877.) Puis il a fréquenté les universités de Göttingen, Berlin et Munich, la dernière surtout, pendant trois ans. En 1901, il a obtenu son doctorat de jurisprudence à l'université de Heidelberg.

Carrière : Il a pratiqué le droit à Kaiserslautern de 1900 à 1903. En 1903, il a passé un concours officiel et a été affecté en tant que fonctionnaire à Munich, où il a travaillé dans les services du magistrat de district. De 1907 à 1917, il a travaillé dans l'administration de Pirmasens (Bavière). De 1917 à 1919, à Munich, il a été chargé, auprès du directeur de la police, des profiteurs, du « racket », etc.

En 1919, il a été chargé de la section politique de la police, en particulier contre les communistes. « Après la signature de la paix, le kaiser a dû abdiquer et les sociaux-démocrates ont dû prendre la relève. Puis le gouvernement a glissé plus à gauche. Il y a eu un gouvernement communiste quatre semaines durant, en avril 1919, la République des Conseils. » Frick a aidé à la renverser. « Ce gouvernement était concentré à Munich, où les Juifs russes étaient pléthore [1]. » Il est resté responsable de la section politique de la police à Munich jusqu'en 1923.

En novembre 1923, s'est produit le putsch de Munich. Arrêté, Frick a fait quatre mois et demi de prison. Il a connu Hitler en 1923, « parce que tout rassemblement public devait recevoir l'aval de ma section de la police ». Il a adhéré au parti en 1923, peu après avoir fait la connaissance de Hitler. Le parti nazi ayant été ensuite

1. Si quelques personnalités en vue de la révolution bavaroise étaient juives, l'implication des Juifs dans leur ensemble a été considérablement exagérée. Pour de plus amples informations à ce sujet, voir Mitchell, *Revolution in Bavaria.*

interdit, il a repris sa carte sitôt qu'il a été à nouveau autorisé en 1925.

Il est resté en prison de novembre 1923 à avril 1924. Le 6 avril 1924, il a été élu au Reichstag. Jusqu'à la fin de la guerre, il a représenté la Haute-Bavière au Reichstag, toujours sous les couleurs du national-socialisme. On a parfois parlé de Bloc Völkischer. « J'ai fait quatre mois et demi de prison à Munich, tandis que Hitler a fait neuf mois à la prison de Landsberg », a-t-il observé distraitement. À l'issue de son procès, il a été condamné à quinze mois, et Hitler à cinq ans, mais tous deux ont été libérés aux dates indiquées plus haut.

Au Reichstag, il a assumé les fonctions de « chef de file » ou « chef de fraction ». Il y a eu une rupture dans les partis allemands du Nord et du Sud. Il y avait le parti dit de Novembre, également appelé le Mouvement de libération du Nord. Au début, il y avait trente nazis au Reichstag mais, aux élections suivantes, ils ont perdu du terrain. En 1925, ils n'étaient plus que sept. Les autres passèrent au parti de la Libération [1].

En 1928, le parti de la Libération a disparu et le nombre de nazis siégeant au Reichstag est passé à douze. Il y avait de quatre à cinq cents sièges au Reichstag.

« En 1923, le parti a fait le putsch au lieu de participer aux élections. Après cet échec, Hitler a dit qu'il nous faudrait choisir les méthodes parlementaires pour obtenir une majorité. »

En janvier 1930, Frick est devenu ministre de l'Intérieur et de l'Éducation en Thuringe, à Weimar. À cette époque, la Thuringe avait cinquante-trois sièges au Reichstag, dont cinq ou six seulement détenus par des nationaux-socialistes. Les nazis « étaient entre les communistes, d'un côté, les bourgeois, de l'autre. Nous avons formé un gouvernement de coalition avec les bourgeois ». C'est ainsi que Frick est devenu ministre de l'Intérieur en Thuringe jusqu'au 1er avril 1931, date à laquelle il a été « pressé de quitter » le gouvernement de coalition. Il a alors retrouvé son ancien poste de député au Reichstag.

« Les années 1930 à 1931, en Thuringe, ont beaucoup compté pour nous, parce que les gens disaient toujours que les nazis savent parler mais pas gouverner. Hitler m'avait nommé au poste de ministre de l'Intérieur en Thuringe et les gens ont vu que je faisais beaucoup de bien. »

1. Pour un historique complet du parti nazi, voir Kater, *The Nazi Party*. Pour une étude de tous les partis mentionnés, voir Thomas Childers, *The Nazi Voter. The Social Foundations of Fascism in Germany, 1919-1933*, Chapel Hill, N. C., 1983.

En septembre 1930, « des suites de mon travail en Thuringe », les forces nazies au Reichstag sont passées de douze sièges seulement à cent sept, faisant des nazis le deuxième parti du Reich. En 1930, il y a eu bel et bien un vice-président national-socialiste du Reich, un certain Franz Stöhr, qui est mort depuis. « Mais Stöhr s'est démis de ces fonctions parce que ça ne marchait pas, en raison des différences avec les autres partis.

« Nous avons bientôt formé une coalition avec des partis nationalistes allemands et, lors d'une réunion à Harzburg, en 1931, nous avons pris position contre le plan Dawes. Un peu plus tard, nous avons dénoncé le plan Young. Nous voulions aussi des élections populaires [1]. »

De 1931 à 1933, Frick a été un « chef de file très important » au Reichstag. En juillet 1932, « nous avons éliminé Heinrich Brüning. Je voulais juste indiquer comment Hitler est arrivé au pouvoir ».

En 1933, après que le président Hindenburg eut appelé Hitler au gouvernement, Frick est devenu ministre de l'Intérieur – poste qu'il conserva jusqu'à l'effondrement en 1945.

À la question de savoir s'il connaissait Harold Ickes, le secrétaire américain à l'Intérieur, Frick a répondu qu'il n'avait jamais été en Amérique [2]. Il avait entendu parler de lui et a ajouté que Ickes avait refusé de l'hélium au zeppelin allemand en 1932-1933. Ce fut son seul commentaire sur Ickes.

« J'avais pour tâche de transformer la voie parlementaire en voie autoritaire. Un des points de l'acte d'accusation dans ces procès est que la *Gazette juridique fédérale* compte deux cent trente-quatre documents portant ma signature, autrement dit on m'accuse d'avoir changé les lois [3]. Le système parlementaire lui-même s'est disloqué entre 1930 et 1932 ; les banques ont fait faillite.

« Le gouvernement Brüning a adopté des lois d'urgence. Les règles de la République de Weimar n'étaient d'aucun secours et il nous a donc fallu adopter un système autoritaire.

« La loi fondamentale, à cette époque, était que non seulement le Reichstag, mais aussi le gouvernement du Reich lui-même pouvaient édicter des lois. Ainsi tout le système parlementaire a-t-il été

1. Les banquiers américains Charles C. Dawes (en 1924) et Owen D. Young (en 1929) proposèrent tous deux des plans pour permettre à l'Allemagne de payer les réparations fixées lors des conférences de paix organisées à la fin de la Première Guerre mondiale.

2. Harold L. Ickes (1874-1952) fut secrétaire à l'Intérieur aux États-Unis de 1933 à 1946.

3. Il s'agissait du *Reichsgesetzblatt*.

renversé et, avec le temps, toutes les lois ont été retirées des mains du parlement pour relever désormais d'un contrôle autoritaire. »

À la question de savoir s'il avait quelque chose à dire sur l'incendie du Reichstag, Frick a répondu : « Les deux thèses sont plaidables. Au procès, certains communistes ont été condamnés. Et la rumeur court que c'est Göring et les SA qui sont à l'origine de l'affaire. Mais je n'en sais rien. » Quel est votre avis ? « La seule chose que je puisse dire repose sur le principe “à qui profite le crime”. Si ce sont les communistes qui ont fait ça, ils ont été stupides parce qu'ils ont été interdits par la suite. Si c'est Göring et les SA, je suis incapable de le dire. Jusque-là, la question n'a pas été abordée dans ce procès. » À l'époque, quelle était votre opinion ? « Je n'avais aucune raison d'être soupçonneux, même si, bien entendu, les rumeurs existaient aussi à cette époque [1]. »

Entre autres compétences, le ministre de l'Intérieur disposait de « pouvoirs généraux sur les procédures administratives et était conseiller ministériel pour la défense du Reich ». Le 20 août 1943, Frick est devenu, outre ses autres tâches, protecteur de la Bohême et de la Moravie. Il avait des bureaux aussi bien à Berlin qu'à Prague. « Mais je n'étais à Prague qu'environ une semaine par mois. Ce n'était qu'un poste de représentation. Le véritable responsable allemand de la Bohême et de la Moravie était Karl Hermann Frank. Ce dernier relevait directement de Hitler et avait un rang équivalent au mien : *Reichsminister.* » Frick était *Reichsprotektor* de Bohême et de Moravie, tandis que Frank en était *Reichsminister.*

Quelle est votre opinion sur Karl Hermann Frank au vu de certaines accusations d'atrocités portées contre lui ? « Il avait son bon côté. Par exemple, après l'assassinat de Reinhard Heydrich, Hitler a ordonné qu'on exécute cinquante mille Tchèques en représailles [2]. Mais Frank a dit que ces gens avaient des familles et a suggéré des mesures moins dures. » Frank n'est-il pas accusé dans l'affaire de Lidice [3] ? « Oui. Mais Hitler voulait plus. »

1. Sur l'incendie du Reichstag, le 27 février 1933, et ses conséquences, voir Gellately, *Backing Hitler*, p. 12-13 et trad. fr., p. 27-28.

2. Reinhard Heydrich (1904-1942), influent fondateur du SD, fut l'un des principaux acteurs de la mise en place de la Gestapo et du reste du système policier nazi. Assassiné en Tchécoslovaquie, il mourut le 4 juin 1942. Pour une brève introduction, voir Fest, *The Face of the Third Reich*, p. 98-110 et trad. fr., p. 65-85.

3. Karl Hermann Frank (1898-1946) réussit à annuler les ordres de représailles donnés par Hitler après l'assassinat, le 27 mai 1942, de Reinhard Heydrich. Le village de Lidice n'en fut pas moins visé. Il fut rasé jusqu'au sol et ses habitants furent soit massacrés sur-le-champ (192 hommes, 71 femmes), soit expédiés dans des camps de concentration (198 femmes) ; les enfants (98) furent envoyés dans des « écoles spéciales ».

Que pensez-vous de Hitler ? « Il était trop impétueux. Il manquait de *self-control.* » Croyez-vous qu'un autre Führer aurait pu faire mieux ? « Hitler était sans nul doute un génie, mais il manquait de *self-control.* Il ne connaissait pas de limites. Sans quoi le Reich millénaire aurait duré plus de douze ans. » Si vous aviez été Führer, ça aurait été différent ? « Tout dépend. Hitler avait de mauvais conseillers, en particulier Himmler, Bormann et Goebbels. J'ai perdu la confiance de Hitler en 1934. Je n'ai travaillé en étroite collaboration avec lui et en confiance que jusqu'au putsch de Röhm. Après cela, je n'ai plus vraiment fait partie du cercle rapproché des conseillers de Hitler. Je suis convaincu que Röhm ne songeait pas même à un putsch, mais Himmler s'en est servi pour obtenir le pouvoir. À compter de ce jour, Himmler est devenu de plus en plus irremplaçable. » Frick affirme que Himmler a été « contre » lui à partir de 1933 mais ne donne d'autre raison que son « grand désir d'accroître son pouvoir ».

« Le gouvernement de Hitler, autrement dit, la politique intérieure, a bien travaillé en 1933. Il a éliminé le chômage. Il a travaillé sans à-coups tant que Hitler a écouté ses conseillers. Après le putsch de Röhm en 1934, Göring et Himmler sont devenus les principaux conseillers de Hitler. » Étiez-vous en bons termes avec Göring ? « Non. »

« Le manque de modération de Hitler était un gros défaut. Il était si têtu qu'il n'écoutait que Bormann et Himmler, qui étaient tous deux des criminels de la pire espèce. Il ne recevait plus ses propres ministres. J'ai voulu démissionner parce que c'était une mission impossible, mais Hitler a refusé et a dit que je devais rester. La dernière fois que j'ai pu voir Hitler, c'était en 1937. Au cours de la guerre, je ne l'ai vu qu'occasionnellement. J'habitais près de Hitler à Berlin parce que les appartements du ministère de l'Intérieur se trouvaient au ministère des Affaires étrangères, juste à côté de la Chancellerie. Les Affaires étrangères avaient été autrefois le ministère de l'Intérieur. Nous n'y avions conservé que nos appartements. C'était au 74 de la Wilhelmstrasse. »

Famille : Père mort en 1918, à quatre-vingts ans, après être tombé d'un wagon. Il était maître d'école. C'était un « bon » père, politiquement nationaliste et admirateur de Bismarck. Il n'a jamais été soldat. Mère morte en 1893, de pneumonie. Frick avait alors seize ans. Son père ne s'est jamais remarié. Le prénom du père est le même que celui du sujet : Wilhelm. Ses grands-parents, des deux côtés, étaient des paysans du nord du Palatinat. Il n'a pas grand-chose à dire sur la personnalité de sa mère ou de son père. Il paraît ressembler à son père par sa personnalité.

Fratrie : Il est le benjamin de quatre enfants. 1. Frère, mort à trente ans de tuberculose, aux îles Canaries. Né en 1870, il s'appelait Hermann Frick. 2. Sœur, morte à soixante-douze ans, en 1938, d'une crise cardiaque. Vieille fille, elle tenait la maison de Frick. 3. Sœur, Emma, née en 1864, morte en 1903 d'une tumeur de l'estomac. Elle était professeur d'anglais et de latin.

Il n'a pas vu sa sœur morte en 1938 pendant les cinq ou six dernières années de sa vie. Elle était restée à Kaiserslautern, tandis qu'il vivait à Berlin. Il était en bons termes avec tous les membres de sa famille, dit-il, mais ils n'ont jamais été très intimes.

Vie conjugale : Premier mariage avec une femme de dix ans sa cadette. Divorce en 1934. Le mariage était « satisfaisant », mais il désirait plus d'enfants, « et elle n'en voulait plus ; nous avons donc divorcé ». Ils avaient eu trois enfants. L'année même de son divorce, en 1934, il a épousé en secondes noces une femme de dix-neuf ans sa cadette. De cette union, il a eu deux enfants.

Enfants : 1. Hans, né en 1911, était magistrat de district en Haute-Bavière. Il s'est suicidé le 3 mai 1945 avec sa femme et ses enfants. 2. Walter, né en 1913, tué au combat sur le front russe en 1941 ; il était alors lieutenant. « Je l'ai vu sur les rives du Dniepr, blessé par des éclats d'obus. Il avait une blessure à l'abdomen. J'ai obtenu du Führer la permission de lui rendre visite. J'y suis allé en avion et le lendemain je suis rentré à Berlin. Plus tard, dans la journée, j'ai appris qu'il était mort. » Sur un plan émotionnel, comment avez-vous réagi ? « C'était triste. C'est la guerre. Beaucoup d'autres sont morts également. C'est la guerre. »

Nous avons discuté de la guerre. « L'idée d'empêcher les guerres me laisse sceptique. Je doute qu'on puisse les empêcher. Il y aura toujours des guerres. À en juger par les expériences passées, œuvrer pour la paix serait tout aussi inefficace aujourd'hui qu'autrefois. C'est une loi de la nature. » Voilà une philosophie plutôt cynique, pessimiste. « Non. Je suis simplement réaliste. Il ne sert à rien de prendre ses rêves pour la réalité. »

Interrogé sur les raisons du suicide de son fils, il a répondu : « Il avait été commandant de région en Russie et il a eu peur d'être livré aux Russes. Il était contre. Il a écrit à sa mère qu'il allait se suicider. Je ne l'ai su qu'en novembre. »

3. Sa fille, Anneliese, née en 1920, est vivante et se porte bien, célibataire ; elle écrit souvent. Elle a travaillé dans les services médicaux de l'armée de l'air. Voilà pour les trois enfants de sa première épouse.

4. Sa fille, Renate, dix ans, née en 1935, et 5. son fils, Dieter, né en 1937. Les trois derniers enfants sont vivants et se portent bien,

pour autant qu'il le sache. Sa femme vit près du lac Starnberg. Il a entendu dire que sa première femme est déprimée parce qu'elle a perdu ses deux fils. Lui-même n'est pas particulièrement déprimé, à cause de la « nature de la vie, des lois de la nature et de la nature de la guerre ».

Hans Fritzsche
1900-1953

Haut fonctionnaire au ministère de la Propagande de Joseph Goebbels et chef de la division Radio à partir de 1942. Jugé pour crimes de guerre à Nuremberg, il fut acquitté. Condamné par la suite à neuf ans de prison par un tribunal de dénazification, il fut libéré en 1950. Il mourut d'un cancer à Cologne le 27 septembre 1953. Il a publié ses lettres et ses discours en plusieurs volumes, ainsi que ses mémoires en 1948.

2 mars 1946

Cet homme pâle et maigre, Hans Fritzsche, était assis à l'extrémité du banc des accusés. Son avocat interviendrait le dernier. Il avait quarante-cinq ans et faisait son âge, malgré un air juvénile, naïf, suggérant l'adolescent. J'ai eu de nombreux entretiens avec lui depuis janvier, date de mon arrivée à Nuremberg. Il appréciait les visites et semblait se sentir mieux après une discussion. Je m'en suis tenu à ma ligne de conduite habituelle consistant à lui demander de dire tout ce qui lui passait par la tête. À l'occasion, j'ai posé une question directe, comme aujourd'hui, quand je l'ai invité à me donner une esquisse informelle de sa biographie. Il a dit en avoir rédigé une voici quelque temps et m'en a remis une copie. Je lui ai dit que j'avais accès à ce récit autobiographique, mais que je préférerais qu'il me parle personnellement de sa vie.

Il a dit : « C'est mieux. Ces deux pages écrites sont au mieux une esquisse sans vie.

« Je suis né à Bochum, en Westphalie, le 21 avril 1900. Bien entendu, j'ai eu les maladies habituelles des enfants. De douze à quatorze ans, cependant, j'ai souffert d'une faiblesse cardiaque parce que j'ai grandi trop vite. J'ai dû abandonner l'école pendant un an. Ça m'a aussi empêché de faire du sport jusqu'à près de vingt ans. Après vingt ans, je n'ai plus souffert de faiblesse cardiaque.

« Pour ce qui est du sport, j'aimais l'alpinisme. Autour de vingt-cinq ans, je me suis blessé au ski, avec fracture des deux pieds et de plusieurs côtes, et problèmes lombaires. Mais je ne suis resté au lit que quatre semaines après l'accident et me suis complètement rétabli.

« J'ai eu une autre maladie grave, en 1936-1937, quand j'ai dû subir deux opérations pour l'ablation de l'appendice, qui avait éclaté. La première opération consista en une incision et un drainage ; la seconde, en une appendicectomie proprement dite. »

Je l'ai interrogé sur ses études. « Je suis allé à l'école à Halle, sur la Saale, pendant près de trois ans. Puis j'ai fait cinq ans au lycée de Breslau. Je n'ai jamais aimé la rigide atmosphère prussienne de ces écoles. Je n'étais pas un bon élève, parce que je n'aimais pas ces méthodes pédagogiques mécaniques. Mes quatre dernières années de lycée, je les ai faites à Leipzig. Ça s'est bien passé parce que le lycée ressemblait plus à une université, et que les enseignants étaient plus libéraux et modernes. J'en suis sorti parmi les premiers. Pour mon mémoire de diplôme, j'ai écrit quelque chose qui s'intitulait "Humanité, notre éternel désir", et qui a été très apprécié.

« Assez curieusement, quelques-uns de mes meilleurs amis, à Breslau, étaient juifs. C'étaient les fils d'émigrés juifs de l'Est. L'antisémitisme a toujours été présent au lycée, mais je n'y adhérais pas.

« L'un de mes meilleurs amis s'appelait Lewisohn. Il avait à peu près mon âge ; il était juif mais s'est par la suite converti au protestantisme. Un autre ami cher s'appelait Lohse, un Juif lui aussi, qui s'est fait protestant sous mon influence en même temps que sa mère et sa sœur. Lewisohn a été tué au cours de la Première Guerre mondiale, mais Lohse et sa famille, je crois, sont encore en vie en Silésie. »

Fritzsche dit avoir appris beaucoup de choses hors du système scolaire. Entre autres, un profond respect des droits de l'individu. Sa scolarité avait été interrompue pendant près d'un an ou neuf mois en 1918 quand il avait été appelé sous les drapeaux et avait combattu quelque temps dans les Flandres. En décembre 1919, après la fin de la guerre, il avait réintégré le lycée pour finalement obtenir son diplôme en 1920.

La même année, il a commencé ses études à l'université de Greifswald, se spécialisant en philosophie mais suivant aussi des cours de littérature allemande, d'histoire et de science économique. « En raison des difficultés de l'époque, de l'inflation, des grèves et des conditions qui équivalaient à une guerre civile, c'est tout naturellement que j'ai été attiré par la politique. Ma deuxième année à l'université, je suis devenu président du syndicat des étudiants. Puis je suis entré à l'université de Berlin où j'ai là aussi milité parmi les étudiants. »

Il a quitté l'université au bout de trois ans, en 1923, pour « raisons financières », afin de devenir d'abord assistant, ou secrétaire, d'une nouvelle école de géopolitique. Peu après, il est devenu rédacteur pour l'histoire et la politique de l'*Annuaire prussien.* Il l'est resté jusqu'en 1924. Puis il a été reporter et rédacteur au « Telegraph Union » (l'équivalent d'United Press), responsable de l'étranger. Il est resté dans cette agence de 1924 à 1932, date à laquelle il était rédacteur en chef.

Je l'ai interrogé sur sa famille. Il a répondu que son père était né dans les environs de Leipzig et que ses ancêtres, avant lui, sur plusieurs générations, venaient de ce territoire. Les parents de son père étaient pour la plupart armuriers ou taillandiers. Son père était un « vieux fonctionnaire des postes » qui, bien que respecté de ses subordonnés, était mal vu de ses supérieurs et n'obtint jamais plus que la direction d'un bureau de poste en ville. « Le beau-frère de mon père est entré au ministère des Postes, mais mon père n'y est jamais parvenu parce qu'il était trop indépendant. Mon père a aujourd'hui quatre-vingt-cinq ans. J'ai eu de ses nouvelles en avril, alors qu'il vivait dans la zone russe, sur une île près de la Poméranie, dans la mer Baltique. Il a quitté les postes en 1925 ou 1926. L'été, il louait des chambres dans sa petite maison sur l'île.

« Mon père était totalement apolitique. Alors que ses frères et ses beaux-frères sont entrés au ministère des Postes, il a choisi de ne pas faire de politique et de rester sur le terrain. Il a été directeur de bureaux de poste, à divers moments, à Halle, Breslau et Leipzig. » D'une façon générale, le père de Fritzsche était assez austère et strict, mais il recourait rarement à des punitions corporelles sur ses enfants. Entre le père et le fils, les relations étaient apparemment respectueuses, quoique distantes.

« Ma mère est morte en 1938 d'une maladie de cœur liée à l'artériosclérose. Elle était d'environ cinq ans plus jeune que mon père. J'ai parlé d'elle dans ma courte autobiographie, mais je préférerais de beaucoup vous en parler de vive voix. Elle n'avait pas fait des études aussi poussées que mon père. Elle avait reçu ce qu'on appelle en Allemagne "l'éducation de la fille aînée" : autrement dit, elle parlait un peu français, jouait un peu de piano, etc. Mentalement, cependant, elle était plus vive que mon père et avait une personnalité rayonnante.

« J'ai toujours été exceptionnellement proche de ma mère. Elle était catholique de naissance, mais comme la famille était luthérienne, qu'il n'y avait pas d'église catholique à Linz et qu'elle pensait que Dieu acceptait toutes les prières, sous quelque forme qu'on les lui adressât, elle est devenue protestante à soixante ans passés. Un an plus tard, elle était présidente de l'Aide sociale des femmes luthériennes de toute la Poméranie. Alors qu'elle n'avait pas fait beaucoup d'études, qu'elle n'était pas douée pour les discours et qu'elle était habillée très simplement, elle avait réellement une très forte personnalité. »

J'ai voulu savoir quels avaient été ses sentiments à l'égard de sa mère au cours des tout derniers mois. Il a répondu qu'il pensait souvent à elle, surtout en rêve. « Ma mère a toujours été mon plus grand soutien et en grandissant, même quand je suis devenu un homme, j'ai toujours aimé mettre ma tête sur ses genoux. C'était un geste qui était tellement fort que, surtout aujourd'hui, je n'ai aucun mal à le visualiser et je ne m'en lasse pas.

« Des bagatelles pouvaient la rendre très triste, mais dans les périodes de grande difficulté ou de crise ma mère a toujours été courageuse. Elle a toujours eu un mot gentil en cas de pépin. Par exemple, quand mes frères et sœurs sont morts, je me souviendrai toujours de ce qu'elle a dit. Une phrase religieuse que je n'ai pas envie de mentionner. Je rêve souvent à ces choses. »

Il semblait évident qu'il souhaitait que je le questionne sur cette phrase religieuse qu'il ne voulait pas profaner en la citant. Je lui ai demandé pourquoi il répugnait à mentionner quelque chose qui était manifestement bon. « J'hésite parce que je tiens ces mots pour sacrés vu qu'ils ont été prononcés par ma mère chérie. Mais vous avez raison, il n'y a pas de mal à dire une belle chose. Les mots religieux que ma mère a dits, c'était "l'âme est sauvée".

« À la maison, on parlait peu de religion, mais tout reposait sur elle. J'ai un rêve qui revient souvent : j'ai la tête posée sur les genoux de ma mère, et elle a ce geste à elle et ces mots : “Allons, qu’est-ce qui se passe ?” »

J’ai demandé à Fritzsche comment il interprétait ce rêve. Il a dit ne pas croire particulièrement à la signification des rêves, mais qu’il imaginait que ça avait un rapport avec son innocence innée. « Si j’étais psychiatre, j’imaginerais que ce rêve exprimait un sentiment d’innocence inconscient. Parce que, quand je suis éveillé, deux forces s’exercent sur moi. L’une veut savoir : “Pourquoi as-tu servi dans ce système – tu as vu des choses en 1932 et en 1938 –, pourquoi t’es-tu laissé entraîner dans ce système ?”

« L’autre force en moi est une voix qui dit toujours : “Mais comment *pouvais*-tu être au courant de ces atrocités, puisque que tu es innocent ? !”

« En outre, il y a ce procès complètement faux. Je participerais très volontiers à un procès s’il s’agissait de déterminer la culpabilité pour les cinq millions de gens assassinés [1] et la culpabilité dans les atrocités. Mais je vois qu’on ne cesse de sortir d’autres choses dans ce procès et j’ai le sentiment que, dans l’ombre de la culpabilité de ces meurtriers, le peuple allemand va être jugé coupable de tout, et que dans l’ombre de cette culpabilité les Américains, les Anglais, les Français et surtout les Russes vont vouloir se débarrasser de leur linge sale.

« Je suis d’avis qu’il faut distinguer deux choses. D’abord, la volonté des Allemands de vivre et de livrer une bataille propre pour leur existence – une bataille qui a été conduite. Et ensuite, d’un autre côté, la culpabilité dans les meurtres et les atrocités. Ce sont deux choses entièrement différentes. »

J’ai observé qu’il semblait difficile de dire où commençait l’une et où finissait l’autre. « Si nous avions un juge allemand, il nous condamnerait plus sévèrement que n’importe quel juge allié, mais il tracerait une ligne bien nette entre les deux choses que je viens de mentionner. Je ne puis me défaire du sentiment que les Allemands

1. Voir mon introduction générale. Cf. également Raul Hilberg, *The Destruction of the European Jews*, vol. 3, p. 1048 ; *La Destruction des Juifs d’Europe*, trad. fr., p. 903. Dans un tableau général, Yehuda Bauer (*A History of the Holocaust*, New York, 1982, p. 335) chiffre à 5 820 960 le « total des pertes juives ». Franciszek Piper, « Auschwitz Concentration Camp : How It Was Used in the Nazi System of Terror and Genocide and in the Economy of the Third Reich », in Michael Berenbaum et Abraham J. Peck, éd., *The Holocaust and History : The Known, the Unknown, the Disputed, and the Reexamined*, Bloomington, 1998, p. 327-386, ici p. 376, estime qu’un million de Juifs ont perdu la vie dans ce camp, auxquels il faut ajouter entre 140 000 et 150 000 Polonais, 20 000 Tsiganes, 15 000 prisonniers de guerre soviétiques, et entre 10 000 et 25 000 ressortissants d’autres nationalités.

ont eu au cours de la dernière guerre et durant celle-ci, à savoir qu'ils étaient du bon côté. Or il se trouve que, pour la première fois, la nation allemande a été abusée par Hitler du fait de ses ambitions pour une guerre qui nous apparaissait comme une guerre défensive, mais que Hitler concevait comme une guerre d'agression, et passant par des massacres de masse et des atrocités.

« Voilà la tragédie, telle que je la ressens. »

Je lui ai demandé si sa mère avait jamais formulé un avis sur le national-socialisme. « Jamais. Elle était complètement apolitique. Bien entendu, elle était très heureuse et très fière que je sois devenu quelqu'un de connu, mais elle n'avait aucune idée du parti ni de mes fonctions réelles en son sein. Au demeurant, les grandes réunions du parti et les rassemblements me laissaient froid.

« Maman avait une vive aversion pour Goebbels. Elle ne l'a rencontré qu'une seule fois, quand elle est venue me voir au bureau. J'ignore pourquoi elle le détestait tant, parce qu'il s'est montré gentil et poli avec elle, mais elle m'a dit après l'avoir rencontré que je devrais m'éloigner de Goebbels. Elle a dit qu'il était un *petit* homme et que moi j'étais un *grand* homme, et que Goebbels voulait abuser de moi. »

3 mars 1946

Fritzsche est marié depuis vingt ans. Sa femme est de six mois plus âgée que lui. Ils n'ont qu'un enfant, né après douze ans de mariage : une fille de huit ans.

Votre fille vous donne beaucoup de bonheur ? « Énormément. » Intelligente ? « Très, et mûre. Par exemple, quand ma femme a écrit une lettre, elle a versé des larmes, et la fille a dit : “Pleure pas, maman. Ça ne sert à rien, les larmes. J'ai perdu mon taille-crayon à l'école et ce n'est pas de pleurer qui me le rendra.” »

Sait-elle où vous êtes ou pourquoi vous êtes ici ? « Elle sait *où* je suis, mais *pourquoi* je suis ici, je crois que… pour l'instant… elle le découvrira quand elle sera plus grande. »

C'est en 1924 ou 1925, en Rhénanie, qu'il a rencontré Hitler pour la première fois, chez une fille du vieux Werner Siemens. « J'ai entendu Hitler parler. Il sortait tout juste de prison et il parlait d'une lutte radicale contre le communisme. Hitler a conclu la conversation en observant qu'il n'était pas un homme politique mais un propagandiste. Je n'ai pas été impressionné ; je n'ai pas non plus adhéré au parti parce que la propagande introduite par Hitler était trop brutale et violente. » Avez-vous discuté avec Hitler alors ? « Oui. »

Votre impression ? « Un rêveur exalté. Quelque chose de mystique en lui. La seule question était de trouver le moyen de faire l'unité du peuple allemand à partir d'une confusion de trente-six partis. Ça et le problème du communisme. » A-t-il été question d'antisémitisme ? « Pas dans le discours. Il parlait avec la vieille dame, et j'écoutais. » C'était une amie à vous ? « C'était la tante d'un ami. J'ai été invité par hasard. »

Rapide survol des activités de Fritzsche au ministère de la Propagande : Pendant les cinq premières années, journaliste d'information à la radio. « Ni accompagnements musicaux, ni discours. » En charge de la presse allemande pendant trois ans et demi, quatre ans. Les quatre dernières années, en charge de tout à la radio. Vous étiez le numéro deux au ministère de la Propagande ? « Non, on ne peut pas dire ça. Mais j'étais responsable de tout à la radio et j'étais très connu. Mais j'ai eu autrefois de nombreux supérieurs entre moi et Goebbels. À la fin, il n'y en avait qu'un entre moi et lui. J'étais l'un des douze chefs de section. Mais je peux dire que j'étais le plus indépendant au ministère de la Propagande. J'étais très respecté. Ma sphère officielle d'activité n'était pas grande, mais mon influence humaine l'était. »

Par exemple ? « Si je protégeais un homme, personne ne faisait rien contre lui. Il y avait un inspecteur de la radio du parti censé me contrôler. En octobre 1944, je lui ai interdit l'entrée de toutes les stations de radio en Allemagne. » Pourquoi ? « Il se conduisait mal. » Que faisait-il ? « Il parlait de moi dans mon dos. Personne d'autre que Fritzsche ne pouvait faire une chose pareille.

« Autre exemple : à trois reprises, la Gestapo a envoyé des agents dans mon service. À chaque fois, je les ai virés. Nul autre que moi n'aurait eu l'audace de faire ça. »

9 mars 1946

« La famille de ma mère venait de la région de Münster. Les siens étaient pour la plupart des cultivateurs de tulipes et des jardiniers. Ce devait être une famille de pacifistes. Malheureusement, je n'ai jamais connu mes grands-parents.

« Étant le petit dernier, probablement ai-je été un peu gâté par ma mère. J'ai toujours été considéré comme le plus doué des enfants et, d'une certaine façon, cela m'a un peu isolé des autres. »

Il n'a pratiquement plus vécu avec sa femme après 1944. Il avait une femme plus jeune pour maîtresse et vivait avec elle. Légalement, il restait marié, mais son intention était d'obtenir le divorce et d'épouser la jeune femme qui était devenue sa maîtresse. Il a entendu parler de sa jeune femme « indirectement » depuis qu'il a été incarcéré, et il a encore le sentiment qu'il aimerait l'épouser, mais comme sa femme lui a donné régulièrement des nouvelles et lui a dit son attachement, il est déchiré entre des émotions de « loyauté et de dévotion d'un côté, de passion et d'amour de l'autre ».

« Ma femme est déprimée mais courageuse à présent. Il lui est interdit d'exercer son métier de dentiste, alors qu'elle était l'assistante du Dr Villiger, et elle-même excellent chirurgien-dentiste. Quand j'étais au ministère de la Propagande, nous vivions de mes petits revenus. Le Dr Goebbels n'approuvait pas le travail de ma femme, mais j'ai passé outre à sa désapprobation et elle a toujours exercé. Elle vit aujourd'hui au jour le jour à Hambourg, elle souffre parce qu'elle est ma femme – sans doute est-ce pour cela que les autorités ne la laisseront pas exercer sa profession – et elle en est réduite à gagner un mark par jour en faisant du tricot. »

17 mars 1946

Aujourd'hui dimanche, en milieu d'après-midi, il était à sa machine à écrire, travaillant sur des questions pour sa propre défense. « Je ne crois pas que je vais avoir des moments difficiles. Ma défense est que tout cela n'était que pur idéalisme de ma part. Je puis tout défendre point par point. Mais je ne vais pas essayer, parce que tout ce que j'ai fait, je l'ai fait au grand jour.

« L'envers du tableau, c'est le fait que sur la base de mon travail, cinq millions de personnes ont été assassinées et des atrocités sans nom commises. Savoir s'il est possible d'établir clairement un lien entre ces deux choses est purement une question de jugement.

« S'il s'agissait simplement de ma personne, je pourrais me défendre d'une seule phrase – “Je l'ai fait en tant que patriote allemand” – parce que si le peuple allemand tout entier a été trahi, je l'ai été moi aussi ; mais c'est une affaire complexe. Je ne suis pas seul impliqué, il y va de tout le peuple allemand, que j'ai pour l'essentiel informé. »

Fritzsche a souri d'un air pensif et s'est roulé une cigarette. Son visage s'est soudain assombri et il a dit d'un air grave : « En raison du meurtre de cinq millions de gens – et je ne suis pas en train d'excuser ou de minimiser cette barbarie –, se pose donc maintenant la question du droit à l'existence de cinquante millions d'Allemands qui sont entassés dans un espace où ils ne pourront vivre et où ils vont probablement mourir de faim. »

Où ça ? « En Prusse-Orientale et en Silésie. C'est une tragédie. »

À vous entendre, on a presque l'impression que vous sous-entendez que le sort présent du peuple allemand est la faute des cinq millions de morts juifs. « Non, non, mille fois non, le peuple allemand doit maintenant supporter l'accusation de ces meurtres, et ce n'est que justice. Tout le monde crie : "Châtiment ! châtiment ! châtiment !" Les Russes disent qu'ils vont prendre un tout petit bout de la Prusse-Orientale, mais en fait ils ont déplacé la Pologne de trois ou quatre kilomètres à l'ouest. Et Les Polonais déportent tous les Allemands de ce territoire. C'est la même chose en Yougoslavie et en Bohême [1].

« En outre, j'ai une description de ma fille et de ma femme qui meurent de faim ou presque à Hambourg. On lui a signifié qu'elle devait quitter son appartement, qui n'était en soi que de simples bardeaux au-dessus de sa tête ; et elle ne sait où aller. J'ai écrit à ma femme, mais quel conseil puis-je lui donner ? C'est une femme courageuse qui écrit des lettres courageuses. Elle dit que, physiquement, elle est incapable de se déplacer. Probablement est-elle usée et nerveuse. Elle n'est pas autorisée à vivre en Allemagne méridionale.

« Le pire, c'est qu'ils lui interdisent de pratiquer son métier de dentiste. » Pourquoi ? « Je ne comprends pas, vraiment, je ne comprends pas. Le colonel Andrus fait une enquête et il dit qu'elle devrait être autorisée à pratiquer. Le Dr Gilbert le pense, lui aussi. Vous voyez une raison qu'on lui interdise d'exercer ? » Aucune, de la façon dont vous présentez les choses. Aucune. « Elle écrit qu'elle a reçu vingt ou trente propositions de travail dans divers cabinets de dentiste à Hambourg, mais c'est interdit. »

Votre femme était-elle membre du parti ? « Non. » Je crois que c'est une affaire de temps et qu'on finira par l'autoriser à exercer. « Oui, de temps – mais il faut bien vivre. Je crois que cet homme de Poméranie à qui je viens de faire allusion, et qui m'a écrit une lettre pour me remercier de l'avoir aidé à échapper au camp de concentration, l'aidera un peu. » Qu'est-ce que c'est, cette histoire de Juif de Poméranie que vous avez aidé ? « Un jour, une femme est passée au bureau. Elle s'était installée dans la salle d'attente. Elle s'appelait Karneka, et elle était de Poméranie. Elle pleurait à chaudes larmes.

1. Pour un bref tableau de l'après-guerre et des divers déplacements de population, voir Philip Ther et Ana Siljak, éd., *Redrawing Nations : Ethnic Cleansing in East-Central Europe, 1944-1948*, Lanham, Md., 2001.

Je l'ai fait entrer dans mon bureau et lui ai demandé ce qui n'allait pas. Elle m'a dit que son mari avait été arrêté et se trouvait en prison à Köslin. Elle a dit qu'elle et son mari avaient été déclarés juifs, mais elle ne savait pas qui avait donné l'ordre d'arrestation. J'ai donc appelé la prison de Köslin et j'ai demandé à savoir qui avait donné l'ordre d'arrêter son mari. On m'a répondu que l'ordre venait de la Gestapo.

« J'ai ensuite appelé à Berlin l'Office central de la Sécurité du Reich [RSHA], où on m'a répondu qu'on ne savait rien de cette affaire et qu'on allait se renseigner. J'ai rappelé Köslin pour leur dire que j'enquêtais sur cette affaire et que je m'y intéressais. Le directeur de la prison m'a alors déclaré que la femme pouvait venir voir son mari, jusque-là maintenu au secret. S'est ensuivie une bataille qui a duré trois, quatre mois. Je vais abréger. J'ai fait intervenir le ministre de l'Alimentation, Herbert Backe ; l'administrateur de district du parti, en Poméranie, Franz Schwede-Coburg ; ainsi qu'un homme dont je ne connaissais pas le nom à l'époque : Adolf Eichmann, de la Gestapo [1]. » Sur ce, Fritzsche part d'un rire assez sardonique et un peu inquiet.

« J'ai dû envoyer dix télégrammes et trente lettres : ça a été une rude bagarre, et j'ai fini par obtenir la libération après que l'homme avait déjà été interné dans un camp de concentration. Je ne l'ai jamais rencontré personnellement et, ayant mes propres difficultés, j'avais perdu toute trace de lui jusqu'en mai dernier. J'ai été ravi d'avoir de ses nouvelles. La lettre était adressée à mon avocat. J'ai aussi reçu une lettre de ma femme dans laquelle elle disait avoir reçu elle aussi une lettre de Karneka. »

Cette famille que vous avez aidée était juive ? « Suivant la loi, ils étaient juifs. Il était d'ascendance partiellement juive ; c'était le petit-fils de Gaus, le fondateur de IG Farben à Francfort. Cet homme et sa femme avaient autour de quarante ans. »

Vous avez fait très souvent des choses pareilles ? Fritzsche a un sourire bienveillant et dit : « Souvent. Je recevais beaucoup de lettres parce que j'étais un homme connu. Je ne me rappelle pas un seul cas où j'ai refusé mon aide. C'était tout naturel. Je n'y ai pas beaucoup pensé. »

1. Adolf Eichmann (1906-1962) est généralement considéré comme l'architecte de la « solution finale ». Il avait en charge le tristement célèbre Bureau IV B4, au RSHA, qui lui donnait la haute main sur le « déplacement » des Juifs. Après la guerre, il se réfugia en Amérique du Sud ; c'est en Argentine, en 1960, que les services secrets israéliens le capturèrent. Il fut jugé à Jérusalem et exécuté en 1962. Sur Eichmann et son procès, le meilleur exposé reste Hilberg, *La Destruction des Juifs d'Europe*.

Fritzsche m'a demandé si j'étais au fait de ce qu'il avait écrit en prison sur lui-même et sur Goebbels. Je lui ai dit que je l'avais lu. Il a ajouté : « Ce que j'ai écrit ne va que jusqu'en 1925. Si vous écrivez deux autobiographies, elles prennent un tour différent. Si je devais vous raconter quelque chose aujourd'hui... je ne peux vous exposer que les traits fondamentaux de ma personnalité... mais, vous savez, je pourrais vous dire autre chose... »

J'imagine que c'est vrai de nous tous, jusqu'à un certain point, mais avez-vous le sentiment que cette inclination au changement est plus caractéristique, est plus forte chez vous que chez les autres ? Fritzsche réfléchit et acquiesce plus ou moins. « Je vais vous dire une chose, mais à une condition : que vous ne me fassiez pas rougir, parce que ce que je veux vous dire maintenant, je tiens à ce que vous le croyiez. Mon désir dans la vie n'était ni politique ni guerrier ; je voulais être jardinier. Du côté de mon père, pendant trois siècles et demi, sa famille a toujours compté des forgerons et autres ouvriers de ce type, jusqu'à ce que mon grand-père fonde une petite usine d'armements. Du côté de ma mère, pendant deux siècles et demi, se sont succédé des générations de jardiniers qui ont cultivé des tulipes hollandaises. À l'origine, ils étaient de Hollande, mais il y a de cela de nombreuses générations ils ont immigré en Westphalie.

« Quand j'avais quatorze ans, nous n'avions pas de jardin mais habitions dans un grand immeuble. En 1914, j'avais une grande collection de cactées. En fait, on m'en a offert deux cent cinquante marks-or. J'avais aussi une collection d'orchidées. Mais je n'ai eu de jardin qu'en 1934, lorsque j'en ai acheté un. Il se trouvait à cinquante kilomètres de Berlin et s'étendait sur trois mille mètres carrés. C'est moi-même qui le travaillais. Sur cette propriété, j'ai fait mon jardin de mes propres mains et j'ai adoré y travailler. Mon désir profond, dans la vie, a toujours été de jardiner – de mener une vie non pas active, mais contemplative.

« J'ai aussi travaillé dans la presse, mais je m'occupais plutôt des textes de fond. Des fictions, des romans, des histoires présentant un intérêt humain. J'avais le sentiment qu'en écrivant ces choses, j'avais plus d'impact et d'influence sur les autres. Je ne suis entré en politique qu'à cause de la misère de 1918, mais même en tant qu'homme politique j'étais surtout attaché au côté purement humain de mon travail. De ce fait, j'ai eu une influence considérable.

« Goebbels pouvait prononcer un discours et entraîner quelques milliers de personnes dans un formidable crescendo d'applaudissements. Il m'est arrivé de parler, sans susciter aucun applaudissement. Je ne faisais pas sensation, mais je m'étais gagné une communauté régulière de fidèles qui m'étaient attachés. Cette communauté d'adeptes n'était peut-être pas aussi grande que le groupe que commandait le Dr Goebbels, mais il était plus durable. Il en va de même de mon travail proprement dit. Ma position officielle n'était pas aussi importante que celle de Goebbels, mais mon influence humaine était plus grande.

« Travailler avec moi – et je le dis en rougissant – était considéré dans notre bureau comme un plus grand honneur que de travailler avec Goebbels. » Fritzsche sourit et rougit comme il se doit. « Et si je devais envoyer un représentant à une conférence ou à une autre, ce représentant était plus respecté et important que si Goebbels en envoyait un. Par exemple, on a souvent dit ici, aux procès, que les gens avaient peur de Himmler et de la Gestapo. Je n'ai jamais connu cette peur et je n'avais aucune raison de l'avoir. Himmler m'a proposé un jour un poste important si je rejoignais la SS. J'ai refusé en lui disant que je n'avais pas ma place dans son organisation. Il ne s'est rien passé.

« En 1937, j'ai adressé une demande à Himmler : je ne sais plus de quoi il retournait, mais je n'ai pas eu satisfaction, malgré mes nombreux rappels. Alors je lui ai écrit une lettre et lui ai dit que si je ne recevais pas satisfaction d'ici, mettons, au 1er avril, je ne diffuserais plus d'informations sur la SS et ses intentions à la radio. Deux jours après avoir adressé cette note à Himmler, j'ai été appelé dans le bureau de Goebbels. Tout excité, ce dernier m'a dit que Himmler avait exigé mon renvoi. Sur ce, j'ai répondu : "J'ai pris l'habitude d'écrire des lettres chaleureuses aux petites gens, parce que les petits ne supportent pas la brutalité, mais aux grands j'ai écrit des lettres rudes parce qu'ils ne réagissent pas au ton amical." J'ai dit à Goebbels que, s'il n'était pas dans les usages de l'État de faire les choses à l'opposé, j'acceptais volontiers mon renvoi. Quand il a entendu ça, Goebbels s'est excusé, et quelques jours plus tard j'ai reçu une lettre de Himmler dans laquelle il s'excusait et me donnait complète satisfaction. » Vous ne vous souvenez plus de vos demandes ? « Non, vraiment, je ne me souviens plus de quoi il s'agissait. »

« Voici un troisième exemple de mon indépendance : j'ai viré plusieurs de mes employés après que j'ai découvert qu'ils étaient des agents de la Gestapo. En guise de raison, j'ai expliqué par écrit que ces employés étaient devenus membres de la Gestapo à mon insu. Après cet incident, j'ai reçu la visite de la Gestapo, dont les agents m'ont dit qu'ils avaient le droit d'enquêter sur toutes les organisations publiques. J'ai répondu que s'ils voulaient savoir quelque chose, ils n'avaient qu'à me le demander, mais j'ai souligné qu'en aucun cas je ne tolérerais des procédures illégales. Les gens que j'ai renvoyés sont encore en vie et je suis sûr qu'ils peuvent témoigner de la véracité de ces propos. »

Nous avons ensuite parlé de Goebbels – discussion dont il est question ailleurs dans mes notes. Il existe une brochure de Fritzsche sur Goebbels et la propagande, qui est encore en circulation. Fritzsche a dit qu'il avait eu de nombreuses disputes avec Max Amann, le chef des patrons de la presse écrite. Il a traité Amann d'homme d'affaires brutal qui a persécuté beaucoup de gens et brisé quantité de vies. Fritzsche a ajouté qu'il avait souvent fait venir dans son service des gens qui avaient été persécutés par Amann.

6 avril 1946

Fritzsche a été ravi de nous revoir, M. Triest et moi, cette semaine. Il a déclaré avoir été déprimé par manque de nouvelles de sa femme et de son enfant, et que sa femme logeait encore dans une chambre mansardée à gagner environ un mark par jour en faisant du tricot ou de la couture, et dans l'incapacité d'exercer sa profession de dentiste parce qu'elle avait eu le malheur de l'épouser. À ces mots, il a souri, comme s'il attendait d'être assuré que, au fond, il n'était pas un sale type.

Il a dit avoir réfléchi à sa défense future, dont il pensait qu'elle tomberait début juin, et être déchiré entre deux idées contradictoires. En premier lieu, il souhaitait révéler clairement à la cour qu'il était un instrument des nazis, qu'il avait été trompé par Hitler et Goebbels et que, personnellement, il n'avait pas pris sciemment part aux maux du régime nazi et à la « terrible folie raciale » qui s'était ensuivie. En second lieu, il souhaitait indiquer clairement à la cour, dans sa défense, que la culpabilité n'était pas uniquement du côté des Allemands, mais aussi de celui des Alliés. Il a ajouté qu'aucun des accusés n'y avait jusqu'ici suffisamment insisté, tant ils se souciaient de prouver leur innocence. Dans la plupart des cas, a-t-il ajouté, les accusés, contrairement à lui, n'étaient pas innocents, mais, comme Kaltenbrunner, créaient une fiction dans l'enceinte du tribunal. Il avait le sentiment que lui seul avait été, c'était l'évidence, un instrument inconscient des nazis : aussi pouvait-il consacrer moins de temps à protester personnellement de son innocence et davantage à montrer comment la propagande alliée devrait partager, jusqu'à un certain point, la culpabilité des horreurs de la guerre. « Je vois les accusés se justifier, mais ils ne sauraient justifier le mouvement nazi. J'ai le sentiment, au cours de cette année d'internement et de ces six mois de procès, d'avoir enduré une souffrance spirituelle et une dépression plus terrible que ne saurait l'être n'importe quelle mort.

« Je suis devenu coupable de la mort de cinq millions de personnes – innocemment ; en tout état de cause, j'ai ma part dans la culpabilité de cette tragédie qui s'abat sur le monde. Le rôle que j'ai joué importe peu – mais j'y ai pris part. J'ai parlé au Dr Gilbert de ma souffrance, mais bien qu'il soit personnellement très humain et bon, dans l'ensemble son attitude est de haine : je suis très ouvert avec vous, et il ne saurait comprendre ni faire quoi que ce soit parce qu'il faut être objectif pour me comprendre, moi ou le rôle que j'ai joué dans le mouvement nazi. Je pense que vous êtes objectif. Je peux vous parler en ayant le sentiment d'être compris. Sans cette objectivité, mes propos ne serviraient ni les Allemands, ni les Alliés, ni le monde.

« Ce que je voudrais dire et que je ne saurais exprimer devant la cour, c'est ceci : j'ai travaillé dix ans à la propagande allemande. Je n'étais pas le seul chef, mais j'en étais l'un des plus importants. Même il y a dix ans, cependant, j'observais que faire de la propagande est le premier pas vers l'enfer. On fait toujours de la propagande en attirant l'attention du peuple sur un côté des choses et en la détournant de l'autre. La propagande est donc toujours unilatérale, pour le meilleur ou pour le pire. Or, depuis un an et demi, j'ai réfléchi à la propagande que j'ai diffusée sur les ondes. Je peux dire que je n'ai pas essayé d'attirer l'attention du peuple sur quelque chose de mal, mais sur quelque chose d'unilatéral – et je l'ai fait tout au long de ces dix années d'activité. Je n'ai peint qu'en noir et blanc, jamais dans les couleurs intermédiaires. Votre pays et les autres Alliés ont fait la même chose. »

Sur ce, Fritzsche m'a montré une pochette d'allumettes sur laquelle on pouvait lire le slogan « Écrasons l'Axe », avec des caricatures de Hitler, de Mussolini et de Hiro-Hito. Fritzsche a souri : « Ce n'est qu'un tout petit exemple, parmi d'autres, d'une propagande de haine à laquelle nous n'avons même jamais osé nous livrer en Allemagne. Et je vois aujourd'hui, à mon grand dépit, que dans ce procès aussi on ne peint qu'en noir et blanc. Peut-être est-ce nécessaire d'un point de vue juridique afin que les procès ne durent pas trop longtemps. Peu importe que soit rendu un verdict de culpabilité. Mais j'aimerais bien voir en quoi ce procès avancerait l'humanité. Or il faut la faire avancer après la mort de cinq millions d'innocents.

« Et si tel devait être le cas, le juge Jackson ne devrait pas intervenir quand Streicher affirme avoir été maltraité à Oberursel, pour dire avec émotion que les Alliés ont essayé de mener la guerre dans les limites de l'humanité. Tels sont exactement les sentiments que j'ai eus au cours de la guerre. Ainsi l'histoire du monde a-t-elle tendance à se répéter. »

J'ai raconté à Fritzsche que je me trouvais en Angleterre, discutant avec des psychiatres britanniques, quand Streicher avait déclaré à la cour qu'il avait été obligé de baiser les pieds de Noirs et avait donné d'autres exemples de mauvais traitements subis après qu'il venait d'être fait prisonnier. Quelle était donc la réaction de Fritzsche au témoignage de Streicher ? « Le juge Jackson a dit que cela ne devait pas figurer dans les minutes officielles du procès parce que cela n'avait rien à voir avec le procès. Mais je pourrais donner des exemples bien plus importants de mauvais traitements et d'atrocités commis par les Russes. Cependant, je ne veux pas faire de propagande ici en prison et je m'en abstiendrai. Bref, je vois bien qu'une fois de plus on peint tout en noir et blanc. Ce n'est qu'un pas de plus vers l'enfer. Je peux dire honnêtement la chose suivante : après ce que je sais aujourd'hui, Hitler a menti au peuple allemand comme à moi, il nous a trahis, et il l'a fait de telle façon que les Allemands l'ont cru avec une assurance plus forte que n'importe quel serment.

« Au cours des mille dernières années en Europe, ont été livrées de nombreuses guerres pour lesquelles les vainqueurs ont payé en sacrifiant leur sang. C'était l'assurance la plus forte que pouvait donner Hitler au peuple qu'il était contre la guerre, parce que le peuple allemand lui-même n'était pas pour la guerre. Tout homme normal est contre la guerre autant qu'il est opposé à la tuberculose. Quelques exceptions individuelles ne changent rien à cette généralisation.

« Si, malgré cela, Hitler a donc préparé la guerre, il a perpétré le mensonge et la trahison les plus grands du monde. Ce procès montre clairement que Hitler n'a pas fait que ça. Je n'ai aucune hésitation à dire très clairement que Hitler était un menteur et un traître sur une échelle monumentale. Même sans la mort de cinq millions de victimes en camps d'extermination, Hitler resterait dans l'histoire le pire salaud qui ait jamais vécu. » Mais ici, à ce procès, la grande question décisive est de savoir comment Hitler a pu accomplir une telle trahison. Comment est-il parvenu à tromper les gens quand des centaines de stations de radio alliées disaient la vérité ou des choses assez proches de la vérité ?

« Je parle pour moi : je ne croyais pas à ce que disaient les Alliés, alors même que j'ai toujours eu l'occasion d'écouter les radios alliées. Les raisons de mon incrédulité étaient qu'on nous avait seriné que les Alliés débitaient des mensonges en forme de propagande. La tragédie dans toute cette affaire est que les radios alliées disaient littéralement vrai. J'ai dû déclarer au moins cent fois au cours de la guerre, chaque fois que les radios alliées parlaient de cruautés et d'atrocités, qu'on avait connu le même type de propagande alliée au cours de la dernière guerre. Je disais à mes amis que, dans la dernière guerre, les Alliés racontaient que les Allemands coupaient les mains des petits Belges et qu'après la guerre ils avaient reconnu que ces allégations étaient fausses et relevaient purement et simplement de la propagande. Je dirais même aujourd'hui qu'au début de cette guerre les stations alliées ont propagé des centaines de mensonges sur le nazisme. Elles ont même diffusé des choses sur moi, personnellement – des choses dont on pouvait démontrer la fausseté. Voilà ce que je veux dire quand j'affirme que la culpabilité est des deux côtés, parce que la propagande, qu'elle soit bonne ou mauvaise, a tendance à en faire douter. Si l'on songe aux nombreuses déclarations fausses diffusées sur les radios alliées au début de la guerre, la croyance aux émissions de radio étrangères en sera nécessairement réduite.

« Si vous pensez maintenant au traité de Versailles [1], à la théorie de la nécessité d'un espace vital, à la fausse propagande répandue par les nazis sur la persécution des Allemands dans le territoire des Sudètes et aux incidents de frontière censés s'être produits avant l'attaque contre la Pologne ou la Russie, on peut alors comprendre comment nous, Allemands, même nous qui faisions de la propagande, avons été affectés et avons commencé à croire nous-mêmes ces choses. Vous voyez aussi comment une nouvelle sensationnelle diffusée par l'Angleterre ou l'Amérique pouvait n'avoir aucun effet quand bien même elle était vraie. C'est le triomphe satanique de la propagande. Elle ferme purement et simplement les oreilles à ce qui est juste ou ce qui est faux.

« De ce fait, mes croyances sont simples. Je pourrais estimer insignifiante toute discussion du sort réservé aux vingt hommes ici jugés en tant que responsables des horreurs de la guerre passée. Mais je voudrais bien qu'une commission d'enquête du Sénat américain, pareillement créée avant cette guerre, se penche sur la conduite de la guerre par les Alliés. On verrait alors clairement que la faute ou la culpabilité n'est pas entièrement du côté de l'Allemagne mais aussi, en partie, du côté des Alliés. Non qu'on puisse

1. Pour une étude récente du traité, voir Manfred F. Boemeke, Gerald D. Feldman et Elisabeth Glaser, éd., *The Treaty of Versailles : A Reassessment After 75 Years*, Cambridge, 1998. Voir aussi Margaret MacMillan, *Paris 1919 : Six Months that Changed the World*, New York, 2001.

en aucune façon justifier que Hitler ait trahi un peuple allemand innocent par son agression qui a conduit à la guerre, ou la criminelle extermination par Hitler et Himmler de millions d'innocents – hommes, femmes et enfants. Mais si une commission d'enquête du Sénat américain avait le courage, après ces procès, d'essayer d'évaluer honnêtement la culpabilité des deux camps, démonstration serait faite que les Allemands, si l'on fait un moment abstraction des meurtres purs et simples qui ont été commis, ont essayé de mettre en place une administration correcte dans les pays occupés conquis. Une telle commission d'enquête sénatoriale, si elle avait le courage de le reconnaître, aiderait grandement le peuple allemand dans le triste sort qui est le sien aujourd'hui. Une telle commission aurait tôt fait de découvrir que c'est seulement après le début d'une guerre de partisans dans les territoires occupés, avec le meurtre de soldats allemands, etc., que les Allemands ont commencé à opérer des représailles en fusillant des otages et en accomplissant d'autres crimes – qui ne firent que provoquer l'escalade de la guerre et des atrocités [1].

« Vous en arriverez alors à ce résultat que, dans la population allemande, il n'y a pas que du noir et du blanc, mais toutes les nuances de culpabilité, de même que parmi les Alliés. Vous vous apercevrez alors que la responsabilité de la guerre, vue par un homme sain qui a deux yeux, n'existe pas vraiment. C'est la seule manière de tirer de tous ces événements tragiques quelque avantage pour tous.

« Je sais que ce que je dis est un peu déroutant, mais mon idée est claire. Je veux dire qu'on ne saurait blâmer un seul homme ou un seul État de la guerre. D'autres États et d'autres hommes portent aussi une part de culpabilité. » J'ai demandé à Fritzsche s'il voulait dire qu'un pays allié en particulier était coupable en même temps que l'Allemagne. Réponse : « La quasi-totalité des Alliés. Hitler n'aurait pu mener cette guerre s'il n'y avait eu une constellation de culpabilité. Le résultat est, bien entendu, que les Allemands ont été

1. En réalité, les brutalités avaient été préalablement programmées. En juillet 1940, puis à nouveau en mars 1941, Hitler avait clairement indiqué que, dans la future guerre à l'Est, la Russie serait « complètement détruite ». La guerre, avait-il insisté, serait un combat à mort dans lequel l'Allemagne rejetait l'idée de l'ennemi considéré comme un camarade en armes. « Nous n'entrons pas en guerre pour épargner nos ennemis. » Pour une introduction aux ordres criminels donnés pour le traitement des prisonniers de guerre à l'Est, voir Hans-Adolf Jacobson, « The *Kommissarbefehl* and Mass Execution of Soviet Russian Prisoners of War », in Helmut Krausnick *et al.*, *Anatomy of the SS State*, Londres, 1968, p. 505-535.

trahis et abusés par leur chef. Mais que cela ait pu se faire est la faute, au moins en partie, du reste du monde. Je sais. Une approche de ce genre ne peut être avancée qu'en un sens religieux. Mais si vous pensez aux possibilités de progrès de la civilisation, il en faut au moins un qui se lève pour le dire. Dans ma défense, que cela me serve ou soit à mon désavantage, je ferai ces déclarations afin d'éclairer la culpabilité du monde. Je ne minimise pas la culpabilité des dirigeants nazis. J'essaie simplement de montrer que les Alliés portent eux aussi leur poids de culpabilité et que, si l'on veut que la civilisation progresse, il faut reconnaître la culpabilité mutuelle et corriger les erreurs.

« En vérité, j'en arrive à cette conclusion à travers ma souffrance personnelle, telle qu'aucun être humain n'en a jamais souffert. C'est le fruit de mes réflexions et de mes ruminations depuis un an et demi, et on aurait tort d'y voir une tentative de me disculper ou la recherche d'une quelconque autojustification. »

Sur cette affaire de la culpabilité alliée et de la culpabilité allemande, Fritzsche avait-il un point de vue philosophique, ou s'agissait-il de quelque chose de concret et fondé sur des exemples qu'il connaissait ? « Ce n'est pas philosophique. C'est une question d'éthique. L'application d'une conviction comme la mienne est impossible dans la situation politique qui prévaut aujourd'hui. J'ai le sentiment qu'il y a une exigence religieuse – “Aime ton prochain comme toi-même” –, une devise qui n'a pas été appliquée depuis deux mille ans. Je voudrais que des ténèbres de cette tragédie jaillisse une étincelle de vie. Je veux dire, qu'on comprenne que le crime ne commence pas quand on tue les gens. Le crime commence avec la propagande, même si cette propagande est pour la bonne cause. Le mal commence dès l'instant où la propagande se tourne contre un autre pays ou contre un être humain. Tandis que les Allemands ont commencé la propagande vers la fin de cette tragédie, vous, les Alliés, vous vous situez au début. »

Fritzsche voulait-il parler du traité de Versailles ? « Non, je veux dire qu'aujourd'hui, en 1946, vous êtes au commencement d'une autre tragédie. » Voulait-il dire que les Alliés et les Allemands continuent de se haïr les uns les autres ? « Exactement. Nous, Allemands, avons entretenu notre haine de la Première Guerre mondiale jusque dans la Seconde, et voici que vous êtes sur le point d'entretenir la haine provoquée par le meurtre de cinq millions de gens en vue d'une nouvelle guerre mondiale. »

J'ai demandé à Fritzsche s'il estimait sans importance de poursuivre les responsables du meurtre de cinq millions de gens. « Sans doute. Tel est mon sentiment depuis un an. J'ai toujours déploré d'entendre les avocats parler de vétilles, comme de savoir si Göring a dit ceci ou cela. Quelle importance ? La seule question décisive n'a pas été soumise à Göring. L'accusation aurait dû lui demander directement : "Vous étiez le numéro deux de l'État où cinq millions de Juifs ont été assassinés, sans parler de centaines de milliers d'innocents, d'otages, de villages entiers détruits sans raison, etc. Qu'en est-il de ces Juifs et des autres victimes innocentes du massacre ?" Il est tout à fait impensable que Göring n'ait pas été au courant. Si moi-même j'ai reçu des lettres concernant ces atrocités, combien Göring a-t-il dû en recevoir ?

« Il est une autre question qui, malheureusement, n'a pas été non plus posée à Göring : "Les Allemands vous faisaient confiance même s'ils doutaient de Hitler parce que vous étiez courtois et plus aimable. Qu'avez-vous fait, Göring, pour justifier cette confiance ? Vous avez mené une vie de luxe et collectionné les œuvres d'art volées." D'autres questions de ce genre auraient dû être posées.

« De même n'a-t-on pas posé les questions décisives à l'accusé Frank. Par exemple, quand on lui a demandé ce qu'il savait du massacre des Juifs, il a répondu : "On le sentait." C'est un mensonge éhonté, une malhonnêteté. Frank n'a pas fait que sentir, il savait. Il était là-bas, gouverneur général de Pologne : il ne pouvait simplement le sentir, il savait forcément. Le reste du procès est sans aucune importance. » J'ai demandé à Fritzsche s'il ne croyait pas que Frank, dans sa défense, avait essayé d'être honnête mais que, après tant d'années passées à s'abuser, il était incapable de dire la vérité. Réponse : « Oui, mais ça n'aide pas les Allemands. Dans un moment comme celui-ci, la vérité est d'une importance capitale. Je n'ai qu'un souci, que la faute de l'autre camp, des Alliés, soit mise en évidence, non pas pour nous excuser, mais pour prévenir à l'avenir les guerres et les atrocités. Un exemple en est le cas des bolcheviks. Si, face aux grandes cruautés qu'ils ont commises en Allemagne, ils veulent se débarrasser de leur linge sale, il faudrait d'abord qu'ils l'enlèvent. En Russie, des gens ont purement et simplement disparu : autrement dit, sont devenus des prisonniers politiques. Quand j'ai été prisonnier des Russes, à la fin de la guerre, je me suis trouvé dans la même cellule qu'un général russe qui y était depuis quatre ans sans aucune communication ni aucune nouvelle de l'extérieur. Et je ne parlerai pas des millions d'Allemands évacués des territoires allemands à l'Est, pour la plupart des propriétaires terriens et leurs familles. On pourrait dire qu'eux aussi ont été déportés comme des prisonniers “nuit et brouillard [1]”. Mais ce n’est pas moi qui vais me mêler de politique. »

Je lui ai demandé ce qu’il pensait de la défense de Schacht. « Schacht est décevant pour autre chose. Si j’avais eu entre les mains les terribles secrets des crimes commis par les nazis, que Schacht dit avoir possédés, je n’aurais pas participé dix années durant à une conjuration. Et je n’aurais pas participé à un attentat uniquement en 1944 – lequel, soit dit en passant, devait être commis non pas par Schacht mais par d’autres –, un attentat lâche, au demeurant, qui a consisté à placer une bombe sous la table de Hitler puis à détaler. Si les nazis lui donnaient la nausée autant qu’il le prétend aujourd’hui, Schacht aurait dû tirer lui-même son pistolet et abattre le responsable de ces actions ignobles, je veux dire Hitler lui-même. Toute autre chose est impensable, avec la connaissance qu’avait Schacht. »

8 mai 1946

J’ai vu Fritzsche à peu près une fois par semaine et nous avons parlé de diverses choses, essentiellement de sa jeunesse et de son itinéraire. Aujourd’hui, nous avons évoqué sa vision du monde, dont, bien entendu, il a été question auparavant. Je lui ai demandé s’il croyait aux principes fondamentaux du nazisme à cette époque. « Je ne crois pas au principe du Führer. J’y ai toujours été opposé alors même que j’étais au ministère de la Propagande à l’apogée du régime national-socialiste. J’ai toujours été d’avis que la seule forme de gouvernement qui convienne aux êtres humains est la démocratie. Je l’ai ouvertement reconnu dans une émission de radio, mais j’ai dit : la démocratie telle qu’elle fonctionne aux États-Unis et en Angleterre n’est pas une démocratie idéale, parce que la volonté du peuple est sous la pression de la propriété, qui est entre les mains des riches capitalistes.

« De l’autre côté, la dictature triomphe de la démocratie. Il m’est donc apparu qu’une dictature était parfaitement admissible pour des raisons d’ordre pratique et pour un laps de temps limité. J’ai eu le sentiment qu’il y aurait une légère différenciation [*sic*] par rapport aux lignes démocratiques en Allemagne pendant un certain temps.

1. Pour un aperçu des « nuit et brouillard », voir Gellately, *Backing Hitler*, p. 225-226 et trad. fr., p. 296-297. C’est en février 1942 que les Tribunaux spéciaux commencèrent à condamner des étrangers ; alors que beaucoup furent mis à mort, sur ordre de Hitler leur sort fut caché à leurs amis et parents.

J'en étais convaincu parce que le peuple allemand avait eu une triste expérience de la forme de gouvernement démocratique et parlementaire. Mais je tiens à dire précisément après aujourd'hui, après le meurtre de cinq millions de gens dans un État autoritaire, qu'à mon sens le principe du Führer n'est plus possible, parce que sous une autre forme de gouvernement, même si elle n'était pas idéalement démocratique, des choses pareilles ne pourraient pas arriver. Il ne m'est plus possible de souscrire aux sentiments qui étaient les miens du temps que je travaillais pour les nazis. Il est d'autres exemples des maux du principe du chef, tels que les mauvais exemples donnés par les chefs de district du parti.

« Je dois dire, cependant, qu'aujourd'hui encore je vois le formidable idéalisme suscité par le national-socialisme dans la population. Pour le dire sans détour, après un an de cogitation très intense de ma part, toutes les années de gouvernement national-socialiste ont été marquées par l'existence de deux groupes. D'un côté, la masse faite de plusieurs millions d'idéalistes purs, qui disaient que chacun devait renoncer à ses droits individuels, à son bien-être, à ses opinions et à ses désirs afin que l'État, pour une fois, soit sain. De l'autre, il y avait un groupe plus restreint, au sommet duquel se trouvait le Führer, et dont je peux seulement dire aujourd'hui qu'il a bafoué ses promesses à la multitude et abusé de son pouvoir en trompant la confiance qu'on lui faisait.

« Et quelles que soient les mauvaises choses que les millions d'idéalistes voyaient dans ce petit groupe, ils les excusaient comme des tendances révolutionnaires qui passeraient bientôt. En réalité, ce n'étaient pas simplement des tendances passagères, mais elles en constituaient le principe même. Telle fut, dans mon analyse, la tragédie du peuple allemand et de la nation allemande.

« J'ai l'impression que l'accusation ne cherche pas à mettre ce point en relief, pas plus qu'aucun des accusés. J'ai le sentiment que l'accusation est gênée par souci de peindre un tableau en noir et blanc et de noircir les accusés. Je ressens la nécessité de découvrir la véritable culpabilité une fois pour toutes, même si cela doit se faire après ce procès et après ma mort.

« Peut-être la Russie bolchevique est-elle le premier et le principal coupable des Alliés. Ce sont les communistes, en 1919, qui ont introduit des méthodes de gangster dans la vie politique allemande. Quand les nazis sont apparus en 1923 et 1924, les Allemands les auraient repoussés en raison de leur méthode si les nazis n'avaient utilisé cette excuse : "Nous ne saurions agir autrement avec les communistes."

« Deuxièmement, aucun des gouvernements démocratiques des Alliés, de 1919 à 1932, n'a répondu aux aspirations pacifiques et dignes du peuple allemand. C'est uniquement lorsque Hitler est arrivé au pouvoir que les Alliés leur ont accordé, à lui et à l'Allemagne, tout ce qu'ils demandaient. La culpabilité des Alliés tient sans doute au fait qu'ils ont passé tous leurs caprices à Hitler et à son gouvernement. C'est bon, il ne rime à rien ici et maintenant d'entrer dans une polémique.

« Mais l'accusation ne voit pas que ce fut une erreur d'opposer une fin de non-recevoir à tous les désirs du gouvernement démocratique allemand de 1919 jusqu'à l'avènement de Hitler en 1933. Lorsque Gustav Stresemann ou Heinrich Brüning demandaient l'aide des Alliés, ils ne recevaient rien. Mais quand Hitler, avec ses méthodes de gangster, a tout demandé, l'Angleterre et la France le lui ont livré sur un plateau d'argent et lui ont demandé s'il n'en voulait pas davantage [1].

« Le troisième point que je souhaite aborder, quand commencera ma défense, porte sur le fait que l'accusation ne prête aucune attention à l'importance de notre occupation initialement pacifique de la France. Cette occupation n'est devenue rude que lorsque les mouvements de résistance se sont organisés, que des partisans excités par la propagande radio des Alliés ont assassiné des Allemands ou monté des opérations de sabotage en France. »

Je lui ai demandé si ce qu'il racontait était un fait historique ou n'était que l'expression de son opinion et de son observation personnelles. « Je peux en témoigner. J'ai participé à l'offensive contre la France pendant plusieurs jours. J'ai vu que le pays n'était guère détruit. Je pourrais presque jurer que, dans toute la France, nos troupes n'ont pas pillé plus de dix montres-bracelets. J'ai moi-même vu comment des unités allemandes spéciales s'occupaient de formidables masses de réfugiés français : par exemple, la Compagnie bavaroise de transports routiers, qui avait quarante ou quarante-cinq camions équipés de cuisines et de vivres. Je pourrais donner de nombreux exemples de ce genre.

« En Russie, avant de me rendre sur le front en novembre 1942, j'ai personnellement traversé de nombreux villages près de Kiev et de Kharkov. Je portais l'uniforme de l'armée allemande. J'étais seul, sans protection, et pourtant j'ai pu dormir en paix dans des

1. Souvent considérés comme l'homme politique le plus brillant de la République de Weimar durant la grande inflation de 1923, Gustav Stresemann (1878-1929) fut chancelier du 13 août au 28 novembre 1923 ; Heinrich Brüning (1885-1970) fut chancelier du 29 mars 1930 au 30 mai 1932 et fut donc le prédécesseur immédiat de Papen à ce poste.

fermes, nourri par la population. J'ai observé que les gens étaient presque heureux. Pourtant, trois trimestres plus tard, tout le pays que j'avais traversé grouillait de partisans – et voilà comment il se fait que des villages ont été brûlés, des gens fusillés et des otages pris, que la terreur générale a régné. »

Je lui ai demandé de m'expliquer cette transformation d'un pays paisible en un pays plein de résistants et de partisans. Il a répondu avec une grande certitude : « C'est dû à la propagande de Moscou [1]. À mon avis, les mouvements de partisans et de résistance se sont développés non pas de l'intérieur du pays, mais de l'extérieur. À partir des premières exécutions, à cause des partisans : à ce moment-là, l'écrou s'est serré automatiquement et a continué de se serrer sans aide extérieure. Je comprends qu'il ne soit pas fait état de ces choses dans ce procès. Mais j'espère qu'au moins après ce procès ils seront assez objectifs pour enquêter. Je l'espère dans l'intérêt de mon peuple, mais Dieu sait que je l'espère aussi dans l'intérêt de l'humanité.

« Parce que je désire voir la fin de toute cette tragédie. Si l'on situe à mauvais escient la culpabilité de ces six années tragiques de guerre, il y aura toujours les germes de la répétition, qui seront maintenus en vie, et peut-être une autre tragédie s'abattra-t-elle sur l'humanité. »

Je lui ai demandé ce que l'enquête montrerait, à son avis. « Qu'il y a eu de la propagande mensongère de part et d'autre. Par exemple, je trouve tragique aujourd'hui de n'avoir pas cru aux diverses déclarations des Alliés sur les cruautés pratiquées en Allemagne. Et si je n'y ai pas cru, c'est pour une seule raison, c'est que j'ai trop entendu de fausse propagande et de mensonges des mêmes stations de radio.

« Après notre dernière conversation d'il y a quelques jours, j'ai écrit une phrase. » Fritzsche a eu un de ses pâles sourires dont il a l'habitude et a sorti un bout de papier sur lequel il avait écrit en allemand une de ses notations quasi philosophiques. Traduit de l'allemand, ça donnait *grosso modo* ceci : « Le principe du mal a causé tant de dommages au monde qu'on ne saurait l'excuser. Mais la plus grande catastrophe de l'humanité a été la création de la haine et la croyance qu'a un homme d'avoir raison tandis que son adversaire a tort. » J'ai demandé à Fritzsche s'il voulait bien expliquer cet aphorisme. Réponse : ce qu'il voulait dire, c'était que le fanatisme, bon ou mauvais, se fourvoyait.

1. Pour une récente étude du pourquoi et du comment la Russie a gagné, voir Richard Overy, *Russia's War*.

Nous avons ensuite parlé des autres accusés, un sujet qui a toujours intrigué Fritzsche, parce que d'une certaine façon il semblerait qu'il se soit senti un peu distingué d'être inclus parmi les ministres et autres personnages importants, qui au cours de la guerre n'étaient pour lui que des noms. « En premier lieu, il y a le groupe de Hitler, dans lequel se trouvent les plus coupables des accusés et dont on ne peut dire que très peu de bien, voire aucun. Par le groupe de Hitler, j'entends Göring, Ribbentrop, Kaltenbrunner, Keitel, Rosenberg, Frank et Streicher. Puis il y a le groupe qu'on pourrait qualifier d'idéaliste. Et il y a ensuite encore un autre groupe qu'on pourrait qualifier d'indifférent. Malheureusement, beaucoup trop d'entre nous avons été indifférents. Peu nombreux étaient ceux qui appartenaient au groupe idéaliste, et je ne vais pas me donner la peine de les nommer parce que je pense que ce serait faire violence à la réalité que de présenter aucun de ces accusés comme un idéaliste. J'ai le sentiment que, de tous les accusés, j'ai peut-être été le seul idéaliste, bien que j'aie moi-même souffert d'aveuglement et d'indifférence. À cet égard, je n'aime pas Speer, Schirach et Funk. Je tiens Schacht pour un opportuniste.

« C'est une tragédie dans le cas de Schirach. C'est la vieille histoire de la sensation de vertige qui s'empare d'un homme quand il se trouve au faîte du pouvoir. J'ai toujours été très attentif à ces choses-là. Ma nature étant totalement étrangère aux sentiments du pouvoir, j'ai toujours estimé que c'est un poids de décider du destin des gens : même d'aussi petites choses que de décider qui embaucher ou renvoyer de mes services.

« J'ai donc laissé ces décisions entre les mains de mes adjoints. Par ailleurs, j'avais un hobby très différent. La chose la plus agréable que j'aie pu faire dans ma vie, ça a été d'"attraper une âme" : autrement dit, je n'imaginais rien de mieux que d'emporter la conviction des gens par la parole. Je n'ai jamais aimé parler dans de grandes réunions publiques à des gens simples et non éduqués ; en revanche je trouvais plaisir à parler devant un groupe de journalistes professionnels. Je n'ai rien connu de plus satisfaisant dans ma vie que de convaincre un groupe de gens pareils et de les entendre dire ensuite : "Oui, vous avez raison." J'imagine qu'il y a du joueur de flûte de Hamelin en moi. Mes amis m'appellent toujours le preneur d'âmes de Hamelin. »

Je l'ai interrogé sur les hommes de radio nazis et ce qu'il en pensait. Par exemple, a-t-il connu le général Kurt Dittmar [1] ? « Le

1. Kurt Dittmar (1891-1959), homme de radio bien connu, commentateur des affaires militaires.

général Dittmar était un homme merveilleux, un commentateur purement militaire sur qui on pouvait compter pour ne dire que la vérité. Je sais de source sûre que, des années durant, Ribbentrop, Göring et Goebbels ont voulu se passer de ses talents. Mais cela relevait de mes services et je l'ai conservé. C'était un général de corps d'armée, un soldat qui avait des fonctions à l'état-major militaire, mais il était en outre payé pour les émissions qu'il faisait sur les réseaux allemands. Le général Dittmar est désormais entre les mains des Anglais et il a déclaré très récemment, au cours d'un interrogatoire, que je l'avais défendu constamment. Mais je n'en parlerai pas dans ma défense. Je ne répondrai qu'aux accusations portées contre moi. J'ai les nombreuses lettres des Juifs que j'ai sauvés – l'accusation dira cependant que ce n'est pas une question de Juifs sauvés, mais qu'il s'agit des Juifs qui ont été tués, et sur ce point elle a raison.

« J'ai fait une chose, hier. J'ai adressé un câble à un homme de radio anglais. J'avais reçu un câble de cet éditorialiste, ici en prison, et je lui ai demandé s'il voulait bien faire une déclaration sur les neuf cents émissions que j'ai faites durant la guerre. Je sais que cet homme de radio anglais écoutait constamment mes émissions parce qu'il était en quelque sorte mon adversaire personnel sur les ondes. Je souhaite qu'il fasse une déclaration que je puisse utiliser à la cour sur la ligne générale de ses émissions. Je ne le connais pas personnellement, mais je l'écoutais parler depuis Londres tandis que lui m'écoutait parler depuis Berlin.

« Pour le reste, je dois attendre et voir laquelle, de mes neuf cents émissions, sélectionnera l'accusation pour me critiquer. Au début, je faisais une émission quotidienne, puis ça a été trois fois par semaine, puis enfin une par semaine. La première année, j'ai reçu cinquante mille lettres d'auditeurs ; quatre-vingt-dix pour cent d'entre elles étaient favorables et dix pour cent, critiques. J'ai reçu quantité de lettres et de télégrammes des États-Unis. Tous étaient favorables. Nombre de ces lettres étaient très drôles. Par exemple, une certaine Mme Halifax m'a écrit qu'il lui avait été interdit de m'écouter mais qu'elle m'avait entendu pour la première fois et qu'elle aimait ma voix. Et elle était d'avis que les choses en Allemagne allaient mal tourner. Elle précisait dans sa lettre qu'elle possédait un yacht et me demandait d'abandonner mon travail en Allemagne pour traverser le Pacifique en yacht avec elle. Je lui ai répondu que je serais ravi d'envisager un tel périple après la guerre, mais pas pour l'instant. Il y a eu quantité d'anecdotes amusantes de ce genre. »

20 mai 1946

« J'ai parfois envie de hurler ici dans ma cellule. Ce n'est pas simplement que ma vie est brisée et gâchée. Il y a aussi ma culpabilité envers ma famille et le peuple allemand dans son ensemble. » Il a l'air complètement affolé quand il dit ça, mais c'est toujours frappant de voir comment le pathétique le dispute alors au ridicule, tant ses mots sont choisis et l'élocution soignée, avec juste ce qu'il faut d'intensité dramatique dans l'expression.

Fritzsche a dit qu'il voulait continuer à parler de la culpabilité de la guerre et du meurtre des cinq millions de Juifs. Il a indiqué que de nombreux journalistes juifs, hors d'Allemagne, avaient sévèrement critiqué les nazis, attisant de ce fait l'antisémitisme dans les milieux officiels nazis. Ce n'étaient pas des hommes méchants, a-t-il insisté ; l'histoire l'a démontré. Dans le même temps, cependant, ils diffusaient une propagande totalement mensongère contre le nazisme ; et, d'une certaine façon, cela a causé la guerre et une vive hostilité envers les Juifs. « Mais il est parfaitement clair que ce ne sont pas seulement les Juifs qui ont causé la guerre », a dit Fritzsche.

« Je ne suis pas antisémite comme Streicher, mais j'ai résisté à l'influence juive dans la presse et au théâtre. J'étais partisan de réduire l'influence juive à la mesure de leur importance numérique relative. Je suis d'avis opposé aujourd'hui, puisque les différences raciales ont produit cinq millions de meurtres. Toute nouvelle politique raciale est donc le fondement intellectuel de nouveaux meurtres. »

J'ai dit partager ses vues actuelles. J'ai observé qu'il paraissait terriblement dangereux pour les libertés et la vie humaines d'opprimer les minorités. En écho à mes paroles, il a ajouté : « En théorie, telle était la base de ma vie. J'en reviens donc à une dernière conclusion : il faut combattre le nationalisme. Non que l'internationalisme soit la réponse, mais le nationalisme excessif est fanatique.

« J'espère que votre conviction est faite sur ma culpabilité ou non. Si vous êtes capable de m'imaginer tel que je suis, un être humain qui a souffert plus qu'il se doit – et que j'en suis arrivé à des conclusions que je dois faire passer à d'autres.

« Je ne dis pas cela pour améliorer mes chances au procès. Je sais que mes idées sont les seules qui doivent sortir de ces procès. J'ai le sentiment de devoir défendre un idéalisme allemand abusé. »

Pour une raison ou une autre, Fritzsche a abordé son sujet favori : la trahison. La cour se penchait sur le cas d'Erich Raeder et peut-être est-ce ce qui l'a encouragé à revenir sur ce thème. « Le torpillage de l'*Athenia* – quand j'ai affirmé à la radio que c'était l'œuvre non pas de nos sous-marins, mais des Britanniques, Raeder m'avait donné sa parole [1]. C'était la faute de Raeder. Il savait et Hitler savait que c'était un sous-marin allemand. Göring m'en a ensuite parlé, pour me dire la même chose. Voilà ce que j'entends par idéalisme allemand abusé. C'était une trahison. »

24 mai 1946

Avec son habituel sourire de martyr, il a dit qu'il se sentait « à plat », mais moins déprimé qu'auparavant à cause de la déclaration récente de Schirach, selon lui « la meilleure chose sortie jusqu'ici dans le procès ».

« Le fond de ma dépression, c'est que j'ai un sentiment de regret – et si l'on éprouve du regret, on se sent nécessairement coupable. Pour ce qui est de l'acte d'accusation, qui m'inculpe de meurtre et d'inhumanité, je ne me sens pas coupable. Je ne me sens pas coupable parce que j'ai été trahi. Mais je suis abattu parce que ce sentiment de trahison n'a pas d'exutoire. Autrement dit, personne ne paraît comprendre que c'est là ma grande tragédie – que Goebbels et les autres se sont servis de moi comme d'un instrument du mal et, alors que personnellement je n'ai jamais rien fait de mal, mes actions ont indirectement conduit aux crimes dont je suis accusé.

« Je me sens coupable parce que j'ai eu confiance et j'ai cru Hitler, Goebbels et d'autres qui ne méritaient pas cette confiance. De ce fait, je pourrais presque me tuer tant je suis désespéré de ce que j'ai fait. Je vous en prie, ne prenez pas mes paroles à la lettre, parce que je ne me suiciderais pas : c'est simplement une expression que nous autres Allemands avons tendance à utiliser. En réalité, cependant, c'est un sentiment non pas de culpabilité, mais de trahison. C'est une certaine colère, si grande que vous ne pouvez l'imaginer. J'ai souvent dit que jamais, dans l'histoire du monde, un homme n'a inspiré autant de foi et de confiance que Hitler. De même, nul n'a jamais trahi autant de gens ni abusé à ce point de leur bonne foi. »

1. Un sous-marin allemand avait coulé un paquebot britannique, l'*Athenia*, dès le premier jour de la guerre en 1939. De nombreux passagers avaient perdu la vie, dont une centaine d'Américains. L'événement rappela à beaucoup le torpillage du *Lusitania* au cours de la Première Guerre mondiale. Les Allemands nièrent toute responsabilité, Goebbels allant jusqu'à prétendre que les Britanniques l'avaient fait pour entraîner les États-Unis dans la guerre. Pour un bref récit et des précisions sur le contexte, voir Conot, *Justice in Nuremberg*, p. 418-419.

Il était d'humeur à parler des autres accusés, peut-être afin d'établir une comparaison entre eux et lui, même s'il ne le fit pas directement. « Tous mes camarades, ici, je les ai rencontrés pour la première fois, à l'exception de Funk. Bien entendu, j'ai vu les autres dans des réunions publiques, mais en fait jamais officiellement ou personnellement.

« Je peux seulement dire que je suis d'une franchise téméraire et que je me suis toujours fait des ennemis à cause de cela, y compris des ennemis maintenant sur le banc des accusés.

« Prenez Streicher, par exemple. On le met souvent dans la même catégorie que moi parce qu'il était journaliste et propagandiste. J'ai toujours vu en lui un esprit obtus doublé d'un pervers sexuel. J'ai donc dénoncé publiquement *Der Stürmer*, jamais à la radio, certes, mais souvent devant des classes de deux cents à deux cent cinquante journalistes dans les cours de propagande politique que j'ai donnés à l'université. Je puis l'affirmer en toute franchise.

« Dans ma défense, j'entends effleurer d'une seule phrase l'histoire de mes rapports avec Streicher. À deux reprises, j'ai tenté d'interdire *Der Stürmer* pour pornographie. S'agissant des *Protocoles des sages de Sion*, j'ai trouvé que c'était une invention stupide [1]. Ce sont les seules choses que je produirai dans ma défense à cet égard.

« Je crois que dans les années précédentes Streicher était un homme très cruel, parce que j'ai eu plusieurs expériences avec des journalistes qui avaient été fouettés par Streicher ici à Nuremberg. Ils avaient été internés dans des camps de concentration et je n'ai pu les faire libérer qu'avec l'aide, à cette époque, de Hess. Je crois aussi qu'il y avait plus qu'un fond de vérité dans les rumeurs de détournement de fonds qui couraient alors. Aujourd'hui, j'ai une idée un tout petit peu meilleure de lui. Je le crois avant tout stupide. Le crime n'est pas de son côté, mais chez l'homme qui lui a donné le pouvoir : le Führer.

« Je trouve que l'esprit de Streicher est lent, mais qu'il a une certaine force naturelle qui le pousse au fanatisme. On peut souvent utiliser ce type d'imbécile dans des desseins fanatiques. »

J'ai demandé à Fritzsche comment il se faisait que *Der Stürmer* ait eu une si large diffusion. Réponse : « C'est en fait l'œuvre du parti. La direction du parti n'a jamais accordé la moindre reconnais-

1. Ces « protocoles » étaient un faux célèbre qui avaient vu le jour en Europe au XIXe siècle. Pour un aperçu et une excellente présentation du contexte, voir George L. Mosse, *Toward the Final Solution : A History of European Racism*, New York, 1978, p. 117-120.

sance officielle au *Stürmer*. Sa propriété n'était pas entre les mains d'une maison d'édition du parti. C'était un étrange phénomène. Je crois que la direction du parti a été extrêmement habile dans cette affaire. Imaginez un parti qui, en 1933, ne compte qu'environ cent mille adhérents et qui subitement, en l'espace de quelques mois, en a des millions. Il n'en a admis en fait que cinq millions mais, s'il l'avait souhaité, il en aurait eu trente. Et tous ces gens essayaient d'être de bons nazis. Le parti disait : "Il ne suffit pas d'être national-socialiste. Encore faut-il se battre pour cela." Aussi les nouveaux ont-ils cherché quelque chose qui prouverait qu'ils étaient de bons nazis. Ils ont rejoint de nombreuses organisations ; comme, par exemple, les SA, l'Organisation des femmes et même la Ligue de défense aérienne. Et donc, qu'il leur ait plu ou non, ils ont soutenu *Der Stürmer* et l'ont acheté parce que cela prouvait qu'ils étaient de bons nazis.

« Et l'essor du *Stürmer* a commencé du jour où quantité de gens ont voulu prouver qu'ils étaient de bons nazis. Devant chaque édifice public, commerce, hôtel, etc., se trouvait une vitrine qui en présentait des exemplaires. Pour le gérant d'un hôtel, par exemple, c'était une manière de dire qu'il était un bon nazi. Telle est, à mon avis, la base du soudain succès du *Stürmer*. D'un tirage de dix mille, il a bondi à près d'un million. En vérité, la substance du *Stürmer* était prise plus au sérieux à l'étranger qu'en Allemagne.

« Je reconnais toutefois que *Der Stürmer* a eu, somme toute, une influence considérable sur l'opinion. J'entends simplement faire valoir que cette influence n'était pas aussi grande qu'on l'estimait à l'étranger. Je peux en juger parce que j'étais un journaliste en vue. Vous savez que nous autres, journalistes, ne serrions même jamais la main à Karl Holz, le rédacteur en chef du *Stürmer*. On le méprisait. Je ne l'ai jamais vu personnellement [ou « en personne » ?], parce qu'il n'a jamais osé venir à une conférence de presse. »

J'ai demandé à Fritzsche quelle avait été l'attitude de Goebbels envers *Der Stürmer*. « Assez étrangement, il m'a aidé dans ma seconde tentative pour interdire *Der Stürmer*. Je crois qu'il l'a fait parce que je l'ai convaincu un jour que j'ai déclaré au passage : "*Der Stürmer* nous fera beaucoup de tort à l'étranger parce qu'il ne restera à l'ennemi qu'à en faire des photostats." Goebbels a aussitôt accepté, et l'interdiction du *Stürmer* est devenue une proposition conjointe. Loin de moi l'idée d'excuser ou de défendre Goebbels, parce que c'était un fanatique sans conscience, absolument implacable. Je tiens simplement à souligner ce fait intéressant. »

Lors d'une conversation que j'ai eue dernièrement avec Göring, ai-je observé, il a affirmé que Goebbels était plus antisémite encore que Himmler. « Je crois que c'est vrai, a répondu Fritzsche. Goebbels devait avoir une haine terrible des Juifs – mais pas plus que Himmler. Je n'ai aucun doute, aujourd'hui, que Goebbels ait été au courant du meurtre de cinq millions de Juifs – un fait qu'à cette époque il m'a caché à moi et à d'autres. »

J'ai dit qu'il me semblait que l'accord de Goebbels avec lui pour supprimer *Der Stürmer* n'était pas de l'idéalisme mais autre chose. « C'est juste. Moi-même, à l'époque, je n'y ai pas vu de l'idéalisme. C'est pour cette raison que j'ai retenu uniquement les arguments que Goebbels, à mon sens, avalerait. Ce n'est pas la seule chose dont j'ai discuté avec Goebbels. Je réfléchissais toujours soigneusement à l'argument qui serait le plus efficace avec Goebbels, puis je l'utilisais. »

La conversation a ensuite glissé sur Rosenberg. « Autrefois, je pensais qu'Alfred Rosenberg était un pur théoricien incapable du moindre travail pratique – fût-ce le plus simple. Pour ce qui est de ces écrits, je n'ai lu, personnellement, que le premier chapitre du *Mythe du XX*e *siècle*. » J'ai dit que Rosenberg m'avait paru assez troublé quand il avait entendu Schirach avouer que lui aussi n'avait lu que le premier chapitre de ce livre. « C'est tellement mauvais. J'ai toujours eu l'impression que Rosenberg incarnait le mysticisme allemand. J'avais le sentiment qu'il appartenait à l'époque romantique et qu'il n'y avait chez lui qu'un souffle de modernité. Il n'y avait rien d'unifié ni d'organisé chez cet homme. Je veux dire à présent quelque chose de terrible, qui n'est pas pour le procès. Ce théoricien pur est le plus coupable de tous ceux qui sont assis ici sur le banc des accusés, parce qu'il porte cette culpabilité, jusqu'à un certain point, innocemment. À mon sens il a eu une formidable influence sur Hitler, du temps où ce dernier réfléchissait encore – plus tard, ça s'est arrêté. Je veux dire qu'entre 1923 et 1928 Rosenberg a influencé Hitler. Je m'explique. Hitler était un homme qui vivait dans le présent, un individu terriblement actif. L'importance de Rosenberg vient de ce que ses idées, qui étaient uniquement théoriques, sont devenues entre les mains de Hitler une réalité et se sont effectivement accomplies.

« Si Rosenberg était honnête et allait au fond des choses, il se verrait tel qu'il est vraiment. Il est comme une poule qui vient de donner naissance à un canard. La comparaison est très peu sévère. Le même destin s'est répété pour Rosenberg une seconde fois. Je ne doute pas que, dans le cas de la Russie, Rosenberg ait fait germer dans l'imagination de Hitler l'idée qu'il existait à l'Est de vastes espaces à coloniser. Je crois que Rosenberg a été chargé des activités à l'Est après la guerre sans jamais avoir été consulté.

« Mais en fait, dans les premiers mois de la guerre contre la Russie, Rosenberg représentait encore la politique coloniale à l'Est. Au bout de trois ou quatre mois, il a vu combien cette politique était mauvaise, mais la locomotive fonçait sur la mauvaise voie. Rosenberg était ministre des Territoires occupés de l'Est et il n'a pas eu assez de courage pour refuser ce poste. À bien des égards, Rosenberg est le personnage le plus tragique de ce procès, moi excepté. »

Probablement ai-je paru sceptique, même si je n'ai rien dit. Fritzsche a ajouté : « En tant qu'Américain, probablement ne pouvez-vous pas comprendre. C'est l'histoire d'un homme qui est foncièrement pacifique et qui ne cesse de participer à ceci ou à cela à titre de compromis. C'est toujours en croyant choisir le mieux, ou peut-être le moindre mal, qu'il s'est compromis. Telle est la tragédie. C'est ce que je veux dire. Il ne s'agit pas pour moi d'essayer de le défendre, parce que sa vie ou sa mort, dans la situation générale, est de peu de conséquence. De même que ma vie ou ma mort dans cette situation est de peu de conséquence. C'est ainsi que je vois Rosenberg. »

Quant à moi, ai-je observé, il me semblait que Hitler avait ses idées sur les gens, ou tout au moins sur la manière de les utiliser. « Oui, a répondu Fritzsche, mais Hitler avait une mauvaise connaissance sans limite des êtres humains. Ou alors c'est qu'il est un plus grand criminel encore que je ne le pense aujourd'hui, et je le tiens certainement pour l'un des plus grands criminels de l'histoire du monde. »

Je lui ai demandé si, à son avis, *Le Mythe du* XX*e siècle* avait été beaucoup lu, parce que, malgré l'importance de son tirage, ceux avec qui je m'étais entretenu avaient nié être allés au-delà du premier chapitre.

« Pour ma part, je peux simplement dire que j'ai lu des parties du *Mythe du* XX*e siècle*, et j'ai entendu quelques discours de Rosenberg qui, soit dit en passant, étaient mortellement ennuyeux. J'ai combattu énergiquement les idées de Rosenberg, notamment sur la question de l'Église. À cette époque, j'ai cherché l'argument qui aurait le plus de portée dans le cadre où je me trouvais. Finalement, j'ai fait valoir qu'on ne détruit pas une religion tant qu'on n'en a pas trouvé une nouvelle pour la remplacer. Parce que sans religion, un peuple ne saurait exister.

« Rosenberg était totalement areligieux. Tel était le plus profond de ses défauts. Une seule idée l'obsédait. C'est un pédant. On retire assurément l'impression qu'il n'a jamais acquis la moindre connaissance de ce qui l'entourait, chose nécessaire pour former de nouvelles idées philosophiques, mais qu'il puisait ses idées dans les livres et dans son propre esprit, qui n'était pas sujet aux influences de la réalité.

« Rosenberg a eu moins d'influence parmi les vieux nazis qu'on ne l'imaginerait. Dans la jeunesse, en revanche, ses idées ont joué un grand rôle, parce qu'on les utilisait dans chaque école. Le tragique, c'est que les théories fantastiques de Rosenberg aient bel et bien été mises en œuvre. L'Institut de Rosenberg essayait de faire des discours avant mes conférences de presse. Ils critiquaient les articles qui paraissaient dans la presse. À tous ces égards, j'ai toujours dû combattre Rosenberg. »

J'ai demandé à Fritzsche de m'en dire plus sur l'institut de Rosenberg. « Il était responsable de la formation en politique étrangère au sein du parti. Rosenberg avait un institut dans la banlieue de Berlin, à Dahlem. Il y avait aussi son Institut de l'Est et d'autres encore [1]. Il s'est toujours mêlé de ces affaires. Rosenberg était issu de Stewart Chamberlain. Chamberlain et Rosenberg avaient le même système et la même ligne, mais toute la différence est que les théories de Chamberlain n'ont jamais été mises en pratique. De surcroît, en comparaison de Rosenberg, Chamberlain est modéré. En réalité, il n'y a pas de philosophe allemand après Hegel. C'était un pur penseur mental. Hegel est le père mental de Karl Marx d'un côté, et de Fichte de l'autre. »

1. Pour un excellent panorama des instituts de recherche divers et variés sur l'Europe de l'Est dans l'Allemagne nazie, voir Michael Burleigh, *Germany Turns Eastwards. A Study of Ostforschung in the Third Reich*, Cambridge, 1988.

WALTHER FUNK
1890-1960

Walther Funk fut ministre de l'Économie de 1937 à 1945.

Reconnu coupable à Nuremberg de crimes contre la paix, de crimes de guerre et de crimes contre l'humanité, il fut condamné le 1er octobre 1946 à la prison à vie.

En 1957, il fut libéré de Spandau pour raisons de santé.

31 mars 1946

Walther Funk est un petit gros, rondouillard, à l'air quelconque, qui a le goût des formules sentimentales et des platitudes, et qui est avant tout soucieux de son confort immédiat et préoccupé par ses problèmes de voies génito-urinaires. Je l'ai vu souvent par le passé et il est toujours prévenant, désireux de recevoir de la visite, poli et coopératif. Quand on aborde la question de son activité politique, il est larmoyant ou sur la défensive, sinon les deux en même temps, et il reprend de diverses manières son thème : « Je n'étais qu'un petit et je n'avais aucune idée de ce qui se passait. »

Nous avons d'abord parlé de ses ennuis génito-urinaires. Il souffre depuis vingt-cinq ans d'un rétrécissement du canal de l'urètre et d'une légère hypertrophie de la prostate, nécessitant à l'occasion une cathéterisation. Plus tard, il s'est corrigé et a précisé que ses problèmes urinaires avaient commencé à vingt-trois ans, à la suite d'une décharge urétrale, si bien que cela fait trente-trois ans qu'il présente ces symptômes et subit des traitements génito-urinaires.

Il est né le 18 août 1890 à Königsberg, en Prusse-Orientale. En vue de sa défense prochaine, m'a-t-il annoncé, il allait me donner les éléments essentiels de sa vie parce que sans doute ne l'autoriserait-on pas à le faire à la cour. Je lui ai dit qu'à mon avis il pourrait le faire et qu'il devait raconter ce qu'il voulait. Il a ajouté me trouver « très correct » parce que je prends des notes sur mes conversations avec lui. Je lui ai assuré que ces notes étaient destinées à mes archives personnelles et ne regardaient aucunement l'accusation. Il a eu l'air un peu sceptique, mais il a dit aimablement que ça allait de soi puisque j'étais médecin et psychiatre.

Il a donné sur sa jeunesse des détails très généraux qui sentaient un peu le réchauffé. Il m'a rappelé avoir écrit il y a quelque temps, peu après son internement à la prison de Nuremberg, une courte esquisse biographique. Il a évoqué très brièvement sa biographie. « Je suis issu d'une respectable famille bourgeoise de Königsberg. Mes ancêtres étaient pour la plupart des hommes d'affaires, mais il y eu aussi dans ma famille des gens très portés sur les arts. »

Pour ce qui est de son éducation, il a dit avoir fréquenté l'université de Berlin, suivant des cours de droit, de sciences politiques, d'art et de musique. Au cours de la Première Guerre mondiale, il a été un temps dans l'infanterie, mais c'est alors qu'ont commencé ses ennuis génito-urinaires ; il a été démobilisé en 1916. Il a ensuite décidé de devenir journaliste tout en caressant l'idée de consacrer ses talents à la musique. De 1916 à 1922, il a été reporter, éditorialiste et rédacteur de divers journaux. En 1922, il est entré à la *Berliner Börsen-Zeitung* et y est resté dix années durant rédacteur en chef. C'était un journal essentiellement économique même s'il publiait parfois des articles de fond.

En 1931, il a quitté la rédaction du journal « parce que j'avais le sentiment que les nationaux-socialistes allaient sûrement prendre le pouvoir et que le mouvement m'attirait. L'Allemagne était en crise. Le chômage était élevé. Les luttes de classes existaient.

« Le système de la démocratie parlementaire était un échec. J'ai toujours dénoncé publiquement le traité de Versailles, responsable à mon sens de la mauvaise passe de l'Allemagne. J'étais en faveur de l'entreprise privée, tout comme l'était Gregor Strasser, qui était un ami à moi et un grand partisan de Hitler [1]. L'entreprise privée est importante parce que, sans elle, c'est le communisme. Sans elle, il n'y aurait aucune reconnaissance des différences fondamentales de talent et de capacité entre un être humain et un autre. Ce qui m'intéressait surtout, cependant, c'était d'empêcher la lutte des classes, et le national-socialisme semblait apporter un État socialiste nationaliste.

« Ça vous intéresse de savoir quelle était la situation économique de l'Allemagne avant l'arrivée au pouvoir des nazis ? » Funk a eu un léger sourire. Je lui ai dit de me raconter ce qu'il voulait. « Eh bien, c'est pour moi une sorte de revue de ce que je dois dire au tribunal. Du fait des réparations, l'Allemagne était dans un marasme financier. Nous envoyions notre argent à l'étranger pour payer les réparations sans rien recevoir en retour. L'inflation sévissait donc en Allemagne. Nous devions à chaque État étranger plus que nous ne pouvions rembourser. C'est la classe moyenne qui souffrait le plus. Et la classe moyenne est le fondement de notre culture allemande. Une famille sur trois souffrait du chômage. Le gouvernement était inefficace et faible. J'étais d'accord avec Strasser : il nous fallait un gouvernement autoritaire fort et un sentiment politique unifié au sein du peuple.

« Dans le même temps, les nazis avaient la majorité au Reichstag [2]. Le parti jouissait d'une formidable popularité, et le magnétisme personnel de Hitler attirait des millions de gens. Moi aussi, il m'attirait, mais j'avais le sentiment que le programme économique de Hitler avait besoin d'un soutien pratique. J'ai créé un service d'information pour donner des renseignements économiques et politiques aux cercles dirigeants du parti.

« À cette époque, je croyais au principe du Führer parce que, pour moi, ça voulait dire que le meilleur devait être le chef. Si le chef est

1. Gregor Strasser (1892-1934) fut l'un des dirigeants du parti nazi à ses débuts. Il finit par rompre avec Hitler et fut assassiné le 30 juin 1934 au cours de la « nuit des longs couteaux ».

2. Aux élections parlementaires du 5 mars 1933, les nazis obtinrent 43,9 % des voix et 288 sièges sur un total de 647. Leurs partenaires, au sein de la coalition au pouvoir, le Parti populaire national allemand (Deutschnationale Volkspartei, ou DNVP), recueillirent 8 % des voix et 52 sièges, donnant ainsi à Hitler une majorité à la chambre. Sur un total de 39,3 millions de voix exprimées, plus de 20,3 millions, au total, avaient voté pour ces deux partis.

bon et responsable, le gouvernement est bon. En tout cas, par l'intermédiaire de mon ami Gregor Strasser, j'ai rencontré Hitler en 1931 et j'ai eu le sentiment que je pourrais influencer le programme économique de l'Allemagne pour son bien.

« Quand j'ai rencontré Hitler, j'ai été captivé par sa personnalité hors du commun. C'était un orateur très brillant, qui excellait à saisir les problèmes. Il était d'accord avec mes idées sur les droits de l'individu, l'importance des différences de capacité. Il m'a invité à travailler avec lui. Mais je n'ai jamais été réellement proche de lui. En 1933-1934, alors que je dirigeais le service de presse du gouvernement, j'ai vu Hitler régulièrement. Il interrompait souvent une conversation en plein milieu et me demandait de jouer au piano pour lui. Il avait l'oreille musicale, du moins à ce qu'il semblait.

« Une fois devenu ministre de l'Économie, cependant, je n'ai pas vu Hitler plus de quelques fois. Il me consultait rarement. J'occupais en fait un poste inutile parce que la direction du programme économique avait été donnée à Göring. Par la suite, en 1942, Speer, en tant que chef des armements, est devenu plus ou moins patron de l'économie.

« Devant le tribunal, je dois aborder les problèmes du principe du chef, de l'espace vital et ainsi de suite. J'étais favorable au principe du chef, parce que le chef devait être la voix du peuple. L'espace vital signifiait non pas la conquête de territoires étrangers, mais des colonies, des pactes commerciaux, d'autres mécaniques, mais pas la guerre. Je m'intéressais à l'économie allemande à l'échelle du monde. Pour moi, le concept d'espace vital signifiait que l'Allemagne pouvait participer à l'économie mondiale. Nous étions entravés par les réparations et les barrières commerciales des autres nations.

« Je dois répondre à l'accusation qui me reproche d'avoir aidé à élaborer le programme du parti. Ça n'a pas de sens. En 1921, quand Hitler a élaboré le national-socialisme, je n'en avais même jamais entendu parler. C'est en 1932 que j'ai rencontré Strasser et lui ai parlé de quelques-unes de mes idées économiques, qu'il a utilisées dans des discours. J'étais partisan d'une baisse des taux d'intérêt et d'une stabilisation de notre monnaie, de l'octroi de nouveaux crédits pour la Reichsbank. J'ai aussi insisté sur la nécessité d'exporter. Et, entre autres choses, sur l'importance de l'investissement, de l'agriculture, de l'industrie. Oh, quantité de choses qui vous feraient certainement plaisir à vous, Américain.

« Au départ, on a respecté mes idées. Par la suite, cependant, on m'a trouvé beaucoup trop libéral ou démocrate. J'étais hostile à une socialisation trop poussée de l'économie parce que cela étouffe l'effort et l'initiative individuels. J'ai atteint quelques-uns de mes objectifs. J'ai réussi à faire passer l'entreprise individuelle avant l'entreprise publique.

« Je compte dire au tribunal que j'étais contre le réarmement. Que mes idées pour résorber le chômage ne passaient pas par le réarmement. Je souhaitais encourager la construction de nouvelles maisons, de nouvelles industries comme l'automobile, et l'aménagement du réseau routier. Je voulais aussi mettre l'agriculture sur un plan technique plus avancé.

« Je ne suis pas un politique. Je n'ai même jamais eu de poste dans le parti. Pendant deux mois seulement, j'ai dirigé le Bureau des entreprises privées, en 1932-1933. Je n'ai jamais appartenu au corps des dirigeants. Je n'ai jamais pris part aux réunions du parti comme les festivités de Munich, en novembre. Je n'aimais pas les rassemblements ni les grandes cérémonies. Je n'ai jamais fait partie de la garde rapprochée de Hitler, malgré ce que prétendent certains livres de propagande. Et ce que dit de moi Messersmith dans son témoignage écrit sous serment est également faux [1]. J'ai siégé quelque temps au Reichstag, jusqu'à sa dissolution. Mais de là à ce qu'on me présente comme le conseiller économique, le grand manitou de l'économie nazie ! Ridicule : Schacht est peut-être un génie de la finance, je ne sais pas. Gottfried Feder a été le principal philosophe économique du parti. Puis il y a eu Wilhelm Keppler. Ces hommes étaient plus importants que moi.

« Je dois leur raconter, j'imagine – mon avocat me le conseille – comment je suis devenu chef de la presse. Eh bien, en janvier 1933, Hitler m'a demandé d'occuper ce poste à cause de mon expérience de la presse. J'étais aussi en bons termes avec von Hindenburg. Je suis donc devenu secrétaire au ministère de la Propagande sous Goebbels, mais ça ne m'a pas plu. Plus tard, Otto Dietrich est devenu chef de la presse [2]. Mais je n'avais aucun pouvoir. Tout ce que je faisais, c'était de transmettre les ordres de Hitler à la presse.

« J'étais présent aux réunions du gouvernement, mais je n'avais pas voix au chapitre, je n'étais pas ministre.

« Je vous ennuie ? Je sais que c'est tellement assommant. Pour moi aussi. Mais c'est ce dont on m'accuse dans ce procès. » Funk,

1. Suivant les documents de la cour, à Nuremberg, George S. Messersmith fut consul général des États-Unis à Berlin en 1930-1934. Il fut ensuite affecté à Vienne où il resta jusqu'en 1937.

2. Otto Dietrich (1897-1952) fut chef de la presse du Reich pendant l'essentiel du régime nazi. Sur la presse dans l'Allemagne nazie, voir l'étude déjà ancienne mais solide de Oron J. Hale, *The Captive Press in the Third Reich*, Princeton, 1964.

qui était assis comme un Humpty Dumpty au bord de son lit, s'est levé pour jeter sa cigarette dans les toilettes de la cellule. Il s'est rassis, attendant ma réponse. Comme j'étais occupé à prendre des notes, il a fini par me demander s'il devait continuer. J'ai répondu que j'avais tout mon temps, qu'il me raconte tout ce qu'il lui plaisait.

« Ils vont certainement vouloir m'entendre parler des Juifs. Quelques-uns de mes plus proches amis étaient juifs. Dans le monde de la finance, du temps où j'étais rédacteur entre 1922 et 1931, j'avais de nombreux amis juifs, des relations mondaines ou d'affaires. Je n'ai jamais adhéré à la théorie raciale. Comme beaucoup d'autres, j'ai cru, au départ, que l'antisémitisme des nazis était une question politique. Il est vrai cependant, et quelques-uns de mes amis juifs en convenaient, qu'il y avait un pourcentage trop élevé de Juifs dans la justice, au théâtre, et dans la vie économique et culturelle de notre Reich. L'influence juive dans les arts et la musique n'était pas conforme à la culture allemande. Comment pouvait-elle l'être ? Elle ne pouvait être que juive. Mais je n'étais pas un extrémiste. De surcroît, j'ai personnellement aidé de nombreux Juifs qui auraient été exclus de la vie économique et culturelle à cause de la loi sur la Chambre de la culture du Reich, qui éliminait les Juifs de ces domaines. Je n'ai rien à voir avec cette loi, parce qu'elle a été l'œuvre du gouvernement, et que je n'en faisais pas partie. J'ai aidé des rédacteurs en chef juifs, comme celui du *Frankfurter Zeitung*, et beaucoup d'autres. Richard Strauss a écrit un opéra inspiré de l'histoire d'un Juif, Stefan Zweig [1], et on le lui a reproché. De plus, il avait des petits-enfants non aryens, et j'ai pris sa défense.

« Je suis resté au ministère de la Propagande jusqu'en 1937. En novembre 1937, j'ai remplacé Schacht comme ministre de l'Économie. Ça a été pour moi une surprise totale. C'était à l'Opéra de Berlin, et Hitler m'a dit que Schacht et Göring ne s'entendaient pas, et que je devais prendre la place de Schacht. Il m'a dit de voir Göring. En fait, je ne suis devenu ministre de l'Économie qu'en février 1938, parce que Göring lui-même a assumé la tâche de ministre de l'Économie depuis le départ de Schacht jusqu'à ce qu'il décide, en février, que je serais ministre. En tout état de cause, j'étais ministre sans l'être vraiment, parce que sous la tutelle de Göring et du plan quadriennal.

« L'accusation me rend responsable du réarmement. C'est faux. Le programme d'armement a d'abord été dirigé par le général

1. Il s'agit de *La Femme silencieuse* (*Die schweigsame Frau*, 1935). [*N.d.T.*]

Georg Thomas, puis en 1940 par Fritz Todt et à partir de 1942 par Albert Speer.

« En janvier 1939, Hitler m'a fait appeler. Il était tout excité. Il a dit que Schacht avait refusé de nouveaux crédits de la Reichsbank, que c'était absurde et qu'il ne le supporterait pas. Il a dit qu'il assumerait, seul, la responsabilité de ces crédits. Il m'a dit de prendre en charge la Reichsbank. J'ai dit que je m'en ferais une joie, sous réserve que la stabilisation du mark continue. Il n'y avait pas de danger d'inflation tant que l'économie était régulée. J'ai maintenu la stabilité du mark jusqu'au bout. Dans tous les pays, au cours d'une guerre, le montant des crédits et des dettes s'accroît. Le montant de la dette des États-Unis ou de l'Angleterre, en comparaison, est beaucoup plus grand qu'en Allemagne. Or Schacht pouvait contrôler les crédits de la Reichsbank, pas moi, et c'est Hitler lui-même qui a pris la direction de la banque.

« S'agissant de la guerre, je n'y suis pour rien. Naturellement, le jour venu, j'ai fait mon possible pour maintenir l'économie et transformer l'économie civile en économie de guerre. Mais, personnellement, je ne m'attendais pas à la guerre. Avant la guerre, j'ai fait tout ce qui était en mon pouvoir pour promouvoir de meilleures relations économiques entre les pays étrangers et l'Allemagne. N'est-ce pas la preuve que je ne voulais ni ne prévoyais une guerre ? Mon Dieu ! En juin 1939, j'ai eu une conférence avec des banquiers de votre pays, de la Suède, de l'Angleterre, de la France et d'autres. Probablement est-ce en août 1939, quelques jours avant le début de la guerre, que j'ai pensé en termes de guerre.

« Je n'ai jamais travaillé pour la guerre, mais plutôt au service de l'entente et de la bonne volonté internationales. J'espérais une victoire diplomatique, et que nous retrouverions la vieille ville allemande de Dantzig, ainsi que les provinces allemandes de l'Est et que, de même qu'à Munich, Hitler arracherait une victoire sans guerre. De plus, Hitler n'avait pas vraiment besoin de moi ; il était le véritable dictateur de l'économie ; moi, je n'étais qu'un titre. Pour illustrer le peu de confiance que Hitler avait en moi, le peu de considération qu'il me témoignait, il ne m'a jamais fait venir à aucune conférence, surtout concernant la guerre contre la Russie. C'est par Hans Heinrich Lammers et Alfred Rosenberg que j'ai appris qu'une guerre avec la Russie était inévitable. J'y étais hostile tant les échanges économiques étaient satisfaisants. Nous leur envoyions des produits manufacturés et, en retour, nous recevions des matières premières. »

J'ai dit qu'en fait l'homme, Walther Funk, m'intéressait beaucoup plus que ses théories économiques ou politiques. Aussitôt, il a laissé tomber sa répétition générale et a souri comme pour s'excuser en disant : « *Ach* ! Je sais. Si je jouais la *Pathétique* ou la *Sonate au clair de lune* pour les grands juges, ils me laisseraient filer. Malheureusement, ma défense ne sera pas musicale. Ils vont m'accuser, non sans raison jusqu'à un certain point, d'appartenance à un gouvernement criminel. J'ai déjà entendu une accusation contre moi, à savoir que l'or des SS, des victimes des camps de concentration, était déposé à la Reichsbank. Je n'en sais rien. Bien entendu, j'ai su que la Reichsbank avait un dépôt de la SS, mais je n'ai jamais su d'où venait l'or.

« Toutefois, l'ignorance de la loi n'est pas une excuse. Une personne est coupable même si elle enfreint la loi à son insu. Je serai peut-être le premier des accusés à me lever à la barre pour reconnaître que je suis au moins en partie coupable. »

7 avril 1946

« J'ai travaillé à ma défense, comme vous pouvez le voir », a-t-il dit, montrant du doigt la table sur laquelle se trouvaient un certain nombre de notes et de transcriptions, etc. Je lui ai dit de continuer ou non comme il lui semblait bon. Oh non, il était toujours ravi de ma présence, et c'était en fait un répit dans un travail désagréable. Il ne trouvait aucun plaisir à travailler à sa défense. « Je préférerais jouer du piano – ou du violon, ou encore du violoncelle. Vous saviez que j'ai étudié l'harmonie, que j'ai été un temps pianiste de concert ? »

Je lui ai demandé comment il avait concilié son amour de la musique avec ses activités de ministre de l'Économie et de président de la Reichsbank. Il a répondu n'avoir rien fait personnellement dont il eût honte. Par exemple : « Je sais que l'accusation va me questionner sur Otto Ohlendorf, qui était directeur de la commission des exportations quand je l'ai connu. Quand le chef des exportations est arrivé, en décembre 1943, il est venu avec Ohlendorf. Un brave homme, à ce qu'il me semblait. Les gens ne pouvaient pas parler d'atrocités, parce qu'ils étaient tenus par serment de garder le secret. Et si les gens étaient convenables, ils n'allaient rien me dire de toute façon parce qu'ils ne voulaient pas m'impliquer. »

J'ai voulu savoir s'il appréciait donc de n'avoir pas entendu parler des atrocités parce qu'il venait de dire que si les gens étaient convenables, ils se taisaient pour ne pas l'impliquer. Il a esquivé en répondant : « Eh bien, peut-être ces gens ne savaient-ils pas ce que j'en aurais fait et croyaient-ils que j'irais le rapporter au Führer.

« Sans doute beaucoup de gens étaient-ils au courant des cruautés et des atrocités, mais ils avaient mieux à faire que de venir raconter ces histoires aux ministres. » Je lui ai demandé de nouveau ce qu'il voulait dire. Réponse : « Vous ne comprenez pas qu'un ministre était l'homme le moins bien placé pour entendre parler d'atrocités ou de mauvaises actions, parce que les gens avaient peur de les lui rapporter par crainte d'être dénoncés ? C'est ce que je voulais dire quand j'ai déclaré il y a un instant qu'aucune personne convenable ne me rapportait des choses pareilles et ne m'y impliquait ainsi.

« Or, l'accusation va probablement invoquer Ohlendorf, qui a travaillé pour moi et qui a admis devant ce tribunal avoir tué quatre-vingt-dix mille Juifs. J'ai été bouleversé quand j'ai entendu Ohlendorf. Je ne savais pas que des choses comme cela existaient. Et, en second lieu, j'ignorais en quoi Ohlendorf y était impliqué.

« Je supposais que Ohlendorf avait été sur le front, mais comme Hitler, qui avait aussi été soldat. »

J'ai demandé à Funk quelle impression il avait de Ohlendorf – quel genre de personnalité et de tempérament il semblait avoir dans les relations qu'il avait entretenues avec lui ? « Eh bien Ohlendorf n'a été qu'un an au ministère. Maintenant que je sais qu'il a été responsable de cet *Einsatzgruppe* qui a tué quatre-vingt-dix mille Juifs, je peux expliquer quelque chose que jusque-là je n'arrivais pas à comprendre. J'ai toujours eu le sentiment que Ohlendorf était spirituellement déprimé. J'en ai parlé plusieurs fois à ma femme, quand nous l'avons eu à dîner : on aurait dit un homme qui ne pouvait tout simplement être heureux. Toute cette expérience a dû le laisser profondément abattu. Il était incapable de rire de bon cœur – et un homme qui n'en est pas capable est soit déprimé, soit malade, soit mauvais. J'ai pensé qu'il y avait dans son âme quelque chose qui le tracassait. »

Ce genre de psychologie d'amateur est un de ses passe-temps favoris. Je lui ai demandé si Ohlendorf lui était connu comme quelqu'un de très antisémite. « La question ne s'est jamais posée. Je ne me souviens pas qu'il ait jamais parlé contre les Juifs. Nous n'avons jamais beaucoup parlé de politique. Mes amis sont toujours des auteurs célèbres, des hommes de science, des artistes, etc.

« Mais je me disais que Ohlendorf était, au fond, un homme très bien. Il avait une vie de famille heureuse – sa femme et ses enfants, je les connaissais. C'est une femme simple, de souche paysanne : une femme très posée. Je l'ai rencontrée une fois au concert. Je sais repérer un type musical. Je peux dire en regardant une femme si elle est contralto ou soprano.

« Le témoin de Schacht, Hans Bernd Gisevius, sera le pire témoin de la défense et le meilleur témoin possible de l'accusation [1]. Gisevius était dans la police sous Göring, et Wilhelm Canaris, à l'époque où il faisait de l'espionnage. Comme d'habitude, ces gens-là travaillent des deux côtés de la palissade en même temps. Gisevius a trempé dans l'attentat du 20 juillet contre Hitler. Puis il s'est enfui. Maintenant, il essaie de vendre ses livres. Mais n'oubliez pas que Gisevius a été et reste nazi. Et je prédis qu'il va essayer de dire, comme d'autres, qu'il était contre toutes les politiques nazies. »

Pour la première fois, j'ai vu Funk sortir légèrement de ses gonds. Il a parlé froidement, mais avec un profond mépris, de Gisevius, qui apparemment va témoigner pour Schacht.

Je n'ai rien dit. Je me contentais de prendre des notes quand Funk a dit, en retrouvant rapidement sa bonne humeur de façade : « Vous savez, les psychiatres m'intéressent. Mon oncle était un grand psychiatre à Hambourg. Ma psychologie est très compliquée. »

Je lui ai dit que je serais très curieux de savoir comment il se voyait.

« Je suis un homme qui a souffert toute sa vie de dépressions. Probablement est-ce lié à mes tendances artistiques. Enfant, j'ai été somnambule jusqu'à cinq, six ans. À la pleine lune, un rien me bouleverse. Et étrangement, c'est une fois la dépression passée que je travaille le mieux. Cela se traduit par une forte réaction maniaque. Autrement dit, j'étais soit exalté, soit abattu. Ça a commencé dans mon enfance. Même enfant, j'étais enclin aux sentiments mélancoliques. Probablement était-ce un héritage de ma mère. Elle était très musicienne et portée à la mélancolie. »

Sur ce, on l'a prévenu que l'office religieux avait commencé. Il a quitté sa cellule à contrecœur après s'être assuré que je reviendrais.

14 avril 1946

Funk travaille de nouveau à sa défense. Il est comme toujours avide de compagnie et de la réaction de son auditoire à ses justifications. Je lui ai demandé à quel aspect de sa défense il travaillait

1. Hans Bernd Gisevius (1904-1974) s'empressa de rejoindre la Gestapo en 1933, mais finit par prendre ses distances vis-à-vis du régime avant de s'engager dans la résistance. [voir Gisevius, *To the Bitter End*, trad. Richard et Clara Winston, Londres, 1948 ; *Jusqu'à la lie*, trad. fr., Lausanne, Payot, 1947. *N.d.T.*]

quand je suis entré avec M. Triest. Il a dit qu'il traitait du problème de l'élimination des Juifs de la vie économique, dont, assure-t-il, le ministère public l'accuse à tort. Après que nous nous sommes assis et que nous avons allumé des cigarettes, il a entrepris de m'éclairer sur les événements de 1938.

« Je suis devenu ministre de l'Économie en février 1938 et, presque aussitôt, Goebbels et Robert Ley ont exigé que les Juifs soient éliminés de la vie économique et que leurs boutiques soient fermées. Ça a créé des difficultés parce que les gens refusaient de racheter les commerces juifs. Avant que j'entre au gouvernement, avait été adoptée une loi nationale sur le travail stipulant que le patron ou le gérant d'une affaire devait allégeance au parti. Les Juifs ne pouvaient donc posséder d'entreprises. J'étais partisan d'une mise en œuvre lente du programme et d'une indemnisation convenable des Juifs dont les affaires devaient être vendues. J'allais même jusqu'à penser qu'il fallait laisser aux Juifs certains droits économiques.

« Les événements des 9-10 novembre 1938 ont été une surprise totale et m'ont effrayé. Tout a commencé à Munich [1]. J'ai essayé d'appeler Göring et Himmler, mais tous deux étaient absents. J'ai finalement parlé avec Goebbels et lui ai dit que je désapprouvais cette mesure, qu'elle nuisait à notre prestige économique à l'étranger et que c'était un gaspillage de richesses. Goebbels m'a répondu que c'était ma faute parce qu'il y avait longtemps que j'aurais dû éliminer les Juifs des affaires. Il m'a dit que le Führer allait sortir de nouveaux décrets [2].

« Une réunion était prévue le lendemain, 12 novembre 1938. Les minutes de cette réunion sont ici et l'accusation les a. Après cette réunion, où Goebbels a été le plus radical, j'ai vu que c'était à moi de faire des lois pour éliminer les Juifs des affaires afin de les protéger – pour empêcher pillage et exploitation.

« C'est donc moi, en tant que ministre de l'Économie, et avec le ministre des Finances et les ministres de l'Intérieur et de la Justice, qui ai rédigé les nouvelles lois. Les affaires juives furent confiées à des administrateurs et les Juifs indemnisés. Ces lois étaient nécessaires pour empêcher les Juifs d'être floués. »

1. Pour un récit saisissant des persécutions de l'avant-guerre et de la « nuit de Cristal », cf. Saul Friedländer, *Nazi Germany and the Jews. The Years of Persecution, 1933-1939*, Londres, 1997 ; *L'Allemagne nazie et les Juifs. 1. Les années de persécution (1933-1939)*, trad. fr. M.-Fr. de Paloméra, Paris, Seuil, 1997.

2. La réunion du 12 novembre, présidée par Hermann Göring, fut convoquée pour traiter du pogrome du 9 novembre 1938. Pour une introduction et une bibliographie, cf. Gellately, *Backing Hitler*, p. 126-132 et trad. fr., p. 173-181.

J'ai demandé à Funk si les Juifs avaient été indemnisés à la vraie valeur des biens et des affaires qui leur avaient été retirées. Il répondit que cela s'était fait au pourcentage et que c'était tout ce qu'il pouvait me dire sur ce chapitre.

« Mais quant à l'extermination ! Je n'en avais aucune idée. Certes, lors de cette réunion du 12 novembre, il a été dit que les Juifs devaient émigrer d'Allemagne. Mais les exterminer ! Jamais ! Et pour ce qui est des ghettos ! Ce fut une idée de Heydrich. Pour ma part, je me disais, s'il y a trois millions de Juifs pour soixante-dix millions d'Allemands, nous pouvons les laisser vivre sans ghettos. Mais mon unique fonction était de toute façon d'exécuter les directives du plan quadriennal de Göring. J'ai honte d'avoir participé un tant soit peu, fût-ce en instrument, à ces jours noirs. Mais j'étais obligé de servir l'État auquel j'avais prêté serment. Tragique destin. »

Il était tout occupé à s'apitoyer sur son sort en même temps que désireux de mettre au point les arguments qu'il pensait devoir sans doute utiliser quand il serait à la barre.

« Il y a une chose que je dois dire. Quand l'accusation affirme que la dépossession économique des Juifs a été la première étape de leur extermination planifiée, elle se trompe. Je n'ai jamais rien eu à voir avec l'extermination d'un seul Juif. En tout état de cause, comme l'a dit Göring, il était responsable de tout ce qui sortait de mon bureau en tant que ministre de l'Économie et président de la Reichsbank. »

Je lui ai demandé s'il comptait se défendre ainsi, à savoir que tout ce qui sortait de son bureau n'était pas de sa responsabilité, mais de celle de Göring. Les yeux fuyants, Funk a paru démuni. « Eh bien, je n'avais aucune autorité directe si ce n'est à travers le plénipotentiaire du plan quadriennal. »

Funk a parcouru ses notes et souri : « Quel genre de défense choisir, de toute façon ? Quelle différence ? J'aime bien manger, pas beaucoup, mais bien, et ici on nous sert une de ces pitances ! Mais je ne me plains pas. Les Allemands durant la guerre, et j'imagine maintenant, mangent bien plus mal que nous. Mais j'ai toujours été très tatillon sur la nourriture.

« Vous savez que j'ai la preuve que je me suis opposé à l'inflation dans les pays occupés, au Danemark par exemple ? » Non, je ne le savais pas. « Eh bien oui, j'ai fait de mon mieux. Finalement, l'inflation a sévi dans les territoires occupés, mais c'était le fait des Affaires étrangères et des Forces armées, pas du ministère de l'Économie. Je me suis battu contre le marché noir.

« Mon avocat va m'interroger sur le travail servile. D'une manière ou d'une autre, l'accusation me croit impliqué dans ce problème. Eh bien, non ! J'y étais hostile. Pour des raisons économiques aussi bien qu'humaines. La main-d'œuvre devait rester où elle était, d'abord parce que nombre de nos usines avaient été déplacées vers des territoires périphériques à cause des bombardements de l'Allemagne. En outre, les Français et les Belges travaillaient convenablement pour la nation allemande dans leur propre pays.

« Que puis-je dire d'autre ? S'ils demandent, et sans doute mon avocat le fera-t-il, pourquoi je n'ai pas débarrassé le plancher, pourquoi je suis resté à mon poste jusqu'à la fin, je dirai que c'était pour des raisons patriotiques. J'ai refusé un ordre du Führer décrétant qu'accepter la devise d'invasion relevait de la haute trahison. J'ai refusé d'encourager la politique de la terre brûlée pour que, le pays occupé par les Alliés, les Allemands ne soient pas dans le besoin. J'ai sauvé les dépôts de la Reichsbank. »

Funk donnait l'impression de réciter. Il manquait de toute étincelle d'enthousiasme ou de tout type d'affect. J'ai profité du temps de pause qu'il a marqué après sa dernière déclaration pour lui demander s'il était ou non coupable d'au moins quelque méfait, puisqu'il niait tout. Il me semblait, ai-je dit, que c'était une affaire de sens des valeurs appliqué aux accusations portées contre lui, et ne pensait-il pas que, d'une façon ou d'une autre, il était coupable de quelque chose ?

Il a hésité, fixé le sol de pierre dure, remué sur son siège. « Je suis coupable d'une chose – j'aurais dû partir et, pour commencer, ne jamais rien avoir à faire avec ces criminels. Après, c'était trop tard. J'y ai trempé jusqu'au cou. Mais pour ce qui est des atrocités, je n'ai rien à voir avec elles, je n'étais pas au courant. Quant à la conspiration contre la paix, ça aussi, c'est faux. Voilà ma principale ligne de défense.

« Mais je dois faire une déclaration à la cour sur ma culpabilité. J'expliquerai pourquoi je suis resté ministre de l'Économie et président de la Reichsbank jusqu'à l'effondrement. Je l'ai fait pour aider le pays. J'ai eu le sentiment qu'il était de ma responsabilité de rester et de faire tout ce que je pouvais pour que les conditions ne fussent pas trop insupportables, économiquement, après la défaite. Il était de mon devoir de sauver autant de choses que possible jusqu'à la fin. Surtout au vu du projet de plan Morgenthau [1], qui aurait détruit

1. Secrétaire américain au Trésor, Henry Morgenthau Jr. avança à l'automne 1944 un plan visant à empêcher l'Allemagne de lancer une nouvelle guerre. Il fallait ramener le pays à un état pastoral prémoderne, et pour ce faire diviser le pays et détruire son économie. Le plan suscita l'opposition de Henry Stimson, le secrétaire américain à la Guerre, ainsi que de Franklin Roosevelt et Winston Churchill.

l'industrie allemande et appauvri notre peuple. Churchill a fait lui aussi un discours dans lequel il a dit que les Allemands allaient souffrir de la faim. »

Il me semblait, ai-je alors observé, qu'il allait se défendre en invoquant des raisons patriotiques. Je me demandais si, en fait, l'opportunisme et le pouvoir personnels n'étaient pas pour quelque chose dans sa situation actuelle. Il a répondu, avec une force mécanique : « Jamais. Je n'ai jamais été ambitieux. Je n'ai jamais fait partie des gens importants ni n'ai eu le désir d'en être. »

11 mai 1946

J'ai vu Funk dans l'après-midi. Il paraissait un peu soulagé que son affaire soit terminée, que ce soit maintenant au tour de Dönitz de se défendre. Il a souri tristement et a parlé de sa prostate, de son rétrécissement, etc., avec ses doléances habituelles, aggravées par la tension des cinq jours qu'a pris sa défense, du 3 au 8 mai.

Comme je lui demandais ce qu'il en pensait, il a répondu : « C'est de toute façon un soulagement d'en avoir terminé. Bien entendu, pour ce qui est de l'or déposé par la SS dans les caves de la Reichsbank, je n'en ai jamais rien su. Avec le film, c'est la première fois que j'en ai entendu parler. »

J'ai voulu savoir ce qu'il pensait de M. Dodd, qui avait procédé à son contre-interrogatoire au nom du ministère public américain. « Il est très bien. Mais quand il m'a demandé si je m'estimais coupable, de mon propre chef, des persécutions juives, je ne pense pas avoir répondu clairement. Il m'a demandé si j'acceptais d'être coupable. J'ai dit avoir eu des problèmes de conscience au moment des persécutions et par la suite, mais pas pour avoir signé ces lois, qui étaient pour la protection des Juifs eux-mêmes. »

J'ai observé que, d'après ce que j'avais entendu à la cour et ailleurs, il paraissait assez douteux que les lois antisémites fussent destinées à protéger les Juifs. Il a dit que c'était exactement ce dont il avait peur, d'être mal compris. Les lois étaient discriminatoires contre les Juifs, c'est vrai, mais ce n'était pas lui qui les avait inventées. Il les avait signées et transmises afin que « ne se reproduisent pas de nouvelles explosions spontanées contre les Juifs ». J'ai dit que j'étais désolé, mais que je ne pouvais pas le suivre. La logique, à mes yeux, aurait été de réprimer les explosions et de châtier les coupables, non pas d'adopter des lois économiques contre les Juifs afin de les déposséder.

« Oui, bien entendu, a dit Funk, mais je ne pouvais que transmettre les ordres reçus d'en haut. En ce sens, je ne suis pas coupable de crimes contre l'humanité. »

J'avais avec moi une copie, en anglais, de la transcription de la déposition de Funk. La parcourant, je lui ai posé quelques questions. Maintenant que tout est terminé, ai-je dit, peut-être aimeriez-vous faire des commentaires ?

Je l'ai interrogé sur le fait qu'il ait accepté de Hitler un demi-million de marks en cadeau d'anniversaire. « Je ne l'ai pas contesté devant la cour », a répondu Funk. J'ai dit que je le savais, mais comment ça s'était passé ? Dans notre État, les officiels ne reçoivent pas de gros cadeaux de notre président ; s'ils en recevaient, il y aurait une enquête et un scandale s'ensuivrait, ai-je ajouté.

Funk a paru légèrement abattu par cette déclaration. « *Ach* ! Nous commettons tous des erreurs. De plus, si le Führer voulait me faire un cadeau pour mon cinquantième anniversaire, pouvais-je refuser ? De plus, j'ai donné cet argent à des œuvres de charité... aux familles de disparus en rapport avec la Reichsbank et le ministère de l'Économie. »

Je lui ai également demandé s'il ne savait rien des 250 000 marks donnés à divers autres accusés – Alfred Rosenberg, Wilhelm Frick, Constantin von Neurath – ou des 600 000 marks reçus par Hans Heinrich Lammers et Wilhelm Keitel. Il a répondu d'un air impassible et d'un ton détaché que ses réponses à la cour étaient exactes, qu'il n'avait pas lui-même distribué ces fonds, qu'ils ne venaient pas de la Reichsbank, mais qu'ils avaient été versés par Lammers lui-même, sur ordre de Hitler, à partir d'autres fonds. Je lui ai demandé où ces autres fonds étaient conservés ; il a répondu qu'il existait un fonds spécial pour les cadeaux. Tout ce qu'il savait, c'est qu'il n'avait aucun lien avec ses activités.

J'en suis arrivé à la partie des débats où Dodd avait fait dire à Funk que Schacht avait organisé une collecte auprès d'un groupe d'industriels réunis pour saluer Hitler [1]. C'était en contradiction avec le témoignage de Schacht à la barre, où il avait nié cette collecte. J'ai demandé à Funk ce qu'il pensait de Schacht et pourquoi il avait fait cette déclaration.

« Schacht essaie maintenant de se tirer d'une situation embarrassante. Il a lancé la politique économique que j'ai poursuivie. Ou il

1. Probablement s'agissait-il de la réunion de riches industriels, le 20 février 1933. Pour un tableau complet, qui aborde également des problèmes plus larges, voir Henry Ashby Turner Jr., *German Big Business and the Rise of Hitler*, New York/Oxford, 1985, p. 328-333.

ne se souvenait pas de cette collecte, ou il mentait. Je sais, comme les autres personnes présentes à cette occasion, qu'il a fait cette collecte. Moi au moins, dans ma défense, je n'essaie pas de me donner des airs de héros. C'est répugnant. »

Funk s'était enflammé en parlant de Schacht. Il a ajouté que, contrairement à lui qui ne l'avait jamais été, Schacht était un homme personnellement ambitieux. Il n'avait aucune loyauté et était toujours du côté des vainqueurs. Quant à son affirmation suivant laquelle, s'il avait été ministre des Finances à l'époque des grandes actions antijuives de novembre 1938, celles-ci n'auraient pas eu lieu, Funk n'a pas caché son mépris. « Comme je l'ai dit l'autre jour à la barre, si Schacht avait pu empêcher ces choses, les mesures antijuives, c'est qu'il était plus puissant dans le parti que moi. Or les choses qui ont abouti à ces mesures, et à la nécessité pour moi de donner ces ordres, qui en un sens ont protégé le peu de droits qu'avaient les Juifs, n'étaient-elles pas en germe dans le programme économique que Schacht lui-même a lancé, pas moi ? »

Je lui ai demandé pourquoi, dans ces conditions, s'il en reconnaissait le mal, avoir accepté et continué jusqu'au bout les méfaits que Schacht avait conçus. « En ce temps-là, il n'était pas question d'atrocités, et c'est avec le recul seulement que je vois – tout le monde peut le voir – le germe de ces mesures économiques antijuives au temps de Schacht. »

J'ai parcouru les pages du contre-interrogatoire par M. Dodd. J'avais marqué certains passages sur lesquels je voulais les commentaires de Funk. À un moment, Dodd lui avait demandé s'il avait fait des plans économiques en vue d'une guerre contre la Pologne plus d'un an avant le début de la guerre. Funk avait répondu qu'il ne savait pas, qu'il ne s'en souvenait pas. Puis la cour avait produit un discours d'octobre 1939 dans lequel Funk expliquait que son ministère avait planifié secrètement les préparatifs économiques de la guerre. Funk avait finalement reconnu ces propos, mais ajouté qu'ils ne se référaient pas à une guerre spécifique contre la Pologne, mais à n'importe quelle guerre. Et d'ajouter maintenant : « Eh bien, que pouvais-je dire ? Naturellement, tout le monde pensait à la guerre. Les préparatifs d'une guerre étaient notre principal souci à cause du bras de fer auquel se livrait Hitler. Nous voulions être prêts. Parce que Hitler était implacable. Il fonçait et nous pensions qu'il y échapperait. Se préparer à une guerre éventuelle n'était que raison. Mais ça ne veut pas dire que j'ai préparé secrètement, sur un plan économique ou autre, une guerre avec la Pologne un an avant le début des hostilités. »

J'ai fait remarquer que cela revenait à dire que pendant un an il avait préparé secrètement la guerre. De nouveau, Funk a répété avoir dit au public quantité de choses qui étaient à des fins de propagande. En réalité, il n'avait fait aucun préparatif et, en tout état de cause, pas contre la Pologne. « Ce n'était contre aucun pays en particulier. Il s'agissait d'assurer notre vie économique dans l'éventualité d'une guerre. Tout ministre de l'Économie de n'importe quel pays en aurait fait autant. Mais je ne nie pas et je n'ai pas nié devant la cour que la conduite de notre politique étrangère ait été si zélée, et fausse, qu'on pouvait s'attendre à une guerre même un an avant qu'elle n'éclate. Je devais donc me tenir prêt. »

Nous en sommes arrivés aux importantes questions de Dodd concernant l'or déposé à la Reichsbank. Funk s'est alors mis à faire les cent pas dans sa cellule. J'ai dit que, s'il préférait, on pouvait abréger cet entretien ; que tout ce que je voulais, c'étaient ses réactions psychologiques aux choses, et que je n'avais nullement l'intention de passer en revue le contre-interrogatoire. « C'est bon, allons-y, c'est si bon d'avoir de la compagnie. C'est juste que je me sens mieux avec ma vessie si je marche un peu. Si vous n'y voyez pas d'inconvénient. Ça m'aide aussi à avoir les idées claires. Ça a été un problème à la barre. Je devais rester assis pour répondre à des questions importantes, et la moitié du temps j'avais envie de pisser. » Funk a souri.

Je lui ai demandé ses sentiments sur les preuves de Dodd suivant lesquelles il était au courant du dépôt par les SS des dents en or, des montures de lunettes et des biens personnels des Juifs et autres victimes des camps de concentration qui avaient été exterminées. Funk avait une mine d'enterrement en commençant. Il a bégayé un peu. Sans me regarder directement, il s'est levé et s'est mis à arpenter sa cellule d'un air préoccupé. « Exactement comme je l'ai dit, et je disais l'absolue vérité, du fond du cœur. Mon Dieu, si j'avais su ces choses ! » Je l'ai interrompu : oui, s'il avait su ces choses, qu'aurait-il fait ? Il avait su les actions contre les Juifs en 1938, il avait estimé qu'elles étaient criminelles, mais qu'avait-il fait ? Funk a eu alors un air penaud. « Je suis un patriote allemand, a-t-il commencé, je l'ai dit, et je pense qu'en temps de guerre personne ne doit quitter son poste. Penser que son pays a tort ou raison, ce n'est pas une invention des Allemands, mais des Britanniques. Mais si j'avais fait un lien entre l'or déposé par les SS et le programme d'extermination, ou même avec la dépossession illégale des Juifs, j'aurais refusé le dépôt à la Reichsbank. » Je lui ai demandé si c'était tout ce qu'il aurait fait, s'il leur aurait simplement refusé un entrepôt. « Je veux dire que je serais allé voir Hitler et que j'aurais protesté haut et fort.

Mais je n'avais aucune idée de la provenance de cet or des SS. » Je lui ai demandé d'où, au nom du ciel, il imaginait qu'une telle marchandise pouvait provenir. Assurément, les gens ne donnaient pas leurs dents en or ni leurs montures de lunettes. « Les gens pouvaient mourir de mort naturelle, et ça pouvait venir ainsi, ou encore des maisons de prêt sur gages, ou je ne sais quoi. J'ignorais jusqu'à l'existence même des camps d'extermination. »

Il avait déclaré à la cour qu'il ignorait totalement la nature des dépôts mais, à l'entendre, on avait l'impression qu'il expliquait comment on pouvait imaginer d'autres raisons à leur présence. Il a répondu qu'en fait il n'avait jamais vu ces dépôts SS et c'est seulement après coup qu'il expliquait comment, même s'il les avait vus, il était possible de ne pas les associer à des tueries. « Quand Oswald Pohl m'a parlé des dépôts SS, je me suis dit que c'étaient des pièces d'or saisies à des personnes internées dans des camps de concentration. De même que tout citoyen était tenu de rapporter ses pièces d'or. »

S'agissant des dépôts effectifs de la SS, tels que les avait révélés le court métrage présenté à la cour mardi dernier, Funk a dit : « Croyez-moi, je n'avais aucune idée de ce qu'étaient ces montures, ces montres et ces dents en or. Ce témoignage écrit sous serment de Pohl m'accusant d'avoir déclaré que nous devions accepter les dépôts en tant que biens confisqués dans les territoires de l'Est est faux dans ses implications. Sans doute ai-je eu une conversation avec lui concernant les dépôts SS, mais pas de cette nature. »

Je lui ai rappelé le témoignage de Pohl, déclarant qu'« au su de Funk et avec son consentement, la Reichsbank a accepté ces matériaux ». J'ai aussi rappelé que Pohl avait dit avoir inspecté les caves de la banque en compagnie de Funk. Il a répété n'avoir jamais vu les dents en or, les montres, les montures, etc. « Ces dépôts ont dû être envoyés à la Reichsbank par erreur. Ils auraient dû aller au ministère des Finances. » J'ai voulu savoir quelle différence cela faisait : « Toute la différence. Je n'étais pas ministre des Finances. Je n'avais rien à voir avec ce ministère. » Ainsi Funk s'est-il déchargé du fardeau sur un autre.

J'ai cependant persisté et observé que le film montrait néanmoins ces objets dans l'enceinte de la Reichsbank, que Pohl confirmait leur présence et ajoutait que Funk en avait eu connaissance et l'avait approuvée. De nouveau, Funk admit que c'était vrai, mais qu'il n'en avait pas été informé. « La présidence de la Reichsbank était un gros boulot et je n'étais pas au courant de tout ce qui s'y passait. Si la banque a fait ça, elle a eu tort. »

J'en suis arrivé à une autre facette du contre-interrogatoire de Dodd, à savoir la Société Roges, sa mise en place par le ministère de Funk et son pillage de la France par le marché noir, utilisant cent millions de Reichsmark en francs français. Je l'ai interrogé sur le témoignage sous serment de son collaborateur, Friedrich Landfried : cent millions ne suffisaient pas parce qu'on utilisait trente millions tous les dix jours, et qu'il fallait deux cents millions.

« C'est exact, comme l'a dit Dodd. Mais le fait est que, dans la Société Roges, je n'avais pas grand-chose à dire non plus. On m'a demandé d'aller de l'avant et on m'a indiqué la voie à suivre. Ce que j'ai fait. Plus tard, en 1943, je me suis opposé aux tractations sur le marché noir. Le marché noir était encouragé par Göring, responsable plénipotentiaire du plan quadriennal. Je n'avais pas voix au chapitre. »

J'ai observé que son démenti des précédents interrogatoires était intéressant pour moi comme, oserai-je le dire, pour le tribunal. Qu'avait-il à en dire ? « J'ai été interrogé dès que je suis arrivé ici et, à l'époque, tout paraissait noir. Maintenant, je peux passer les choses en revue dans ma tête et séparer le noir de ce qui l'était moins. » Funk a souri. Je lui ai demandé poliment mais fermement s'il ne trouvait pas qu'avec le passage du temps et son effort pour justifier ses actions beaucoup de choses noires ne devenaient pas blanches. Il a nié faiblement : « Non, elles sont devenues plus claires. » Est-ce cela qui expliquait qu'il ait déclaré « je suis coupable », ici, lors des premiers interrogatoires, et que devant la cour il se soit défendu et ait pratiquement nié toutes les accusations ? « En réalité, je suis coupable, comme tout Allemand qui a participé à un régime qui a fait des choses cruelles, inhumaines. Pour ce qui est des accusations plus précises, cependant, il existe des moyens légaux de prouver qu'elles ne sont pas exactes et je crois avoir bien fait de les rejeter. » Pour l'heure, il ne donnait pas l'impression de s'en être très bien tiré. Il sollicita mon approbation du regard. Je dis qu'à mon avis il avait nié bien trop de choses et s'était montré trop technique dans ses réponses. Il a attribué cela à sa maladie : « Je vous l'ai dit, la moitié du temps, j'avais le sentiment que ma vessie était pleine. »

Je lui ai demandé ce qu'il pensait du contre-interrogatoire du conseiller M. Y. Raginsky, pour l'accusation russe. « Ces Russes, quand ils sont entrés en Poméranie, ils ont fait pire que nous n'avons jamais fait en Russie. » C'était tout ce qu'il avait à dire du contre-interrogatoire russe ? « Non. J'ai déclaré à la cour que j'étais contre le pillage économique de la Russie, mais que je n'y pouvais rien. Je n'étais pas responsable ; ce n'était pas de mon ressort, mais de celui de Rosenberg. »

Il a ajouté qu'il était contre les bas salaires en Russie occupée, contre le travail forcé, contre le refus de se soucier du bien-être de la population russe. « J'étais hostile à ce qu'on la laisse mourir de faim, pour une part parce que ça détruit la capacité de production des territoires occupés, qui était concrètement importante pour nous. Par ailleurs, j'étais contre l'envoi forcé de main-d'œuvre en Allemagne. J'ai protesté. »

12 mai 1946

Il est encore un peu absorbé par sa récente défense devant le tribunal, mais aujourd'hui j'ai voulu lui poser quelques questions sur son évolution et sa famille ainsi que sur sa situation conjugale.

Vie de famille : « Mon père était un vieux marchand de Königsberg et était issu d'une famille d'hommes d'affaires. Lui-même était ingénieur des travaux publics, il a construit des ponts, des canaux, des égouts, des rues, etc. À un moment, il a eu le titre d'ingénieur de l'État. Il était diplômé de l'université. »

En réponse à des questions sur la personnalité et les traits de caractère de son père, Funk a répondu : « Mon père était un homme plein de vie, d'une grande vivacité d'esprit et d'une stature imposante. Il était plus grand que moi, et mieux proportionné. Très aimé, il était porté sur la musique et avait une merveilleuse voix de baryton. Un des frères de mon père était un célèbre acteur de réputation internationale qui avait joué à Saint-Pétersbourg et partout dans le monde. Cet oncle est mort jeune, à quarante-deux ans, des suites d'une crise cardiaque. Mon père avait soixante-quatre ans quand il est mort, lui aussi d'une crise cardiaque. »

Funk n'a laissé paraître aucun signe de trouble en évoquant les maux ou la mort de son père : « Il a souffert de longues années durant de problèmes de vessie et du rein, et à la fin il a fait des cures dans plusieurs stations thermales. Il est mort le jour de son soixante-quatrième anniversaire, alors que j'avais trente-deux ans. À cette époque, j'étais rédacteur en chef d'un grand journal d'information. En fait, juste avant sa mort, je suis devenu rédacteur en chef, et, vous savez, c'est curieux, mais le jour même où ma mère est morte, le 27 novembre 1937, je suis devenu ministre. Ma mère a survécu de quinze ans à mon père. Elle est morte à soixante-dix-huit ans d'une crise cardiaque. »

Je lui ai demandé s'il était très attaché à son père. Funk a souri : « Je dirai que oui. Enfant, j'ai été terriblement gâté, surtout à cause de mes inclinations musicales. À sept ans, je répétais des opéras entiers, auxquels mes parents m'emmenaient souvent. Je me souviens qu'ils m'avaient emmené voir *Le Baron tzigane* : quand je suis rentré à la maison, mes parents ont été étonnés de voir que j'étais capable de reproduire les airs de cette opérette.

« Ma mère était elle aussi très portée sur la musique et jouait du piano. Elle avait aussi de solides connaissances en littérature. Elle écrivait bien et ses lettres étaient comme des livres. »

Je lui ai demandé s'il se sentait affectivement plus proche de sa mère ou de son père : « C'est difficile à dire ; j'étais proche des deux. » En réponse à ma question concernant la personnalité de sa mère, il a dit : « Elle était très sensible, mais encline à la mélancolie. Mon père était plus sanguin, mais ma mère fantasque, sans aucun doute. Il aimait la vie, voyageait beaucoup, appréciait la compagnie. Elle désirait davantage une vie tranquille et était plus retirée. En général, cependant, mon père cédait volontiers, il était incapable de garder rancune. »

Pour essayer d'obtenir un tableau clair de l'enfance de Funk, j'ai dû poser des questions très précises. J'avais le sentiment qu'il était un peu évasif et généralisait à dessein à maints égards. Il est bientôt apparu qu'il avait eu une enfance plutôt difficile dans la mesure où il n'avait vécu à la maison, avec ses parents, que jusqu'à l'âge de neuf ans. « Je n'ai été à la maison que jusqu'à ma neuvième année. Après quoi on m'a mis au pensionnat. Mais jusqu'à cet âge, nous avons vécu dans une belle maison à la lisière des bois, près d'une rivière. C'était un cadre rural ; j'ai grandi avec des chevaux et des chiens, et je n'avais pas de camarades de jeu en dehors des animaux.

« J'avais un frère aîné qui a quitté la maison à sept ans, quand je n'en avais que quatre. Puis j'ai eu un second frère, de dix ans plus jeune que moi, si bien qu'il n'était même pas né quand je suis parti. Notre maison était isolée, et c'est pour cette raison que je n'ai pas eu de copains d'enfance. »

S'agissant de l'école qu'il a fréquentée, il a dit : « C'était un lycée humaniste pour les enfants des riches aussi bien que ceux des classes moyennes. Il fallait avoir de l'argent pour y aller. J'y étais pensionnaire et ne rentrais à la maison que durant les vacances. J'y suis resté neuf ans, jusqu'à obtention de mon diplôme, à dix-huit ans. »

Études : Lycée, de neuf à dix-huit ans. Si Funk a été au pensionnat au lieu de rester à la maison, c'est, dit-il, que ses parents vivaient à la campagne et qu'il n'y avait pas d'écoles convenables dans cette partie de la Prusse-Orientale où ils habitaient. S'agissant de sa scolarité proprement dite : « À l'école, j'étais gâté à cause de mes talents musicaux. Mes camarades disaient que je ne réussissais jamais aux examens grâce à mes connaissances mais en raison de mes dons de musicien. Je fréquentais beaucoup les meilleures familles de la ville et j'allais souvent chez mes professeurs. À seize ans, j'ai donné des concerts publics en tant que pianiste et organiste. »

Fratrie : Un frère de quarante-six ans, de dix ans son cadet, actuellement prisonnier des Anglais. Marié, il a deux enfants. Officier de réserve durant la guerre, il a ensuite quitté l'armée pour devenir haut fonctionnaire. Pour cette raison, il est automatiquement sous mandat d'arrêt. Au cours de la Première Guerre mondiale, ce même frère, alors jeune officier, a été aussi prisonnier des Anglais. Membre du parti, il avait le titre de magistrat de district.

Le frère aîné de Funk est mort tout jeune, avant même sa naissance. Il avait un autre frère, de trois ans plus âgé. Ancien officier de la Première Guerre mondiale, il est mort à quarante-cinq ans des suites d'un empoisonnement au gaz qui s'est produit plusieurs années auparavant, pendant cette guerre. Ce frère a un fils, soldat, qui est prisonnier des Britanniques.

L'unique sœur de Funk est morte à trois ans. Elle était un peu plus jeune que lui.

Vie de couple : Sa femme est de deux ans plus jeune que lui, elle aura quarante-cinq ans dans quelques mois. Ils n'ont pas d'enfants. « Nous ne pouvions pas avoir d'enfants. Dans les premières années de notre mariage, ma femme a été opérée d'un fibrome, et on lui a retiré l'utérus. » Je lui ai demandé si son couple en avait souffert. « Au contraire, nous avons été très heureux. Bien entendu, nous avons souffert de ne pouvoir avoir d'enfants. Dernièrement, ma femme m'a écrit, me demandant si je me souvenais que, pour la fête des mères, de pauvres femmes venaient chez nous parce qu'elles savaient que nous ne pouvions pas avoir d'enfants. Elles venaient avec leurs enfants. Les gens ont toujours été bons avec nous.

« Ma femme habite une maison dans une région boisée, à côté de ma propriété. Un jour, un officier américain est passé la chercher pour la conduire à la cour. Il lui a montré la prison où je suis incarcéré et lui a dit qu'elle ne pouvait me voir. Puis, on l'a conduite à la maison de détention de la rue Novalis, où sont internés Heinrich Hoffmann [1] et d'autres. L'officier américain lui a dit que mon avocat allait passer la voir là-bas. Elle a été bien traitée et, quatre ou

1. Heinrich Hoffmann (1885-1957) était le photographe officiel de Hitler.

cinq jours plus tard, l'officier américain l'a ramenée à la maison. Après quoi, il lui a dit que, lorsque les procès seraient terminés, elle et moi pourrions vivre dans un autre pays. J'imagine qu'il a fait cette promesse par courtoisie et que ça ne signifie pas grand-chose. C'est quand même drôle. Ma femme n'a pas été citée par la défense. Au départ, mon avocat voulait la faire venir, mais j'ai dit que c'était absurde, que ce ne serait qu'un poids pour elle et pour moi. Elle a fait un témoignage écrit sous serment. Vous en avez entendu parler à la cour, quand elle a dit que j'avais passé un coup de fil au Dr Goebbels après les grandes actions contre les Juifs des 9-10 novembre 1938 pour lui dire combien je trouvais ces actes révoltants. Je crois donc qu'on se trompait sur la personne en voulant la faire venir ici.

« Vous êtes au courant de cette conversation avec Goebbels. C'est drôle, je ne m'en souvenais même pas, ou plutôt, je ne me rappelais pas que ma femme était là quand j'ai parlé à Goebbels tellement j'étais angoissé à ce moment-là. Or ma femme se trouvait dans la pièce à côté et elle a parfaitement entendu ce que je disais au téléphone. »

Je l'ai questionné sur la personnalité de sa femme. « Elle est incroyablement vivante. Elle est issue d'une vieille famille d'industriels rhénans. Elle a beaucoup voyagé et, jeune fille, a séjourné quelque temps à Paris chez des amis. Elle est extraordinairement vivante et douée, avec de grands talents de décoratrice d'intérieur. Son occupation favorite est de meubler des appartements, des maisons, etc., et elle a du talent et du goût pour la décoration et le choix des couleurs. L'an passé, nous aurions dû célébrer nos noces d'argent, mais j'étais déjà en prison.

« Ma femme n'a jamais été membre du parti et, en son for intérieur, elle était hostile au parti. Lorsque la persécution des Juifs a commencé, elle a essayé par tous les moyens de me convaincre de gagner ma vie comme journaliste et d'abandonner la politique. Malheureusement, je n'y ai prêté aucune attention parce que je me croyais tenu de rester à mon poste et de servir l'État.

« Notre vie était très paisible, même si nous appréciions la bonne compagnie. Nous ne rencontrions guère les gens du parti, et nos invités étaient essentiellement des artistes comme Richard Strauss, le chef d'orchestre Wilhelm Furtwängler, et d'autres personnalités du monde des arts, y compris des écrivains, des rédacteurs en chef et des hommes de science. De tous les ministres, je n'ai eu de contact personnel qu'avec Lammers, et encore n'étions-nous pas très intimes. Nous avons toujours vécu un peu à l'écart : nous avions un domicile très confortable qui appartenait à la Reichsbank et j'avais aussi ma propriété personnelle en Bavière. Ma femme était donc pleinement occupée par ces deux grandes demeures. Nous avions toujours au moins onze invités dans ma maison du Wannsee. Le week-end, on aurait dit un hôtel pour touristes. Ici en Bavière, sur ma propriété, nous avions aussi beaucoup d'invités. Mais ce que j'ai dit auparavant, que nous menions une vie paisible et un peu à l'écart, est vrai en ce que nous acceptions rarement des invitations et que nous choisissions nos invités parmi les artistes, non pas dans le parti. Parfois, ma femme acceptait seule des invitations, mais il était difficile de me convaincre de quitter ma maison, même le week-end. En semaine, je quittais la maison de bonne heure pour aller travailler et ne rentrais que tard dans la nuit. Je passais le samedi et le dimanche à la maison et, comme c'était mon unique chance de détente et de repos, je ne pensais guère à sortir. Nous avions une merveilleuse cuisinière qui avait autrefois travaillé pour un frère de l'empereur François-Joseph. C'était une merveilleuse boulangère. J'aimais bien manger et boire. J'appréciais aussi les bons cigares. Ma cave à vins était réputée pour ses vins rares du Rhin et de la Moselle, et nous avions de la Chartreuse qui venait des cloîtres mêmes où on la fabriquait. »

Funk a parlé de ces anciens luxes avec une fierté empreinte de nostalgie. « Les Russes ont pillé ma maison du Wannsee. J'avais une bibliothèque de quatorze mille livres. Pour une part, des éditions originales. J'avais une grande collection de biographies de musiciens et une grande bibliothèque d'économie et de philosophie. Je peux encore vous dire où se trouvait chaque livre. Ma maison de Bad Tölz avait aussi une belle bibliothèque, mais plus petite. Ce sont des officiers américains qui l'habitent maintenant. C'est ma femme qui l'avait décorée et meublée de pièces anciennes, dont un sanctuaire baroque de Wurtzbourg. Elle l'avait remodelé pour en faire ma bibliothèque avec des figures d'ange, et autres, vert et or. Ma femme dit que les Américains ont laissé les choses intactes mais que des Allemands et des Polonais ont volé des effets personnels tels que du linge et des habits. La bibliothèque est en ordre et les meubles intacts. Ma nièce y habite et se charge de mon ancien personnel domestique. Les officiers américains y logent et elle tient la maison. Ma nièce a trente-cinq ans, et elle est mariée avec un chirurgien, qui se trouve actuellement à Dachau. C'est un ancien médecin SS. Il a d'abord été dans l'armée de l'air et, contre sa volonté, on l'a affecté dans la SS. »

Sur ce, on s'est mis à parler de musique et de ses compositeurs préférés. « Comme je l'ai déjà dit, pour le piano, mon compositeur préféré est Schumann. J'aimais aussi ses lieder et j'ai souvent écouté le grand baryton Heinrich Schlusnus et il m'est arrivé fréquemment de l'accompagner au piano quand il chantait des lieder de Schumann. Ils disent que je suis antisémite et l'accusation m'a reproché d'avoir promulgué des lois dans le domaine de l'économie dans le cadre du programme qui a conduit à l'extermination des Juifs. Pour vous montrer à quel point c'est faux, le célèbre professeur de chant Bacher, qui était juif américain et qui a quitté l'Allemagne parce que juif, venait souvent à la maison et nous étions bons amis. Il avait été le premier mari de Mme Schlusnus. »

J'ai demandé à Funk ce qu'il pensait de la situation des arts, de la musique, etc., sous le régime de Hitler. « La musique a été considérablement favorisée sous Hitler. On donnait des concerts pour les grandes masses. Avant 1933, par exemple, les masses n'avaient jamais l'occasion de voir un grand chef comme Furtwängler. La sculpture a été aussi encouragée et de bonnes œuvres ont vu le jour. Quand vous irez à Munich, allez donc voir mon bon ami Josef Thorak, qui continue d'y travailler. L'atelier est sensationnel. Thorak est un petit homme aux cheveux longs qui fait des personnages grands comme une maison. Si vous allez là-bas, ne manquez pas ma maison de Bad Tölz.

« De mon point de vue personnel, je n'aimais pas le genre de peinture ou d'architecture que favorisait Hitler, mais la sculpture était bonne. »

Sur ce, Funk s'est abandonné spontanément à ses souvenirs et a de nouveau parlé de son rôle dans l'État nazi. « Si vous suivez une route depuis quelque temps, il faut une énorme force de volonté pour la quitter, quand bien même vous sauriez qu'elle n'est pas bonne. Dans mon cas, cependant, je croyais et j'ai été convaincu de servir et d'aider les gens jusqu'au bout. Cependant, c'est un terrible destin qui s'est abattu sur moi. Si j'en étais resté à l'écriture et à la musique, je travaillerais à l'heure qu'il est et je ne serais pas un criminel dans la prison de Nuremberg.

« Je n'étais pas du tout fait pour être ministre. Mon propre secrétaire, Landfried, l'a dit dans son témoignage écrit sous serment. » Je lui ai demandé ce qu'il entendait par là, ou plutôt ce que son secrétaire voulait dire. « Toute ma personnalité était contre la bureaucratie : elle m'était étrangère. Mon talent est de donner forme à des choses que j'ai moi-même, en mon for intérieur, élaborées. Ma force est moins dans la production et dans l'intuition que dans la réponse. Je suis doué pour assimiler les choses, les absorber mentalement et les ressortir sous une forme artistique meilleure pour la conscience des autres. J'ai toujours éprouvé le besoin de dire aux autres ce que je pense et ressens.

« C'est cela qui fait la valeur et le prix de ma personnalité : la capacité de transmettre à d'autres, sous une forme plus haute et plus intellectuelle, des faits que j'ai glanés ailleurs.

« Il y a beaucoup à apprendre en prenant les œuvres de gens comme Kant et Goethe, pour les réécrire à sa façon. J'ai eu le sentiment, devant la cour, que les juges étaient extrêmement intéressés par ce que j'ai dit. Aucun accusé n'a été aussi peu interrompu que moi. À une seule occasion, le juge Biddle a dit que je faisais un discours sur les mérites relatifs de l'entreprise privée et des subventions de l'État. Il avait raison : cela n'avait pas sa place dans la défense.

« Chaque fois que, en tant que chef de la presse du Reich, je faisais le point avec le Führer, il m'interrompait pour me dire de passer dans sa chambre et jouer du Wagner ou du Puccini. Le Führer n'aimait pas Brahms, et même Furtwängler ne réussit à le faire changer d'avis. Je suis un jour parvenu à l'amener à assister à un concert au cours duquel Furtwängler dirigeait la quatrième Symphonie de Brahms, mais Hitler n'a pas aimé.

« J'étais très idéaliste au départ, mais le résultat n'est que ruines, sang et fumée. C'est du mauvais *Götterdämmerung* [*Crépuscule des Dieux*] [1]. Je crois que l'idéologie wagnérienne du *Götterdämmerung* a eu une influence sur Hitler au cours des tout derniers mois et que tout devait tomber en ruines avec Hitler lui-même, comme un faux *Götterdämmerung*. Hitler avait pensé que ses dirigeants et le peuple tout entier devaient être exterminés avec lui, et quand il a lancé sa politique de la terre brûlée, même au début de la guerre, ou tout au moins quand le cours de la guerre s'est retourné contre nous et qu'il y a eu des progrès sur les fronts est et ouest de la part des Alliés, j'étais contre. C'étaient les idées de Wagner. Nietzsche aussi avait des idées de ce genre. Vous trouverez ça dans de vieilles légendes et fictions germaniques. Les héros et autres élus qui œuvrent pour la chute afin de faire place à un nouvel essor font partie de la légende de l'Allemagne, et je ne suis pas d'accord avec ça parce que c'est destructeur et absurde. »

D'après Funk, le peuple allemand devait maintenant faire des sacrifices pour obtenir un gouvernement dont les dirigeants ne feraient pas la guerre.

« Tous les événements historiques vus dans cette épouvantable guerre pourraient alors avoir un sens et servir quelque fin utile. Ce

1. *Le Crépuscule des dieux* est le quatrième opéra du *Ring* de Wagner.

serait la seule bonne chose pour concilier les terribles événements dans le passé ou dans l'avenir. Dans l'histoire universelle, nous avons d'autres exemples de destruction effroyable. Il y a eu Alexandre le Grand et toute la destruction qu'il a causée. Napoléon aussi aurait détruit toute l'Europe. Hélas, le gouvernement nazi, le gouvernement auquel j'ai eu le malheur de participer, n'avait pas de Talleyrand, mais nous avions un Ribbentrop. Par la politique de Talleyrand, la France a été sauvée de la catastrophe dans laquelle Ribbentrop nous a entraînés.

« Si le monde est à ce point recouvert de pourriture et de crasse, il faut quelque pouvoir quelconque pour les retirer ; il faut créer un nouvel instrument. Telle est, à mes yeux, la signification historique de ces temps terribles.

« M. Dodd, le procureur américain, devrait parler de ces choses avec moi et pas des bêtises qu'il m'a soumises : par exemple, ce que le plénipotentiaire pour l'économie a fait et ce qu'il a laissé lui arriver. »

HERMANN GÖRING
1893-1946

Hermann Göring fut commandant en chef de l'armée de l'air, président du Reichstag et Premier ministre de Prusse.

Reconnu coupable à Nuremberg de conspiration criminelle, de crimes contre la paix, de crimes de guerre et de crimes contre l'humanité, il fut condamné à mort par pendaison. Deux heures avant l'exécution, le 15 octobre 1946, il se suicida dans sa cellule.

Non daté (15 mars 1946 ?)

Hermann Göring a des hauts et des bas – généralement enjoué, d'autres fois nettement lugubre, le menton dans la main –, puéril dans ses attitudes, toujours cabot.

L'uniforme dans sa cellule est crasseux et il n'est pas non plus très propre sur lui.

Il sourit comme on ouvre ou ferme un robinet, presque à volonté ou mécaniquement. Mais touchez-le à un point sensible – ou même potentiellement sensible comme ses relations avec les membres de sa famille, les femmes, etc. – et il se referme et débite des platitudes. *Vie sexuelle* : « Oh, excellente. » De toute évidence, il n'a pas de goût pour les indiscrétions de ce genre, et si cela doit se faire, que ce soit en finesse, par ses méthodes à lui.

Interrogé sur ses mariages – les deux femmes étaient « magnifiques », chacune à sa façon. « Chacune avait son type de beauté. » Visiblement, les questions personnelles lui déplaisent.

Une question générale sur le procès provoque une tempête de récriminations. « Foutu tribunal… Stupide ! Que ne me laissent-ils porter le chapeau pour renvoyer ces lampistes : Funk, Fritzsche, Kaltenbrunner ? Pour la plupart, je n'en avais jamais entendu parler avant de mettre les pieds dans cette prison ! Si je me soucie du danger ? J'ai envoyé des soldats et des aviateurs à la mort contre l'ennemi : pourquoi aurais-je peur ? Comme je l'ai déclaré à la cour, je suis seul responsable – chaque fois qu'il s'agit d'actes officiels du gouvernement, non pas de programmes d'extermination. J'étais le successeur de Hitler et c'est en tant que tel que je me présente devant le peuple allemand. Je ne me suis pas dérobé à mes responsabilités. Nous avons eu de nombreuses différences d'appréciation, Hitler et moi. Dans les premiers temps, je pouvais dire ce que bon me semblait, librement, et il avait un certain sens de l'humour. Plus tard, moins, et à la fin nos conflits ont été graves au point qu'il a donné l'ordre de m'arrêter et de m'assassiner. »

Comment ça s'est passé ? J'ai entendu votre défense, mais quel est l'angle humain ?

« Vous croyez qu'un homme se hisse au sommet d'un grand État sans être un homme ? J'étais “Hermann”. Il était le “Führer”, sur un piédestal. »

Oui, mais quand vous niez toute intention de guerre d'agression, vraiment, je ne vous comprends pas. Peut-être la traduction n'était-elle pas très bonne. Ou peut-être…

« Laissez-moi vous expliquer brièvement, loin de l'agitation de la cour. J'ai essayé de rester dans les meilleurs termes avec l'Angleterre. J'ai fait des choses à l'insu de Hitler – dans son dos – pour trouver un compromis avec Halifax [1]. Après les accords de Munich, en 1938, et l'annexion de l'Autriche, je pensais que nous avions assez parce que nous avions dix millions de plus – exactement ce que nous avions perdu dans la dernière guerre. Mais il y avait la question tchèque. Et non sans raison, Hitler a pensé que c'était une base russe pour les avions. Je l'ai mis en garde contre l'invasion du

1. Edward Frederick Lindley Wood, premier comte de Halifax (1881-1959), a été ambassadeur de Grande-Bretagne aux États-Unis entre 1941 et 1946.

territoire des Sudètes parce que l'Angleterre déclarerait ensuite la guerre si l'Allemagne revendiquait Dantzig. »

Göring a finalement reçu un télégramme l'informant que Hitler allait marcher sur la Tchécoslovaquie. Göring était en vacances. « Je lui ai dit d'ajourner cette action parce que l'Angleterre y verrait un affront. C'était autant la faute de la France et de la Russie que de l'Allemagne. » Que voulez-vous dire ? « Elles n'ont pas respecté leurs pactes avec la Tchécoslovaquie. » J'ai entendu dire, pour ma part, que les Tchèques avaient refusé l'aide des Russes. « Ah bon. »

Que s'est-il passé avant la Pologne ? « J'ai dit à Hitler que l'Angleterre allait déclarer la guerre et que, tôt ou tard, les États-Unis le feraient aussi. J'ai conseillé le traité de paix avec la Russie. Hitler a estimé que c'était un mauvais conseil parce qu'il avait peur d'essuyer le refus de Staline. Mais Staline a vu Ribbentrop et tout s'est passé comme je le prévoyais.

L'attaque contre l'Autriche ? « L'accord est bien connu. C'est moi qui ai arrangé ça. »

L'attaque contre la Russie ? « C'est Hitler qui l'a décidée. J'ai trouvé ça idiot parce que je pensais qu'il nous fallait d'abord vaincre l'Angleterre. Et il nous fallait d'abord prendre Gibraltar. Franco avait peur de nous laisser le prendre, mais si nous parvenions à réduire l'Angleterre à néant par des bombardements, Franco eût volontiers consenti. Après cela, je veux dire après la défaite de l'Angleterre, je n'avais aucune objection à une attaque de la Russie. J'avais le très net sentiment que l'aviation n'était pas prête. Mais Hitler pensait que la campagne de Russie serait brève et que nous pourrions terminer ensuite la campagne d'Angleterre. »

Quelles ont été les réactions de Hitler à votre opposition sur les questions tchèque et russe ? « Je ne dis pas que je me suis opposé à lui. J'ai essayé de le raisonner. Mais j'ai perdu du terrain auprès de Hitler et dès 1943 j'étais en disgrâce. En 1944, Hitler ne m'adressait plus la parole. Progressivement, les choses ont empiré. Le 22 avril, j'ai reçu un message me demandant de prendre la tête du Reich. J'étais sur le point de le faire quand Hitler a changé d'avis. Il a pensé que j'essayais de lui succéder, et il a ordonné mon arrestation et mon exécution. J'ai effectivement été arrêté par les SS à Berchtesgaden sur un ordre signé de Bormann. Puis un de mes groupes de paras s'est empressé de me sauver. »

Avez-vous la moindre rancœur envers Hitler ? « Non, c'était dans les dernières heures et il était sous pression. Si j'avais pu le voir personnellement, c'eût été différent. »

21 mai 1946

Ce matin, Göring a demandé à la cour de bien vouloir l'excuser à cause d'une « sciatique » du membre inférieur droit. La douleur était déjà présente hier après-midi, pendant que le tribunal siégeait, et ce matin elle était pire. Il boitait légèrement et avait visiblement du mal à plier sa jambe raide. Le dossier d'Erich Raeder, qui manifestement l'ennuyait, avait été clos hier, et Baldur von Schirach allait commencer sa défense aujourd'hui ou demain. J'avais dans l'idée qu'il n'avait guère envie d'écouter Schirach, parce qu'il était notoire parmi les accusés que Schirach allait dénoncer nombre des politiques nazies et probablement Hitler lui-même.

Nous discutions de son enfance depuis quelques semaines sans arriver nulle part en particulier à ce sujet. Quand M. Triest et moi sommes entrés dans sa cellule, il paraissait d'humeur à recevoir de la compagnie. Après que j'eus examiné son extrémité inférieure, il nous invita à nous asseoir et à « passer un moment », comme il dit. S'agissant de son enfance, Göring avait-il songé à quelque chose qu'il avait envie de me dire ? « Je ne suis pas vraiment capable d'y penser. Je sais que vous voulez m'étudier du point de vue psychologique. C'est raisonnable et je l'apprécie. Au moins ne me faites-vous pas la leçon et ne furetez-vous pas dans mes affaires. Vous avez une bonne technique en tant que psychiatre. Laisser l'autre type parler et se glisser lui-même la corde au cou. Je ne veux pas dire que ça en donne l'impression. Mais vous ne dites pas grand-chose. Un jour, c'est moi qui vais vous poser des questions. » Göring a eu un grand sourire.

J'ai admis que ses observations étaient fondées, sauf que mon désir était d'avoir une image de lui tel qu'il est et était vraiment, non pas de le soumettre à un questionnaire ou à un examen. Je n'avais aucun désir de le piéger ni rien de cette espèce. « C'est bon, je me sens plus libre de vous parler à vous qu'à d'autres psychologues. La corde au cou, ce n'était qu'une plaisanterie. » J'ai ajouté que sa curiosité à mon endroit était toute naturelle et que s'il voulait me poser des questions, qu'il se sente libre de le faire. J'essaierais d'y répondre aussi librement que possible.

« Pour ce qui est de mon enfance, je ne vois pas quelle importance cela a pour ma personnalité adulte. Peut-être que ça en a. C'est votre métier et je ne suis pas expert en la matière. Mais j'ai réfléchi à vos questions répétées sur mon enfance. Et j'en suis arrivé à la conclusion qu'il n'y avait aucune différence entre moi garçon et l'homme que je suis – aujourd'hui encore. Je crois que le garçon avait toutes les marques distinctives qui sont apparues plus tard chez l'homme. »

Du point de vue de la personnalité, ressemblait-il plus à son père ou à sa mère ? « Les gens qui nous connaissaient, mes parents et moi, disaient souvent que je tenais mes capacités mentales de mon père, mais mon tempérament et mon énergie de ma mère. Une explication de leurs différences de personnalité pourrait être que mon père était un septentrional et ma mère une méridionale. L'Allemand du Nord est très posé et constructif. L'Allemand du Sud est plus vif et artiste. Les grands hommes d'État étaient tous des Allemands du Nord, tandis que les grands artistes venaient tous du Sud.

« Mon père était ministre résident, titre qui lui permettait de siéger au Conseil de la Couronne. Il avait été gouverneur des colonies allemandes en Afrique. Peut-être suis-je différent de mes frères et sœurs parce que je suis le seul qui ne soit pas né aux colonies. J'avais vingt ans quand mon père est mort et j'avais déjà quitté la maison depuis de longues années. J'étais jeune officier à l'époque. Sa mort ne fut pas une surprise parce qu'il souffrait de diabète depuis quelques années. Il est mort à soixante-quatorze ans. Il était strict et austère, mais aimé de ses subalternes. Il ne cessait de dresser des plans et avait un esprit vif et constructif. »

Et sa mère ? « Elle est morte à soixante-quatre ans, dix ans après mon père. Pour une raison ou pour une autre, j'étais plus attaché à mon père. Maman était très bonne avec les enfants, mais je crois que j'étais si souvent absent de la maison que j'ai perdu contact avec elle. Mon père ne s'est jamais tenu à son régime ; il a bu du vin et a mangé ce qu'il voulait jusqu'à la fin. Ma mère était la seconde épouse de mon père. La première femme de mon père était d'Allemagne occidentale. »

Visiblement, il n'avait aucune envie de s'attarder sur sa mère. Il m'a montré une grosse monographie écrite par un universitaire, avec un arbre généalogique de la famille Göring sur plusieurs pages. Parmi ces ancêtres, il y avait des princes, des reines et autres nobles dont on retrouvait la trace jusqu'au XIIe siècle. Cette recherche, a-t-il précisé, avait demandé un temps extraordinaire et, loin d'avoir été sollicitée, elle était la production spontanée du professeur, spécialiste de généalogie et d'hérédité.

« Je me suis toujours intéressé à l'histoire familiale. Les chromosomes sont de drôles de choses, n'est-ce pas ? Ils peuvent sauter une génération et vous trouvez des enfants qui ressemblent au grand-père, plutôt qu'à l'un ou l'autre de ses parents. L'hérédité a plus d'importance que le milieu. Le sang parlera. Par exemple, on est musicien par l'hérédité ou on ne l'est pas. Ce n'est pas le milieu qui fait d'un homme un musicien. Vous pouvez trouver quelqu'un qui est très musicien et vous en étonner parce que ni ses parents ni ses grands-parents n'avaient une oreille pour la musique. Mais si vous remontez en arrière, vous découvririez que l'arrière-grand-père était musicien.

« Le milieu n'en joue pas moins un grand rôle dans le développement d'un homme. Qu'un homme soit élevé en ville ou à la campagne, près d'un lac ou sur les rivages d'un océan a son importance. »

J'ai observé que, selon les psychologues modernes, les relations interpersonnelles étaient aussi un facteur important de la formation du caractère. « Oh oui. De même qu'a son importance le fait d'avoir des frères ou des sœurs ou d'être un enfant unique. L'humain est un produit du milieu et de l'hérédité. »

Ce n'était pas là le point de vue des nazis, n'est-ce pas ? Ils privilégiaient le racisme, par exemple. « Si l'on adhérait au nazisme, on n'était pas obligé de souscrire aux vingt-cinq points de leur plateforme. Certains d'entre nous étaient plus intéressés par un point, d'autres par un autre. Certains nazis étaient membres pour des raisons qui politiques, qui sociales ou encore raciales. »

Dans son esprit, la politique raciale des nazis était-elle une affaire intrinsèque ou quelque chose de purement accessoire ? « Pas du tout fondamental. Totalement secondaire et accessoire. Elle est devenue essentielle ou importante uniquement parce qu'une faction de nazis, qui étaient des racistes fanatiques, sont devenus politiquement puissants. Des hommes comme Rosenberg, Streicher, Himmler et Goebbels. Le nazisme aurait pu aussi suivre un cours très différent. »

Aurait-il approuvé un autre cours ? « Certainement. Nombre d'entre nous, au parti, étions hostiles à des lois et à une politique raciales radicales, mais nous étions trop affairés. La force politique et économique importe plus que toute cette propagande raciale. De surcroît, je n'ai jamais été proche à ce point du parti. J'étais plus du côté de l'État. Personnellement, je n'aurais jamais laissé le parti avoir tant d'influence sur l'État. Il y avait deux groupes. L'un était d'avis que le parti devait diriger l'État. L'autre, que l'État devait gouverner le parti. J'étais de celui-ci. »

À quoi d'autre avait-il pensé concernant son enfance ? « Je n'ai jamais su peindre ni dessiner, mais dès ma plus tendre enfance j'ai été un grand amateur d'art. J'aimais les couleurs vives, telles que le bleu, le rouge et le vert. J'ai toujours préféré les couleurs vives et fortes. J'aime toutes sortes d'art, sauf les trucs futuristes, que je déteste. D'une manière générale, la peinture moderne me laisse très sceptique. Picasso, par exemple, me donne la nausée. Mes préférences allaient à l'art gothique. Peut-être est-ce un effet de mon enfance. J'ai été élevé dans des châteaux gothiques : un près de Salzbourg, et le château de famille, près de Nuremberg. Par chance, les deux châteaux sont toujours debout. »

Göring avait-il le même goût pour les arts que Hitler ? « Non, Hitler était un adversaire farouche de l'art gothique. Il penchait vers l'antique et le romantique-classique. L'art classique est plus grec ou Renaissance, tel qu'on le trouvait au début du XIXe siècle. Hitler aimait le style classique avec de nombreux piliers. En peinture, il préférait le XIXe siècle, de 1800 à 1900, mais il aimait aussi Rembrandt. Il détestait Dürer, qui était un de mes préférés. Alors que Hitler aimait Michel-Ange et les artistes de la Renaissance centrale, je préférais les maîtres allemands et les Primitifs italiens. Autre exemple de nos divergences concernant l'art : Hitler n'aimait pas les gravures sur bois mais raffolait du bronze et de la pierre. Je préfère le bois. Hitler était un Allemand du Sud, en fait un Autrichien, alors que, pour ma part, j'étais plus influencé par mon ascendance allemande. En art, je préférais l'œuvre des maîtres hollandais, des Scandinaves, de Dürer et de Holbein. »

À ce que je savais, ai-je observé, Hitler et lui étaient tous deux des amateurs de musique. Göring approuva d'un signe de tête : « Hitler aimait Wagner, Mozart et Verdi aussi bien que Beethoven. Il était très musicien. » Je l'ai interrogé sur ses propres préférences musicales. « Eh bien, j'aime également Wagner, peut-être à cause de ses thèmes héroïques mais aussi parce qu'il y a beaucoup de beaux passages lyriques dans sa musique. Mais Hitler détestait les oratorios de Bach et de Haendel, que j'adore. » Je lui ai dit qu'on m'avait parlé de l'intolérance de Hitler vis-à-vis de Brahms. « Ce doit être Funk. Les seuls qui s'y connaissent en musique parmi les accusés sont Funk, Schirach ou Frank. Je sais que Hitler détestait Brahms, mais personnellement je n'ai jamais été fou de sa musique non plus.

« Dans mes salles, on jouait la musique de tous les compositeurs, quelle que soit leur nationalité. Par exemple, on a joué Tchaïkovski en Allemagne tout au long de la guerre. De même en va-t-il pour les dramaturges Shakespeare et Shaw. Le Führer détestait Brahms, Bach et Haendel. Mes compositeurs préférés étaient d'abord Wagner, à cause de la majesté de ses thèmes, et ensuite peut-être Mozart et Beethoven. Bien entendu, j'aimais Haydn et Bach et la musique plus légère des deux Strauss. » Et la musique moderne ? « *Ach* ! Je déteste le jazz, mais j'apprécie quelques choses modernes, par exemple Meyerbeer, Offenbach et d'autres. Deux années durant, j'ai fait jouer *L'Africaine* et les *Contes d'Hoff-*

mann dans mon Opéra national. J'étais responsable de l'Opéra national de Berlin et de deux autres grandes salles. Goebbels était responsable de toutes les autres salles d'Allemagne. Je n'en dirigeais que un pour cent, mais les miennes étaient mieux. »

Je lui ai demandé de me parler de Goebbels et de ses goûts artistiques et musicaux. « Il comprenait un peu la musique, mais je n'irais pas jusqu'à dire qu'il l'aimait. Il s'intéressait davantage au théâtre. Il était journaliste et s'intéressait surtout aux pièces modernes. C'est Goebbels qui a proscrit les dramaturges et compositeurs juifs en 1935. Cette interdiction n'avait strictement aucun sens et, dans mes salles, je n'y ai prêté aucune attention. À l'Opéra national de Berlin, j'avais trois grands chefs : Furtwängler, Leo Blech, qui était juif, et Richard Strauss. J'ai réussi à garder Blech trois ans, puis j'ai été soumis à de si fortes pressions que j'ai dû le laisser filer. Je l'ai envoyé à Stockholm, où il serait à l'abri de la violence fanatique de Goebbels. Toute la situation était difficile parce que, si je pouvais garder ces gens dans mes salles, Goebbels n'en voulait pas dans sa Chambre de la culture. Mes artistes n'étaient pas tenus d'appartenir à cette organisation mais, d'un autre côté, ils ne pouvaient pas jouer dans d'autres salles ou au cinéma s'ils n'en étaient pas. Suivant les lois du pays, mes salles étaient soustraites aux règles générales, hormis celles que je décidais. »

J'ai observé que j'avais souvent entendu dire que les Allemands en voulaient aux Juifs de leur influence excessive dans les affaires et dans les arts. Göring partageait-il ce sentiment ? « Oui, je crois. À Berlin, les Juifs contrôlaient presque cent pour cent des théâtres et des cinémas avant l'accession au pouvoir [1]. Dans les petites villes d'Allemagne, cette influence était moins sensible. En Amérique, vous avez peut-être deux compagnies d'opéra permanentes, tandis qu'en Allemagne il y en avait soixante-quatre et deux cent soixante-deux théâtres permanents. La vie théâtrale était beaucoup plus forte en Allemagne qu'en Amérique. Chaque ville avait son théâtre national, son opéra, sa salle d'opérette et son théâtre municipal. Par exemple, ici même, à Nuremberg, il y a un opéra ; et à cinq kilomètres d'ici, à Fürth, il y en a un autre. Dans d'autres villes voisines comme Bayreuth et Ansbach, il y avait de semblables installations théâtrales et musicales. Tout cet essor culturel s'est produit en Allemagne entre 1900 et 1930. Nuremberg a fait venir de nombreux

1. Bien que de nombreux Juifs allemands appartinssent à l'élite bourgeoise de la société et de la culture avant 1933, Göring exagère leur rôle. Pour un tableau plus nuancé, accompagné de sources utiles, voir Friedländer, *L'Allemagne nazie et les Juifs*.

grands acteurs et des opéras avant que ce cochon de Streicher ne devienne administrateur de district du parti en Franconie. Si Schirach avait été à sa place, c'eût été une autre histoire. »

Göring appréciait visiblement ce genre de discussion non objective, qui n'en omettait pas moins toute allusion à ses activités touchant à la guerre ou à la politique. Il jouait le rôle du savant et du grand protecteur des arts, de la musique et du théâtre. Je lui ai demandé quelles étaient ses préférences en matière de littérature. « Oh, j'aime toutes sortes de bonnes biographies, les mémoires et, bien entendu, les classiques. Pour ce qui est des romans, je manque de temps et je ne lis que des romans policiers quand je voyage en train. Il est intéressant de constater que les seuls auteurs de romans de ce genre qui se soient imposés en Allemagne sont anglais ou américains. Peut-être français, aussi. L'Allemagne est un État trop ordonné pour produire de bons polars. » Je lui ai demandé ce qui s'était passé dans le domaine de la littérature après l'accession des nazis au pouvoir en 1933. « Ça n'intéressait pas Hitler. On n'a jamais autant publié de polars, surtout américains. Même les fictions non criminelles d'Amérique se vendaient bien, par exemple, *Autant en emporte le vent* et autres best-sellers du même type. »

Je l'ai questionné sur ses connaissances philosophiques. « Je les ai tous lus, y compris Kant, Schopenhauer, Nietzsche, Hegel et Feuerbach. Parmi les philosophes modernes, j'ai lu les *Fondements du* XIX*e siècle* de H. S. Chamberlain [1]. Pour ce qui est des philosophes, j'ai du mal à les lire d'une seule traite. » A-t-il jamais lu Rosenberg ? « Je n'ai pas lu ses livres. » J'ai dit n'avoir trouvé personne qui admît l'avoir lu, alors même que certains de ses livres furent tirés à des millions d'exemplaires. Göring avait-il une explication ? « C'est difficile à dire. Rosenberg est terriblement savant, il a beaucoup lu, mais le titre de son livre est mauvais. Je lui ai dit qu'à l'égard du XXe siècle on ne peut pas parler de mythe. *Les Fondements du* XIX*e siècle* de Chamberlain ont pu influencer Rosenberg.

« Le premier chapitre de Rosenberg est tellement difficile. Je m'en suis lassé si vite que j'étais incapable de me concentrer. En outre, Rosenberg n'a jamais abordé le fond du problème ; il s'est contenté de tourner autour et l'a esquivé. » Je lui ai demandé s'il trouvait Rosenberg très intelligent. « Rosenberg paraît sous un mauvais jour. Ce n'est pas un dur – il est trop tendre ; lui aussi est largement condamné pour une politique de conciliation. Il en va de

1. Pour une étude toujours utile de Chamberlain et de son rôle dans le contexte intellectuel de l'essor du IIIe Reich, voir Mosse, *Toward the Final Solution.*

même pour moi. Vous ne pouvez pas mettre tout ce que j'ai dit ou écrit depuis vingt-cinq ans sur une balance en or comme on le fait dans cette cour, des mots qui ont été dits peut-être dans un accès de colère ou dans un moment de crise. Rosenberg aurait voulu que les choses tournent autrement. Il aurait dû être plus dur dans sa politique. »

Nous avons parlé du ministère de l'Est dirigé par Rosenberg. « En 1936, sous Himmler, a dit Göring, toute la politique a été changée. Ça a fait exploser cette foutue administration. Par exemple, Rosenberg avait le ministère de l'Est, mais il n'avait aucun pouvoir exécutif. Le seul qui pût vraiment faire quelque chose, c'était Himmler avec ses SS. Tout ce que pouvait faire Rosenberg, c'était rester assis à écrire ses mémoires, que vous avez entendus au tribunal. Le commissaire du Reich à l'Est était sous l'autorité de Rosenberg, mais en même temps il recevait ses ordres directement de Hitler. Rosenberg ne pouvait renvoyer ses subordonnés. Ils faisaient ce qu'ils voulaient, non pas ce que Rosenberg voulait.

« Vous connaissez Rosenberg. Ce n'est pas un officiel. C'était un auteur. Je ne connais personne qui puisse dire qu'il a été l'ami de Rosenberg. Il est du genre à faire bande à part ; il est difficile à comprendre ou à approcher. J'ai entendu deux discours culturels qu'il a prononcés à Nuremberg et tous deux étaient excellents. Mais, en dehors de ça, je n'ai jamais rien lu de lui, hormis le premier chapitre du *Mythe du XXe siècle*, qui comme je l'ai dit m'est tombé des mains. Je n'ai jamais rien lu non plus de Streicher ni son stupide journal, *Der Stürmer*. Je n'en ai vu qu'une page et ça m'a suffi. Ce journal était interdit chez moi. Tout le district administratif, ici à Nuremberg, c'était terrible sous Streicher, et j'ai finalement réussi à le dissoudre. La commission Göring, ici à Nuremberg, qui enquêtait sur les activités de Streicher, était célèbre. Streicher n'était pas un type normal.

« De tous les accusés, les seuls que je connaisse bien, ce sont Schirach et Funk. Je n'ai même jamais entendu parler de Fritzsche. Kaltenbrunner, je ne l'ai vu qu'une fois, dix minutes, pour affaires officielles. Keitel, Jodl et Dönitz, je ne les connaissais qu'à titre officiel. Speer, je l'ai connu un peu mieux. Je rencontrais Rosenberg à peu près deux fois par an. Il ne m'inspirait rien, j'étais totalement neutre. Ribbentrop ne m'a jamais rien inspiré non plus. Je l'ai vu deux fois chez le Führer ; une fois j'ai pris le petit déjeuner chez lui et il est venu une fois chez moi. Les seuls hommes populaires en Allemagne, c'étaient moi et Hitler – et à la fin, j'étais le seul. »

24 mai 1946

Göring a essayé de se rendre au tribunal hier matin mais a demandé à être reconduit dans sa cellule dans l'après-midi parce que sa jambe droite le faisait souffrir. Hier, au tribunal, il a multiplié les grimaces et avait l'air de beaucoup souffrir en marchant. Nul doute que sa sciatique n'était pas aussi grave qu'il en donnait l'impression, parce qu'en fin d'après-midi, dans la cour et dans sa cellule, il marchait aisément. L'examen de l'extrémité inférieure droite, hier et aujourd'hui, n'a révélé aucun signe objectif de sciatique ; il pliait normalement la jambe, les articulations des chevilles étaient normales, il n'y avait aucune anomalie sensorielle. Il était clair qu'il prétextait de son symptôme pour s'absenter du tribunal et éviter le désagrément de l'affaire Schirach.

Cet après-midi, il s'est montré chaleureux, avide de parler, très à l'aise. S'agissant de la défense de Schirach, il a observé cavalièrement : « Je connais Schirach et sais ce qu'il va dire. Je n'ai pas de commentaire à faire, mais, personnellement, je pense qu'il commet une erreur. Il n'est pas différent aujourd'hui de ce qu'il était, mais il ferait croire au monde qu'il est devenu philosémite et s'est fait duper par Hitler. Schirach a sa part dans la persécution des Juifs. » Göring a souri comme s'il avait épuisé le sujet. Il m'est venu à l'idée que, ayant échoué dans ses efforts pour convaincre les accusés de présenter un front commun, il s'en prenait à chacun d'entre eux quand ils s'écartaient de sa « ligne ».

Il m'a demandé si j'avais parlé avec Gerd von Rundstedt, parce qu'il avait entendu dire que le vieux maréchal s'était rendu dans cette prison afin de témoigner pour l'état-major. J'ai répondu que Rundstedt m'avait assuré avoir été antinazi et que la prétendue Offensive Rundstedt aurait dû être baptisée Offensive Hitler [1]. Göring a souri dans un hochement de tête. « C'est juste. C'était l'Offensive de Hitler. Elle a été brillamment imaginée par Hitler, mais lamentablement exécutée par les généraux. C'est moins la faute de Rundstedt que celle de Dietrich et de sa 6e armée, qui n'était pas capable. Dietrich n'était pas un chef militaire et n'aurait jamais dû être nommé à ce poste. Cette 6e armée était une force de panzers entièrement motorisée. L'offensive elle-même avait été conçue par un génie. Le Führer lui-même était un génie. Les offensives contre la Pologne et la France, c'étaient aussi ses plans. Le plan contre la Russie était

1. En tant que commandant du Groupe d'armées sud (Ukraine) à partir de juin 1941, Rundstedt avait fait foncer ses armées à travers la Crimée et le bassin du Donets, pris Rostov puis battu en retraite contre les ordres de Hitler.

aussi celui d'un génie, mais son exécution a été médiocre. La campagne de Russie aurait pu s'achever en 1941 – avec succès. »

J'ai dit que l'attitude de Rundstedt avait été très différente. Il avait qualifié les plans d'offensive de Hitler de « stupides » ; personnellement, il était partisan de tenir les lignes allemandes en restant sur la défensive sans risquer d'offensive. Göring a froncé les sourcils : « Les généraux de l'armée de terre sont tous subitement plus malins que Hitler. Mais quand c'est lui qui dirigeait les choses, ils l'écoutaient parler et étaient ravis de ses conseils. Par exemple, le Groupe d'armée de Fedor von Bock, qui était le Groupe d'armée centre, n'a pas rempli sa mission. Le plan initial était d'encercler les armées russes du nord et du sud. Mais Bock a poussé jusqu'à Moscou et s'est retrouvé isolé. L'armée russe du sud a été par la suite encerclée, mais l'armée du nord n'a pu être défaite, comme elle l'aurait été autrement si Bock avait suivi les conseils de Hitler.

« Hitler avait la volonté d'un démon et il en avait besoin. S'il n'avait pas eu une volonté pareille, il ne serait jamais arrivé à rien. N'oubliez pas, si Hitler n'avait pas perdu la guerre, s'il n'avait pas dû se battre contre la coalition des grandes puissances comme l'Angleterre, l'Amérique et la Russie – toutes puissances qu'il aurait pu conquérir une par une –, ces accusés et ces généraux seraient en train de dire "*Heil Hitler*" et ne seraient pas aussi critiques. »

J'ai voulu savoir quand il avait pensé pour la première fois que l'Allemagne était vaincue. Il a paru songeur. Je lui ai demandé si ce ne serait pas au moment du Jour J, en Normandie. Göring a répondu avec autorité : « Non, c'était loin d'être la fin. La situation n'était pas du tout mauvaise jusqu'aux Ardennes. C'est seulement alors que les choses ont commencé à paraître dangereuses. Le maréchal Günther Hans von Kluge n'a pas fait son devoir. Il aurait pu resserrer ses chars. Il n'en a rien fait et a dû battre en retraite. Par la suite, il s'est tué en avalant du poison. » Je lui ai demandé pourquoi Kluge n'avait pas fait son devoir. « Eh bien, ce n'est pas encore établi. Il voulait rencontrer un haut officier anglais et trahir Hitler. Encore un de ces généraux qui font volte-face et trahissent Hitler [1]. »

1. Dans l'offensive contre l'Union soviétique de 1941, selon un historien, le maréchal Hans Günther von Kluge (1882-1944) aurait « montré son zèle en exécutant les ordres de Hitler à la lettre ». Voir Barry A. Leach, *German Strategy Against Russia 1939-1941*, Oxford, 1973, p. 226. Par ailleurs, Kluge se montra ambivalent à l'égard de la résistance militaire ultérieure à Hitler et, comme Rommel, se déclara hostile à un assassinat. Pour plus de détails, voir Peter Hoffmann, *The History of the German Resistance*, Cambridge, Mass., 1977 ; *La Résistance allemande contre Hitler*, trad. fr. de la 3e éd. allemande par M. Brottier, Paris, Balland, 1984.

Si Hitler avait gagné la guerre, à quoi ressemblerait l'ordre nouveau ? « Après la victoire de France, Hitler ne voulait vraiment pas grand-chose. À la France, il aurait pris l'Alsace-Lorraine. Il voulait aussi les anciennes provinces allemandes de Pologne. L'empire anglais, il n'en a jamais voulu. Si nous avions gagné la guerre contre la Russie, nous aurions mis fin à la colossale Russie soviétique qui existe pour instituer un système fédéral. Sans doute Hitler aurait-il demandé plusieurs provinces dans la région des États baltes, mais certainement pas plus. »

Hitler avait-il des visées sur l'Amérique du Sud ? « *Ach* ! Qu'est-ce qu'il pouvait vouloir là-bas ? De même en Afrique : la seule chose qui l'intéressait, c'étaient les anciennes colonies allemandes. Hitler était davantage un continental qu'un colonial. Il désirait une union des États européens sous la direction de l'Allemagne – exactement ce que les États-Unis font aujourd'hui. Un plan dans lequel le continent serait vaguement soudé et travaillerait en harmonie. »

J'ai observé que, dans sa déposition devant la cour, Göring avait fort peu parlé de l'homme Hitler alors qu'il avait loué en lui le chef. Pouvait-il m'en dire davantage sur ce mystérieux personnage qui suscitait tant de spéculation ? « Pour moi, il y a deux Hitler : l'un qui a existé jusqu'à la fin de la guerre en France ; l'autre commence avec la campagne de Russie. Au début, il était génial et agréable. Il avait une extraordinaire volonté de puissance et une influence inouïe sur les gens. Ce qu'il importe de se rappeler, c'est que le premier Hitler, l'homme que j'ai connu jusqu'à la fin de la guerre française, avait beaucoup de charme et de bonne volonté. Il était toujours franc. Le second Hitler, qui a existé du début de la campagne de Russie jusqu'à son suicide, était toujours soupçonneux et tendu, il se fâchait pour un rien. Il était méfiant au plus haut degré. »

Mais Hitler n'avait-il pas toujours été méfiant d'une façon générale ? « Non. Pour ce qui est de la politique, bien sûr, il aimait jouer toutes ses cartes, mais personnellement il n'était pas méfiant. » J'ai dit que le Dr Karl Brandt, quand il était ici dans cette prison, m'avait confié que Hitler avait été très nerveux jusqu'à la fin [1]. « Oui, les nerfs de Hitler étaient *kaputt*. Sa main gauche tremblait, et il était physiquement ébranlé. Il lui fallait une terrible volonté de puissance pour tenir. »

1. Karl Brandt (1904-1948), médecin de Hitler, fut directement impliqué dans le sinistre programme d'euthanasie qui débuta en 1939. Au procès de l'« euthanasie » à Nuremberg, il fut condamné à mort et exécuté. Pour plus de détails et des références à l'immense bibliographie sur le sujet, voir Michael Burleigh, *Death and Deliverance : « Euthanasia » in Nazi Germany 1900-1945*, Cambridge, 1994.

Nous avons parlé des atrocités, sujet qui n'était pas au goût de Göring, mais qui était inévitable chaque fois qu'il était question de Hitler. « Je suis sûr que Hitler ne connaissait pas les détails et que Himmler avait le sentiment de pouvoir faire ce qu'il voulait sans avoir à craindre des représailles. Auparavant, Hitler était tout sauf cruel. Qu'il le soit devenu dans les toutes dernières années est une évidence. En particulier dans la dernière année de la guerre, une vie humaine ne valait pas grand-chose à ses yeux. »

Votre point de vue était-il différent de celui de Hitler concernant la dignité et la valeur de la vie humaine ? « Dans les premières années, Hitler a gracié beaucoup de condamnés à mort [1]. Puis il a cessé de le faire. Moi-même, j'ai toujours été strict dans les cas de trahison et de viol, mais dans les autres cas j'ai gracié des gens. J'ai toujours gracié les femmes, jamais je n'en ai condamné à mort. » Je lui ai demandé ce qu'il pensait de Höss, le commandant d'Auschwitz, qui avait témoigné devant le tribunal qu'il exterminait hommes, femmes et enfants de tous âges. « Je n'en ai rien su. Comme Höss l'a dit devant le tribunal, c'était tenu secret. J'ai peine à y croire, les chiffres étaient si importants. Je ne comprends pas. Je n'arrive pas à croire que Hitler savait. Bien sûr, il suffit que ce soit arrivé – mais que les chiffres aient pu être si importants, je ne le conçois pas. Certes, il y a eu des rumeurs à l'époque, mais je n'y ai jamais cru. Des gens comme Höss et Himmler et les SS subalternes qui ont exécuté les ordres devaient savoir, mais même comme ça je ne comprends pas. Comment ont-ils fait une chose pareille ? Ça me dépasse.

« L'ordre d'éliminer certains groupes de gens n'a jamais été discuté, parce que s'il l'avait été l'idée aurait suscité une très vive résistance. Himmler était sans nul doute un criminel, et il n'aurait pas dû se suicider. C'était différent avec Hitler, dont je pardonne le suicide. Himmler n'aurait pas dû laisser Kaltenbrunner et les autres endosser la responsabilité de ses méfaits. Il n'y avait pas trente-six façons pour Himmler de faire accepter les atrocités qu'il a ordonnées : ou il a influencé Hitler dans la mauvaise direction ou il a profité de ce que Hitler était très préoccupé par la guerre pour faire les choses de son propre chef.

« Je me souviens d'une fois, où la rumeur disait que quelques milliers de personnes avaient été tuées. J'ai cru à de la propagande ennemie. Quand j'ai posé des questions à ce sujet, on m'a répondu que ce n'était que de la propagande ennemie. Tout ce que nous

1. Sur l'usage des amnisties par Hitler, cf. Gellately, *Backing Hitler*, p. 39, 88, 196 et trad. fr., p. 61, 123-124, 259.

savions, c'était que les gens étaient jugés de manière expéditive dans les camps de concentration et condamnés à mort, mais nous ne savions pas qu'on exterminait des innocents. C'est ici que j'ai entendu pour la première fois le nom d'Eichmann [1]. Qu'il fallût évacuer les Juifs d'Allemagne, c'était clair. Que les Juifs dussent rejoindre le gouvernement général de Pologne ne l'était pas moins. Mais pas qu'ils dussent être exterminés. Après la guerre, les Juifs devaient être transportés en Palestine ou ailleurs. Le plan d'évacuation existait dès avant la guerre. De tels plans étaient dressés pour les dix prochaines années. Par exemple, il existait un plan pour la gestion des devises étrangères. J'assume la responsabilité de tout ce qui s'est passé dans l'Allemagne national-socialiste, mais pas des choses dont je n'ai rien su, comme les camps de concentration et les atrocités. »

N'est-ce pas Göring qui a introduit les premiers camps de concentration en 1933 ou en 1934 ? « Oui, je reconnais franchement les camps de concentration pour les communistes et autres ennemis du national-socialisme à cette époque, mais certainement pas dans l'idée de tuer les gens ou de les utiliser comme camps d'extermination. »

Étiez-vous d'accord avec l'idée que le Juif était indésirable en tant qu'être humain ? « À la fin de 1938 ou de 1939, la question n'était pas de savoir s'ils étaient désirables ou non. La différence entre Juif et Allemand était si grande qu'il n'y avait aucune chance pour l'existence des Juifs en Allemagne. Si les Juifs n'avaient été chassés de la vie économique par une presse hargneuse et par les économistes comme par le grand démocrate qu'était le Dr Schacht, ils auraient pu rester en Allemagne. Au début, en 1933, Hitler a dit qu'il fallait écarter les Juifs de la vie économique, mais uniquement des positions officielles. Cependant, les pressions du parti n'ont cessé de s'amplifier. Puis est survenue la crise de novembre 1938, qui a perturbé toute la vie économique des Juifs. Après quoi, il devait se produire quelque chose. Ou les Juifs étaient associés à la vie économique ou quelque chose devait arriver. La plupart des Juifs ont essayé de quitter l'Allemagne parce qu'ils ne trouvaient pas de moyen de vivre. Vous voyez bien, la question n'était pas de savoir s'ils étaient désirables ou non. La situation a rapidement évolué ; rien n'était préparé. Cela perturbait la vie économique à cause de la rupture de nos relations avec les pays étrangers. Je crois

1. Il s'agit ici d'Adolf Eichmann (1906-1962), dont on ne devait mesurer toute l'importance que plus tard, en particulier en 1961 lors de son procès à Jérusalem.

que c'est la pire chose que Goebbels ait pu produire. Goebbels était un fanatique.

« Je vous ai déjà parlé de Goebbels ? Il a encouru le blâme de Hitler après l'incident avec l'actrice de cinéma pour laquelle il s'est fait passer un savon. Ce fanatique au pied bot ! Il obligeait les femmes à se soumettre à lui sexuellement en jouant de son pouvoir. Il a influencé Hitler au point de le rendre plus antisémite qu'il ne l'avait jamais été. De temps en temps, Hitler aimait à venir à la maison prendre un café et, comme je menais une vie normale, il partait autour de 9 heures. J'avais l'habitude de me retirer de bonne heure. Mais Hitler passait pratiquement toutes ses soirées, parfois jusqu'à 4 heures du matin, avec Goebbels et sa famille. Dieu sait quelle influence néfaste Goebbels a eue sur lui durant ces longues visites.

À quoi pensait donc Goebbels ? Quelles étaient les raisons de son antisémitisme ? « Goebbels était le représentant le plus virulent de l'antisémitisme. Il a vu l'occasion ou jamais pour lui de devenir puissant en utilisant la presse pour des raisons antisémites. Personnellement, je crois que Goebbels se servait de l'antisémitisme uniquement pour accroître son pouvoir personnel. Qu'il ait été animé d'une haine viscérale des Juifs, on peut le contester. Je crois que c'était un larron et un opportuniste beaucoup trop malhonnête pour avoir des sentiments viscéraux pour ou contre quoi que ce soit. Mais, depuis des années, Goebbels essayait vainement de devenir un homme de pouvoir. Il a enfin vu sa chance. Il avait si bien attisé les sentiments antisémites par sa propagande haineuse qu'il croyait maintenant pouvoir faire n'importe quoi. Probablement lui-même n'a-t-il pas réfléchi aux conséquences. C'était un fanatique d'un calibre anormal. Streicher était un homme pusillanime en comparaison de Goebbels, parce que Streicher est à demi cinglé et crétin, tandis que Goebbels était juste dénué de scrupule, habile et dangereux. On ne pouvait discuter de rien avec Goebbels. Et pour la même raison on ne pouvait discuter de rien avec Himmler. Goebbels était si malhonnête que ça ne servait à rien de discuter de quoi que ce soit avec lui. »

Vous avez bien dit que Goebbels était plus antisémite que Himmler ? « Himmler a bien pu faire davantage en pratique, mais il en parlait moins. Himmler feignait d'être très différent de ce qu'il était. Par exemple, ses discours de Posen aux dirigeants SS, etc., ont été lus ici pour la première fois – ils étaient très secrets [1]. Au monde

1. Le tristement célèbre discours de Posen (4 octobre 1943) est reproduit in Noakes et Pridham, éd., *Nazism 1919-1945 : A Documentary Reader*, Exeter, 1988, vol. 3, p. 1199-1200.

extérieur, Himmler apparaissait comme une énigme ambiguë. Il a toujours été une énigme psychologique pour moi aussi. Je n'ai jamais compris comment Himmler a acquis une telle influence sur Hitler. C'était un bon organisateur et un type ambitieux, mais pas un homme capable d'exercer une forte influence psychologique sur les masses. Pour moi, les atrocités sont la partie la plus horrible de l'accusation dans ce procès. À la cour, ils ont cru que je prenais ça à la légère ou que je m'en moquais ou je ne sais quelle absurdité. C'est complètement faux. Je suis le genre de personne qui est naturellement hostile à ces choses et ma propre réaction psychologique est de rire ou de sourire face à l'adversité. Peut-être cela explique-t-il mon attitude au tribunal. En outre, ce n'est pas moi qui suis à blâmer de ces horreurs. Ce n'est pas simplement que je me suis endurci en raison de ma longue expérience à l'armée et dans la vie politique. C'est vrai que j'en ai vu plein dans la Première Guerre mondiale et au cours des raids aériens ou sur le front dans cette guerre-ci. Mais j'ai toujours été sensible à la souffrance des autres. Me dépeindre comme un ogre insensible qui rit de telles atrocités devant la cour est idiot. »

J'ai fait remarquer qu'on avait lu devant la cour quelques-uns de ses propos antisémites et que je me demandais si, dans son esprit, ils étaient révélateurs d'une idéologie politique ou d'une attitude antisémite personnelle de son crû. Il a répondu avec le plus grand sérieux : « J'étais dans tous mes états à l'époque où j'ai fait le discours qui a été rapporté ici devant la cour. Le discours a été prononcé après une conversation avec Goebbels. Il n'y avait que six ou sept ministres présents. J'étais très remonté parce que Goebbels avait dit à Hitler que je protégeais les Juifs. Après quoi j'ai reçu l'ordre d'exécuter divers plans. C'était tout ce qu'indiquait mon discours. En plus, les seuls passages qui ont été lus à la cour étaient ceux qui me sont défavorables. Les bons passages ont été omis – par exemple, où je disais qu'on ne peut pas laisser les Juifs mourir de faim. Ça n'a pas été lu devant la cour. Tout le monde devait entretenir l'antisémitisme général. Ordre de Hitler.

« Il faut bien voir également que la réaction antisémite en Allemagne n'était pas entièrement imputable à la propagande nazie ou aux nazis eux-mêmes en tant que parti, même si pour ma part je blâme Goebbels des atrocités. Avant 1933, les Juifs eux-mêmes ont leur part de responsabilité. Par exemple, ils ont eu des mots plutôt grossiers à mon endroit, personnellement. Avant 1933, il y a eu une bataille acharnée. Mes propos sont très mesurés en comparaison de ce que les Juifs ont dit sur nous. Ils ont débité d'affreux mensonges, des injures, des calomnies. »

Göring voulait-il dire que les Juifs avaient provoqué par leurs propres actions l'antisémitisme et l'extermination qui a suivi ? Il a répondu d'un ton mielleux : « Non, mais je veux dire que c'était une bagarre. Au départ, je n'ai pas pris au sérieux le mouvement antinazi dans la presse juive, mais quand on a vu que le mouvement gagnait du terrain et devenait dangereux, on a employé d'autres mots. Ce n'était pas dans ma nature de torturer ou d'exterminer les gens. Je ne manque pas de sens pratique et je suis assez dur pour admettre des choses comme des représailles si elles sont justifiées. Mais le massacre massif d'innocents comme l'extermination des Juifs est injustifiable. »

Je lui ai demandé si, dans sa jeunesse, il était antisémite. « Non, non. Je n'ai jamais été antisémite. L'antisémitisme n'a joué aucun rôle dans ma vie. S'il avait reposé sur l'antisémitisme, jamais je ne me serais intéressé au mouvement nazi. Ce qui m'a attiré vers le parti, c'était le programme politique. Je veux dire, la création d'une grande Allemagne et l'abolition du traité de Versailles. Naturellement, si l'on adhérait au parti nazi, il fallait adopter plus ou moins tous les points du parti, y compris l'antisémitisme.

« J'imagine que vous allez me demander pourquoi je n'ai élevé aucune objection aux atrocités ou à l'antisémitisme. La réponse est complexe. À cette époque, en Allemagne, le climat était tel que peut-être Hitler devait défendre une plate-forme antisémite pour réussir. J'admets que s'il n'avait pas traité la question de façon aussi primitive, une bonne partie de notre politique étrangère aurait beaucoup mieux réussi. Je l'ai souvent mis en garde à ce sujet. Je n'ai jamais eu la moindre haine envers les Juifs. Je conçois que ça ait l'air idiot, qu'il soit difficile de comprendre qu'un homme comme moi, ayant fait des discours antisémites et participé comme numéro deux à un régime qui a exterminé cinq millions de Juifs, puisse dire qu'il n'était pas antisémite. Mais c'est vrai. Jamais je n'aurais mené cette politique. Je serais allé dans une toute autre direction, sur une voie plus paisible. J'ai deux documents pour le prouver – mais c'est gênant de produire ces choses maintenant –, je tenais juste à vous le signaler. Il ne rime pas à grand-chose pour moi de remettre à la cour ces deux documents parce qu'il y a tant d'autres choses entre les mains du ministère public qu'on peut interpréter comme antisémite. » Il semblait attendre de moi que je le questionne à ce sujet, et je l'ai fait. « Eh bien, l'un de ces documents avait pour but de recommander que les lois sur les mariages mixtes soient assouplies et différées. Il faut considérer ces documents à la lumière de l'atmosphère tendue qui régnait à l'époque. Vous pouvez apprécier l'influence apaisante qu'ils ont eue sur l'antisémitisme virulent de

Goebbels et du parti en général. Naturellement, si vous le voyez en dehors de cette atmosphère tendue, ce document peut aussi être considéré comme une loi spéciale contre les Juifs. »

On disait, ai-je observé, qu'il avait aidé divers Juifs et empêché quelques persécutions individuelles. Pouvait-il m'en dire plus ? « Chaque fois que des Juifs m'ont appelé à l'aide, je les ai aidés. Bien entendu, c'étaient des gens que je connaissais avant, ainsi que leurs amis et parents. » Pensez-vous que les Juifs étaient aussi loyaux envers leur pays que les autres Allemands ? « Oui. L'un dans l'autre, les Juifs étaient unis, mais qu'ils fussent des Allemands loyaux, j'en étais convaincu. J'ai proposé, par exemple, que les Juifs qui avaient reçu la Croix de fer dans la Première Guerre mondiale soient exemptés des lois antisémites. J'ai fait d'autres propositions, par exemple que les Juifs qui vivaient depuis cent ans ou plus en Allemagne soient exemptés, mais ces propositions ont toutes été rejetées. »

Et Goebbels, quelle était son attitude ? « Goebbels pensait que les Juifs étaient différents, ou du moins est-ce ce qu'il prétendait. Je ne sais ce qu'il pensait vraiment au fond de lui tellement il mentait. Au cours de ces années, mes contacts avec Hitler étaient politiquement forts. Mais Goebbels avait un contact personnel fort. Entre Goebbels et moi, dans nos relations avec Hitler, la différence était que je parlais des choses en conférence avec lui. Mais Hitler passait des soirées entières avec Goebbels et avec sa famille. Ses liens personnels avec Goebbels étaient étroits, et probablement a-t-il été plus influencé politiquement par le fanatique au pied bot que je ne l'ai mesuré. »

Pour ma part, ai-je observé, il me semblait que son attitude envers Hitler était très différente dans la réalité, ou tout au moins dans nos conversations privées, de ce qui semblait transparaître de son témoignage à la cour dans sa défense. « Ma principale ligne de défense était que, en tant qu'Allemand loyal et fidèle de Hitler, j'ai accepté ses ordres en tant qu'ordres. Deuxièmement, en tant que numéro deux de l'Allemagne après le Führer, je devais assumer mes responsabilités, mais j'ai tracé une ligne, pour ce qui est d'accepter le blâme, entre les incivilités et les atrocités que Goebbels et Himmler, je crois, ont commises. S'agissant des ordres, je ne suis pas non plus un fanatique. Par exemple, si les subordonnés de Himmler étaient venus me voir pour me parler du sale boulot en cours, j'aurais sans doute été capable de faire quelque chose. Ou ils auraient pu démissionner et demander à être envoyés sur le front. Mais aucun des subordonnés de Himmler n'est jamais venu me voir et, pour autant que je le savais, il n'y avait pas d'atrocités. Je suis un homme foncièrement opposé aux atrocités et aux actions inciviles. En 1934, j'ai promulgué une loi contre la vivisection. Vous voyez bien : si je désapprouve l'expérimentation sur les animaux, comment pourrais-je être partisan de torturer des êtres humains ? L'accusation prétend que je suis impliqué dans les expériences effroyables qui ont été menées dans les camps de concentration sous les auspices de l'armée de l'air. C'est pur *Quatsch* ! [non-sens, balivernes]. J'avais bien trop à faire pour être au courant de ces expérimentations médicales et, si l'on m'avait demandé mon avis, j'aurais désapprouvé avec la dernière énergie. Ce doit être Himmler qui a imaginé ces expériences stupides, même si je pense qu'il s'est dérobé à sa responsabilité en se suicidant. Je n'en suis pas trop malheureux parce que cela ne m'aurait pas fait particulièrement plaisir de me retrouver sur le même banc que lui. Il en va de même de cet ivrogne de Robert Ley, qui nous a fait la grâce de se pendre avant le début du procès. Ça ne nous aurait pas rendu service à nous autres, accusés, de le retrouver à la barre. »

27 mai 1946

Göring a passé la journée dans sa cellule : il souffre d'une légère sciatique de l'extrémité inférieure droite, qui le tient à l'écart de la cour depuis quelques jours. Peut-être est-il significatif que cette crise ait coïncidé avec la fin de l'affaire Raeder et le début de la défense de Schirach. La sciatique elle-même paraît minime. Tout en se plaignant, Göring a ajouté : « C'est pire à cause de ce temps. De plus, passer la journée assis à la cour, c'est tellement fatigant ! » Il est vrai qu'au cours des dernières semaines Göring a souffert d'un changement notable de personnalité, en ce sens qu'il est plutôt abattu, sans être pour autant déprimé ni perdu dans ses pensées. C'est plutôt qu'il n'a guère manifesté d'intérêt pour les débats, qu'il a à peine parlé à ses voisins ; à l'occasion, alors que Ribbentrop, assis à côté de lui, disait quelque chose, il ne répondait pas.

Il a paru ravi de parler, mais las d'en dire trop ou trop peu. Il recourait encore à sa bonne vieille technique, qu'il a utilisée efficacement au cours de son contre-interrogatoire – répondre à une question en l'esquivant ou en n'y prêtant guère attention, mais parler longuement sur les questions qu'il pensait favorables et auxquelles il avait une réponse raisonnable –, mais il était moins vif ou semblait y attacher moins d'importance. Son attitude était un mélange d'allégresse et d'indifférence, en particulier concernant quelques-unes des questions que je lui ai posées, qu'il a trouvées déplaisantes la dernière fois que je lui ai rendu une visite assez longue.

J'ai dit que j'avais lu une biographie de lui, ainsi que la brève autobiographie qu'il avait rédigée quand il a été interné, et dont il existait une copie dans le coffre de la prison. Il a souri et hoché la tête, lâchant négligemment : « Ce n'est que *Quatsch*. Personne ne connaît le vrai Göring. Je suis un homme à plusieurs facettes, mais l'autobiographie, qu'est-ce que ça vous dit ? Rien. Et ces bouquins publiés par la maison d'édition du parti, ils sont moins qu'inutiles. » J'ai répondu que j'aimerais bien trouver le « vrai Göring » d'un point de vue psychologiquement valable et que c'était pour cette raison que je lui posais des questions qui, sur certains points, pouvaient être désagréables. Je lui ai rappelé que sa défense était terminée et que rien de ce que j'écrivais ne pouvait avoir d'effet sur son dossier, ni n'était d'ailleurs accessible à l'accusation.

Göring s'est moqué avec bonne humeur. « Comme Gilbert, il est psychologue, lui aussi. Mais la différence entre un psychiatre et un psychologue paraît très marquée. » Je lui ai demandé ce qu'il voulait dire par là. Il a répondu qu'à son avis il devait y avoir une grande différence entre le domaine de la psychologie et celui de la psychiatrie. La première, de l'avis de Göring, s'occupait de « livres », et la seconde, d'« êtres humains ». Je lui ai dit que, de mon point de vue, les différences n'étaient pas grandes si ce n'est qu'un psychiatre est diplômé de médecine et un psychologue de psychologie, mais que tous deux s'intéressaient aux réactions humaines. Il s'est moqué en riant : « Vous, les Américains, vous devez vous serrer les coudes, hein ? » Je savais que Gilbert, le psychologue, avait eu des relations assez tendues avec Göring au cours des dernières semaines ; j'ai donc préféré ne rien dire, si ce n'est que les façons de comprendre les gens variaient d'un individu à l'autre.

Nous avons parlé de quantité de choses. Il aimait qu'on lui lâche la bride et ne pas être cloué à un sujet en particulier. D'une manière générale, j'ai essayé de le canaliser dans un sens autobiographique. Il a dit être né à Rosenheim en 1893 dans une clinique. La famille de son père était originaire de Rhénanie et de Westphalie. Celle de sa mère, du Tyrol et de Bavière. « J'ai eu une enfance très heureuse. »

Il a évoqué sans sentimentalité, mais non sans affection, son ancien foyer et ses souvenirs d'enfance. « Mon père était un diplomate de haut rang, très renommé, un homme plein d'énergie qui aimait la chasse, l'escrime et l'équitation. Doué d'un esprit supérieur, il était un excellent causeur. J'avais vingt ans quand mon père est mort. Il souffrait depuis deux ou trois ans du diabète. Il refusait de se mettre au régime ou de prendre des précautions : il aimait la vie active et a continué jusqu'à la fin. Il n'avait pas le moindre cheveu gris sur la tête et était aussi blond qu'un jeune homme. »

Göring avait trente ans quand il a perdu sa mère. Elle était de près de vingt ans plus jeune que son mari, dont elle était la seconde épouse. « Elle était très intelligente, éblouissante, mais comme toutes les femmes, sans aucune logique ni aucune capacité de raisonnement. Je crois que les femmes sont merveilleuses, mais je n'en ai encore jamais rencontré une qui n'ait pas montré plus de sensibilité que de logique. Vous êtes d'accord avec ça en tant que psychiatre ? » J'ai observé que les avis divergeaient à ce propos, mais qu'il m'intéresserait d'en savoir plus sur ses parents et ses enfants.

« Eh bien, je n'aime pas les femmes qui ont une volonté bien trempée et qui sont trop logiques. Ma mère était toute en sensibilité, sans aucun raisonnement. Je ne veux pas dire qu'elle était déraisonnable, loin de là. Mais pas comme mon père, qui était froid et logique. Mon énergie personnelle et mon amour de la vie, je les tiens de ma mère, mais mon apparence physique et ma structure mentale sont de mon père.

« Mon père était très ambitieux, très talentueux. Il a été un temps gouverneur général de l'Afrique allemande du Sud-Ouest en qualité de ministre-résident. »

Son père s'est marié deux fois. Sa première femme est morte. Göring a eu trois demi-frères et une demi-sœur, ainsi que deux frères et deux sœurs. Il n'a guère eu de contacts, voire aucun, avec ses frères et sœurs, dit-il, « tant la différence d'âge était grande ; de plus, les enfants vivaient tous loin de la famille quand j'étais petit ». Il a semblé répugner à poursuivre l'histoire de ses frères et sœurs, maintenant, ou de ses rapports avec eux.

Il a ajouté que son père était doué d'un « grand sens de l'humour ». Et lui ? « Si je n'avais pas le sens de l'humour, comment pourrais-je supporter ce procès aujourd'hui ? » Il a souri comme pour le prouver. Je l'ai interrogé sur Hitler. Avait-il le sens de l'humour ? « Je ne peux me prononcer là-dessus après 1941 et 1942. Je ne l'ai pas vu assez souvent pour savoir. Il ne faisait plus ce que je voulais qu'il fasse. » Mais Hitler avait-il le sens de l'humour ? « Oh oui, d'une certaine façon. Je ne le qualifierais pas d'irrésistible, mais il faisait des plaisanteries et en riait. Sérieusement, il appréciait une bonne histoire, mais avec le temps il a fini par raconter la plupart des histoires lui-même et il avait tendance à les répéter trop souvent. » Göring m'a semblé s'irriter de ses propos dénigrant le Führer. Il a ajouté, d'un ton légèrement agacé, toute trace de sourire s'étant effacée de son visage : « Mais Hitler et son sens de l'humour, ça a peu d'importance. C'était un génie. »

J'ai observé que, pour l'heure, je m'intéressais beaucoup plus à Göring qu'à Hitler, et j'ai reconnu que le fait de savoir si Hitler avait le sens de l'humour ou en était dépourvu était sans grande importance. Göring continuait de fixer ses genoux d'un regard furieux. Assis bien droit, il fixa un instant l'attention sur mes paroles tandis que M. Triest en faisait une traduction littérale. « Laissez-moi vous expliquer la différence entre moi et Hitler. En un mot, les Allemands l'appelaient "mon Führer". À moi, ils me donnaient du "Hermann". J'ai toujours été plus près du cœur des gens que ne l'était Hitler, mais il était un grand chef et je souscris entièrement à son programme. Naturellement, il y a des différences, que j'essaie de vous faire comprendre, à vous et au monde, et elles tiennent en ceci que Hitler était un grand homme, qui a été trahi par quelques-uns de ses subordonnés comme Goebbels. Finalement Hitler n'a pas su reconnaître ses vrais amis de ses faux amis. Or ce fut une grande trahison. Le programme national-socialiste, dans lequel je n'ai pas joué un rôle insignifiant, était un grand mouvement de réforme qui aurait bénéficié à l'Allemagne si les ennemis de Hitler ne l'avaient pas trahi. »

Il a continué d'un air indifférent à parler de ses frères et sœurs. Ses deux demi-frères, qu'il voyait rarement, avaient soixante-seize et soixante-six ans et vivaient encore. Un demi-frère était mort à vingt-cinq ans de causes inconnues. Ses deux frères étaient de deux ans plus âgé et de deux ans plus jeune que lui. Son frère aîné était mort sur le front au cours de la Première Guerre mondiale. Son autre frère, né en 1895, prénommé Albert, n'a « jamais été membre du parti ». Il a été un temps ici, à Nuremberg, mais est maintenant interné au camp de Hersbruck. « Il vivait en Autriche et s'est opposé au parti jusqu'en 1938. Puis je l'ai fait nommer directeur étranger des usines Skoda à Prague. C'était avant l'occupation de la Tchécoslovaquie. En réalité, je ne suis pour rien dans sa nomination, je n'ai fait que le recommander. Il est resté à ce poste jusqu'à la fin de la guerre. Mon rang n'a eu aucun effet sur sa position. »

Ce frère, Albert, avait fait un mariage heureux, « mais il a toujours fait dix ans de plus que moi. Peut-être est-ce qu'il prenait les choses trop au sérieux. Nous ne nous sommes jamais vraiment bien entendus. Pendant douze ans, nous ne nous sommes jamais adressé la parole en raison de l'attitude d'Albert envers le parti. Aucun de nous n'en voulait à l'autre. C'était une séparation de fait ». Enfants, ils n'avaient pas grand-chose en commun, du moins pour autant que

Göring s'en souvînt. Albert ne partageait pas la passion du sport de Hermann. Ils se chamaillaient pour des riens, « comme tous les gosses, mais je n'ai pas souvenir de disputes sérieuses ».

Dans les premières années, l'éducation de Göring a été confiée à un précepteur, puis il a été placé dans une école privée. Il a fréquenté un lycée privé à Fürth jusqu'à treize ans. Puis il a été inscrit à l'école des cadets, d'abord à Karlsruhe, puis à Berlin, pendant cinq ans, jusqu'à obtention de son diplôme en 1911. D'aussi loin qu'il s'en souvienne, il voulait devenir officier. « L'école des cadets avait le même programme que le lycée. On pouvait devenir avocat ou médecin au sortir de l'école. Mais je suis resté dans le corps des cadets et suis devenu officier en 1912. »

En 1912, il a rejoint le régiment d'infanterie du prince Wilhelm à Mülhausen, où il est resté de 1912 à 1914. Il dit que le régiment avait reçu le nom du prince, mais que ce n'était qu'un titre honorifique. L'usage était de donner aux régiments et aux corps le nom d'aristocrates. « Dans notre armée, on a changé ça. Il n'y avait que deux unités militaires à porter le nom d'individus. La Garde du corps Hitler, qui était une unité SS, et la Division Hermann Göring, qui était une unité diversifiée, essentiellement une panzer division, mais qui relevait de l'armée de l'air. Dans celle-ci, il y avait l'Escadron Richthofen, qui a conservé son nom. J'ai succédé à Wolfram Freiherr von Richthofen. »

Göring semblait peu intéressé par tous ces détails. J'ai observé qu'il me semblait un peu abattu ou tout au moins songeur. « Vous savez quoi, je pense à mon frère Albert. Vous m'interrogez sur mon frère et je n'ai pas grand-chose à vous dire sur lui. C'est étrange, mais vrai de tous les êtres humains. Je viens juste de comprendre pourquoi nous étions étrangers l'un à l'autre. Il a toujours été l'antithèse de moi. Il ne s'intéressait ni à la politique ni à l'armée ; moi si. Il était posé, renfermé ; j'aime la foule et la compagnie. Il était mélancolique et pessimiste ; et moi, je suis optimiste. Mais ce n'est pas un mauvais gars, Albert. »

Göring donnait l'impression de s'en être bien sorti après cette énumération des différences entre lui et son frère cadet. Il s'est lancé dans la description de sa carrière depuis le début de la Première Guerre mondiale. Il a été lieutenant d'infanterie sur le front et a participé aux toutes premières batailles jusqu'en octobre 1914. Puis il a rejoint l'armée de l'air. Il a été observateur aérien jusqu'en juin 1915, puis est devenu pilote. Il a d'abord piloté un gros bombardier puis, à l'automne 1915, il est devenu pilote d'avion de chasse. Il a été grièvement blessé en 1916 au cours d'une bataille aérienne. Dans l'été 1918, il a été nommé commandant de quatre escadrilles – c'est-à-dire de la plus grande formation aérienne dans la dernière guerre. Il a précisé qu'à la fin de cette guerre les Anglais avaient la plus forte armée de l'air, mais que les Américains n'avaient qu'une poignée d'appareils médiocres, qui n'entrèrent en action que vers la fin de la guerre. Il a dit que sa blessure ne l'avait tenu à l'écart du service actif que trois mois sur toute la durée de la guerre, en 1916. Deux mois durant, il a gardé le lit à l'hôpital, et le dernier mois il est allé récupérer dans une station de montagne.

« *Ach*, a-t-il bredouillé, je vis dans le présent, pas dans le passé. Toutes ces réminiscences, c'est du poisson mort. » De toute évidence, son évocation du passé était si morne qu'elle lui était désagréable. Il avait envie de parler de souvenirs plus récents, des gloires qui avaient été les siennes sous le IIIe Reich, des personnalités figurant parmi les accusés, de tout sauf de lui et de sa vie personnelle. S'est ensuivie une conversation animée sur les affaires présentes, que j'ai trouvée superficielle et ennuyeuse, mais au cours de laquelle Göring a péroré comme s'il était un savant et un philosophe.

À ce stade de l'entretien, il a fait ce commentaire sur Ribbentrop. « C'est un brave type, mais on a toujours l'impression qu'il va s'effondrer d'une minute à l'autre. J'ai parfois du mal à le supporter quand il m'assomme de ses remarques à la cour. Qu'il ait accompli la volonté du Führer et suivi ses instructions, c'est exact. Il a fait plus ou moins ce que je lui ai conseillé au cours de sa défense, mais il ne sait pas s'y prendre avec l'accusation. Si j'avais été ministre des Affaires étrangères, je saurais défendre mes actions, quoi qu'ils aient sur moi. Mais Ribbentrop est tellement faible et indécis. »

Il lui était visiblement agréable de faire des commentaires sur ses coaccusés. Pour l'essentiel, il n'a rien dit pour rabaisser leurs idées ou actions politiques, mais la tentation de faire des observations acides l'a souvent emporté sur son désir calculé de présenter le régime nazi comme un corps digne d'hommes d'État à l'esprit élevé. Nous avons parlé de Hess. J'ai rapporté ce que Schirach m'avait dit : que Hess avait toujours été un type particulier, qu'il s'était probablement senti mis sur la touche en 1941 et qu'il était parti en Angleterre pour montrer son importance. J'ai répété l'analyse de Schirach, à savoir que Hess avait été pilote au cours de la Première Guerre mondiale, tout comme Göring, mais aussi qu'il l'était devenu à la fin de la guerre et n'avait pas été distingué. Schirach pensait que, peut-être inconsciemment, il s'était envolé pour l'Angleterre afin de montrer au monde que, lui aussi, il était un grand pilote.

Göring a souri. De toute évidence, il ne voulait rien corroborer de ce que Schirach avait pu dire à ce moment parce que les tensions inexprimées entre les deux hommes ne cessaient de croître. Göring savait que Schirach allait abandonner la politique du « front uni » que lui-même faisait tout pour maintenir. Il savait que Schirach avait décidé de reconnaître que Hitler était un meurtrier, par exemple, et cela allait certainement contre la tactique de Göring, qui était de placer les nazis sur une base respectable, de feindre d'ignorer les atrocités, le bellicisme et la corruption générale du régime. Néanmoins, Göring ne put s'empêcher de faire quelques observations sur Hess.

« D'aussi loin que remontent mes souvenirs, Hess a toujours été un peu déséquilibré. Pourquoi le Führer l'a gardé à la tête du parti était un mystère pour la plupart des gens, mais quant à moi il m'a toujours semblé que c'était l'expression de la fidélité de Hitler à ses vieux amis. Je me souviens que Hess a eu un jour une idée lumineuse pour me soigner d'une névralgie dont je souffrais à l'époque. Ce devait être en 1936 ou dans ces eaux-là. En tout cas, un jour est arrivée toute une batterie de cuisine. Il y en avait de toutes les tailles. Je ne savais pas à quoi les récipients étaient destinés. L'un était pour me tremper le bras, l'autre l'avant-bras, un autre encore la jambe, et ainsi de suite. Je l'ai appelé et lui ai demandé pourquoi il m'avait envoyé toutes ces casseroles : peut-être imaginait-il que j'avais envie de me fabriquer un aquarium ? Mais Hess m'a expliqué que je lui avais dit souffrir d'une névralgie et que c'était le traitement adéquat. Je l'ai remercié au téléphone et j'en ai ri des jours durant. »

Selon Schirach, ai-je repris, on disait que Hess avait dans son bureau un pendule dont il se servait pour savoir si les lettres qu'il recevait méritaient qu'il réponde ou non – si l'auteur était un ami ou un ennemi. Si le pendule oscillait dans une direction, c'est que la lettre était bonne ; s'il oscillait dans l'autre, c'est qu'elle était mauvaise. Göring savait-il quoi que ce soit de la véracité de cette histoire ?

« Bien entendu. Je l'ai vu, le pendule de Hess, et il s'en est servi. Je n'ai jamais prêté la moindre attention à ses idées bizarres. Il était tranquille et n'embêtait personne. J'ai connu un grand chirurgien qui s'en remettait à un pendule analogue, qui s'en servait de la même façon que Hess. Visiblement, c'est une superstition répandue. » Et Göring d'enchaîner : de toute évidence, ce n'est pas Hitler qui a eu l'idée que Hess s'envole pour l'Angleterre ; c'était trop bête. « Il y avait bien d'autres façons de négocier une paix avec l'Angleterre si c'était ce que voulait Hitler. Nous pouvions passer par nos représentants en Suède ou en Suisse. »

Il est revenu au sujet de son attitude envers Ribbentrop. « Ribbentrop devrait dire : "C'est ma politique. Je la défends. Si un tribunal étranger me juge pour ce que j'ai fait dans un État souverain en tant que ministre des Affaires étrangères, ce n'est pas son affaire." Voilà ce que j'aurais dit si j'étais dans sa situation quand il a été appelé à la barre. Au lieu de quoi, il a multiplié les mémorandums spécieux, les notations légalistes et les longues explications. Je ne crois guère à ce type de défense. Une défense devrait être comme la mienne : claire, directe, sans faire de quartier avec l'accusation. Ils ne peuvent pas forcer un étranger à rendre compte de ses actions dans son propre pays. Ce n'est pas l'affaire d'un tribunal. Personnellement, je me suis servi du tribunal pour adresser à l'histoire et au peuple allemand une dernière déclaration sur le régime national-socialiste et le rôle que j'y ai joué. Quant au contre-interrogatoire, je n'en avais rien à foutre ! J'ai été poli, mais ferme. J'ai répondu aux questions intelligemment.

« Je n'ai jamais eu une très haute idée des capacités de Ribbentrop. En tant que ministre des Affaires étrangères, il manquait d'intelligence et d'expérience. Quand Hitler a choisi Ribbentrop, j'y étais hostile. Je souhaitais que Neurath reste en place. Ce n'était pas un homme à poigne, et Hitler pouvait lui dire que faire, mais il le ferait plus intelligemment et avec plus de finesse que Ribbentrop. »

Il me semblait, ai-je observé, que Hitler s'entourait de personnages étranges, faibles, comme les deux dont nous discutions à l'instant, Hess et Ribbentrop. Göring n'a pas répondu tout de suite, mais il a fini par lâcher d'un ton sec : « Je n'ai jamais prétendu que, dans les dernières années, Hitler était du genre à supporter la moindre divergence de vue. Au début, je pouvais lui dire le fond de ma pensée, tout au moins en privé. J'étais souvent en désaccord avec lui. Par la suite, c'était impossible, il attendait de tous, moi compris, qu'on dise "oui" à chacune de ses paroles.

« Même dans les premières années de la guerre, j'avais beaucoup d'influence sur Hitler. J'ai tenu la Suède à l'écart de la guerre, alors que Hitler voulait envahir ce pays. Par le truchement de mes amis en Suède, j'ai réussi à amener le roi Gustave à écrire une note à Hitler, pour lui signifier que la Suède résisterait à une invasion. Hitler m'a interrogé à ce sujet et j'ai répondu que Gustave avait entièrement raison. Qui plus est, qu'avait-on à gagner à tracasser un pays neutre qui nous était plus utile hors de la guerre que dedans ? Les Suédois savent que j'ai épargné la guerre à leur pays. Birger Dahlerus, mon témoin, le sait [1]. »

Notre conversation se poursuivit sur Hitler. Visiblement, Göring essayait délibérément de me parler d'un ton enjoué des gens sans faire la moindre allusion à leur faiblesse, si ce n'est inconsciemment, en raison de son désir de maintenir sa ligne de solidarité avec tout ce qui était nazi, tous les « bons nazis », et forger ainsi la légende d'une trahison par l'un ou l'autre expliquant la défaite de l'Allemagne et le changement de personnalité de Hitler. Et la mort de Hitler ? ai-je demandé. Croyait-il vraiment au suicide de Hitler ? Si tel était le cas, n'était-ce pas un geste de lâcheté ? Göring a pris un air de désaveu loyal devant l'effronterie qui me conduisait à lui demander si Hitler n'avait pas commis une lâcheté. « Non, ce n'était certainement pas lâche. Vous imaginez cet homme dans une cellule comme celle-ci ? Hitler était l'esprit et le symbole de l'Allemagne. On n'a pas jugé le kaiser Guillaume après la dernière guerre, ils ne jugent pas l'empereur Hiro-Hito du Japon. Mais probablement auraient-ils jugé Hitler. Je suis ici à la place de Hitler. Ce n'était pas lâcheté de sa part que de laisser d'autres assumer la responsabilité de ses actes. Comme je l'ai dit à la cour, c'est une responsabilité que je suis ravi d'assumer à la place de Hitler. » Il n'y avait guère de conviction dans sa voix alors qu'il prononçait ces mots valeureux. Comme s'il avait joué un air éculé et dont la musique n'était pas dans le ton.

Il s'est dit certain que Hitler s'était suicidé, Speer lui ayant rapporté que le 22 avril 1945 Eva Braun lui avait dit qu'elle et le Führer avaient l'intention de mourir ensemble à Berlin. Je lui ai demandé s'il connaissait Eva Braun et quel genre de femme c'était. J'ai ajouté que le Dr Brandt, le médecin personnel de Hitler, m'avait raconté que ce dernier répétait souvent : « Plus l'homme est grand, plus il doit avoir une femme petite. » L'occasion avait été donnée à Göring de souligner la respectabilité de Hitler et du nazisme. Il a répondu avec hauteur : « Le Führer, comme moi, avait un grand respect des femmes. Il était satisfait d'Eva. Je ne l'ai jamais bien

1. Birger Dahlerus était un ami de Göring. Les documents de la cour le présentent comme un particulier suédois désireux de faciliter les négociations anglo-allemandes au début de la Seconde Guerre mondiale. En réalité, à la fin de septembre 1939, Göring essaya d'amener les Britanniques à accepter que l'Allemagne ait les mains libres en Pologne et puisse résoudre la « question juive » comme bon lui semblait. Dans un premier temps, Dahlerus pensa être utilisé comme un courtier de paix, mais il finit par se rendre compte qu'il s'était laissé duper par Göring et, dans une certaine mesure, par Hitler. À ce propos, voir Richard Overy, *Göring : The « Iron Man »*, Londres, 1984, p. 93.

connue, je ne l'ai vue que deux fois. Elle ne vivait que pour Hitler, comme ce devait être. Ce n'était pas une grande beauté, mais elle n'était pas moche. Elle avait une personnalité douce, je crois. Hitler a toujours désapprouvé les dirigeants du parti qui divorçaient pour épouser des femmes plus jeunes. On le voit ici parmi les accusés. Frick et Schacht, par exemple, se sont mariés contre le vœu de Hitler. Vous vous rendez compte que Schacht, à près de soixante-dix ans, est marié à une femme relativement jeune ? Et Schacht qui joue aujourd'hui les Père-la-morale ! »

Hitler avait-il vraiment beaucoup de considération pour les petites gens ? Là encore, Göring a paru digne, affectant de mépriser l'idée même qu'on puisse contester les mobiles de l'homme qui « symbolisait » l'Allemagne. « Il a consacré sa vie entière à la nation allemande. » Il a semblé ne plus vouloir ajouter un mot sur ce sujet. J'ai continué un moment, tout en feignant d'ignorer plus ou moins son dédain. Qu'en était-il du testament de Hitler ? Schirach, Speer, Fritzsche et d'autres accusés ont dit souvent que ce testament montrait à quel point Hitler était mégalomane, et combien il se souciait peu des gens. Tout le tempo de son testament, si l'on en croit Schirach, ai-je poursuivi, consistait à s'en prendre violemment aux autres pour les blâmer de la défaite de l'Allemagne, à flétrir le peuple allemand et ainsi de suite.

Göring s'est agité. Pour la première fois de notre entretien du jour, il a paru inquiet et sur la défensive. « Pour commencer, je suis certain que Hitler n'a pas écrit lui-même ce foutu testament. Probablement est-ce un cochon du style Bormann qui l'a écrit pour lui. Mais, de toute façon, je ne vois pas ce qu'il y a de si terrible dans ce testament quand vous l'examinez. Il ne se passait pas une minute sans que Berlin fût bombardée. Le fracas d'artillerie de ces pouilleux de Russes, les bombardiers américains et britanniques au-dessus de nos têtes. Peut-être Hitler a-t-il été légèrement déséquilibré par tout cela. S'il a écrit le testament à ce moment-là, c'était de l'hystérie. Mais, au fond, ça change quoi ? »

Je me suis tu un moment. Göring changeait de position nerveusement. « Probablement me croyez-vous jaloux parce que Hitler a nommé Dönitz pour lui succéder. Ridicule. J'étais trop important pour qu'il me nomme. Moi aussi, j'étais un symbole de l'Allemagne. Qui était Dönitz ? Un petit amiral qui pouvait négocier une paix. Qui Hitler aurait-il pu nommer ? Certainement pas Ribbentrop, à qui on ne faisait pas confiance à l'étranger. Pas moi, son contemporain le plus en vue ! »

N'y avait-il donc rien chez Hitler qu'il désapprouvât ? « Certes, au fil des ans, il y a beaucoup de choses que j'ai désapprouvées.

Mais à compter de 1941, je n'ai guère fréquenté Hitler, sauf dans les occasions officielles. Il y avait le cercle de fer intérieur, composé de Bormann, Himmler et Ribbentrop. Je crois que les atrocités, si elles ont existé – et attention, je ne les crois pas techniquement possibles ou, si elles ont eu lieu, je ne crois pas que Hitler les ait ordonnées –, ça a dû être Goebbels ou Himmler. La seule chose qui m'amuse dans le final de Hitler, c'est son mariage sentimental avec Eva Braun. Un peu trop dramatique et sentimental. Il aurait pu s'en passer. »

J'ai rappelé que, quelques minutes plus tôt, il avait évoqué l'idée que Hitler était peut-être un peu déséquilibré. De quelle façon, par exemple ? « Je ne crois pas qu'il ait jamais été fou. Non. Je pensais au fracas et au bruit des bombardements à Berlin quand il a rédigé son testament. S'il a perdu pied, c'était aussi à cause des défaites militaires qui auraient pu être évitées s'il n'avait été trahi par certains de ses généraux et d'autres. L'attentat du 20 juillet 1944 était un signe de la trahison de certains généraux. »

J'ai dit que nous nous étions beaucoup éloignés du sujet, mais que la conversation avait été intéressante. Göring a souri : « C'est mieux que deux APC [1]. J'en ai oublié ma sciatique. Vous revenez demain ou vous pensez que je peux aller au tribunal ? » Ça dépendrait de comment il se sentirait, ai-je répondu. « Bien, je crois que je resterai là demain. La cour n'est pas très intéressante ces jours-ci. » J'ai observé que Schirach était à la barre. « Je préférerais être là pour son contre-interrogatoire », a-t-il dit en riant. « De toute façon, je sais ce qu'il va dire. »

28 mai 1946

Ce soir, Göring se trouvait dans sa cellule. Il fumait sa longue pipe de chasse bavaroise et avait l'air plutôt abattu quand je suis entré avec M. Triest. Il a eu un sourire forcé, essayant de paraître enjoué tout en nous invitant à nous asseoir. Je lui ai demandé où en était sa sciatique : il a répondu que ça allait beaucoup mieux. Il s'est remis à bien marcher et tout signe de névrite sciatique a disparu.

J'ai observé qu'il avait l'air passablement « abattu » et je lui ai demandé si quelque chose le déprimait. Il a fixé le mur d'un air songeur : « Eh bien, cette sciatique m'a un peu abattu, mais je dois avouer que, d'une façon générale, je ne me sens pas aussi allègre

1. L'APC est un produit pharmaceutique composé d'aspirine, de caféine et de phénacétine.

que je pourrais l'être. Moi-même je ne le comprends pas. Par ailleurs, je suis prisonnier, dans un procès où je risque ma vie, dans une position très rabaissée par rapport à celle dont j'ai joui de longues années, et j'imagine que c'est normal que je me sente à l'occasion à plat. Vous savez, je passe une bonne partie de mon temps à rêvasser. Par exemple, quand les choses sont ennuyeuses ou désagréables à la cour, je peux fermer les yeux derrière mes lunettes noires et je vis pour ainsi dire dans le passé. Je pense aux nombreux moments agréables que j'ai connus. Par exemple, je pense aux grandes soirées que j'organisais souvent à Karin Hall ou à ma popularité parmi les Allemands, ce qui me procure beaucoup de plaisir et de satisfaction. Je suis certain de rester dans l'histoire comme un homme qui a fait beaucoup pour le peuple allemand. Ce procès est un procès politique, pas criminel. S'il y a eu des crimes perpétrés par le parti, les SS ou même l'armée, comme le dit l'accusation, je n'y suis assurément pour rien. Il est vrai que ma position de numéro deux dans la hiérarchie politique, juste après Hitler, rend ridicule une telle déclaration. Peut-être n'ai-je pas voulu voir le vrai sens de ce qui se passait en Allemagne, mais c'est toujours au bénéfice des petites gens que je me suis battu. J'ai fait état des grandes réceptions que j'organisais à Karin Hall, mais elles étaient rares et espacées. Pour l'essentiel, j'avais l'éthique la plus haute et les objectifs les plus nobles. »

Voulait-il bien m'en dire plus sur ses collections d'art ? « Je suis ravi que vous me posiez la question, parce que c'est une chose à laquelle j'ai eu peu l'occasion de répondre à fond devant la cour. On a essayé de me dépeindre comme un pilleur de trésors artistiques. Pour commencer, dans une guerre, tout le monde pille un peu. Toutefois, dans mes soi-disant pillages, rien n'était illégal. Sans doute ai-je payé un prix modeste – un prix moindre que la valeur des articles –, mais je les ai toujours payés ou ils m'ont été livrés par les circuits officiels *via* la Division Hermann Göring, qui, avec la commission Rosenberg, a alimenté ma collection d'œuvres d'art. Peut-être une de mes faiblesses a-t-elle été que j'aime être entouré de luxe et que j'ai un tel tempérament artistique que les chefs-d'œuvre me font vivre et m'illuminent intérieurement. Mais mon intention a toujours été de remettre ces trésors artistiques – peintures, sculptures, retables, bijoux, etc. – à un musée d'État après ma mort ou avant, pour la plus grande gloire de la culture allemande. De ce point de vue, je ne vois pas ce qui était éthiquement répréhensible. Ce n'est pas comme si j'avais accumulé les trésors pour les revendre ou m'enrichir. J'aime l'art pour l'art et, comme je l'ai dit, ma personnalité requérait que je sois entouré des meilleurs spécimens de l'art du monde entier [1]. »

J'ai répondu que cela me paraissait très clair et que mon interprétation de son accumulation d'œuvres d'art était qu'il n'était jamais plus heureux qu'au milieu du luxe, que c'était une facette de sa personnalité, et qu'il ne l'avait jamais prise très au sérieux. J'ai cependant ajouté qu'aux yeux du monde il avait accaparé des trésors qui, depuis des siècles, appartenaient à d'autres pays pour les ramener chez lui, et ce en grosses quantités, ce qui en soi n'était pas une activité louable. Göring a hoché la tête : « Vous êtes le premier qui paraisse le comprendre. Tout ce que vous avez dit, je l'admets. De toutes les accusations qui ont été portées contre moi, c'est mon prétendu pillage des œuvres d'art qui m'a causé la plus vive angoisse. Or cela n'a pas été fait dans un esprit de pillage. J'aime être entouré de belles choses. Mais, quoi qu'il en soit, en dernière analyse, je ne les voulais pas pour moi. Elles seraient allées dans les musées d'Allemagne, pour la postérité. Si je ne les avais pas prises, elles se trouveraient pour l'essentiel entre les mains de ces foutus Russes. » Göring a souri, comme s'il avait marqué un point.

Je lui ai demandé son opinion sur les Russes, pourquoi il ne cessait de les appeler ces « foutus Russes », et d'où lui venait son évidente antipathie pour le peuple russe. « Les Russes sont des primitifs. En outre, le bolchevisme est quelque chose qui étouffe l'individualisme et qui va contre ma nature intérieure. Le bolchevisme est pire que le nazisme : en fait, on ne peut le comparer à lui. Le bolchevisme est contre la propriété privée, et je suis sans réserve partisan de la propriété privée. Le bolchevisme est barbare et grossier, et je suis absolument convaincu que les atrocités commises par les nazis, dont soit dit en passant je n'ai rien su, étaient loin d'être aussi grandes et cruelles que celles commises par les communistes. Je déteste viscéralement les communistes parce que je hais le système. L'illusion que tous les hommes sont égaux est ridicule. J'ai le sentiment d'être supérieur à la plupart des Russes, non seulement parce que je suis allemand, mais aussi parce que mes origines culturelles et familiales sont supérieures. Quel paradoxe de voir ces paysans russes mal dégrossis revêtus de l'uniforme de général pour me juger, moi ! Si cultivé que puisse être un Russe, il restera un barbare asiatique. En second lieu, les généraux russes et le gouvernement russe préparaient une guerre contre l'Allemagne parce que, d'un point de vue idéologique, nous représentions pour eux une menace.

1. Pour une étude approfondie de l'art et de la politique sous Hitler, cf. Jonathan Petropoulos, *Art as Politics in the Third Reich*, Chapell Hill, 1996.

« Dans l'État allemand, j'étais le principal adversaire du communisme. J'admets volontiers et fièrement que c'est moi qui ai créé les premiers camps de concentration pour y interner les communistes. Je vous ai raconté cette histoire drôle ? Comment j'ai envoyé en Espagne un bateau plein de briques et de pierres, sous lesquelles j'ai mis une simple couche de munitions qui avaient été commandées par le gouvernement des Rouges en Espagne. C'était une bonne blague, et j'en suis fier parce que je souhaitais de tout cœur la défaite finale du communisme russe en Espagne. »

J'ai dit qu'il y avait quantité de choses, dans sa vision du monde, que je ne comprenais pas vraiment. Pour commencer, qu'en était-il de son idée de l'importance du serment de loyauté, et de cette histoire selon laquelle les ordres ont une importance suprême ? « C'est encore autre chose. Je suis ravi que vous me posiez la question. Nous autres, Allemands, considérons qu'un serment de loyauté est plus important que tout. Ce que ce tribunal ne comprend pas, c'est qu'accepter les ordres est une excuse légitime pour faire n'importe quoi ou presque. Le tribunal a tort. Rappelez-vous, j'ai dit presque tout. Je ne juge pas que l'extermination des femmes et des enfants soit normale, même s'il y a eu prestation de serment. Pour ma part, j'ai peine à croire que des femmes et des enfants ont été exterminés. Ce doit être ce criminel de Goebbels, ou Himmler, qui ont poussé Hitler à une chose aussi ignoble. S'agissant de ces procès, je suis très cynique. Ces procès sont livrés dans l'enceinte du tribunal par la presse mondiale. Tout le monde sait que les Français et les Russes qui sont juges ici se sont mis dans l'idée que nous sommes tous coupables et qu'ils ont reçu leurs instructions de Paris et de Moscou pour nous condamner longtemps avant le début du procès. C'est pour ainsi dire planifié, et le procès n'est qu'une farce. Peut-être les juges anglais et américains essaient-ils de conduire un procès légitime. Mais même dans leur cas, j'ai mes doutes. »

Je lui ai demandé de me faire part de ses autres réflexions ou impressions sur les procès pour autant qu'il eût une opinion. Göring a paru las et pas trop enclin à parler longuement. Il a dit cependant : « Franchement, mon intention est de transformer ce procès en parodie. J'ai le sentiment qu'un pays étranger n'a pas le droit de juger le gouvernement d'un État souverain. Je me suis abstenu de toute remarque critique à l'égard de mes coaccusés. Ils n'en forment pas moins un groupe mélangé, peu représentatif. Certains d'entre eux sont tellement insignifiants que je n'en avais même pas entendu parler. J'admettrai qu'ils ont raison de me compter au nombre des nazis importants qui ont dirigé l'Allemagne. Mais pourquoi inclure Fritzsche ? Il était un chef de section parmi beaucoup d'autres au ministère de la Propagande. Puis ils jugent un homme comme Funk, qui n'est coupable de rien. Il a suivi les ordres, et c'étaient les miens. Puis ils jugent un type comme Keitel, qui, même s'il avait le titre de feld-maréchal, était un petit qui exécutait toutes les instructions que lui donnait Hitler. De tous les accusés, les seuls qui soient assez grands pour mériter d'être jugés, ce sont moi, Schacht, Ribbentrop peut-être, bien qu'il ne fût qu'un faible écho de Hitler, Frick, qui a proposé les lois de Nuremberg, et peut-être quelques autres, comme Rosenberg et Seyss-Inquart. Les autres étaient des suiveurs et ne prenaient guère d'initiative [1].

« Puis il y a cette farce du procès contre l'état-major général. Ces militaires n'ont jamais été d'aucune conjuration pour faire la guerre ; ils n'ont fait que recevoir les ordres et les exécuter comme le ferait tout soldat ou officier allemand. S'il y a eu conspiration, ce fut entre ceux qui sont morts ou portés disparus : je veux dire, Himmler, Goebbels, Bormann et, naturellement, Hitler. J'ai toujours eu le sentiment que Bormann était un type de criminel primitif et je n'ai jamais eu confiance en Himmler. Je les aurais virés. » Göring a eu un sourire entendu, puis il a ajouté : « Vous savez, il y a bien des façons subtiles de se débarrasser d'un homme. Par exemple, on peut le renvoyer du jour au lendemain, mais si cet individu a du pouvoir et des soutiens c'est moins efficace que de réduire lentement ses pouvoirs en lui donnant de plus en plus des titres vides de sens. Dans le cas de Himmler, je l'aurais promu sur le papier et l'aurais nommé chef de ceci ou de cela, mais finalement il aurait perdu son pouvoir. J'aurais commencé par lui enlever les pouvoirs de police, puis j'aurais pris moi-même le contrôle des SS. De cette façon, il n'y aurait pas eu de massacres de masse. Car Hitler avait beau être un génie et une forte personnalité, il n'en était pas moins influençable, et Himmler, Goebbels ou les deux ont dû le pousser à aller de l'avant avec ce projet idiot de chambres à gaz et de crématoires pour éliminer des millions de gens.

« Même si l'on n'avait aucun scrupule à exterminer une race, le sens commun nous dicte que dans notre civilisation c'est barbare et que ça susciterait de vives critiques à l'étranger comme à l'intérieur, que ce serait condamné comme le plus grand acte criminel de l'histoire. Comprenez-moi bien : je ne suis pas un moraliste, même si j'ai mon propre code chevaleresque. Si j'avais vraiment le sentiment que le massacre des Juifs signifiait quelque chose, par

1. Pour le contexte précis du processus de décision et de ces lois, voir Ian Kershaw, *Hitler 1889-1936 : Hubris*, Londres, 1998, p. 568-569 ; *Hitler. 1889-1936 : Hubris*, trad. fr. P.-E. Dauzat, Paris, Flammarion, 1999, p. 805-808.

exemple qu'il signifiait la victoire, je ne m'en tracasserais pas outre mesure. Mais c'était tellement absurde, et ça n'a fait aucun bien à personne, si ce n'est donner une mauvaise réputation à l'Allemagne. J'ai ma conscience et j'ai le sentiment que tuer des femmes et des enfants du simple fait que ce sont les victimes de la propagande hystérique de Goebbels n'est pas une manière d'homme du monde. Je ne crois pas que j'irai au ciel ni en enfer à ma mort. Je ne crois pas à la Bible ni à quantité de choses que croient les esprits religieux. Mais je respecte les femmes et je ne trouve pas ça très chic de tuer des enfants. Voilà surtout ce qui me tracasse dans l'extermination des Juifs. La seconde chose que je désapprouve, c'est la réaction politiquement défavorable qu'un programme d'extermination aussi absurde s'attire nécessairement. Pour ma part, je m'estime exempt de toute responsabilité dans les massacres de masse. Certes, en tant que numéro deux de l'État après Hitler, j'ai eu vent de rumeurs sur les massacres collectifs de Juifs, mais je n'y pouvais rien et je savais qu'il était inutile d'enquêter sur ces rumeurs pour savoir de quoi il retournait exactement, ce qui n'aurait pas été trop difficile, mais j'étais occupé à d'autres choses, et si j'avais découvert ce qui se passait concernant les meurtres de masse, le seul effet aurait été que je me serais senti mal alors que, de toute manière, je ne pouvais pas faire grand-chose pour l'empêcher. »

J'ai interrogé Göring sur son attitude initiale envers Hitler, pourquoi il l'avait rejoint. « Eh bien, j'étais contre le traité de Versailles et j'étais contre l'État démocratique, incapable de résoudre le problème du chômage et qui, au lieu de faire de l'Allemagne une puissante nation, la transformait en petite nation de seconde zone. Je suis un nationaliste allemand et j'ai des idéaux élevés pour l'Allemagne. Je suis convaincu que la culture allemande, alors même que l'Allemagne est aujourd'hui en ruine, est la plus grande du monde, parce que c'est nous qui avons l'art, la musique, les capacités industrielles, etc., les plus grands. Ça me fait rire, quand j'entends les Anglais prétendre que leur nation est si merveilleuse. Tout le monde sait que les Anglais sont en vérité des Allemands, que les rois d'Angleterre étaient des Allemands, et qu'en Russie les empereurs étaient d'origine allemande ou avaient reçu leur éducation en Allemagne. J'ai rencontré Hitler en 1922, dans un meeting, et au début il ne m'a pas fait très grande impression. Comme moi, il n'a pas dit grand-chose lors de cette première rencontre. Quelques jours après, je l'ai entendu prononcer un discours dans une brasserie de Munich où il a parlé d'une grande Allemagne, de l'abolition du traité de Versailles, d'armes pour l'Allemagne et de la gloire future du peuple allemand. Aussi ai-je joint mes forces aux siennes et suis-je devenu membre du parti national-socialiste. C'était au temps où Hitler était un tout petit homme politique, bien que ses idées fussent grandes. Il était honoré de me compter parmi ses compagnons parce que j'avais quelque renom comme successeur de Richthofen. Hitler m'a demandé de me charger des SA, qui à l'époque étaient en cours de formation pour devenir une organisation militaire. Je me suis beaucoup amusé. À cette époque, Hitler était ouvert à la suggestion et, si j'y réfléchis, j'ai joué un rôle vital dans son accession finale au pouvoir. Je suis convaincu que, avec ou sans Hitler, j'aurais été un homme d'État et une force militaire de premier plan en Allemagne et que j'aurais réussi à gagner une guerre. En fait, si je n'avais pas été remplacé dans la confiance de Hitler par des hommes inférieurs comme Bormann et Himmler, j'aurais pu influencer encore Hitler et, qui sait, éviter une guerre.

« J'ai déclaré à la cour et je vous répète que ce n'est pas Hitler ni l'Allemagne, mais les Alliés qui ont déclenché cette guerre. Votre pays a obligé l'Angleterre à entrer en guerre quand nous avons envahi la Pologne. L'Angleterre était tout acquise à l'apaisement, pas à la guerre. Je crois que le duc de Windsor, qui était roi, a abdiqué non pas parce qu'il a épousé une Américaine, mais parce qu'il était un ami de l'Allemagne et a vu combien nous étions dans notre droit, tandis qu'il prévoyait que l'Amérique allait entraîner l'Angleterre dans une guerre [1]. »

J'ai observé alors que ses vues étaient très différentes des miennes, mais que ça m'intéressait néanmoins de les entendre. Je lui ai demandé de m'en dire davantage sur ses sentiments à l'égard de la guerre, des procès, de Hitler, etc. Göring a eu un sourire désabusé : « Eh oui, j'imagine que c'est pour moi la dernière occasion de dire au monde, par votre intermédiaire, tout ce que je sais et tout ce qu'a toujours été ma vision du monde. Ce qui est étrange, dans tout ça, c'est que je ne me sens pas criminel et que si j'avais été aux États-Unis, en Amérique du Sud ou partout ailleurs, j'aurais probablement été un dirigeant dans l'un de ces pays. Je suis un capitaliste et un homme de culture. C'est pourquoi je ne supporte pas cette prison où je suis traité comme un voleur ou un petit criminel. Je dois me surveiller à chaque instant. Si je me laisse aller à mes réactions spontanées – me moquer des Russes quand ils essaient de procéder à un contre-interrogatoire ou, autre exemple, quand je ris

1. Edward, duc de Windsor (1894-1972), abdiqua du trône britannique en 1936 afin d'épouser Wallis Simpson. Le couple s'installa d'abord à Paris, puis à Madrid, en 1940, lorsque la France s'effondra, avant de rejoindre les Bahamas le 1er août 1940, sans se douter des intrigues allemandes autour d'eux. Des rumeurs continuent de courir sur les sentiments positifs du duc envers Hitler et le IIIe Reich.

devant les preuves des atrocités commises, ce qui, je l'ai déjà expliqué, ne signifie pas que je crois que c'est amusant, mais c'est qu'il est dans ma personnalité de rire face à l'adversité –, le Dr Gilbert a l'impression que je tourne les atrocités en dérision et on me traite comme un sale gosse. Je suis profondément convaincu que ce procès est une mascarade et que le jour viendra où vous, les Américains, vous en aurez assez des perturbateurs russes et que vous me verrez, moi et mes activités, sous un tout autre jour.

« L'accusation de conspiration est une farce. Tout cela remonte au traité de Versailles et au fait que l'Allemagne a été contrainte de prendre des mesures pour retrouver sa dignité nationale. La République de Weimar était un échec et j'en avais assez de la soi-disant démocratie. Cette forme de gouvernement peut bien marcher en Amérique, tout comme le communisme en Russie, mais elle n'est pas pour nous, Allemands. Elle n'est pas une chose naturelle pour moi ni pour mon peuple. Nous autres, Allemands, sommes apolitiques et une élection peut être manipulée comme on veut tant les gens sont naïfs. C'est pour cette raison que j'ai cru au principe du chef. L'Allemagne aura besoin à l'avenir d'un leader fort comme elle en a toujours eu besoin. »

Rudolf Hess
1894-1987

Rudolf Hess fut chef adjoint du parti. Tout indique qu'il n'avait plus toute sa tête au moment des procès de Nuremberg. Reconnu coupable de conjuration criminelle et de crimes contre la paix, il fut condamné à la prison à vie.

Malgré les appels à sa libération pour raisons humanitaires, il resta à la prison de Spandau jusqu'à sa mort, à quatre-vingt-douze ans.

8 juin 1946

Rudolf Hess était alité et, bien qu'il fît chaud ce jour-là, il avait un manteau et plusieurs couvertures. Il avait cette même expression du visage pincée, peinée, avec les lèvres serrées et les masséters saillants. Il a dit souffrir aujourd'hui de crampes d'estomac inhabituellement douloureuses. Je lui ai demandé où en était sa mémoire et il a répondu qu'elle était « très mauvaise ». Il a paru convaincu aujourd'hui que la graisse qu'il absorbait dans ses aliments contenait trop de sel, et que le sel n'était pas bon pour sa santé. Il a demandé une autre sorte de graisse, du beurre (si possible) sans sel. Il s'est dit aussi convaincu que le café du matin l'affaiblissait et s'est demandé si, de ce fait, il ne pouvait pas avoir un autre type de breuvage.

Nous avons de nouveau parlé de sa jeunesse. J'ai expliqué que je jugeais ce genre de discussion plus profitable pour stimuler sa mémoire que les tests formels de mémoire. Il s'est dit d'accord puisque ce genre de discussion l'avait aidé jusqu'à un certain point par le passé. Aujourd'hui, il a dit pouvoir se souvenir que son père avait été marchand en Égypte sans être capable de se rappeler ce qu'il vendait ni quel commerce il pratiquait. Il ne se souvenait ni de la personnalité de son père ni de ce à quoi il ressemblait. Il croyait que son père était un homme accommodant, mais ce n'était qu'une hypothèse, peut-être un effet de ma question pour savoir si c'était un homme dur ou facile. Il ne se souvenait pas non plus de la personnalité de sa mère. Il dit qu'il avait dû la voir peu de temps avant son voyage en Angleterre parce qu'elle vivait alors en Allemagne. Il a ajouté qu'il avait un frère et une sœur, Alfred et Margaret, tous deux plus jeunes que lui. Il se souvenait qu'Alfred était marchand, tout comme son père.

Alfred et son père avaient quitté l'Égypte plus tard que Hess, mais tous deux avaient fini par s'installer en Allemagne. Sa sœur, croit-il, est célibataire, mais il ne sait pas son métier ni à quoi elle ressemble. Probablement a-t-il vu son frère et sa sœur avant de s'envoler pour l'Angleterre, mais il n'en est pas sûr.

Il a dit se souvenir de la maison qu'il habitait à Alexandrie, en Égypte, avant de partir. Il a semblé excessivement complaisant et perméable aux suggestions, si bien que ces réponses n'étaient pas particulièrement fiables [1].

À son bureau, Hess avait écrit quelques mots en allemand : apparemment des règles pour rester en bonne santé qu'il avait couchées par écrit pour aider sa mémoire. M. Triest a recopié les notes, qui en traduction donnent ceci :

1. Sur le contexte et la réaction très vive de Hitler au départ de Hess pour l'Écosse, le 10 mai 1941, voir Ian Kershaw, *Hitler 1936-1945 : Nemesis*, New York, 2000, p. 369-381 ; *Hitler. 1936-1945 : Némésis*, trad. fr. P.-E. Dauzat, Paris, Flammarion, 2000, p. 550-566. Kershaw démontre de façon convaincante qu'« il n'y a pas un commencement de preuve probante et défendable » que Hitler ait été prévenu de la « mission » de Hess. De toute évidence, le bras droit du Führer s'était mis dans la tête qu'il pourrait arranger une sorte d'accord anglo-allemand avant que les Allemands ne lancent l'Opération Barbarossa, l'attaque contre l'Union soviétique qui avait été fixée peu de temps auparavant au 22 juin 1941.

Manger peu. Ne pas prendre de somnifères. Ils ne feront que perdre leur effet si jamais tu en as vraiment besoin. De même, prendre peu d'autres *médicaments* [analgésiques]. Plutôt qu'un œuf, demander *de la marmelade et du pain. Ne pas manger ni boire le matin* pour ne pas être fatigué. Demander au médecin du *jus d'orange ou de citron* de temps à autre. Ne pas manger *salé*. Sans quoi les *crampes* risquent de devenir plus fréquentes.

ALFRED JODL
1890-1946

Alfred Jodl fut chef d'état-major des opérations du Commandement suprême des Forces armées (OKW) de 1939 à 1945. Reconnu coupable à Nuremberg de complot criminel, de crimes contre la paix, de crimes de guerre et de crimes contre l'humanité, il fut pendu le 26 octobre 1946.

Le 28 février 1953, il fut innocenté à titre posthume par un tribunal allemand de dénazification qui le jugea non coupable de crimes au regard du droit international.

17 mars 1946

J'ai vu Alfred Jodl cet après-midi pour un court entretien. Il était tel qu'en lui-même : rougeaud, les traits taillés à la serpe. Il est très imbu de lui-même et la première chose ou presque qu'il a dite en m'accueillant, c'est : « Ah, vous venez voir les autres, mais moi, rarement. » J'ai répondu, par le truchement de M. Triest, que j'étais psychiatre, Jodl le savait ; et j'ai donc toujours considéré que Jodl n'avait pas particulièrement besoin de mes services. Je l'ai dit avec une pointe d'humour et c'est bien ainsi que Triest l'a traduit. Jodl n'en a pas moins pris la remarque très au sérieux : « En effet, je suis parfaitement normal, tout est en ordre, je ne vais pas devenir un cas psychiatrique. »

Je lui ai donc expliqué que je m'intéressais davantage à la personnalité des accusés et que je n'imaginais donc pas une seconde en venant lui parler qu'il fût un tant soit peu anormal. Il a répondu qu'il en avait bien conscience.

Il semblait distant, sans être hostile. Il a dit que son oncle, le professeur Jodl, avait été à l'université de Munich et était mort en 1913, que c'était un savant et un professeur de philosophie. Lui-même avait suivi les brisées de son oncle de bien des façons, a-t-il ajouté : témoin son intérêt pour la philosophie et une inclination philosophique qui lui permet d'accepter ces procès et les difficultés présentes sans être dans tous ses états. Il a le sentiment que c'est l'influence de son oncle.

Il a insisté sur sa naissance bavaroise, son tempérament bavarois, sa vieille lignée bavaroise. Il est né en 1890 à Würzburg, son père était officier d'artillerie. Il est le troisième d'une fratrie de cinq.

Études : École primaire à Landau, 1896-1899. Munich : 1899-1900. Lycée jusqu'en 1903. École des cadets de Munich, 1903-1910.

Vie conjugale : Premier mariage avec la comtesse Irma von Buillon. Elle est morte en avril 1944 après une opération. Il s'est remarié en mars 1945 avec Luise von Benda. Il m'a montré des photographies de sa première épouse, maintenant décédée, et de sa femme actuelle : elle est de profil, allongée en costume de bain – visiblement une femme beaucoup plus jeune. Sa femme assiste maintenant ses deux avocats de la défense, en prévision de son procès. Il fait valoir fièrement que, des vingt et un accusés, lui seul a deux professeurs de droit pour avocats. L'un d'eux, le professeur Franz Exner, était autrefois à Munich et a connu son oncle, le professeur Jodl.

S'agissant de son état d'esprit et de son attitude à l'heure présente, il affirme qu'il a passé toute la guerre au QG de Berlin ou ailleurs, avec le Führer, de 1939 à 1945, si bien qu'il n'est pas concerné par les atrocités ou autres brutalités de guerre. Au fond de lui, il se sent innocent, dit-il, et donc son incarcération ne le tracasse pas.

Sur sa table, derrière les photos de ses deux femmes, il a une vue panoramique de Berchtesgaden. Il a décrit en détail où se trouvait sa propre maison, et où se trouvait celle du Führer par rapport à la photo.

C'est un individu terne, qui requiert une étude lente et minutieuse. Il donne l'impression d'un homme compétent et froid, balourd et têtu comme une mule jusqu'à l'obsession – impression qui est peut-être fausse, mais qui est suggérée par son maintien, son détachement ainsi que sa remarque, quand je suis entré, sur la rareté de mes visites en comparaison de mes visites chez certains autres accusés. Visiblement, ça ne lui a pas échappé.

Ernst Kaltenbrunner
1903-1946

Officier de police autrichien, Ernst Kaltenbrunner fut un soutien actif du parti nazi et de l'annexion de l'Autriche par l'Allemagne en 1938.

En 1943, il devint le chef de l'Office central de la Sécurité du Reich (RSHA).

Reconnu coupable à Nuremberg de crimes de guerre et de crimes contre l'humanité, il fut pendu le 16 octobre 1946.

22 mars 1946

Ernst Kaltenbrunner, géant émacié au visage balafré, a fait deux épisodes d'hémorragie sous-arachnoïdienne depuis son internement en prison, la dernière attaque remontant à décembre. Depuis, il va relativement bien et il est rentré de l'Hôpital général américain, où il avait été traité.

Il est aujourd'hui occupé à travailler sur ses documents, mais il s'est réjoui d'avoir une visite dominicale. Il a déclaré que c'était pour lui un répit parce qu'il avait passé de longues heures à éplucher les preuves. C'est un homme posé, qui parle d'une voix douce et modulée, et il m'a semblé qu'il s'efforçait de donner l'impression qu'il n'était pas le féroce chef de la police et successeur de Himmler que la presse a décrit. Son humilité, son calme et ses manières n'en semblaient pas moins trahir un homme capable d'une action rude et implacable, si la possibilité lui en était donnée.

De toute évidence, il passait en revue sa défense ; après m'avoir fait prendre place sur sa chaise, avec M. Triest assis sur son lit à côté de lui, il s'est donc lancé dans une récitation très égocentrique : « Il m'est arrivé de vous parler dans le passé, mais nous avons toujours échangé des plaisanteries. Et il a toujours été admis que je suis Kaltenbrunner, ce grand sale type qui était le second et successeur de Himmler. Mais maintenant, après qu'on a traité mes hémorragies cérébrales, tant à l'hôpital qu'ici dans ma cellule, vous pouvez voir, je crois, que je ne suis pas le type fruste et désagréable qu'imagine probablement le public à cause de toutes les atrocités commises sous l'autorité de Himmler et dont je suis entièrement innocent. »

Kaltenbrunner a paru enclin à me faire un cours sur la structure et l'évolution de l'Office central de la Sécurité du Reich.

« C'était une organisation très changeante, qui a été au niveau ministériel de 1933 à 1945. Si vous ne comprenez pas la situation politique en Allemagne, il est difficile de comprendre cette structure. Je suis entré au service de Hitler en 1938. Vous rendez-vous compte que j'ai appris l'essentiel de ce qui s'est passé – les atrocités, les camps de concentration, les chambres à gaz, la terreur exercée contre les partisans et les méthodes terribles de la police elle-même contre la population allemande –, que j'en ai appris l'essentiel ici, parce que je n'ai travaillé à Berlin en tant que chef du RSHA qu'à partir de 1943 ?

« Pour vous faire comprendre, je dois partir de l'accession de Hitler au pouvoir, en 1933. Ne parlons que de la Gestapo au début de 1933. Comme dans tout autre État, il y avait des organisations de police en place, et ces policiers avaient passé des concours et étaient des fonctionnaires.

« Il y avait la police criminelle et la police politique du Reich. C'est ce qu'on appelait la Sûreté, et toutes deux furent réunies en une seule organisation en 1936. Par conséquent, vous devez comprendre que la Sûreté se composait de la police criminelle et de la police politique.

« Le second grand corps de police – mais séparé de ce premier ensemble – était la police ordinaire. Celle-ci se composait de trois parties.

« Premièrement, les gendarmes, présents dans chaque État et qui assumaient aussi les fonctions de la police criminelle dans les zones rurales. En cas de vol ou de coups de feu, on n'envoyait pas la police criminelle de Berlin ; c'étaient les gendarmes qui s'en occupaient.

« Deuxièmement, la police en uniforme des grandes villes, qui s'occupait de la circulation, du commerce, etc.

« Troisièmement, la Brigade du feu, qui avait un statut officiel en ville et qui était une organisation de volontaires à la campagne et dans les districts ruraux.

« Après 1933, toute la police criminelle, officiellement sur l'ensemble du territoire du Reich, a été rassemblée au sein du Bureau de la police criminelle du Reich [1].

« La police politique, qui existait avant 1933, a été rattachée au Geheime Staatspolizeiamt [Bureau de la police secrète d'État]. Autrement dit, la Gestapo. Calquée sur la Guépéou en Russie, c'est l'abréviation qu'ont utilisée les ennemis de l'Allemagne. Chez nous, on l'appelait, pour faire court, la "Stapo". Maintenant, juste pour que ce soit bien clair à vos yeux au cas où subsisteraient autant de doutes dans votre esprit que dans celui du tribunal à cause de ce schéma ridicule qu'il a placardé sur le mur de la salle d'audience, comprenez bien : la police criminelle et la Gestapo ne portaient pas l'uniforme, tandis que les policiers ordinaires portaient l'uniforme.

« Par la suite, les gens de la Criminelle et de la Gestapo ont été toujours plus nombreux à porter des uniformes SS en quittant les autres organisations de police pour rejoindre la SS. Cela a commencé en 1935.

« Avant l'arrivée du national-socialisme au pouvoir, les gens de la police politique étaient hostiles aux idées nazies et s'obstinaient naturellement à croire à l'ancien régime.

« La police, comme tout autre corps de métier, avait dans ses effectifs un certain pourcentage d'électeurs. Tout comme les tailleurs ou les maçons ou tout autre groupe. En 1928, par exemple, cinq pour cent des policiers votaient national-socialiste ; en 1929, dix pour cent ; en 1930, trente pour cent ; en 1931, cinquante pour cent ; en 1932, soixante-dix pour cent ; et en 1933, quatre-vingts pour cent. Autrement dit, il en allait de la police comme des autres groupes. La police, dans son ensemble, votait pour le national-socialisme. Et vous savez, c'est intéressant de savoir que, même après 1933, le pourcentage de votes nazis dans la police était légèrement inférieur à la

1. Pour plus de détails sur la police criminelle (Kripo), qui fut finalement centralisée en 1936 dans le cadre du Bureau de la police criminelle du Reich (RKPA), voir Gellately, *Backing Hitler*, p. 34-50 et trad. fr., p. 55-75.

moyenne nationale. Par exemple, après 1933, quand il y a eu des élections, soixante-dix pour cent seulement des policiers ont voté nazi, alors que le pourcentage était plus élevé dans le reste de la population. Cela tenait en partie à leurs convictions et à la peur de représailles sous pression extérieure. Tout comme votre propre programme de dénazification, mais en moins oppressif. Ce programme existait quand un nouveau parti accédait au pouvoir. Après le renversement de la République de Weimar, il a fallu créer des lois pour en finir avec elle et trouver un moyen légal de chasser du pouvoir ceux qui étaient politiquement démocrates. Après la Révolution russe, la Russie a éliminé tous ceux qui n'étaient pas communistes. Ils l'ont fait beaucoup plus ouvertement en fusillant tout le monde, sans faire de quartiers. »

Croyez-vous vraiment à cette histoire qui, quant à moi, semble relever de l'influence fasciste, et dont tant de vos accusés se servent comme d'une excuse dans leur défense ? Croyez-vous vraiment que les Russes ont fusillé « tout le monde, sans faire de quartiers » ? « Eh bien, en 1933, quand les nazis sont arrivés au pouvoir, il y a eu très peu de coups de feu, de la police ou d'autres. En 1933, des policiers ont été remplacés en Bavière ; vingt et un pour cent ont été remplacés à Berlin. Ça a été une action très modérée. On ne saurait parler de persécution chrétienne. »

Je ne comprends pas bien ce que vous voulez dire à propos de cet échange de policiers. « Eh bien, ce que je veux dire, c'est que des gens de la police ont été remplacés par des policiers nazis en Bavière en 1933, et qu'à Berlin, vingt et un pour cent des anciens services de police ont dû être remplacés par des nazis, et c'est pour cela que je dis que ce fut une action modérée [1]. Dans l'ensemble, en Bavière, il y a eu peut-être quarante policiers débarqués. On appelle ça exterminer son adversaire ? Et ce, dans des cas où des policiers s'étaient mal conduits, ou avaient eu des mots ou des gestes insultants envers des ministres nazis.

« Heydrich est arrivé en 1934. Ce sera intéressant pour l'accusation – mais ils ne paraissent pas s'en soucier, et si l'on ne connaît pas les détails on ne peut pas avoir un tableau adéquat. Vous devez connaître les caractéristiques et les objectifs personnels de Heydrich. C'était un homme terriblement ambitieux et assoiffé de pouvoir. Ce désir de pouvoir était sans mesure, et il était extraordinairement intelligent et astucieux. »

1. Sur la mythique « épuration » de la police en 1933 et la création de la Gestapo, voir Robert Gellately, *The Gestapo and German Society. Enforcing Racial Policy, 1933-1945*, Oxford, 1990, notamment p. 50-57. Voir aussi George C. Browder, *Foundations of the Nazi Police State : The Formation of the Sipo and SD*, Lexington, Ky., 1990.

J'ai demandé à Kaltenbrunner s'il avait connu Heydrich personnellement et il a répondu : « Oui. Voyez-vous, Himmler, à cette époque, était encore le chef de la SS, qui était une organisation du parti. Tout ce temps-là, j'ai joué un rôle très subalterne. Parce que la SS consistait en SS généraux, soit plus de quatre-vingt-dix pour cent des effectifs SS, et les régiments de troupes SS qui portaient des armes : la Garde du corps, les troupes du Service général, les Têtes de mort. Les troupes du Service général étaient à la disposition personnelle du Führer. La Garde du corps était un régiment de cette dernière organisation ; il y avait d'autres régiments : la Deutschland, par exemple, etc. Les Têtes de mort consistaient en trois ou quatre bataillons. Autrement dit, la SS était une organisation ridiculement petite en ce temps-là.

« À cette époque, l'armée était hostile à ce que les régiments SS portent les armes parce qu'elle avait le sentiment qu'elle devait être la seule défense de l'Allemagne. Elle était aussi opposée à l'armée de l'air, et c'est uniquement grâce à Göring et à ses étroites relations avec Hitler que l'aviation a été développée à côté de l'armée de terre. »

J'ai demandé à Kaltenbrunner s'il pensait que c'était une bonne chose. Réponse : « Je ne suis pas un militaire et ne sais pas s'il est plus judicieux de créer une aviation séparée ou de la rattacher à l'armée de terre et à la marine. Les avis des experts ont été partagés à travers le monde. Les Japonais ont divisé leurs forces aériennes entre l'armée de terre et la marine alors qu'en Amérique votre aviation est devenue une branche nouvelle de l'armée. C'est une affaire d'éducation. Je crois que le sentiment de camaraderie qui règne dans l'armée de l'air n'a rien à voir avec l'infanterie. Par exemple, pensez aux liens de camaraderie au sein d'un équipage.

« Je crois que, parce qu'il a compris qu'il ne pourrait former une autre branche égale à l'armée de terre, Himmler a essayé de développer ou de conquérir son pouvoir par la police. Et Heydrich, qui était un habile organisateur, a réuni la police criminelle et la police politique dans la Sûreté, puis au sein du RSHA. Et une troisième branche a rejoint le RSHA avec la formation du SD, qui n'était pas une formation de police, mais juste un service d'information. »

Sur ce, Kaltenbrunner a pris du papier et un crayon et a dessiné pour moi un organigramme du RSHA. Il a ajouté que le schéma de la salle d'audience donnait une image inexacte du RSHA [1].

1. Pour un excellent tableau du RSHA (avec des organigrammes complets) et une biographie, voir Peter R. Black, *Ernst Kaltenbrunner : Ideological Soldier of the Third Reich*, Princeton, 1984. Et pour un tableau détaillé du RSHA, voir l'étude fouillée de Michael Wildt, *Generation des Unbedingten : Das Führungskorps des Reichssicherheitshauptamtes*, Hambourg, 2002.

« Chaque année, les choses changeaient. Il y a eu Schellenberg, Ohlendorf, moi et d'autres. C'était une situation très déroutante. Les divers bureaux recevaient des numéros différents. On peut seulement dire de quoi ça avait l'air telle ou telle année. Par exemple, prenons un homme du nom de Meyer. Il était en charge des activités anticommunistes dans la branche de Francfort. Il doit avoir un dossier personnel, et il y a aussi un dossier personnel sur lui à Francfort. À la division du personnel de la police d'État de Francfort : la promotion de Meyer après quatre ou cinq ans de service est de leur ressort. Disons qu'il doit être promu du rang de conseiller administratif à celui de conseiller administratif en chef. Le chef de Meyer à Francfort va alors demander à son chef du personnel d'adresser une demande de promotion pour Meyer. Celle-ci sera transmise à Berlin. C'est le Bureau IV : la Gestapo. Le chef du personnel du Bureau IV, s'il n'a aucune objection, l'approuvera et la fera passer à Heinrich Müller, chef du Bureau IV, pour que ledit Meyer soit promu [1].

« Deux fois par an, on pouvait donner des noms de candidats à la promotion. Chaque fois, Müller prenait quatre-vingts dossiers et se rendait chez Himmler. Mais à part ça, il existait au RSHA une division du personnel qui était au-dessus de la division du personnel du Bureau IV. La division du personnel du RSHA était là pour s'occuper des questions générales telles que les finances, les congés de tous les employés. Cette section du personnel du RSHA était le Bureau I, chargé du personnel et de l'organisation. Le chef du Bureau I n'avait aucune fonction de police.

« Venons-en maintenant au Bureau II, qui était administratif. On peut le voir comme un gros truc avec une division financière pour les négociations avec le bureau des finances et le responsable financier du parti, avec le trésorier du Reich, etc., chose nécessaire parce qu'au RSHA il y avait deux catégories d'employés : l'une, pour les fonctionnaires, et l'autre, pour les cadres du parti. Les cadres du parti travaillaient au SD. Les fonctionnaires travaillaient aussi à la Criminelle et à la police d'État. Il y avait des exceptions, comme les Bureaux I et II, qui avaient des employés des deux catégories, par exemple des comptables.

« Ce n'est important que pour savoir qui les payait : le parti ou l'État. Vous ne le comprendrez que quand je vous aurai expliqué la

1. Heinrich Müller (né en 1901) fut le tristement célèbre chef de la Gestapo et de ce qui était connu au sein du RSHA comme le Bureau IV. Il devait jouer un rôle crucial dans la création et le fonctionnement de la Gestapo. Il a disparu en 1945. Pour une introduction à sa carrière, voir Gellately, *The Gestapo and German Society*, p. 55-56.

nature du SD, qui se composait exclusivement d'employés du parti. Quand celui-ci est arrivé au pouvoir, il a trouvé une organisation policière complète et a conservé cette organisation. Il faut penser aux sentiments et à l'idéologie du parti dans ces années-là. Les dirigeants du parti ont estimé qu'il manquait quelque chose dans l'État, puisqu'ils ont pris possession des théâtres, de la presse, du cinéma, etc., et les ont pliés à leur façon de penser. Aucune critique ne pouvait s'exprimer et il manquait donc un moyen de se faire une idée des sentiments d'un échantillon représentatif de la population, parce que la seule information qu'ils recevaient leur venait des administrateurs de districts et des administrateurs locaux – qui n'auraient jamais dit quoi que ce soit contre le parti, envers lequel ils étaient comptables. D'un point de vue philosophique, c'est le faible de tout État autoritaire. La possibilité de critiquer est un point que je reconnais et dont je me félicite dans une démocratie. Parce qu'au bout de quelques années tout État autoritaire sera informé de manière unilatérale s'il n'y a aucune liberté de critique.

« Et c'est alors que Heydrich et Himmler ont eu une idée qui, de mon point de vue, est la cause du commencement de la chute finale. Par chute, je n'entends pas la catastrophe de la fin, mais la destruction de la base intérieure de la confiance.

« Ce tribunal fait de la SS une organisation, et c'est complètement faux. Parlez donc à des officiers internés dans les camps de SS, et vous verrez qu'il y a des gens qui avaient une dizaine de semaines de formation et qui étaient actifs sur le front, bref, qui n'ont jamais rien eu à voir avec les camps de concentration ni avec Himmler.

« Les Russes qui ont combattu les SS en armes doivent admettre que les SS armés étaient des soldats et, bien entendu, il y en a eu des mauvais, comme dans toute armée.

« Pour en revenir au SD. Le parti était en quête d'un instrument qui pût fournir des informations – mise à part l'information venant de ses circuits. Il n'avait pas de fonctions de police. La pensée était juste du point de vue d'un parti unique au sein du Reich, mais Himmler et Heydrich se rendirent compte que cela leur donnerait une influence précieuse face au parti lui-même.

« C'est alors qu'ils ont eu l'occasion de faire deux sales choses. Il y a des salauds dans tout régime. Il n'est qu'à examiner les statistiques de 1918, 1928 et 1938 sur le nombre de meurtres, etc., qui ont été commis. Or, ils [le SD] ont eu alors l'occasion d'observer le parti et ont été les premiers à être au courant des faux pas de tout administrateur de district ou administrateur local. Pas forcément un crime : par exemple si l'administrateur de district du parti avait forcé sur la boisson. Si l'un d'eux avait recherché des avantages matériels, le SD l'aurait signalé. »

J'ai demandé à Kaltenbrunner s'il en avait des exemples concrets. Réponse : « Le parti nazi consistait en soixante pour cent d'ouvriers et dix pour cent de paysans, le reste étant des intellectuels et des bourgeois. À travers toutes ces élections, un travailleur ordinaire pouvait devenir administrateur de district du parti, comme Fritz Sauckel, qui était simple matelot, ou August Eigruber en Autriche, qui était mécanicien. En fait, soixante pour cent des administrateurs de district du parti étaient des travailleurs [1].

« Vous imaginez ce qui arrivait à un modeste travailleur qui se retrouve soudain chef, se construit un grand domaine, possède non pas une voiture, mais quatre peut-être – et, en un sens, Hitler exigeait que ces administrateurs aient un train de vie à la hauteur de leur position, avec des tableaux à la maison, des jolis meubles, etc. En revanche, Hitler n'aimait pas trop le côté nouveau riche.

« Et c'est là que commence quelque chose d'intéressant : Himmler et Heydrich ont eu l'occasion d'observer ces faiblesses des administrateurs de district du parti et des autres officiels à travers le SD. Himmler et Heydrich rapportaient ces histoires à Hitler : "Voyez ce qui s'est passé dans votre parti", et ils s'en servaient comme moyen de chantage dans le parti. Heydrich a joué un rôle encore plus diabolique. Il allait voir Bormann, qui promettait de soumettre l'affaire à Hitler. Bormann disait : "Donnez-moi ça." Et Himmler n'était pas mis au courant. Quand Heydrich voulait quelque chose, il demandait une faveur à Bormann. Ainsi Heydrich a-t-il accumulé un pouvoir plus grand – trop grand pour Himmler. »

J'ai demandé à Kaltenbrunner s'il croyait que Himmler avait quelque chose à voir dans l'assassinat de Heydrich. « Non, mais je suis certain que Himmler a bien accueilli la nouvelle. »

« Hess était un idéaliste, mais celui qui a pris sa place, Bormann, était un chien, un type terriblement assoiffé de pouvoir. Alors que Hess avait l'attitude d'un homme du monde, Bormann se conduisait en parvenu. Je crois qu'il n'avait pas d'amis et qu'il était l'un des hommes les plus méprisés. S'il a pu avoir la confiance de Hitler, c'est uniquement parce que ce dernier était devenu terriblement méfiant dans les toutes dernières années : une méfiance maladive. Ce sont des choses qui arrivent dans tout gouvernement, vous le comprenez, pas seulement dans le gouvernement nazi, mais dans d'autres gouvernements ils ne peuvent traiter ces affaires comme on le peut dans un État autoritaire, où tout est organisé en pyramide

1. Pour une analyse sociale du parti, voir Kater, *Nazi Party*.

jusqu'au sommet. Il n'est pas de régime qui ait davantage besoin d'objectivité que l'État autoritaire. »

J'ai voulu savoir ce qu'il entendait par là. « Eh bien, par exemple, le colonel de la prison a sous lui, mettons, douze officiers. Ce que j'entends par objectivité, c'est que ces officiers l'informent toujours de ce qui se passe et sans doute autorise-t-il ces officiers à le voir à tout moment, etc. Ou, un meilleur exemple, en Angleterre, tout citoyen honnête qui a été avocat devient juge à cinquante, cinquante-cinq ans. Voici donc des hommes qui n'ont du droit qu'une vision unilatérale transformés soudain en juges. Avec leur expérience de la vie, cela leur permettra de voir les choses des deux côtés.

« Autrement dit, l'État autoritaire serait bon si celui qui est au sommet est objectif, mais pas si c'est le type d'homme qui se met en colère dès qu'on lui dit une chose qui lui déplaît. Ça ne marche certainement pas si le chef se méfie de tout le monde, ou si ses désirs dépassent son jugement, au point de finir par l'emporter.

« Par exemple, si Hitler disait qu'il était impossible de vivre pacifiquement avec l'Angleterre et que le système communiste tout entier visait et œuvrait à une guerre avec l'Allemagne, et que quelqu'un venait lui dire que, peut-être, sa conception n'était pas juste et que peut-être l'Amérique voulait la paix, Hitler n'écoutait pas, frappait des deux poings sur la table et intimait l'ordre de se taire à son informateur. Il n'était pas possible de parler objectivement à Hitler.

« Hitler avait une excellente mémoire des chiffres et il savait exactement le tonnage de chaque bâtiment de guerre que possédait une nation. Il le savait mieux encore que les experts de la marine et de la finance. Il croyait que l'Amérique devait trouver un endroit pour se débarrasser de ses investissements en crédit-bail, en armements, etc., et qu'elle devait réaliser l'argent qu'elle avait investi par ici. Telle était l'idée de Hitler. Tout effort pour parler pacifiquement ou négocier une paix avec l'Amérique était vain parce que Hitler avait le sentiment que l'Allemagne ne pouvait offrir à l'Amérique le règlement financier qu'elle désirait. Hitler pensait donc que la guerre avec les États-Unis n'était pas une guerre idéologique mais procédait de raisons purement économiques.

« Je donne cet exemple pour expliquer comment un rapport objectif n'a de sens que si l'on s'adresse à un homme qui n'est pas possédé par une certaine idée. »

J'ai demandé à Kaltenbrunner si Hitler avait fini par comprendre, à la fin de la guerre, que c'était en réalité une guerre idéologique. « Non, Hitler a toujours observé que si l'Amérique se battait vraiment pour la démocratie, elle aurait pu en finir avec le système anti-démocratique en Union soviétique vingt-cinq ans plus tôt. »

J'ai avoué ne pas très bien saisir le sens de ce raisonnement puisque l'Union soviétique ne nous avait pas déclaré la guerre, pas plus qu'elle n'avait commis la moindre atrocité ou violé les règles de conduite internationales. Et Kaltenbrunner de répondre : « Mais il existait une différence idéologique entre les États-Unis et l'Union soviétique : tel était le point de vue de Hitler. »

« Pour autant que je sache, Hitler ne condamnait pas complètement les principes démocratiques : en fait, il était favorable à un certain type de démocratie. Parce que, si depuis dix ans maintenant vous voyez un parti complètement autoritaire, les objectifs ultimes de Hitler étaient un système complètement parlementaire – enfin, pas complet ; il y aurait toujours le principe du chef, comme le président aux États-Unis, mais ce chef s'en tiendrait à des principes largement démocratiques. »

La discussion a alors glissé sur le SD. « La façon dont le SD était organisé était bonne pour un régime autoritaire. Bien entendu, le parti a vite reconnu qu'il serait un instrument mauvais et dangereux s'il restait entre les mains de Heydrich et de Himmler, au vu des relations avec Bormann.

« Comme Himmler ne pouvait obtenir la moindre contribution financière de l'État pour le SD, et comme ce dernier était une organisation du parti, Bormann pouvait exercer un certain contrôle sur lui. C'est là un argument qu'on peut trouver dans tout État, y compris dans les démocraties. Si un service d'information devient désagréable dans un pays, on peut lui couper les finances. Dans tout parti, existent des personnalités corrompues.

« On en arrive au point important. Heydrich a pris le SD et l'a rattaché au RSHA. Il a pris certains membres du SD et les a fait payer par l'État, puis les a placés auprès de la police criminelle et politique. Heydrich a fait cela pour combattre la puissance du parti. Le parti a donc eu de moins en moins son mot à dire sur le SD. Heydrich pouvait employer un millier d'hommes supplémentaires en les affectant à des postes officiels. Ainsi est-il devenu de plus en plus indépendant et le RSHA s'est-il affirmé comme une force puissante. Tout cela s'est fait avec une extraordinaire habileté. Heydrich a simulé l'amitié avec Bormann, il s'est lié avec tous les ministres, etc. Heydrich et Bormann ne se faisaient pas confiance, mais ils se procuraient mutuellement des avantages.

« Himmler était un rival de Bormann, et Heydrich a joué les deux hommes l'un contre l'autre. Il a feint d'être l'ami de Bormann, mais celui-ci a compris qu'il suivait Himmler. Quant à Bormann, il essayait de se servir de Heydrich. Himmler a vu ce qu'il se passait. Entre Himmler et Bormann, Heydrich a pris de plus en plus de poids, jusqu'à ce que Hitler le reçoive en personne. Mais Bormann et Himmler ont tous deux perçu la menace que représentait Heydrich.

« Bormann était né en 1900, Himmler en 1900 et Heydrich en 1904, si bien que tous étaient de la même classe d'âge. Tous étaient farouchement en concurrence et avides de pouvoir. Heydrich a su capter de bonne heure l'attention de Hitler grâce à ses talents d'organisateur et à l'exactitude de ses rapports – chose qui intéressait Hitler.

« C'est Himmler qui a fondé le SD, mais Heydrich qui l'a organisé. Sans doute l'idée avait-elle germé dans l'esprit de Bormann, mais c'est Heydrich qui l'a organisé en 1934-1935.

« Heydrich a fait de nombreuses tentatives pour devenir secrétaire d'État avec l'aide de Bormann. La première étape était le ministère de la Police. D'un côté, il a soutenu Himmler ; puis il a tenté de l'écarter de la section de la police en essayant d'obtenir pour lui le ministère. Il y aurait réussi s'il n'avait eu un adversaire très ambitieux, Kurt Daluege, qui a été plus tard frappé de paralysie générale, si je ne m'abuse. Daluege et Heydrich convoitaient tous deux le même poste. Daluege voulait lui aussi le ministère de la Police. Tous deux étaient insatisfaits de leur rang. Tous deux étaient au même niveau : Daluege était chef de l'Office central de la police ordinaire, et Heydrich chef de l'Office central de la Sécurité du Reich.

« Himmler a profité de cette rivalité entre Heydrich et Daluege pour ne permettre à aucun d'eux d'accéder au pouvoir. Cela l'a préservé de ces deux assoiffés de pouvoir, parce que Himmler était mentalement beaucoup, beaucoup plus primitif que Daluege, qui était encore en bonne santé à l'époque, et beaucoup plus que Heydrich, qui était plus malin.

« J'ai connu Daluege en 1943. Il avait des idées de grandeur. Il assurait disposer de trois millions d'hommes quand en réalité il en avait trois cent mille. C'est la raison pour laquelle il a fallu révoquer Daluege.

« Après le rappel de Constantin von Neurath, Heydrich, par l'intermédiaire de Bormann, a été désigné pour lui succéder dans le protectorat de Bohême-Moravie. Ainsi Heydrich a-t-il obtenu le rang de ministre. À la fin de 1941, Himmler n'avait pas encore obtenu un rang aussi élevé.

« Vous imaginez sa réaction psychologique quand il a découvert que Heydrich avait obtenu un rang ministériel supérieur au sien. Et vous imaginez la réaction de Daluege, qui sombrait peu à peu dans la folie : il resta chef de l'Office central, alors qu'il avait été jusque-là au même niveau que Heydrich.

« Je crois que, d'un point de vue médical, la maladie de Daluege est devenue identifiable au moment de la soudaine ascension de Heydrich. Daluege était plus abruti, plus suffisant et, d'une manière générale, plus bête que Heydrich. Mais il était tout aussi ambitieux, quoique autrement. Daluege était personnellement plus vaniteux. Moralement, il était plus correct que Heydrich, qui ne mettait aucune limite à ses méthodes pour acquérir le pouvoir. Daluege tenait plus de l'officier obéissant. »

Kaltenbrunner s'exprimait d'un débit lent, prononçant soigneusement les mots comme s'il réfléchissait depuis longtemps à toutes ces choses, et l'effet était étudié. Il n'avait aucun besoin de mes questions ou de mes commentaires pour l'encourager à parler. Profitant d'une pause, je lui ai alors demandé s'il trouvait approprié le surnom donné à Heydrich, « le Bourreau ».

« En Allemagne, on ne l'appelait pas comme ça, bien sûr. Mais c'était un sadique. »

Je lui ai demandé qui, de son point de vue, était le plus sadique, de Himmler ou de Heydrich. « Himmler n'était pas sadique : c'était un petit homme, un pingre. C'était un ancien instituteur, et il en avait gardé la mentalité. Il trouvait du plaisir à punir les autres, comme un maître qui frappe un enfant avec une canne plus que nécessaire et en retire du plaisir. Ce n'est pas vraiment du sadisme ; Himmler avait le sentiment qu'il était responsable de l'éducation et de l'amélioration des autres. L'extermination des Juifs dans les camps de concentration n'a rien à voir avec ça. Personnellement, je crois que ça s'est passé à cause de son obéissance servile au Führer. »

8 avril 1946

« Je passe pour un autre Himmler. » (Sourires.) « Je n'en suis pas un. Les journaux font de moi un criminel. Je n'ai jamais tué personne. »

6 juin 1946

Kaltenbrunner était dans son état habituel, froid, inhibé. D'une politesse superficielle, il s'est dit content de notre visite, à M. Triest et à moi. Il a remarqué que je n'étais pas venu le voir depuis quelques semaines : « Je me demandais si vous aviez fini par être dégoûté de nous, les criminels de guerre – en particulier de moi, l'archi-criminel entre tous. » Kaltenbrunner a ponctué ces propos de sourires. Visiblement, il s'attendait à ce que je réponde poliment que je ne le tenais pas pour un archi-criminel. J'ai expliqué que j'avais séjourné une semaine en Angleterre et qu'il y avait eu dernièrement un afflux de témoins des organisations, et que j'avais passé beaucoup de temps à m'entretenir avec eux.

Je lui ai demandé ce qu'il pensait de la défense d'Alfred Jodl, qui s'était terminée aujourd'hui. « Excellente. Tous les documents produits contre Jodl ont prouvé que la guerre contre la Russie était une guerre non pas agressive, mais plutôt préventive [1]. Naturellement, nous le savions tous déjà, mais le monde entier le saura désormais des suites de ce procès et de la défense de Jodl. »

J'étais un peu surpris de cette déduction puisque j'avais suivi attentivement le plaidoyer de Jodl sans y rien trouver qui justifiât l'attaque de l'Allemagne contre la Russie en tant que guerre préventive. J'ai demandé à Kaltenbrunner de m'expliquer ce qu'il voulait dire, parce que j'étais passablement désorienté. Il a répondu d'un débit haché, avec la précision qui caractérise sa façon de parler. « Si les Russes distribuaient à toutes leurs troupes, jusqu'au niveau de la compagnie, des cartes et ainsi de suite, et massaient tant de divisions sur les frontières roumaines et hongroises, il est clair que notre attaque contre la Russie était une guerre non pas offensive, mais préventive. Autrement dit, on en déduit aisément que la Russie comptait mener la guerre contre l'Europe entière. » Kaltenbrunner y croyait-il vraiment ? « Sans l'ombre d'un doute. Vous avez entendu aujourd'hui la déposition du général Winter, qui était chef d'état-major sous le Feld-maréchal Rundstedt en même temps qu'un excellent officier en charge de l'une de nos meilleures armées. Le général Winter a confirmé que les Russes avaient assemblé leurs troupes à la frontière hongroise avant le déclenchement de la guerre contre la Russie. Pourquoi les Russes avaient-ils avancé jusqu'à cette frontière ? »

1. D'aucuns continuent de prétendre que Hitler et l'Allemagne nazie avaient mené une « guerre préventive » afin de parer à l'attaque que Staline et les Soviétiques étaient sur le point de lancer. Pour une réfutation solide de cette thèse, voir Gabriel Gorodetsky, *Grand Delusion : Stalin and the German Invasion of Russia*, New Haven, 1999 ; *Le Grand Jeu de dupes : Staline et l'invasion allemande*, trad. fr. I. Rozenbaumas, Paris, Les Belles Lettres, 2000. Pour un récit précis des préparatifs et des dispositions militaires de part et d'autre, voir Overy, *Russia's War*.

Kaltenbrunner a dessiné une carte de la situation à cette époque, indiquant les frontières russe et hongroise, et a marqué de X les endroits où les troupes russes auraient été concentrées. « Les Russes avaient des troupes sur leur frontière avec la Hongrie et la Roumanie, ce qui prouve sans doute possible qu'ils envisageaient une guerre agressive dans les Balkans. Aujourd'hui, l'accusation s'est donc révélée fausse, tout au moins pour ce qui est de la guerre d'agression menée par l'Allemagne. On ne saurait prouver que l'Allemagne avait l'intention de conquérir la Pologne. Au moment de la guerre germano-russe, la division de la Pologne était déjà intervenue. On peut parler de guerre d'agression non seulement contre l'Allemagne, mais aussi contre l'Europe entière.

« Il n'est pas de loi humaine, divine ou nationale qui stipule que tout être sain doit permettre au serpent d'avaler la souris – mais, d'un autre côté, il est parfaitement justifié de défendre la souris. Dans une guerre moderne, il est très difficile de déterminer si c'est une guerre agressive ou préventive. Dans la convention de La Haye [1], il n'est pas dit à quel moment une guerre cesse d'être défensive pour devenir offensive.

« La convention de La Haye ne parle pas de guerre préventive parce que, compte tenu de ce que sont les armes modernes, celle-ci n'existait pas encore. Plus l'humanité avance rapidement, plus il importe d'être celui qui porte le premier coup. Il était encore possible au temps de la guerre à l'ancienne de lancer un ultimatum, mais avec toutes les armes nouvelles et modernes, les chars, et particulièrement la bombe atomique, c'est impossible.

« Autrement dit, si par un système d'espionnage ou par une trahison vous apprenez que votre adversaire a l'intention d'attaquer, et que vous attaquiez donc le premier, vous restez le défenseur, non pas l'agresseur. Tel était le cas de l'Allemagne contre la Russie. Nous venions d'apprendre alors l'intention de la Russie. La cour a aujourd'hui tranché cette question en faveur du Reich. En fait, elle avait déjà été abordée – quoique pas aussi clairement que dans la déposition du général Winter aujourd'hui – dans les affaires de Raeder, Keitel, Göring et leurs témoins, de même que dans le cas de Jodl. Mais la preuve la plus claire et l'établissement formel de ce fait ont été apportés par la défense de Jodl, et j'ai été ravi de l'entendre. L'accusation de complot en vue d'une agression est donc complètement tombée. »

1. Les conventions de La Haye (1899 et 1907) ainsi que d'autres traités internationaux tels que la convention de Genève (1929) avaient essayé de définir les règles de la guerre.

Cela ne pouvait-il signifier que la Russie avait déployé ses troupes parce qu'elle pensait qu'il y avait un danger d'attaque allemande à travers la Hongrie et la Roumanie, qui étaient à l'époque des États satellites ? Kaltenbrunner trancha froidement par la négative. « Non, absolument pas, parce que nos troupes étaient occupées à l'Ouest. À ce même moment, le Reich avait entendu parler des plans de la Russie, qui escomptait que le Reich allait perdre encore plus de sang à l'Ouest. Et ils ont donc pensé que la marche des troupes russes vers l'Ouest deviendrait plus facile avec le temps. Pour la Russie, le Reich allemand n'était qu'une partie de l'Europe, et la Russie ne cherchait pas seulement à conquérir le Reich, mais aussi à submerger l'Europe entière et à apporter le communisme au continent tout entier. »

J'ai demandé à Kaltenbrunner sur quels faits ou gestes il fondait sa conclusion assez outrancière. Il a répondu plus ou moins par un *non sequitur*. « L'accusation mène ce procès pour des raisons politiques et a des œillères. Cela lui est nécessaire pour des raisons politiques. Mais tout Américain ou Anglais sain d'esprit doit comprendre que les Russes n'ont rien à faire de l'Allemagne, mais veulent prendre pied à Trieste, dans les Dardanelles et en Espagne, comme cela a été démontré. La partie occidentale de la Russie donnait accès aux mers chaudes de l'Europe. Ainsi menacent-ils le canal britannique de Suez et la route de l'Angleterre vers l'Inde. »

J'ai répété ma question, mais Kaltenbrunner a de nouveau feint de l'ignorer et a parlé d'événements récents tels que le discours de Churchill à Fulton, dans le Missouri, qui a prouvé que l'Angleterre et l'Amérique avaient toutes deux conscience du « danger impérialiste communiste [1] ».

Je voudrais revenir, ai-je dit, à d'autres propos que Kaltenbrunner a tenus ce soir et je me demandais s'il pouvait donner des éclaircissements. Il avait déclaré que les troupes russes étaient occupées à l'Ouest au moment de l'attaque de l'Allemagne contre la Russie en juin 1941. N'était-il pas vrai que la France avait été vaincue et que les Alliés n'avaient encore ouvert aucun front occidental et que l'Allemagne se trouvait donc au faîte de sa puissance militaire au moment même où il prétendait que toutes les troupes de l'Allemagne étaient immobilisées à l'Ouest ? Cela ne semblait-il pas assez incongru et n'éclairait-il pas d'un autre jour, peut-être, le sens

1. Dans un discours séminal dans l'évolution de la guerre froide, prononcé le 5 mars 1946 au Westminster College de Fulton (Missouri), Churchill mit en garde contre le « rideau de fer [qui était] descendu sur le Continent » européen : il voulait dire par là que l'Union soviétique avait étendu son contrôle sur ce qui allait devenir le bloc de l'Est.

du déploiement des divisions russes sur les frontières roumaines et hongroises ? « Vous n'avez qu'à lire ce que Churchill a dit. Il a déclaré que c'étaient les heures les plus noires pour l'Angleterre. Donc qu'on ne pouvait considérer que la guerre à l'Ouest était terminée tant que nous n'avions pas vaincu l'Angleterre. Le Reich ne pouvait cesser de combattre l'Angleterre parce que celle-ci avait déclaré la guerre à l'Allemagne, et non pas le contraire comme l'accusation essaie de le soutenir dans ce procès. Donc, en juin 1941, même s'il peut sembler que l'Allemagne était au faîte de sa puissance à cause d'une Europe continentale défaite, nous ne pouvions estimer la victoire acquise à l'Ouest tant que nous n'avions pas conquis l'Angleterre. De plus, l'Angleterre avait détruit la flotte française, ses propres frères d'armes. L'Angleterre permettait au gouvernement français en exil de préparer la guerre contre l'Allemagne en Afrique, ce qui a débouché plus tard sur le débarquement américain en Afrique.

« En conséquence, le Reich ne pouvait considérer que la guerre contre l'Angleterre était finie alors même qu'une guerre aérienne contre l'Angleterre venait de commencer. Force est de donner raison à Hitler quand il s'inquiétait de voir cent cinquante divisions russes marcher sur la frontière est, qui n'était pas gardée, et se préparer à attaquer. En fait, j'ai des renseignements qui prouvent qu'il n'y avait pas seulement cent cinquante divisions russes dans la région, mais qu'elles étaient plus près de trois cents.

« Dès que la ligne de démarcation s'est renforcée en Pologne, nos services de renseignement ont découvert que les Russes avaient construit cent vingt terrains d'aviation en Pologne, chacun pouvant accueillir des escadrilles de trente appareils. À l'origine, les Polonais n'en avaient que vingt dans cette partie de la Pologne ; il était donc évident que les Russes avaient l'intention de faire la guerre s'ils construisaient beaucoup plus de terrains d'aviation qu'il n'en existait déjà. Cela montre bien combien ils se moquaient du pacte de non-agression germano-russe, parce qu'un ami ne fait pas cela à un autre ami.

« Alors vous insistez – je ne veux pas dire vous, personnellement, mais l'accusation – sur le fait que l'Allemagne a déclaré la guerre à l'Amérique. Ce qui, pour moi, n'est vrai que d'un point de vue technique parce que les Américains ont commencé par tirer contre nous en mer sans aucune déclaration de guerre. Souvenez-vous, Roosevelt avait donné l'ordre aux bateaux américains d'emporter des armes et de viser les sous-marins allemands. Pour toutes ces raisons, l'accusation de conspiration en vue d'une guerre d'agression contre tous ces pays s'est révélée maintes fois fausse. Moi-même, dans cette cellule, je dois me concentrer sur ces faits sans le secours de documents ou de livres d'histoire, mais simplement à l'aide de mon propre esprit. L'accusation doit se sentir en fâcheuse posture pour rendre des jugements comme aujourd'hui, et faire en sorte que l'avocat de la défense ne puisse plus poser de questions à Jodl. Vu que, pour des raisons physiques, un être humain ne peut être qu'à un seul endroit à un moment donné, tout cela n'est que supercherie. De même en va-t-il des actions du tribunal qui chaque jour nient d'autres points à la défense. Chaque jour est rendu un jugement qui nuit à notre défense et la limite.

« Aux yeux du monde extérieur, tout le procès semble conduit en accord avec le droit et les principes démocratiques anglais. Votre Dr Gilbert circule en louant les principes américains, affirmant que la cour a raison d'agir comme elle le fait, et dans le même temps lui-même agit personnellement dans le sens inverse, en nous torturant. Les accusés ne sont pas autorisés à lire un journal ordinaire. On leur refuse la possibilité de se servir des dernières informations du jour pour leur défense. Or, le même Gilbert enfreint cette règle qui nous interdit de voir la presse en nous montrant à l'occasion un numéro de *Stars and Stripes*, mais uniquement s'il contient une photo d'homme pendu pour crimes de guerre à Landsberg, et autres choses du même genre qu'il sait propres à nous faire bouillir. Ce n'est pas la première fois que le Dr Gilbert fait des choses comme ça, qui ne riment à rien et trahissent seulement son intention gratuite de susciter l'angoisse chez nous, qui sommes ici jugés. J'espère qu'il ne le fait pas sciemment, parce que ce serait une faute de goût. J'ai fait cette observation uniquement parce que nous ne voyons rien de la presse, si ce n'est le genre de choses que j'ai dit.

« Et voici que les Russes siègent dans la même cour qui nous accuse d'une déclaration de guerre agressive quand ce sont eux qui l'ont préparée. » J'ai demandé à Kaltenbrunner si le général Winter avait quelque autre preuve que les Russes envisageaient une guerre d'agression hormis les divisions russes massées sur les frontières hongroise et roumaine. Kaltenbrunner a répondu d'un ton suffisant et avec un sourire pincé : « Oui, bien entendu. Il avait cinq preuves différentes de cette intention, comme des cartes, etc. » Pouvait-il être un peu plus précis sur la preuve des intentions russes de faire la guerre contre l'Allemagne – les preuves que le général Winter, à l'en croire, avait en sa possession ? Une fois de plus, Kaltenbrunner a glissé sur les détails : « Je ne peux pas rappeler la preuve exacte, mais je sais qu'il y avait cinq éléments de preuve.

« J'attribue notre mauvaise information à l'époque à l'imprécision de nos services de renseignements, qui étaient encore placés sous l'autorité de Wilhelm Canaris. Canaris a fait état de cent trente-cinq divisions, dont cent treize ou cent quatorze divisions d'infanterie, les autres étant des divisions blindées. Il n'a même pas signalé l'occupation de la Bessarabie par les Russes et s'est trompé sur quelques divisions d'infanterie, qui étaient en fait des détachements de cavalerie. Il a également été inexact sur la force aérienne de la Russie. Aussi l'accusation portée plus tard par Hitler contre Canaris était-elle juste. Hitler l'a accusé de lui donner une image incorrecte – en faveur de la Russie, non pas de l'Allemagne [1].

« En revanche, la guerre d'agression de la Russie contre l'Allemagne a été prouvée sans aucun doute. Autre fait : les nombreuses violations du traité par les Russes contre les Allemands, c'est-à-dire du pacte de non-agression germano-russe. Ces violations ont consisté en franchissements illégaux de la frontière par les Russes, dissimulant la livraison de vivres et de charbon, etc. Il y a eu aussi des cas de déportation de ressortissants allemands par les Russes. Autant de signes que la Russie préparait une guerre d'agression contre nous.

« Il est fort intéressant d'écouter et de voir, même si, malheureusement, on ne comprend pas tout à fait les expressions respectives ou les termes techniques employés, mais il est intéressant de voir quels points les diverses délégations essaient de faire valoir au cours de ce procès. Pour nous, tout le procès est devenu de plus en plus insignifiant. À mesure qu'il avance, il devient de jour en jour plus clair que les juges vont trouver quelque chose contre chaque accusé et vont le condamner par routine, à mort ou à la prison à vie. En revanche, on peut voir ce qui intéresse réellement les diverses délégations aux questions individuelles des Français, des Britanniques, des Américains et des Russes. Par exemple, le procureur russe, hier, s'est beaucoup intéressé aux événements d'Ankara. Même s'il n'a pas posé directement la question, ce sont les affaires turques qui l'intéressaient. Il voulait savoir, j'imagine, ce qu'il en était des relations anglo-turques, si l'Allemagne était au courant des relations anglo-turques et si l'Angleterre était informée des négociations entre la Russie et la Turquie concernant les évolutions futures.

« La Turquie était la gardienne des Dardanelles et du Bosphore. La neutralité de la Turquie était garantie par plusieurs pays en sorte

1. Wilhelm Canaris (1887-1945) avait été chef des renseignements militaires allemands (*Abwehr*). Ses réserves et ses doutes sur Hitler l'amenèrent finalement à prendre part à quelques activités de résistance. Arrêté et torturé à la suite de l'attentat de juillet 1944, il fut finalement pendu le 9 avril 1945. Pour des détails et un tableau général, voir Peter Hoffmann, *La Résistance allemande contre Hitler*.

qu'elle pouvait s'acquitter de cette tâche. Tout historien reconnaîtra que cela revient à enfermer la flotte russe dans la mer Noire. Autrement dit, la route anglo-russe à travers la Méditerranée n'est pas menacée par les bateaux russes. Donc, la neutralité de la Turquie, vue par l'Angleterre, n'est qu'une neutralité armée qui profite à l'empire britannique.

« Par ailleurs, la politique étrangère allemande en Turquie a été bien sûr conditionnée par ces éléments. Seule en première ligne, la Turquie devait avoir peur de la Russie. L'Angleterre a acheté sa neutralité par de l'argent et des armements ; dans le même temps, la Turquie s'est fait payer par l'Allemagne à travers des traités commerciaux et des armes. Au moment même où l'Allemagne était la plus faible, la Turquie s'est tournée vers l'Angleterre. Aussi longtemps que l'Allemagne était forte, la neutralité turque a été terriblement bienveillante envers l'Allemagne. Tels sont les principes fondamentaux de la politique turque.

« Il faut ajouter que les intérêts russes étaient exactement aux antipodes parce que la Russie voulait avoir libre accès à la Méditerranée soit en prenant possession du Bosphore et des Dardanelles, soit par un accord international garantissant leur ouverture. En second lieu, la Turquie est le pays le moins densément peuplé d'Europe et d'Asie occidentale, avec juste douze habitants au kilomètre carré. Pour la Russie méridionale, c'est donc une invitation ouverte à s'étendre et à installer sa population. On peut le voir aux deux revendications territoriales russes à l'égard de la Turquie : premièrement, la Russie a demandé le sud de la Turquie, la mer Noire, ce qui signifierait la ruine de tout le commerce turc ; et, deuxièmement, elle a revendiqué des territoires arméniens en exploitant très habilement d'anciens et âpres conflits entre Arméniens et Turcs.

« L'Arménie a toujours été une nation minoritaire. Les Arméniens ont été anéantis à plusieurs reprises par les Russes puis par les Turcs. En réalité, l'Union soviétique entend préparer une attaque, *via* le golfe Persique, sur la mer chaude de l'Europe, puis atteindre l'Angleterre et les intérêts pétroliers depuis peu américains. Vous imaginez un service allemand de renseignements qui souhaite accumuler des éléments sur les ressources potentielles de l'ennemi, et envoyant des agents non pas en Suède, mais plutôt en Turquie. Il y a de grandes différences politiques entre les intérêts de la Russie et de l'Angleterre, et entre les intérêts de la Russie et de l'Amérique. L'Allemagne n'avait rien à chercher en Turquie. Voici deux générations, par la voix de Bismarck, l'Allemagne déclara que les Dardanelles ne valaient pas le sang d'un seul grenadier allemand. Depuis le temps de Bismarck, l'Allemagne s'est toujours tenue à l'écart de la Turquie et a donné de nombreuses assurances à l'Angleterre : elle n'avait rien à craindre, c'était un territoire anglais et il le resterait. Hitler a toujours promis la même neutralité et il l'a constamment respectée. »

Kaltenbrunner s'était laissé emporter et griser par ses propres paroles ; son visage s'était empourpré, ses propos et ses phrases étaient plus tranchants, plus hachés que jamais. « Comme j'ai dit, a-t-il poursuivi, vous n'enverriez pas un agent en Suède. J'avais pu me procurer les traités anglo-turcs auprès de la légation anglaise, mais il faut aussi se procurer les notes sur la Turquie rédigées par l'Angleterre pour l'URSS. J'ai fait des photostats de tous ces traités et notes et les ai montrés à Hitler. Pour moi, c'était le meilleur baromètre de la situation politique mondiale. Pour cette raison et d'autres analogues, je suis devenu le successeur de Canaris, et non pas, comme le suppose l'accusation, un partisan de l'expansion des SS contre l'armée de terre. Hitler m'a désigné pour succéder à Canaris parce qu'il était notoire et avéré que mes capacités étaient plus grandes que celles de Canaris. Qu'il ait participé à l'attentat du 20 juillet 1944 est bien la preuve de la duplicité de ce dernier. »

Wilhelm Keitel
1882-1946

Wilhelm Keitel fut général, feld-maréchal et chef d'état-major du Commandement suprême des Forces armées (OKW) de 1938 à 1945.

Reconnu coupable à Nuremberg de conspiration criminelle, de crimes contre la paix, de crimes de guerre et de crimes contre l'humanité, il fut pendu le 16 octobre 1946.

27 mars 1946

Keitel s'est souvent plaint auprès de moi de douleurs aux deux membres inférieurs et de varices. À l'occasion, on lui fait des massages et il a le sentiment qu'ils ont un effet positif. Il préférerait cependant un autre type de massage et des bains – un traitement qu'il allait suivre autrefois dans diverses stations thermales.

D'humeur à parler, il est très tendu, dans l'attente de ce qui va se passer pour lui, avec sa défense prochaine, qui doit démarrer dans quelques jours, sitôt que Ribbentrop aura fini.

Il a commencé par sa carrière militaire. En 1901, il était élève officier. En 1914, au début des hostilités, il était adjudant. En septembre 1914, il fut légèrement blessé à l'action. Au printemps de 1915, il exerça diverses fonctions à l'état-major général et passa quelque temps dans les Flandres avec la marine. Après la guerre, il s'engagea dans l'armée de terre. En 1929, il était chef de division au ministère de la Guerre. Au 1er octobre 1935, il devint chef du département des Forces armées au ministère. À cette époque, il était général de division. Le 4 février 1938, il fut nommé chef d'état-major du Commandement suprême des Forces armées. Le 1er octobre 1939, il devint général d'infanterie puis, après la défaite de la France, feld-maréchal.

En avril 1939, Hitler lui remit l'emblème d'or du parti, daté des 16 et 17 mars – pour récompenser l'entrée en Tchécoslovaquie, précisa le Führer. Walter von Brauchitsch reçut l'emblème au même moment [1]. Alors qu'en 1944 les soldats pouvaient devenir membres du parti, il dit ne l'avoir jamais fait pour autant qu'il le sache. En revanche, il lui est arrivé de faire une donation au parti et de fournir des données en vue de son adhésion.

Il accompagnait constamment le Führer et assistait aux réunions du parti. Il nie toute participation aux conférences secrètes de la direction du parti. En fait, c'est Hitler qui lui signifia qu'il ne devait pas en être.

Il n'a reçu aucune distinction, excepté la Croix de fer, en 1939-1940.

Son attitude est simple : « Je suis un soldat. J'ai travaillé pour le kaiser, sous Ebert, Hindenburg et Hitler, exactement de la même façon, au cours des quarante-quatre dernières années. »

Comme Göring, il entend assumer « toutes ses responsabilités ». Si quoi que ce soit de « mauvais » a été commis, il entend en assumer la responsabilité plutôt que de la rejeter sur les commandants en première ligne. « Je crois que les soldats allemands sont bons et dignes et que, s'ils ont mal agi, c'était par nécessité militaire. »

Il admet qu'il existe des directives et des ordres portant son nom et qu'ils ne s'accordent pas avec le droit international. En particu-

1. Walter von Brauchitsch (1881-1948) fut commandant en chef de l'armée de terre allemande de 1938 à 1941. Il fut nommé par Hitler pour remplacer Werner von Fritsch (1880-1939). Hitler le limogea le 19 décembre 1941. L'éviction de chefs militaires comme Brauchitsch et Fritsch aussi bien que du feld-maréchal Werner von Blomberg (1878-1946) était une façon pour Hitler de montrer qui était le patron. Commandant en chef de l'armée de terre jusqu'en 1938 et ministre de la Guerre de 1935 à 1938, Blomberg fut contraint de quitter son poste à la suite d'un scandale orchestré.

lier, s'agissant du groupe de directives avant l'attaque contre la Russie, il a le sentiment qu'elles étaient justifiées d'un point de vue idéologique. Jusqu'en février 1938, Werner von Blomberg était commandant en chef de l'armée de terre ; quand il a démissionné, Hitler s'est chargé de cette fonction. Dès lors, Hitler a donné des ordres directement à l'armée de terre, à la marine et à l'aviation. Nul ne donnait d'ordres indépendamment de Hitler. Naturellement, « je les signais » – telle est l'attitude de Keitel –, mais ils venaient de Hitler. « Le souhait et le désir de Hitler étaient de concentrer entre ses mains tout le pouvoir et le commandement. C'était impossible avec Blomberg. »

6 avril 1946

« Je n'avais aucune autorité. Je n'avais de feld-maréchal que le nom. Je n'avais ni troupes, ni autorité – si ce n'est celle d'exécuter les ordres de Hitler. Je lui étais lié par serment. L'une des grandes idées de Hitler était que chaque ministre, chaque fonctionnaire devait s'occuper de ses affaires. C'est pourquoi j'ai découvert quelques-unes de ces affaires pour la première fois au tribunal.

« Je n'avais aucune idée des plans généraux de Hitler. Je devais me cantonner aux seules affaires militaires.

« En 1938, quand Blomberg s'est retiré après son mariage scandaleux, Hitler m'a demandé de recommander un successeur. Il ne voulait pas de Göring : je comprends pourquoi, maintenant. Il avait ses plans à lui et ne voulait se fier à personne.

« J'y étais plongé jusqu'au cou quand j'ai compris la façon dont les choses se passaient. Que pouvais-je faire ? Je ne pouvais pas démissionner en pleine guerre ; si je refusais d'obéir, je me faisais tuer. Ou je pouvais me suicider. À trois reprises, j'ai *pensé* à démissionner, mais c'était impossible.

« Pour ce qui est des mesures juives, j'ai essayé de tenir l'armée à l'écart de l'antisémitisme. Hitler avait décrété que les Juifs anciens combattants de la Première Guerre mondiale seraient en sécurité. Mais même cette mesure fut battue en brèche. Que pouvais-je faire ? » Comment êtes-vous devenu officier ? « Je suis devenu officier parce qu'en Prusse, habituellement, un officier était mieux considéré qu'un homme d'affaires ou d'autres professions.

« Je n'ai jamais su les liens de l'armée avec les atrocités. Je vois bien maintenant comment tout cela est arrivé. Nous avions trop d'attaches avec les organisations du parti. »

Hitler ? « Je le comprends, maintenant. Il devait être au courant de ces atrocités et savoir à quelle fin il nous utilisait, moi et l'armée. Je n'ai jamais été vraiment proche du Führer. Quand je le voyais, c'était toujours en présence de secrétaires. C'est vrai que j'ai représenté l'armée dans diverses occasions, par exemple pour déposer des couronnes au monument aux victimes du putsch de Munich.

« Il y a trois raisons à l'échec de Hitler. Un, l'action contre l'Église : chacun doit être religieux à sa façon. Deux, la persécution des Juifs. Trois, le pouvoir de Himmler et de la Gestapo. »

Aviez-vous compris ces trois facteurs auparavant ? « Uniquement depuis la fin de 1944.

« Je ne suis pas feld-maréchal. Je n'ai jamais commandé de troupes. Un feld-maréchal doit être un tacticien. » Hitler était-il un tacticien ? « Je le tenais pour un génie. Bien des fois, il s'est montré brillant. Je lui ai souvent dit qu'il devrait avoir un meilleur tacticien comme chef d'état-major, mais il a dit que c'était sa responsabilité de commandant en chef.

« Il a changé de plans – et à juste raison – pour la campagne de Hollande et de Belgique. Il avait une mémoire remarquable : il connaissait les bâtiments de toutes les flottes du monde.

« Si Hitler a pris la décision d'attaquer la Russie, c'est parce qu'il craignait que la Russie ne le prive du pétrole de Roumanie. Nous avions besoin de 350 000 tonnes de pétrole par mois de guerre. Nous en obtenions 150 000 de la Roumanie. À elle seule, l'armée de l'air en avait besoin de 100 000 tonnes par mois. L'attaque contre la Russie fut un acte de témérité.

« Hitler était un plus fin stratège que Göring ou Ribbentrop. » Je ne savais pas que Ribbentrop avait fait office de stratège. « Non. Pas du tout. Pas plus que moi. Mais, je veux dire dans le domaine de la politique étrangère.

« Nous ne pouvions marcher sur l'Angleterre parce que nous n'étions pas assez préparés. Nous n'avions pas les navires. Nous pouvions prendre Gibraltar, mais le général Francisco Franco redoutait de laisser faire. Si nous ne faisions rien, l'Angleterre aurait resserré le cercle autour de l'Allemagne et nous aurait mis dehors.

« Hitler a fait comme si la campagne de Russie était une victoire assurée, mais ce n'était pas le cas ; je le vois bien maintenant. » Pourquoi pas alors ? « Parce que je croyais en Hitler et que je connaissais assez mal les faits moi-même. Je ne suis pas tacticien, et je ne connaissais pas non plus les forces militaires et économiques de la Russie. Comment l'aurais-je pu ?

« Hitler a agi comme si cette guerre était inévitable. Comment pouvais-je savoir que Chamberlain et Édouard Daladier et même

Roosevelt essayaient d'éviter la guerre ? » Et Munich ? Et Daladier ? Keitel a eu l'air de ne pas comprendre. « Tout cela remonte à Versailles. » J'avais déjà entendu cela, mais comment au juste ? « Tout le monde – tous les Allemands – disaient : "À bas le traité de Versailles." Ils rendaient le traité de Versailles responsable de notre chômage et de nos difficultés nationales.

« Hitler nous a donné des ordres, et nous avons cru en lui. Puis il se suicide et nous laisse porter la culpabilité. Il aurait dû rester en vie pour porter sa part.

« Si Hitler n'avait pas si bien réussi au début – par exemple, la Ruhr. Nous avons pris la Ruhr : nous n'y sommes entrés qu'avec trois bataillons. J'ai dit : comment pouvons-nous le faire ? Mais Blomberg a répondu que nous le pouvions, que nous pouvions compter sur l'absence de résistance française.

« Non seulement la Rhénanie (1936), mais aussi l'annexion (1938), sans même que nos armées entrent en action. Et nous étions prêts à agir ou à nous retirer au gré de la situation. »

Keitel est un soldat de bois, avec le sourire patelin de rigueur, même s'il souffre des affres humaines de qui aime à retenir l'attention et quête l'approbation.

17 mai 1946

Interrogé en début de soirée, environ une heure après que la cour eut levé la séance pour la journée, il s'est dit fatigué mais ravi de nous voir (Triest et moi) et nous a invités à nous asseoir. Je lui ai dit de s'allonger et nous avons fait apporter un autre siège dans la pièce. Keitel s'est allongé sur son lit de camp, tirant sur sa pipe.

Il a dit que les procès étaient usants, mais que c'était surtout de rester assis en position droite toute la journée qui le fatiguait à ce point. Il était très reconnaissant, a-t-il ajouté, d'une visite personnelle et espérait que je viendrais plus souvent. Il n'a guère eu l'occasion de me parler de lui personnellement et il sait que, en ma qualité de psychiatre, tel est mon principal centre d'intérêt. Il n'a pas semblé très à l'aise en disant cela, mais il a souri et s'est efforcé d'être très cordial.

« La dernière fois qu'on s'est vus, c'était il y a quinze jours. Je veux dire, la dernière fois que nous avons eu une longue discussion. Où en étions-nous ? Ah oui, je vous parlais de ma carrière et de mes relations avec Hitler. De quoi voudriez-vous que je parle aujourd'hui ? »

J'ai répondu que c'était sans importance, que je voulais juste lui rendre visite et voir comment il allait, physiquement et émotionnellement. Keitel a tiré sur sa pipe d'un air songeur. Puis il a dit, après une courte pause : « J'ai toujours voulu être un gentilhomme campagnard, un forestier, et voyez dans quel pétrin je me suis fourré parce que j'étais faible et que je me suis laissé entraîner. Je n'ai pas la trempe d'un feld-maréchal. Le moment le plus heureux de ma vie militaire, c'est quand je commandais une division, que j'étais indépendant. Dans une division, c'est votre petit monde à vous ; on peut le gouverner de manière idéale, et à l'écart de toute politique, à son gré. Mais je n'ai eu qu'une division, pour une courte période, au cours de manœuvres avant la guerre. » Je l'ai prié de me dire tout ce qui lui passait par la tête. « Autant commencer par le commencement. Je n'ai pas eu l'occasion de parler de ce qui me touche au plus près dans ma défense devant la cour. Les juges auraient décrété que c'était hors sujet, ce qui est vrai. Mais peut-être est-ce important pour un psychiatre, comme pour moi, de comprendre comment je suis arrivé sur le banc des criminels.

« Je suis né à Braunschweig le 22 septembre 1882, à la campagne, à proximité d'une ville, mais dans le milieu rural de la Basse-Saxe. Dans une famille de paysans, depuis plus de cent cinquante ans, à Braunschweig et à Hanovre. Mon père, mon grand-père, mon arrière-grand-père, tous étaient des paysans. Au début, ils louaient des terres, mais à partir de mon grand-père ils sont devenus propriétaires. Mon arrière-grand-père avait deux baux à long terme sur deux grands domaines en 1866 quand Hanovre est devenue prussienne. Ma famille a immigré parce que Braunschweig n'était pas prussienne. C'était le royaume du Hanovre, le comté de Braunschweig à cette époque. Braunschweig était le dernier vestige de l'ancienne Hanovre anglaise en Allemagne. Hanovre appartenait jadis à la couronne anglaise. Jadis, des rois d'Angleterre régnèrent sur l'Islande, Braunschweig et Hanovre.

« En 1938, Hitler voulut pour l'Europe ce que Bismarck avait voulu et accompli pour la Prusse en 1866. Bismarck a bel et bien réussi avec son union de l'Allemagne en 1871, et l'Allemagne est devenue un État impérial. Le roi de Prusse est devenu l'empereur d'Allemagne.

« Hitler, pour sa part, voulait fonder une Mittel-Europa, pour réunir toutes les populations de langue allemande. Celle-ci comportait la partie allemande de l'Autriche, la partie allemande de la Tchécoslovaquie et juste la partie prussienne de la Pologne, qui était devenue indépendante par le traité de Versailles. »

J'ai demandé à Keitel s'il ne pensait pas que Hitler en voulait trop. « En tout cas, il en voulait trop, trop vite. Ça ne pouvait se faire par la force. Manquait l'accord des petites nations. Mais l'Autriche, dans les temps modernes, ne pouvait se passer d'une alliance avec l'Allemagne. En ces temps de radio, de télégraphe et d'avions, ces petits pays ne pouvaient vivre indépendamment sans un pays plus grand.

« J'ai grandi dans un petit village, à la campagne. J'ai fait neuf ans de lycée à Göttingen et, à la fin du lycée, je suis devenu soldat. Je suis devenu soldat uniquement parce que, vu les modestes finances familiales, il m'était impossible d'être indépendant dans le domaine agricole. Dans ma jeunesse, j'ai d'abord été tenté par l'agriculture et la forêt. Je reste un homme qui déteste la vie dans les grandes villes. J'aime la solitude de la campagne. Je suis très proche de la nature.

« Plus tard, j'ai appris à aimer le métier de soldat, mais j'ai toujours nourri l'espoir tranquille et le projet de devenir par la suite agriculteur. Ça a toujours été mon but : devenir agriculteur.

« Puis est arrivée la Première Guerre mondiale. Ma femme était elle aussi fille de paysans, mais elle était d'une famille aisée financièrement. J'espérais que, dans les vieux jours de mon père, je pourrais reprendre ses domaines et racheter les parts de mes frères et sœurs. Après la Première Guerre mondiale, cependant, ma femme a perdu tout son argent dans l'inflation. Et, à cette époque, nous avions cinq enfants, et j'ai dû faire le deuil de tous mes espoirs et de tous mes projets. Je suis donc resté dans l'armée, parce qu'il fallait bien que je gagne de quoi nourrir mes cinq enfants.

« Mon père est mort en 1934 – à plus de quatre-vingts ans – et il m'a légué sa propriété. En 1940, j'ai réussi à obtenir la part de ma sœur, puis, grâce au legs de ma mère, à payer sa part à mon frère. Je n'avais pas besoin du surplus du domaine pour vivre, parce que j'avais ma solde de général. Tout ce que rapportait le domaine, je m'en suis servi pour payer les hypothèques.

« J'ai donc décidé de retirer ma demande de retraite pour rester dans l'armée en 1934. Werner Freiherr von Fritsch m'a demandé de rester. J'ai accepté, sous condition que je sois en garnison près de chez moi. Puis j'ai été promu et de nouveau promu, et nous en arrivons à l'époque de Blomberg et ensuite de Hitler.

« En 1938, il n'était pas question pour moi de partir : à cette époque, c'eût été de la désertion parce que la guerre approchait. Je ne pouvais prétexter la maladie parce que j'étais en bonne santé. Voilà exactement comment ça s'est passé. Je n'avais qu'un désir : qu'il n'y ait pas de guerre et que je puisse regagner mes terres.

« En sept ans, de 1938 à 1945, je n'ai vu mon foyer que deux fois, et encore juste pour un jour ou deux. J'y suis retourné une fois en 1942 pour enterrer ma fille de trente ans, morte de pneumonie après avoir pris froid au cours d'un raid aérien sur Berlin. Elle était légèrement diabétique, ce qui a amoindri sa résistance. »

J'ai demandé à Keitel si la mort de cet enfant l'avait beaucoup affecté. Il a répondu, avec une certaine émotion : « Oui. C'était ma préférée. Et c'est arrivé après que j'avais perdu le plus jeune de mes fils, en 1941, sur le front russe, six semaines seulement après le début de la guerre de Russie. Il avait été grièvement blessé au cours de la campagne de France, mais il s'était rétabli. Il n'avait que vingt et un ans quand il est mort, et il était lieutenant. Il s'est fait tuer devant Smolensk en juillet 1941. » Je me demandais si la mort de son fils l'avait aigri contre les Russes. « Oui, c'était parfaitement inutile. Il a été abattu sur le front, d'un tir de mitrailleuse depuis des avions. »

Keitel a ensuite ajouté que son deuxième fils est porté disparu en Russie. Il n'a plus de nouvelles de lui depuis le milieu de l'année 1945. Ce fils a vingt-neuf ans : blessé par deux fois, il était commandant à l'état-major d'une division. « De tous mes fils, c'était le meilleur officier. Il était intelligent et fort. Il est né en 1915, quand j'étais en France, au cours de la dernière guerre. Mon fils s'est retrouvé isolé en Russie par trois fois et a réussi à s'échapper. La quatrième fois, ce fut la dernière. Toute la division sur le front a été perdue. C'était la 563e division de grenadiers.

« J'ai tout perdu. À Berlin, ma maison et tous mes biens ont brûlé. Il ne me reste que deux valises. Ma femme habite mon ancienne maison de Braunschweig, avec ma fille aînée, qui a épousé l'administrateur de mon petit domaine. »

Au total, Keitel a eu cinq enfants, dont deux qui sont toujours en vie : son fils et sa fille aînés. L'aîné des garçons était agriculteur et officier de réserve. La guerre durait depuis deux ans quand ce fils est devenu officier dans un détachement de cavalerie. À la fin de la guerre, il était commandant à la tête d'une division de cavalerie SS de Hongrois d'origine allemande. C'est l'armée qui l'a affecté aux SS. Il a participé à toutes les batailles de Budapest. Peu de temps avant la fin de la guerre, il a été de nouveau envoyé sur le front, et il est maintenant entre les mains des Américains, dans la région de Darmstadt, où il est responsable d'un bataillon de travail de prisonniers de guerre. Il a épousé la fille du feld-maréchal Blomberg.

J'ai demandé à Keitel s'il était un intime de Blomberg. « Oui, j'ai connu Blomberg quand j'étais encore capitaine. Nous avons servi ensemble au cours de la Première Guerre mondiale, et c'est une des raisons pour lesquelles je suis allé vers Blomberg en 1934-1935. Blomberg avait quatre ans de plus que moi. Il est devenu officier en 1897, et moi-même en 1901. J'ai vu Blomberg ici avant qu'il ne meure. Il était devenu soudain très vieux. »

Je savais que Blomberg était un sujet très sensible pour Keitel. Il répugnait à parler de son vieil ami à cause du scandale lié au mariage de ce dernier avec une femme aux mœurs douteuses de plusieurs années sa cadette. Je n'en ai pas moins demandé à Keitel quel genre d'homme était Blomberg, sur un plan général. « C'était un homme de bien et un brave homme. Je l'aimais beaucoup. D'un point de vue militaire, il était bon et efficace. J'ai été navré de le voir quitter l'armée en 1938. Ça a été le début de mes malheurs en tant que soldat. Je n'étais pas préparé à ce poste. J'ai été subitement appelé à prendre la relève sans avoir eu le temps de réfléchir à la situation.

« Avant février 1938, quand je suis devenu chef du Commandement suprême des Forces armées, Hitler ne me connaissait même pas. C'est Blomberg qui m'a recommandé à ce poste. »

J'ai demandé à Keitel de me décrire brièvement sa formation. « Je n'ai jamais fait l'école militaire. Mais j'ai été affecté à l'état-major en 1915 au cours de la Première Guerre mondiale, et j'y suis resté de 1915 à 1934, à l'exception de quatre années environ. Je me suis toujours occupé d'organisation. En 1938, je croyais donc que Hitler voulait se servir de mon expérience d'organisateur de troupes. Six semaines plus tard, cependant, commençaient les premières campagnes militaires et guerrières, dont jusque-là je ne savais rien. Mon idéal de devenir fermier est toujours resté un rêve.

« J'ai vu Hitler avant 1938, mais je ne le connaissais pas vraiment. Je l'ai vu lors de manœuvres en 1935 et par deux fois en 1938 avec Blomberg, mais je ne lui avais jamais adressé la parole. Après 1938, j'ai été avec Hitler, et je le voyais au moins une fois par semaine, quand j'étais appelé pour signer de mon nom ordres et directives. Le plus clair du temps, Hitler était à Berchtesgaden et moi à Berlin.

« Quand l'affaire autrichienne a commencé, je l'ai vu le 1er février et il n'a pas dit un mot de ce qu'il souhaitait vraiment [1]. J'ai reçu l'ordre d'aller là-bas, mais je ne savais pas pourquoi. Il est

1. L'annexion de l'Autriche eut lieu le 12 mars 1938. La plupart des Autrichiens furent partagés entre enthousiasme et euphorie. Voir Evan Burr Bukey, *Hitler's Austria : Popular Sentiment in the Nazi Era*, Chapell Hill, 2000, p. 33.

presque impossible aujourd'hui d'imaginer comment les choses se sont vraiment passées. »

Keitel paraissait aussi digne et posé qu'à son habitude, mais ses mains tremblaient. J'ai dit que quelque chose semblait l'inquiéter et que je me demandais ce que c'était. Ses mains n'avaient pas tremblé avant sa dernière remarque sur l'impossibilité de concevoir comment les choses se passaient au temps de Hitler.

« J'ai bien conscience que vous parlez avec tous les accusés et probablement avec les autres généraux, ici, dans l'aile des témoins. Les conditions dans lesquelles les généraux rencontraient Hitler, l'un après l'autre, étaient très différentes et vous obtiendrez de chacun un tableau différent. Je peux seulement vous parler de mes expériences. Je vois bien aujourd'hui qu'un trait dominant de mon caractère est peut-être d'avoir trop manqué d'esprit critique. J'avais occupé de nombreux postes d'adjoint et à l'état-major, mais bien entendu toujours avec des soldats de métier, dont la formation était aussi la mienne. En conséquence, tout ce que me disait Hitler, c'était de mon point de vue les ordres d'un officier. En 1938, j'étais officier depuis déjà trente-six ans. J'étais fait pour diriger une division beaucoup plus que pour ce travail.

« En tant que chef d'état-major sous Hitler, on était dans une position impossible. On avait un officier supérieur qui était un homme politique, pas un officier : un homme qui, au fond, avait des points de vue très différents des miens. Si j'avais eu un an pour apprendre à connaître Hitler, les choses, à bien des égards, auraient tourné de façons très différentes.

« Mais il faut se rappeler que je suis entré en fonctions le 4 février 1938, dans un poste qui n'avait jamais existé auparavant. En réalité, j'étais un chef d'état-major sans responsabilité, qui ne savait pas ce que voulait Hitler et que celui-ci ne mettait pas dans la confidence.

« Je devais plus ou moins diriger l'état-major et faire ce que voulait Hitler. En outre, Hitler n'était pas un officier et manquait d'éducation ; c'était un révolutionnaire. Dans l'armée de terre, il voulait tout le temps tout changer. Puis, dans les toutes premières semaines, sont venues les grandes questions politiques, la question autrichienne et à la fin d'avril la question tchèque. Tout juste huit semaines après mon entrée en activité.

« Ainsi passait-on d'un événement à l'autre, tel un homme chancelant d'une chose à l'autre sans avoir tous ses esprits et sans être capable de réfléchir au cours des choses. Les événements se sont enchaînés trop rapidement. C'est ainsi que ça s'est passé.

« Par cinq fois, j'ai demandé à être déchargé. À chaque fois, j'ai essuyé un refus dans les termes les plus cassants. Et en mon for intérieur il m'était impossible de prétexter une maladie. »

Je lui ai demandé ce qu'il pensait, en général, dans la perspective qui était la sienne aujourd'hui, de Hitler. J'ai ajouté que, si je me souvenais bien, au cours de sa défense il avait parlé de Hitler comme d'un génie.

Après un temps de réflexion, il a répondu : « Oui, à mon avis, c'était un génie. Pour moi, un génie est un homme capable de plonger ses regards dans l'avenir, doué d'une formidable capacité de sentir les choses et d'une connaissance très étendue des affaires historiques et militaires ; voilà pourquoi je veux employer ce mot à propos de Hitler. De plus, je suis un simple soldat et rien ne convainc davantage un soldat que le succès. Tout au long de l'été 1938, je n'ai cessé de lui répéter qu'il ne devait y avoir à aucun prix de guerre avec la Tchécoslovaquie parce que cela nous ferait du tort. Hitler m'a toujours dit de me calmer, qu'il n'y aurait pas de guerre. Il disait qu'il avait besoin d'une armée plus forte pour réussir. Cela aussi, ce fut un succès. Il n'y a pas eu de guerre. Mais au cours de cette période, j'ai demandé à être déchargé de mes fonctions.

« Après que les choses ont mal tourné et qu'il y a eu des revers, je me suis dit : j'y suis, j'y reste. On peut seulement se faire tuer.

« Ce n'est pas bien d'obéir uniquement quand tout se passe bien ; il est beaucoup plus difficile d'être un brave soldat, obéissant, quand les choses tournent mal et que les temps sont difficiles. Dans les moments de ce genre, l'obéissance et la foi sont des vertus.

« Mais j'ai souvent eu des échanges vifs et cinglants avec Hitler. Quand bien même je me serais tué, je n'aurais pas arrangé les choses, parce que ce démon allait de l'avant et réussissait tout ce qu'il entreprenait. »

Tenait-il Hitler pour un démon ? « Oui. C'était un homme démoniaque, possédé d'une volonté de puissance peu ordinaire : chaque fois qu'il avait quelque chose en tête, il lui fallait l'accomplir. Hitler avait du charme, il adorait les enfants et charmait les femmes. Sur un plan politique, cependant, rien ne l'arrêtait. À d'autres égards, il était capable d'émotions tendres et touchantes.

« De même qu'il pouvait être terriblement brutal dans la poursuite de ses idées politiques, il pouvait être humainement sensible aux sentiments des individus, à la vie humaine individuelle. Telle était du moins mon impression.

« Cependant, je n'ai jamais entendu parler de brutalités pendant la guerre. Jamais un mot sur les persécutions ou le meurtre des Juifs. Dans ce cas précis, Hitler a été un grand psychologue. Il savait qu'il ne pouvait demander des choses pareilles à un homme de bien et à un officier – pas même en évoquer l'idée.

« Quoi que Hitler pût dire, il était toujours attentif au cercle auquel il s'adressait. Par exemple, il ne parlait pas du tout de la même façon à un groupe d'officiers et à un groupe de dirigeants du parti. Et ce qu'il disait à l'un ou l'autre de ces deux groupes, il ne le disait jamais à la population ou au Reichstag. Il choisissait toujours soigneusement le moment de ses discours, qu'il accordait à la sensibilité des gens à qui il s'adressait.

« C'était l'un de ses plus grands talents : sa capacité de convaincre les autres par la parole. Devant les soldats, il invoquait toujours les nobles traditions du soldat allemand. Dans son bureau, il y avait trois tableaux : Frédéric le Grand, Bismarck et Helmut Karl Bernhard Graf von Moltke. »

J'ai rapporté ce que m'avait dit Rundstedt : que Moltke se serait retourné dans sa tombe devant la tactique militaire de Hitler, en particulier lors de ce qu'on a appelé l'Offensive Rundstedt mais qui, selon ce dernier, devrait être connue sous le nom de Hitler.

Réponse de Keitel : « C'est vrai. Ce n'était pas l'Offensive Rundstedt. Toute l'idée était de Hitler. J'ai dit cela en septembre dernier lors d'un interrogatoire. Rundstedt n'en voulait pas : il la désapprouvait. Hitler aurait fait de Rundstedt le haut-commissaire de l'armée s'il n'avait été trop âgé en 1938. Il avait un grand respect pour lui. Par exemple, quand Rundstedt venait voir Hitler, celui-ci allait généralement l'accueillir à la porte et l'accompagnait personnellement à l'étage. C'est le seul général que Hitler ait jamais traité avec un tel respect. C'était là un honneur rendu au seul Rundstedt, une marque extérieure de politesse indiquant le grand respect qu'il avait pour ses capacités, bien qu'il ne l'ait jamais tenu pour un nazi. C'est une chose qu'il n'a jamais demandée à aucun d'entre nous.

« Hitler a toujours dit qu'il choisissait ses généraux en raison de leurs capacités, non pas pour leurs convictions politiques. "De mes officiers et généraux, disait-il, j'exige trois choses. Premièrement, qu'ils soient compétents ; deuxièmement, qu'ils me fassent des rapports véridiques ; et troisièmement, qu'ils soient obéissants." Telles étaient les trois exigences de Hitler.

« À l'origine, existait une divergence entre Rundstedt et Brauchitsch. Hitler et Rundstedt ont eu un tête-à-tête et ce dernier est rentré chez lui tranquille. La seconde fois, Rundstedt est tombé malade alors qu'il servait sur le front occidental. Il m'a écrit une lettre, me priant d'informer Hitler qu'il était malade et qu'il ne pourrait assumer ses responsabilités s'il se passait quelque chose d'important. Les deux fois, Hitler lui a demandé de reprendre le commandement.

« Brauchitsch est resté actif jusqu'au 9 décembre 1941. Il a été chef du 4 février 1938 au 9 décembre 1941. Puis Hitler a repris lui-même ce titre. En Allemagne, un feld-maréchal est toujours actif ; techniquement, il ne peut prendre sa retraite, mais Brauchitsch, comme Blomberg, n'a plus servi après 1941. Brauchitsch avait le cœur fragile : c'est du moins ce qu'il m'a dit. Dans le courant de l'hiver 1942-1943, il est tombé très malade. Un jour sur deux, il fallait donner des nouvelles de sa santé au Führer. On pensait qu'il allait mourir, mais il devait être d'une constitution robuste parce qu'il a récupéré. »

Constantin von Neurath
1873-1956

Ministre des Affaires étrangères de 1932 à 1938, Constantin von Neurath fut nommé protecteur du Reich en Bohême et Moravie après l'invasion de la Tchécoslovaquie. Reconnu coupable à Nuremberg de conjuration criminelle, de crimes contre la paix, de crimes de guerre et de crimes contre l'humanité, il fut condamné à quinze ans de prison. Il purgea huit ans à la prison de Spandau et fut libéré en 1954 pour raisons de santé.

21 juillet 1946

Le vieil homme, Constantin von Neurath, était assis sur son lit, vêtu d'un manteau noir uni, de pantalons noirs et de chaussures neuves. Les lacets en avaient été retirés (comme à tous les accusés), et ne restait pour les attacher sur le dessus qu'un petit bout de lacet. Il s'est exprimé d'une manière hésitante, avec un léger bégaiement.

L'entretien avec Neurath s'est déroulé en anglais, qu'il parle bien, mais pas couramment. Son allemand n'est pas coulant non plus, au demeurant : il hésite souvent dans le choix des mots. Je lui ai montré une copie de sa biographie, juste une demi-page qu'il avait rédigée le 9 octobre 1945, peu après son arrivée à la prison de Nuremberg. Il s'en est souvenu : « Eh bien, c'est une version brève, n'est-ce pas ? » J'ai acquiescé.

Quel genre de ville était-ce, Kleingladbach, sa ville natale ? « Pas une ville, juste un tout petit village avec une population de quatre cents âmes où vivaient mon père et mon grand-père. Ma femme vit par là-bas maintenant. C'est tout près de Stuttgart. » Il est né le 2 février 1873. Il n'a pas vraiment de petits-enfants. Son fils unique, âgé de quarante-quatre ans, a épousé une veuve et a une belle-fille. « Je regrette souvent de ne pas avoir de petits-enfants. »

Inversant plus ou moins les rôles, il m'a demandé ce que je pensais des procès. J'ai observé que les choses paraissaient s'accélérer. « Oui, ils devraient être terminés d'ici à mercredi. Il ne nous reste plus qu'à attendre. » Il a eu un sourire inquiet.

Et les organisations ? « Complètement artificiel, le procès contre les organisations, surtout en ce qui concerne l'état-major. Vous aussi, dans votre pays, vous avez un état-major général. Les organisations du parti, c'est une autre histoire, mais tous les chefs de bloc du parti ne sont pas coupables non plus. Il en va de même avec les SS, le SD et les SA. Les nazis avaient un grand défaut : ils sur-organisaient tout. D'une manière générale, je crois que l'acte d'accusation contre les organisations ne tient pas la route. »

Il m'a demandé si j'avais lu Neville Henderson, *Failure of a Mission. Berlin, 1937-1939* [1]. J'ai répondu que oui. « C'est un bon livre. Il montre ce qu'il en était vraiment en 1937-1939. Le livre de William Dodd, votre ambassadeur, n'était pas aussi bon [2]. Apparemment, il n'a jamais compris la réalité. Il était professeur d'histoire dans une université. Et comme la plupart des enseignants, il ne connaissait pas la politique et le monde. Il parlait couramment l'allemand et mon anglais était suffisant. Mais je lui demandais aussi de venir avec son secrétaire : souvent, il ne comprenait pas de quoi nous parlions. Autrement dit, il était comme tous les autres : il n'était pas réaliste. Je n'ai jamais lu son journal, que ses enfants ont sorti après sa mort, mais d'après les extraits que j'ai vus au cours du procès, je peux vous assurer qu'il ne mérite pas d'être lu. »

Service de l'État ? « J'ai quitté mes fonctions en 1916 parce que je n'étais pas d'accord. En 1918, le président Friedrich Ebert, un

1. Londres, 1940 ; *Deux ans avec Hitler*, trad. fr. L. et N. Gara, Paris, Flammarion, 1940 [*N.d.T.*].

2. William E. Dodd et Martha Dodd, éd., *Ambassador Dodd's Diary, 1933-1938*, Londres, 1941.

socialiste, m'a rappelé. Je ne suis pas socialiste, mais plus conservateur. Ebert m'a nommé ambassadeur à Copenhague, puis à Rome. Un gouvernement de parti après l'autre. Le chancelier Gustav Stresemann était libéral. Par la suite, je me suis acquitté de mon devoir envers mon pays, non pas envers un parti. Telle a été ma ligne. Quand le vieux Hindenburg est arrivé, en 1925, j'ai alors été ambassadeur à Rome, après la mort de Stresemann. Hindenburg m'a demandé de devenir ministre des Affaires étrangères. J'ai refusé parce que je n'appartenais pas à un parti et que je ne pouvais devenir son ministre des Affaires étrangères sans le soutien d'un parti. J'ai été envoyé à Londres pour la seconde fois en tant qu'ambassadeur. Londres, en 1910, avait été mon premier poste. En 1930, j'ai été ambassadeur ; au bout de deux ans, en 1932, Hindenburg m'a appelé pour me nommer ministre des Affaires étrangères – les partis de gouvernement ne parvenant pas à s'entendre sur la formation du cabinet. Je ne pouvais refuser. Papen était chancelier, mais je ne le connaissais pas plus que les autres ministres. Quand le gouvernement Papen a laissé la place à celui de Kurt von Schleicher, les nazis étaient devenus très forts, avec deux cent trente sièges, en très peu de temps en 1932, mais je siégeais au cabinet en tant que délégué de Hindenburg, non pas en tant que membre d'un parti. À la fin de janvier 1933, il y a eu de nouveau une crise. Hitler est arrivé au pouvoir dans le cadre d'un gouvernement de coalition [1]. J'ai demandé à Hindenburg de me laisser retourner à Londres, où le roi d'Angleterre souhaitait que je revienne, mais Hindenburg a dit non. Il était de mon devoir de rester. Il a mis une condition à Hitler : que je reste temporairement. Hindenburg était déjà malade et il m'a fait promettre de rester en place après sa mort aussi longtemps que ma conscience me le permettrait.

« Je ne connaissais pas les nazis, aucun d'entre eux. Je n'étais absolument pas nazi à cause des méthodes qu'ils employaient dans les campagnes électorales. Hindenburg est mort en août 1934. À cette date, un an et demi avait passé, et Hindenburg avait suivi mes conseils en matière de politique étrangère. Il a suivi mes conseils, surtout la ligne pacifique, comme tout Allemand hostile aux paragraphes du traité de Versailles. J'ai été un mois à Genève, à la Société des Nations et à la commission du désarmement. Comme on le sait, cela n'a eu aucun effet. À cette époque, toutes nos propositions ont été rejetées. Hitler était prêt à désarmer totalement si les autres désarmaient, mais les Français, en particulier, ont refusé. En

1. Sur les élections législatives suivantes du 5 mars 1933, voir *supra*, le chapitre sur Walther Funk, p. 125, note 2.

1935, j'ai constaté de plus en plus l'influence de certains membres du parti hostiles à la politique. Ribbentrop s'affairait en coulisses, en tant que conseiller privé de Hitler.

« Le premier incident entre Hitler et moi est survenu en 1935. J'étais contre la nomination de Ribbentrop à l'ambassade de Londres. J'avais fait sa connaissance et j'ai objecté qu'il n'était pas l'homme qu'il nous fallait à Londres. Ribbentrop avait eu pour prédécesseur Leopold von Hoesch, un vieux collègue à moi. Il est mort. J'étais de plus en plus attaqué par le parti. Mais jusqu'en 1937, non sans mal, j'ai tenu bon et Hitler a suivi. En août 1937, cependant, il a sans nul doute changé de cap et décidé de suivre sa politique de puissance. À tel point que j'ai objecté que ce serait de la folie, que nous aurions la guerre en janvier 1938. J'ai demandé à être déchargé de mes fonctions. J'ai quitté mon poste le 4 février 1938 et il m'a nommé conseiller d'État secret – ce qui n'est qu'un titre. Je n'avais rien pour m'épauler, et il refusa même de me tenir informé plus longtemps. Juste un titre. Dès mars 1938, j'ai quitté Berlin pour ma propriété des environs de Stuttgart : une ferme. En septembre 1938, un de mes collègues, le ministre des Finances, le comte Lutz Schwerin von Krosigk, m'a appelé pour me dire que Hitler avait l'intention de faire la guerre en Tchécoslovaquie. Je devais me rendre à Berlin pour essayer de l'arrêter. Le résultat fut la conférence de Munich [1].

« J'ai assisté à la conférence en tant qu'observateur, parce que je connaissais Mussolini, Daladier et Chamberlain. C'est Göring qui m'a conduit en voiture à Munich. Au cours de la conférence, j'ai joué les médiateurs. Le lendemain, je suis rentré chez moi. Puis, je suis resté sans information, hormis ce qui se disait dans la presse et à la radio – autant dire, pas grand-chose. J'avais aussi un appartement à Berlin, où je me rendais de temps à autre pour affaires privées. J'ai séjourné à Berlin au début de mars 1939 sans être tenu au courant de rien. J'ai vu que le président tchécoslovaque, le Dr Emil Hácha, était venu à Berlin pour demander à Hitler d'assurer la protection de son pays. Le lendemain, Hans Heinrich Lammers m'a télégraphié au nom de Hitler : je devais me rendre tout de suite à Vienne [2]. J'ai pris

1. La conférence de Munich (29-30 septembre 1938) fut le couronnement de la politique britannique et française d'apaisement envers l'Allemagne. La Tchécoslovaquie fut bel et bien abandonnée pour sauver la paix. Au bout du compte, cette politique échoua, car Hitler voulait la guerre.

2. Hans Heinrich Lammers (1872-1962), chef de la chancellerie du Reich tout au long du IIIe Reich. Jugé au cours de l'un des procès complémentaires de Nuremberg – le procès de la Wilhelmstrasse en 1949 –, il fut condamné à vingt ans de prison, mais libéré dès 1954.

l'avion. À ma grande surprise, Hitler m'a demandé d'accepter le poste de protecteur de Bohême et de Moravie. Je lui avais dit à Vienne que je n'arrivais pas à comprendre : l'avez-vous fait en accord avec la France, l'Angleterre et l'Italie ? Il m'a répondu que ce n'était pas nécessaire parce que Hácha avait demandé la protection de l'Allemagne. Moi-même, j'étais dans tous mes états. J'étais convaincu que cette initiative avait dû être un grand choc pour l'Angleterre et la France en particulier. J'étais en outre convaincu qu'il ne fallait rien faire à moins qu'il n'y eût un danger aigu de guerre. J'ai donc refusé sa proposition. Mais Hitler a insisté. Il a dit que ce serait un grand service rendu à mon pays et qu'on avait besoin de moi parce que j'étais connu comme un modéré, et qu'il mettrait en avant mon nom. Il n'eut rien d'autre à dire. Je lui ai répondu que c'était une tâche difficile et que ce serait dur d'empêcher les Allemands des Sudètes de se venger. Il a ajouté qu'il irait de toute façon de l'avant. Quelle force pouvait l'en empêcher ? J'avais déjà soixante-six ans. J'ai fini par accepter à contrecœur. J'ai dit que j'allais essayer, par devoir patriotique.

« Mais le pouvoir que me donna Hitler était un pouvoir contre les Tchèques. Il ne me donna aucun pouvoir contre Himmler et consorts. Je m'en suis plaint parfois à Hitler ; il lui arrivait de l'admettre. Mais c'est allé de mal en pis. Surtout après qu'il a nommé un très sale type pour devenir mon secrétaire d'État, mon subordonné, Karl Frank. C'était un représentant de Himmler, et en matière de police Himmler avait toute latitude. Je n'avais pas voix au chapitre. Tout ce qu'il faisait, je ne le découvrais qu'après coup – par des informations tchèques ou privées. J'étais comme en prison là-bas. Quand la guerre a éclaté, en 1939, j'ai demandé à Hitler de me laisser partir. Mais il a refusé. Les choses sont allées de mal en pis. En septembre 1941, Hitler m'a convoqué à son QG et m'a dit que j'étais trop tendre avec les Tchèques. Et il avait décidé de prendre des mesures énergiques et d'envoyer Heydrich ; j'ai répondu que jamais je n'accepterais. Je lui dirais au revoir. Je connaissais Heydrich de nom : on l'appelait “le Limier”. J'ai refusé de retourner à Prague. J'ai rapatrié mes affaires, résolu à ne plus y mettre les pieds. C'était en septembre 1941. Il ne m'a signifié mon renvoi officiel qu'en 1943. Mais je suis resté chez moi. Heydrich est arrivé à Prague deux heures après que j'avais quitté la ville en auto. Et il a commencé sa persécution des Tchèques. »

Franz von Papen
1879-1969

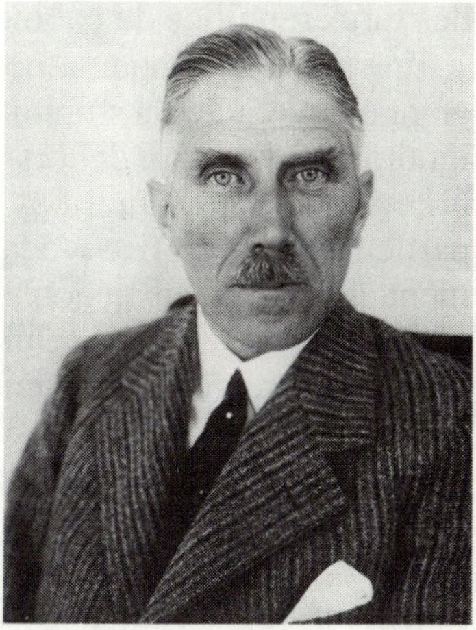

Chancelier en 1932, vice-chancelier en 1933-1934, Franz von Papen fut nommé ambassadeur en Autriche en 1936. Jugé à Nuremberg, il fut reconnu non coupable. Au début de 1947, un tribunal allemand de dénazification le reconnut coupable de crime aggravé et le condamna à huit ans de camp de travail. Il fut libéré deux ans plus tard après avoir interjeté appel. Dans les années 1950, Papen tenta, en vain, de revenir à la vie publique. Il écrivit deux livres, La Vérité dans une impasse *(1953) et* Échec d'une démocratie *(1968). Il mourut à Obersasbach (Baden) le 2 mai 1969.*

7 février 1946

Entretien (en présence de Gilbert) avec Franz von Papen. Cet homme aux cheveux grisonnants, un peu dur d'oreille, mais très vif et souriant, est poli : la personnalité et le « charme » de la « vieille école ». Du moins, le comportement de salon tel que je l'imagine. Il nous fait de la place sur son lit, nous offre sa chaise et un morceau de boîte d'allumettes en guise de cendrier. Il accepte de bonne grâce et avec reconnaissance la cigarette proposée et la fume.

Aujourd'hui, la cour se penchait sur le cas de Hess. La séance avait duré jusqu'à 17 h 45, soit une demi-heure plus tard que d'habitude. Les accusés étaient très intéressés, et, manifestement, les faits produits par le procureur britannique intéressaient autant la plupart d'entre eux que les spectateurs. Seul de tous les accusés, Hess semblait peu impressionné et impassible. Il avait gardé son visage habituel, figé, apathique, si ce n'est pour jeter des coups d'œil occasionnels en direction de la tribune ; une ou deux fois, il a souri ou chuchoté quelques mots à l'oreille de Göring, de manière visiblement assez déplacée. Il lui est arrivé aussi de se pencher en avant comme pour se concentrer sur ce qui se disait, témoignant d'un intérêt inhabituel de sa part.

De son point de vue, a dit Papen, le cas de Hess était clair dans la mesure où il comptait parmi les fondateurs et les dirigeants du parti ; en revanche, s'agissant de la conjuration en vue de faire la guerre, le dossier lui paraissait moins solide. De son point de vue, Hess était du genre pacifique, même s'il a ajouté qu'il ne le connaissait pas très bien, car il n'avait eu aucun contact avec lui en dehors des rares réunions du cabinet.

En revanche, Papen a porté sa main à la tête et a pour ainsi dire geint en évoquant la stupidité des Affaires étrangères et de Hess, qui ignoraient tout en dehors de l'Allemagne. Il n'en voulait pour preuve que les déclarations de Hess en Angleterre après sa fuite. En particulier son « offre » de paix, quand il expliqua que le gouvernement allemand ne négocierait pas avec le gouvernement anglais actuel (il voulait dire, celui de Churchill), mais le ferait volontiers avec un autre gouvernement acceptable. Papen a fait des remarques méprisantes sur Ribbentrop, évoquant d'un ton caustique l'imbécillité de ce dernier, de ce « marchand de whiskey » qui suivait aveuglément Hitler. Chaque fois qu'il voulait faire un pas en avant, se plaignit un jour Hitler, tous ses conseillers le laissaient tomber, affirmant que c'était trop dangereux ; tous, sauf un ou deux qui le soutenaient, dont Ribbentrop. Et Hitler, toujours selon Papen, avait conclu que Ribbentrop était donc un homme d'État plus grand que Bismarck.

« J'ai toujours défendu les principes », a dit Papen, et c'est pourquoi Himmler et le parti l'ont tenu à l'œil tout le temps qu'il a été ambassadeur à Vienne et en Turquie. Le soir de l'assassinat d'Engelbert Dollfuss, a-t-il raconté, Hitler lui a demandé en pleine nuit de se rendre à Vienne. Deux SS se rendirent chez lui, en Silésie, à une heure avancée de la nuit. Son fils et lui crurent que les SS venaient les arrêter (comme ils avaient déjà essayé de le faire, a-t-il précisé). Son fils déclara qu'ils étaient probablement là pour les tuer. Chacun prit son pistolet, et ils approchèrent de la porte. Il y avait là deux SS : « Nous sommes venus vous dire que Hitler demande que vous lui téléphoniez tout de suite. » Mais Papen et son fils craignaient de bouger, de peur d'être abattus. Papen finit par se diriger vers le combiné pour appeler Hitler, qui se trouvait à Bayreuth. « Vous devez aller à Vienne tout de suite, déclara Hitler (selon Papen), après ce qui s'est produit aujourd'hui. » Puis Hitler lui raconta que Dollfuss avait été assassiné dans la journée et que le tumulte régnait à Vienne. « Eh bien, dit Papen, il faut que j'y réfléchisse. » « J'envoie un avion vous chercher dans la matinée », répondit Hitler. L'avion arriva dans la matinée et conduisit Papen à Bayreuth, où il vit Hitler, qui lui déclara qu'il avait besoin de quelqu'un qui connût l'Autriche et pût prendre les choses en main à Vienne sans délai. Papen partit aussitôt à Vienne.

Là, Papen fut soumis à la surveillance constante des agents de la Gestapo de Himmler, a-t-il expliqué, parce qu'on se méfiait de lui en raison de ses liens avec l'Église catholique. Il y resta jusqu'en février 1938, quelques semaines avant l'annexion. Il fut subitement rappelé en Allemagne. En mars, survint l'annexion. Bien entendu, il n'imaginait pas qu'il y aurait une annexion à cette époque même si, comme tous les Allemands, il était partisan d'une union avec l'Autriche. Hitler ne voulait pas de lui au moment de l'annexion parce qu'il n'était allé en Autriche qu'après lui avoir arraché la promesse, quand il l'avait vu à Bayreuth, qu'il n'y aurait pas d'« entrée armée en Autriche ni aucune effusion de sang ». Il a insinué qu'il avait été éloigné de l'Autriche parce que Hitler voulait rompre sa « promesse » à Papen. (« J'imagine que vous croyiez encore à la parole de Hitler à cette époque ? » lui a alors demandé Gilbert et, soupirant d'un air affable, Papen a répondu : « Oui. »)

Il fut ensuite affecté en Turquie. Eh bien, si vous étiez hostile à Hitler, que vous étiez suivi par la Gestapo, que vous désapprouviez le régime et la manière dont il traitait les catholiques (il n'a pas dit un mot des Juifs), pourquoi être resté au service de Hitler ? « Parce que j'ai eu le sentiment qu'il était dans l'intérêt de la paix que j'aille en Turquie et que j'empêche le cercle de se refermer autour de l'Allemagne. »

Eh bien, ai-je objecté, c'est déroutant, parce qu'il eût sans doute été davantage dans l'intérêt de la paix que l'Allemagne fût encerclée, n'est-ce pas ?

« Ah, a soupiré Papen, vous voyez cela du point de vue de l'histoire et de ce qui est arrivé. Mais à cette époque, il me semblait que, si la Turquie rejoignait le cercle des Alliés autour de l'Allemagne,

Hitler se sentirait peut-être obligé de frapper dans une direction quelconque et qu'une guerre s'ensuivrait. »

En Turquie, pour autant qu'il le sût, il n'était pas surveillé par la Gestapo « parce que, avant d'accepter mon poste en Turquie, j'avais mis pour condition que les hommes de Himmler ne me suivissent pas comme à Vienne ». Au cours d'un entretien précédant le départ de Papen pour la Turquie, Himmler avait alors répondu que Papen devait consentir à être moins intéressé et amical envers l'Église catholique. « J'en ai ri, a ajouté Papen, parce que, comme je l'ai dit à Himmler, sans doute ignorez-vous que la Turquie est un pays de confession musulmane et qu'il n'y a pratiquement pas de catholiques là-bas. » Et Papen d'ajouter que la situation en Turquie était « délicate ». Si jamais il essayait ne serait-ce que de parler à un autre diplomate, mettons à un Suédois ou à un Suisse, ou au représentant de tout pays neutre, le fruit de cette conversation, qui « pouvait venir du fond de mon cœur », concernant son « désir de paix », était intercepté par les experts en décodage sur les câbles, ou épié et rapporté au gouvernement nazi. Ordre lui avait été donné, sous peine de mort, de ne discuter avec personne.

Lorsqu'il fut enfin rappelé de Turquie, en 1944, il vit Hitler, qui était un homme différent. C'était après l'attentat du 20 juillet 1944 ; Hitler tremblait et paraissait avoir perdu sa capacité de penser clairement. A-t-il jamais vraiment eu les idées claires ? ai-je demandé. « Eh bien, a répondu Papen, c'était un homme fort intéressant. On pouvait lui parler de quantités de choses. Il s'intéressait à l'art, à l'architecture, à la vie politique, à l'armée, à la musique. Il avait un millier de centres d'intérêt. Un homme tout à fait remarquable. Mais, après l'attentat, il n'était plus le même. »

30 mars 1946

Ce soir, Papen était, comme à son habitude, d'humeur accueillante et impatient d'exprimer ses opinions. Il m'a demandé si j'avais envie de savoir quelque chose en particulier. J'ai répondu que c'était sans conséquence, que je voulais simplement m'entretenir avec lui afin de mieux le connaître et de mieux comprendre sa personnalité.

Il s'est mis à parler de l'histoire de l'Allemagne, de ses pour et de ses contre. « Mon sentiment est que la formation d'États fédéraux en Allemagne était une bonne chose. Il y avait des centres d'une grande valeur culturelle. Chaque État avait sa cour, avec une suite de toutes sortes de gens, y compris d'hommes de science. Cela donnait à l'Allemagne de multiples influences culturelles. De tous les systèmes, les États fédéraux sont les meilleurs. D'un autre point de vue, les États fédéraux qui n'étaient pas unifiés étaient mauvais, parce qu'il n'y avait pas d'unité en matière de politique extérieure. Par exemple, la Bavière, le Bade et la Prusse, en particulier, avaient des points de vue différents. En 1871, Bismarck a fondé le Reich, et il a dépassé ces divergences de points de vue par une magnifique conception. Il a fait du Premier ministre de Prusse le chancelier de l'Allemagne en sorte que la même politique générale prévalait à travers tout le pays.

« Après l'effondrement de 1918, chaque État a mené sa propre politique. Chaque État avait un président qui était sans influence dans la fédération générale des États. C'était un point faible. J'avais le sentiment qu'il fallait corriger cet état de fait dans un esprit bismarckien. J'estimais aussi que le Premier ministre de Prusse devait être le chancelier de l'Allemagne. À l'époque, la Prusse avait un gouvernement socialiste, et la République, à diverses périodes, avait eu des gouvernements mêlant bourgeois et socialistes. Vous voyez donc la multitude des courants qui composaient le gouvernement.

« J'avais atteint un objectif louable en ce que j'avais conclu un arrangement avec Hindenburg : si Hitler accédait au pouvoir, Hindenburg me nommerait Premier ministre de Prusse en même temps que vice-chancelier [1]. Puis il y eut les élections du 5 mars 1933, où un raz-de-marée porta les nazis au pouvoir [2]. Chaque État avait son propre parlement et, à la diète prussienne, les nazis étaient aussi majoritaires. Il était évident que Göring allait être élu Premier ministre. À cette époque, il était ministre de l'Intérieur en Prusse. Il était hors de doute que la majorité du parlement prussien allait choisir Göring comme Premier ministre et que, dans ce cas, je devrais partir. J'ai donc écrit une lettre à Hindenburg et à Hitler, expliquant que j'étais ravi que Göring devînt Premier ministre de Prusse puisqu'il était un proche de Hitler. Je voulais dire par là qu'il y aurait un accord sur les principaux points de la politique nationale, qui avait tant d'importance pour l'Allemagne. Ce n'était en aucune façon une abdication de mon ancienne ligne politique, comme le soutient l'accusation. Il était entendu qu'une Allemagne fédérée préserverait dans ses différents États des finances et une vie politique séparées, etc. Il doit être difficile à un juge anglais ou améri-

1. Sur le rôle de Papen dans l'accession de Hitler au pouvoir, voir Turner Jr, *German Big Business and the Rise of Hitler*, p. 322-329.

2. Hitler accéda au pouvoir dans le cadre d'un gouvernement de coalition. Voir *supra*, le chapitre sur Walther Funk, p. 125, note 2.

cain qui ne connaît pas l'histoire allemande de comprendre ces choses. La principale accusation portée contre moi est que j'aurais été un opportuniste sans scrupules et que j'ai retourné ma veste aussi vite que possible dès que les nazis sont arrivés au pouvoir. Ce n'est pas le cas. Je prouverai devant la cour que, dans des centaines de discours prononcés après la formation du gouvernement de Hitler, ma ligne politique a divergé considérablement de la ligne nazie non seulement sur les points essentiels, mais aussi sur la plupart des points. »

J'ai demandé à Papen quels étaient les grands points de divergence entre lui et les nazis dans les années 1933-1934. « Depuis l'époque de Brüning, nous avions essayé de dissoudre le parti nazi à plusieurs reprises. Quand je suis arrivé au pouvoir, les nazis avaient 230 sièges et je ne pouvais donc pas former de majorité au Reichstag sans eux. J'étais chancelier à cette époque. Or pour qu'un chancelier soit efficace en termes de législation, il doit avoir la majorité au Reichstag. Le problème était de savoir comment se défaire des nazis.

« Or, quand l'heure a finalement sonné de constituer le gouvernement nazi sous la contrainte des circonstances, les principaux points présents à l'esprit de tous les Allemands étaient les huit millions de chômeurs, les 12,5 millions d'employés à temps partiel et les grèves qui naissaient de la lutte des classes. La principale préoccupation de tous les Allemands, c'était de trouver une solution aux problèmes sociaux. Hitler a toujours souligné que la solution du problème social ne se trouvait pas du côté du marxisme ou du bolchevisme, mais dans un capitalisme où se mêlerait un certain degré de socialisme. Ce ne devait pas être un socialisme d'État, mais c'était un socialisme dans la mesure où l'entreprise privée ne travaillerait pas pour des dividendes et des profits énormes. Tous les profits réalisés dans chaque branche de l'économie seraient pour la communauté et pas uniquement pour les particuliers. Cela me paraissait sain.

« Un des slogans du parti nazi était quelque chose du genre : tous les profits doivent aller d'abord à la communauté. La différence entre le type de socialisme auquel adhéraient les nazis et le communisme était que les intérêts des personnes privées ne seraient pas étouffés comme ils l'étaient dans l'État communiste.

« Comme je l'ai dit, cela me semblait être un principe sain. La formation du gouvernement par les nazis n'était pas pour déplaire au groupe conservateur que je présidais. J'en étais arrivé à la conclusion que la solution des problèmes de l'Allemagne passait par une coopération plus étroite entre entreprise privée, encadrement et travailleurs.

« Étant catholique comme vous le savez, je pensais que c'était le programme que le pape Léon XIII avait édicté dans sa fameuse encyclique. J'ai donc insisté sur le fait qu'il devait y avoir au fond un renouveau religieux général. Hitler n'était pas d'accord là-dessus. Je ne connaissais pas grand-chose aux Églises, à la religion et aux choses de ce genre [*sic*]. Par exemple, je n'étais pas d'accord avec lui sur ses idées raciales, l'antisémitisme, etc.

« En 1933, à Gleiwitz, j'ai prononcé un discours où j'ai déclaré qu'il était certainement juste de souligner les bons points d'une certaine race, mais qu'il ne fallait jamais en arriver à combattre une race au nom de certaines qualités ni à en qualifier une autre de meilleure. J'ai alors déclaré que c'était entièrement erroné de le faire.

« J'ai fait un discours le 17 juin 1934, quelques jours avant l'épuration de Röhm. J'y expose largement mes convictions, mon credo politique en opposition au nazisme. Je l'ai prononcé à l'université de Marbourg. Il m'a valu l'âpre hostilité des nazis. Goebbels a donné l'ordre que le discours ne soit pas repris ni publié dans la presse et c'est pour cette raison que j'ai failli être abattu lors de l'épuration de Röhm. En fait, j'ai été arrêté trois jours durant et je figurais sur la liste des condamnés à mort de Himmler. Je n'ai pas été exécuté car Göring, pour autant que je le sache, s'en est mêlé, essentiellement parce que, si j'étais exécuté, ce serait une très mauvaise publicité hors d'Allemagne.

« J'ai donné ces exemples pour indiquer ce qu'était, a été, est et sera toujours mon véritable credo. Quant à l'affaire Röhm, je n'avais aucun lien avec elle [1]. Quand l'effervescence a commencé, on m'a demandé de passer voir Göring à son bureau ; et il m'a dit que je devais me considérer en état d'arrestation. Göring était tout excité, mais il n'avait rien contre moi. Himmler, cependant, qui se trouvait avec lui à ce moment-là, était remonté contre moi et a expliqué à Göring qu'il fallait me liquider. Himmler m'a fait tout le mal possible tout au long de ma vie.

« Himmler haïssait l'Église. Bormann et lui sont les deux hommes qui ont le plus influencé Hitler. Quand j'ai parlé à Hitler, au début, il était d'accord avec moi et a dit qu'aucun État ne pouvait être gouverné sans religion. Dans *Mein Kampf*, il assurait qu'il fallait être fou pour détruire la religion du peuple. Hitler a aussi affirmé qu'une réforme politique ne devait pas être une réforme religieuse.

1. Allusion au meurtre d'Ernst Röhm (1887-1934), parmi beaucoup d'autres, au cours de la « nuit des longs couteaux », le 30 juin 1934. Pour une brève introduction et une bibliographie, cf. Gellately, *Backing Hitler*, p. 38-39 et trad. fr., p. 60-61.

« Ce n'est pas ma faute si Hitler est revenu sur sa parole à cet égard comme il est revenu sur sa parole dans tant d'autres domaines. Au cours de son évolution, Hitler a changé d'avis sur de nombreux points. Mais, au moment de son arrivée au pouvoir, tel n'était pas le cas. Je pensais réellement qu'il avait le désir sincère de se montrer conciliant en matière de religion. Dans ses discours de mars 1933 au Reichstag, il déclara respecter les fondements chrétiens et qu'il ferait tout pour les défendre. C'est moi qui avais demandé à Hitler d'inclure ce point dans ses discours. »

Papen avait évoqué tous ces souvenirs de manière apparemment bien répétée et étudiée, sur un ton qui ne trahissait guère d'émotion. Je lui ai demandé si, à son avis, l'antisémitisme était compatible avec la liberté et la tolérance religieuses. « Pas du tout, a-t-il répondu. Mais Hitler ne recherchait pas l'anéantissement des Juifs : il a insisté là-dessus en public comme dans la presse. Hitler a simplement dit au début que l'influence juive était trop grande, que quatre-vingts pour cent des avocats de Berlin étaient juifs. Il pensait qu'il ne fallait pas laisser un petit pourcentage de gens, les Juifs, contrôler le théâtre, le cinéma, la radio, etc. »

Cela donnait l'impression, ai-je observé, qu'il ne trouvait pas illégitime une discrimination contre des droits individuels sur une base religieuse. J'ai en outre observé que, tout en prêchant la liberté et la tolérance religieuse, il pratiquait une forme d'antisémitisme. Papen s'est un peu agité et a soutenu, avec beaucoup de charme et force sourires, que je l'avais certainement mal compris, qu'il voulait simplement dire qu'il était partisan d'autoriser un certain pourcentage de Juifs, de catholiques et de protestants à être présents dans certaines professions et entreprises, mais qu'il n'était pas du tout partisan de se débarrasser des Juifs ou de revenir sur l'émancipation. « Je me disais qu'une correction de ce que Hitler appelait la question juive pourrait se faire de manière normale et régulière. Je ne crois pas qu'au début Hitler ait eu des idées aussi extrêmes sur la solution du problème juif – ou, en tout cas, il n'en a jamais fait part. Quand Hitler a fait la première loi visant à se débarrasser de l'influence juive, je l'ai limitée afin que tous les Juifs présents en Allemagne depuis 1914 puissent y rester. Voyez-vous, après 1918, quand la guerre a été perdue, nous avons vu affluer les Juifs de l'Est. Ce trop-plein était absolument anormal en Allemagne et cela ne s'est produit qu'une seule fois, après la révolution de 1918. Il a eu une importance considérable, cet afflux. Nous pensions qu'il fallait y remédier. »

JOACHIM VON RIBBENTROP
1893-1946

Joachim von Ribbentrop fut ministre des Affaires étrangères de 1938 à 1945.

Reconnu coupable à Nuremberg de complot criminel, de crimes contre la paix, de crimes de guerre et de crimes contre l'humanité, il fut pendu le 16 octobre 1946.

27 janvier 1946

C'était dimanche. Il était assis à son bureau, travaillant apparemment sur des documents en rapport avec sa défense (j'imagine). Il s'est montré courtois, a paru ravi de nous voir, Gilbert et moi. Nous avons pris place sur son lit, qu'il a débarrassé des papiers et des livres, etc. Il s'est assis sur la chaise en face de nous, tirant sur une vieille pipe.

C'est un bel homme qui paraît approcher ou dépasser de peu la cinquantaine. Se dégage de lui un air de dépression superficielle bien qu'il ait souvent un sourire agréable. Il parle très bien l'anglais avec un léger accent britannique. Il achoppe parfois sur le vocabulaire, mais uniquement quand le mot allemand qu'il souhaite employer est visiblement plus à-propos pour l'idée que l'équivalent anglais.

Le thème dominant de son récital (il s'agit bien de cela – entrecoupé de certaines questions de moi ou de Gilbert) était à quel point le tour pris par les événements l'intriguait et le stupéfiait. Ce qui au juste l'intriguait n'était pas très clair, probablement n'est-ce pas clair à ses yeux. Il y avait deux leitmotive. Premièrement, Hitler avait-il pu être au courant des atrocités et, si oui, les laisser continuer ? Non, cela ne paraissait guère possible. Hitler était un homme si bon, qui ne mangeait jamais de viande et traitait Ribbentrop et ses autres proches de « mangeurs de chair morte ». Ce devait être Himmler, qui a fait tant de choses contre les ordres du Führer. Deuxièmement, comment tout ce désastre avait-il pu lui arriver à lui ? Ribbentrop n'a pas dit cela expressément, mais ses propos étaient ponctués d'exclamations : « C'est stupéfiant, je ne comprends pas comment ça a pu arriver. Je n'en reviens pas. »

Sa carrière commença – pour ce qui est de la politique, a-t-il précisé – en 1932, quand Hitler et le national-socialisme se hissaient au pouvoir. Avant cela, il était un « homme d'affaires ». Il a raconté qu'au début de la Première Guerre mondiale il se trouvait au Canada, qu'il avait voyagé dans la soute à charbon d'un navire pour rejoindre l'Allemagne et s'engager dans l'armée. Il semble qu'il ait quitté l'armée à la fin de la guerre avec le grade de lieutenant.

Je n'ai pas encore appris de lui comment au juste il avait fait la connaissance de Hitler. Il l'avait rencontré pour la première fois en 1932, a-t-il dit. Ribbentrop n'a pas non plus indiqué quels avaient été ses premiers postes au sein du parti et du gouvernement. Il a dit avoir aidé de diverses « manières » (sans plus de précision) à promouvoir le national-socialisme aux élections avant l'accession de Hitler au pouvoir. Je l'ai interrogé sur l'épisode largement connu du « Heil Hitler » lancé en guise de salutation à la cour de Saint-James. Il a eu un vague sourire et a ajouté que la presse anglaise avait été malveillante et y avait vu quelque chose qui n'était pas là. Quand on l'avait présenté au roi, il avait fait le salut hitlérien en tendant le bras, mais il n'avait pas dit « Heil Hitler » en saluant. En fait, le roi avait été très compréhensif ; le lendemain, il avait envoyé un billet disant qu'il comprenait et que tout était en ordre. De plus, ils adressaient ce salut à de nombreuses têtes couronnées, aux rois d'Italie, de Roumanie et ainsi de suite. Sur ce, Gilbert a objecté que c'étaient des États fascistes et que probablement le salut fasciste était de mise là-bas, mais qu'il en allait peut-être différemment en Angleterre. Ribbentrop a répondu que la Roumanie n'était pas un État fasciste, que l'usage était de faire le salut du pays d'où vient l'ambassadeur.

Le récital de Ribbentrop était parsemé de propos paradoxaux. Le testament de Hitler était un peu décevant, mais sitôt qu'on se rappelait qu'il l'avait écrit avec des obus qui explosaient au-dessus de sa tête, on pouvait le comprendre. Les deux dernières années, Hitler était malade : il était devenu moins influençable, plus têtu, régulièrement plus antisémite. Il n'avait jamais évoqué l'idée de perdre la guerre avant la fin d'avril 1945. Six semaines encore avant la fin, Hitler parlait de gagner la guerre « de justesse ». Pour la première fois, Ribbentrop s'était dit alors que Hitler n'avait plus les idées claires.

« Je crois que la seule façon d'arriver à comprendre son antisémitisme croissant tout au long de cette époque, c'est le nombre de Juifs que votre M. Roosevelt, en Amérique, comptait dans son brain-trust : Felix Frankfurter, Claude Pepper – c'est Pepper, n'est-ce pas ? Je ne me souviens pas des autres noms. Ah oui, Morgenthau [1]. Hitler en a été de plus en plus convaincu qu'une conspiration internationale avait provoqué la guerre, avec les Juifs derrière. »

Quand je lui ai demandé s'il ne pensait pas que Hitler savait qu'il avait provoqué la guerre, il n'a pas répondu.

16 février 1946

Quand je suis entré, le ministre des Affaires étrangères écrivait à sa table peu solide (elle est conçue de sorte que le poids d'un homme peut la faire écrouler), le dos tourné à la porte. Il avait ses lunettes à monture de corne, pas de cravate, des ficelles à la place des lacets (à titre de mesure préventive contre les suicides, tous les lacets sont retirés quand les détenus sont ramenés de la cour). Sa cellule est assez négligée et jonchée de détritus, contrastant avec la propreté spartiate de celles de nombreux autres accusés. Bouts de papier, boîtes, boîtes d'allumettes, manteau jeté sur le lit, habits qui n'ont pas été suspendus avec soin : ce n'est certainement pas là le sens de l'ordre de l'Allemand obsessionnel ou soi-disant typique.

1. Pour une analyse de la façon dont les nazis imaginaient l'influence juive aux États-Unis sous Roosevelt, voir Dan Diner, *America in the Eyes of the Germans : An Essay on Anti-Americanism*, Princeton, 1996, notamment p. 79-103 : « Uncle Sam as Uncle Shylock ».

C'est un homme très affecté, mais d'une affectation si exercée qu'elle en est presque naturelle. Il a parlé du travail qu'il faisait quand je suis entré. En gros caractères étalés, il écrivait au crayon, remplissant plusieurs pages format légal, pour faire état de ses impressions des dernières années, suivant sa propre expression. Il a dit que ce n'était pas une mince affaire, parce qu'il y avait de nombreux épisodes dont il n'avait aucun souvenir et qu'il aurait besoin de ses dossiers. Il en a demandé certains par l'intermédiaire de ses avocats, mais ils ne sont pas encore arrivés. Il m'a lu une partie de ce qu'il rédigeait. Cela avait trait à ses impressions sur Hitler et à ses attitudes envers lui. J'ai de plus en plus le sentiment que c'est une attitude calculée de sa part : qu'il aide à construire le mythe déjà bien engagé du magnétisme de Hitler, du pouvoir d'un seul, de l'isolement auto-imposé d'un homme et de ses qualités humaines, mais aussi de l'incapacité de ses collaborateurs, quels qu'ils soient, à jamais connaître l'homme.

Il a raconté sa première rencontre avec Hitler. C'était en 1932. Il évite (m'a-t-il semblé) de dire exactement où c'était ou dans quelles circonstances. C'était en présence de plusieurs autres personnes. L'impression qu'on en retirait, c'était celle d'un visage sombre, d'yeux très bleus, d'une expression du visage saisissante qui vous retenait d'un coup d'œil. En outre, la personnalité de Hitler l'a marqué avec plus de force encore quand il l'a rencontré pour la deuxième fois, en 1933. À cette époque, observe-t-il, Hitler devenait plus puissant. C'est lui qui a présenté Papen à Hitler chez lui [Ribbentrop], et le second avait déjà un air de dictateur, respirant la puissance et le charme. « Il savait manipuler les gens, surtout les hommes, et avec charme. Il parlait vingt-cinq minutes, puis je disais deux mots ; il changeait de sujet et traitait pendant vingt-cinq minutes encore d'autres questions. Il avait une connaissance approfondie de tous les sujets. Il dominait tout le monde. Un jour il [Ribbentrop] pressa un "éminent" homme d'État britannique de rencontrer Hitler. Le premier refusa, précisant : "Je ne parle pas aux dictateurs." Par quoi il voulait dire que, normalement, il pouvait s'asseoir comme vous ou moi, échanger des idées. Avec Hitler, ce n'était pas possible. Hitler parlait, vous écoutiez. »

Ribbentrop a parfois des airs de cabotin jouant le grand homme d'État dont l'esprit s'est un peu embrumé à la suite de tout ce qu'il a subi au cours des dernières années. Il a la mine grave, parfois éclairée par son vieux sourire de charmeur, qu'il peut arborer ou effacer à volonté. Au repos, le visage est impassible, avec quelque chose de buté dans le pincement des lèvres. Quand on l'observe ou au cours d'une conversation, il ne cesse de parler, avec des moments de vide dans la conversation, mais jamais de moments où il attende de l'auditeur qu'il place quelques mots. En fait, quand je veux orienter la conversation dans une direction, ou poser une question qui ouvrirait peut-être de nouvelles pistes à sa réflexion, il semble sciemment avoir du mal à entendre, demande qu'on lui répète la question, puis y répond généralement de façon évasive ou en termes si généraux que ça revient au même.

Aujourd'hui, le thème de son monologue était Hitler. Quelle grande personnalité. Comme il était charmant, diplomate et magnétique. L'Allemagne entière tenait dans la paume de sa main ! « Ils étaient tous comme des écoliers devant lui, même Bormann. » Pourtant, il ressort clairement de ces procès que Hitler avait un côté cruel. Mais un homme qui a arraché l'Allemagne à sa crasse, ne devait-il pas être cruel, parfois, pour atteindre son grand objectif ? Mais, naturellement, Ribbentrop n'a jamais imaginé que Hitler ou les nazis fussent cruels jusqu'aux révélations de ces procès. Je l'ai interrogé sur sa réaction à la position russe. Ils disent des choses terribles, a-t-il observé. Puis il a ri et ajouté : « À les écouter, tout Allemand est un monstre. » J'ai voulu savoir dans quelle mesure il était convaincu que c'était vrai et dans quelle mesure c'était une exagération. Il a eu un air grave et sévère un instant. Il a admis qu'il ne pouvait pas le dire. Il doit y avoir du vrai, a-t-il ajouté. Puis je l'ai interrogé sur sa réaction au journal de Hans Frank et aux révélations qui avaient été lues. (Frank a confessé que, s'il avait rapporté à Hitler avoir tué cent cinquante mille autres Polonais, Hitler aurait répondu « parfait » [1].) Ribbentrop a hoché la tête et porté la main à la tempe gauche : « Mais pourquoi diable ce type a-t-il écrit des choses pareilles ? » s'est-il exclamé.

J'ai persisté à essayer de lui arracher une réaction, bonne ou mauvaise. Si c'était vrai, n'était-ce pas mal ? Ou était-ce justifié au sens où les nazis le justifiaient ? Ribbentrop a répondu que c'était mal, bien sûr ; pourtant, le sentiment que j'en ai retiré, c'est que ce n'étaient pas les tueries, les brutalités et autres horreurs des méthodes allemandes qui le préoccupaient, mais bien plutôt qu'un cinglé comme Frank ait manqué à ce point de jugeote pour l'écrire dans son journal.

Puis il s'est mis à raconter sa rencontre avec Staline et Viatcheslav Molotov, à Moscou, quand il avait conclu le pacte de non-

1. Le journal massif et révélateur de Hans Frank a été publié : *Das Diensttagebuch des deutschen Generalgouverneurs in Polen 1939-1945*, éd. Präg et Wolfgang Jacobmeyer, Stuttgart, 1975.

agression [1]. Il n'y avait été qu'un jour et une nuit, puis il était revenu pour un grand banquet, au cours duquel on avait porté des toasts. Il tient Molotov pour un homme très compétent et intelligent. Staline règne sur la Russie (reprenant le même cliché qu'il a appliqué à Hitler), « tenant le peuple russe dans la paume de sa main. Ainsi font les gouvernements dictatoriaux, a-t-il dit. Chez nous, la politique de Hitler était que chaque ministre ou chef de service ne sache que ce qui regardait son travail. Par exemple, je n'ai été au courant de l'invasion de la Norvège que vingt-quatre heures avant les opérations. Il tenait les Affaires étrangères à l'écart de l'armée. De même pour la guerre avec la Russie. Je n'ai été mis au courant que vingt-quatre heures avant ».

Personnellement, je crois que ce mythe d'un Hitler ne mettant personne dans la confidence au sujet de ses plans, de ses méthodes, des attitudes de l'État et ainsi de suite est un moyen d'éviter, de manière assez transparente, les responsabilités du partage de la culpabilité. Ribbentrop affirmera n'avoir jamais rien su de quoi que ce soit qu'après coup. Göring dit la même chose. Ainsi font tous les autres ministres et membres du gouvernement. Aujourd'hui, on rejette tout sur Hitler, Himmler et Bormann.

« J'aimais assez Staline et Molotov, je m'entendais bien avec eux », a observé Ribbentrop avec ses manières brillantes, raffinées et charmantes, tellement incongrues dans ce cadre et par rapport à l'atmosphère générale de dépravation nazie que les procès ont bien mise en évidence.

Il a aussi indiqué avoir parfois souffert de fortes migraines du côté gauche ainsi que de légères faiblesses des membres supérieur et inférieur droits. À l'époque, on lui avait dit que c'était une « crampe » d'un vaisseau sanguin de la tête. J'ai testé ses réflexes avec mes doigts sans pouvoir discerner de grosses différences de réaction. La nuit, il prend des somnifères et parfois, dans la journée, de l'aspirine pour ses maux de tête.

23 juin 1946

Ribbentrop était assis dans sa cellule, travaillant à ses notes. Il y avait de volumineuses transcriptions des débats, des pages dactylographiées de ses propres notes et une multitude de grands dossiers bourrés de documents éparpillés à travers la cellule. Sur sa table, il

1. Le pacte germano-soviétique fut signé le 23 août 1939.

avait des notes sur la situation tchécoslovaque à l'époque de Hitler et a dit qu'il allait les remettre à son avocat.

Il a ajouté que ce matin il avait eu de nouveau du mal à ouvrir l'œil gauche et avait eu un bourdonnement assez aigu à l'oreille gauche. Je lui ai examiné l'œil et ai constaté une certaine tendance à l'affaissement de la paupière, apparemment sans base organique. Fait intéressant : au cours de l'entretien qui a suivi, et qui a duré près d'une heure, son œil s'est complètement ouvert et toute ptose a disparu.

Il a de nouveau parlé de ses difficultés physiques. Il m'a demandé de lui dire franchement si, à mon avis, il avait une maladie du cerveau ou non. Il a répété son sentiment, déjà souvent exprimé, qu'il y avait un problème avec son nerf pneumogastrique et que probablement la circulation du sang vers le côté gauche de la tête laissait à désirer. Il a ajouté que cette sensation allait et venait à certaines périodes, qu'il s'était senti très bien et n'avait eu aucun symptôme pendant une quinzaine de jours mais qu'aujourd'hui il se sentait plus mal. Il a dit que le symptôme le plus marquant dont il souffrait était l'incapacité de se concentrer ; par exemple : « je vais lire une page ou un paragraphe de mes notes et je ne saurai absolument pas ce que j'ai lu ». Il a donné d'autres exemples de même nature. Il a dit que parfois il était incapable de se rappeler ce qui s'était passé la veille à la cour. Puis soudain il se le rappelait et n'en revenait pas de sa mauvaise mémoire. Il s'est demandé à un moment s'il n'était pas en train de développer le même type de faiblesse mentale que Hess.

Ribbentrop a ensuite abordé l'un de ses thèmes favoris, à savoir Hitler et la politique étrangère national-socialiste. « Je sais que vous n'aimez pas entendre parler du traité de Versailles, mais vous savez, et tout le monde sait, que ce traité était une grande injustice. Hitler a surgi des suites de cette terrible injustice faite à l'Allemagne. Cela fait de longs mois que j'y réfléchis. Je me souviens qu'en 1928, 1929 et 1930, avant que je ne devienne nazi et que Hitler accède au pouvoir, j'ai expliqué à mes amis français et anglais de l'étranger qu'ils devaient aider le gouvernement allemand de Brüning, sans quoi ils se retrouveraient avec Hitler entre les mains. Mais l'Angleterre et la France ont refusé de donner quoi que ce soit à l'Allemagne. »

Il a expliqué que, la plus grave erreur, aujourd'hui, c'était ce procès. « Je ne veux pas dire qu'il est important de savoir si une poignée d'entre nous comme Göring, moi-même ou d'autres serons condamnés à mort, aux travaux forcés ou à je ne sais quoi, mais pour le peuple allemand nous serons toujours leurs dirigeants, à tort ou à raison, et dans quelques années même vous, les Américains, et le reste du monde, vous verrez que ce procès a été une erreur. Les

Allemands apprendront à haïr les Américains, à se méfier des Britanniques et des Français et, malheureusement, ils se laisseront peut-être avoir par les Russes. Ce sera la pire des calamités. L'idée même de Moscou régnant sur l'Allemagne ou d'une Allemagne transformée en possession territoriale de l'Union soviétique me fait horreur. Maintenant que la guerre est terminée, les Alliés devraient reconnaître que des erreurs ont été commises de part et d'autre, que nous qui sommes jugés ici sommes des patriotes allemands et que même si nous nous sommes peut-être égarés et sommes allés trop loin avec Hitler, nous l'avons fait de bonne foi et en tant que citoyens allemands. De surcroît, le peuple allemand jugera toujours injuste notre condamnation par un tribunal étranger et nous considérera comme des martyrs.

« Hitler a été pour moi la plus grande des énigmes. Il l'a toujours été. Dans notre petit cercle des Affaires étrangères, nous nous sommes souvent dit que Hitler avait pris trop à la lettre le vieux slogan des Habsbourg, "diviser pour mieux régner". Il est allé jusqu'à empêcher ses ministres d'acquérir beaucoup de pouvoir. Il ne me parlait pas de beaucoup de choses qui se passaient. Il en va de même avec ses autres subordonnés. Au fil des ans, Hitler est devenu de plus en plus méfiant. À la fin, il a nommé un nouveau cabinet, avec un nouveau ministre des Affaires étrangères. C'était dans son testament. Je ne comprends pas. J'ai été l'un de ses plus fidèles partisans – peut-être *le* plus fidèle. »

Ribbentrop a balayé d'un revers de main l'affaire de l'extermination des Juifs. Il a dit qu'avec le recul, historiquement, l'extermination des Juifs serait une tache dans l'histoire allemande, mais qu'elle était en un sens imputable au fait que Hitler avait perdu le sens des proportions et que, voyant la guerre perdue, il était devenu « fou » sur la question des Juifs. Reste que le grand problème historique, ce n'était pas que les Juifs eussent été exterminés, mais que l'Allemagne avait été réellement opprimée et qu'on ne lui avait jamais laissé sa chance.

« En 1940, après le déclenchement des hostilités, j'ai envoyé deux représentants des Affaires étrangères en Amérique avec pour mission de contacter plusieurs grandes banques juives et d'essayer de les persuader d'user de leur influence pour que l'Amérique se tienne à l'écart de la guerre et incite l'Angleterre à faire la paix avec l'Allemagne. Malheureusement, mes représentants ont reçu un accueil glacial. De toute évidence, les Juifs américains et autres se méfiaient et haïssaient le régime nazi. Ils refusèrent de coopérer pour empêcher le président Roosevelt et son brain-trust de prêter assistance à l'Angleterre. Le prêt-bail a continué, et c'est toute l'atmosphère américaine envers l'Allemagne qui était hostile [1]. Si seulement ces banquiers américains étaient intervenus et avaient menacé l'Angleterre, l'avaient forcée à accepter les offres de paix de Hitler – et nous étions disposés à faire la paix avec l'Angleterre en 1940 –, toutes ces terribles exterminations des Juifs auraient pu être empêchées. »

J'ai observé qu'il me semblait continuer de voir les choses d'un point de vue assez unilatéral. Croyait-il vraiment, comme Hitler, que c'étaient les Juifs d'Amérique qui étaient opposés à l'agression de l'Allemagne nazie ? Ne voyait-il pas que tous les peuples démocratiques du monde détestaient l'hitlérisme et y étaient hostiles ? Ne comprenait-il pas qu'aux yeux du monde Hitler et le gouvernement nazi passaient pour des fauteurs de guerre, qu'ils étaient coupables d'une forme de terreur et de nationalisme fasciste tellement anormale que toute paix, à cette époque, eût signifié la victoire de l'Allemagne et la victoire ultérieure de l'idéologie nazie ? Ne voyait-il pas qu'aucune nation, en dehors de l'Allemagne, ne voulait que Hitler règne sur le monde ?

Ribbentrop fit des gestes des mains. « Je suis certain que Hitler ne voulait que le territoire des Sudètes, le couloir de Pologne, un accord commercial avec l'Autriche et peut-être quelques colonies, c'est tout. Je suis certain qu'il n'aurait pas essayé de poursuivre d'autres actions agressives. Hitler n'avait pas encore perdu son équilibre et ne s'était pas engagé dans la mauvaise direction, ce qu'il a fait plus tard. »

J'ai observé que, dans un entretien avec Streicher, celui-ci m'avait dit que le vrai nom de Jackson, c'était Jacobson, que la raison de toutes les difficultés qu'avait l'Allemagne, c'était un « complot juif » des riches Juifs d'Amérique, d'Angleterre et de France, ainsi que des Juifs bolcheviks de Russie. De surcroît, Streicher m'avait dit hier son avis, à savoir que si tous les Juifs du monde, jusqu'à la dernière personne qui ait du sang juif en elle, avaient été exterminés avec succès, il n'y aurait pas de procès et le monde s'en porterait mieux. Hitler, de l'avis de Ribbentrop, avait-il des vues plus ou moins identiques ? « Je crois que oui. Je crois que Hitler perdait souvent le sens de l'équilibre à l'égard de la question

1. Le prêt-bail [*lend-lease*] était un programme militaire et économique américain que F. D. Roosevelt mit en place en 1941 pour aider les pays en guerre contre les puissances de l'Axe. En août 1945, à la fin de la guerre, les États-Unis avaient prêté un total de 48 milliards de dollars sous forme d'aide et de matériel. Le gros de l'argent prêté à des pays comme la Grande-Bretagne fut finalement remboursé. L'Union soviétique a aussi remboursé une partie de ce qu'elle devait – peut-être moins d'un tiers du total.

juive, lui aussi. Il m'a souvent dit que les Juifs causaient la guerre et qu'il y avait une complicité entre le capitalisme juif et le bolchevisme juif. Je n'ai jamais pu comprendre cela, et je me disais qu'il s'égarait. De fait, je sais qu'il s'égarait. Après que je suis allé en Russie et que j'ai rencontré Staline pour conclure le pacte de non-agression germano-russe, je suis retourné à Berlin et j'ai expliqué à Hitler que je ne voyais pas de Juifs en position dirigeante en Russie. Le seul Juif que j'aie rencontré, c'était Lazare Kaganovitch, qui m'a fait l'impression d'être un parfait vieux gentleman [1]. Hitler a purement et simplement ignoré ma remarque. Je sais parfaitement que cette idée des Juifs qui auraient causé la guerre et de leur toute-puissance est absurde. Mais c'était l'idée de Hitler et, avec le temps, il est devenu de plus en plus obsédé par cette idée. C'était pure fantaisie. Comme je le dis, Hitler est pour moi une énigme et il le restera toujours.

« Hitler avait un côté brutal de même qu'un côté bien. C'est le côté bien qui me séduisait. Il était très gentil avec moi. Il était souvent très attentionné. Par ailleurs, pourtant, il était très amical et attentionné un jour, et la fois suivante, quand je le voyais, il me critiquait et m'accusait même de le trahir d'une façon ou d'une autre. J'étais son plus fidèle partisan et de telles accusations me blessaient. Vous savez qu'après l'attentat du 20 juillet 1944, Hitler a déclaré, en présence de plusieurs généraux, que c'était moi qui envoyais des émissaires en Suède pour demander la paix ? J'en ai été très blessé. Je n'ai rien dit. J'ai claqué des talons et suis sorti de la pièce. C'était un exemple de plus de la méfiance universelle de Hitler. » Ribbentrop s'est ensuite appliqué à raconter comment l'Allemagne comptait sept millions de chômeurs en 1932 et comment Hitler avait accédé au pouvoir parce que les masses avaient le sentiment qu'il leur serait bénéfique. « En outre, elles n'avaient pas d'autre solution : c'était soit Hitler et le nazisme, soit le communisme. »

15 juillet 1946

Ce matin, Ribbentrop a souhaité rester dans sa cellule au lieu d'aller au tribunal parce qu'il se sentait mal et qu'il avait la migraine. Il a situé la douleur à hauteur de la région pariétale gauche, près de la ligne médiane.

1. Juif, Lazare Kaganovitch fut un fidèle partisan de Staline et siégea un temps au Politburo et au Comité central. Pour un tableau récent, voir Dmitri Volkogonov, *Stalin. Triumph and Tragedy* (1991), Rocklin, Ca., 1996 ; *Staline : triomphe et tragédie*, trad. fr. du russe par Y. Mignot, Paris, Flammarion, 1991.

Il a parlé des procès et du passé. Il s'est plaint qu'il avait du mal à se concentrer. « Peut-être est-ce que je n'arrive pas à me concentrer parce que je travaille trop régulièrement dans ma cellule dès l'instant où les débats sont terminés, et ce, jusqu'à extinction des feux. Peut-être est-ce que je travaille avec acharnement parce que ça m'empêche de penser. »

Il a souhaité savoir quelle avait été la réaction générale au plaidoyer de son avocat, l'autre jour. J'ai dit que, d'une façon générale, les autres accusés semblaient avoir pensé que le Dr Horn, son défenseur, avait fait du bon boulot. J'ai ajouté qu'un accusé avait fait une remarque peu flatteuse pour Ribbentrop, mais qui valait compliment pour Horn. Ribbentrop insista pour savoir en quoi consistait cette remarque. Je lui ai dit que c'était Gilbert qui m'en avait fait part, que moi-même je ne l'avais pas entendue directement. D'après Gilbert, c'était une plaisanterie, une manière de dire que le Dr Horn aurait fait un meilleur ministre des Affaires étrangères que lui.

Il a ri sans conviction. « Oui, ils passent leur temps à faire des remarques désobligeantes à mes dépens. Rien ne réussit autant que le succès. Quand j'étais ministre des Affaires étrangères, personne n'a jamais critiqué un mot que j'ai prononcé ni un geste que j'ai accompli. Et aujourd'hui, tout à coup, tous ces accusés ont le sentiment qu'ils étaient plus malins que moi, que j'ai été un ministre des Affaires étrangères stupide, et j'ai lu que dans la presse alliée on parle de moi comme de l'ancien vendeur de champagne devenu ministre de l'ancien caporal.

« J'étais véritablement sous le charme de Hitler, c'est indéniable. Il m'a impressionné dès la première fois que je l'ai vu, en 1932. Il avait une force terrible, surtout dans les yeux. Et voici que le tribunal m'accuse de complot. Je pose la question : comment peut-il y avoir conjuration dans une dictature ? Un homme et un homme seulement prenait toutes les décisions cruciales. C'était le Führer. Dans toutes mes tractations avec lui, je n'ai jamais discuté des exterminations ni de rien de cette espèce.

« Ce que je ne comprendrai jamais, c'est que six semaines avant la fin de la guerre il m'ait assuré que nous allions gagner sur le fil. C'est alors que je l'ai quitté et j'ai dit qu'à compter de cet instant j'étais complètement perdu, que je n'y comprenais plus rien. Hitler a toujours exercé, jusqu'au bout, et aujourd'hui encore, une étrange fascination sur moi. Diriez-vous que c'est anormal ? Parfois, en sa présence, quand il parlait de tous ses plans, des bonnes choses qu'il faisait pour le *Volk*, les vacances, les grand-routes, les nouveaux bâtiments, les avantages culturels, etc., j'en avais les larmes aux yeux. Serait-ce parce que je suis un homme faible et hystérique ?

« Je ne crois pas être particulièrement faible. Bien entendu, vous me voyez aujourd'hui, accablé par une maladie, qui est peut-être fonctionnelle, mais ce n'en est pas moins une maladie que je traîne depuis au moins quatre ans. Mais, avant de rencontrer Hitler en 1932 ou 1933, je n'ai jamais été lâche, ni facilement influençable. C'est pourquoi je ne cesse de répéter combien sa personnalité était forte et magnétique. »

La conversation ou le monologue se traînait un peu. Je lui ai demandé à quoi il pensait. « À vous. À votre rôle ici. Ce doit être intéressant de nous côtoyer, de nous parler, à nous, dirigeants vaincus d'un État étranger. En tant que psychiatre, vous en savez probablement davantage sur nous que nous-mêmes. Vous pensez peut-être que j'ai une tumeur ? » Il a pointé son doigt au milieu de la région pariétale. J'ai dit que c'était douteux et peu probable, puisque son fond d'œil était normal et qu'il n'y avait pas d'autres manifestations neurologiques. « En effet, je ne crois guère à une tumeur non plus, parce que je n'ai jamais eu de maladie vénérienne. Les tumeurs viennent toujours de maladies vénériennes comme la syphilis, n'est-ce pas ? »

J'ai répété ce que je lui avais dit plusieurs fois au cours des mois passés, qu'une maladie vénérienne ne provoquait généralement pas de tumeur. L'idée paraissait l'obséder comme si, à son insu, il se défendait de l'accusation d'avoir peut-être contracté une redoutable maladie vénérienne. « Parfois, je me dis que ma mémoire va mal, comme ce malheureux Hess. Je sais que c'est stupide et sot. Hess n'a plus la moindre mémoire ni la moindre logique à présent. Quant à moi, je suis parfaitement capable de réfléchir, mais uniquement si j'ai assez dormi. »

Nous avons parlé un peu de sa jeunesse. Il a toujours eu une bonne mémoire, pense-t-il, même enfant. D'où son don des langues. Il a été à l'école à Cassel et à Metz. Il n'est pas très précis sur la durée de sa scolarité, mais au total il n'est pas allé au-delà du lycée, si tant est qu'il soit allé jusque-là. Il a vécu un temps en Suisse où il a poursuivi sa scolarité, avec des « cours particuliers à Londres et en France ». À dix-sept ans, il est parti au Canada, « pour voir des amis », et il est resté là-bas de 1910 jusqu'au début de la Première Guerre mondiale, en 1914. Puis il est allé à New York, où il a trouvé un travail de « reporter freelance » pour divers quotidiens et a vécu un temps à l'hôtel Vanderbilt, « qui est devenu trop onéreux, si bien que je me suis installé ensuite dans une pension ». Il a vécu six mois à New York. Puis la guerre a été déclarée et il s'est dit que son « devoir patriotique » lui dictait de regagner la « Patrie ». Il a embarqué comme passager à bord d'un vapeur hollandais dans le port de New York. Quand le bateau est entré à Falmouth, en Angleterre, un ingénieur allemand l'a planqué dans la soute à charbon. Un officier anglais est monté à bord ; il « a été très correct mais a dit que je devais partir de là et être interné en Angleterre, de même que les plusieurs centaines d'autres ressortissants allemands qui étaient à bord ». Après cette visite de l'officier anglais, il est resté caché dans la soute à charbon jusqu'à ce que le navire reprenne la mer et mette le cap sur la Hollande. Il a pensé que l'officier n'avait pas fait une recherche très approfondie pour le trouver parce qu'ils avaient lié connaissance et qu'il n'avait pas très envie de l'appréhender.

Par la suite, il a quitté la Hollande pour l'Allemagne, s'est engagé dans l'armée, où il a servi dans un régiment de cavalerie jusqu'à la fin de la guerre.

Au Canada, il a connu des « moments très intéressants et agréables ». Il a rencontré quantité de gens riches et obtenu un poste dans une entreprise qui a construit des milliers de kilomètres de la Canadian Pacific Railroad. Lui-même a travaillé comme contremaître ou à d'autres titres et participé à la construction du pont Cantilever sur le Saint-Laurent, près de Québec. Au Canada, un an ou deux après son arrivée, il a contracté une tuberculose du rein droit et a dû être hospitalisé à Québec. Quand il est rentré en Allemagne, il ne remplissait pas les conditions exigées pour rentrer dans l'armée allemande, mais il s'est débrouillé pour servir. Il a attrapé une tuberculose pulmonaire au cours de la Première Guerre mondiale, mais elle a peu duré et il s'est complètement remis.

Il a le sentiment que la tuberculose est une maladie familiale. Sa mère est morte à trente et quelques années, d'une tuberculose des poumons et des reins, quand il avait onze ans. Son frère, d'un an environ son aîné, se trouvait au Canada avec lui, où il contracta la tuberculose et fut hospitalisé. Il est mort dans un sanatorium en Suisse en 1918, à vingt-six ans.

« C'est étrange à dire, mais la mort de ma mère, quand j'avais dix, onze ans, a été un grand choc pour moi comme pour mon frère et ma sœur. Nous l'aimions beaucoup, même si depuis des années nous passions peu de temps avec elle en raison de ses ennuis de santé. Je la vois encore sur son lit de mort aussi clairement qu'au moment où ça s'est produit, il y a quarante et un ans. Mais le second grand choc de ma vie, il est encore plus étrange à admettre pour un adulte. C'était en 1941, au Nouvel An, quand mon père, qui avait quatre-vingt-deux ans passés, est mort chez moi, à Berlin. J'ai été déprimé, sous le choc, des semaines durant, et peut-être le suis-je encore aujourd'hui. Il était mon ami le plus proche. Le type même du soldat, mais très humain et bienveillant avec ses enfants.

« Mon père a quitté l'armée en 1909 à cause de divergences avec l'empereur Guillaume II. Mais, au cours de la Première Guerre mondiale, mon père est de nouveau entré dans l'armée et s'est battu vaillamment. C'était un esprit indépendant, qui a toujours été monarchiste mais aussi démocrate de pensée. Il approuvait le parti national-socialiste, bien qu'il n'y ait adhéré qu'après 1933. Il l'a fait alors dans mon intérêt et à ma demande. Il réprouvait l'attitude anti-juive du parti.

« Pour ma part, j'ai toujours été d'avis que la question juive était une question politique temporaire qui trouverait sa propre solution. Je n'ai jamais vu dans le Juif le grand danger que Hitler a prétendu par la suite et qui a conduit aux atrocités de Himmler. Si j'avais été au courant, même à la fin de cette guerre, je me serais suicidé. La première fois que j'ai entendu parler des exterminations, c'était fin 1944, quand les Russes ont repris la région où se trouvait le camp de Maidanek. Ils ont divulgué l'histoire des exterminations après la prise de Maidanek [1]. Je suis allé voir Hitler pour l'interroger. Il a répondu que c'était de la propagande ennemie. »

Ribbentrop avait-il encore le sentiment qu'il aurait dû se suicider ? « Quand j'ai été capturé, j'avais réellement l'intention de me suicider. J'avais du poison sur moi. J'ai écrit une lettre aux Britanniques début mai, après la capitulation, une lettre dans laquelle je cherchais tant bien que mal des conditions de paix. Mais avant de pouvoir poster la lettre, la police britannique est venue m'arrêter. Je leur ai remis la lettre. Ils m'ont fouillé et je leur ai donné le poison. J'ai été envoyé aussitôt à la prison de Mondorf. »

Avait-il encore le sentiment qu'il aurait dû se suicider ? « Non, aujourd'hui, j'ai le sentiment que je dois affronter la musique, comme vous dites en anglais. Je dois assumer mes responsabilités alors même que je n'avais aucun pouvoir en tant que ministre des Affaires étrangères parce que c'était un État dictatorial. C'était ce que je voulais dire quand j'ai déclaré dans ma défense que je représente la politique étrangère de l'Allemagne de 1938 jusqu'à la fin, mais pour ce qui est des atrocités, des actions de politique intérieure ou dans les territoires occupés, je ne puis assumer aucune responsabilité. Par exemple, Hitler disait souvent : "Partout où il y a une baïonnette allemande, nous n'avons pas de politique étrangère, mais une politique militaire." En conséquence, tout l'Est, la Pologne et la Russie, la Norvège, etc., ne relevaient pas de ma juridiction. Probablement avais-je un agent de liaison là-bas avec les autorités mili-

1. Pour une présentation générale de Maidanek (Lublin), créé en 1941, et de tous les autres camps, voir Hilberg, *La Destruction des Juifs d'Europe*.

taires, et c'était tout. Ma fonction, en tant que ministre des Affaires étrangères au cours de la guerre, concernait les pays neutres, les pays alliés de l'Axe, comme la Roumanie, la Hongrie, l'Italie et le Japon, ainsi que l'Amérique du Sud. En France, nous avions un ambassadeur, Otto Abetz, mais je n'avais aucun contrôle sur lui. Au Danemark, j'avais Werner Best ; deux années durant, j'ai essayé d'éviter les déportations juives. Best peut en témoigner [1]. »

Moi : Werner Best, quand je l'ai interrogé il y a quelques semaines, m'avait dit sa conviction que vous étiez favorable à sa politique au Danemark, mais qu'il vous avait envoyé plusieurs télégrammes et n'avait reçu aucune réponse. Best l'interpréta comme une approbation de sa demande qu'aucun Juif ne soit déporté, tout en étant incapable de faire état de vous ou de vos positions, ai-je observé.

Ribbentrop a soupiré. « Ah bon. Je pensais que Best serait au moins loyal. J'ai fait beaucoup pour lui. Je l'ai retiré de la Gestapo pour le placer aux Affaires étrangères. Et maintenant, pour sauver leur peau, tous ces types sont prêts à vous trahir. » J'ai répondu que Best avait dit exactement le contraire, qu'il avait en fait tenté de soutenir Ribbentrop, mais qu'il l'avait fait comme je venais de le dire. Ribbentrop avait-il apporté la moindre réponse aux télégrammes envoyés du Danemark par Werner Best ? « Je ne m'en souviens pas. Je sais que c'est par mes efforts et ceux de Best que nous avons évité deux années durant la déportation des Juifs du Danemark. Puis Hitler a fini par donner l'ordre à Himmler, et ça s'est fait. Mais Best a prévenu les Juifs du Danemark et je crois que la plupart d'entre eux se sont enfuis en Suède ou ailleurs grâce à des petits bateaux avant qu'Eichmann n'arrive avec ses transports. »

Nous avons de nouveau discuté de son attitude envers les Juifs. Il a raconté une nouvelle fois comment il avait donné un poste, aux Affaires étrangères, à Hermann Neubacher de Vienne, après que le parti avait voulu le démettre de ses fonctions à Vienne sous prétexte qu'il avait été associé aux Juifs du temps qu'il était maire là-bas. « J'ai dit à Hitler que s'il fallait poursuivre Neubacher, je devais être moi aussi déchargé de mes fonctions, car j'avais eu de nombreuses affaires avec des Juifs avant 1933. Hitler m'a simplement

1. Werner Best (1903-1989) fut l'un des chefs les plus influents de la Gestapo et le chef du service responsable de l'administration et du droit à compter de 1935. À partir de septembre 1939, il dirigea le Bureau II du RSHA, avant d'être nommé en 1940 à un poste important dans l'administration de la France occupée. En novembre 1942, il fut nommé ministre plénipotentiaire du Reich au Danemark et contribua à sauver les Juifs du pays. Il n'en fut pas moins condamné à mort en 1949 à Copenhague, puis amnistié et libéré en 1951. S'il témoigna à Nuremberg, il n'y fut pas jugé.

dit qu'il allait arranger les choses et que je pouvais prendre Neubacher dans mes services. »

La femme de Ribbentrop s'appelait Annelies Henkell, de son nom de jeune fille, et elle était la fille du producteur allemand de champagne Henkell. « Au Canada, j'étais fiancé avec la fille de mon patron, un millionnaire, mais là-dessus il y a eu la guerre. Je me suis marié en juillet 1920 à Wiesbaden. C'était une histoire d'amour. J'avais totalement oublié mon premier amour. Ma vie de couple a été idéale. Il m'est difficile de parler de mon couple tant il m'est cher. Par malheur, je n'ai pu passer autant de temps avec mes enfants que je l'aurais aimé tellement j'ai été accaparé par les affaires de l'État à partir de 1933, et avant par le négoce international. Vous avez rencontré ma fille. Qu'en avez-vous pensé ? Une charmante petite fille, n'est-ce pas ? »

J'ai dit qu'elle m'avait fait très bonne impression, qu'elle n'était pas une fillette, mais une grande et solide jeune femme. « Oui. Elle est grande. Ce qui me tracasse aujourd'hui, c'est qu'elle attend un bébé pour dans six semaines, et que c'est un moment terrible pour avoir un bébé, pas vrai ? Je n'ai rien à fiche de mon propre destin, mais elle va s'inquiéter. Ce sera mon premier petit-enfant. »

Sa fille, la deuxième de ses enfants, avait vingt-deux ans. Elle s'était mariée en mai dernier, alors que Ribbentrop était détenu à Mondorf. « Bettina a toujours été ma préférée, bien que j'aime chacun de mes cinq enfants. Mon aîné, Rudolf Lothar, est né en 1921 à Wiesbaden. Il a fait l'essentiel de ses études à Berlin, puis a passé une année dans une école préparatoire à Londres du temps où j'étais ambassadeur, puis il a fait son temps dans les Jeunesses hitlériennes, le service du travail puis l'armée. Il était dans une division SS de panzers ; à la fin de la guerre, il était capitaine ; plusieurs fois blessé, il a été distingué pour ses états de service. Il est encore prisonnier de guerre dans un camp américain. Bettina est née en 1922, Ursula en 1932, Adolf en 1935 et Barthold en 1940. Tous sont en bonne santé, à l'exception d'Adolf qui paraît avoir les poumons fragiles. »

S'agissant de sa propre enfance, il a dit que son père ne s'était jamais remarié et que, pour cette raison, ils avaient des gouvernantes. Des deux, il avait gardé le souvenir de femmes désagréables, dominatrices. Peut-être était-ce la seconde, à l'en croire, qui l'avait poussé à partir au Canada en 1910, parce qu'elle leur « gâchait la vie ». La principale raison de son voyage au Canada était cependant de « visiter des amis ».

ALFRED ROSENBERG
1893-1946

Fidèle de Hitler de la première heure, Alfred Rosenberg fut rédacteur en chef du Völkischer Beobachter, *journal antisémite, avant d'être nommé ministre des Territoires occupés en 1941.*

Reconnu coupable à Nuremberg de conspiration criminelle, de crimes contre la paix, de crimes de guerre et de crimes contre l'humanité, il fut pendu le 16 octobre 1946.

3 février 1946

Plus d'une heure d'entretien avec Alfred Rosenberg (Gilbert assurant la traduction). L'homme paraît avoir une cinquantaine d'années, déclare avoir perdu une dizaine de kilos, ne semble pas être particulièrement mal nourri. Au contraire. C'est un homme de taille moyenne, aux cheveux brun clair grisonnants, apparemment en bon état physique. Il porte un veston américain, des pantalons de tweed, des chaussures sans lacets, une chemise de couleur sans cravate. Il nous a salués avec une amabilité superficielle, a débarrassé le lit de ses papiers, etc., et nous a invités à nous asseoir en prenant place sur la chaise en face de nous.

Il affecte des airs de sobriété et de calme philosophique, avec un sourire entendu, une vision large, voulant donner une image d'authentique philosophe qui considère tout ce qui arrive avec un détachement critique, mais sans amertume.

Nous avons discuté de quantité de choses. Pour commencer, Gilbert lui a demandé s'il avait relu son exemplaire des *Protocoles des sages de Sion* [1], que Gilbert lui avait remis il y a une semaine. Il voulait savoir si, à la relecture, il avait changé d'avis (le livre fut publié en 1923) et s'il le trouvait encore crédible, puisque la thèse suivant laquelle il s'agit d'un faux est largement acceptée. Rosenberg a eu un sourire énigmatique... et a répondu qu'il n'avait pas eu l'occasion de le relire en entier, mais qu'il n'avait pas changé d'avis. Certes, il était jeune et peut-être un peu de parti pris quand il avait lu ça, mais quant à son authenticité ou non, c'était encore un « obscur secret qui pourrait bien n'être jamais élucidé ». Au demeurant, que ce fût vrai ou non ne semblait pas particulièrement l'intéresser. Sa grande concession philosophique, à savoir que « c'était une question » et un « obscur secret », paraissait résumer son libéralisme. En cela, il se distinguait de la réponse de Streicher à la même question sur les *Protocoles* ; Streicher avait dit que, en effet, probablement n'étaient-ils pas authentiques, mais que tout ce qui y était dit était vrai de toute façon et qu'on pouvait le retrouver dans divers écrits juifs.

La question juive était de celles qui nécessitaient une connaissance de l'histoire, de la philosophie, des Grecs, une étude des races, de la musique, de l'art, et ainsi de suite. Ce n'est pas littéralement ce qu'il a dit, mais un résumé des généralités et des arguments pseudo-savants qu'il a avancés. La cause de la question juive, c'était, bien entendu, les Juifs eux-mêmes. Les Juifs sont une nation et, comme toute nation, ils ont un esprit nationaliste. Tout cela est fort bien, mais ils devraient être dans leur patrie. Or, en 1936, les Anglais ont proposé plusieurs pays pour les Juifs (je crois qu'il a dit les Français et les Allemands, également – sous-entendu, une proposition conjointe avait été faite, que les Juifs repoussèrent). Il s'agissait de l'Alaska, de la Guyane (sans dire quelles îles), de Madagascar et de l'Ouganda [2].

1. Voir le chapitre sur Hans Fritzsche, p. 118, note 1.

2. Dans les études consacrées à la persécution des Juifs, il n'y a aucune trace d'une telle proposition anglaise en 1936. Les chercheurs ont trouvé confirmation de quelques-unes des destinations mentionnées dans le texte, en particulier de Madagascar, mais d'autres, comme l'Alaska, l'Ouganda et la Guyane, ont sans

Pourquoi ne pouvait-on laisser les Juifs où ils étaient, dans d'autres pays ? Cela eût été très bien s'ils ne faisaient pas de sales choses, mais ils en faisaient. Et que faisaient donc les Juifs ? Ils crachaient sur la culture allemande. Comment ? Ils avaient le contrôle du théâtre, de l'édition, des magasins, etc. Bien entendu, les Juifs ont une culture deux fois millénaire, eux aussi, mais ce n'est pas la culture allemande, qui est très différente.

Il a pris un exemplaire de son livre, *Blut und Ehre* (*Sang et Honneur*), que j'avais à côté de moi, et a dit quelque chose comme quoi il allait me montrer qu'il n'était pas un fanatique à propos des Juifs, qu'il lui était arrivé de faire un discours où il n'était pas question des Juifs. Dans ce discours, repris dans le volume, il traitait de nature et de science.

Rosenberg se considérait-il avant tout comme un historien ou un philosophe ? Eh bien, les deux parce qu'on ne peut séparer les deux choses. Se considérait-il comme une autorité dans ces matières ? Oui, en effet, il avait étudié toutes sortes de travaux d'histoire et de philosophie depuis son adolescence. De quoi était-il diplômé, de philosophie ou d'histoire ? D'architecture. Mais il n'a jamais exercé. Il est devenu journaliste peu de temps après la fin de ses études, et il a écrit pour un journal. En 1923, il était rédacteur en chef du *Völkischer Beobachter* (Munich), qui était l'organe du parti national-socialiste. En 1924, celui-ci a été interdit (probablement voulait-il dire qu'il a été interdit un an et demi à compter du putsch de 1923). En 1925, la publication a repris et il en est resté rédacteur en chef jusqu'en 1936 ou 1938 (j'oublie l'année qu'il a indiquée), après quoi un autre lui a succédé (je ne me rappelle plus le nom qu'il a donné).

Ce n'était pas un journal comme celui de Streicher. Bien sûr, tous deux étaient nazis, tous deux antisémites, mais lui-même se situait à un niveau plus élevé. Il y a toujours la masse des gens qui aiment la pornographie et la camelote qui occupaient les pages du *Stürmer*. On trouve des analogies dans tous les partis politiques ; des choses de grande qualité et de la camelote. Les deux remplissent leur office.

Tout médecin sait qu'il existe différents types de sang, diverses classes, a dit Rosenberg à un moment, traitant des différences entre

doute été mentionnées de temps à autre dans les sphères dirigeantes nazies sans que ces solutions aient jamais été sérieusement envisagées. Le récit classique des persécutions, y compris de la politique d'émigration forcée vers des régions spécifiées en Europe et à l'extérieur, reste Hilberg, *La Destruction des Juifs d'Europe*.

les races. Une transfusion sanguine avec le sang d'un Noir provoquerait-elle donc quelque changement de caractère si elle était effectuée sur un Aryen ? Rosenberg a répondu très sérieusement, avec son sourire « philosophique », qu'il n'en savait rien. Ce serait une expérimentation brutale comme celles qui se faisaient dans les camps de concentration. Il a souri, comme s'il avait triomphé par son raisonnement. Nous avons insisté pour avoir son avis ; imaginez qu'un soldat allemand soit blessé et reçoive le sang d'un Juif ou d'un Noir. Se produirait-il des changements de caractère ? Ça n'a pas été démontré, a-t-il dit. Les Noirs engendrent des Noirs, les Juifs, des Juifs : c'est donc que le sang doit parler.

8 juin 1946

Quelle était la principale objection de Rosenberg au bolchevisme ? Il a paru surpris par cette question comme si le sujet n'appelait aucune explication. Après quelques instants, il a répondu d'un ton véhément : « Le bolchevisme veut détruire par la force une culture d'État très délicate sans considération de l'histoire de la nation. Deuxièmement, le bolchevisme veut le faire au bénéfice d'une seule classe de la population. Troisièmement, le bolchevisme combat avant tout la propriété privée. Il crée des collectifs parmi les paysans et détruit le système agricole. Il va contre les principes sur lesquels tous les États sont plus ou moins fondés.

« Le parti communiste est sous la coupe d'un bureau central. Ce bureau central se trouve à Moscou. Dans les divers pays, le communisme est dans la construction de l'État individuel ou une expression du nationalisme. Ce bolchevisme communiste international est soutenu par un État fort : la Russie. Non seulement le communisme arrête sa politique en Russie, mais il prescrit la politique des bolcheviks à travers le monde. »

Je lui ai demandé s'il approuverait le système communiste s'il existait dans un pays individuel et accédait au pouvoir sans l'aide de l'Internationale communiste ou de l'Union soviétique elle-même. Rosenberg a réfléchi un moment avant de répondre, sans conviction : « Tout État peut choisir sa forme de gouvernement : c'est un droit qui appartient à la nation. Si, par exemple, sur le territoire russe existait un communisme russe, ce ne serait pas notre affaire dans la mesure où il se limiterait à ce pays. »

Comme d'habitude, au cours de cet entretien, je prenais des notes. Rosenberg s'est tourné vers moi, observant avec un sourire ironique : « Vous prenez toujours des notes quand nous parlons. Je n'y vois pas d'inconvénient, en fait j'en suis ravi. Mais, s'il vous plaît, soyez exact. Et, de toute façon, pourquoi les prenez-vous, ces notes ? » J'ai expliqué que je prenais des notes pour être aussi exact que possible parce que je voulais pouvoir me référer aux entretiens que j'ai eus avec lui et d'autres personnages politiques en vue en sorte que, si j'écrivais jamais quelque chose ou si on m'interrogeait sur des hommes comme Rosenberg ou Göring ou sur les chefs militaires de l'Allemagne, je pourrais asseoir mes remarques sur leurs propos véritables, plutôt que sur les vagues impressions que je peux retirer.

Rosenberg a paru satisfait de cette explication. Il a répété : « Comme je l'ai dit, je vous sais gré de prendre des notes, mais je souhaite que vous les preniez bien et que vous ne dénaturiez pas mes théories et raisonnements assez complexes. Après tout, je suis philosophe et chercheur, et mes pensées peuvent être complexes. Si, à un moment, vous ne me suivez pas, je vous en prie, interrompez-moi, et je m'expliquerai davantage. Je suis bien obligé de sourire quand certains accusés, devant la cour, disent n'avoir jamais lu mes livres ni mes œuvres, parce que c'est le reflet de leur incapacité à suivre un axe de réflexion philosophique, qui est beaucoup trop ardu et profond pour l'homme ordinaire. Il est difficile à quelqu'un d'exprimer des opinions et des théories importantes scientifiquement tout en utilisant des constructions simples. Cependant, j'ai toujours essayé d'être aussi clair que possible et je ne me suis jamais évertué à mettre mon travail ou mes écrits hors de portée d'un homme normalement intelligent. »

Nous avons poursuivi notre discussion sur les systèmes politiques. « Je suis d'avis que le parti national-socialiste aurait eu tort de prendre le pouvoir par la force. Les nazis ont été élus légalement en 1933 et il n'y a pas eu de mouvement révolutionnaire comme dans la Russie bolchevique. Je suis aussi convaincu que le national-socialisme est arrivé au pouvoir parce que l'Allemagne, en 1933, était dans la misère et au bord de la guerre civile. »

J'ai demandé à Rosenberg son sentiment : si par hasard l'Allemagne était devenue démocratique en 1933, aurait-il pu adopter des idées démocratiques ? Il n'a pas répondu directement, mais il était évident que, en homme qui avait combattu et écrit pour le totalitarisme de longues années avant l'accession des nazis au pouvoir, il n'avait aucun potentiel de sympathie démocratique. Mais il a expliqué : « Quatorze années durant, l'Allemagne a eu une administration démocratique. Elle a échoué. Il y avait quantité de factions partisanes. Le parti nazi a obtenu une majorité de suffrages dans un scrutin qu'on dit démocratique. En fait, si nous avions eu le système électoral anglais ou américain, le Reichstag aurait été exclusivement composé de parlementaires nazis et d'aucun autre. En France et en Allemagne, prévaut un système proportionnel en vertu duquel les membres des partis en lice obtiennent des sièges au parlement s'ils recueillent la majorité des voix dans la section particulière du pays d'où ils viennent. Le parti national-socialiste est arrivé au pouvoir légalement parce que les nazis sont arrivés en tête aux élections [1].

Au cours des quatorze années précédentes, l'administration démocratique en Allemagne nous avait laissé sept millions de chômeurs, six millions de voix communistes et des entreprises en faillite : un total de faillites aussi important que tout l'État du Wurtemberg [2]. Dans une telle situation, l'État devait passer des commandes importantes et autoritaires afin de résorber le chômage et d'éviter la guerre civile. Dans tout pays doivent être adoptées des lois qui ne sauraient être votées si la situation de l'État est critique. Même votre président Truman a dû dernièrement menacer de réquisitionner les chemins de fer parce que les ouvriers menaçaient de faire grève. C'est un petit exemple, parce que s'il se produit une grève générale, ou une urgence similaire, le gouvernement doit intervenir.

« Il y avait beaucoup d'Américains qui avaient des préjugés contre le nazisme, mais qui ont visité l'Allemagne puis sont revenus aux États-Unis pleinement convaincus que l'Allemagne ne pouvait vivre sous le traité de Versailles. Je peux mentionner des hommes comme Averell Harriman et Curley, le maire de Boston [3]. De même en Angleterre, des parlementaires britanniques ont fait des discours dans lesquels ils déclaraient qu'il était impossible d'accabler le peuple allemand en nous enlevant nos colonies et par les autres restrictions que nous imposaient le traité de Versailles.

« Le tribunal, ici, et vos journaux américains parlent beaucoup de la brutalité des méthodes nazies, mais ne voyez-vous pas qu'au cours de l'an passé, depuis la défaite de l'Allemagne, un million

1. La proportionnelle était appliquée dans la République de Weimar, mais les nazis, le premier parti du pays, ne furent jamais majoritaires. Voir *supra*, le chapitre sur Walther Funk, p. 125, note 2.

2. Sur la crise et l'effondrement de la République de Weimar, mais aussi pour comprendre comment cette situation a rendu Hitler possible, voir Gellately, *Backing Hitler*, p. 9-33 et trad. fr., p. 23-53.

3. William Averell Harriman (1891-1986) fut associé de près au New Deal. Ambassadeur des États-Unis en URSS (1943-1946), il fut aussi l'administrateur du prêt-bail. Américain d'origine irlandaise haut en couleurs, James Michael Curley fut maire de Boston par intermittence entre 1914 et 1950.

d'Allemands ont été chassés de ce qui était à l'origine un territoire allemand et qui a été maintenant donné à la Pologne ? Ni la Société des Nations ni aucun autre organisme n'est intervenu [1]. »

Rosenberg ne croyait-il pas qu'il était compréhensible, d'un point de vue psychologique, que les Polonais chassent les Allemands après les cruautés qui leur avaient été infligées par ces derniers au cours de la guerre ? Rosenberg a esquivé la question et, comme à son habitude, s'est tourné vers un autre argument. « Vous vous souvenez de ce qui s'est produit de 1919, après la dernière guerre, jusqu'en 1932 ? Au cours de ces années-là, les Allemands ont été chassés des territoires donnés à la Pologne par le traité de Versailles. Ces territoires avaient été enlevés à l'Allemagne au mépris de toute légalité et de toute justice. Votre représentant, le général Tasker Bliss, des États-Unis, l'a reconnu à la convention de Versailles [2]. Le général J. C. Smuts, d'Afrique du Sud, a écrit à l'époque à votre président Wilson que, si le traité de Versailles était appliqué, il abrogerait le traité Wilson. Smuts faisait référence à l'accord de novembre 1918 entre l'Angleterre, la France et l'Amérique, quand ont été adoptés les quatorze points de Wilson. En fait, ces quatorze points ont été systématiquement débattus et douze seulement ont été approuvés.

« Le traité de Versailles était une violation internationale des quatorze points de Wilson. Ceux-là mêmes qui ont conçu le traité de Versailles ont par la suite reconnu leur erreur. Le principal responsable en fut le président du Conseil français, Georges Clemenceau. Le Britannique Lloyd George était contre l'accord de Versailles. Mon sentiment est que le président Wilson, qui était également présent, y était pareillement opposé. »

Nous avons parlé de beaucoup d'autres choses. Mais je l'ai interrogé sur son propre dossier et ce qu'il pensait de sa défense. Il en a semblé satisfait et, apparemment, il avait l'impression d'avoir

1. Sur les déplacements de population forcés après la guerre et la « purification ethnique » des Allemands de Pologne, de Tchécoslovaquie et d'autres zones nouvellement libérées d'Europe de l'Est, voir Philipp Ther et Ana Siljak, éd., *Redrawing Nations : Ethnic Cleansing in East-Central Europe, 1944-1948*, Lanham, Md., 2001, p. 2. Près d'un million et demi de gens perdirent la vie à l'occasion de l'expulsion de cette région de douze millions d'habitants d'origine allemande.

2. En 1919, le général Tasker Bliss (1853-1930) se trouvait en Europe en qualité de représentant militaire américain au Conseil suprême de guerre. Il devint l'un des représentants du président Woodrow Wilson à la conférence de Paix de Paris. Jan Smuts (1870-1950), Afrikaner du cabinet de guerre impérial de la Grande-Bretagne (1917-1918), aida à mettre sur pied la Société des Nations. Pour un tableau récent, voir MacMillan, *Paris 1919*.

donné une bonne image de lui à la cour. J'ai dit qu'à mon avis ses allusions à l'inexactitude de la traduction russe, accusation qu'il avait portée à plusieurs reprises quand il se trouvait à la barre, étaient psychologiquement assez déroutantes tant elles paraissaient hors sujet. Rosenberg a souri sagement : « Tout ce que je peux dire contre les Russes, je le dirai toujours. J'écoutais d'une oreille les mots allemands et j'avais mes écouteurs réglés sur la traduction russe. Ils ont fait quantité d'erreurs et, tout en sachant que ça ne ferait pas très bien de les pointer du doigt, je l'ai fait parce que je voulais que les juges américains, britanniques et français sachent que ces Russes essayaient de placer mes paroles sous le plus mauvais jour possible. » Je lui ai demandé de me donner des exemples précis des inexactitudes qu'il avait repérées dans la traduction russe. Visiblement, cela ne l'intéressait pas et il a écarté la question en répondant : « Je ne me souviens pas. De toute façon, ça n'a rien changé à rien, si ce n'est que ça a fait honte à ces Russes devant les autres traducteurs à la cour. »

Fritz Sauckel
1894-1946

Fritz Sauckel fut ministre plénipotentiaire pour la mobilisation de la main-d'œuvre de 1942 à 1945.

Reconnu coupable à Nuremberg de crimes de guerre et de crimes contre l'humanité, il fut pendu le 16 octobre 1946.

9 février 1946

J'ai eu un long entretien, aujourd'hui, avec cet homme, ancien ministre du Travail, avec l'aide de l'interprète, Triest. Sauckel a parlé un peu anglais et a paru comprendre mieux qu'il ne parle. C'est un homme petit, probablement un mètre soixante, trapu, avec une tête de bouledogue, des cheveux coupés ras et une calvitie centrale, ainsi qu'un cou épais. Il portait une petite moustache à la Charlie Chaplin/Hitler. Il a paru tendu mais maître de lui, souriant souvent et nerveusement. Au début de l'entretien, ses mains étaient un peu agitées, mais cela a cessé dès qu'il s'est mis à parler librement. Il était nazi depuis 1925 ou 1926. Il se considérait comme un ouvrier, un marin, « avec le point de vue d'un travailleur ». Nombre de ses propos, aujourd'hui, ont semblé être des réponses presque automatiques, comme s'il avait si souvent employé les formules, les clauses et les phrases par le passé, dans ses discours tant publics que privés, qu'elles lui venaient sans effort. Ses clichés et platitudes étaient ceux que l'on avait entendus tant et plus de la bouche des nazis de la prison de Nuremberg qui cherchaient à se justifier. L'essentiel de sa pensée, qu'il nous a exposée aujourd'hui, tournait autour des axes suivants :

• Le nazisme a fait du bon boulot en Allemagne jusqu'aux dernières années de la guerre, quand de trop nombreux ennemis de l'Allemagne se sont ligués contre elle.

• Les excès, les atrocités, les exterminations dans les camps de concentration et au-dehors n'étaient pas connus des hommes honorables comme lui, et pouvaient être attribués à Himmler, qui apparemment n'était pas un type bien.

• Les causes de la guerre résident dans le traité de Versailles et la crise économique qui a sévi en Allemagne dès la fin de la dernière guerre, aggravée par le fait que les autres pays n'aient pas acheté de produits allemands en échange du blé, sans lequel l'Allemagne mourrait de faim. Il y avait quasiment un boycott de l'Allemagne.

• L'antisémitisme n'était pas du ressort de Sauckel, les spécialistes en étaient Streicher et Rosenberg, qui avaient consacré pour ainsi dire leur vie entière au sujet ; mais lui, Sauckel, croyait qu'il résultait d'un trop fort pourcentage de Juifs à des postes en vue en Allemagne, dans des responsabilités officielles, dans les professions libérales, sur la scène, à la radio et ainsi de suite. Sauckel a déclaré que les Juifs n'avaient pas été vraiment persécutés jusqu'à la fin de la guerre, jusqu'en 1942 peut-être, puis que cela faisait partie de la « psychologie de guerre » générale, que lui-même ni les autres Allemands n'étaient vraiment au courant, mais que là encore c'était l'œuvre de Himmler. Sauckel avait la conscience tranquille et referait tout ce qu'il avait fait parce que tout avait été honorable.

Certes, il avait cinq millions de travailleurs étrangers sous ses ordres en Allemagne, mais deux millions d'entre eux étaient des volontaires [1]. Et la France, qui avait son gouvernement à elle (Vichy), a envoyé des Français travailler en Allemagne, bien que

1. Sur le contexte et des statistiques précises, voir Ulrich Herbert, *Hitler's Foreign Workers : Enforced Foreign Labor in Germany Under the Third Reich*, Cambridge, 1997.

« certains » ne soient pas volontaires. Pour ce qui est des trois millions de travailleurs non volontaires « tous ont été bien traités, tous ont bénéficié d'assurances au même titre que les travailleurs allemands, ont été bien nourris et vêtus ». Tout cela sera « prouvé par des documents à la cour » quand sa défense s'exprimera. En outre, a-t-il demandé, que feriez-vous si votre pays était en guerre et si sa prospérité dépendait de l'importation de travailleurs étrangers ?

Il est né à Hassfurt, près de Schweinfurt, le 27 octobre 1894. Son père était postier ; il n'avait guère fait d'études et son revenu était modeste. Sa mère était sujette à des troubles cardiaques depuis sa naissance et d'aussi loin qu'il se souvienne, elle n'avait jamais été en bonne santé. Il a décrit son père comme un homme « diligent et consciencieux », et sa mère comme une femme « aimante et bonne ». Bien que ses parents fussent pauvres, a-t-il dit, on l'avait encouragé à aller à l'école, mais au bout de cinq ans de scolarité il avait décidé de prendre la mer parce que cela allégerait les charges financières de sa famille, surtout compte tenu de l'invalidité de sa mère. Celle-ci était d'une famille de marins, et il avait le sentiment que le sang maternel avait influencé sa décision. Son père, en revanche, était d'une famille de paysans.

À quinze ans, il embarqua à Hambourg, avec la permission de ses parents, comme mousse à bord d'un schooner norvégien, un trois-mâts. Il fit voile vers Montréal, Dublin, Oslo, Haïti, les Antilles et Le Havre. Puis il travailla sur un trois-mâts suédois, essentiellement dans la Baltique et en mer du Nord. En janvier 1912, son bateau fit naufrage au large des côtes écossaises. Peu après, à bord du plus grand voilier allemand, il quitta Hambourg pour Philadelphie, avant de poursuivre en direction du cap de Bonne-Espérance puis du Japon, et de traverser enfin le Pacifique en direction de Portland, dans l'Oregon. Au cours d'une tempête, au large de Portland, il reçut un coup sur la tête et fut soigné par un médecin américain dans l'hôpital de la ville. En 1914, il fut arrêté en même temps que le reste de l'équipage d'un navire en route vers l'Australie. Cinq années durant, jusqu'en 1919, il fut interné en France comme prisonnier de guerre. Il a le sentiment que ce fut une tragédie, parce qu'il avait tout juste accumulé assez d'argent pour parfaire son éducation nautique et qu'il avait achevé son apprentissage de matelot. Durant ses cinq années en France, il suivit des cours de mathématiques et d'économie publique proposés par un service éducatif suisse destiné aux prisonniers de guerre. Il ne fut pas très bien traité dans les trois premières années, mais mieux dans les deux dernières années d'internement.

De retour en Allemagne en 1919, il découvrit qu'il n'y avait plus de possibilité de navigation en Allemagne et que ses économies ne valaient plus rien en raison de l'inflation. Il se fit embaucher dans une usine de roulements à billes à Schweinfurt. À l'usine, les « divergences étaient nombreuses, avec les communistes, les sociaux-démocrates, les nationalistes et les syndicalistes ». Il était « malheureux en raison des piètres conditions de vie du peuple allemand et faillit quitter l'Allemagne ».

Il se maria en 1923. Il connaissait sa femme depuis 1913, l'ayant rencontrée à la faveur d'une escale. Il ne l'avait pas revue ni n'avait entendu parler d'elle avant son retour de France, en 1919. Quatre années encore avaient passé avant qu'ils ne se marient. D'un côté, il y avait des différences religieuses : elle était catholique, et lui, luthérien. Sa famille avait de ce fait élevé des objections mais le « charme » de sa femme avait fini par en triompher. Son père, ainsi qu'il le découvrit peu de temps après avoir commencé à la courtiser sérieusement, travaillait dans la même usine que lui et était un « social-démocrate confirmé ». Sa femme, avant leur mariage, avait un bon poste dans une usine de peinture et aidait à subvenir aux besoins de ses parents et frères et sœurs. Elle était d'un an environ sa cadette, et il l'a décrite comme une femme très courageuse et fidèle, qui a beaucoup souffert dans la vie, endurant la pauvreté avec dix enfants à charge.

L'aîné de ses enfants, un garçon, aurait eu vingt et un ans cette année. Pilote de chasse, son avion avait été abattu. Le deuxième de ses fils, son troisième enfant, se trouvait, croyait-il, dans un camp américain de prisonniers de guerre dans le nord de la France : c'est du moins ce qu'on avait rapporté à sa femme. Il en a paru très inquiet, espérant des informations officielles sur ce fils. Au total, il a eu deux filles et huit garçons. Le plus jeune, un fils, a six ans. Il avait une photo de ses dix rejetons en rang d'oignons, par ordre de taille décroissant, qu'il a posée sur la table de sa cellule. Il y avait aussi une photo de sa femme entourée de ses quatre aînés.

Après avoir travaillé deux ans et demi à l'usine de Schweinfurt, il a fait cinq semestres dans une école technique de Thuringe. Les choses allaient « très mal » en Allemagne. Il y avait quantité de partis politiques, de grèves, de piquets de grève et un manque de stabilité financière. « Si quelqu'un m'avait dit, a-t-il ajouté, alors que j'étais prisonnier en France, ou avant, que je me lancerais un jour dans l'activité politique, j'aurais dit qu'il était fou. Mais je me suis senti obligé de m'engager à cause des mauvaises conditions qui régnaient en Allemagne. »

Sa belle-sœur a émigré en Amérique, comme beaucoup d'autres Allemands, mais Sauckel a estimé que c'aurait été une « désertion ». Dans ses moments de liberté, il lut Marx, Bakounine et les discours de Hitler. Il se dit qu'il devait adhérer à un parti. Il rejeta le marxisme pour trois raisons, que voici : premièrement, son éducation religieuse personnelle et le fait que sa femme eût souffert parce que son père, social-démocrate, n'avait pas de religion. « Et le marxisme déclarait que la religion est un opium. » Deuxièmement, il ne pouvait admettre que « la propriété, c'est le vol », ce qui est aussi un slogan marxiste. Troisièmement, et surtout, il réprouvait l'idée de lutte des classes, car elle aboutirait à la guerre civile. Il décida finalement de devenir national-socialiste en raison des idées d'unité nationale de Hitler, de sa promesse d'améliorer les niveaux sociaux et de rapprocher intellectuels et ouvriers.

« Après mes deux ans et demi à l'usine de roulements à billes, alors que je poursuivais des études d'ingénieur, ma famille et moi-même avons connu une période de pauvreté. » Il s'était marié en 1923 et, bien qu'il fût déjà nazi, il ne pensait pas à exercer lui-même des responsabilités politiques. Il resta en Thuringe, qui en 1922 était connue sous le nom de « Thuringe rouge » en raison de son gouvernement de gauche. En 1923, nationalistes et nazis furent élus pour la première fois en Thuringe, qui devint bientôt un bastion du nazisme. Dans ses temps libres, Sauckel fit de la propagande et du travail d'organisation. En 1925, quand Hitler fut libéré de prison et réorganisa son parti, Sauckel reprit sa carte. Il avait le sentiment que Hitler était « l'homme que le destin avait choisi pour unir l'Allemagne ». Cette année-là, Sauckel devint responsable des activités du parti nazi dans le district pour un salaire de 150 marks par mois. Il n'a « jamais pensé à la guerre ou à la nécessité de la violence ». Hitler avait dit vouloir réaliser l'unité par des méthodes non violentes. En 1927, Sauckel devint chef de district en Thuringe et, en 1929, chef de faction au Landtag. En 1932, il fut élu sur un ticket populaire ministre-président de Thuringe. À divers moments de l'entretien, il a répété contre toute logique qu'il n'avait « jamais songé à une carrière politique ». Il l'a répété si souvent que c'en est devenu frappant : il a reconnu avoir commencé à penser à la politique en 1920 ou dans ces eaux-là et avoir participé à des réunions du parti en 1923, après avoir dit précédemment qu'il avait songé à l'action politique dès son retour de France en Allemagne.

Cette élection de 1932 fut sa « seule activité politique », a insisté Sauckel. Il voulait dire que c'était la seule fois où il avait été élu. Il a raconté cette campagne et ses suites, son succès électoral, la présentant comme « une des tensions physiques et mentales les plus difficiles » qu'il ait jamais connues. Autrement dit, toutes ses fonctions antérieures et suivantes ont été des nominations, alors qu'en 1932 il a été élu. « La voie était pavée en 1932 », tous les partis de Thuringe étaient derrière sa candidature (il se présenta sur un ticket mixte), à l'exception des communistes.

En Thuringe, quand il fut élu, la situation économique était « très mauvaise ». Il y avait quantité d'usines fermées et cinq cent mille chômeurs ; à un autre moment, il a précisé qu'un tiers de la population masculine était au chômage. Il lança un programme de travaux d'urgence, finança un prêt de deux millions de marks de la Dresdner Bank par le truchement d'un vieil ami, ancien compagnon de captivité en France. Il présenta à Hindenburg un rapport sur les besoins de la Thuringe.

Alors que Sauckel s'activait ainsi pour aider la Thuringe, Hitler arriva au pouvoir un peu plus tard, en 1933. En mai 1933, Sauckel devint gouverneur de Thuringe par un document signé de Hindenburg (il était intéressant de le voir attirer l'attention sur Hindenburg après qu'il eut dit avoir été en fait nommé par Hitler). Il a répété dans un style oratoire, mais simple, dans un allemand saccadé, que son seul désir était d'apporter bonheur et prospérité économique en Thuringe. Son désir était de « préserver les valeurs culturelles, artistiques et traditionnelles de la grande Allemagne ». Au cours de ces efforts, il n'a « jamais pensé à la guerre » et a supposé que Hitler avait les mêmes aspirations. Sauckel a nié avoir eu beaucoup de contacts avec Berlin en ce temps-là, et ce jusque bien plus tard. Il a parfois été en désaccord avec Himmler, Goebbels et Bormann, mais la nature et l'ampleur de ces désaccords étaient vagues, et visiblement très peu clairs y compris dans l'esprit de Sauckel lui-même à cette époque. Quant à Hitler, il le voyait peu, ce qu'il regrettait parce qu'il a toujours été un « fervent fidèle et obéissant ».

Il a souligné, comme Ribbentrop, Frank et d'autres, qu'il s'était porté volontaire pour servir dans l'armée (dans le cas de Sauckel, dans la marine) au début de la guerre de 1939. Mais sa demande fut rejetée. Il fut chargé de veiller au bien-être économique et social de la Thuringe et aux frontières de cette province. Contre toute attente, il reçut en 1942 ce qu'il était encore enclin à appeler « la mission la plus dure de [sa] vie », quand il fut appelé à Berlin pour prendre en charge le « déploiement » de la main-d'œuvre. Il « devait trouver et placer des millions de travailleurs pour les chefs de guerre allemands dans les divers domaines de l'économie ». Le Führer lui expliqua qu'il avait « un job de soldat à accomplir ». Il a prétendu « avoir toujours défendu les droits et protégé les intérêts des ouvriers non seulement allemands, mais aussi étrangers dans ses ordres tant écrits qu'oraux ». Il a parlé de la « solidarité de l'ouvrier européen », etc.

Je lui ai demandé s'il était au courant des rumeurs concernant les mauvais traitements infligés à la main-d'œuvre servile, les familles cruellement séparées dans les pays occupés, les hommes valides acheminés comme ouvriers en Allemagne, les gens raflés dans les théâtres et autres lieux publics et expédiés sans préavis pour travailler en Allemagne. Sa réponse a été évasive. « Que feriez-vous si la prospérité de votre pays dépendait de la main-d'œuvre ? Quand un navire essuie une tempête, il faut un capitaine. » Ces *non sequitur* évasifs et d'autres étaient son fonds de commerce et sa façon de parer aux observations morales et éthiques essentielles.

En 1935, Hitler le nomma membre honoraire des usines Gustloff, et c'est à ce titre qu'il a essayé de construire en 1944 une usine d'avions souterraine conformément à ses « propres idées techniques [1] ». Sauckel s'est souvent présenté comme un travailleur, un marin et un ingénieur.

Quelle était son attitude envers les Juifs ? Sa famille était-elle antisémite ? Non, il n'avait pas souvenir d'un antisémitisme particulier de la part de son père. Son père est devenu plus tard membre du parti et a tout naturellement partagé les idées du parti sur la question juive. Mais dans les années passées, quand Sauckel n'était qu'un enfant, il ne se souvenait d'aucun antisémitisme particulier. D'une manière générale, toutefois, il pensait que la question juive « devait être traitée », que même parmi les Juifs se trouvaient des sionistes qui admettaient que les Juifs sont une race et devraient avoir leur terre à eux. Quant à l'extermination des Juifs, il n'y était pas favorable et n'a eu vent d'aucune persécution du temps qu'il était là-bas. Ce qui est arrivé par la suite, après son départ pour Berlin en 1942, il ne saurait le dire. En fait, il connaissait le camp de concentration de Buchenwald, il y était allé une fois au début, mais c'était le « territoire de Himmler » et pas le sien. Buchenwald était en Thuringe mais il ne dépendait pas de sa juridiction.

Il a attribué tout son travail aux idéaux les plus élevés, à sa dévotion pour Hitler et à l'idée d'unifier la vie allemande. Il a essayé de glorifier la simplicité de ses débuts en les présentant comme la raison d'être de ses convictions politiques. Il a répété fièrement n'avoir aucun bien personnel ; n'avoir jamais eu de grosses sommes

1. Les usines Gustloff (Gustloffwerke) produisaient divers types d'armes pour l'armée allemande. Ces usines utilisaient de la main-d'œuvre servile et concentrationnaire sur un certain nombre de sites, notamment à proximité du camp de concentration de Buchenwald.

sur son compte en banque ; que sa femme avait mis au monde leurs dix enfants quasiment sans aide médicale ; et qu'il avait fait le choix d'une vie simple.

Son attitude envers Hitler restait celle d'un serviteur aveuglément fidèle. Rien de ce qui s'est produit au procès ne semble donc avoir changé son appréciation. Il a dit que quelques-unes des « petites choses qui sont sorties jusque-là au procès sont incompréhensibles », sans que cela parût affecter sérieusement sa vision de Hitler. De même que tant de ses partisans, Hitler tenait Sauckel à distance et il ne compta jamais au nombre des intimes. Quand Hitler le voyait, c'était pour lui donner un ordre direct ou lui dicter une mesure politique, ou encore discuter de littérature, d'art et de musique, autant de choses qui sortaient totalement de sa sphère de compétences intellectuelles, et probablement lui faisaient-elles paraître le Führer d'autant plus prodigieux. Son attitude envers les autres nazis était peu originale et se résumait aux mêmes platitudes que j'avais si souvent entendues dans la prison de Nuremberg. « Himmler, Bormann et Goebbels, probablement étaient-ils des sales types. » Se défausser, surtout sur ceux qui sont morts ou qui ont disparu, est une caractéristique de Sauckel comme de beaucoup d'autres. Il a dit n'avoir jamais approuvé ni compris ces hommes, mais, d'un autre côté, qu'il n'a pas eu l'occasion de contrer leur politique ou de critiquer leurs agissements, parce que ce n'était pas son travail. Quand je lui ai demandé s'il n'y avait pas de nombreux liens entre la main-d'œuvre servile qu'il contrôlait et les activités de Himmler, il a nié vigoureusement. Et la manière de trouver des travailleurs ? « Non. » Il a jugé les trois hommes – Himmler, Bormann et Goebbels – responsables de l'isolement de Hitler. C'était là un refrain que j'avais déjà entendu. La plus grave erreur, qu'il imputait à Bormann, était à ses yeux la « prise de distance vis-à-vis du christianisme ».

Sauckel admet avoir quitté l'Église, lui aussi, mais qu'au fond et dans l'enceinte de sa famille, il est resté « profondément religieux ». Je n'ai pu découvrir ce qu'il entend au juste par là, et mon impression est qu'il articulait des mots qui sonnaient bien et faisaient partie de l'image générale qu'il essayait de donner : celle d'un brave et solide travailleur tellement occupé à bien faire qu'il a suivi le parti, malgré certaines entreprises désagréables qu'il pressentait, en raison de ses idéaux.

Vers la fin de la guerre, la chute de la Thuringe était imminente et Sauckel a vu Albert Kesselring. Il a même espéré alors qu'un armistice ou un ajustement avec les puissances occidentales était possible. C'était un exemple de plus de la méconnaissance que ces hommes avaient de la guerre ou de la situation internationale. Le 8 ou 9 mai, il était à Berchtesgaden et s'est volontairement rendu aux Américains, par l'intermédiaire du curé de paroisse catholique. Il a « retrouvé les bras de l'Église », a-t-il dit. Ces déclarations ne s'accompagnent pas d'une grande émotion, mais sont faites en phrases hachées, faciles à comprendre, comme s'il prononçait un discours public.

Au départ, la défaite l'a laissé très malheureux et abattu. Mais maintenant il se sent mieux, « assuré qu'il est de n'avoir personnellement rien fait dont il puisse avoir honte ». S'il devait comparaître « devant Dieu ou la Cour suprême », il le ferait d'un « cœur confiant ». Il a toujours eu de l'amour dans le cœur, non pas de la haine. La haine était beaucoup trop présente dans les dernières années, les années de guerre, pas avant, parmi les nazis. Puis il a débité des platitudes qui revenaient à dire que Dieu est amour, que sans amour on ne fait rien, et ainsi de suite.

« J'ai toujours essayé de promouvoir la bonne entente entre les Russes et les Allemands, et je n'ai donc pas peur du réquisitoire russe qui a commencé hier. Je peux le prouver. En 1942, après que j'ai été nommé ministre plénipotentiaire général chargé de la main-d'œuvre, j'ai essayé d'obtenir des tickets et des vivres pour les prisonniers de guerre russes.

« Je n'avais rien à voir avec les camps de concentration – qui étaient du ressort de Himmler. Il y avait un ministre du Travail, Ley, dont la position est comparable à celle de votre John Lewis en Amérique [1]. Ma tâche était d'affecter les prisonniers de guerre et la main-d'œuvre étrangère aux usines ou aux chantiers en cours. Je n'avais rien à voir avec les châtiments, les criminels et tout ça. C'était le travail de Himmler. Si, quand j'étais marin, on m'avait dit que je devrais faire de la politique, j'aurais pris cela pour un affront. Après mon retour de France, j'ai vu que les ouvriers de l'usine de Schweinfurt étaient tous divisés en groupes, en quantité de partis – je tiens à vous donner une raison sincère – et c'est pour ça que je suis devenu national-socialiste. En 1922-1923, j'ai su que mon destin serait de trouver une solution au problème du travail et au problème social.

« Je me suis battu pour le socialisme sur une base nationale sans supprimer en aucune façon la propriété privée.

1. Vraisemblablement s'agit-il de John Llewellyn Lewis (1880-1969), leader syndicaliste américain qui, entre autres choses, dirigea l'United Mine Workers et l'American Federation of Labor.

« Je connaissais bien Hitler depuis 1926 mais même si j'ai eu de nombreuses discussions avec lui, j'avais moins affaire avec lui que d'autres. Hitler est venu à Weimar, la capitale de la Thuringe, et nous avons parlé de Goethe et de culture.

« Le parlement s'est réuni de moins en moins souvent après l'incendie du Reichstag, mais il était encore à moitié en vie en 1933-1934. Par la suite, il a rarement siégé. Le Führer m'a toujours dit que l'autorité qu'il exerçait et que j'exerçais était nécessaire.

« Je suis sûr que la plupart des nazis voulaient un parlement ou une sorte d'instance de critique ou de correction. Hitler a toujours promis un grand sénat à côté du Reichstag, pour le peuple allemand. Il n'a jamais tenu cette promesse. Il s'en voulait de ne l'avoir jamais tenue, mais il a toujours invoqué la même excuse, à savoir qu'on ne pouvait établir une telle institution au cours d'une guerre. J'ai la certitude qu'après la guerre certaines personnes, dont les gens comme moi, auraient réussi à organiser une institution de ce genre.

« Jusqu'en 1940, je pouvais encore approcher le Führer. Mais pas ensuite, surtout après que Hess s'est envolé pour l'Angleterre. Bormann, Goebbels et Himmler le maintenaient isolé, ce qui était mauvais pour le peuple allemand.

« Je suis convaincu que Hess avait une bonne influence sur Hitler. Je peux seulement dire ce que j'ai moi-même entendu. Dans quantité d'affaires, comme l'occupation de l'Autriche, il n'en savait pas plus que moi.

« Tout le monde suivait une règle, une règle très stricte : faire son travail et ne pas se mêler de celui des autres ni parler avec eux.

« Je crois que Hess était très juste. Personnellement, j'ai le sentiment qu'il souhaitait un traité de paix avec l'Angleterre. » Au cours du procès, ai-je observé, il avait été dit qu'il souhaitait un traité avec les fascistes anglais et qu'il n'était pas question pour lui de traiter avec le gouvernement de Churchill. « Je ne saurais dire. Je ne sais pas à quoi pensait Hess. Personnellement, je voulais reprendre la mer, mais Hitler ne m'a pas laissé faire. » À ce moment-là, Sauckel était au bord des larmes. « Hitler m'a dit que je ne devais pas prendre la mer, parce que la mer c'était l'affaire de l'Angleterre, pas celle de l'Allemagne.

« Hess disait toujours "le national-socialisme n'est pas un produit d'exportation", et Hess ne voulait donc pas s'immiscer dans les affaires des autres pays. Je ne peux pas dire grand-chose, si ce n'est que je ne crois pas que Hess voulait signer la paix avec un autre gouvernement que celui que voulait le peuple anglais. Si Hess se trompait, ce n'était qu'une erreur. Il avait de bonnes intentions. En tout cas, à midi l'autre jour, à la cour, Hess m'a dit n'avoir rien exigé de tel quand il est allé en Angleterre. Hess est un homme intelligent. Né en Égypte, il devait connaître les Anglais, au milieu desquels il a été élevé. »

J'ai observé que, si Sauckel tenait Hess pour un brave homme, alors qu'il était associé aux lois de Nuremberg, à la persécution des Juifs et d'autres sectes religieuses, et lié aux activités de la cinquième colonne, c'était le signe qu'il approuvait ces actions. « Pour ce qui est de la cinquième colonne, je n'en ai jamais entendu parler. Nous avions une union des Allemands dans d'autres pays, une union des Allemands dans des pays étrangers : une nation a parfaitement le droit de naturaliser les habitants d'autres territoires si ce sont des citoyens allemands. Cette organisation était dirigée par Ernst Wilhelm Bohle. C'était une organisation de membres du parti dans les pays étrangers. Je ne vois pas pourquoi les Allemands ne peuvent le faire, vu qu'il y a une Internationale communiste et que l'Angleterre réunit les siens dans toutes les parties du monde. Il est clair aujourd'hui qu'il y avait une cinquième colonne, mais je n'en ai jamais rien su. En outre, c'était exactement comme l'Angleterre et l'Amérique, avec leurs services secrets ; alors, pourquoi pas l'Allemagne ? » J'ai dit qu'à mon avis des services de renseignements et une cinquième colonne, ce n'était pas la même chose. « Eh bien, il y a des Allemands dans tous les pays, vous ne pouvez pas les traiter tous de membres de la cinquième colonne. » J'ai répondu que ce n'était pas ce que nous faisions – ça concernait juste ceux qui travaillaient contre la démocratie.

Réponse : « Il n'y avait aucune intention de combattre la démocratie dans les autres pays. Ça m'aurait paru une folie que d'essayer d'imposer à d'autres une croyance politique allemande. J'ai vu parfois le nom de Fritz Kuhn dans la presse [1]. Sa fonction était de rendre le nazisme populaire en Amérique. Nous autres, nazis, n'avons jamais eu une organisation remarquable, comme l'Internationale communiste [ou Komintern]. La Thuringe était communiste quand j'y suis arrivé en 1922. Je le *sais*. J'ai *vécu* en Allemagne ! » Il était tout excité, de manière théâtrale. Je lui ai demandé si le fort vote communiste de Thuringe était le signe d'une influence du Komintern. « Bien sûr. Tout ce que les gens avaient à faire, c'était de lire Marx ou le *Manifeste communiste*. »

J'ai dit que *Mein Kampf* et d'autres livres nazis étaient disponibles en Amérique. Pourquoi les nazis n'étaient-ils pas devenus plus forts en Amérique ? Sauckel n'a pas répondu. J'ai voulu savoir

1. Sur Kuhn, voir Sander A. Diamond, *The Nazi Movement in the United States, 1924-1941*, Ithaca, NY, 1974.

comment le Komintern avait influencé le vote communiste en Thuringe. « Par la propagande, avec de l'or et des agents. Que des documents en prouvent ou non l'existence importe peu. Quinze ans ont passé depuis. » J'ai demandé quelle preuve il avait de l'influence du Komintern en dehors de l'opinion de Goebbels. « Toute opinion est respectable. J'avais beaucoup d'amis qui étaient communistes et sociaux-démocrates. »

Göring, ai-je ajouté, a affirmé avoir construit des camps de concentration pour les communistes. Sauckel avait-il un commentaire à faire ? « Seuls étaient incarcérés les communistes et les sociaux-démocrates qui agissaient contre l'État. La plupart des communistes et des sociaux-démocrates que j'avais connus sont devenus nazis par la suite. Seuls ceux qui faisaient quelque chose contre l'État étaient jetés en camp de concentration.

« J'ai entendu parler au cours des procès de crimes contre les Églises. Ce n'est pas ça. En 1933, l'Église a reçu 135 millions de marks du Reich. En 1934 et en 1935, cette somme a augmenté. En 1938, elle était de 580 millions de marks. La même année, les colonies ont apporté 7 millions de marks et les communautés 85 millions. Tout cela était une contribution de l'État à l'Église. Le régime national-socialiste croyait à la liberté complète de l'Église et du culte. » Je l'ai questionné sur la religion juive. « Dans le national-socialisme, les Juifs étaient considérés non pas comme une secte religieuse, mais comme une race ennemie. C'est un point essentiel : même les Juifs ne s'accordent pas. Les sionistes disent qu'ils sont une nation ; d'autres disent qu'ils devraient rester où ils sont. Cependant, la politique de Bormann et de Hitler était fausse. »

J'ai observé que la liberté religieuse ne me paraissait pas très cohérente avec l'incendie des synagogues. « Je n'ai jamais brûlé de synagogues. C'était une révolution, et les Russes ont brûlé des Églises au cours de leur révolution. S'il existe quantité de nationalités différentes dans un pays, les dirigeants devraient être en proportion de la population. Dans la finance, dans la presse, à la radio, les Juifs avaient pris tous les postes. Ce sentiment existait avant Hitler. »

J'ai voulu savoir s'il était antisémite avant son association avec Hitler. « Ce n'est pas à moi qu'il faut poser la question. Demandez à Rosenberg et à Streicher, ce sont des spécialistes. J'ai été prisonnier en France pendant des années. Je suis nazi depuis 1924-1925. J'ai été antisémite à cause de mes sentiments sociaux.

« Pour la plupart des gens, les ouvriers comme moi, le nazisme devait empêcher la haine de classe entre les travailleurs et la bourgeoisie. En Russie, il n'y a que quarante habitants au kilomètre carré, en Allemagne cent quarante. Je ne connais pas les chiffres pour l'Angleterre, mais les travailleurs anglais peuvent aller en Afrique, au Canada ou en Australie. J'ai lu un livre de Jack London sur les conditions à Londres et à Liverpool. C'était à peu près la même chose qu'en Allemagne.

« Vous devez bien comprendre que le mot "chômeur" n'a pas le même sens en Allemagne qu'en Amérique. En Amérique, "au chômage" signifie qu'un homme est peut-être incapable de trouver du travail dans son métier. En Allemagne, ça veut dire qu'il ne trouve de travail dans aucune profession. La Thuringe comptait 1,7 million d'habitants, dont cinq cent mille hommes au chômage en 1932 avant l'arrivée de Hitler au pouvoir. Dans l'ensemble de l'Allemagne, on comptait huit millions de chômeurs et sept millions de travailleurs à temps partiel.

« L'Amérique est tellement grande qu'elle réclame du travail. En Allemagne, si vous essayiez de travailler, vous ne pouviez pas. En Amérique, c'était une économie étrange qui provoquait le chômage. Le chômage allemand était dû au boycott des produits allemands. Non pas un boycott officiel. Le marché mondial refusait d'accepter les produits allemands. La France, l'Angleterre et l'Amérique refusaient. L'Allemagne n'avait pas de colonies et elle devait exporter des produits manufacturés en échange de céréales. Nous n'avions strictement rien. Nous nous sommes débrouillés pour vivre durant la guerre par des rationnements. Nous avons tous été strictement rationnés, même les ministres comme moi – et nous vivions de produits des pays conquis, dont l'Afrique et la Russie. »

J'ai observé que, à ce que j'en savais, Sauckel avait été assez bien loti pendant quatorze ans. « J'ai toujours été un travailleur, avec mes dix enfants. Je ne me suis jamais enrichi dans mes fonctions. Je vivais sur une propriété qui appartenait à l'État. Je n'avais pas de compte en banque. Je ne possédais rien, pas même un jardin. »

J'ai demandé à Sauckel ce qu'il pensait des preuves produites devant le tribunal au cours des semaines passées concernant Göring et le pillage des œuvres d'art. « Göring prenait ces objets pour les galeries d'art. Göring est issu d'une grande famille. Je n'ai pas connu Göring et j'ignore ses habitudes. S'il a pris des choses à son bénéfice, le peuple allemand le condamnera.

« Les cinq millions de travailleurs étrangers avaient droit au même traitement que les Allemands. Vous devez faire la différence entre la façon dont Himmler traitait la main-d'œuvre étrangère et ma façon à moi. Il y avait à peu près deux millions de travailleurs volontaires ; les trois autres millions sont venus en Allemagne conformément à la loi. » J'ai voulu savoir ce qu'il entendait par ce

« conformément à la loi ». « Eh bien, les Français avaient un gouvernement, par exemple, et ils ont fait venir ces gens en Allemagne. » J'ai demandé si, à son avis, c'était une bonne loi. « Si vous étiez allemand, et si la prospérité de la nation dépendait de l'exécution de cette loi, vous n'en feriez pas autant ? Nous avons combattu la Russie, et la Russie fait la même chose aujourd'hui. Je le sais de nombreuses sources. » J'ai dit qu'il était en prison et en réclusion solitaire depuis un bon moment – depuis la fin de la guerre. Comment pouvait-il en être sûr ? « Je sais. » J'ai répondu que même si la Russie faisait pareil maintenant, ce que j'ignorais pour ma part, cela serait-il bien pour autant ? « Non. Mais si nous n'avions pas eu de main-d'œuvre étrangère, nous aurions dû capituler devant les Russes et l'Europe entière serait soviétisée. »

Il me semblait, ai-je dit, que c'était l'Allemagne qui avait déclaré la guerre à la Russie. « Oui. Mais notre état d'esprit à tous était que la Russie disposait de redoutables armées qui attendaient de nous attaquer, et la question était uniquement de savoir qui frapperait le premier. La Russie a fait la même chose avec son attaque sur la Bessarabie en 1940-1941 et en Finlande. Et elle a pris de la main-d'œuvre servile dans ces pays. Aussi bien que des millions et des millions de travailleurs chinois. » Et c'était du travail forcé ? « Cela, je n'en sais rien. »

Hjalmar Schacht
1877-1970

Président de la Reichsbank jusqu'en 1939, Hjalmar Schacht fut ensuite ministre sans portefeuille jusqu'en 1943. Jugé par le tribunal de Nuremberg, il fut reconnu non coupable. En 1948, il publia Pour régler mes comptes avec Hitler *et, en 1953, ses mémoires. Il revint aux affaires bancaires, avec succès. Il s'engagea également dans la finance et le commerce internationaux. Il mourut le 3 juin 1970 à Munich.*

27 janvier 1946

J'ai revu Hjalmar Schacht aujourd'hui. Il était tel qu'en lui-même, d'une familiarité excessive et s'indignant d'être inculpé en tant que criminel de guerre. « Effroyable ! » Il a répété le mot plusieurs fois au cours de l'entretien et redit que c'était son dixième mois dans une prison alliée et qu'avant il avait fait dix mois de prison sur ordre de Hitler.

Il s'est exprimé comme s'il était l'ennemi juré de Hitler, encore qu'il ait été ministre de l'Économie et président de la Reichsbank pendant au moins cinq ou six ans sous le régime hitlérien, et qu'il soit resté ministre sans portefeuille jusqu'en 1943. Il a expliqué cela en disant que Hitler ne l'avait pas relevé de ce titre. J'ai voulu savoir s'il l'avait demandé : « À plusieurs reprises, mais Hitler ne voulait pas en entendre parler. Tout ce que j'ai fait, c'est que j'ai vécu dans ma petite ferme, hors de Berlin. Hitler m'a gardé comme ministre sans portefeuille en raison de ma réputation internationale et du prestige de mon nom à l'étranger. »

Schacht m'a reparlé de ses rencontres avec Roosevelt en 1934 et en 1935, et m'a redit combien il admirait notre président. Pour la quatrième fois, probablement, Schacht m'a raconté que Roosevelt lui avait donné une claque sur la cuisse en disant : « J'apprécie votre franchise dans cette réunion. » À cette époque, quand il se trouvait à Washington, a ajouté Schacht, il s'exposait « à de gros risques personnels en rencontrant des Juifs influents et en s'adressant à eux ». Il n'a pas précisé ce qu'il leur disait, mais a souligné que c'était une « affaire risquée » pour lui de s'adresser aux Juifs en raison de la nature du gouvernement nazi.

Schacht s'est alors étendu sur les circonstances qui l'avaient amené à rencontrer la plupart de nos présidents américains, dont Theodore Roosevelt, Calvin Coolidge, Franklin D. Roosevelt et d'autres. Il était au regret de dire qu'il n'avait jamais rencontré Harding. Il a défini J. Edgar Hoover comme un « homme honnête, mais un peu froid et à qui il était difficile de parler parce qu'il était timide en public. Coolidge était très gentil ». J'ai demandé à Schacht s'il connaissait le défunt ambassadeur Dodd, dont j'avais lu quelque temps auparavant le journal posthume. Réponse : « Oh oui, en effet. Dodd est mort peu après avoir quitté l'Allemagne. Savez-vous par hasard de quoi il est mort ? Ça ne pourrait pas être une maladie mentale ? Parce que Dodd, quoique sans conteste un homme honnête, a eu une drôle de conduite en Allemagne et n'a jamais tiré les bonnes conclusions de ce qu'il voyait. En outre, ses enfants, William et Martha Dodd, étaient vraiment mauvais. Ils étaient pétris d'idées communistes. » Schacht a ajouté avec un léger sourire que Martha Dodd était constamment en compagnie de Louis-Ferdinand, le fils de l'ex-prince consort allemand. Cette camaraderie, a-t-il précisé, donna naissance à d'« affreuses rumeurs ». « En outre, le journal de l'ambassadeur Dodd est contestable parce qu'il a été publié après sa mort par ses enfants, qui sont de gauche. »

Schacht a redit son indignation « qu'un homme qui n'a jamais été associé qu'à la haute finance pendant quarante ans, qui n'a jamais été soldat et qui n'a jamais fait de tort à personne, soit placé sous les verrous et jugé comme un vulgaire criminel de guerre ». Une fois de plus, il a répété qu'il n'avait fait que vivre dans sa ferme depuis 1939 et qu'en plus il avait trempé dans le complot pour assassiner Hitler le 20 juillet 1944.

Il apparaît clairement, en parlant avec Schacht, qu'il essaie de donner de lui deux images nettement paradoxales : la première, celle d'un vieil homme inoffensif, retiré depuis 1939 ; l'autre, celle d'un grand patriote national allemand, qui a inlassablement travaillé à la chute de Hitler et à déjouer ses projets, et qui a activement participé à la tentative d'assassinat de Hitler le 20 juillet 1944. D'un point de vue clinique, il est patent que Schacht a une énergie et une vitalité formidables pour un homme de son âge.

S'agissant de la question juive, Schacht a redit n'avoir jamais approuvé la persécution raciale. Bien entendu, du temps qu'il était ministre de l'Économie et président de la Reichsbank, de 1933 à 1938, les Juifs « n'avaient été lésés en aucune façon économiquement ni financièrement ». Il a ajouté qu'il ne pouvait s'estimer responsable d'aucune persécution juive, d'aucun pillage ni de rien de ce qui s'était produit dans ces années-là, parce que ce n'était pas de son ressort ni de sa juridiction. Il a répété qu'il comptait de nombreux amis juifs qu'il aida d'une façon ou d'une autre, le plus souvent en les faisant sortir d'Allemagne. « Le problème juif s'expliquait par plusieurs choses. Naturellement, Hitler a toujours été antisémite, mais juste avant son accession au pouvoir de nombreux Juifs se trouvèrent impliqués dans de grands scandales de nature financière en Allemagne. De plus, quantité de Juifs arrivaient de l'Est pour s'installer en Allemagne et faire des affaires. En outre, il y avait quantité de Juifs communistes. »

Schacht a dit qu'il avait demandé un jour à l'un de ses collaborateurs, un Juif, de porter un message à l'Union centrale des Juifs d'Allemagne, la principale organisation juive du pays [1]. Le message stipulait que l'Union centrale devait adopter une résolution contre les Juifs communistes et abjurer tout lien avec le communisme. L'homme est revenu quelques jours après, disant qu'il était désolé, mais que l'Union centrale refusait d'envisager quelque action sur recommandation de Schacht. « Eh bien, a dit celui-ci, j'ai dit alors qu'un jour ils le regretteraient. » Schacht n'a pas précisé quand ce prétendu incident a eu lieu.

À mes yeux, ai-je observé, c'était une violation des libertés civiles et des droits de l'individu pour une organisation que d'inter-

1. Sur les efforts juifs d'autoprotection dans l'Allemagne nazie, voir Friedländer, *L'Allemagne nazie et les Juifs*.

dire à ses membres toute liberté de pensée politique, et à mon sens la recommandation de Schacht à l'Union centrale des Juifs était passablement fasciste. Schacht s'est rebiffé et a protesté que, bien entendu, il croyait à la liberté de conviction politique aussi bien qu'à la liberté de religion. Il a dit que, cependant, il ne croyait pas au communisme et que, en outre, tout ce qu'il essayait de faire, c'était d'éviter aux Juifs d'être identifiés au communisme. Tandis que l'entretien se terminait, Schacht a répondu : « Une de mes craintes, c'est que vous, Américains, vous fassiez la même chose qu'après la dernière guerre. Je veux dire que vous vous retiriez d'ici et abandonniez l'Europe, laissant la voie ouverte à la Russie. L'entreprise privée et les droits de l'individu seront perdus tout autant que sous un gouvernement nazi. Effroyable ! »

10 mars 1946

Schacht a été cordial et, comme d'habitude, un peu pompeux quand je suis entré dans sa cellule, ce soir. Il s'est déclaré assuré de l'acquittement, mais a récriminé contre l'« accusation malveillante », comme il dit. Il s'en est tenu plus que jamais à son attitude : « Tous ces autres criminels ont leur place sur le banc des accusés, pas moi. »

Il a dit qu'il aimerait me raconter « toute l'histoire » de ses relations et activités avec le gouvernement nazi. Ses propos étaient fréquemment ponctués de « Et maintenant, Dr Goldensohn, où est le crime ? », suivis d'un rire aigu de mépris.

« J'ai aidé à financer les armements, a-t-il commencé, en vue de les porter à un niveau où l'Allemagne serait sur un pied d'égalité avec ses voisins, de 1934 à 1937. J'ai agi ainsi parce que les autres puissances ne désarmaient pas – je veux dire, les vingt-sept signataires du traité de Versailles. Bien au contraire, la Tchécoslovaquie s'armait jusqu'aux dents, alors qu'elle n'était qu'un État nouvellement créé. Comme je désirais que l'Allemagne fût sur un pied d'égalité, soit ces autres pays devaient désarmer, soit nous devions réarmer. C'est ce que le gouvernement allemand a déclaré à ces autres pays en mars 1935. »

J'ai rapporté avoir entendu dire par d'autres Allemands que, sans le génie financier grâce auquel Schacht avait installé l'Allemagne sur des bases financières saines, le nazisme n'aurait pas été possible. J'ai voulu savoir ce que Schacht en pensait. « Personne n'est irremplaçable. L'année après que j'ai arrêté tout financement, Hitler a dépensé 5,25 milliards de marks de plus que la dernière année où je l'ai aidé. Or, qui a fourni ces 5,25 milliards ? Ce n'est pas le génie financier qui a fait son œuvre. Hitler a obtenu l'argent au moyen de tactiques implacables et en dépossédant les gens. Pour ma part, j'ai assuré le financement en maintenant la stabilité de la devise et sans faire aucun tort à la vie économique. Hitler a pris de l'argent à des sources auxquelles je n'aurais jamais touché, mais il a eu l'argent. »

J'ai alors demandé à Schacht s'il pensait, par conséquent, que n'importe qui aurait pu faire ce qu'il a fait de 1934 à 1937. « N'importe qui. Le seul honneur que j'ai revendiqué, c'était que Hitler l'aurait fait de manière déraisonnable et que je l'ai fait raisonnablement. Voyez-vous, le ministère public essaie de m'accuser, et tout cela me fait rire ; et puis, quand je me suis aperçu que Hitler voulait armer davantage qu'il n'était nécessaire pour être sur un pied d'égalité avec les autres nations, j'ai retiré le crédit que j'avais ouvert au Reich ; il n'était pas question de lui donner un sou de plus, et cela a conduit à mon renvoi. Quand j'ai quitté mon poste, l'encours de monnaie fiduciaire était de huit milliards ; aujourd'hui, il est de soixante-dix milliards. » Je lui ai demandé le sens de ces chiffres, et il a aussitôt répondu : « Inflation. Hitler a abusé de la Reichsbank. Funk m'a succédé et il ne pouvait agir à titre individuel comme je le pouvais et comme je l'ai fait. Du temps que j'en étais le président, la Reichsbank pouvait accorder ou refuser un crédit à sa discrétion conformément aux règles. Le jour même où j'ai quitté la Reichsbank, Hitler a promulgué une loi faisant obligation à la Reichsbank d'accorder tout crédit qu'il demanderait. C'est dans le cadre de cette loi que Funk est entré en fonctions. Peut-être, en ce sens, Funk n'était-il pas responsable, mais d'un autre côté, bien entendu, il l'était, parce qu'il a été un instrument consentant. S'il est allé jusqu'à accepter le poste, c'est qu'il voulait bien obéir. »

Je m'étais laissé dire qu'une des raisons de son départ de la Reichsbank, c'était une lutte personnelle pour le pouvoir qui l'avait opposé à Göring. Schacht l'a énergiquement nié. « C'est ce qu'on dit, je le sais, et je sais aussi que ce criminel de Göring ne se lasse pas de le répéter. La vérité, c'est que mes difficultés avec Göring se situaient sur un tout autre plan. À compter d'août 1934, j'ai été ministre de l'Économie en plus de mes fonctions de président de la Reichsbank. J'ai mis à profit mon poste ministériel pour élever des objections et m'opposer à un réarmement excessif. Cela n'a pas du tout plu à Hitler, qui a donc élaboré ce qu'on a appelé le plan quadriennal, dont il a confié la responsabilité à Göring, lequel, bien entendu, était partisan d'un réarmement terriblement excessif. C'était dans le courant de l'automne 1936. Ces divergences entre lui et moi nous ont entraînés dans un conflit permanent l'un avec l'autre, Göring ayant naturellement le dessus parce qu'il avait le soutien de Hitler, et pas moi. Dans le courant de l'automne 1937, j'ai démissionné de mon poste de ministre de l'Économie. J'ai été limogé de la Reichsbank en janvier 1939.

« Bien entendu, au milieu de toutes mes difficultés qui paraissent dans les lettres et les minutes, vous ne trouverez jamais dans ma bouche la moindre remarque affirmant que Hitler et Göring allaient vers la guerre. Je n'en avais aucune preuve et, si je l'avais dit, ils auraient été implacables avec moi. Je ne pouvais donc défendre ma position que par des arguments économiques. Et maintenant ces imbéciles de procureurs en tirent les conclusions suivantes : "Comme nous ne trouvons dans aucun document une indication que Schacht ait voulu se retirer parce qu'il était contre la guerre, la conclusion est qu'il n'était pas contre la guerre mais qu'il avait simplement des querelles avec Göring." » Une fois encore, Schacht est parti d'un rire méprisant, plutôt forcé.

« Je n'ai pas insisté pour rester ministre de l'Économie. Hitler m'avait demandé d'assumer ces fonctions et je l'ai accepté à l'époque parce que je me suis dit que je pourrais ainsi accompagner ma politique financière. »

Je lui ai demandé pourquoi il s'était ainsi laissé utiliser par Hitler quatre ou cinq années durant, jusqu'en 1939, s'il avait une aussi piètre opinion de Hitler et des criminels nazis, comme il les a appelés. « Cela sera expliqué au procès, au cours de ma défense. L'Allemagne pouvait assurer son ravitaillement et ses logements au moyen des exportations, dans la mesure où nous avions un déficit alimentaire d'environ vingt pour cent faute de pouvoir produire ces vivres sur notre sol. Il nous fallait donc exporter et gagner de l'argent hors d'Allemagne pour nous procurer de la nourriture. Cela s'est fait depuis les années 1880. De surcroît, pour soutenir nos industries exportatrices, il nous fallait acheter non seulement des denrées alimentaires, mais aussi des matières premières.

« Or, qu'a fait le traité de Versailles pour nous ? Il a dépouillé l'Allemagne de tous les actifs privés des Allemands. Vous comprenez ce que cela veut dire, Dr Goldensohn ? Il a liquidé les actifs privés des citoyens allemands, chose qui ne s'était pas faite depuis le Moyen Âge. Ce faisant, ils ont détruit un des fondements de notre vie. Par exemple, si nous avions une maison d'import-export à Rio de Janeiro ou à New York, ils nous enlevaient notre licence, nous obligeant ainsi à cesser nos activités. Ces pertes se sont élevées à onze milliards de dollars, indépendamment des réparations. Ce faisant, les Alliés ont détruit non seulement un revenu d'un demi-milliard de dollars, mais aussi gâché toute l'organisation de nos ventes.

De surcroît, après Versailles, ils ont imposé des réparations à l'Allemagne et, comme nous n'avions plus aucun actif étranger, nous ne pouvions payer que par de nouvelles exportations. Comment pouvions-nous payer les Alliés autrement ? La nécessité d'exporter est devenue plus pressante que jamais, vu que nous avions besoin d'argent pour payer vivres et matières premières aussi bien que les réparations. Celles-ci s'élevaient à cinquante milliards de dollars cash ! Vous imaginez ça ? Cinquante mille millions de dollars.

« Et, naturellement, l'Allemagne ne pouvait le faire. Le montant annuel des versements et des réparations a été fixé à environ un milliard de dollars par an, et nous n'en avions pas les moyens. Et puis, rappelez-vous qu'après la Première Guerre mondiale nous avons eu pour l'essentiel des gouvernements socialistes et que ces socialistes ont suivi une politique très légère. Ils ont emprunté de l'argent à l'extérieur et avec cet argent ils ont payé les réparations. Pour l'essentiel, cet argent venait d'Amérique, et l'Allemagne s'est donc lourdement endettée à l'étranger. En l'espace de six ans, entre 1924 et 1929, notre dette extérieure a atteint pas moins de huit milliards de dollars. Exactement ce que les États-Unis avaient emprunté sur quatre décennies avant la Première Guerre mondiale. Puis est arrivé le moment où les créanciers étrangers ont dit qu'ils ne pouvaient plus continuer, et ont non seulement cessé de prêter mais retiré tous les crédits à court terme arrivés à échéance. Ce qui a conduit à un krach financier aux proportions effroyables dans le courant de l'été 1931 [1].

« Juste après l'arrêt de ces crédits, la situation économique de l'Allemagne est allée de mal en pis. Le gouvernement Brüning des partis de la classe moyenne – le gouvernement "bourgeois" – a suivi une politique déflationniste. Il a si bien amputé les salaires et les rémunérations que beaucoup d'industries se sont effondrées ; dans le même temps, les pays alliés ont relevé leurs droits de douane. Finalement, nous en sommes arrivés à une situation de plus de six millions de chômeurs. Or, si vous tenez compte du fait que le paysan n'est jamais au chômage, mais que seuls le sont les travailleurs de l'industrie, cela veut dire qu'une famille sur trois souffrait du chômage. Dès lors, les gens ont perdu confiance dans les socialistes aussi bien que dans les partis bourgeois pour se porter aux extrêmes.

1. Le krach boursier, aux États-Unis, commença en octobre 1929 et marqua le début de la Grande Crise. Les effets se répercutèrent presque aussitôt en Allemagne, où les actions chutèrent à leur tour tandis que le chômage montait en flèche. Sur la crise à la fin de la République de Weimar, voir Gellately, *Backing Hitler*, p. 9-33 et trad. fr., p. 23-53.

« Il n'y avait le choix qu'entre le communisme et Hitler, et je vais vous dire pourquoi Hitler a gagné. Les gens ne renonceront pas à la religion, aux droits, à la liberté de la personnalité, à la possibilité de se développer par l'effort individuel – ce qui inclut la propriété privée. Et l'autre raison de la victoire de Hitler c'est que, si tout un peuple est traité comme l'ont été les Allemands, tout le monde dira : "Sommes-nous pires que les autres ? Sommes-nous une race mineure ?" De même que tout individu a besoin d'amour-propre et doit en avoir, de même que toute famille est fière de traditions respectables, toute nation entend maintenir ses manières propres, sa culture, sa langue et ses coutumes. C'est à ces égards que le communisme a échoué. Les communistes ont dit que Dieu n'était que sottises et non-sens et ont prêché l'internationalisme sans maintenir les sentiments nationaux naturels d'une nation.

« C'est alors que Hitler est arrivé et qu'il a affirmé deux choses que le communisme niait. Il a proposé de sauvegarder la dignité nationale et de maintenir la religion. C'était son programme. » J'ai observé que c'était assez paradoxal puisque la nation allemande sous Hitler avait manqué de dignité et était le régime le plus sanglant de l'histoire, et qu'elle avait persécuté tous les types de religion et était allée jusqu'à exterminer des groupes religieux entiers, à savoir les Juifs. Schacht a répondu : « En effet, aujourd'hui, c'est paradoxal, mais alors tout le monde le croyait. Hitler a trahi tout le monde et il a trahi tous ses principes. Il a trahi la religion et détruit le nationalisme. Mais en juillet 1932 Hitler a obtenu quarante pour cent des sièges au Reichstag [1]. Ça n'était encore jamais arrivé dans l'histoire de l'Allemagne qu'un parti reçoive autant de voix. Hitler a obtenu deux cent trente sièges, mais Brüning soixante-dix ou soixante-quinze. Les communistes en avaient près de soixante-dix. Il y a environ six cents sièges au Reichstag. Il est donc évident que le seul Hitler en avait obtenu plus que tous les autres partis non communistes réunis.

« À cette époque, personne ne savait quel genre de sale type était Hitler. Nul n'imaginait qu'il trahirait la nation. »

J'ai demandé à Schacht si le fait que Hitler ait toujours été violemment antisémite n'était pas un trait particulièrement mauvais. Réponse : « Personne ne prenait son antisémitisme au sérieux. Nous imaginions que c'était une affaire de propagande politique et qu'il serait oublié sitôt qu'il arriverait au pouvoir. Quant à moi, étant un

1. Le 31 juillet 1932, le parti nazi obtint 37,4 % des suffrages exprimés et 230 sièges sur un total de 608 aux élections au Reichstag. Aux élections du 6 novembre 1932, ils obtinrent 33,1 % des voix et 196 sièges sur un total de 584.

démocrate habitué aux méthodes démocratiques, à la procédure parlementaire, il ne me restait aucun choix. Soit tous les autres partis devaient s'associer au parti communiste, ce que ni les communistes ni les autres partis ne désiraient, soit il fallait laisser la direction à Hitler. »

Hitler ne suscitait-il donc pas d'objection particulière à l'époque ? « J'ai rencontré Hitler pour la première fois en janvier 1931, et jamais je ne lui ai parlé ni n'ai voté pour lui. En juillet 1932, cependant, il était là, et il fallait en tirer le meilleur parti parce qu'il avait été légalement élu. » Pour qui a-t-il voté ? « Pour un parti démocratique : le parti de Brüning était catholique et je n'ai pas voté pour celui-là, mais c'était l'un des partis membres de la coalition Brüning.

« Y avait-il un autre choix ? Qu'aurais-je dû faire ? Je vous le demande, Dr Goldensohn, où est le crime ? » J'ai répondu que s'il voulait vraiment avoir une réponse sincère à ses questions, j'étais d'avis, en tant qu'Américain, qu'il aurait pu refuser d'entrer au gouvernement s'il désapprouvait réellement Hitler ; et en fait, le genre de fasciste qu'était Hitler n'étant pas un mystère, et ce dès 1925 après la parution de *Mein Kampf*, on aurait pu lui dire d'aller au diable. Schacht n'était pas d'accord : « Oui, et si je lui avais dit d'aller au diable, je serais redevenu un simple particulier. Je voulais travailler pour mon pays. » J'ai répondu que je ne suivais pas son raisonnement parce que était-il vraiment dans l'intérêt de l'Allemagne d'avoir Hitler a sa tête ? « Il s'est avéré que ce n'était pas dans l'intérêt de l'Allemagne, mais je n'en savais rien à l'époque. » J'ai continué sur ce thème et lui ai posé la question suivante : si Hitler avait réussi à gagner la guerre et à bâtir une puissante Allemagne fasciste, dirait-il que Hitler était donc un chef souhaitable pour la nation allemande ? « Vous insinuez que je suis fasciste mais, mon cher docteur, il n'y avait qu'une seule issue, et c'était d'instaurer un type de gouvernement militaire et non démocratique, ce que nous avons essayé de faire. Croyez-moi. En décembre 1932, Hindenburg a nommé le général Schleicher à la chancellerie après la chute de Papen. Et n'oubliez pas que Papen a été renversé par le Reichstag et les communistes ainsi que par Hitler. Mais quand Schleicher est devenu chancelier, il s'est aperçu que diriger sans parlement – c'est-à-dire gouverner par la force des armes – déboucherait sur la guerre civile. Le gouvernement Schleicher n'a pas tenu tout à fait deux mois. Quand ils ont vu que gouverner par de telles méthodes mènerait à la guerre civile, ils ont abandonné et changé d'avis.

« Hindenburg a été alors obligé d'accepter Hitler pour rester dans un cadre parlementaire. Pour ne pas le laisser régner seul, des petits partis de droite ont formé une coalition avec lui afin de participer avec Hitler au gouvernement et, ce faisant, de l'influencer. Aux élections du 5 mars 1933, les nazis ont obtenu deux cent quatre-vingt sièges à eux seuls, ce qui était tout près de la majorité absolue, même si vous comptez les communistes [1].

« Tout cela s'est fait dans le cadre de la Constitution de Weimar, dans le cadre de la démocratie parlementaire. » J'ai dit être très intéressé par les observations et les opinions de Schacht. Mais était-il sûr de son fait ? Il me semblait que Hitler avait déjà des organisations de gros bras comme les SA et les SS à cette époque. J'ai voulu savoir s'il n'y avait pas des éléments de coercition dans ces élections. Schacht a répondu : « Si tel est le cas, en quoi suis-je à blâmer ? » Je n'insinuais pas qu'il fût à blâmer, mais il avait affirmé que tout s'était déroulé « dans le cadre de la démocratie parlementaire ». Réponse : « Je crois qu'il y avait des SA et des SS qui s'activaient, mais je veux dire que les élections elles-mêmes étaient apparemment équitables. »

J'ai avoué que ça m'intriguait que Schacht parût ignorer que Hitler avait écrit *Mein Kampf* et qu'on y trouvait les principes du Führer et le concept de *Volk*, l'antisémitisme, la supériorité nationale, et les idées d'infériorité, et autres thèmes fascistes de ce genre. « Oui, vous pouvez me reprocher de m'être engagé là-dedans, mais n'oubliez pas que les activités et actions politiques sont complexes. Les gens disaient que, du jour où Hitler serait au pouvoir, il se heurterait à tant d'obstacles que jamais il ne pourrait mettre en œuvre ses idées fascistes.

« Il y a autre chose. Le meilleur moyen de le contenir est-il de se retirer et de se replier sur sa vie privée en le laissant seul au pouvoir ? Ou n'est-il pas beaucoup plus sage de s'engager et d'essayer de le contenir ? Je veux dire, de voir jusqu'où on peut l'influencer. C'est ce qu'ont fait tous les hommes qui sont restés au cabinet. Soit dit en passant, je n'en étais pas. Mais il y avait Papen, Neurath et d'autres, qui sont restés. Moi-même je n'étais encore jamais entré dans aucun gouvernement parce que je ne voulais pas avoir affaire à la politique partisane.

« On m'a proposé un siège au Reichstag quand j'avais autour de vingt-six ans, et j'ai refusé. Et bien des fois, par la suite, j'ai encore refusé. » J'ai demandé à Schacht dans quelle circonscription on lui

1. Aux élections du 5 mars 1933, les nazis obtinrent 43,9 % des suffrages exprimés et 288 sièges sur 647 au Reichstag.

avait offert ce siège, il a répondu : « Oh, plusieurs. Les élections n'étaient pas par circonscriptions, mais par listes. Une fois, je devais représenter la Westphalie, une autre le Schleswig-Holstein. Le lieu de résidence n'avait aucune importance.

« J'ai donc accepté le poste de président de la Reichsbank parce que, comme je vous l'ai dit, c'était une fonction indépendante. Hitler s'est ensuite débrouillé, au sein d'un cabinet auquel je n'appartenais pas, pour instaurer son État totalitaire. » J'ai observé que c'était à ce moment-là, après que Hitler eut réussi à instaurer un État totalitaire, que Schacht avait accepté d'être ministre. Schacht s'est empressé d'expliquer : « Oui, je suis devenu ministre de l'Économie en août 1934 après que Hitler eut reçu les pouvoirs de chancelier et de président à la suite de la mort de Hindenburg. Mais si étrange que cela paraisse, ma nomination a été signée par Hindenburg et c'est le dernier document officiel que Hindenburg a signé. » Ce document était-il encore disponible ? « Je l'ai eu autrefois, mais il est maintenant entre les mains des Russes, je crois. Il m'a été remis deux jours après la mort de Hindenburg. » Pourquoi pensait-il ou comment savait-il qu'il était entre les mains des Russes ? « Je ne sais pas. »

Mais le caractère implacable de Hitler n'était-il pas manifeste avant 1937 ? « Sa politique amorale était manifeste et mes soupçons sont nés en 1935 ou à peu près. Je n'ai pas manqué une occasion de m'opposer à lui dans toutes ces affaires illégales, comme la persécution des Églises, la Gestapo, la question juive et tout ce qui allait contre la dignité humaine commune. Je me suis opposé à lui sur ces points, en public, en privé et en face-à-face. Croyez-moi ou non, je suis le seul à l'avoir fait. Aucun ecclésiastique, aucun homme politique, homme de science ou homme d'affaires n'aurait osé lui dire ce que j'ai déclaré en public et en privé.

« Quel est le crime ? Où est-il ?

« Quand j'ai eu le sentiment qu'il visait la guerre, j'ai quitté le ministère. Il m'a prévenu qu'il n'accepterait ma démission qu'à la condition que je reste ministre sans portefeuille. Son objectif était de montrer au monde qu'il n'y avait pas le moindre conflit entre son gouvernement criminel et un économiste et banquier responsable, qui avait une grande influence à l'étranger, moi. Sans quoi, il ne voulait pas de ma démission. Et en outre, j'ai coupé les crédits à la Reichsbank. Que pouvais-je faire d'autre ? Où est le crime ?

« Ils m'accusent simplement d'avoir préparé une guerre d'agression. En 1938, Hitler a limogé son chef de l'armée de terre, le général Fritsch, un des meilleurs hommes que nous avions dans l'armée de terre. Puis il a renvoyé Neurath, ce qui veut dire qu'il a remercié les chefs de la politique étrangère et de l'armée de terre [1]. Or, quand je me suis aperçu de cela, j'ai eu la certitude que cet homme ne cherchait pas à éviter la guerre, même si je ne savais rien de ses diverses communications, qui ont été révélées par la suite aux principaux chefs militaires, montrant qu'il visait et préparait effectivement la guerre.

« Hitler, à cette époque, était au faîte de ses succès de politique étrangère. Les étrangers avaient si bien ajouté à son succès et à sa gloire que, compte tenu de l'état d'esprit de la population et des milieux militaires plus jeunes, les généraux avaient peur de ne pas trouver l'appui adéquat. C'est donc Neville Chamberlain et Édouard Daladier qui ont sauvé Hitler et le nazisme. C'est ce qu'on pourrait appeler l'ironie de l'histoire. Alors, où est le crime ? Et tout cela, l'accusation le sait. Ils le savent. Je ne crois pas que ce soient des dupes, mais ils sont malveillants.

« J'ai essayé de faire quelque chose à plusieurs reprises au cours de la guerre, et de nouveau avec le feld-maréchal Erwin von Witzleben, la dernière tentative étant celle du 20 juillet 1944 [2]. J'ai été emprisonné deux jours plus tard. Hitler a arrêté six mille personnes en rapport avec cette tentative. Vous imaginez bien que ces six mille n'étaient pas toutes au courant de l'attentat. Donc, qu'en est-il de l'accusation de guerre d'agression contre moi ? »

J'ai voulu savoir pourquoi, s'il avait si mauvaise opinion de Hitler et du nazisme, il n'avait pas quitté le pays comme l'avaient fait beaucoup d'Allemands qui se respectaient et qui n'étaient pas d'accord avec Hitler. J'ai donné l'exemple de l'écrivain Thomas Mann. Schacht a répondu : « Thomas Mann est un homme très malheureux. J'y ai souvent pensé. Quel bien font les émigrés ? Thomas Mann n'a fait aucun bien. Avant la guerre, mais après l'accession de Hitler au pouvoir, mes amis juifs de Suisse m'ont dit qu'ils rentreraient en Allemagne s'ils le pouvaient, même s'il leur fallait ramper à quatre pattes. Mais c'était avant la guerre. Aujourd'hui, je ne con-

1. Neurath fut évincé le 4 février 1938. Le même jour fut annoncé le départ à la retraite du commandant en chef de l'armée de terre, le général Werner von Fritsch et de son collègue ministre de la Guerre, Werner von Blomberg. Seize autres généraux de haut rang furent ainsi mis à la retraite à cette même époque, et quarante-quatre autres déplacés afin d'éliminer les éléments potentiellement peu fiables. Pour un court récit et une introduction au problème plus général, voir Gordon A. Craig, *Germany, 1866-1945*, Oxford, 1978.

2. Pour un bref récit de la répression après l'échec de la tentative d'assassinat dans le cadre de l'« Opération Orage », voir Gellately, *Backing Hitler*, p. 225-226 et trad. fr., p. 296-297. Dans l'ensemble, les Allemands désapprouvèrent la tentative d'assassinat de Hitler. Le feld-maréchal Erwin von Witzleben (1911-1944) fut exécuté pour avoir trempé dans le complot.

seillerais à aucun de ces Juifs de rentrer, parce que l'Allemagne est un pays atroce. C'est tellement dommage pour l'Allemagne. La culture allemande et le peuple allemand ont terriblement perdu du fait que les grandes familles juives allemandes ne sont plus en Allemagne. Elles ont beaucoup apporté à notre savoir et à notre culture. Soit dit en passant, le ministère public ne m'accuse pas de comportement antijuif, si bien que je n'ai pas à me défendre à cet égard. »

J'ai observé avoir entendu dire par d'autres accusés que le ministère de l'Économie, sous la responsabilité de Schacht, avait promulgué des lois nettement antisémites et que beaucoup de gens considéraient ces ordonnances antijuives, qui dépossédaient les Juifs économiquement, comme le commencement des persécutions qui ont finalement conduit à l'extermination, au meurtre de masse et au reste. Schacht s'est indigné. « Qui vous a dit cela ? » J'ai répondu que je n'avais aucune raison de dissimuler le nom de l'homme qui m'avait tenu ces propos puisqu'il ne m'avait pas demandé le secret et qu'en fait je l'avais entendu de deux personnes aujourd'hui dans cette prison. L'un d'eux était l'accusé Funk, le successeur de Schacht ; et l'autre était Hemmen, qui avait été ambassadeur [1]. Schacht a ajouté : « Funk essaie de rejeter la faute sur moi. J'ai entendu parler de Hemmen, mais il est peu fiable. » J'ai demandé à Schacht s'il se souvenait des lois économiques antisémites qu'il avait promulguées. « Je n'ai promulgué aucune loi antisémite. J'ai promulgué une loi empêchant les Juifs de travailler dans la fonction publique et limitant leur nombre dans certains domaines de l'économie. J'ai dû promouvoir cette loi parce que j'en ai reçu l'ordre. Mais ce n'était pas déraisonnable et je n'appelle pas cela des persécutions [2]. »

J'ai remarqué de manière un peu insistante qu'en tout cas on ne pouvait le présenter comme un ardent défenseur de l'égalité des droits pour tous. Schacht n'a pas répondu, mais il a ajouté : « L'accusation dit que je suis innocent. » Je lui ai demandé s'il avait jamais dit quoi que ce soit contre l'antisémitisme dans une déclaration publique ou dans une publication ; il a dit avec conviction : « Souvent. » Existait-il des documents ou d'autres preuves de cela ? Réponse : « Je ne connais pas de documents. Il est difficile de trouver des preuves de ce genre de choses. Mais je vous le demande, y a-t-il un argument qui montre que je suis favorable à l'antisémi-

1. L'ambassadeur Hemmen avait été chargé du département économique de la commission d'armistice traitant avec la France à la suite de la défaite de 1940.

2. Sur l'importance de cette loi de restauration de la fonction publique professionnelle (7 avril 1933), voir notamment Friedländer, *L'Allemagne nazie et les Juifs*.

tisme ? » J'ai déclaré que je n'avais aucune envie de me laisser aller à contester ses déclarations, mais qu'il me semblait que la politique antisémite ne le tracassait guère vu qu'il avait servi de si longues années dans le gouvernement de Hitler. « Comme je vous l'ai dit, je suis resté dans le gouvernement de Hitler parce que j'avais le sentiment qu'au moins un homme honnête dans ce gouvernement pouvait servir de frein à Hitler. »

J'ai souri et Schacht m'a demandé d'un ton intrigué ce qui me faisait sourire. J'ai répondu que ce n'était qu'une coïncidence, j'en étais sûr, mais que je venais juste de me rappeler que le tristement célèbre général SS Erich von dem Bach-Zelewski m'avait dit presque dans les mêmes termes que c'était pour cela qu'il était dans les SS. Schacht s'est cabré. « Bach-Zelewski est un menteur et un criminel : un homme terrible. Je le répète, c'est un menteur, un criminel et un tueur. J'ai la preuve de ce que je dis en ce qui me concerne, mais je sais que Bach-Zelewski est un sale menteur. »

Schacht n'était pas du tout content de ma dernière observation. Quand j'ai quitté sa cellule, peu après, il s'est montré poli mais froid. Il paraît incapable de tolérer la moindre critique ou contestation de sa version des choses ou de ses déclarations. Mes commentaires épisodiques, le fait que je ne sois visiblement pas convaincu de son innocence complète et de son absence de fourberie l'irritaient au point que sa voix était par moments terriblement perçante. Comme à chaque fois, il joue à l'innocence outragée, à l'honnête banquier indigné.

18 mai 1946

Cet après-midi, nous avons parlé de son histoire personnelle, en particulier de sa famille. Schacht a dit : « Depuis des siècles, mes ancêtres sont originaires du Schleswig-Holstein. À l'origine, c'étaient des paysans et des fermiers, mais mon grand-père paternel était médecin. Mon grand-père était danois, médecin de district officiel. Il eut huit fils et une fille. Mon père était le quatrième ou le cinquième. Trois de ses frères aînés ont émigré aux États-Unis et leurs familles y vivent toujours. Deux sont restés ici en Allemagne. Mon propre père a émigré en Amérique, est devenu citoyen américain, mais après six ans aux États-Unis il est revenu en Allemagne. Deux de mes frères aînés sont nés en Amérique. L'un d'eux est encore en vie, il est médecin généraliste à Baden-Baden. Moi-même, je suis né dans le Schleswig-Holstein.

« Mon grand-père maternel était aussi un fonctionnaire danois, du nom de baron Eggers. Il était chef de la police au Schleswig. Son père était un homme célèbre – ministre danois pour le Schleswig-Holstein et également baron.

« Tous les frères et sœurs de ma mère, à l'exception d'un seul, sont restés au Danemark après 1864. Leurs familles y vivent toujours. Ma mère avait six frères et trois sœurs. L'une d'elles a émigré aux États-Unis et y est encore. Lors d'un voyage en Amérique, j'ai rencontré un cousin, mais j'ignore s'il est encore en vie.

« Mon arrière-grand-père maternel était un grand financier danois et, comme moi, était franc-maçon. De manière assez ironique, c'est lui qui a stabilisé la monnaie danoise. Son œuvre maîtresse fut la libération des paysans slaves dans le Schleswig-Holstein, avec le concours d'un comte, qui était aussi ministre danois.

« Un autre grand-oncle à moi a découvert et inventé quantité de choses importantes dans le domaine de l'électricité. Une des sœurs de ma mère a épousé son fils. Lui aussi était danois. Vous voyez donc que le Danemark est ma seconde patrie. J'ai encore une cousine qui a épousé un médecin au Danemark, et parmi mes autres parents danois il y a un pharmacien, un juge, un avocat et un colonel de l'armée danoise. »

S'agissant de son père, Schacht a dit : « Mon père est mort jeune en 1930, à quatre-vingt-trois ans. Je dis jeune parce que mon grand-père, qui a toujours fumé une longue pipe, est mort à quatre-vingt-cinq ans. J'ai commencé à fumer à seize ans, moi aussi une longue pipe. » J'ai observé que Göring avait une longue pipe de chasseur qu'il fumait ici en prison. Schacht a dénigré la longueur de la pipe de Göring : « *Ach* ! Ce n'est qu'une demi-pipe. La pipe que je fumais à seize ans était vraiment une longue pipe, qui m'arrivait aux genoux. Ce Göring… un type effroyable. Ça me surprend qu'il vienne d'une bonne famille, je crois, et pas Hitler. Mais, d'un autre côté, je n'en sais rien. J'ai entendu dire que Göring a dépensé beaucoup d'argent pour faire dresser son arbre généalogique, mais que ça n'a pas été de tout repos parce que si son père est de bonne souche, sa mère était serveuse. Celle-ci était la seconde épouse du père de Göring. Mais le père de Göring semble avoir été un homme d'ordre.

« Physiquement, je ressemble énormément à mon père, en fait trait pour trait. Il n'était pas tout à fait aussi grand que moi. Mentalement, je tiens à la fois de mon père et de ma mère. Les Schacht sont spirituels et intelligents, tout comme les Eggers. Sur le plan des sentiments et du tempérament, je suis plus proche de ma mère. Ma mère était chaleureuse, facilement touchée – c'est là mon plus gros défaut. Elle était aussi sentimentale dans une certaine mesure, et c'est là encore une chose que j'ai héritée d'elle.

« Mon père, en revanche, était industrieux et rangé, comme moi. Où qu'il fût placé, il faisait son chemin ; tout comme moi. Mon père était profondément honnête, de la tête aux pieds, ce qui est aussi mon cas. Il avait un grand sens du droit et de la justice, et il était franc-maçon – ce qui est aussi mon cas. »

Je lui ai demandé s'il avait hérité ou pris des traits de son père ou de sa mère qui pourraient passer pour des faiblesses. Il a réfléchi un moment puis a répondu : « Juste cette tendance à s'attendrir et cette sentimentalité qui étaient chez ma mère. Mais au total je crois que je réunis les meilleurs traits de mon père et de ma mère. En tant que psychiatre, avez-vous vérifié que l'enfant du milieu est généralement le meilleur ? » J'ai répondu que je n'avais pas fait suffisamment de recherche sur ce point pour être en mesure de lui répondre. Sur ce, le gardien a remis à Schacht du papier et des enveloppes, en échange de quoi Schacht a dû signer un reçu. L'opération terminée, Schacht a commenté : « Cet homme, votre commandant, le colonel, vient certainement de Lituanie : quelques-uns des meilleurs sergents de l'armée allemande venaient de là-bas. Ces hommes font systématiquement d'excellents soldats, sans aucune imagination ; ils étaient liés par les règles, ils pensaient en uniforme et étaient très ordonnés et corrects. Vous imaginez un peu ? Nous faire signer un reçu pour du papier à lettres ? » Je n'ai pas répondu à ces remarques tranchantes, mais je me suis contenté d'observer que Schacht semblait passer son hostilité sur le commandant de la prison. J'ai dit qu'à mon avis il y avait probablement une raison de faire signer aux accusés un reçu suivant lequel on leur avait bien remis certains articles comme de quoi écrire, en raison du grand nombre de gens incarcérés à ce moment-là, et de s'assurer que chaque détenu recevait son dû. Schacht a grommelé : « On m'a volé ma montre et mon argent ici, dans cette prison. Je l'ai signalé à votre colonel et l'enquête est toujours en cours. On me les a volés la première nuit de mon arrivée, je crois : probablement l'un de vos lieutenants retourné depuis en Amérique. On ne m'a jamais donné de reçu pour cette montre ni pour l'argent. Je vais exiger un remboursement. »

Nous sommes revenus au sujet de son père. « Mon père avait une formation d'enseignant, mais il est entré ensuite dans les affaires et a travaillé trente années durant pour la compagnie d'assurance-vie Équitable. De retour en Allemagne, il a abandonné l'enseignement qu'il détestait – et je puis comprendre cela – et a trouvé du travail à l'Équitable. Les dix dernières années de sa vie, il a touché une pension de cette compagnie. C'était un homme modeste ; il s'était bâti une petite maison, qu'il appela la villa Équitable, à Berlin. Auparavant, il avait habité un temps à Hambourg. »

S'agissant de sa mère, Schacht a dit : « Elle est morte en 1938, à quatre-vingt-cinq ans. Elle est morte en priant, en récitant le "Notre Père" en danois. Il est intéressant que ses derniers mots aient été dans la langue de son enfance. Alors que mon père était très actif, entreprenant, ingénieux, toujours à essayer de trouver du nouveau, ma mère était plus sentimentale, gaie et hypersensible. Elle a été une femme très fidèle et une mère dévouée, qui s'est toujours préoccupée avant tout de nous assurer un bon foyer et une bonne table. C'est mon père qui avait toujours les idées et ne cessait de planifier. »

Schacht a ensuite évoqué les autres membres de sa famille. Il est d'une fratrie de six. Il n'a pas de sœur. Deux de ses frères sont morts dans leur petite enfance. Deux autres, au cours de cette guerre. Schacht est le troisième. Son seul frère encore en vie est le médecin de Baden-Baden, maintenant âgé de soixante-quatorze ans, toujours vigoureux et bénéficiant d'une grande clientèle internationale. Il y a des années de cela, il exerçait l'hiver en Égypte et l'été à Baden-Baden. C'est vraiment un homme international, parlant sept ou huit langues, dont l'arabe, le suédois, le hollandais, le français et l'anglais.

« J'ai eu l'occasion de dire que, à mon avis, le deuxième ou troisième enfant était généralement supérieur aux autres. Je crois que c'est vrai, mais dans ma famille ça ne tient pas parce que le premier enfant que j'ai eu avec ma première femme, ma fille aînée, est la plus intelligente de mes enfants. Elle a épousé un fonctionnaire bavarois du ministère de la Justice. J'ai vu mon gendre à Nuremberg au début du procès. Désormais, il m'est impossible de voir qui que ce soit, alors même qu'il a été prouvé dans ma défense que je ne suis absolument pas coupable. Mon gendre est né en Hollande. Ma seconde épouse est née en Hongrie, mais de parents allemands. Mon fils parle bien français et anglais. Il a vécu plus d'un an à Chicago, parce que je voulais qu'il acquière une expérience de la banque en Amérique. »

Le reste de l'entretien a été consacré à discuter de la cruauté de la guerre, avec une insistance particulière sur le fait que Schacht désapprouve la guerre, parce que deux de ses frères y ont trouvé la mort. « Je n'ai jamais été dans l'armée, je n'ai jamais porté l'uniforme, je n'ai jamais été soldat. Je déteste les uniformes parce qu'ils vous privent de la liberté. Il y a une vieille citation, qui dit quelque chose de ce genre : "Votre esprit sera bien exercé, mais confiné aux bottes espagnoles." Très juste. Ça dit bien comment l'esprit militaire devient étroit. »

9 juin 1946

Ce dimanche, Schacht était passablement abattu au début de l'entretien, mais il s'est montré plus grandiloquent et vantard au fil de la conversation. Il a observé qu'il se sentait toujours mieux après avoir parlé avec moi et qu'il était ravi de ma visite. Il a ajouté que les repas étaient monotones, mais que la nourriture était suffisante. Il aurait bien aimé de la confiture ou d'autres douceurs, de la marmelade, par exemple, le matin, parce qu'il avait besoin d'énergie. Il était pessimiste quant à la date de la fin du procès, qu'il a située à la mi-septembre au plus tôt. Précédemment, il s'était montré plus pessimiste encore, se disant à un moment convaincu que les procès allaient durer jusqu'en décembre. Aujourd'hui, il était particulièrement abattu parce qu'il venait de recevoir une lettre de sa femme, qui vit à Hollenstedt. Elle se plaignait de ne pas avoir d'argent, parce que ses comptes en banque sont gelés, et d'une situation alimentaire très médiocre. « Ma femme a quarante ans. C'est une femme pleine de ressources, charmante. Quelle pitié ! Ça pourrait sans doute vous intéresser de savoir que le village où elle vit est célèbre, qu'il a été construit en l'an 800 par Charlemagne comme une forteresse contre les Vikings. Ma malheureuse femme y vit dans deux chambres mansardées. » Chaque fois que Schacht a évoqué sa femme, il a toujours ajouté qu'elle avait quarante ans.

Je lui ai demandé ce qu'il pensait du déroulement des procès. « Pas mal. Je trouve que Jodl s'est montré très digne et s'est bien défendu. Le substitut du procureur anglais, Roberts, n'est pas allé très loin avec lui au cours du contre-interrogatoire. »

J'ai dit avoir eu dernièrement un entretien avec Oswald Pohl, des SS, qui m'a dit avoir été au courant des dépôts des camps de concentration à la Reichsbank, ce qui ne l'a pas empêché de protester de son innocence personnelle parce qu'il n'a pas ordonné d'exécutions. « C'est absurde. Demandez-lui sa position et ça suffit. Je ne l'ai jamais rencontré. J'ai entendu son nom pour la première fois ici, à la cour. Il était en charge de l'administration des camps de concentration et il était responsable du ravitaillement et de l'hébergement des internés. Il devait savoir ce qui se passait. »

Pohl a admis qu'il savait, ai-je ajouté, mais il a simplement nié avoir jamais donné l'ordre et a donc décliné toute culpabilité. Schacht a répondu avec dégoût : « *Ach* ! Si Hitler m'avait donné un ordre immoral, j'aurais refusé. Vous imaginez un peu ! Arracher les dents d'un cadavre ! Vous vous rendez compte ! Eh bien, si je n'avais été qu'un simple soldat, je n'aurais pas obéi. J'aurais dit que c'était contre ma conviction religieuse. Ce chien de Pohl savait tout. »

Schacht a voulu savoir ce que je comptais faire de toutes les notes que j'avais prises au cours de nos conversations. Il était visiblement curieux. Je lui ai dit que je cherchais simplement à faire une étude psychologique plus ou moins complète de lui et des autres personnalités incarcérées, que tel était à peu près mon propos. Schacht s'est mis à parler psychiatrie, disant son sentiment que ça devait être extrêmement intéressant. Il a dit s'être inquiété un temps en pensant à un homme de vingt et un ans qu'il avait sauvé de la peine de mort pour avoir dit du mal de Hitler alors que cet homme souffrait d'un état de folie maniaque. Toutefois, bien que Schacht ait réussi à lui sauver la vie, il n'avait pu empêcher que l'homme soit stérilisé. Schacht m'a demandé mon avis : avait-il bien fait ? Devait-il intervenir pour sauver la vie de ce jeune homme, ou valait-il mieux mourir que d'être stérilisé ? C'était le type de question qui n'appelait pas de réponse. Comme d'habitude, il cherchait l'effet. Il s'est étendu sur cette anecdote. Il a dit que le père du garçon de vingt et un ans avait été maniaco-dépressif et que la sœur du garçon s'était suicidée.

« Toutes ces lois sur la stérilisation que Hitler a introduites : je lui ai dit qu'il ne devrait pas [1]. Ces lois étaient censées reposer sur l'opinion populaire. Je lui ai dit qu'il aurait dû mettre en place une cour pour décider de l'opinion du peuple. L'opinion populaire varie. Par exemple, l'opinion des pauvres est très différente de celle des riches. Un autre exemple : en Bavière, chez les paysans, personne n'épouserait une fille s'il n'est pas sûr qu'elle peut avoir des enfants, et l'homme l'essaie avant le mariage. Dans d'autres parties de la société allemande, il n'en va pas ainsi. » Schacht est parti d'un rire strident, gloussant devant les usages paysans bavarois qu'il venait de décrire. « Je tiens à préciser, cependant, que ce n'est en rien une calomnie contre les Bavarois. Un homme se déshonore s'il ne l'épouse pas ensuite. »

Je lui ai demandé s'il pensait, d'une manière générale, que la moralité des Allemands avait souffert de quatorze années de nazisme. « J'en doute. Les gens dans leur ensemble n'avaient pas grand-chose à voir avec les atrocités, hormis des fanatiques tels que Bormann et les SS. Bormann était totalement criminel. Mais pour ce qui est de la menace pour la moralité, je crois le bolchevisme beaucoup plus dangereux que le nazisme. Je sais que les bolcheviks n'ont jamais exterminé cinq millions de gens, mais en dehors de ce

1. Pour un excellent tableau des programmes de stérilisation et d'euthanasie, voir Henry Friedländer, *The Origins of Nazi Genocide. From Euthanasia to the Final Solution*, Chapel Hill/Londres, 1995.

cas unique, l'idée Rouge est immorale en raison de son mépris de l'entreprise privée. »

J'ai voulu savoir comment Schacht reliait l'immoralité au mépris de la propriété privée. « Dans la zone d'occupation russe, des lois ont déjà été introduites pour saisir les biens sans indemnité. En Saxe, cinq mille industriels ont été privés de leurs biens, l'État a repris leurs usines sans aucune considération. Si vous supprimez l'institution de la propriété privée, l'élément fondamental de la vie sociale est miné. Je suis partisan de permettre à tout le monde de s'enrichir. Mais s'emparer des biens d'un autre est un crime. Cela a été introduit par les bolcheviks et le traité de Versailles. C'est la plus grave erreur. Mon sentiment, docteur, c'est que la seule grande puissance qui ait essayé de bâtir une politique étrangère sur la morale, ce sont les Américains au cours des trente dernières années.

« J'ai été assez surpris d'entendre le juge Jackson me dire devant la cour que j'avais "fourvoyé [*misled*] Hitler en entrant dans son gouvernement". J'ai répondu : "guidé, non pas fourvoyé" [*leading, not misleading*]. Et le juge a répliqué ironiquement : "Ravi de connaître votre philosophie." Vous savez, je crois que Jackson est un excellent procureur, mais je doute qu'il fasse un bon juge.

« Certaines remarques de Jackson m'ont étonné. Il a dit : "Je n'ai jamais prétendu être impartial." Avec nous autres, Allemands, ça ne pourrait jamais arriver. Un procureur allemand doit s'efforcer d'être impartial. Le juge pose les questions, mais le fait est que le procureur doit être aussi impartial que le juge.

« Ici, dans ce procès, les juges restent assis, écoutent et soupèsent les preuves. Chez nous, Allemands, ils essaient de trouver la vérité. L'avocat de l'accusé et le procureur ne sont pas moins attachés à découvrir la vérité. Ici, le procureur dissimule les preuves si elles sont favorables à l'accusé et ne les soumet pas à la cour.

« Mais les juges, ici, sont bienveillants. Le meilleur, c'est Francis Beverly Biddle – un homme excellent. » J'ai demandé à Schacht ce qu'il avait pensé de la manière dont il avait interrogé Sauckel quand ce dernier avait été appelé à la barre. « Excellent. Biddle était manifestement bien intentionné. Il essayait de trouver le moindre élément en faveur de Sauckel et, croyez-moi, ce n'était pas facile avec les juges et les preuves qu'ils ont contre cet homme. Je ne veux pas dire que Sauckel est absolument mauvais : c'est un homme d'origine modeste et qui a peu d'éducation. Je suis même sûr que ses parents ne sont jamais allés à l'école.

« Naturellement, je ne peux me faire une impression des autres juges parce qu'ils ne parlent guère. C'est particulièrement vrai des juges russes, puisqu'ils n'ont jamais dit un mot. L'accusation russe est médiocre. Le général G. A. Rudenko, le procureur en chef russe, est très médiocre. Le colonel J. W. Pokrowski est un peu mieux, mais le meilleur et le plus intelligent des procureurs est Robert H. Jackson, avec son esprit vif et subtil. L'Anglais, sir David Maxwell Fyfe, est un excellent juriste, très bien formé et sachant beaucoup de choses. Son assistant, Roberts, je n'en pense pas grand-chose. M. Dodd, le substitut du procureur américain, est bon. On voit son intelligence, ses idées claires dans chacun de ses mots et de ses gestes. Au passage, il a un lien de parenté avec l'ancien ambassadeur Dodd ? Je l'ai très bien connu, l'ambassadeur. C'était un homme pur, posé, excellent. Il était effroyablement hostile aux nazis. À cette époque, son attitude m'inspirait de la sympathie. C'était un homme têtu, qui ne démordait pas de ses opinions, mais je ne dis pas ça en un sens péjoratif. C'était vraiment un homme merveilleux, modéré dans sa conduite et digne dans sa vie. Je l'appréciais beaucoup. Il m'a invité à venir aux États-Unis, et un jour il m'a prévenu d'une attaque contre moi.

« Ce tribunal se soucie avant tout de juger des faits et gestes du passé. Mais j'espère que de ce tribunal jaillira quelque espoir pour l'avenir. Cela veut dire une meilleure intelligence des problèmes en Europe.

« Le problème de l'Europe, c'est comment nourrir la masse des gens qui vivent ici. Il y a, bien sûr, des idées constructives et j'en ai moi-même, mais elles ne sauraient être appliquées sans de grands changements et sans beaucoup de courage. Mon seul espoir est que le président Truman ait le courage de s'attaquer au problème. La population d'Europe ne peut vivre si l'on ne fait pas quelque chose. La situation est pire encore aujourd'hui que les Russes ont pris possession d'un tiers de l'Allemagne et des districts agricoles. Des millions d'Allemands ont été chassés de l'Est, de Pologne et de Tchécoslovaquie. »

J'ai demandé à Schacht quelle direction, à son avis, Truman devait prendre. « Le président Truman est le seul homme qui ait du pouvoir parce que son peuple a le pouvoir. Discuter de mes idées sur ce qu'il convient de faire n'en vaut pas la peine, à moins de m'adresser directement à Truman ou au secrétaire d'État, Byrnes, ou même à M. Bevin, en Angleterre. Il y a du vrai dans ce mot du regretté Georges Clemenceau : il y a vingt millions d'Allemands de trop [1]. Ou ces Allemands doivent périr, ou il faut trouver une issue, sans nuire à d'autres bien entendu. »

1. Georges Clemenceau (1841-1929) est connu pour son rôle dans l'élaboration du traité de Versailles (1919).

J'ai observé que ces paroles de Clemenceau m'avaient toujours paru inconsidérées. « Je peux être plus précis que cela. Quand je serai un homme libre, j'en parlerai peut-être. Quand, auparavant, j'essayais de convaincre Hitler de quelque chose, je n'étais pas écouté. Avec davantage de patience de notre côté, peut-être y aurais-je réussi, mais ce qui s'est produit, c'est que Hitler a réussi à accéder au pouvoir avec un affreux programme de propagande. Hitler n'avait ni patience ni intelligence. J'ai essayé par tous les moyens d'introduire ces qualités dans sa politique, mais j'ai échoué. Telle est ma vie tragique, mais je n'y peux rien. C'est la grande tragédie de ma vie.

« Je n'ai jamais cru à la guerre. C'est un crime contre l'humanité, qu'on gagne ou qu'on perde. Je viens de lire un article de ce magazine que j'ai entre les mains : un jour, la lune va tomber sur la terre, mais mon sentiment est que, d'ici là, nous devons essayer de faire du monde un lieu de vie plus agréable. »

BALDUR VON SCHIRACH
1907-1974

Chef des Jeunesses hitlériennes, Baldur von Schirach fut nommé gouverneur de Vienne en 1940. Reconnu coupable à Nuremberg de crimes contre l'humanité, il fut condamné à vingt ans de prison et finalement libéré de la prison de Spandau le 30 septembre 1966. Après avoir purgé sa peine, Baldur von Schirach se retira en Allemagne du Sud-Ouest, où il mena une vie tranquille. En 1967, il publia ses mémoires, Je croyais en Hitler. *Le 8 août 1974, il mourut à Kröv-sur-la-Meuse.*

10 mars 1946

Ce dimanche après-midi, j'ai passé plusieurs heures avec Baldur von Schirach. Il a été comme à son habitude, brillant et discret, très courtois et chaleureux. Il se prend passablement au sérieux, comme cela apparaît clairement et ressort de son maintien et de ses propos.

Nous avons commencé, aujourd'hui, par discuter du problème des poursuites contre les organisations. Schirach est très hostile à la mise en accusation d'une ou de toutes les organisations, pour la même raison donnée par tant d'accusés. « Si vous mettez hors-la-loi un demi-million de personnes, vous en faites des martyrs. Par exemple, vous mettez Robin des Bois hors-la-loi, c'est parfait, mais si vous proscrivez tout le groupe qui l'entoure, alors Robin des Bois et ses joyeux compagnons deviennent des légendes.

« Il y a quelque chose, dans la nature allemande, qui tend vers l'agression. C'est pourquoi la presse allemande, aujourd'hui, va plus loin que le gouvernement militaire américain. » Pourquoi ? « Peut-être est-ce de l'idéalisme. L'Allemand souhaite tout faire de mieux en mieux. Je veux dire : si le système du gouvernement militaire américain consiste à dénazifier l'Allemagne, un gouvernement allemand dirait qu'il nous faut faire plus que cela, ne pas s'arrêter à mi-chemin : davantage de camps de travail. Ce doit être dans notre nature. » Vous pensez vraiment que c'est de l'idéalisme ? « Ce que je veux dire, en fait, c'est que c'est un effort pour atteindre la perfection. Du perfectionnisme, plutôt que de l'idéalisme, j'imagine. »

Vous pensez que ce perfectionnisme du peuple allemand pourrait expliquer la déclaration de Bach-Zelewski suivant laquelle Himmler souhaitait l'extermination de trente millions de Slaves, aussi bien que l'extermination déjà réalisée de cinq à six millions de Juifs ? « Oui, oui, en effet. C'était cependant une idée que le peuple allemand ne pouvait supporter parce que beaucoup de Slaves vivaient avec les Allemands depuis des années. De nombreux Autrichiens avaient des grand-mères, des grand-pères, des oncles slaves, etc. C'était une idée parfaitement ridicule, mais Himmler a toujours exagéré.

« Au début, il n'y avait aucune exagération. C'est vrai qu'il y avait de l'antisémitisme, et la propagande suivant laquelle les nations slaves et toutes les autres devaient être considérées comme inférieures. Tout est parti de la politique consistant à ne pas laisser le pouvoir aux Juifs. Mais les Allemands sont allés trop loin – comme Streicher. Même Streicher ne disait pas dix ans avant ce qu'il a dit dix ans après. Finalement, Himmler et Hitler déclarent qu'il nous faut supprimer les Juifs et, avec les tendances allemandes au perfectionnisme et à l'exagération, ça a été pris à la lettre.

« Cela pourrait arriver dans n'importe quel pays, sous réserve que les conditions soient les mêmes que celles qui prévalaient en Allemagne, à savoir : une guerre perdue, un traité rude comme celui de Versailles, le chômage, la mauvaise situation du logement et les pénuries alimentaires.

« Par exemple, dans la nation française existe la tendance à *la gloire* [1]. Cela ne suffit pas à faire Napoléon, mais cela, avec d'autres

1. En français dans l'original.

circonstances, explique soixante pour cent de ses grandes réalisations. Entre Napoléon et Hitler, il y a une différence fondamentale. Sans doute Napoléon a-t-il pillé – il a volé des trésors de l'Europe entière –, il n'a pas été bon ni tendre dans sa façon de traiter les autres nations, mais il avait une certaine idée de l'Europe unie et une prodigieuse collection de lois, connue sous le nom de Code Napoléon. L'État allemand n'aurait jamais été contraint à s'unifier s'il n'y avait eu Napoléon. Celui-ci connaissait le monde pour avoir reçu une solide formation militaire et scientifique dans sa jeunesse. Il vivait à Paris et avait des contacts avec des gens venant d'autres nations. Hitler n'a jamais eu ça. Il n'avait aucune facilité à conduire la moindre conversation avec quiconque, encore moins avec des étrangers.

« Vous l'avez probablement remarqué : les Allemands essaient de parler de problèmes philosophiques. Il est difficile de les amener à parler de choses simples. Pour notre nation, l'*idée* a toujours été plus essentielle que le pain et le beurre. Eussions-nous pensé davantage au pain et au beurre que nous aurions compris que la Russie et l'Allemagne devaient vivre ensemble. Mais le bolchevisme et le nazisme étaient deux visions du monde que le peuple allemand ne pouvait accepter. »

Pensez-vous que les bolcheviks soient aussi mauvais que la propagande nazie l'a prétendu ? « Je sais, pour en avoir parlé avec des jeunes gens qui ont été en Russie, que le niveau de vie là-bas était bien inférieur au niveau allemand. De surcroît, la forme de gouvernement en Russie était aussi peu démocratique et aussi totalitaire qu'elle peut l'être. »

Qu'en était-il de certains slogans de la propagande nazie contre les Russes ? « "Règne de la Terreur", "Aucune culture", "Aucun droit individuel", "Système stakhanoviste [1]". Nos travailleurs ont toujours critiqué ce système. J'imagine que vous êtes au courant ? Si un travailleur russe arrive une fois en retard au travail, il reçoit aussitôt non pas un avertissement, mais un châtiment. Et s'il est en retard trois fois de suite, il est expédié en Sibérie sans autre forme de procès. C'est un fait, j'en ai parlé avec de jeunes ingénieurs allemands. C'est un fait. Je le tiens d'ingénieurs qui ont travaillé en Russie. »

Des ingénieurs allemands ? « Oui, oui, des ingénieurs allemands.

« Une guerre entre Alliés et Russes serait la fin de l'Allemagne. L'Allemagne serait le champ de bataille. Quiconque espère un renouveau du nazisme à la faveur d'une telle guerre est un idiot.

1. Pour une étude novatrice, voir Lewis H. Siegelbaum, *Stakhanovism and the Politics of Productivity in the USSR, 1935-1941*, Cambridge, 1988.

« Mais ce que je voudrais savoir, c'est si l'Europe va être bolchevique ou européenne. » Qu'entendez-vous au juste par européenne ? « Par européenne, j'entends la culture occidentale et le niveau de vie occidental. »

Avez-vous beaucoup lu dans votre jeunesse ? « Oui, j'ai eu accès à de grandes bibliothèques. J'ai toujours lu deux ou trois heures par jour : c'était une habitude. Au cours des cinq dernières années de ma vie à Vienne, je n'ai guère eu une minute de libre, mais j'ai pris l'habitude de lire entre 2 et 4 heures du matin, puis je retournais me coucher. C'était pour entretenir mon bien-être spirituel. » Et quel genre de lecture faisiez-vous ? « Au cours des deux dernières années, j'ai lu plusieurs livres de Churchill. J'ai également lu de la littérature anglaise et allemande. Goethe et Shakespeare ont toujours été mes préférés. » Avez-vous jamais lu des Français – Zola, par exemple ? « J'ai lu la littérature du monde entier et j'ai lu des romans français en version originale. J'avais vraiment une connaissance approfondie – non, ça me paraît affecté, mais j'avais bel et bien un intérêt profond pour tout ce qui relève de l'esprit.

« Ma conception de la manière dont il faut diriger la jeunesse peut s'interpréter de deux façons. Les gens peuvent dire, s'ils le veulent, que les Jeunesses hitlériennes n'étaient qu'une variante de l'idéologie nazie, sous une forme compréhensible par la jeunesse. Mais j'ai élaboré une conception particulière de l'éducation sur laquelle d'autres, avant moi, travaillaient depuis des années.

« L'idée de l'autodirection, de l'autoresponsabilité, l'idée d'un État de la jeunesse au sein d'un État plus grand n'est pas de moi. Tout a commencé avec les écoles de Hermann Lietz. Celui-ci a fondé en 1898 un nouveau type de système scolaire, consistant en dix ou douze écoles. C'était ce qu'on pourrait appeler des pensionnats de campagne. La première école fut créée à Ilsenburg.

« Lietz était un disciple de Friedrich Fröbel, aussi bien que de Jean-Jacques Rousseau et de Johann Heinrich Pestalozzi. Son idée était de surmonter les dangers qu'il percevait dans les centres industriels, tels que les grandes villes, en unissant la jeunesse, non seulement dans des tâches scolaires mais aussi en d'autres choses. Aussi, par exemple, avons-nous travaillé avec des garçons, construit des maisons, avec des ateliers de charpentier, des boutiques de plombier, etc. Les écoles se situaient sur des domaines qui avaient leurs jardins, leur bétail, etc. Et donc l'école elle-même était une image en miniature de l'État. Chaque garçon avait sa fonction au sein de cet État miniature. Mais ils avaient aussi des leçons à apprendre. L'important était qu'ils travaillaient pour la communauté. On peut qualifier cela de communiste, de socialiste ou de démocratique au sens moderne du terme. C'est venu de Pestalozzi, Rousseau et Fröbel huit ans avant Lietz, mais c'est à Lietz que revient le mérite d'avoir élaboré, formulé et mis en pratique ces théories.

« Petit, j'ai moi-même fréquenté une école de ce type. Ce n'était pas une école de Lietz, mais elle était dirigée par un homme associé à lui. J'ai appris quantité de choses que les autres garçons ne savaient pas. J'ai toujours pensé à l'autoéducation et à l'autodirection de la jeunesse, puis est venu le parti nazi, qui m'a donné l'occasion de mettre mes idées en pratique au pays. J'ai élaboré cette idée d'État de la jeunesse.

« Le principal inconvénient des écoles Lietz, c'était que les villes et les industries avaient des influences pernicieuses sur la jeunesse : eh bien, c'est un problème que Lietz n'a pas effleuré. Les garçons et les filles qu'il avait à l'école – c'était un système mixte, auquel je crois fermement – étaient tous des enfants de parents aisés. Et les écoles elles-mêmes étaient très chères, si bien que l'inconvénient était qu'il s'agissait d'enfants issus d'une seule classe sociale, de gosses de riches.

« J'ai donc essayé de construire quelque chose qui rassemblait toutes les classes de la jeunesse. C'était un État de la jeunesse qui incluait les enfants des classes ouvrières aussi bien que les enfants des familles aristocratiques : la jeunesse elle-même découvrirait la jeunesse. À la haute direction, il serait donc possible d'avoir un représentant dans chaque ministère concerné par la vie des jeunes gens.

« Notre bataille pour dix-huit jours de vacances par an pour chaque jeune homme a été un succès. Nous ne pouvions y parvenir que par le pouvoir des jeunes, dans toute communauté législative où un homme travaillant sur les problèmes de la jeunesse venait de la communauté des jeunes elle-même. On ne comprend pas bien ces choses en ces temps où l'on critique les nazis et le nazisme et où l'on ne voit dans les Jeunesses hitlériennes qu'un aspect du nazisme. Mais dans quelques années, quand le monde se sera calmé, on reconnaîtra les points positifs de mon programme. Mon programme ne survivra pas de même que le nazisme n'a pas survécu, et je reconnais que celui-ci est parfaitement mort, mais dans mon programme de la jeunesse certaines choses seront reconnues.

« La réalisation de mon programme, par certains côtés, peut parachever la démocratie. Étrange, n'est-ce pas ? » Schirach a eu un sourire charmant en me posant cette question paradoxale. Qu'en est-il du chauvinisme racial et national ? « Il y a du nationalisme dans mon programme, parce que c'est un mouvement de la jeunesse de son temps. Le national-socialisme était la seule possibilité pour ce mouvement de se développer. Mais si vous voulez comprendre l'essor stupéfiant du mouvement de la jeunesse au cours des dix dernières années, vous devez observer l'effet sur un garçon de dix ou douze ans. Un garçon de cet âge ne s'intéresse pas à la politique. Il faut lui donner quelque chose d'utile. L'idée d'autodirection et d'autogouvernement – chaque garçon a la responsabilité de lui-même et de sa petite tâche –, l'État de la jeunesse en construction : toutes ces idées étaient à demi élaborées, mais essentielles. Il ne faut pas dire que le mouvement nazi de jeunesse n'était qu'un appendice du parti nazi.

« Parce que si vous dites ça, ils n'y croiront jamais. Le peuple, je veux dire. Les gens recevaient quelque chose, surtout les classes ouvrières, sans quoi ils n'auraient pas accepté mon programme avec tant d'enthousiasme. Les classes ouvrières comprenaient qu'elles avaient une possibilité de s'élever. » Cela me semble paradoxal. « Oui, il est paradoxal que, dans un État totalitaire, soit inventé quelque chose possédant des traits typiquement démocratiques. »

Pensez-vous que, si l'Allemagne avait gagné la guerre, votre mouvement de jeunes aurait rendu le nazisme plus démocratique ? « L'idée d'une Allemagne gagnant la guerre mondiale est absurde. Je pensais que nous pourrions tout au plus obtenir une paix avec reconnaissance *via* la Grande-Bretagne et l'Amérique. Et pour ce qui est de la question polonaise, nous aurions dû nous retirer et permettre une solution internationale de cette question. J'ai pensé à l'époque que le pacte germano-russe était très douteux. Le nazisme n'aurait pas dû rouler le monde. En tout cas, dix ans après une telle guerre ou une telle paix, il y aurait eu un temps plus paisible. »

Et votre mouvement – les Jeunesses hitlériennes –, il aurait servi à tempérer le nazisme ? « Oui, par bien des traits, le mouvement de la jeunesse était critique à l'égard du nazisme. J'ai parlé avec des jeunes qui ont été en Russie et ils m'ont dit que la façon dont nous traitions les Russes dans les zones occupées n'était pas bonne. Ils disaient qu'on ne pouvait affirmer que les Russes sont inférieurs aux Allemands. Je me souviens que beaucoup de garçons allemands m'ont dit combien les jeunes filles russes étaient propres, tant physiquement que dans leurs attitudes mentales. Je me souviens que certains me montraient quantité de manuels scolaires russes imprimés en russe : ils comportaient même des poèmes [1].

1. Il s'agit apparemment d'une allusion aux textes employés dans des écoles allemandes, et que les jeunes Allemands eurent la surprise de découvrir en russe.

« Dans le nazisme dans son ensemble, il n'y avait aucune possibilité d'exprimer son opinion sur une base parlementaire. Les garçons habitués au mouvement de la jeunesse ne pouvaient s'habituer à cette forme sévère du nazisme. Les jeunes étaient habitués à vivre dans des camps, à faire de la randonnée ensemble, et entre jeunes il était naturel de discuter de choses auxquelles, dans la génération plus âgée, on se contentait d'obéir. Bien entendu, garçons et filles obéissaient, mais ils pouvaient dire à leur jeune chef ce qui n'allait pas. Nous avons grandi comme une génération de chefs. J'ai commencé à travailler dans le mouvement de la jeunesse en 1930, il y a tout juste seize ans. J'ai aujourd'hui trente-huit ans, j'en avais vingt-deux alors. Les garçons avec qui je travaillais en avaient vingt. Il y avait quelques milliers de filles et nous étions habitués à parler de tout ce qui nous concernait. Je n'ai jamais donné d'ordre sauf quand c'était nécessaire pour le fonctionnement de l'organisation. C'était comparable au conseil d'administration d'une usine. On s'asseyait pour bavarder, les opinions s'exprimaient, mais le directeur général finit par annoncer que nous le ferons de telle ou telle façon. »

16 juin 1946

La défense de Schirach s'est terminée depuis peu. Aujourd'hui, c'était dimanche et nous avons eu notre habituelle conversation de l'après-midi. Manifestement, il n'avait aucune envie de discuter de sa défense, dont il n'était pas entièrement satisfait et, de manière significative, il m'a demandé si j'avais déjà eu l'occasion de m'entretenir avec Oswald Pohl, le chef des camps de concentration, qui avait été dernièrement incarcéré et interné à la prison de Nuremberg.

J'ai dit m'être entretenu à plusieurs reprises avec Pohl. Schirach a voulu savoir l'opinion que j'avais de l'homme, et j'ai répondu que je ne me laisserais pas aller à décrire des hommes qui pouvaient être par la suite sur le banc des accusés et que, au fond, mon opinion de Pohl n'était pas encore arrêtée. Schirach a compris que je me dérobais ; soit dit en passant, il est coutumier de ce genre de question à l'envers. De toute évidence, il voulait que je lui demande ce qu'il pensait de Pohl. « Pohl, je ne le connaissais pas du tout, à part, bien entendu, que j'avais entendu parler de lui, et peut-être m'est-il arrivé de le voir au QG du Führer ou dans de grandes réunions. Mais qu'un homme pût être en charge de tous les camps de concentration en Allemagne, le bras droit de Himmler sans aucun doute, ce qui fait de lui l'un des grands criminels de notre temps, quel genre d'homme est-ce ? Parle-t-il ? Proteste-t-il de son innocence comme Kaltenbrunner ? Vraiment, je ne comprends pas ces gens. »

Je lui ai dit que Pohl adoptait l'attitude habituelle, à savoir qu'il ne niait pas avoir eu connaissance des exterminations et des atrocités au sein des camps, mais il s'expliquait en disant qu'il n'avait fait qu'obéir aux ordres de Himmler, et s'excusait en déclarant qu'il n'était pas personnellement responsable du programme d'extermination, qui a été exécuté par l'un de ses adjoints, Richard Glücks [1]. Schirach a fait la grimace en lâchant : « Horrible. »

Pour ce qui était de Schirach, le cas de Pohl semblait ainsi réglé. Visiblement, il avait voulu me faire impression en me montrant qu'il désapprouvait des hommes tels que Pohl, Kaltenbrunner et les autres agents et adjoints de Himmler. Il n'avait pas envie de continuer à en parler et je lui ai demandé de me dire tout ce qui lui passait par la tête.

Nous avons ensuite parlé de diverses choses, essentiellement de la fin des affaires contre les accusés et de leurs défenses individuelles. Je lui ai demandé son opinion sur Bormann, qui était jugé par contumace et dont la défense avait été confiée à un avocat désigné par la cour, le Dr Friedrich Bergold. « Je suis absolument convaincu que Bormann va se manifester, que les Américains ou les Russes le maintiennent en prison et vont essayer de faire sensation, de faire la une de l'actualité quand viendra son tour, et qu'ils vont soudainement le produire. J'ai entendu dire que Bormann s'était livré aux Russes. Bormann est traité par contumace, comme s'il était assis sur le banc des accusés. Il a quitté Berlin dans un char. Sa secrétaire a dit avoir vu ce char touché par des obus et que Bormann avait été tué. Je doute qu'on puisse se fier à la parole de sa secrétaire. »

Il s'est ensuite mis à décrire Bormann tel qu'il l'avait connu. « Il est difficile de décrire un tel personnage. Il n'avait pas fait beaucoup d'études, mais il était capable et extrêmement industrieux dans un travail de bureau technique. Il était aussi totalement dénué de scrupules et avait l'esprit très pratique. Son sens pratique était flagrant jusque dans ses propos et dans son apparence. C'était un homme petit, trapu, très replet, avec un tempérament de bœuf. Il avait été maître d'école au début de sa carrière, tout comme Streicher avait

1. Richard Glücks (1889-1945) était en 1936 l'un des chefs de l'état-major de Theodor Eicke (1892-1943), auquel il succéda en tant qu'inspecteur des camps de concentration après le début de la Seconde Guerre mondiale. Glücks contribua à la création du système concentrationnaire, dont Auschwitz, sous la houlette d'Oswald Pohl. Il semble qu'il se soit suicidé en 1945.

été maître d'école, et vous pouvez donc vous rendre compte qu'être instituteur n'est pas un signe d'éducation.

« Techniquement et officiellement, Bormann était le chef du parti. Mais il était aussi, en outre, le véritable Premier ministre parce que tous les ordres de Hitler lui passaient entre les mains. La véritable période de pouvoir de Bormann a commencé en 1941, même si, bien avant cela, dès 1937, il avait eu une forte influence personnelle sur Hitler. C'était très étrange. Vous savez qu'il a été chef d'état-major sous Hess, mais alors même que Hess était son supérieur, Bormann était beaucoup plus près de Hitler dans la hiérarchie que ne l'était Hess. Je crois que Hess a perdu tout son pouvoir parce que Bormann l'en a dépouillé, alors même que Hess était son supérieur. Bormann est devenu pratiquement le patron de Hess.

« Bormann est entré dans l'histoire du parti en 1929 quand il est arrivé à Munich. Avant cela, il habitait dans ma ville natale de Weimar et servait de chauffeur à Sauckel, quand ce dernier faisait des discours de propagande et de campagne en Thuringe. Bormann travaillait à cette époque pour Sauckel, à un poste de subalterne, très mineur. En 1929, il a commencé à s'occuper des finances au sein du parti. Il a poursuivi cette tâche jusqu'en 1933, quand Hess en a fait son chef d'état-major. »

Nous avons parlé de sa défense récente. Je lui ai demandé ce qu'il pensait du contre-interrogatoire, qui avait été essentiellement l'œuvre du procureur américain Dodd. Schirach a souri : « Je ne suis pas bon dans cet exercice. Pour ce qui est de l'éducation des jeunes, j'ai trouvé que me mettre sous les yeux tous les chants qu'on chantait était s'éloigner un peu de l'essentiel. Par exemple, on m'a opposé un chant intitulé “Mettez la main rouge sur le toit du cloître”. C'est une chanson du XVIe siècle, à l'origine chantée par les paysans luthériens bataillant contres les cloîtres et les évêques catholiques. C'est l'histoire de luthériens qui bataillaient contre les princes pour s'élever ; elle a été écrite en 1525. On la chantera aussi longtemps qu'existera la langue allemande.

« Dodd est le plus habile des procureurs. Il fait réellement des recherches et travaille, tandis que le juge Jackson est plus un superviseur et ne connaît pas les détails comme Dodd. C'est l'une des raisons pour lesquelles le contre-interrogatoire de Göring par Jackson n'a rien donné.

« Après ma déclaration devant la cour sur Hitler un million de fois meurtrier et mes autres déclarations sur le sophisme et l'immoralité complète de l'antisémitisme, j'ai repensé à toutes les idées qui m'ont guidé au cours des quinze ou vingt dernières années. Étant arrivé à la conclusion que la politique raciale dans son ensemble est l'une des plus grandes menaces qui pèsent sur l'humanité, j'essaie aussi maintenant de voir de quelle manière tous ces hommes différents ont eu tort dans ce qu'ils ont dit, non seulement pour ce qui est de l'influence juive mais aussi dans d'autres affaires. Je continue d'y penser. Je dois y réfléchir et essayer de comprendre réellement nos erreurs.

« C'était pour l'idée socialiste que je travaillais, et j'y tiens encore. Mais je comprends le socialisme autrement que l'ancienne génération. En vérité, je crois que je n'ai pas à comprendre nombre de mes idées sociales dans leur perspective. Ce qu'il faut, c'est résoudre les problèmes de la classe ouvrière et œuvrer pour le bien-être de ceux qui sont en difficulté et luttent pour gagner de quoi vivre. Se pose l'éternelle question de savoir comment éduquer la jeunesse de telle sorte que le garçon pauvre ait une chance d'entrer dans l'administration ou d'accéder à d'autres positions – et je crois que ça vaut la peine de se battre.

« Maintenant, comme vous me l'avez souvent demandé et comme j'y ai réfléchi au fil des mois, je souhaite vous parler du principe du chef dans le mouvement de la jeunesse. Nous avions une manière de faire très différente de ce qui se passait dans l'État. Nous discutions librement des problèmes et ce n'est qu'ensuite que des ordres étaient donnés, que tout le monde jugeait convenables, des dirigeants jusqu'au dernier des membres des Jeunesses hitlériennes. Tel n'était pas l'usage dans le parti ni dans l'État. Avec le recul, cependant, et voyant où nous en sommes arrivés, je suis absolument certain qu'un vrai système de gouvernement doit empêcher un homme, ou vingt, ou trente d'accaparer tout le pouvoir de l'État. Le pouvoir est ce qui gâte les gens. Oui, il me semble que la quête du pouvoir est le grand danger et le grand corrupteur de l'espèce humaine.

« Certains accusés disent que la dictature peut être bonne s'il y a un bon dictateur. Moi je dis qu'un homme ne saurait rester bon s'il devient dictateur. L'autoritarisme est un système qui détruit la moralité de l'homme. Si vous prenez un saint et que vous lui donnez le pouvoir, il se changera en un Hitler ou en démon. » Schirach pensait-il que dans son cas, peut-être, ce phénomène psychologique était vrai ? « Dans ma propre vie, ma façon de vivre était si différente que ça ne m'affectait pas. Je sais ce qui est arrivé dans d'autres milieux : il devait y avoir quelque chose de différent dans ma façon de vivre. Probablement mes amis m'ont-ils préservé de cela. Je fréquentais des gens qui avaient des opinions diverses, dont certains qui n'acceptaient pas mes vues nazies. C'est une chose que j'ai encouragée. Si quelqu'un tenait des propos critiques à mon endroit ou sur mes idées, je ne le considérais pas comme un ennemi. »

Je l'ai interrogé sur le sujet un peu délicat de son expulsion des Juifs de Vienne. Schirach s'est montré plus lisse et plus soucieux de se justifier que jamais. « Dans le cas de Seyss-Inquart, la correspondance entre lui et Himmler sur l'expulsion des Juifs a été produite devant la cour. Cela eut lieu bien avant mon arrivée là-bas. Il y avait autrefois cent quatre-vingt-dix mille Juifs à Vienne, mais quand j'y suis arrivé ils n'étaient que soixante mille. Ce sont là des faits avérés. Hitler m'a dit qu'il voulait renvoyer tous les Juifs. J'admets avoir commis ce qu'on pourrait appeler un crime parce que, sous mon égide, soixante mille Juifs ont été chassés, mais il faut souligner que cela s'est produit après que cent trente mille avaient déjà été expulsés de Vienne.

« L'ennui, c'est que ma réflexion et mon raisonnement n'ont pas été assez profonds. Depuis 1938, je me disais qu'il valait mieux mettre tous les Juifs d'Europe hors de portée du Dr Goebbels et de ses attaques soudaines. Je me disais que si l'on rassemblait les Juifs en Pologne, où ils pourraient vivre comme n'importe quel autre être humain, ce serait vraiment une bonne idée, tout au moins meilleure que de les garder en Allemagne, où l'on ne savait jamais ce qui pouvait arriver. Goebbels ferait un nouveau discours et les boutiques des Juifs seraient saccagées, les Juifs expédiés dans des camps de concentration et beaucoup massacrés, etc. L'expulsion des Juifs de Vienne, il faut le rappeler, a été l'œuvre des services spéciaux de Heydrich, qui avait son représentant à Vienne. Je crois que ce représentant – il s'appelait Alois Brunner – a été mis à mort il y a quelques semaines, après avoir été jugé par un tribunal autrichien [1].

« Et maintenant, j'en viens à ma grande faute. J'ai fait un jour ce discours stupide où j'ai dit "J'ai envoyé ces Juifs à l'Est", ce qui paraît être l'aveu public que je faisais cela. C'est si difficile à expliquer. Cependant, cela faisait partie d'une vaste action initiée par Himmler, ce qui ne justifie rien. Ça n'éclaire pas le parti sous le meilleur jour si j'affirme qu'en agissant ainsi j'ai tenu mes adversaires tranquilles. Il se trouve que c'est la vérité. Kaltenbrunner a déclaré que les nazis de l'ouest étaient moins radicaux, mais, à mon avis, les nazis autrichiens l'étaient davantage. J'ai toujours dû affronter les critiques de la base en Autriche : que je n'étais pas

1. Alois Brunner (né en 1912) – un des proches collaborateurs d'Eichmann – réussit en fait à se soustraire à la justice. D'après des recherches récentes, en l'an 2000 il vivait encore en Syrie. Voir Georg M. Hafner et Esther Schapira, *Die Akte Alois Brunner*, Francfort, 2000.

assez actif, que je ne mettais pas suffisamment en œuvre les idées national-socialistes.

« Je ne fais que raconter toute l'histoire telle qu'elle est. Si dans les années à venir vous avez l'occasion de parler avec des gens respectables de Vienne qui ont autrefois travaillé dans le parti, ils vous le confirmeront. J'étais dans une position difficile. Je suis arrivé en Autriche à une époque où de grandes difficultés existaient entre Autrichiens et Allemands. J'ai dû apaiser les gens que Josef Bürckel avait offensés et blessés, et en même temps j'ai dû calmer le violent Groupe centre du parti nazi autrichien. Ce sont eux qui ont assassiné le chancelier Engelbert Dollfuss en 1934. C'étaient des extrémistes et des anarchistes, et ils n'ont jamais cessé de me reprocher ma faiblesse sur la question juive.

« Pour cette raison, j'ai toujours pensé que l'idée de Hitler d'expulser les Juifs de Vienne était raisonnable parce que le groupe violent créait toujours des conflits. Aussi, avec ce discours auquel j'ai fait allusion il y a un instant, j'ai mis dans cette mauvaise phrase ce qui est aujourd'hui retenu contre moi, histoire de couper l'herbe sous le pied à ceux qui me reprochaient à grands cris de ne rien faire contre les Juifs. Si vous lisez tous mes livres et mes discours, il n'y a rien qui les relie sur ce terrain-là. Dans les vingt années qui ont précédé ce discours, je n'ai jamais tenu de pareils propos. Malheureusement, au cours de mon contre-interrogatoire, je n'ai pu éclaircir ce point. La seule chose que je pouvais faire, c'était déclarer qu'il était vrai que certains chants, comme le "Horst Wessel", étaient chantés par les SA et non pas essentiellement par les Jeunesses hitlériennes.

« J'ai essayé d'être tout à fait franc à ce propos parce que cela me tracassait. L'idée que des gens sont probablement morts des suites de mon évacuation de cinquante à soixante mille Juifs de Vienne, c'est terrible pour moi d'y penser. En vérité, je n'ai aucun sentiment de culpabilité quant à leur expulsion, mais le discours que j'ai fait m'a identifié à une sale mesure criminelle. Aujourd'hui je dirais que la déportation de gens de toute façon, de quelque manière et pour quelque raison que ce soit, est une chose terrible et criminelle. Mais vous devez vous souvenir que ma réaction aux événements des 9 et 10 novembre 1938 était bonne. J'affirme que j'ai eu le mérite d'avoir tenu les Jeunesses à l'écart de ce sale boulot. Je crois que c'est quelque chose qui plaide en ma faveur. Je leur ai interdit de participer à ces actions. J'ai toujours pensé que ce qui était critique, c'étaient les lois contre les Juifs, et qu'il ne restait aucune possibilité aux Juifs de vivre en sécurité en Allemagne après l'adoption de ces lois. »

N'y avait-il pas d'autres adversaires du nazisme que les Juifs ? « Sans aucun doute. La plupart de ceux qui étaient politiquement opposés au nazisme étaient traités de communistes et furent internés dans des camps de concentration pour une durée indéterminée dès le tout début, en 1933 et 1934. Il est intéressant de constater que, personnellement, je pouvais traverser des usines où travaillaient des ouvriers, et ils avaient beau haïr ma politique, jamais ils ne m'ont agressé parce qu'ils comprenaient, je crois, que j'étais au fond un socialiste, et qu'ils se sont rendu compte au bout d'un certain temps que je veillais toujours à ce que les travailleurs aient ce dont ils avaient besoin. Maintenant, probablement, les Autrichiens parlent de leurs mouvements de résistance ou de leur opposition clandestine aux nazis. Tout cela n'est que mensonges et fantaisie. Je n'ai rencontré aucune difficulté à Vienne. J'ignore quelles difficultés ont rencontrées les hommes de la Gestapo dans les cas particuliers d'anarchistes ou de communistes, bien que de tels individus aient probablement été arrêtés et traduits en justice. Mais, sur un plan politique, on ne remarquait guère ces groupes d'opposition à Vienne. La grande masse des Viennois et des Autrichiens étaient rassemblés avec ardeur derrière les nazis et nos politiques.

« Il n'y a qu'une seule exception à ma dernière observation, c'est que, lorsque je suis arrivé à Vienne, en 1940, il y régnait une forte hostilité politique au Reich. Je crois avoir en partie réussi à triompher de cette opposition. Je me suis très bien entendu avec les Viennois et j'avais beaucoup d'amis là-bas. Toute l'histoire eût été différente si Hitler m'avait envoyé à Vienne au tout début, au lieu d'y envoyer d'abord Odilo Globocnik et Josef Bürckel ou d'autres affreux comme eux [1].

« Au départ, Bürckel n'a eu aucune difficulté parce qu'il a été le premier désigné et que les gens l'ont bien accueilli en tant que représentant du nazisme, qu'ils approuvaient. Il a bientôt commencé à froisser les Viennois dans leur sensibilité. Beaucoup d'Allemands avaient une façon de parler aux Autrichiens – surtout en Prusse – qui les faisait bouillir et qui me mettait moi-même en rage. L'Allemand a beaucoup trop l'habitude de dire “ce n'est qu'un Autrichien”, sur un ton péjoratif.

1. Josef Bürckel (1894-1944) fut un temps le patron du parti nazi (*Gauleiter*) en Autriche après la réunion avec l'Allemagne en 1938. Odilo Globocnik (1904-1945) organisa, entre autres choses, les camps de la mort de l'Action Reinhard, de sinistre mémoire. À ce propos, voir en particulier Yitzhak Arad, *Belzec, Sobibor, Treblinka. The Operation Reinhard Death Camps*, Bloomington/Indianapolis, 1987.

« Les partisans de Bürckel et les officiels parlaient de cette façon et manquaient toujours de tact. Puis il y a eu l'action de Bürckel contre le cardinal Theodor Innitzer, qui était stupide. On a lancé des pierres sur son palais avant de le prendre d'assaut ; nombre de ses beaux tableaux religieux et de ses livres ont été saccagés. Quand je suis arrivé, j'ai mis fin à toutes ces absurdités. Au sein du groupe le plus extrémiste du parti en Autriche, régnait une forte hostilité au catholicisme. Je me suis opposé à l'idée de manifestations et j'ai interdit les discours contre l'Église et autres actions de nature à froisser les Autrichiens.

« Vienne est la ville politique la plus compliquée qui soit, et il n'est pas facile d'y travailler. Néanmoins, je me suis vite senti tout à fait à l'aise dans ce cadre. En vérité, je me suis tellement identifié au peuple autrichien que mes sentiments envers l'Allemagne sont devenus très différents. L'Autriche était divisée en divers districts administratifs, ce qui était l'une des grandes erreurs de Hitler. Hitler a voulu briser le danger supposé qui pouvait naître du fait qu'il n'y ait qu'un seul district administratif en Autriche. Il a toujours eu peur qu'une entité quelconque devienne trop puissante. Mon district, en revanche, s'arrêtait juste à la périphérie de Vienne. Hitler coopérait avec August Eigruber, qui était l'administrateur de district du parti dans le Haut-Danube, et il voulait faire de Linz la première ville d'Autriche. Il a dépensé des millions en bâtiments et sur les chantiers Hermann Göring à Linz.

« Eigruber était ici en prison, à Nuremberg, mais il a été transféré pour être jugé ailleurs. Il était très fanatique, surtout vers la fin, quand il s'est retourné contre les gens et s'est mis à les pendre à tour de bras pour un oui ou pour un non. Le camp de concentration de Mauthausen, de sinistre mémoire, était dans son district. Eigruber est probablement mort aujourd'hui. Il n'avait que trente-neuf ans, mais il en paraissait cinquante-cinq. Il était du type Globocnik-Bormann [1]. »

En 1932, Schirach a épousé la fille du photographe préféré de Hitler, Heinrich Hoffmann. Sa femme, de six ans sa cadette, avait dix-huit ans au moment de leur mariage. « Je la connaissais depuis ses seize ans. C'était purement une histoire d'amour. Je l'ai d'abord connue, elle, puis j'ai rencontré son père, qui nous a présentés officiellement l'un à l'autre. Le professeur Hoffmann a été étonné quand je lui ai demandé la main de sa fille. Je ne crois pas qu'il

1. Sur l'arrière-plan, cf. Gordon J. Horwitz, *In the Shadow of Death : Living Outside the Gates of Mauthausen*, New York, 1990 ; *Mauthausen, ville d'Autriche : 1938-1945*, trad. fr. A. Charpentier, Paris, Seuil, 1992.

s'était rendu compte que j'étais amoureux d'elle. Mes parents l'ont rencontrée avant notre mariage quand je l'ai emmenée à Weimar pour la leur présenter. C'était deux ans avant notre mariage. Au début, ma mère ne l'aimait pas beaucoup, mais par la suite, quand nous avons eu des enfants, la vieille fibre grand-maternelle s'est réveillée, puis ma mère a appris à mieux connaître ma femme et à l'aimer beaucoup. »

Ils ont eu quatre enfants : une fille, qui a treize ans, et trois garçons de onze, huit et quatre ans.

« Ma mère était une femme très riche, ce qui ne m'a pas empêché de me débrouiller toujours tout seul sans jamais accepter un sou de ma famille. Étudiant, j'ai gagné de l'argent en travaillant pour un journal. En 1932, j'étais déjà le chef des Jeunesses hitlériennes. La même année, avant mon mariage, j'étais le plus jeune élu du Reichstag. Après 1933, le Reichstag n'a plus eu aucune importance. Certes, il lui arriva de se réunir pour accepter des lois à l'unanimité, mais sa fonction réelle était négligeable. Une année durant, j'ai siégé dans un parlement républicain, de 1932 à 1933. Ce fut une période terrible. Les députés du Reichstag s'aspergeaient d'encre les uns les autres, il y avait des discussions et des débats enflammés. Vous n'imaginez pas ce qui se passait. C'était un temps d'antagonismes violents dans la vie politique. »

Il a raconté qu'en 1943 sa femme et lui avaient passé quelques jours chez Hitler, à Berchtesgaden ; la vie y était tellement insupportable du fait des horaires de Hitler que sa femme et lui avaient dû repartir plus tôt que prévu, prétextant qu'ils devaient rentrer à la maison s'occuper de leurs enfants. Il a ajouté qu'à cette époque sa femme lui avait dit sa certitude que Hitler était fou. Selon Schirach, il s'agissait d'une visite à la fois mondaine et politique. Il y avait beaucoup d'autres invités. Les visiteurs devaient suivre les horaires de Hitler pour ce qui était des repas, et ceux-ci étaient très erratiques. Par exemple, Hitler prenait son petit déjeuner à 15 heures, son déjeuner à 20 heures et son dîner autour de minuit. Le lendemain, l'horaire des repas pouvait être très différent, au gré de ses caprices.

Lors de cette même visite à Berchtesgaden, Schirach observa que Hitler était fermé à toute influence extérieure, fût-ce au cours d'une conversation. Soit le Führer demeurait totalement silencieux au cours d'un repas, soit il dissertait longuement, soliloquant sans souffrir aucun commentaire ni aucune opinion de la part de ses convives. Entre les plats, il lui arrivait de parler entre quarante-cinq minutes et une heure, comme s'il faisait un discours public. Selon

Schirach, ce numéro, au cours d'une visite de deux ou trois jours, était pénible et intolérable.

Il a ajouté que sa femme n'avait aucune inhibition et donnait généralement son avis sur les gens en toute liberté, mais qu'il lui était impossible, même à elle, de dire quoi que ce soit à Hitler. Il a rendu hommage à son épouse, qui avait perçu l'anormalité de Hitler et sa cruauté des années avant que lui-même n'en eût pris conscience.

Albert Speer
1905-1981

Architecte de Hitler à compter de 1937, Albert Speer fut ministre des Armements et de la Production de guerre de 1942 à 1945. Jugé à Nuremberg et reconnu coupable de crimes de guerre et de crimes contre l'humanité, il fut condamné le 30 septembre 1946 à vingt ans de prison et libéré de la prison de Spandau en 1966. Il s'établit ensuite à Heidelberg. En 1969, il publia les mémoires qu'il avait secrètement écrits en prison. Le livre devint un best-seller international. En 1975, il publia les journaux qu'il avait rédigés en prison. Il mourut le 1er septembre 1981, au cours d'un séjour à Londres.

Non daté (14 avril 1946 ?)

« J'ai senti la guerre arriver. En 1945, j'ai essayé sans succès d'assassiner Hitler. Je ne me préoccupe pas de la compétence de la cour comme Hess ou d'autres. » (Rires.) « L'histoire montrera que les procès étaient nécessaires. » Il se sent moins coupable que certains tout en estimant que quiconque a accepté un poste de responsabilité dans ce gouvernement était coupable. « En ce sens, je suis coupable. Que le gouvernement de Hitler ait été criminel, c'est un fait. J'ai aussi pris part à l'utilisation du travail forcé, même si c'est Sauckel qui fournissait la main-d'œuvre. J'étais architecte, mais après 1942, quand Hitler m'a nommé chef de la production, je me suis moins intéressé à l'architecture qu'à la production d'armes. » Un mois ou deux avant la fin, pense-t-il, il a perdu les faveurs de Hitler pour avoir, deux mois avant le suicide du Führer, conseillé la reddition. Hitler voulait se battre jusqu'au dernier Allemand [1].

1. Speer rechigna manifestement à s'entretenir avec Goldensohn. Au bout du compte, cependant, l'ancien architecte de Hitler devait être le plus disert de tous les accusés jugés à Nuremberg. Il a publié deux ouvrages longs et importants, que je cite dans mon introduction à ce volume. De nombreuses études lui ont été consacrées. La dernière et la plus fouillée est celle de Gitta Sereny, *Albert Speer : his Battle with the Truth*, Londres, 1995 ; *Albert Speer : son combat avec la vérité*, trad. fr. W. O. Desmond, Paris, Seuil, 1997.

Julius Streicher
1885-1946

Fondateur et rédacteur en chef du journal antisémite Der Stürmer.
Reconnu coupable de crimes contre l'humanité par le tribunal de Nuremberg, Julius Streicher fut pendu le 16 octobre 1946.

24 janvier 1946

Je me suis entretenu avec Julius Streicher en présence de Gilbert, qui a assuré la traduction. L'allemand de Streicher se comprend aisément. Mercredi à 14 heures, au tribunal, Streicher avait eu un accès de tachycardie. Quand je l'ai vu jeudi matin avec le capitaine Horowitz, son pouls était à 100 ; il a dit se sentir bien et paraissait comme à l'ordinaire. Streicher désirait vivement se rendre à la cour ce jour-là, mais Horowitz et moi-même étions d'accord pour nous y opposer. Pendant ce temps, nous avons pris nos dispositions pour qu'on lui fasse un électrocardiogramme avec un appareil portable. Cela a été fait jeudi matin. On a eu les résultats dans l'après-midi : ils étaient normaux.

Streicher est un petit homme de soixante et un ans au nez crochu et presque chauve. Il fait son âge. Il sourit tout le temps, et son sourire, mi-grimace, mi-air lubrique, déforme sa grande bouche aux lèvres fines et plisse ses yeux de grenouille : la caricature du débauché qui pose au sage. Il n'a pas besoin d'être sollicité pour aborder son seul et unique sujet préféré, l'antisémitisme, qui a été et demeure sa raison d'être. « J'en sais plus sur les Juifs que les Juifs eux-mêmes. J'ai su tout de suite que vous étiez juif [il parlait du Dr Gilbert] à votre voix. Au début, je n'en étais pas sûr. Mais ensuite un des autres [apparemment un autre accusé] me l'a dit. J'ai alors tendu l'oreille et je pouvais l'assurer à votre voix. » Tout cela, de façon amicale.

Il a dit que les sentiments personnels n'étaient pour rien en la matière. Cela faisait vingt ans qu'il étudiait les Juifs. Il est un observateur « scientifique et psychologique ». Les Juifs ont toujours été un petit groupe et, d'une certaine façon, il les admire : qu'un petit groupe comme ça se soit toujours mis en position de dominer le monde. Le Christ, par exemple. Un Juif. Et maintenant que l'Allemagne est vaincue, le judéo-bolchevisme règne en Russie. Staline n'est qu'un homme de paille. Les Juifs sont derrière lui. Et en Amérique du Nord nous avons une démocratie juive. Tout cela avec une ferveur mécanique, débité tout naturellement comme un discours bien huilé.

Il a la manie de regarder ses mains, d'abord la droite, puis la gauche, comme s'il examinait ses ongles. Lorsqu'on lui a demandé pourquoi il fait cela, il a éludé la question en déclarant que c'était une « petite nervosité ».

Il est réellement sioniste, a-t-il continué. Il connaît des hommes comme Chaim Weizmann et d'autres sionistes, et il partage leurs opinions. Les Juifs devraient être dans leur pays, ne pas être autorisés partout. Interrogé sur les *Protocoles des sages de Sion* [1], il a répondu qu'ils n'étaient pas « exacts » mais que chacun des mots rapportés était vrai et qu'on les retrouvait ailleurs, dans d'autres ouvrages juifs comme le Talmud. Il pose au chercheur et au spécialiste des écrits juifs, qu'il a accumulés en assez grand nombre pour former une bibliothèque.

Il me semble être un homme d'une intelligence normale, probablement limitée, d'une manière générale ignare, obsédé par un anti-

1. Voir *supra*, le chapitre sur Hans Fritzsche, p. 118, note 1.

sémitisme maniaque, qui sert d'exutoire à ses conflits sexuels ainsi qu'en témoigne son goût de la pornographie. La circoncision relève d'un complot juif diabolique, et intelligent, a-t-il dit, visant à préserver la pureté de la souche raciale juive. Le Christ, juif, est né d'une mère qui était une putain juive. Qui pourrait croire l'histoire de l'Immaculée Conception ? a-t-il dit avec un air souriant ou lubrique. Naturellement, il ne pouvait écrire ça dans *Der Stürmer*, et il ne le mentionne que pour montrer combien le problème juif a des racines profondes.

Il nie toute animosité personnelle envers les Juifs. Il se considère simplement comme le phare de la vérité et a consacré sa vie à cette fin. Il peut prouver devant la cour, a-t-il assuré, qu'il ne savait rien des émeutes antijuives qui se produisirent à Nuremberg en 1938 [1] ; en fait, à ce moment-là, il revenait d'un déplacement, et on lui a parlé des émeutes la nuit même de son retour, ce qui prouve bien que ce n'est pas lui qui les a ordonnées. Son chauffeur pouvait en témoigner.

Streicher me fait l'impression d'un vieux psychopathe avec des conflits sexuels et autres, dont l'inadéquation a trouvé à s'exprimer dans un souci obsessionnel qui, depuis vingt ans, a empli le cours étriqué de sa vie. Il dit avoir soudain découvert l'antisémitisme, un soir, il y a des années et avoir compris, au matin, que l'œuvre de sa vie était de devenir une autorité sur l'antisémitisme. Quand Hitler est apparu, Streicher a rempli une case toute prête.

6 avril 1946

Depuis quelques années, Streicher est malade ; il souffre d'une légère infection des bronches et a donné des signes d'arythmie cardiaque – probablement une combinaison de fibrillation et de palpitations. Les divers électrocardiogrammes effectués ont confirmé cette impression clinique. Mais il n'y a pas eu de malaise cardiaque.

Aujourd'hui, il n'avait aucun symptôme et était tel qu'en lui-même. Il n'a cessé de demander des petites faveurs, telles que des promenades plus longues, davantage de douceurs ou du chocolat, moins de bruit de la part des gardiens – toutes choses qu'il a déjà demandées à diverses reprises. J'ai toujours l'impression qu'il n'est pas vraiment soucieux d'obtenir satisfaction, mais que cela fait partie de sa nature obsessive-compulsive et que, ce faisant, il essaie

1. Sur le pogrome du 9 novembre 1938, voir *supra*, le chapitre sur Karl Dönitz, p. 51, note 1.

d'éviter toute discussion sérieuse sur son enfance ou son parcours, ou encore sur ses véritables activités ou sa vision du monde.

Nous avons discuté du sujet préféré de Streicher, le « problème juif ». Il n'avait pas grand-chose de neuf à dire à ce propos, mais il a répété sa vieille rengaine plus ou moins dans les termes suivants : « Le problème juif est historique. Je suis tombé dessus par hasard et je suis devenu une autorité en la matière en lisant le Talmud, que les Juifs appellent un livre de type chrétien. C'est faux. Les lois raciales émanent du Talmud lui-même. Je me tiens pour un éminent savant et spécialiste des écrits juifs, en particulier du Talmud. » Le visage de Streicher s'est animé de son petit air narquois ou lubrique caractéristique, puis il s'est penché en avant avec un léger sourire pour demander sur le ton de la confidence : « Avez-vous jamais réfléchi à la circoncision ? » J'ai répondu qu'en ma qualité de médecin j'avais fait de nombreuses circoncisions de bébés, d'enfants tant juifs que gentils, et que je n'y avais guère réfléchi. C'était assurément une pratique que je connaissais et que je considérais comme une opération chirurgicale. Streicher a regardé quelquefois ses doigts tandis que je prononçais ces mots et m'a jeté un regard incrédule. Il a affirmé que la circoncision était un mauvais tour des Juifs et que son seul objectif était de préserver leur pureté raciale. « Je n'y vois aucune objection tant qu'ils ne viennent pas s'immiscer dans la pureté de nos lignées aryennes parce que nous devons nous aussi préserver notre pureté raciale. Quant à ce que vous dites de la circoncision pratiquée sur les Juifs aussi bien que sur les Gentils, je sais que c'est exact, mais vous ne voyez pas à quel point c'est diabolique ? » Il a de nouveau souri à la manière d'un sage qui instruit un jeune étudiant.

J'ai avoué ne pas saisir : qu'y avait-il donc de si diabolique ? Comme d'habitude, Streicher n'avait aucune explication rationnelle de ce qu'il appelait cette procédure diabolique, mais il a fait quelques remarques décousues sur le fait que, si la circoncision était juive, il ne fallait pas l'infliger à des non-Juifs. De toute évidence, il tenait la circoncision pour une chose qui n'avait aucune importance médicale ou chirurgicale, et qui n'était qu'une coutume raciale. Je lui ai demandé s'il ne pensait pas que, dans certains cas, la circoncision était une opération nécessaire pour empêcher diverses infections et difficultés mécaniques dues au phimosis. Je lui ai expliqué ce que j'entendais par le mot « phimosis ». Streicher a répondu : « Eh bien, si une opération de ce genre doit être pratiquée, ce doit être sur les Juifs, pas sur les Gentils. Je n'ai jamais entendu parler d'un Aryen de sang pur qui ait besoin d'une telle opération. » Il s'est exprimé sur un ton tout à la fois véhément et haché en multipliant les claquements de langue. Tout en parlant, il n'a cessé de loucher, de fixer ses doigts et de mouiller ses lèvres du bout de la langue.

Obliger Streicher à s'en tenir à un sujet particulier était très difficile tant sa capacité de discuter de quoi que ce soit logiquement était limitée. Nous avons parlé un moment de choses et d'autres mais, d'une manière générale, je l'ai laissé libre de parler de ce qu'il voulait. Il m'a demandé si je m'étais entretenu avec Ernst Hiemer, qui était ici en prison comme témoin de Streicher. Hiemer avait été le rédacteur en chef du *Stürmer* après que Holz avait été écarté. J'ai répondu que oui. J'ai demandé à Streicher ce qu'il pensait de cet homme. « Hiemer est un maître d'école, a dit Streicher, un homme honorable, qui pouvait rédiger des articles antisémites et les rendre clairs et simples pour que l'homme de la rue les lise et y croie. C'était un travailleur très précieux et fidèle, et je l'ai choisi en raison de ses talents simples mais utiles. »

Nous avons continué à parler du *Stürmer*. « Ma publication poursuivait des fins nobles. Certains snobs peuvent bien faire la fine bouche aujourd'hui et la qualifier de vulgaire ou de pornographique, mais jusqu'à la fin de la guerre j'ai joui du plus grand respect de la part de Hitler, et *Der Stürmer* avait le soutien total du parti. À notre apogée, le tirage était de 1,5 million d'exemplaires. Tout le monde lisait *Der Stürmer*, et sans doute les lecteurs l'aimaient-ils, sans quoi ils ne l'auraient pas acheté. Le but du *Stürmer* était de réunir les Allemands et d'éveiller leur attention sur l'influence juive qui risquait de ruiner notre noble culture. »

Quelques instants plus tôt, je l'ai dit, il avait rappelé que même si certains éléments du parti le regardaient d'un mauvais œil depuis 1940, il n'en avait pas moins reçu régulièrement les félicitations de Hitler et le soutien du parti. Je lui ai demandé ce qui s'était passé en 1940, à quoi tenait sa disgrâce et pourquoi il avait été proscrit de Nuremberg à cette époque. « J'ai eu un procès alors et il a eu lieu exactement ici, dans cette même prison. On me prêtait des propos sur l'enfant de Göring, comme quoi il avait été conçu artificiellement ou je ne sais quoi. En vérité, ce procès n'était qu'une farce. Göring m'en voulait et il avait chargé sa commission Göring d'enquêter sur mes activités d'administrateur du district du parti en Franconie. On portait contre moi des accusations, qui n'ont jamais été étayées, suivant lesquelles j'avais acheté des actions et des obligations illégalement – des actions saisies à des porteurs juifs. Il était exact que j'avais eu un temps en ma possession des actions venant de Juifs, mais je les avais rendues à l'État après avoir découvert qu'on m'avait mal renseigné sur mon droit à les prendre.

« À la suite de ce procès, en 1940, j'ai été forcé de quitter Nuremberg et de vivre à Fürth sur mon domaine. J'ai continué à publier *Der Stürmer*. Je n'ai jamais cessé ma supervision éditoriale de cette publication, et Holz, Hiemer et mes autres collaborateurs avaient des conférences quotidiennes ou hebdomadaires avec moi, si bien que je voyais tout ce qui se publiait dans *Der Stürmer*. Hitler m'avait promis sa protection après que j'avais participé au putsch de Munich en 1923. Je suis très fier d'avoir été à ses côtés dans cette affaire. Hitler ne l'a jamais oublié, et sa foi et sa confiance en moi sont demeurées inébranlables jusqu'à la fin. Quant à moi, je n'ai jamais non plus enfreint mon serment de loyauté envers lui. »

Nous avons abordé ensuite le problème de la religion. Je m'étais laissé dire qu'il était areligieux, ai-je observé. Pouvait-il me dire ce qu'il en était vraiment de son attitude envers la religion ? « C'est difficile à dire. Le Christ était juif et Dieu, il est censé avoir créé l'univers. C'est un peu tiré par les cheveux, parce que si Dieu a créé le monde, qui a créé Dieu ? » Il a eu un sourire satisfait comme s'il avait vraiment marqué un point. Je lui ai demandé s'il avait d'autres réflexions sur le sujet de la religion. « Eh bien, j'en aurais des choses à dire, mais je ne peux pas, parce que, qui sait, vous pourriez les rapporter à la presse. Par exemple, si je vous disais que mon idée à moi sur la Vierge Marie et sur l'Immaculée Conception, c'est que ce sont deux idées ridicules et qu'à mon avis Marie a dû avoir des relations sexuelles avec quelqu'un pour donner naissance à Jésus, vous pourriez penser que j'insulte l'Église. Personnellement, ça m'est bien égal, que l'Église soit insultée ou non, mais je ne voulais pas que les journaux s'emparent de ces choses parce que ça pouvait blesser davantage que toutes mes déclarations antisémites, qui sont bien connues et ont été régulièrement reprises dans la presse. »

Le sujet semblait temporairement épuisé et Streicher l'a subitement laissé tomber pour aborder le thème de l'hygiène personnelle. « J'ai été malade hier et avant-hier, comme vous savez, mais aujourd'hui je n'en ai pas moins éprouvé le besoin pressant de prendre un bain. Je sais bien que vous autres, médecins, vous me diriez probablement de ne pas en faire trop à cause de mon cœur ; je suis donc allé chercher autant d'eau que possible et me suis lavé des pieds à la tête avec cette bassine. » Il a montré du doigt une bassine en métal galvanisé posée par terre, à côté des toilettes.

« Je me suis aussi frictionné des pieds à la tête avec de l'eau froide et du savon. Je me suis servi de ce bout de chiffon. C'est bon pour moi. Je crois qu'il est important pour moi de prendre des bains d'eau froide et de me frictionner régulièrement. Je le faisais aussi chez moi. Parfois, en pleine nuit, l'envie me prenait de prendre un bain froid et je le faisais. »

Je lui ai donné mon avis de médecin : il ferait bien de limiter ces bains froids et d'éviter les efforts au cours des semaines à venir en raison de sa récente crise cardiaque. J'avais aussi remarqué combien il marchait vite au moment de la promenade dans la cour de la prison et estimais qu'il lui serait plus bénéfique de marcher lentement. L'une des habitudes de Streicher est de faire le tour de la cour au pas de course, dépassant ainsi à trois ou quatre reprises les autres accusés. Streicher a souri en se frappant la poitrine et dit : « Non, mon cœur est solide. Il arrive que mon pouls s'accélère, comme c'est le cas depuis des années, mais ce n'est rien. Juste un peu de nervosité, peut-être. Non que je sois nerveux en raison de ce procès ou de mon emprisonnement. J'ai déjà fait de la prison et j'ai déjà été jugé. C'est simplement que je suis un homme plein d'entrain et, même si je maîtrise parfaitement mes nerfs, j'ai tendance à faire les choses vite, ce qui explique probablement l'accélération, par moments, de mon rythme cardiaque. » Je lui ai demandé s'il avait un sentiment de culpabilité par rapport à l'extermination des Juifs. Il a répondu, presque en riant : « Mais je n'ai rien à voir là-dedans ! À partir de 1940, j'ai vécu en gentleman-farmer à Fürth. Hitler a dû décider d'exterminer les Juifs en 1941, parce que je n'en savais rien. Probablement s'est-il dit : “Ils ont provoqué la guerre, donc je vais les exterminer.” Je ne dis pas que Hitler avait raison. Je crois que c'était une mauvaise politique. J'étais partisan d'instaurer un État juif séparé à Madagascar, en Palestine ou ailleurs, mais pas de les exterminer. En outre, en exterminant quatre millions de Juifs – ils disent cinq ou six millions à ce procès, mais tout cela relève de la propagande, je suis certain que ce n'était pas plus de quatre millions cinq cent mille – ils ont fait de ces Juifs des martyrs. Par exemple, à cause de l'extermination de ces Juifs, l'antisémitisme a beaucoup régressé dans certains pays étrangers où il avait bien progressé. »

Il a dit, commentant encore le procès, que la plupart des procureurs russes et britanniques étaient juifs, et que cela valait aussi bien pour les Américains. Je lui ai demandé s'il pensait que le juge Jackson, le procureur général américain, était juif. Streicher a eu un rire lubrique. « Jacobson, vous voulez dire ? » Sur le coup, j'ai vraiment cru que Streicher voulait parler de quelqu'un d'autre. Le juge Jackson, ai-je répété, le procureur américain. De nouveau Streicher a eu un regard mauvais : « Jacobson. Il peut bien s'appeler Jackson, mais pour moi c'est Jacobson et il est juif. Au demeurant, il suffit de le regarder. J'ai cru un temps qu'il n'était pas juif parce que les autres accusés me certifiaient qu'il ne l'était pas. Mais au cours des derniers mois je l'ai regardé marcher, j'ai observé son visage, et c'est un Jacobson, probablement d'origine juive allemande. » Et M. Dodd ? Streicher a répondu : « Von Papen a dit que Dodd est un bon catholique et je ne lui ai pas vraiment prêté beaucoup d'attention. Qui plus est, ce serait une bonne idée, pour Jacobson, d'avoir un assistant catholique parce que l'accusation prétend que les nazis ont persécuté les catholiques aussi bien que les Juifs. »

Au moment de quitter sa cellule, je lui ai demandé comment il se sentait en général et si son sommeil s'était un peu amélioré. « Commandant, que vous me posiez de telles questions est le signe que vous êtes un gentleman. Si tout le monde avait la conscience aussi tranquille que moi, personne au monde ne prendrait des somnifères ou n'irait voir des docteurs. J'ai la conscience aussi tranquille qu'un bébé. Lisez les volumes du *Stürmer* ou n'importe laquelle des autres publications de la maison d'édition Der Stürmer, dont j'étais président, et vous n'y trouverez pas un mot concernant l'extermination des Juifs. Je vais prouver tout cela. Vous allez voir. »

15 juin 1946

Quand M. Triest et moi sommes entrés dans sa cellule, Streicher était, comme d'habitude, d'humeur diserte. Il s'est dit en pleine forme et a ajouté n'avoir pas souffert dernièrement de tension ou des palpitations auxquelles il avait été sujet à diverses reprises dans le passé. Il a dit n'avoir aucun motif de se plaindre, si ce n'est que son sommeil était parfois troublé par le manque de considération des gardiens postés devant sa cellule.

« Je ne veux pas me plaindre de ces jeunes gens, bien sûr, parce que j'aurais sans doute fait pareil à leur âge. Ce sont tous des jeunes gens, de vingt et quelques années, sinon plus jeunes. Certains tapent des doigts sur la porte et quand je me réveille à cause du bruit en pleine nuit ils s'esclaffent. Voilà quatre semaines, un de ces gardiens a pendu un petit personnage dans ma chambre par l'ouverture de la porte et il a trouvé ça très drôle. Cela s'est produit à deux reprises, et chaque fois avec un gardien différent. Ça n'a vraiment pas d'importance à mes yeux : je ne suis pas un sensible, j'en ai vu d'autres. En général, les gardiens sont polis et corrects, mais certains sont agaçants. Cette semaine, par exemple, j'ai été réveillé deux fois dans la nuit par la relève de la garde. J'ai écrit un billet au responsable de la prison pour me plaindre, mais je suis sûr que le gardien l'a déchiré ou l'a gardé par-devers lui et ne l'a pas transmis. »

Streicher avait une faveur à me demander. Aurais-je la gentillesse de la lui accorder ? « Pourrions-nous avoir davantage de marmelade ou des carottes fraîches, des oignons ou d'autres légumes ? » J'ai répondu que je ne m'occupais guère des régimes ou des rations, que je m'assurais simplement qu'ils contenaient suffisamment d'éléments nutritifs. J'ai expliqué que la ration du prisonnier de guerre était prescrite par le QG américain de Francfort et que c'était la même partout. J'ai dit à Streicher que le régime des accusés était, en fait, la ration du prisonnier de guerre astreint au travail et qu'elle était meilleure que dans la plupart des camps et des prisons. Réponse de Streicher : « Oh oui, je ne me plains pas. On a largement à manger. Je me disais simplement que si on pouvait nous donner de la marmelade, des carottes ou des oignons, ce serait bon pour mon organisme. »

Streicher m'a encore demandé une faveur. « Si vous pouviez m'obtenir l'adresse de ma femme, je vous en serais reconnaissant. Je sais qu'elle est internée dans un camp américain à Ludwigsburg, près de Stuttgart. Je n'ai jamais reçu aucune lettre d'elle parce qu'elle ne peut écrire qu'une fois toutes les quatre semaines, je crois. Ça fait plus de quatre semaines qu'elle est loin d'ici, bien sûr, mais je crois que les autorités américaines ne lui laisseront pas m'écrire. C'est très bien comme ça, mais j'aimerais bien lui écrire. J'ai la permission d'écrire aussi souvent qu'il me plaît de cette prison. » J'ai promis d'essayer de savoir où sa femme résidait à présent.

J'ai demandé à Streicher ce qu'il pensait du déroulement du procès au cours des dernières semaines. « C'est très dur pour les différents accusés ; après tout, nous venons de perdre la guerre et nous ne pouvons pas faire grand-chose. Je crois que Jodl s'est bien débrouillé dans sa défense. Pour ce qui est de Seyss-Inquart, il s'est bien défendu, mais la partie était très difficile tant les accusations portées contre lui étaient nombreuses. Il a à répondre d'une bonne part de responsabilité. »

Je l'ai questionné sur sa propre défense et ce qu'il avait éprouvé en se retrouvant à la barre. « La principale chose que j'ai essayé de souligner, c'est à quel point j'ai été maltraité dans le camp américain de Freising, mais le procureur américain et les juges ont décidé que mes déclarations à ce propos ne seraient pas retenues par le greffier parce qu'elles étaient hors sujet. Je ne pense pas que c'est hors sujet quand nous autres, nazis, on nous accuse de crimes de guerre et de l'assassinat de cinq millions de Juifs et de millions d'autres innocents – partisans, otages ou prisonniers de guerre. On aurait donc dû accepter que figure dans les minutes du procès le récit des mauvais traitements que j'ai personnellement endurés en tant que prisonnier de guerre, une fois la guerre terminée, à Freising. »

Streicher pensait que les procès se termineraient dans le courant du mois d'août. Il s'est dit peu surpris que le tribunal ait essayé de réduire à deux semaines seulement les conclusions des avocats de la défense. « J'ai toujours été d'avis qu'une longue défense ne servait à rien. Ma conviction est et a toujours été, depuis le début de ce procès, qu'en dernière analyse il importe peu de savoir quels arguments la défense va produire parce que l'opinion des juges est faite d'avance et que rien de ce que peuvent dire les avocats de la défense, les accusés ou leurs témoins ne saurait y changer quoi que ce soit. Ce n'est pas un procès normal. C'est un procès politique international et, à ce titre, pour le moins irrégulier.

« C'est un procès à l'intérieur d'une nation, mais un procès de vainqueurs contre les vaincus. Avant même que les procès n'aient commencé, les vainqueurs qui nous jugent étaient absolument convaincus que nous étions coupables et que nous devions tous en payer le prix. »

Streicher a-t-il le sentiment que le procès en tant que tel était conduit de manière équitable ? « Eh bien, à l'heure qu'il est, je ne saurais dire le fond de ma pensée en la matière. Il y a un effort d'équité superficiel. Il est difficile de dire ou d'exprimer ce qu'on pense ou ressent à l'intérieur. Je suis convaincu que certains juges, en tant qu'êtres humains, ont l'intention d'être justes, mais qu'ils sont dépendants de leurs pays d'origine et des sentiments qui prévalent dans ces pays. »

Streicher a-t-il eu le sentiment que l'un ou l'autre des accusés était coupable ? Que l'un d'eux méritait un châtiment ? « D'un point de vue allemand, tout bon Allemand dirait qu'aucun de nous n'est coupable. D'un côté, il y a les meurtres de masse et il est parfaitement clair que leur auteur, quel qu'il soit, est coupable. Mais je ne connais personne parmi nous, les vingt et un prévenus, qu'on puisse réellement accuser d'avoir participé aux meurtres de masse. Hitler l'a admis dans son testament. Il a dit très clairement qu'il avait ordonné ces massacres. Je suis absolument convaincu qu'aucune des personnes qui siègent sur le banc des accusés n'a voulu ces massacres. L'accusation suivant laquelle je suis pour quelque chose dans le fait d'avoir excité la populace, par la propagande ou par mes discours, et de l'avoir incitée à commettre de telles atrocités, est fausse. Se pose ensuite la question de la responsabilité de Kaltenbrunner. Je ne l'ai jamais connu avant de le rencontrer ici, mais je crois que Hitler a donné directement à Himmler son ordre d'extermination. C'est ici, dans cette prison, que j'ai entendu pour la première fois le nom de Kaltenbrunner. Je crois que les grands exterminateurs ont été Himmler et Heydrich. »

Streicher croyait-il que Himmler avait incité Hitler à prendre la décision des exterminations raciales ? « Je ne sais pas. Je n'ai pas revu Hitler depuis 1938. J'ai passé les cinq années de guerre à la campagne. » La question semblait le laisser complètement indifférent ; elle l'ennuyait plutôt. J'ai voulu avoir son avis sur les autres accusés. Streicher a eu un large sourire, savourant son rôle de savant et de commentateur. « Eh bien, permettez-moi de commencer par Ribbentrop. Je dois souligner qu'on le juge mal. Ribbentrop ne voulait pas des responsabilités si écrasantes qu'il a été contraint d'assumer. Pour ce qui est de la question juive, Ribbentrop n'avait rien à voir avec elle. Il a toujours parlé des grandes difficultés qu'il rencontrait dans les milieux politiques étrangers et il était donc hostile aux méthodes radicales. Je n'ai jamais entendu une seule remarque de Ribbentrop à propos des Juifs. À mon avis, il est mal jugé.

« Pour ce qui est de Göring, maintenant, vous savez que pendant de longues années il a été mon ennemi. La commission Göring a enquêté sur mes actions ici, à Nuremberg, et m'a fait même juger et exiler de Nuremberg, si bien que j'ai dû vivre dans ma propriété de Fürth de 1940 jusqu'à la fin de la guerre. Mais ce que Göring déclare dans cette cour est tout à fait vrai et je dois lui donner raison. Il était le représentant de Hitler, le chef adjoint de l'État, et à ce titre il assumait la responsabilité de tout ce que Hitler ordonnait. Bien entendu, il n'accepte pas la responsabilité des meurtres de masse parce qu'il n'a rien à voir là-dedans. Mais il accepte la responsabilité de tout le reste. Tout ce que dit Göring est parfaitement exact. Bien sûr, pour ce qui est des tableaux et des collections d'œuvres d'art, il est difficile de juger. C'était son hobby. Ainsi qu'il l'a dit lui-même, il n'y a aucune autre excuse à cela, et ce n'était qu'une faiblesse. »

Streicher est ensuite passé à Sauckel. « Sauckel est un homme honnête et honorable, qui a eu la malchance de se voir confier la tâche de faire venir des travailleurs étrangers en Allemagne. Il n'avait pas de mauvaises intentions et il a essayé de prendre soin de ces ouvriers. Le fait que ça n'a pas vraiment été le cas partout n'est pas vraiment de sa faute. » Mais que pensait Streicher de cette politique consistant à faire venir en Allemagne une main-d'œuvre servile ? « Si un peuple est engagé dans un combat à la vie ou à la mort et si les dirigeants croient pouvoir gagner la guerre en important une main-d'œuvre servile, alors c'était juste. Par ailleurs, des choses se sont produites qui n'étaient absolument pas nécessaires. Des choses commises par les Alliés, je veux dire. Par exemple, de vieilles villes historiques comme Rothenburg et bien d'autres villes où l'on ne fabriquait pas d'armes ont été bombardées sans merci. À Dresde, des milliers de civils ont été tués sous les raids aériens. Puis, quand les Russes se sont approchés de Dresde, cent vingt mille réfugiés ont fui. Je me souviens de bulletins d'informations : la presse américaine et anglaise n'était que trop heureuse du fait que beaucoup aient été tués à Dresde. Je pourrais vous donner de nombreux exemples de barbarie et de cruauté de la part des Alliés.

« Pour ce qui est de Keitel, de Jodl et d'autres chefs militaires, ils n'ont rien à voir avec les meurtres de masse et les autres atrocités. En fait, personne n'en savait rien ni n'y croyait en Allemagne, et c'est vrai pour les accusés comme pour la population en général. Je n'ai entendu parler d'Auschwitz que maintenant : je n'en avais jamais rien su avant ce procès. C'est parfaitement compréhensible et normal pour moi d'être antisémite, mais exterminer des femmes et des enfants est tellement extraordinaire qu'on a peine à y croire. Aucun accusé, ici, n'a voulu cela. »

II

TÉMOINS

Erich von dem Bach-Zelewski
1899-1972

Haut responsable de la police, général SS, et général de la police à partir de 1941, Erich von dem Bach-Zelewski fut nommé chef des unités antipartisanes en Russie en 1943.

Condamné à dix ans de « travail spécial » par un tribunal de dénazification, à Munich, il fut rejugé en 1962 et condamné à la prison à vie.

14 février 1946

Cet homme de quarante-sept ans, Erich von dem Bach-Zelewski, est né à Berlin le 1er mars 1899. Il est plutôt robuste, grand, avec des traits réguliers et des yeux bleu-gris. Il est tout à la fois doucereux dans ses manières et imbu de sa personne, et son attitude est celle d'un homme qui s'efforce d'être sincère ; du moins le répète-t-il si souvent au cours de l'entretien qu'on finit par ne plus y croire.

Antécédents médicaux : Il déclare avoir eu les maladies infantiles habituelles, mais qu'il a toujours été constipé, même enfant ; toutefois, sa constipation s'est aggravée en 1918, quand il a été gazé au cours de la Première Guerre mondiale. En 1942, il a souffert d'une « paralysie intestinale » alors qu'il servait en Russie, ce qu'il attribue à la froideur du climat. Il a passé quatre mois à l'hôpital à cette époque, ce qui a nécessité ensuite six mois de convalescence.

Il a été légèrement blessé à la tête et à l'épaule droite ; deux blessures légères, qui remontent à la Première Guerre mondiale. Il a touché une pension à vie après cette guerre pour avoir été empoisonné au gaz en 1918, aussi bien qu'en raison de sa paralysie des intestins à cette époque. Il est très intéressé par ses malheurs intestinaux et en parle avec un luxe de détails, tout en soulignant qu'il n'a plus aucune difficulté à présent et qu'il ne s'est jamais aussi bien porté de toute sa vie que maintenant qu'il est en prison.

Il ajoute qu'il a subi diverses opérations rectales en raison de petites ulcérations. Il évalue à douze, au moins, le nombre de petites opérations chirurgicales rectales qu'il a subies. La dernière remonte à janvier 1942. (Il s'agissait apparemment d'une occlusion intestinale.) Il est souvent allé dans des villes d'eau, notamment à Karlsbad, où il a eu droit à des massages et à des bains et a bu de l'eau minérale, sans compter les irrigations du côlon. Il a pris l'habitude de s'administrer très fréquemment des lavements, de son propre chef, peut-être plus d'une fois par semaine. Depuis qu'il est en captivité, cependant, il n'a pas besoin de ces soins.

Études : Quatre années d'école primaire et six ans de lycée. Voilà toute son éducation officielle. Il dit avoir été bon élève, mais n'avoir jamais eu le désir de pousser plus loin ses études.

Activités : « À quinze ans, je suis devenu soldat, et j'ai été le plus jeune volontaire de toute l'armée allemande. Je suis devenu officier en 1917. Après la guerre, je suis resté dans l'armée des 100 000 [1]. Je l'ai quittée en 1924 parce que mes deux sœurs ont épousé des Juifs et que les choses me sont devenues insupportables. À l'époque, j'étais lieutenant. Je suis devenu un paria de la société parce que l'antisémitisme régnait dans l'armée. »

Vous êtes-vous opposé au mariage de vos sœurs ? « Non, au contraire. J'ai aidé mes deux sœurs et leurs maris à partir pour Rio de Janeiro en 1934. Mon frère aîné a également émigré à Rio. »

Parlez-moi donc de votre carrière et de votre vie après 1924. « J'ai travaillé pour une entreprise de Landsberg, près de l'Oder, qui achetait des terres et les transformait en fermes. J'ai travaillé dix années durant pour cette société, jusqu'en 1934. »

1. La taille limitée de l'armée avait été imposée par le traité de Versailles ; voir Boemeke, Feldman et Glaser, éd., *The Treaty of Versailles*.

Que s'est-il passé ? « Le patron est parti lui aussi à Rio de Janeiro en 1933. Je suis resté dans l'affaire jusque-là. »

Et après 1933 ? « Je suis entré dans les SS et, à compter de 1934, j'en suis devenu membre à plein temps. En 1934, j'ai été nommé général de corps d'armée en Prusse-Orientale. » Comment expliquez-vous votre accession à de si hautes fonctions au sein des SS en un laps de temps aussi court ? Bach-Zelewski a un sourire bienveillant : « Parce que j'étais un excellent soldat. » Avec une évidente fierté.

« Dans ma déposition devant la cour, j'ai raconté qu'en 1934 mon QG était à Königsberg et l'une des premières tâches que je me suis donnée a été de mettre en accusation Erich Koch, chef de district du parti et haut responsable administratif de Prusse-Orientale, pour corruption [1]. Plus tard, en 1936, Göring m'a réprimandé pour avoir porté des accusations contre Koch. Et Koch est resté. L'affaire est remontée jusqu'à Hitler et, comme Koch était un ami de Hitler, toute l'histoire a été enterrée. Et c'est moi qui, en 1936, ai été transféré en Silésie.

« Koch a engagé des poursuites contre moi parce que j'aidais les Juifs de Königsberg. Il a donné l'ordre de photographier tous ceux qui achetaient dans des magasins juifs et j'ai personnellement contré ces ordres. » Quelles étaient vos tâches à Königsberg ? « J'étais responsable de la cavalerie et de l'entraînement des SS. » Et en Silésie ? « Ça a été ma meilleure période. À cette époque, Josef Wagner était administrateur de district du parti. Au début de la guerre, il a été limogé sur ordre de Hitler [2]. Et ce parce que Wagner et moi avions élaboré notre propre idéologie politique, si bien que, jusqu'au début de la guerre de Russie, aucun Juif n'a été abattu ni placé dans des ghettos.

« Pour me succéder, est arrivé un certain Ernst Schmauser en 1941.

« Et à compter de 1941, j'ai pris part à la campagne de Russie. »

1. Erich Koch (1896-1986) a été jugé en Pologne après la guerre, et condamné à mort en 1959, mais la peine fut commuée en prison à vie.

2. Josef Wagner fut un temps chef de district du parti nazi dans le sud de la Westphalie, région à laquelle vint s'ajouter la Silésie en 1934. Il fut renvoyé en 1940 pour sympathies pro-catholiques, mais ce limogeage tenait moins à l'appréciation de la situation par Hitler qu'à des intrigues et à des luttes pour le pouvoir internes au parti. Voir Dietrich Orlow, *The History of the Nazi Party, vol. 2, 1933-1945*, Pittsburgh, 1973, p. 270. Hitler avait transmis le dossier de Wagner à la haute cour du parti qui, à la grande consternation du Führer, l'acquitta et le réintégra au sein du parti. Voir Donald M. McKale, *The Nazi Party Courts : Hitler's Management of Conflict in His Movement, 1921-1945*, Lawrence, 1974, p. 178-179.

Connaissez-vous Rudolf Mildner ? « Non, il a dû arriver après moi. J'ai quitté Breslau en avril 1941. »

Avez-vous su quoi que ce soit du camp d'Auschwitz ? « Non, il n'existait pas à l'époque.

« J'étais en charge du problème juif. Au temps de Wagner, il n'y avait pas de camps de concentration. Le général Blaskowitz a protesté parce que mon prédécesseur avait abattu des Juifs, etc. Mais quand j'ai pris le commandement, j'ai ordonné qu'il n'y ait pas de persécution des Juifs, pas de ghettos. Mon prédécesseur était un homme du nom d'Udo von Woyrsch. C'est le neveu du célèbre maréchal von Woyrsch de la Première Guerre mondiale, qui est mort depuis longtemps. Le grand maréchal aurait honte des agissements de son neveu. C'était criminel. Mais quand je suis arrivé, j'ai rétabli l'ordre et la justice. » À ce stade, Bach-Zelewski donne l'impression d'un homme qui est profondément convaincu de sa loyauté et tout à fait prêt à condamner les autres et à rejeter la faute sur eux.

« Auschwitz était un centre d'entraînement des troupes. Il y avait l'usine des ateliers Göring et peut-être les ouvriers de cette usine venaient-ils des camps de concentration. Peut-être bien qu'il y avait des baraques autour de l'usine, mais ce n'était pas un camp de concentration en ce temps-là, parce que si cela avait été un camp de concentration, c'aurait été un camp d'extermination. » Vous voulez dire que tous les camps de concentration étaient des camps d'extermination ? « Non, mais je sais qu'Auschwitz est devenu un camp d'extermination, comme beaucoup d'autres. Mais à l'époque où j'étais dans la région, ce n'était pas le cas [1]. »

Quelles étaient vos fonctions sur le front russe ? « Au départ, j'étais chef de la police et général SS à l'état-major du général Max von Schlenckendorff, au cœur de la Russie. Schlenckendorff était le commandant des forces dans les zones arrière. C'est moi qui ai créé tous les postes de police. »

Quelle était la nature de votre témoignage à la cour, ici, à Nuremberg ? « Oui, laissez-moi vous l'expliquer. Il y a eu des cas où j'ai refusé d'obéir aux ordres de Himmler. J'ai témoigné à propos de Varsovie et des ordres de Himmler de fusiller toutes les

1. Sur Auschwitz, voir Franciszek Piper, « Auschwitz Concentration Camp : How It Was Used in the Nazi System of Terror and Genocide and in the Economy of the Third Reich », in Michael Berenbaum et Abraham J. Peck, éd., *The Holocaust and History : The Known, the Unknown, the Disputed, and the Reexamined*, Bloomington, 1998, p. 327-386. Pour une étude de problèmes spécifiques, voir Yisrael Gutman et Michael Berenbaum, éd., *Anatomy of the Auschwitz Death Camp*, Bloomington, Ind., 1994.

femmes et les enfants. J'ai contré ces ordres de Himmler et j'ai même fait fusiller un chef et l'état-major d'une brigade parce qu'ils exécutaient ces ordres. »

Où étiez-vous pendant que brûlait le ghetto de Varsovie [1] ? « Oh, je n'étais pas du tout dans les parages à l'époque. J'étais à Kovel, j'étais commandant là-bas. J'étais un genre de commandant de division. C'est au cours du soulèvement polonais de 1944 que j'ai fait signer la capitulation au ministre polonais de la Guerre. Votre journal, *Stars and Stripes*, a publié un article consacré à ce que j'ai fait par humanité. En 1944, il n'y avait plus de Juifs à Varsovie. Mais j'ai sauvé les femmes et les enfants polonais qui auraient été tués suivant les ordres de Himmler. Il y a quelque temps, j'ai été interrogé par les Polonais et je n'ai été accusé d'aucun crime. » Avez-vous été interrogé par les Russes ? « Oui, oui, et je suis devenu témoin pour les Russes. Il n'est qu'à consulter les journaux de Sauckel et de Frank pour juger de mon attitude : ils signalent ma désobéissance aux ordres de Himmler. »

Comment pouvez-vous être un personnage aussi carré et être demeuré général SS jusqu'à la fin de la guerre ? « Psychologiquement parlant, c'était un cas intéressant. Himmler était un homme très rusé. Il n'est pas exactement tel qu'on le stigmatise aujourd'hui. Sans doute a-t-il estimé qu'il était sage d'avoir un homme comme moi, à demi polonais par ses origines et incorruptible : je crois que Himmler s'est dit que je pouvais être utile de par ces qualités. »

Bach-Zelewski m'a montré trois coupures de presse, une en anglais et deux en allemand, faisant état de son témoignage aux procès actuels. « Vous savez que Göring a été puni plus tard pour m'avoir publiquement qualifié de traître et de porc en plein tribunal. Et cela parce que j'ai dit au tribunal que la guerre de Russie avait été préparée par Keitel, Göring et d'autres. Les cruautés contre les civils étaient intentionnelles, et ça aussi, je l'ai dit. J'ai également raconté combien c'était différent dans tous les endroits dont j'avais la responsabilité. Chaque fois que je prenais une ville, je convoquais le responsable de la synagogue pour l'assurer qu'aucun tort ne lui serait fait, à lui ni aux autres Juifs. Je crois avoir sauvé dix mille Juifs en leur disant de se cacher dans les

1. Le 19 avril 1943, les Juifs du ghetto de Varsovie commencèrent un soulèvement, qui devait finalement coûter la vie à 14 000 personnes ; 7 000 autres devaient être déportées à Treblinka ou à Maidanek. Du côté allemand, le bilan aurait été de 400 morts et de 1 000 blessés. Pour un tableau général, bref et fiable, voir Doris L. Bergen, *War and Genocide : A Concise History of the Holocaust*, New York, 2003.

marais du Pripet. Ces marais ne sont pas tels que leur appellation pourrait le laisser croire. Il s'agit pour l'essentiel de bois et de canaux. J'expliquais aux Juifs que, à partir de ces marais, ils pouvaient rejoindre les lignes russes.

« Je suis le seul chef SS de Russie qui n'ait pas été assassiné ou sur qui il n'y ait jamais eu de tentative d'assassinat. Je pouvais me déplacer partout sans garde du corps.

« Mon meilleur témoin est le général Bor-Komorowski [1], et l'évêque dont je m'étais occupé. » Pourquoi n'avez-vous rien fait pour empêcher l'incendie du ghetto de Varsovie ? « Himmler avait des spécialistes pour les ghettos. Je n'étais spécialiste que du combat contre les partisans. » Avez-vous exécuté des partisans ou ordonné leur exécution ? « Non, j'étais contre cette politique. Frank en fait état dans son journal. En 1943, j'ai fait un discours critiquant la politique déjà arrêtée contre les partisans, et c'est une politique qui va maintenant coûter sa tête à Frank. J'ai dit à cette époque qu'on ne saurait combattre les partisans avec les armes. Mon conseil était de leur donner suffisamment à manger, etc. »

Puisque vous étiez hostile à tout ce qui était accepté chez les SS, comment se fait-il que Himmler vous ait gardé comme un des principaux généraux SS ? « Vous devez envisager la politique de Himmler d'un point de vue assez large. Himmler voulait la place de Hitler. Mon nom, le nom de Bach-Zelewski, était populaire auprès des Allemands. J'étais très connu, respecté et aimé. Si Himmler m'avait arrêté, les Allemands se seraient méfiés et se seraient demandé ce qu'il se passait. »

Sur ce, Bach-Zelewski a paru jauger l'effet de ses paroles sur moi. Je fumais une cigarette et prenais des notes, sans faire le moindre commentaire. Je crois qu'il a senti qu'il était important de s'expliquer davantage. D'où sa déclaration suivante, qui était plus révélatrice. « Moi-même, j'ai toujours été très retors. J'ai joué deux cartes différentes. J'ai dit à Himmler que Hitler intriguait contre lui, et j'ai dit à Hitler que Himmler était contre lui. Finalement, en 1943, j'ai fait déménager ma famille près de la frontière suisse, parce que je m'attendais à être arrêté d'un moment à l'autre.

« J'étais très hostile à la tentative d'assassinat de Hitler le 20 juillet 1944, parce que des sales types en étaient. Par exemple, le plus célèbre tueur de Juifs de Russie, le général SS de sinistre

1. Les documents du procès mentionnent le général Bor-Komorowski dans le contexte de la rébellion de Varsovie, en juillet 1944, que Bach-Zelewski reçut l'ordre de réprimer. Pour un bref récit des événements, y compris de la mort de quelque 225 000 civils dans la révolte avortée, voir Overy, *Russia's War*, p. 246-247.

mémoire, Arthur Nebe, était du complot [1]. Je crois que Himmler lui-même y a trempé. À mes yeux, Himmler était pire que Hitler. La tentative d'assassinat aurait dû d'abord viser Himmler.

« En janvier-février 1945, j'étais près de Stettin, sur l'Oder. À l'époque, je souffrais d'intoxication alimentaire et j'étais soigné dans un hôpital. La guerre touchant à sa fin, j'avais été transféré d'un hôpital à l'autre et je récupérais. Début mai 1945, j'étais rétabli. Je n'ai pas été arrêté. De mai à août, j'ai continué de rechercher Himmler. J'ai fini par me rendre volontairement en août 1945. J'allais d'un village à l'autre à la recherche de Himmler pour le tuer. Je voulais aussi retrouver ma famille, dont je ne savais pas exactement où elle avait atterri. Je ne savais pas ce que l'avenir me réservait. À l'époque, je tenais pour certain que, étant général SS, on allait me faire prisonnier et m'exécuter sur-le-champ.

« Il m'a fallu deux mois pour traverser à pied la lande de Lüneburg, entre Hanovre et Hambourg, puis rejoindre la frontière suisse, où résidait ma famille. » Pourquoi vous être rendu ? « Parce que j'avais la conscience tranquille et que je n'avais rien à cacher. » Mais alors pourquoi vous être rendu en mai ? « Tout n'était que chaos et confusion. Je ne savais pas ce qu'il allait advenir des criminels de guerre. Pour être franc, quand j'ai lu dans la presse les premiers reportages sur les camps de concentration, j'ai cru que c'était de la propagande. C'est uniquement après la guerre que j'ai compris que tous les Juifs étaient morts. Je ne veux pas dire que je ne savais pas qu'on exterminait les Juifs, parce que je le savais depuis un bon moment, des années avant la fin de la guerre. Mais je ne savais pas que ça se faisait à cette échelle – je n'avais pas mesuré que les chiffres étaient tels. »

Vous-même, avez-vous jamais vu des Juifs exécutés ? « Oui, j'ai vu des exécutions, mais pas seulement de Juifs, d'autres également. Je me souviens que Himmler, une fois, a personnellement assisté à l'exécution de cent vingt personnes. Une autre fois, en 1941 à Minsk, Himmler m'a ordonné d'aller sur place assister à l'exécution de vingt Juifs. »

Comment ont été exécutées les cent vingt personnes dont vous parlez ? « Fusillées, comme cela se fait normalement dans l'armée, trois par trois. Le groupe entier des cent vingt a été exécuté par tout

1. Arthur Nebe (1894-1945), général SS et chef de la police criminelle. Il se déshonora en tant que chef du *Einsatzgruppe B*. Il aurait été également impliqué dans la tentative d'assassinat de Hitler, le 20 juillet 1944, mais disparut par la suite. Pour l'histoire complète, cf. Peter Hoffmann, *La Résistance allemande contre Hitler*.

un bataillon. J'en ai fait une description détaillée dans mon rapport parce que ça donnait un aperçu intéressant du caractère de Himmler.

« Au moment de l'exécution de ces cent vingt personnes, il y avait un jeune Juif de vingt ans et d'apparence nordique, avec des yeux bleus et des cheveux blonds. Il se tenait près de la fosse où il allait être exécuté. Himmler l'a fait venir et lui a demandé s'il était juif, si ses grands-parents étaient tous juifs. Le garçon a répondu qu'à sa connaissance toute sa famille était juive. Alors Himmler a dit qu'il ne pouvait rien pour lui et le garçon a été exécuté avec les autres. Voilà comment Himmler a essayé de sauver la vie du garçon. »

Vous me racontez cet épisode comme un exemple de la noblesse de Himmler ? « Non, mais je veux simplement dire que Himmler n'est pas tel qu'on le stigmatise aujourd'hui. Ce n'était pas un homme insensible à la vue du sang. Il avait le cœur dur en raison d'une idéologie fanatique. Mais il était sans conteste doux et lâche.

« Après l'exécution, nous sommes allés inspecter un asile de fous pour grands malades. Un spectacle nauséeux. Himmler, Nebe et moi avons fait la visite ensemble, et j'étais présent quand Himmler a parlé avec Nebe de liquider les pensionnaires de cette institution. Je crois que la raison de tout cela est que Himmler voulait me faire comprendre à demi-mot, me donner un signe : si je sortais du rang, mon petit frère Victor, qui est un malade mental, serait liquidé de la même façon.

« Une fois accomplie ma mission à Varsovie, je suis devenu le commandant SS de Budapest, mais j'ai été relevé au bout de cinq jours pour avoir refusé d'y liquider les Juifs. »

Mais pourquoi avoir rejoint les SS ? « Je ne veux pas dire que c'était par idéalisme. Pour commencer, je croyais à la légende du "coup de poignard dans le dos [1]". Les généraux disaient qu'après la dernière guerre l'Allemagne avait été vendue de l'intérieur. Aujourd'hui, naturellement, je n'y crois plus, mais en tant que jeune lieutenant je croyais que l'Allemagne, lors de la première guerre, n'avait pas vraiment été vaincue sur le champ de bataille mais avait été trahie de l'intérieur.

« Il y avait d'autres choses. Les Polonais avaient le Corridor. Une partie de ma famille vivait en Pologne.

« Un autre facteur était que le mouvement de Ludendorff était plus antisémite que celui de Hitler. Je pensais que Hitler laisserait

1. Pour une analyse de la signification du « coup de poignard dans le dos en 1918 », voir Michael Burleigh, *The Third Reich : A New History*, Londres, 2000, p. 27-101.

tomber la plupart de ses idées antisémites. J'ai été impressionné par la victoire électorale des nazis en 1930. J'ai perdu ma place dans une entreprise juive. J'aimais le métier de soldat, et j'ai discuté avec mes beaux-frères juifs et tous deux en étaient d'accord : mieux valait pour moi suivre le courant, plutôt que de m'y opposer ; ainsi obtiendrais-je davantage en rejoignant le parti qu'en m'y opposant.

« La cousine de ma femme avait épousé un banquier juif de Berlin. Il était membre de l'Union nationale des étudiants juifs et, lors de la dernière guerre, il était capitaine de réserve. Nous étions très intimes. Cet homme a financé l'entreprise balte contre Riga du général von Goltz. Autrement dit, le banquier juif avait des sentiments nationalistes. Il m'a dit de rejoindre les rangs nazis et qu'au bout de quelques années le calme reviendrait et que les classes dirigeantes connaîtraient des jours heureux.

« Après cela, ma carrière est allée vite et mon ascension fut rapide – trop rapide – au point que je ne pouvais partir sans mettre ma famille en danger.

« Aujourd'hui encore, avec le recul, quand je me demande ce que j'aurais dû faire, je dois répondre qu'il valait mieux que quelques types honnêtes comme moi aient de l'influence au sein des SS et empêchent ainsi des saloperies. »

Au moment où il fait cette dernière déclaration, Bach-Zelewski a un air particulièrement suffisant et hypocrite. Je lui ai demandé carrément ce qu'il avait jamais « empêché » : « Rien qu'à Varsovie, j'ai sauvé au moins un millier de gens en 1944. Et je vous ai parlé d'au moins dix mille Juifs que j'ai sauvés en les envoyant dans les marais du Pripet. »

Je me suis laissé dire par quantité de gens emprisonnés ici que vous étiez l'un des généraux SS les plus sévères et influents et que beaucoup d'exécutions de masse avaient eu lieu sous votre supervision directe. « Je sais que certaines personnes contre qui j'ai témoigné vont dire ça, mais tout ce que je peux faire, c'est dire la vérité. J'ai sauvé un millier de vies à Varsovie – des Juifs connus, je veux dire – en 1944, et dix mille Juifs en les envoyant dans les marais. » Et vous avez donc le sentiment que ça valait la peine pour vous d'appartenir aux SS, dont Himmler était le chef, parce que vous avez sauvé, ou prétendez avoir sauvé, dix mille Juifs quand les SS ont de l'aveu général exterminé entre cinq et six millions de Juifs ? « Oui, mais je n'étais qu'un petit homme, et dix mille Juifs sauvés c'est dix mille. Que pouvait faire de plus un seul homme ? » Eh bien, vous semblez imputer à un homme, à savoir Himmler, la mort des cinq millions de Juifs restants et le meurtre de quantité de Polonais et de Russes innocents. « Oui, mais Himmler était un homme qui avait beaucoup plus de pouvoir que moi. En outre, je n'ai pas dit que Himmler était seul responsable. Tout le monde – Hitler, Himmler, Göring, Frank, Rosenberg, pour ne citer que ceux qui avaient des responsabilités à l'Est – a du sang sur les mains. Alors que moi, je n'en ai pas du tout.

« Si Göring me qualifie de traître, c'est à cause de ce que j'ai déclaré au cours des interrogatoires et devant le tribunal. Et je le redis : je sais personnellement que Himmler préparait l'extermination systématique – le meurtre de sang-froid – de trente millions de Slaves. Voilà pourquoi Göring me qualifie de traître. Si j'étais resté en Silésie, les Juifs de là-bas seraient encore en vie. » Pourquoi n'êtes-vous pas resté en Silésie ? « J'ai reçu l'ordre de partir. » Bon, et quel bien avez-vous fait quand vous étiez là-bas ? « Je vous ai dit et redit que j'ai sauvé un millier de femmes et d'enfants qui devaient être fusillés à Varsovie, que j'ai sauvé quantité de Juifs en Russie, et je pourrais vous donner d'autres exemples ; comment j'ai sauvé Bialystok, par exemple. »

Vous vous donnez donc raison d'être devenu un SS et un nazi ? « Non, je dois être responsable de tout ce que j'ai fait dans ma vie. Cela ne diminue en rien ma profonde culpabilité d'avoir adhéré au parti. » Oui, mais il y a un instant vous avez dit qu'avec le recul vous pensiez que c'était une bonne idée, de la part de quelques types bien comme vous, d'entrer dans le parti et les SS. « Non, ce que j'ai voulu dire, c'est qu'on ne saurait me comparer aux autres. Ce que je veux dire c'est qu'après coup, quand j'essaie de revenir sur le passé, c'est le destin et l'acte de Dieu qui m'ont fait rejoindre les SS et le parti. »

Vous pensez que c'était le destin et l'acte de Dieu, ou vous pensez que c'était votre décision qui, comme vous l'avez dit il y a quelques minutes, avait été mûrement réfléchie et discutée avec vos beaux-frères au moment où vous avez décidé de « suivre le courant » ? « Dieu règne sur tout. Je ne veux pas dire que ce n'était pas mon libre arbitre. Mais le libre arbitre des gens est toujours influencé par Dieu. »

Vous voulez dire que tout ce qui arrive dans ce monde, bien ou mal, est toujours excusable parce que c'est Dieu qui l'a voulu ? « Oui, oui, je crois beaucoup en Dieu. » Alors vous croyez que Dieu a voulu que cinq ou six millions de Juifs soient tués dans des chambres à gaz ou dans des fosses ? « Non, ça, je ne crois pas que Dieu l'ait voulu. Je crois que c'était le diable, qui bataillait contre Dieu et qui a eu temporairement le dessus, en utilisant des gens comme Himmler, Hitler et les SS, y compris de bonnes influences telles que moi et une poignée d'autres au sein des SS. Je crois tant en Dieu – et la façon dont la guerre s'est terminée en est la preuve. Si l'Allemagne avait gagné, c'eût été la victoire de la volonté du démon.

« Si jamais je sors d'ici, et si je veux aider les gens, j'écrirai un livre sur mes expériences de chef des SS, et le livre s'appellera *L'Ange de Lucifer*. » Vous voulez dire dans votre livre que vous êtes un ange ? « Non, juste en comparaison. Hitler et Himmler étaient des anges déchus, c'est-à-dire des démons. L'ange de Lucifer serait la SS. Dans la religion catholique, l'ange de Lucifer voulait être Dieu et a été maudit par Dieu.

« Si l'on examine la situation d'un point de vue religieux et qu'on dresse le bilan de toutes les vies perdues au cours de cette guerre – Juifs, Allemands et Alliés –, si c'est la dernière guerre, si les Alliés réussissent aujourd'hui à instaurer la paix éternelle, ça en vaut la peine. Mais si ce n'est pas la dernière guerre, ça ne vaut pas le coup. »

Tout au long de cette discussion, Bach-Zelewski a pris la pose pieuse et cérémonieuse d'un prédicateur ou d'un instituteur bien nourri débitant des platitudes qu'il croit être d'une grande profondeur.

Vous pensez que cette guerre est la dernière ? « Je crois que c'est la dernière guerre, parce que si ça ne l'est pas, ça signifie la fin de l'humanité. Si ce n'était pas la dernière guerre, il aurait mieux valu que Himmler m'ait gazé, moi et les miens, il y a quelque temps.

« Cent fois, j'ai regretté ce que j'ai fait. Je me suis représenté qu'on gazait mes enfants et qu'ils disparaissaient. Et j'ai vécu des moments horribles. À l'heure qu'il est, je me sens presque au Paradis parce que je sais que les gentils Américains ne vont pas faire de mal à ma famille. Dans la Bible, il n'y a qu'un seul homme qui soit prêt à donner son fils à Dieu, et c'est Abraham. »

Famille : Père mort à quarante-deux ans de rhumatisme, quand le sujet avait dix ans. Agent d'assurances, il touchait un petit revenu d'une centaine de marks par mois. Il a toujours vécu pauvrement.

Mère : Morte en 1935, à soixante et onze ans, après que sa fille eut émigré en Amérique du Sud. Morte d'un cancer.

Fratrie : Le sujet est le cinquième d'une fratrie de sept. Il a quatre sœurs et deux frères : 1. Carola, qui a épousé un enseignant en Prusse-Orientale ; 2. une sœur à Rio de Janeiro, mariée à un Juif ; 3. une autre sœur, également à Rio, pour la même raison ; 4. son frère Kurt, lui aussi à Rio ; 5. le sujet ; 6. Eva, mariée à Leipzig, où son mari est coiffeur (Comment se fait-il que votre sœur ait fait un mariage aussi modeste ? « Nous avons toujours été très pauvres et le “von” devant mon nom ne signifie pas que nous soyons riches ») ; 7. Victor, le petit dernier, dont le destin a été évoqué plus haut.

Après la mort de votre père, comment votre mère a-t-elle gagné sa vie ? « Mes sœurs aînées l’ont aidée, puis moi. Notre maison était à Berlin, où ma mère a vécu jusqu’à sa mort. »

Pouvez-vous me dire quelque chose de vos premières années et de votre enfance ? « Eh bien, de six à dix ans, j’ai été élevé par une autre famille. Après quoi, de dix à quinze ans, j’ai vécu au lycée auquel j’étais inscrit. Je n’ai jamais vraiment eu de vie de famille. C’est seulement après mon mariage que j’ai trouvé un foyer avec ma femme et mes enfants. » Pourquoi avez-vous été élevé par une autre famille et pourquoi, enfant, avez-vous passé si peu de temps avec les vôtres ? Sur ce point, Bach-Zelewski s’est montré très évasif et a répondu par des généralités, qui paraissaient autant de dérobades. « Nous étions pauvres et j’avais dix ans quand mon père est mort, et l’autre famille qui m’a élevé m’a entouré d’affection. »

Vie conjugale : Il déclare s’être marié à vingt-deux ans, alors qu’il était lieutenant, avec une fille qui était d’un an sa cadette. Il dit avoir été heureux en ménage, bien qu’au cours des six dernières années de guerre il n’ait pu passer autant de temps qu’il le voulait avec sa femme et ses enfants. Il a six enfants. L’aînée est une fille de vingt ans, qui vient de se marier à Vienne. Les autres : une fille de dix-sept ans, une autre de douze, une autre de sept, et deux garçons, âgés de huit et six ans. S’agissant de la personnalité de sa femme, il recourt à un cliché : elle a toujours été une femme calme, d’un bon naturel, fidèle, ainsi qu’une mère dévouée.

Religion et éducation religieuse : Compte tenu de ses fréquentes invocations à Dieu et de sa piété, je l’ai interrogé sur sa religion et son éducation religieuse : « Bien entendu, à l’époque où j’étais dans la SS, de 1930 environ jusqu’à la fin de la guerre en 1945, je ne pouvais pas pratiquer ma religion. Je dois admettre que j’ai fait une chose qui n’était pas très bien moralement. Ce que j’ai fait, c’est que j’ai écrit un certificat que j’ai présenté aux SS quand je les ai rejoints, affirmant que j’avais quitté l’Église luthérienne. Ma femme est luthérienne, mais vous voyez bien que c’est une supercherie parce que j’étais catholique, et même si je n’étais pas pratiquant depuis déjà plusieurs années, je n’avais jamais vraiment quitté l’Église. »

Êtes-vous devenu religieux ici ou avant de venir ici ? « En tant que chef SS, je devais renier ma religion. Si j’allais à la messe, je ne pouvais le faire qu’en secret, c’est-à-dire anonymement, en civil. Il m’était absolument impossible d’aller à l’église en uniforme SS, que je devais porter en toutes occasions puisque j’étais un général d'active. Par exemple, quand j'étais en poste à Breslau, je ne pouvais aller à l'église. J'ai découvert ici, dans cette prison, par l'aumônier catholique, que je suis encore catholique et que j'ai toujours été officiellement catholique. L'Église catholique ne reconnaît qu'on abandonne l'Église que si l'on en fait la demande à son prêtre. Et je n'en ai jamais fait la demande. C'est confidentiel, et je ne le dis qu'à vous. Je ne veux pas en parler au tribunal ; pour ce qui est de l'Église, l'aumônier me dit que je suis un bon catholique. Aux yeux de l'État, j'avais quitté l'Église. Aux yeux de l'Église catholique, je m'aperçois que je ne l'avais pas quittée. » Si l'Allemagne avait gagné la guerre, vous auriez réintégré l'Église catholique à l'heure qu'il est ? « Cela va beaucoup plus loin. L'Allemagne ne pouvait pas gagner cette guerre parce qu'elle était de mèche avec le diable. Cette guerre ne se serait pas terminée sans révolution. »

Kurt Daluege
1897-1946

Colonel-général des SS et de la police, Kurt Daluege succéda en 1942 à Reinhard Heydrich au poste de protecteur du Reich en Bohême et Moravie.

Jugé en Tchécoslovaquie et condamné à mort, il fut pendu en 1946.

26 janvier 1946

Kurt Daluege, qui a été chef de la police allemande régulière en uniforme, est en régime d'isolement cellulaire [1]. C'est un grand gaillard au nez aquilin et aux yeux de fouine, sur le visage duquel se lit le dépit. Il va sur ses cinquante ans. C'est un homme poli mais réservé, qui parle volontiers mais qui ne dit pas grand-chose de

1. Pour un rapide tableau de Daluege, de la police en uniforme et d'autres références, voir Gellately, *Avec Hitler*.

concret ou trahissant de l'émotion. Il paraît tatillon et maintient l'ordre le plus austère dans sa cellule – mais la description vaut aussi bien pour son visage. Quand je vidais ma pipe en donnant quelques coups dans son cendrier en carton, et que par inadvertance je faisais tomber quelques brins de tabac sur la table, invariablement, comme par automatisme, il soufflait dessus pour les faire tomber. Il est en train de rédiger une sorte de récit autobiographique de ses premières années pour le colonel Schroeder, qui, dit-il, lui a demandé de le faire. Les feuilles sont soigneusement rangées sur sa table de travail. Elles donnent, superficiellement, l'impression d'avoir été imprimées. Il fait ça à la main, écrivant en lettres d'imprimerie, merveilleusement uniformes et nettes. Le cadre de sa jeunesse, dit-il, a été le suivant : il a été élevé pour vivre en extérieur, il était membre d'une organisation d'amis de la nature, les Wandervogel, qui lui ont appris à faire des randonnées, à se débrouiller tout seul dans les bois, à faire des feux pour cuire les aliments en plein air et, d'une manière générale, à poursuivre des objectifs virils. Ses jolis caractères d'imprimerie, a-t-il expliqué, c'était parce que sa propre écriture n'est « pas très bonne ». Il est né en Haute-Silésie (1897). Son père était un petit fonctionnaire qui s'occupait de l'évaluation des terres.

Il a dit tout cela avec un minimum d'émotion, un détachement sensible aussi bien au ton de sa voix qu'à l'expression de son visage.

Oui, a-t-il dit, il a été général SS au cours de la guerre, mais c'était quelque chose d'automatique, parce que, en tant que chef de la police ordinaire, il a reçu ce titre. Mais alors, ai-je demandé par le truchement du Dr Gilbert qui assurait la traduction, la police faisait partie des SS ? Non, la police n'était pas militaire, elle ne faisait pas partie des SS. Mais Himmler était son supérieur. Ses forces de police étaient-elles liées à la Gestapo ? « Non, rien à voir avec la Gestapo. Oui, Himmler était chef de la Gestapo et j'étais son subordonné. » Quand je lui ai demandé précisément si sa police protégeait les Juifs et leurs biens lorsqu'il y avait des attaques à travers toute l'Allemagne, il a répondu n'avoir rien su de ces attaques, que personne ne lui en avait jamais parlé. Une fois, juste une fois, s'est-il souvenu, maintenant qu'on en parlait, il avait vu brûler la synagogue de Munich, mais ça s'était passé si vite, que pouvait-il faire ?

Ses relations avec Himmler ? Ils ne s'entendaient pas bien, parce que Himmler le considérait comme un rival. Il a même entendu dire une fois que Himmler allait le faire arrêter. Mais ça n'est jamais arrivé. Que pense-t-il de Himmler ? Eh bien, ils ne se souciaient guère l'un de l'autre parce qu'ils étaient rivaux. Mais Daluege est resté tout ce temps chef de la police ordinaire et avait souvent des réunions de travail avec Himmler. Il ne pouvait pas, ou ne voulait pas, porter une appréciation sur lui, il semblait manquer du désir ou de la volonté (probablement des deux) de faire ne fût-ce qu'un commentaire sur l'homme, d'évoquer la moindre critique ou, en l'occurrence, le moindre point d'accord avec les activités et la politique de Himmler.

Se sentait-il coupable de quoi que ce soit ? « Non. » Il était responsable des forces de police en Allemagne et, à sa connaissance, tout s'était bien passé.

L'impression générale qui se dégage de lui est celle d'un homme insensible, dur à cuire, capable d'être impitoyable, amoral, sans conscience.

Il a dit avoir hérité de la syphilis de son père, mais il avait trente-six ans quand on l'a découvert. Il a suivi des traitements chaque année au cours des dix dernières années. Son père a vécu jusqu'à soixante-treize ans, avec la syphilis, mais sa santé n'en a jamais pâti. Daluege a appris que sa syphilis était héréditaire, et que ce n'était pas inhabituel que ce genre de syphilis demeure longtemps inaperçue, sans symptômes. Dans les dix premières années de son mariage, il n'a pas eu d'enfants, et il a cru que la syphilis l'avait rendu stérile. Au bout de quelques années de traitement, cependant, il a pu avoir des enfants. Sur sa table de travail, il a une photo de sa femme et de ses quatre (peut-être cinq, je ne sais plus) petits enfants.

Alors que je lui demandais si je pouvais faire quelque chose pour lui, il a dit qu'il aimerait bien qu'on lui fasse un nouveau test sanguin, car le dernier, qui était négatif, remontait maintenant à près d'un an. Il y a quelques années, cependant, on avait traité sa syphilis à la malariathérapie – peut-être était-ce le signe que le fluide spinal montrait que le système nerveux central était touché.

J'ai examiné ses pupilles, qui ont paru bien réagir à l'accommodement, mais pas correctement à la lumière.

Il n'y a aucun signe d'affection mentale organique. Sensorium, etc., intact, aucune trace de dysfonction mentale dans aucune sphère. Sur le plan émotionnel, il paraît sans cœur, sans affect, dénué d'imagination, et il donne des signes de caractère obsessionnel (l'affaire des cendres sur la table, l'écriture soignée en caractères d'imprimerie). Il se présente comme un simple fonctionnaire, fils de fonctionnaire ; ne sait rien des atrocités et ainsi de suite. Il est clair qu'il était le genre de responsable parfaitement informé, jusqu'à l'obsession, de tout ce que faisaient ses forces armées, qu'il conduisait d'une main de fer.

Il est très improbable d'arracher à cet homme la moindre émotion, j'en suis convaincu. Il y a chez lui une dureté conditionnée depuis longtemps, une carapace extérieure usée à force d'avoir servi, et sous laquelle il n'y a probablement rien. Ayant recouru à la force, à la violence et ayant disposé de la vie des autres comme bon lui semblait, il est fort peu probable qu'il attache beaucoup de valeur à la vie en général, et à la sienne en particulier. Cette question n'a pas été abordée avec lui, mais il serait intéressant d'avoir quelques indications sur ce point. Essayer de lui arracher une réponse sincère ou émotionnellement significative, c'est comme essayer de puiser de l'eau dans un puits asséché de longue date.

Sepp Dietrich
1892-1966

Josef « Sepp » Dietrich, compagnon de Hitler de la première heure, fut chef du régiment des Gardes du corps de Hitler, général SS, commandant de la 6e armée de panzers en 1944-1945 ; il fut nommé colonel-général SS en 1944. Capturé par les Américains, il fut condamné à perpétuité, puis libéré de la prison américaine pour criminels de guerre de Landsberg en 1955. Jugé à Munich en 1957 pour crimes commis sous le IIIe Reich, il fut condamné à dix-huit mois de prison. Après avoir purgé sa peine, il plaida en faveur de la reconnaissance d'un droit aux allocations pour les membres des Waffen-SS. Il mourut le 21 avril 1966 à Ludwigsburg.

28 février 1946

Sepp Dietrich est un homme trapu de cinquante-quatre ans, avec un sourire forcé et désabusé, un peu fruste, plutôt chaleureux, et avide de la compagnie qu'offre un entretien. Sa façon de parler, en général, et ses tics ne correspondent pas à l'idée qu'on se fait d'un général allemand, au sens prussien du terme. Il donne une impression de compétence et d'homme qui ne s'en fait pas, avec bien peu du militaire, comme un dur à cuire qui accepte les réalités de sa vie présente en prison.

Sur le plan physique, il ne se plaint de rien en particulier, hormis les rhumatismes à l'épaule gauche, qui datent de l'hiver 1941, alors qu'il était sur le front russe.

Au cours de la Première Guerre mondiale, il a été blessé deux fois. Il a fait trois ans de service actif avant cette guerre, puis quatre ans de service au cours de la guerre. Il avait vingt-deux ans quand la guerre a commencé.

Il a été blessé par une lance dans la région supra-orbitale gauche en tombant de cheval au cours de la Première Guerre mondiale. La plaie s'est infectée et il a passé quatre mois à l'hôpital pour soigner cette blessure. La seconde fois, il a été blessé à la jambe droite par un éclat d'obus. Il est devenu d'abord sous-officier, puis officier en 1921. Il n'a pas quitté l'armée depuis ses dix-neuf ans. Après la dernière guerre, il est resté dans l'armée des 100 000.

Il n'a jamais fréquenté les académies militaires. En 1917-1918, il était avec les panzers et, dans la dernière guerre, a été exclusivement commandant de panzers.

Il a très bien connu le feld-maréchal Erwin Rommel [1]. « On avait à peu près le même âge. Il n'était pas exclusivement un général de panzer. » Était-il un bon général de panzer ? « Comme ci, comme ça. » Dietrich est de toute évidence très froid envers Rommel. « Ce n'est pas facile de s'adapter quand on vient d'une autre branche. Rommel était en fait un général d'infanterie.

« Rommel était nerveux, voulait tout faire tout de suite, puis se désintéressait. Rommel était mon supérieur en Normandie. Je ne saurais dire que Rommel n'était pas un bon général. Quand il réussissait, il était bon ; quand il essuyait des revers, il déprimait. »

Interrogé sur ses antécédents médicaux, il a dit « je suis de fer », et a ri. « J'ai survécu à dix années de guerre et, maintenant, je peux survivre à cela. C'est vrai, ce n'est pas bon pour les nerfs. » Y a-t-il assez à manger ? « Oui, mais on n'est pas gâté ici. Mais je viens d'une famille ouvrière et, enfant, je n'ai jamais été gâté. »

Dietrich est prisonnier de guerre depuis dix mois, depuis le 10 mai 1945. À cette date, il s'est rendu avec son armée, sur le

1. Erwin Rommel (1891-1944), feld-maréchal allemand, s'est illustré à la tête de l'Afrikakorps, ce qui lui a valu le surnom de « Renard du désert ». Alors qu'il n'a pas directement trempé dans le complot visant à assassiner Hitler (20 juillet 1944), il en a été soupçonné : le choix lui fut laissé de se suicider ou d'être arrêté et traduit devant le tribunal du peuple.

Danube. Ces troupes couvraient une ligne de front de deux cent vingt kilomètres, en partie sur le Danube, en partie à l'écart. Son armée consistait en deux corps de SS et deux corps d'armée. Il avait sous ses ordres deux généraux SS et deux généraux de l'armée de terre.

Il a passé trois ans en Russie et un an et demi sur le front ouest. En 1940, il a été en France, en Grèce, en Russie, puis de nouveau en France.

« Le général Patch de votre 7e armée était un Rommel rapide, plus rapide que Rommel. J'ai parlé avec Patch. »

Vie de couple : Premier mariage à trente ans, divorce au bout de dix ans. « On ne s'entendait pas. » Ils n'ont pas eu d'enfant. Il s'est remarié il y a sept ans, avec une femme qui a aujourd'hui trente-trois ans ; elle lui a donné trois enfants, tous des garçons. Il a un portrait de sa femme avec ses petits, qu'il me montre. Il rechigne à s'étendre sur sa vie conjugale ou l'harmonie sexuelle de son couple. On en est resté là.

Famille : Père et mère, âgés respectivement de soixante-seize et soixante-dix ans, morts en 1942. Son père était un magasinier qui travaillait pour une usine de fromage. Il n'a jamais fait fortune, mais c'était suffisant pour couvrir les besoins immédiats. Il étaient six enfants ; deux frères sont morts au cours de la dernière guerre.

Mère : Toujours bien jusqu'à la crise cardiaque qui l'a emportée en 1942. C'étaient de « très bons parents », mais Sepp a dû commencer à travailler de bonne heure en raison de leur situation financière.

Fratrie : Il est l'aîné des six. Ses deux sœurs se portent bien et sont mariées.

Avant la mort de son père, il n'avait pas d'idées ni de convictions politiques. « Père était plus un catholique, un homme apolitique. » Vous vous considérez comme apolitique ? « Je ne me suis jamais engagé activement dans la politique, je n'ai jamais fait de discours. La politique est une putain. C'est trop fort pour moi. De même que je ne comprends pas la politique américaine, je ne comprends pas la politique allemande. Le seul intérêt de la politique, c'est d'apprendre à savoir mener sa vie dans les conditions les plus favorables.

« J'ai été témoin de beaucoup de souffrances – dans tous les pays d'Europe, sauf la Norvège. Les gens ont souffert avant, pendant, et maintenant après la guerre : c'est pire. Je sais que nous avons perdu la guerre, mais si l'Europe est détruite… »

Où voulez-vous en venir ? « Par politique, j'entends toute la vie des gens, misère, richesse, intelligence, inintelligence, la situation des gens sous tous ses aspects. C'est mon opinion. J'étais bien placé pour l'observer parce que j'ai été dans tous les pays. Et je n'avais pas quinze personnes pour porter mes sacs. J'ai vécu dans des fermes, et même des fossés, et j'ai eu quantité d'occasions d'observer et de me familiariser avec l'intelligence et les habitudes des gens. En Russie aussi. Un homme qui ne connaît pas la Russie ne devrait pas même en parler. » Que pensez-vous des Russes ? « Ils ont pléthore d'enfants, sont diligents, sains, ont une terre fertile. Leur industrie et leur économie conviennent seulement à la Russie et ne peuvent s'appliquer à personne d'autre. On ne peut pas faire cela aux États-Unis ou en Allemagne. Il pourrait y avoir une démocratie en Allemagne au bout de quelque temps, mais pas le communisme. En Russie, cependant, il convient à cent pour cent. »

Et qu'en est-il du caractère des soldats russes ? « Les Asiatiques sont tous des chiens cruels. Tous mes soldats qui ont été capturés ont été battus à mort. Les soldats russes sont très braves, stables et rudes. » Vous pensez que le soldat russe est fondamentalement plus cruel que le soldat allemand ? « Dans la façon de se battre, oui. Ce sont des gens différents. On ne peut pas les comparer avec les Européens. Les Américains sont pour la plupart des Européens. D'un autre côté, les Russes blancs et les Ukrainiens sont plus proches des nôtres. »

S'est-il produit des choses plus cruelles sur le front est que sur le front ouest ?

« Oui. On ne trouve pas ces cruautés à l'ouest ou dans le sud-ouest. Jusque dans les Balkans inférieurs. »

À votre avis, ça pourrait être à cause de la terre et des hommes perdus par les Russes ? « Non. C'était un facteur racial. » Croyez-vous à la philosophie nazie du racisme et de la race des maîtres ? « On trouve des maîtres dans le monde entier, pas seulement en Allemagne, donc je n'y crois pas. Dans toutes les races, vous trouvez des gens bien, intelligents. Vous voyez les Allemands tels qu'ils sont aujourd'hui. » Oui, et nous les avons vus avant. « Oui, nous aussi. Avec nous autres, dans l'armée, ça ne prenait pas. » Mais n'étiez-vous pas membre du parti ? N'avez-vous pas travaillé avec lui ? « J'étais d'accord avec les buts économiques du parti depuis la dernière guerre, mais je n'ai pas travaillé politiquement avec le parti. Weimar avait des dirigeants politiques qui n'ont rien fait. Il y avait quarante-six partis différents ; ce n'était pas comme chez vous, avec deux partis. La République de Weimar avait plein de bonnes idées, mais jamais elle n'a pu les faire coller ensemble. Si on avait eu des mouvements forts et unifiés, on aurait pu accomplir quelque chose. »

Quand êtes-vous devenu nazi ? « J'ai adhéré au parti en 1928. » Pourquoi ? « J'étais intéressé parce que j'ai vu que les sociaux-démocrates et les communistes, ce n'était pas pour moi. Tous les membres de ma famille étaient au chômage. Les Allemands sont durs à diriger : ils ont besoin d'une règle de fer. Ce sont des têtes de mule. » Pourquoi ? « Parce que, sur les plans intellectuel, culturel, pratique, ils sont têtus. » Alors, s'ils sont têtus et durs à diriger, pourquoi ont-ils subitement suivi Hitler ? « Ce n'était pas un idiot. En fait, ils lui ont couru après. Ce devait être le meilleur de nos chefs à l'époque, sans quoi il n'aurait pas eu autant de partisans. La plupart des gens du parti avaient appartenu à d'autres partis, au parti ou à l'Union des propriétaires, aux syndicats, aux sociaux-démocrates ou aux communistes. »

Personnellement, avez-vous bien connu Hitler ? « Presque uniquement à titre officiel. » Que pensiez-vous ou que pensez-vous de lui ? « Certains disent qu'il était cinglé. La plupart de ces gens, ce sont des non-Allemands qui ont un intérêt à dire ça. Pour ce qui est des conversations privées, on ne pouvait pas entrer dans l'intimité de Hitler. Pas même Göring. » Depuis toujours, ou simplement au cours de la guerre ? « Toujours. Il se tenait au-dessus de la mêlée. Du jour où il est devenu chancelier du Reich, il s'est montré de plus en plus distant, etc. » J'ai aussi entendu le contraire, qu'on pouvait toujours s'adresser à Hitler si on avait un problème. « Non. Il était comme un père sévère. Non, Hitler n'a même jamais parlé à Goebbels de ses propres problèmes. » Vous pouviez aller voir Hitler avec vos problèmes ? « Pendant longtemps, oui. Puis subitement, en 1942 ou en 1943, impossible d'aller voir Hitler. Ou, si on pouvait arriver jusqu'à lui, ça ne donnait rien. Quand les choses tournaient mal, comme à Stalingrad, Hitler s'entêtait, et il devenait impossible de le raisonner.

« On essayait de voir les choses d'un côté plus humain. Hitler ne le voyait pas. On s'est battu contre un ennemi six fois plus nombreux que nous. » Quand avez-vous vu Hitler pour la dernière fois ? « Le 25 février 1945. » De quoi avait-il l'air ? « Malade. Presque au bout du rouleau. Après la tentative d'assassinat, il n'a cessé de s'enfoncer. Pour commencer, il a dû souffrir d'une sorte de blessure et de la tension des vingt dernières années. Le taureau le plus fort n'y résisterait pas. Il n'allait jamais au lit avant 4 ou 5 heures du matin. Il était le type même du travailleur de la nuit. Quatre ou cinq heures de sommeil par jour, peut-être. On peut faire ça un mois, pas des années. On n'était pas abrutis au point de ne pas le voir. Mais simplement on n'y pouvait rien. » Vous êtes-vous dit que Hitler avait fait de grandes erreurs avant 1940 ? « Oui, prendre l'initiative de la guerre. Chaque fois qu'on perd une guerre, les perdants paraissent idiots. On avait une piteuse politique étrangère, même avant l'époque de Hitler. » Que voulez-vous dire ? « Prenez une carte. Voyez où se trouve l'Allemagne : regardez les pays qui entourent l'Allemagne, comptez ses ennemis et ses amis, et vous verrez ce que je veux dire. » Vous voulez dire que la politique étrangère allemande aurait dû s'employer à se faire plus d'amis ? « Une économie plus amicale devrait être une façon de rapprocher les peuples du monde. Ce n'est pas la voie suivie de nos jours. »

Que voulez-vous dire ? Je crains de ne pas vous suivre complètement. « Regardez la situation générale. Je ne connais pas les Américains ni les Anglais. Regardez l'Est : c'est une force invincible, si les Russes et les Chinois nous font face. Quelques petites nations en Europe. Jetez un coup d'œil sur les Balkans et la Grèce, et d'autres petits pays : c'est partout pareil.

« Si les États-Unis et l'Angleterre nous avaient un peu aidé, Hitler n'aurait pas été nécessaire. » Vous vous souvenez que les États-Unis étaient en pleine crise ? « Oui, mais avant cela. »

« Donner la Sarre à la France, le Corridor à la Pologne, le sud du Tyrol à l'Autriche, etc. Comment peut-il y avoir la paix avec des gens qui s'entassent les uns sur les autres par manque de terre ? Hitler s'est emparé des points qui n'allaient pas du traité de Versailles et s'en est servi à son avantage. Les gens avaient faim et couraient après quiconque promettait de quoi manger et s'habiller. »

Dietrich dit qu'il a été dans l'armée jusqu'en 1927, date à laquelle il a dû partir pour travailler dans le tabac. Il est resté dans cette branche jusqu'en 1930. Il était fonctionnaire des douanes auprès du monopole autrichien du tabac. Il s'occupait de 1,5 à 2 millions de livres de tabac et gagnait 600 marks par mois.

En 1930, il a renoué avec la politique du parti nazi, en tant que représentant nazi de la Souabe au Reichstag. Il n'a eu de « mandat politique » qu'en 1933, date à laquelle on lui a confié l'organisation du régiment de Gardes du corps SS. Il recevait un salaire de 780 ou 1 100 marks brut par mois, le premier chiffre étant net d'impôt. Cet humour à la Dietrich s'accompagne d'un sourire forcé.

C'est Hitler lui-même qui l'a choisi pour conduire le régiment des Gardes du corps. « À l'origine, il comptait sept cents hommes. À la fin, ils étaient vingt et un mille. Parmi ceux-ci, en 1942, environ trente-deux étaient encore en vie. Ce qui s'est passé après, ce ne sont que des mots, pas la réalité des choses. J'ai abandonné le commandement du régiment des Gardes du corps en mars 1943. » Il a été dès le début avec les SS – en Pologne, en France, en Grèce, sur le front occidental, en Russie, et de nouveau sur le front occidental.

Il est devenu commandant dans l'armée de terre en septembre 1944. Vous avez connu le général Anton Dostler [1] ? « Non. » Entendu parler de lui ? « Oui. » Que pensez-vous de son procès ? « Un prisonnier est un prisonnier ; on ne doit pas le fusiller. Pour autant que je sache, les ordres de Dostler venaient d'autres ordres émanant du Commandement suprême des Forces armées. Par exemple, de Normandie, où sept Canadiens ont été exécutés. Le colonel-général Kurt Meyer a été condamné pour cette exécution [2]. Il a prétendu ne pas savoir qui avait donné les ordres. Dans ma propre armée, à Malmédy, je me suis laissé dire, après avoir été capturé, que cent soixante-quatre personnes avaient été abattues. J'étais général de la 6e armée de panzers, mais personne ne m'en avait rien dit [3].

« Dans toutes les armées à l'Ouest, nous avons observé la convention de Genève. » Et à l'Est ? « Non. Il n'y avait pas de convention de Genève. Mais nous n'avons pas fusillé non plus de Russes [4]. Pourquoi aurions-nous eu trois millions de prisonniers si nous fusillions tous les Russes ? Propagande ! On ne peut pas ouvrir sa gueule, même dans la plus grande démocratie. Vous trouvez ça

1. Le général Anton Dostler fut l'un des commandants du 75e corps d'armée en Italie. En mars 1945, il ordonna l'exécution de quinze soldats américains capturés. Jugé et reconnu coupable par un tribunal après la guerre, il fut condamné à être fusillé. De toute évidence, Dostler avait pris l'habitude d'employer des méthodes brutales dans la guerre à l'Est ; par exemple, à la suite d'un raid sur Kharkov, le 15 novembre 1941, sa division prit cinq cents otages. Sur ceux-ci, au moins soixante-dix furent pendus en public peu après à titre de représailles pour un sabotage soviétique. Sur cet épisode, voir Bernd Boll et Hans Safrian, « On the Way to Stalingrad : The 6th Army in 1941-1942 », in Hannes Heer et Klaus Naumann, éd., *War of Extermination : The German Military in World War II, 1941-1944*, New York, 2000, p. 237-271, ici p. 262.

2. Général des Waffen-SS, Kurt Meyer fut condamné à mort par un tribunal canadien en 1945 pour avoir ordonné l'exécution d'une vingtaine de prisonniers de guerre canadiens après le début du débarquement allié. À la fin de 1951, le Canada le remit à la Grande-Bretagne ; l'homme fut finalement libéré après une intervention du chancelier Konrad Adenauer. Sur cette affaire et son contexte, voir Norbert Frei, *Adenauer's Germany and the Nazi Past : The Politics of Amnesty and Integration*, New York, 2002, p. 223 et 387.

3. Le massacre de Malmédy eut lieu près de Baugnez, en Belgique, le 17 décembre 1944. La 6e division SS de panzers, sur ordre de Dietrich, procéda à une exécution massive de prisonniers de guerre américains : quatre-vingt-six furent tués, quarante-trois survécurent. Ce fut le plus grand massacre de ce genre, mais pas le seul. Alors que les responsables allemands furent arrêtés, jugés et condamnés à mort, aucune des condamnations ne fut exécutée. Voir I. C. B. Dear, éd., *The Oxford Companion to the Second World War*, Oxford, 1995, p. 713.

4. D'après les archives allemandes, au moins 3,3 millions de prisonniers de guerre soviétiques sont morts en captivité, beaucoup d'entre eux abattus ou morts de faim. Pour plus de détails, cf. Gellately, *Backing Hitler*, p. 225 et trad. fr., p. 296.

bien de croupir en prison après dix années de guerre pour la Patrie ? Si j'étais Dieu, je m'y prendrais autrement ! »

Quelles sont vos vues sur la religion ? « Je n'ai jamais quitté l'Église. » Vous connaissez l'aumônier catholique ? « Oui, un type très bien. » Que pensez-vous des crimes contre les Juifs ? « La plus grande absurdité qu'ils pouvaient faire. Ils auraient pu dire aux Juifs, s'ils ne voulaient pas d'eux, qu'ils pouvaient filer. Les Allemands auraient pu leur donner trois ou quatre cents millions et les laisser partir quelque part. Personnellement, je n'ai jamais été antisémite. Dans mon enfance, on avait des Juifs pour voisins, et je ne le savais même pas. » Vous croyiez à Streicher, Rosenberg et consorts ? « Je n'ai jamais lu Streicher ! Rosenberg, je n'y ai jamais rien compris, trop compliqué. » Hitler était aussi contre les Juifs. « Il en parlait rarement. En 1943, j'ai lu une lettre de ma femme [en Grèce] qui disait qu'on regroupait tous les Juifs. Je suis allé voir Himmler et je lui ai posé la question. Himmler a répondu que ce n'était pas vrai. Himmler a dit qu'il les regroupait pour les faire travailler, parce qu'ils n'étaient pas de grands travailleurs. Mais c'était à une époque où il n'y avait plus de Juifs vivants. Je n'ai jamais autant appris que depuis que je suis en prison. Vous devriez parler à Wilhelm Höttl et à Schellenberg, les seconds de Himmler. »

Franz Halder
1884-1972

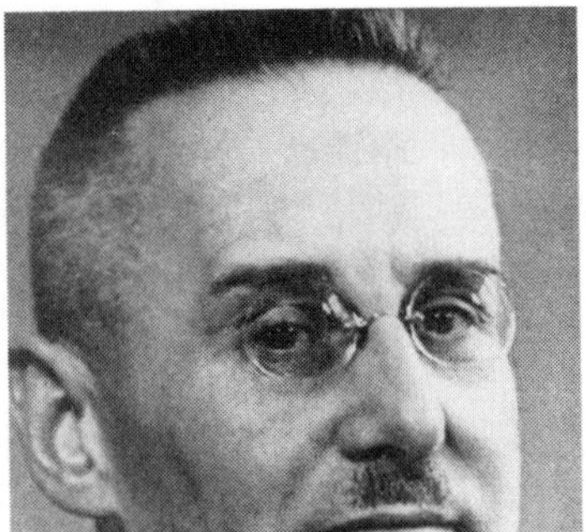

Colonel-général, chef de l'état-major général de l'armée de terre de 1938 à 1942, Franz Halder fut limogé le 24 septembre 1942 à la suite d'un différend avec Hitler sur l'offensive allemande contre Stalingrad. Après la tentative d'attentat de juillet 1944 contre Hitler, il fut expédié dans un camp de concentration et libéré par les Américains à la fin de la guerre. De 1946 à 1961, Halder fut à la tête de la section allemande du Département de recherche historique sur la guerre de l'armée américaine à Königstein/Taunus et à Karlsruhe. Il a publié deux livres, Hitler comme chef militaire *(1949) et* Journaux de guerre, 1939-1942 *(début des années 1960). Il mourut le 2 avril 1972 à Aschau (Haute-Bavière).*

5 avril 1946

Aujourd'hui, court entretien avec Franz Halder, consacré à sa vie de famille et à son expérience en camp de concentration après la tentative d'assassinat de Hitler, le 20 juillet 1944.

« J'ai mené une vie de simple soldat dès ma jeunesse. Je me suis marié très jeune, à vingt-trois ans. J'avais vingt et un ans quand je me suis engagé. J'ai eu la bonne fortune d'épouser la femme que j'aimais. Je peux dire maintenant, à la fin de ma vie, que mon foyer et ma vie ont été les fondements de ma force. Ma femme n'était pas riche ; nous avons vécu simplement et très heureux. Nous n'avons pas pris part aux mondanités ; nous n'en avions que faire ni l'un ni l'autre. Nous avons trois filles et quatorze petits-enfants. Chacune des filles a une fille ; le reste, ce sont des fils. »

À cet instant précis, Halder est profondément secoué ; il pleure carrément. Au bout de quelques instants, il ajoute : « Voir ses filles grandir est une des plus belles choses de la vie. Pour un père, avoir des filles est la plus belle expérience. Un homme de science qui a écrit sur l'hérédité a prétendu que les filles ressemblaient au père et les fils à la mère. » Je crois que tout dépend de la situation et des parents. « Oui, bien entendu. » Les filles du général Halder sont nées en 1909, 1913 et 1914. Elles se sont mariées dans l'ordre de leur naissance, toutes trois entre dix-neuf et vingt ans.

Nous avons parlé de la personnalité de ses filles. « Elles sont passablement différentes. L'aînée ne ressemble ni à moi ni à ma femme, mais c'est fréquent chez les premiers-nés. Chez la deuxième et la dernière, il y a plus de ressemblance avec mon côté de la famille. La deuxième a pris ce qu'il y avait de meilleur dans la famille de mon épouse et dans la mienne. La plus jeune tient presque exclusivement de ma famille. »

Laquelle est votre préférée ? Halder a souri. De nouveau, on sent l'émotion à fleur de peau. « Je les aime toutes, et elles m'aiment, elles aussi. L'aînée vit avec ma femme, la plus jeune en Haute-Bavière, et la deuxième dans le Schleswig. J'ai souvent des nouvelles de l'aînée et de la benjamine parce que la poste marche bien, ce qui n'est pas le cas pour le Schleswig. Mon plus grand chagrin ici est de ne pouvoir écrire une lettre digne de ce nom à ceux que j'aime. Ce style de lettre télégraphique sur ces imprimés pour prisonnier de guerre, c'est ce qu'il y a de pire. Je ne peux rien laisser passer de moi dans ces lettres. Dans la prison de Hitler, je pouvais écrire à ma famille autant que je le voulais, même si je ne pouvais pas écrire à ma femme ou à ma fille aînée, qui étaient elles aussi incarcérées. Ils ont fait cela pour me faire souffrir. Je n'étais même pas censé savoir qu'elle était en prison.

« Ma femme était dans le camp de concentration de Ravensbrück durant les deux mois de mon séjour là-bas. Je n'étais pas même censé savoir qu'elle était là-bas. » Votre femme était-elle bien traitée à Ravensbrück ? « Elle n'a pas été maltraitée, mais c'est le mieux qu'on puisse dire. » Quelle était la routine à Ravensbrück ? « C'était une prison. J'étais autorisé à prendre l'air une fois par jour, seul, pendant une demi-heure. J'étais à l'isolement et la porte était verrouillée. Ce n'était pas ouvert comme ici, où je suis autorisé à me promener, au moins à l'intérieur. Au bout d'un certain temps à Ravensbrück, ils m'ont demandé si je voulais travailler, par exemple dresser des listes, etc., juste pour passer le temps. Il n'y avait pas d'autres avantages. Dans la journée, on entendait les hurlements des gens matraqués. La nuit, on entendait des coups de feu, les gens qu'on abattait. Quand la fenêtre de ma cellule était ouverte, la cellule était envahie par la fumée du crématoire. Il y avait des contacts entre détenus, de fenêtre à fenêtre, et j'ai vite appris ce qu'il se passait. »

À quelle distance le crématoire se trouvait-il de votre cellule ? « En gros, deux fois la longueur de cette pièce ; puis il y avait un mur et, juste derrière, le crématoire. Quand il y avait un vent du sud, j'avais la fumée dans ma cellule. C'était une fumée grasse, de gros flocons de fumée – de la fumée humaine. Je ne sais qui a inventé le crématoire, Hitler, Himmler ou quelque autre criminel, mais je sais que ça pue. »

Halder a raconté ensuite les deux mois passés à Ravensbrück, puis son départ pour la prison du RSHA à Berlin, où il a été en réclusion solitaire sans jamais pouvoir prendre la moindre bouffée d'air. « C'était le pire. Il n'y avait pas de vraie lumière dans la pièce ; le jour comme la nuit, les ampoules étaient allumées. Je ne quittais ma cellule que pour les interrogatoires et chaque fois que j'avais besoin d'aller aux toilettes. Il n'y avait pas de toilettes dans ma pièce. De cette manière ils pouvaient vous torturer parce qu'il leur arrivait de ne pas ouvrir la porte vingt-quatre heures durant ; vous souffriez terriblement si vous aviez besoin d'aller aux toilettes. Ils faisaient ça exprès, mais autrement je n'ai pas été torturé. »

Qui vous interrogeait là-bas ? « J'ai tout mis par écrit pour me souvenir de tout. J'ai été interrogé une fois par Heinrich Müller, le chef de la Gestapo, et une autre fois par un de ses représentants. Toute cette bande de sinistres personnages, les Kaltenbrunner et les Schellenberg, je n'en avais jamais entendu parler à l'époque [1]. »

Quel genre d'homme était-il, ce Müller ? « Il manquait de personnalité, il ne m'a laissé aucune impression. »

1. Halder avait envisagé de participer à un coup de force contre Hitler dès 1938. Sur ces projets et leurs développements ultérieurs, voir Peter Hoffmann, *La Résistance allemande contre Hitler*.

Halder a entrepris de raconter comment, début février 1945, les bâtiments du RSHA ont été bombardés et comment, l'espace de quelques jours, lui et d'autres détenus ont croupi dans les ruines du sous-sol. Puis, avec d'autres, on l'a conduit à Flossenbürg, dans le Haut-Palatinat, près de la frontière de Bohême. Halder a raconté que Ravensbrück paraissait dans l'ensemble être un camp de femmes, tandis que Flossenbürg était un camp pour hommes. Il y est resté en février et mars, avant d'être libéré par les troupes américaines le 9 avril 1945.

« À Flossenbürg, on remarquait d'autres choses ; tous les jours, on ne pouvait pas ne pas voir quantité de gens pendus dans la cour. Des gens conduits sur les lieux de leur exécution totalement nus. On les menait dans la cour et j'entendais le bruit de leurs pieds nus sur le sol, juste devant ma fenêtre. Les brancards chargés de cadavres passaient devant les portes de nos cellules. Si, par hasard, l'œilleton était ouvert, on pouvait les voir passer. Dans la cour où l'on faisait sa promenade, il y avait des gibets disposés de telle façon qu'on ne pouvait pas ne pas les regarder.

« Du groupe conduit de Berlin avec moi, près de la moitié ont été pendus. Parmi eux, l'amiral Wilhelm Canaris et le général Hans Oster [1]. Ils ont été pendus à Flossenbürg. Je l'ai appris quand j'ai été évacué. Je suis arrivé à Flossenbürg avec Canaris et Oster ; quand j'en suis parti, ils étaient absents [2]. »

Sur ce, M. Triest, l'interprète, a indiqué qu'une lettre avait été envoyée à l'attention du général Halder, d'un officier du nom d'Oster. J'ai rappelé que c'était une brochure plus ou moins intitulée *In memoriam à l'armée allemande*. Halder a dit que ce devait être une communication du fils du général Oster, qui à sa connaissance devait être commandant dans l'armée de terre.

Quel genre d'homme était Canaris ? « Extrêmement difficile à cerner. Il était redoutablement intelligent et il était difficile de le percer à jour. Il était issu d'une famille grecque et possédait maints traits caractéristiques qui étaient étranges aux yeux de qui a grandi dans les écoles allemandes. Je n'avais pas de liens très étroits avec lui ; c'est uniquement notre inimitié mutuelle vis-à-vis de Hitler qui nous a rapprochés. Je l'ai connu au cours de ma première bagarre

1. L'amiral Wilhelm Canaris (1887-1945) était le chef des renseignements militaires, et Hans Oster (1888-1945), son chef d'état-major. Impliqués dans la tentative d'assassinat de Hitler, ils furent tous deux exécutés. Pour plus de détails, voir Peter Hoffmann, *La Résistance allemande contre Hitler*.

2. Pour un tableau de la résistance en général et de ces exécutions en particulier, voir Peter Hoffmann, *La Résistance allemande contre Hitler*.

avec Hitler. Canaris a travaillé avec mon prédécesseur, Ludwig Beck, puis avec moi. C'était un homme brillant, un amiral.

« J'ai connu le général Oster mieux que Canaris. Oster et moi avons grandi ensemble. C'était un homme vif, intelligent, avec du caractère, quoique à mon sens un peu superficiel. Mais c'était un homme digne et opposé à Hitler. »

Pourquoi ont-ils pendu Canaris et Oster ? « Ils devaient avoir des choses précises sur eux. Je sais que la Gestapo a découvert le journal de Canaris. Canaris était totalement apolitique, tout comme Oster et moi, et il n'a combattu Hitler que par idéalisme. Aucun des officiers qui ont combattu Hitler avec moi n'avait d'objectif politique. C'était une question de vision du monde différente. Il s'agissait de libérer le peuple allemand du régime hitlérien, et les Allemands pourraient alors se donner eux-mêmes un nouveau gouvernement.

« Il n'y avait personne en Allemagne qui pût libérer le peuple allemand, hormis l'armée. Par la suite, nous avons reçu l'aide de quelques non-militaires, comme l'ambassadeur d'Allemagne à Rome et le ministre des Finances, Schacht, mais ni l'un ni l'autre n'ont été très actifs. En fait, je n'ai pu moi-même y participer activement en 1943 et 1944 parce que la Gestapo me tenait à l'œil. J'ai prévenu tout le monde de ne pas entrer en contact avec moi, mais j'ai toujours su de manière indirecte ce qui se passait. »

Avez-vous été mis au courant du 20 juillet avant les faits ? « Non. J'avais le sentiment qu'une chose de ce genre devait arriver. Je désapprouvais l'idée d'un assassinat. Je ne pense pas que le meurtre politique soit une bonne base de réforme. Parce que les choses devenaient de plus en plus difficiles en 1943-1944, les civils ont noué des liens avec le SD et les syndicats, mais aussi les groupes de résistance à travers le pays. Plusieurs d'entre eux ont été à Ravensbrück avec moi et tous ont été pendus. »

12 avril 1946

C'était une belle journée ensoleillée. Assis dans la cellule ouverte de Halder, nous parlions de son sentiment d'être grippé, comme s'il allait « attraper un rhume des suites des jours derniers ». Il a dit qu'il aimerait bien changer de cellule, passer du côté nord de la prison au côté sud, où l'exposition est meilleure : « C'était pareil dans la prison de Hitler. J'avais une cellule du côté nord. »

On a évoqué ensuite son histoire familiale et les relations au sein de sa famille.

Fratrie : Halder avait une sœur, d'un an plus âgée que lui, qui est morte de la grippe espagnole en 1918, à trente-cinq ans. Elle était mariée et avait deux fils, dont l'un qui est mort des suites d'une chute de cheval il y a de cela bien longtemps ; l'autre est commandant dans l'armée de terre, et détenu dans un camp américain de prisonniers de guerre. Halder a dit avoir toujours gardé le contact avec ses neveux, pour qui il a beaucoup d'affection. Sa sœur aînée, jusqu'à sa mort, était sa « meilleure amie ». Concernant sa personnalité, il a paru très vague : « Il y a si longtemps maintenant ; elle tenait de nos deux parents. »

Père : Officier d'artillerie, il est mort du diabète à soixante ans, en 1912. Il n'y a pas eu d'autre cas de diabète dans la famille. Le père a souffert de cette maladie une vingtaine d'années avant sa mort. « Les médecins disaient que mon père était physiquement en bonne santé et que le diabète était le fruit du surmenage. Je ne sais pas si c'est vrai ou non d'un point de vue médical. » Halder a ajouté que son père était devenu général de division au ministère de la Guerre. « Ça pourrait être intéressant pour vous de noter – parce qu'on dit souvent que les généraux, du temps de Hitler, étaient promus si rapidement – que j'ai suivi très exactement la carrière de mon père. Je suis devenu général exactement au même âge que mon père, alors qu'il y a une différence de trente ans entre nous. »

J'imagine que ces promotions rapides avaient lieu surtout dans les SS ? « Oui, dans les SS, mais aussi, pour les dernières années de la guerre, dans toutes les armes, surtout après l'éviction de Brauchitsch et la mienne ; c'est alors qu'ont commencé toutes ces absurdités [1]. On voit bien maintenant que tous les crimes ont été commis après Brauchitsch et après mon départ. Hitler était en charge de l'armée et pouvait faire comme il lui plaisait. »

Nous en sommes revenus à l'histoire familiale. Son père fut chef de l'artillerie au ministère bavarois de la Guerre, à une époque où l'artillerie était en plein essor. Halder déclare fièrement que son père fut l'un des pionniers de l'artillerie moderne.

Interrogé sur la personnalité de son père, il a répondu : « C'était un homme très grand, fort et imposant – il mesurait deux mètres –,

1. Walter von Brauchitsch (1881-1948) fut commandant en chef de l'armée de terre de 1938 à 1941 ; Hitler le nomma à ce poste pour remplacer Werner von Fritsch (1880-1939). Brauchitsch fut limogé le 19 décembre 1941. Hitler montra qui était le patron en écartant des chefs militaires comme Brauchitsch et Fritsch, aussi bien que le feld-maréchal von Blomberg (1878-1946). Ce dernier était ministre de la Reichswehr et, depuis 1935, ministre de la Guerre et commandant en chef de la Wehrmacht. En 1938, un scandale orchestré l'obligea à abandonner ces fonctions. Halder fut renvoyé le 24 septembre 1942.

au caractère enjoué et agréable, mais qui avait une conception très stricte du droit et de la justice. Voilà un homme qui n'a jamais fait le moindre mal. Comme moi, il n'a jamais eu le goût de l'argent et s'est consacré exclusivement à ses devoirs de soldat. » Était-il attaché à ses enfants ? « Oui, mais il était strict envers eux comme envers lui-même. Il n'en faisait pas moins preuve de compréhension et de tolérance pour la joie de l'enfance. Nous avions le plus grand respect et le plus grand amour pour lui et il ne nous a jamais opprimés d'aucune façon. »

Quelle était la relation entre votre père et votre mère ? Halder pleure, sa voix se brise. Au bout de quelques instants, il répond : « Aussi bonne que je pourrais l'imaginer. »

Grand-père paternel : « Un soldat, lui aussi, mais je ne l'ai pas connu. Il a eu un accident, une chute de cheval quand il était capitaine, et il est mort jeune homme. Ma grand-mère avait trois fils, mon père étant celui du milieu. Leur ménage était très modeste, on pourrait même dire pauvre. Ma famille n'a jamais possédé aucune terre. La maison de mes parents a toujours été des plus simple, mais malgré cela la chaleur y régnait – et je dois rendre grâce à Dieu de mon enfance. » Halder est de nouveau en larmes ; il a du mal à parler tant il est secoué par l'émotion. Ces états émotionnels labiles passent vite.

Mère : « Elle est morte le jour même où j'ai été conduit ici à Nuremberg, le 12 octobre 1945. Elle avait près de quatre-vingt-dix ans. Juste avant de mourir, elle a su que j'étais encore en vie. Elle m'avait cru mort dans le camp de Hitler. Cela lui a rendu la dernière année difficile. Quand j'ai été autorisé à lui écrire, ici, elle était morte.

« En 1944, au cours du grand raid sur Munich, ma mère est allée chez un cousin, en Haute-Bavière. Ce cousin était marié à une Anglaise et avait été en Amérique. Ce cousin a aujourd'hui soixante-dix ans. Il a donné à ma mère une chambre dans son appartement. Je ne pouvais la prendre chez moi parce que je n'avais qu'un petit appartement et pas de chambre. Elle est morte chez mon cousin, en Haute-Bavière. »

Quand avez-vous vu votre mère pour la dernière fois ? « En juillet 1944, quinze jours précisément avant que Hitler ne me fasse prisonnier. »

Vous intéressez-vous beaucoup à la poésie ou à la musique ? « Je les apprécie, mais je n'ai jamais joué d'aucun instrument. À l'école, cependant, et par la suite, mes préférences sont allées à des sujets scientifiques. Ma femme est très musicienne et les enfants aussi adorent la musique. Ma femme a rempli notre foyer d'une musique enjouée et du rire des enfants. Ma femme faisait également beaucoup de sport, notamment du tennis, mais le temps m'a toujours manqué. Je n'en ai pas moins fait de l'escalade et j'ai toujours monté à cheval. Même quand j'étais chef de l'état-major général, je me levais à 4 h 30 du matin, faisais ma promenade à cheval jusqu'à 5 heures, puis prenais mon petit déjeuner. Peut-être est-ce pour cela que je suis en bonne santé. J'ai pris l'habitude de sauter de nombreux repas tant j'étais occupé.

« La vie à l'état-major général était difficile depuis 1915. Elle est devenue pire encore quand la guerre a commencé en 1939. La dernière année, en 1942, je dormais en moyenne trois ou quatre heures par nuit, et une ou deux fois par semaine je travaillais toute la nuit sans dormir. La raison en était que, dans la journée, on recevait toutes les informations du front sur les troupes. Après quoi venaient les conférences avec les quatorze chefs de section. Puis je devais travailler seul quelques heures par jour : ça ne pouvait se faire qu'autour de minuit. Entre-temps, le téléphone sonnait continuellement. Il fallait savoir travailler dans un endroit pareil sans s'user complètement. »

Quand Hitler a marché sur la Pologne, avez-vous essayé de l'en dissuader ? « Nous n'avions aucun droit de le faire. Pour commencer, j'étais sous les ordres de Brauchitsch. Je lui ai parlé à diverses reprises. Telle est la raison pour laquelle Brauchitsch a parlé très sérieusement avec Hitler dans le courant de l'été 1939, juste avant le début des hostilités. » Mais vous, personnellement, qu'en pensiez-vous ? « Sincèrement, je ne pense pas que Hitler voulait la guerre. De même Brauchitsch : il ne le pensait pas non plus. Naturellement, quand je vous dis ça maintenant, on peut croire que je le dis uniquement à cause des circonstances présentes. Mais, voilà quelque temps, j'ai reçu une lettre d'une ancienne secrétaire à moi, où elle écrit que mes subordonnés ont observé que "le général Halder n'envisageait pas sérieusement la guerre à l'époque".

« Sans doute ne sauriez-vous comprendre les opinions de Brauchitsch et les miennes si vous ne connaissez pas personnellement Hitler. Comme je vous l'ai dit l'autre jour, c'était un homme qui prenait ses décisions à la dernière minute. Quand Hitler disait qu'il fallait se tenir prêt à attaquer, il ne fallait surtout pas le prendre à la lettre : ça pouvait signifier qu'il voulait menacer quelqu'un d'une attaque.

« Avant cela, il y a eu l'affaire des Sudètes. À cette époque, les préparatifs militaires étaient mauvais. Une fois passée la crise des Sudètes [1938], les gens ont parlé de cela, de la médiocrité des préparatifs militaires [1]. Cela est revenu aux oreilles de Hitler, et il a encouragé les préparatifs de guerre afin qu'à l'avenir on ne puisse plus douter des capacités guerrières de l'Allemagne. Au cours de la crise des Sudètes, l'armée n'était pas prête. Suis-je bien clair ? Ceux qui connaissaient Hitler n'ont jamais pris ses menaces au sérieux. Par exemple, au cours de la crise des Sudètes, Hitler a annoncé par écrit son intention de résoudre le problème des Sudètes par la force des armes. Il n'en a rien fait, on le sait.

« En novembre 1939, Hitler a dit par trois fois, dont une fois carrément, qu'il avait décidé d'en finir avec la Belgique et les Pays-Bas par la force des armes. Malgré tout, deux jours avant l'entrée aux Pays-Bas, en 1940, un émissaire spécial, avec rang d'ambassadeur, avait fait ses valises et était prêt à se rendre à la cour de la reine Wilhelmine des Pays-Bas pour régler les choses pacifiquement.

« Le 22 août 1939, lors d'une conférence au Berghof, Hitler a déclaré que les négociations avec la Pologne suivaient leur cours. Nous avons donc pensé que ce n'était qu'un nouveau coup de bluff, cette question polonaise, comme la question tchèque. Le 26 août 1939, Hitler a donné un premier ordre d'alerte. Quelques heures plus tard, l'ordre a été annulé, et de nouveau il a dit que les négociations avec la Pologne suivaient leur cours.

« On voit bien alors pourquoi Brauchitsch et moi-même étions convaincus que Hitler se livrait à un jeu de chantage politique extrême. Qu'il y avait eu des négociations avec la Russie pour occuper la moitié de la Pologne, nous ne l'avons su qu'ici, aux procès de Nuremberg. Brauchitsch et moi ne savions rien de la situation politique. Ce que nous savions, nous le tenions de Hitler. Nous savions que la presse mentait, nous repérions les mensonges de Goebbels, etc. C'était impossible !

« J'entretenais des relations personnelles avec quelqu'un des Affaires étrangères, un des principaux secrétaires d'État, un dénommé Ernst von Weizsäcker. Ribbentrop lui avait expressément interdit d'avoir le moindre contact avec Brauchitsch ou avec moi. Mais on se voyait quand même. Weizsäcker ne savait pas grand-chose non plus. Tout cela était du ressort de Ribbentrop. Nous n'avions donc pas une idée claire de la situation, si ce n'est que nous savions simplement quel genre de jeu jouait Hitler et que c'était un jeu dangereux. J'ai donc parlé à Brauchitsch, qui à son tour en a parlé avec Hitler, mais en vain.

1. La crise qui a failli déboucher sur la guerre en 1938 concernait la région des Sudètes, en Tchécoslovaquie. La conférence de Munich, les 29-30 septembre 1938, marqua la fin de la crise en raison des efforts des Britanniques et des Français pour apaiser la situation.

« Le 10 décembre 1941, Brauchitsch s'est retiré, vraisemblablement pour cause de maladie grave. Il est vrai qu'il a fait plusieurs crises cardiaques, mais il était ravi d'avoir ce prétexte pour se retirer parce que les divergences entre Hitler et lui étaient plus grandes que jamais. J'imagine très bien que l'excitation et les disputes continuelles avec Hitler ont contribué à lui fatiguer le cœur. Il ne s'est pas retiré, parce qu'il n'y a pas de retraite pour un feld-maréchal ; mais il n'avait plus de responsabilités.

« Environ six mois plus tard, le 24 septembre 1942, j'ai quitté mon poste, comme l'avait fait Brauchitsch, sauf que je n'étais pas malade et qu'il était très peu vraisemblable que je puisse faire croire à quiconque qu'une personne en parfaite santé soit soudain tombée malade. Je ne pouvais rien faire d'autre parce que ma demande de retraite m'avait été refusée. Quant à jouer les malades, je ne pouvais pas : j'étais bien, personne ne m'aurait cru. Si je voulais rompre avec Hitler, il fallait que je me conduise mal. »

Y a-t-il eu des disputes particulières avec Hitler ? « Il y a eu des querelles quotidiennes tout l'été. L'objet de notre dernier désaccord était la décision de lancer une offensive sur le Caucase et Stalingrad : une erreur, et Hitler n'a pas voulu le voir. Je lui ai dit que les Russes allaient engager un million d'hommes supplémentaires en 1942 et un autre million en 1943. Hitler m'a traité d'idiot, il a dit que les Russes étaient déjà pratiquement morts. Quand je lui ai parlé du potentiel russe en armements, surtout dans le domaine des chars, Hitler s'est mis dans une colère noire et m'a menacé de ses poings.

« Hitler a donné divers ordres au front est, passant outre aux conseils des militaires. Telle est la cause des revers. Puis il a imputé la défaite au groupe d'armées et a prétendu qu'ils l'avaient fait exprès. Sur ce, c'est moi qui suis devenu furieux et qui ai frappé du poing sur la table, qui ai fait des scènes, etc. Quand nous nous sommes séparés, Hitler a mentionné ces scènes, et a ajouté que j'avais les nerfs tendus, que lui-même avait les nerfs tendus, et que ça allait s'aggraver si nous continuions à travailler ensemble. Mais entre nous, docteur, ces conflits, c'est moi qui les provoquais, parce qu'en vingt ans de travail à l'état-major général, j'ai servi avec beaucoup d'officiers supérieurs sans avoir jamais de disputes. Ça s'est toujours bien passé. »

RUDOLF HÖSS
1900-1947

Lieutenant-colonel SS à partir de 1942, commandant du camp de concentration d'Auschwitz de 1940 à 1943, Rudolf Höss fut arrêté par les Britanniques en 1946 et remis à la Pologne.

Jugé par un tribunal militaire polonais, il fut pendu à Auschwitz le 7 avril 1947.

8 avril 1946

Rudolf Höss, quarante-six ans, placé à l'isolement dans l'aile C. Il était assis, les pieds dans une bassine d'eau froide, les mains serrées sur les genoux, les frottant l'une contre l'autre. Il a expliqué qu'il souffrait d'engelures depuis quinze jours et que tremper ses pieds dans l'eau froide calmait la douleur.

J'ai observé qu'il n'avait pas fait froid ici. Où avait-il attrapé ces engelures ? « Dans le Schleswig-Holstein, pieds nus dans une cellule. Quand les Britanniques m'ont capturé, j'étais nu ; ils m'ont juste enveloppé dans deux couvertures et m'ont conduit en prison. Ils ne m'ont donné ni souliers ni chaussettes. » J'ai demandé quand il avait été arrêté. « Le 11 mars 1946. » Racontez-moi. « Après avoir été libéré de mes fonctions, je me cachais sous une fausse identité de marin. Je travaillais dans une ferme du Schleswig-Holstein [1]. »

J'ai demandé comment les autorités avaient découvert qui il était : « Pour autant que je le sache, ils ont questionné ma famille, qui vit dans le Schleswig, et mon fils aîné, âgé de seize ans, a dû leur donner mon adresse. » Pourquoi ne vous êtes-vous pas rendu plus tôt ? « Je croyais pouvoir m'en tirer. » Quel était votre poste officiel ? « À compter de novembre 1943, j'étais chef d'une branche économique et administrative à l'Office central de Berlin. Nos bureaux se trouvaient en fait à Oranienburg. Autrefois, ces services s'appelaient Division de l'inspection des camps de concentration. Nous avions en charge l'inspection de tous les camps de concentration, y compris la Silésie. Les seuls camps qui ne relevaient pas de nous étaient ceux de Russie et d'Ukraine, placés sous l'autorité de la police supérieure SS. Le Gouvernement général de Pologne était sous ma responsabilité, mais les camps de concentration situés plus loin, en Russie même, étaient sous l'égide de généraux SS.

« J'ai été quatre ans commandant à Auschwitz, de mai 1940 jusqu'au 1er décembre 1943. » J'ai demandé combien de gens avaient été exécutés à Auschwitz pendant ce temps-là. « On ne saurait déterminer le nombre exact. Je l'estime à environ 2,5 millions de Juifs. » Rien que des Juifs ? « Oui. » Femmes et enfants compris ? « Oui [2]. »

Qu'en pensez-vous ? Höss a eu un air ahuri et apathique. J'ai répété ma question et lui ai demandé s'il approuvait ce qui s'était

1. Pour son autobiographie, cf. Rudolf Höss, *Death Dealer : The Memories of the SS Kommandant at Auschwitz*, Steven Paskuly, éd., New York, 1996 ; l'éditeur apporte de nombreuses corrections à cette autobiographie, notamment sur les détails techniques de la construction et du fonctionnement du camp ; *Le Commandant d'Auschwitz parle*, trad. fr., préface de Geneviève Decrop, Paris, La Découverte, 1995.

2. On a beaucoup débattu du nombre exact des victimes. Suivant l'ouvrage classique en la matière, Hilberg, *The Destruction of the European Jews*, vol. 3, p. 894 et trad. fr., p. 774-775, environ un million de Juifs ont perdu la vie à Auschwitz. Il estime que 250 000 autres personnes, pour la plupart des Polonais, y trouvèrent la mort ainsi que de nombreux « Tziganes ». Ces chiffres sont généralement approuvés in Piper, « Auschwitz », qui estime qu'environ un million de Juifs perdirent la vie dans le camp ; entre 140 000 et 150 000 Polonais ; 20 000 Tziganes ; 15 000 prisonniers de guerre soviétiques ; et entre 10 000 et 25 000 ressortissants d'autres nationalités.

passé à Auschwitz. « J'avais des ordres personnels de Himmler. » Avez-vous jamais protesté ? « Je ne pouvais pas. Les raisons que Himmler me donnait, je devais les accepter. » Autrement dit, vous pensez qu'il était justifié de tuer 2,5 millions d'hommes, de femmes et d'enfants ? « Pas justifié, mais Himmler me disait que si les Juifs n'étaient pas exterminés à cette époque, c'étaient les Juifs qui extermineraient à jamais les Allemands. »

Comment les Juifs pouvaient-ils exterminer les Allemands ? « Je ne sais pas, c'est ce que disait Himmler. Himmler ne donnait pas d'explication. » Vous n'avez pas d'avis ou d'opinion propre ? « Si, mais quand Himmler nous disait quelque chose, c'était si juste et naturel qu'on se contentait d'obéir aveuglément. » Avez-vous le moindre sentiment de culpabilité à ce sujet ? « Oui, maintenant, naturellement, je me rends compte que ce n'était pas bien. »

Santé : Höss dit être né à Baden-Baden, le 25 novembre 1900. Naissance normale, parfaitement à terme. Il ne sait rien de sa croissance ni de son développement. Dans son enfance, il a généralement été en bonne santé ; la seule maladie dont il se souvienne en particulier, c'est la rougeole, qu'il a eue très tôt.

Études : Trois ans d'école et cinq de lycée. Il reste vague quant à ses résultats scolaires.

Carrière : À seize ans, en 1916, il a été engagé volontaire. Il a passé deux ans sur le front, en Irak et en Palestine, se battant contre les Anglais. En 1918, à la fin des hostilités, il était sergent d'infanterie.

De 1918 à 1921, il a fait partie d'un corps franc, le corps Rossbach, stationné dans les États baltes, la Ruhr et en Haute-Silésie. « Officiellement, le corps franc n'était pas payé par le gouvernement ; en coulisses, cependant, c'est le gouvernement et l'industrie qui les finançaient. Le corps franc Rossbach comptait trois mille hommes. Il y avait d'innombrables corps francs d'importance diverse, de la compagnie au régiment. »

Après 1921, il est devenu apprenti agricole sur un domaine de Silésie et dans le Schleswig-Holstein. Il y a travaillé jusqu'en 1923, date à laquelle il fut incarcéré « en raison du meurtre d'un homme qui avait donné Leo Schlageter aux Français ; Schlageter était l'un des chefs de la résistance active contre les Français en 1923 ». Vous avez assassiné l'homme qui a donné Schlageter ? « Oui, j'étais l'un des quatre qui l'ont matraqué à mort. » Pourquoi ? « Cet homme avait appartenu au corps franc Rossbach, puis avait volé de l'argent et fait des affaires illégales avant de décamper. En mai 1923, il a refait surface dans le Mecklembourg pour amener certaines personnes de mon école à travailler pour les Français. Il s'appelait

Walter Kadow. Un professeur allemand au chômage qui avait autour de vingt-cinq ans. »

Combien de temps êtes-vous resté en prison ? « J'ai été condamné à dix ans de travaux forcés, mais j'ai été libéré au bout de cinq ans. » Comment se fait-il que vous n'ayez pas été condamné plus lourdement puisque c'était un meurtre ? « La cour n'a pas conclu au meurtre, en tout cas pas à un meurtre caractérisé. Elle a conclu à une mort des suites d'une dispute. Ça s'est produit dans un restaurant où nous nous réunissions. Les trois autres ont écopé de douze, dix et huit ans de prison. J'étais en prison à Brandebourg, sur la Havel, près de Berlin. Je suis sorti de prison en 1928. Il y a eu une amnistie politique : toux ceux qui étaient communistes ou qui appartenaient aux partis de droite ont été libérés. C'est ce qu'on a appelé l'amnistie Hindenburg. Mon crime était ce qu'on appelait un meurtre politique. » Pour vous, quelle est la différence entre un meurtre politique et un autre meurtre ? « Il y a une différence. Si vous tuez pour prendre de l'argent ou voler, c'est un meurtre pur et simple, mais si vous tuez pour des raisons politiques, c'est un meurtre politique. » Vous voulez dire qu'il est tout à fait normal de tuer ses adversaires politiques ? « Non, ce que je veux dire, c'est que les émotions qui mènent à ce genre de choses sont différentes, que les causes varient. » Mais dans les deux cas, il s'agit bien d'un meurtre ? « Oui. »

De 1928 à 1934, il a de nouveau travaillé dans diverses fermes et propriétés du Mecklembourg, du Brandebourg, etc. Tel qu'il a décrit ses tâches, il était au fond « inspecteur du domaine ».

S'agissant de son activité politique, il s'est dit national-socialiste depuis 1922, mais il n'a participé à aucune activité politique entre 1928 et 1934. Il a assisté à des réunions du parti sans jamais avoir la moindre fonction. En 1934, il a rejoint les SS parce que le propriétaire du domaine pour qui il travaillait voulait créer une écurie destinée aux SS, et « j'étais un ancien de la cavalerie ». Un jour, lors d'une tournée d'inspection à Stettin, « Himmler m'a rencontré et m'a demandé si je voulais prendre un poste de superviseur de camp de concentration. J'ai accepté. » Que faisiez-vous donc à Stettin ? « Il y avait là-bas une inspection générale des SS et je conduisais un détachement de cavalerie SS. »

Höss a dit que, du temps qu'il était commandant d'Auschwitz, on ne faisait pas de savon avec de la graisse humaine. « On coupait les cheveux des femmes après qu'elles avaient été exterminées dans les chambres à gaz. Les cheveux étaient ensuite expédiés dans des usines où on les tissait pour en garnir des joints d'étanchéité. » Y avait-il aussi des cheveux d'hommes et d'enfants ? « Non ; c'est en

1943 que j'ai reçu les premiers ordres de faire ça. On coupait uniquement les cheveux des femmes et seulement après qu'elles étaient mortes. » Vous supervisiez les meurtres commis au moyen de chambres à gaz ? « Oui, je supervisais toute cette affaire. J'étais souvent présent, mais pas toujours, quand on se servait des chambres à gaz. » Vous devez être un homme dur. « Vous devenez dur quand vous exécutez de tels ordres. » Il me semble qu'il faut être dur au départ. « Eh bien, on ne peut certainement pas faire preuve de tendresse, qu'il s'agisse d'abattre des gens ou de les tuer dans des chambres à gaz. »

On fusillait aussi à Auschwitz ? « Pas les Juifs, mais des Polonais de la Résistance. Cela se faisait sur ordre de Rudolf Mildner. » Vous étiez un ami de Mildner ? « Il venait souvent à Auschwitz. » Il avait son tribunal à Auschwitz ? « Une fois les Polonais condamnés, après que l'administrateur de district du parti avait signé les arrêts de mort, ils étaient envoyés à Auschwitz, devant la cour de Mildner, où on leur disait qu'ils étaient condamnés à mort. Cela concernait soixante à soixante-dix hommes par mois. » Combien de mois y a séjourné Mildner ? « Mildner est arrivé en 1941, et il est parti en 1943. J'estimerais à mille cinq cents hommes le nombre des condamnés à mort par le tribunal de Mildner. »

9 avril 1946

Quand je suis entré avec M. Triest, l'interprète, Höss était assis sur son lit. Il s'est redressé et est demeuré debout jusqu'à ce que je l'invite à s'asseoir. Il a dit que ses pieds ne le faisaient presque plus souffrir, mais qu'il les plongeait encore de temps en temps dans une bassine d'eau froide pour se soulager.

« Je vais à la cour demain ou après-demain ; on me l'a dit ce matin. Je vais déposer pour Kaltenbrunner. » Sur son visage, un air sombre, mais inquiet et vide. Il a dit : « Vous ai-je fait un compte rendu des délibérations actuelles ? » Je lui ai dit de me dire tout ce qui lui passait par la tête. « À l'origine, a-t-il dit, Auschwitz était conçu comme un camp de quarantaine pour les Polonais du Gouvernement général. Initialement, il était prévu que les Polonais soient acheminés dans un camp de concentration du Reich proprement dit, et Auschwitz ne devait être qu'un poste de quarantaine transitoire, où les détenus seraient retenus quinze jours, histoire de s'assurer qu'ils n'avaient pas de maladies contagieuses telles que le typhus ou une fièvre à éruptions.

« Le camp se situait en fait tout près d'une petite ville, près d'Auschwitz. Initialement, c'était le site des casernes d'artillerie de l'armée polonaise. J'avais l'ordre de cultiver et de travailler dans les fermes des environs avec les détenus. C'était une tâche difficile parce que les terrains alentour étaient souvent complètement inondés et improductifs.

« Jusqu'en 1918, Auschwitz a fait partie de l'Autriche et de la Silésie. Puis la ville est devenue polonaise. Elle se trouve sur la frontière galicienne, à soixante kilomètres de Cracovie. Cependant, Auschwitz ne faisait pas partie du Gouvernement général ; elle était rattachée à la nouvelle province de Haute-Silésie.

« Je suis arrivé à Auschwitz en mai 1940 avec un encadrement de trente détenus du camp de concentration de Sachsenhausen, où j'avais été le premier adjoint, puis le commandant du camp. Quand je suis arrivé, Auschwitz se résumait à deux casernes vides.

« Puis des détenus de camps de concentration polonais ont commencé à arriver du Gouvernement général et d'autres territoires polonais. À cette époque, Auschwitz est devenu un camp pour les gens qui avaient participé au mouvement de résistance polonais. Très peu furent exécutés au cours de la première année : juste ceux que la Gestapo ou les SS avaient condamnés à mort. » Combien, à votre avis ? « Je ne sais pas. Quelques centaines, peut-être plus. » Comment étaient-ils exécutés ? « Fusillés. »

« Le camp était en ruine ; j'ai supervisé la reconstruction de maisons et de baraques et je l'ai préparé pour accueillir vingt mille internés, mais dans les tout premiers mois nous n'en avons reçu qu'entre deux et trois mille.

« Au printemps 1941, Himmler est arrivé en tournée d'inspection. Il m'a ordonné d'agrandir le camp autant que possible, et l'administrateur de district du parti, Fritz Bracht, qui était présent et qui était responsable de la région, a reçu l'ordre de mettre à ma disposition tout le territoire, soit environ vingt mille *morgen* ou cinq mille hectares. Dans le camp lui-même, j'ai reçu l'ordre de construire plusieurs grands ateliers, de charpenterie ou d'usinage par exemple.

« Puis j'ai reçu l'ordre d'assécher les marais, d'aménager des fermes modèles et de développer le plus possible l'agriculture. J'ai reçu l'ordre de construire un camp de prisonniers de guerre pour accueillir cent mille personnes dans un lieu situé à trois kilomètres du camp initial, à Birkenau. La population de ce territoire, qui consistait à peu près en sept villages, a été évacuée et envoyée dans la ville d'Auschwitz. Ceux qui pouvaient être employés dans les usines ou dans les chemins de fer sont restés à Auschwitz, mais les autres, qui n'étaient que paysans, sont allés travailler ailleurs pour le Gouvernement général.

« Les cent mille prisonniers de guerre destinés au camp de Birkenau, le camp des prisonniers de guerre, ne sont jamais arrivés, et ce projet a été par la suite abandonné.

« Dans le courant de l'été 1941, j'ai été appelé à Berlin pour voir Himmler [1]. J'ai reçu l'ordre d'organiser des camps d'extermination. Je peux presque vous rapporter les mots exacts de Himmler, quelque chose de ce genre : “Le Führer a ordonné la solution finale du problème juif. Nous, les SS, devons exécuter ces plans. C'est une tâche rude, mais si l'action n'est pas accomplie tout de suite, au lieu que ce soit nous qui exterminions les Juifs, ce sont les Juifs qui plus tard extermineront les Allemands.”

« C'était l'explication de Himmler. Puis il m'a expliqué pourquoi il avait choisi Auschwitz. Il existait déjà des camps d'extermination à l'Est, mais ils étaient incapables d'exécuter une action d'extermination à si grande échelle. Himmler ne pouvait me donner le nombre exact, mais il a dit que le moment venu Eichmann prendrait contact avec moi et m'en dirait plus. Il me tiendrait informé de l'arrivée des convois et autres affaires de ce genre.

« Himmler m'a ordonné de soumettre des plans précis concernant mes idées sur la manière dont le programme d'extermination devait être exécuté à Auschwitz. J'étais censé inspecter un camp à l'Est, à savoir Treblinka, et tirer les leçons des erreurs commises là-bas.

« Quelques semaines plus tard, Eichmann m'a rendu visite à Auschwitz et m'a indiqué qu'il fallait s'attendre aux premiers convois du Gouvernement général et de la Slovaquie. Il a ajouté que cette action ne devait être retardée en aucune façon, afin qu'aucune difficulté technique ne surgisse, et que les programmes des convois devaient être respectés à tout prix.

« Entre-temps, j'avais inspecté le camp d'extermination de Treblinka, au sein du Gouvernement général sur le Bug. Treblinka, c'était quelques baraques et un terminus de voie ferrée qui menait à une ancienne carrière de sable. J'ai inspecté les chambres d'extermination là-bas. Des chambres de bois et de ciment ; chacune avait à peu près la taille de cette cellule [environ 2,5 mètres sur 3,5 mètres], mais les plafonds étaient plus bas qu'ici. À côté des chambres d'extermination étaient placés les moteurs de vieux chars

1. Dernièrement, les historiens en sont arrivés à la conclusion que la réunion avec Himmler eut lieu en juin 1942. Voir Karin Orth, « Rudolf Höss und die “Endlösung der Judenfrage”. Drei Argumente gegen deren Datierung auf den Sommer 1941 », *Werkstattgeschichte*, 18, 1997, p. 45-57.

ou de vieux camions, et les gaz des moteurs, les gaz d'échappement, étaient dirigés dans les cellules ; voilà comment on exterminait les gens. »

Combien de gens à la fois ? « Je ne saurais vous le dire exactement, mais j'ai estimé que dans chaque chambre, qui était à peu près de la taille de cette cellule, mais pas aussi haute, on pouvait entasser près de deux cents personnes à la fois – très serrées les unes contre les autres dans la cellule. »

Hommes, femmes et enfants ? « Oui, mais on les introduisait dans les cellules séparément ; autrement dit, les hommes étaient exterminés dans les mêmes chambres, mais à des moments différents. » Vous avez cette cellule pour vous et elle n'est pas très grande ; donc deux cents personnes : elles étaient serrées comme des sardines ! « Oui, il fallait forcer pour fermer la porte et les gens étaient très serrés les uns contre les autres. » Combien de chambres y avait-il à Treblinka ? « Il y avait dix chambres de ce genre, toutes en pierre et en ciment. Il n'y avait pas d'œilletons, juste de grandes portes couvertes de feuilles de métal. Les autorités de Treblinka allumaient les moteurs et les faisaient tourner une heure pour exterminer les gens, puis elles rouvraient les portes. À ce moment-là, ils étaient tous morts. Je ne sais pas combien de temps il fallait pour que le gaz les tue. » Comment retirait-on les corps ? « Ce sont d'autres détenus qui les retiraient. Au début, on les mettait dans des fosses communes, dans les carrières de sable ; par la suite, au moment de mon inspection, ils commençaient tout juste de brûler les cadavres dans des carrières de sable ouvertes ou des fossés, et ils s'étaient mis à dégager les fosses communes pour brûler les corps qui y avaient été enterrés. » Combien de temps êtes-vous resté à Treblinka ? « Quelques heures seulement, puis je suis retourné à Auschwitz.

« Ensuite, les premiers convois sont arrivés à Auschwitz.

« J'avais deux vieilles fermes un peu éloignées du camp que j'avais transformées en chambres à gaz. J'avais fait abattre les cloisons entre les pièces et cimenter les murs extérieurs pour empêcher les fuites. Le premier convoi venant du Gouvernement général a été conduit là. Ils ont été gazés au Zyklon B. »

Combien de personnes exterminait-on à la fois dans chaque ferme ? Höss fixa le sol et réfléchit quelques instants, promenant son regard de moi jusqu'au sol, puis jusqu'à M. Triest. Au bout d'une trentaine de secondes de silence, il finit par dire : « Dans chaque ferme, on pouvait gazer en même temps dix-huit cents à deux mille personnes. Les deux fermes étaient à six ou huit cents mètres l'une de l'autre. Elles étaient totalement coupées de l'extérieur par des bois et des clôtures. »

Combien de fois s'est-on servi de ces bâtiments ? « Eh bien, voilà comment ça se passait. Ces convois n'arrivaient pas tous les jours ; parfois deux ou trois trains arrivaient le même jour, chaque train contenant deux mille personnes, mais parfois aucun convoi n'arrivait pendant trois à six semaines. » Combien de temps gardait-on ces gens à Auschwitz ? « Ils n'y restaient pas. Une voie de garage conduisait à Birkenau pour le déchargement. Là se faisait la sélection. On triait ceux qui étaient aptes à travailler et ceux qui étaient inaptes. » Quels critères de sélection employait-on ? « Eh bien, nous avions deux médecins SS, assis à des tables, et les gens des convois descendaient du train et passaient devant ces médecins. Ces gens étaient complètement habillés ; ils passaient juste devant et les médecins jugeaient à leur mine, à leur âge et à leur force. »

Sur un convoi de deux mille, combien environ étaient sauvés pour le travail ? « Tout au long de ces années, j'ai calculé qu'une moyenne de vingt à trente pour cent des gens étaient aptes au travail. » Et que se passait-il ensuite ? « Ceux qui n'étaient pas aptes au travail étaient conduits jusqu'aux fermes. Celles-ci étaient à un bon kilomètre de la voie ferrée. Là, on les faisait se déshabiller. Au début, ils devaient le faire en plein air, à un endroit où l'on avait dressé des murs de pailles et de branches d'arbres qui les cachait aux regards. Au bout de quelque temps, on a construit des baraques. On avait des grandes pancartes, qui indiquaient “Désinfection” ou “Bains”. C'était pour donner l'impression aux gens qu'ils allaient simplement prendre un bain ou être désinfectés, histoire qu'on n'ait pas la moindre difficulté technique dans le processus d'extermination.

« Et les détenus que nous utilisions comme interprètes et aides à ces postes donnaient pour consigne aux gens de prendre soin de leurs vêtements quand ils les posaient sur le sol, en piles bien rangées, afin qu'ils puissent les retrouver à la sortie du bain ou de la salle de désinfection. Ces détenus aidaient à calmer tout le monde en répondant aux questions sur un ton rassurant et en expliquant aux gens qu'ils allaient juste prendre un bain dans ces maisons.

« Puis on les faisait entrer dans les chambres et les détenus qui les accompagnaient entraient avec eux dans les chambres d'extermination pour que les gens restent calmes, puisqu'ils voyaient les assistants y entrer eux-mêmes. C'était organisé de telle manière que toutes les chambres se remplissaient en même temps. Au dernier moment, alors que les chambres étaient pleines, les détenus qui travaillaient pour nous s'éclipsaient, les portes étaient verrouillées et le

Zyklon B diffusé par de petites ouvertures. » Il n'y avait pas de panique parmi les gens avant qu'ils soient tués ? « Si, parfois, mais on travaillait en douceur, de plus en plus en douceur avec le temps. Les hommes étaient toujours exterminés dans une chambre à part, et les femmes et les enfants ensemble, dans la même chambre. » À quel âge, par exemple, situiez-vous la différence entre un enfant et un adulte, entre un garçon et un homme ? « Je ne peux pas le dire. On jugeait les garçons à leur mine : vous savez, certains sont adultes à quinze ans, d'autres à dix-sept. On jugeait surtout à la taille. »

Voulez-vous dire que toutes les personnes exécutées étaient inaptes au travail ? « Pas exactement, mais on peut penser que la majorité des exterminés n'étaient pas aptes au travail. » Pourquoi ? « Eh bien, les médecins qui contrôlaient les gens complètement habillés quand ils descendaient des convois étaient aussi présents quand ceux qu'ils avaient sélectionnés pour l'extermination se déshabillaient, et ils observaient souvent que leur sélection rapide sur la rampe de la voie ferrée était exacte parce que, à de rares exceptions près, les gens qui avaient été choisis pour l'extermination n'étaient pas capables de travailler beaucoup. » Je ne comprends pas. Vous avez dit que les médecins qui faisaient la sélection étaient attablés à côté de la voie de garage et que les gens défilaient tout habillés ? « Oui, mais ce que je veux dire, c'est que les médecins disaient des choses de ce genre ensuite, quand ils voyaient les gens se dévêtir, juste à côté des chambres à gaz, en plein air. Ils disaient que leur sélection avait généralement été exacte. »

En combien de temps opérait le Zyklon B ? « Après toutes les observations effectuées au fil de ces années, j'ai le sentiment que ça dépendait du temps, du vent, de la température ; et, en fait, l'efficacité du gaz proprement dit n'était pas toujours la même. Habituellement, il fallait entre trois et quinze minutes pour éliminer tous ces gens, c'est-à-dire pour qu'il n'y ait plus aucun signe de vie. Dans les fermes, on n'avait pas d'œilletons, si bien que parfois, quand on ouvrait les portes après que s'était écoulé un long moment, il y avait encore quelques signes de vie. Par la suite, dans les crématoires et les chambres à gaz que nous avons construits, et que j'ai conçus, on avait des œilletons pour s'assurer que tous ces gens étaient morts.

« Au bout d'une demi-heure, on ouvrait les portes de la ferme. Il y avait deux portes, une à chaque extrémité, et on aérait la salle. Les travailleurs étaient équipés de masques à gaz et ils traînaient les cadavres dehors ; au début, ils les mettaient dans de grandes fosses communes.

« Je croyais qu'on pouvait construire des crématoriums rapidement et je voulais donc brûler les cadavres des fosses communes dans le crématoire, mais quand j'ai vu qu'il était impossible d'en construire assez vite pour faire face au nombre sans cesse croissant des gens exterminés, on s'est mis à brûler les corps dans des fosses, comme à Treblinka. Une couche de bois, puis une couche de cadavres, une autre couche de cadavres, etc. Pour allumer le feu, on se servait d'un ballot de paille imbibé d'essence. On allumait généralement le feu avec à peu près cinq couches de bois et cinq couches de cadavres. Quand le feu s'embrasait, on pouvait y balancer les cadavres frais tout juste sortis de la chambre à gaz ; ils brûlaient tout seuls.

« Les grands crématoriums furent achevés en 1942, et tout le processus se déroula désormais dans les nouveaux bâtiments. De nouvelles voies de chemin de fer menaient au crématorium. On sélectionnait les gens comme avant, à ceci près que ceux qui étaient inaptes au travail étaient conduits au crématoire plutôt qu'acheminés jusqu'aux fermes. C'était un grand bâtiment moderne ; il y avait des vestiaires et des chambres à gaz au sous-sol, et un crématoire en surface, mais le tout dans le même bâtiment. Il y avait quatre chambres à gaz au sous-sol : deux grandes, qui pouvaient accueillir chacune deux mille personnes ; et deux petites, qui pouvaient en recevoir chacune seize cents. Les chambres à gaz étaient construites comme des douches, avec des pommes de douche, des conduites d'eau, un peu de plomberie et un système de ventilation électrique moderne afin que, le gazage terminé, on puisse aérer les salles par l'appareil de ventilation électrique. Des monte-charge portaient les cadavres au crématoire au-dessus. Il y avait cinq doubles fours.

« Il fallait vingt-quatre heures pour brûler deux mille personnes dans ces cinq fours. Habituellement, on n'arrivait à en incinérer qu'entre dix-sept cents et dix-huit cents. Nous prenions donc toujours du retard parce que, comme vous le voyez, il était beaucoup plus facile d'exterminer au gaz que d'incinérer, tâche qui demandait beaucoup plus de temps et de travail.

« Quand l'opération battait son plein, deux ou trois convois arrivaient tous les jours, chacun avec près de deux mille personnes. Ce furent les moments les plus durs parce qu'il nous fallait les exterminer tout de suite et que les installations pour les brûler, même avec les nouveaux crématoires, ne pouvaient suivre le rythme de l'extermination. »

Combien de gens ont été tués de cette façon ? « Je ne puis donner le nombre exact. Pour commencer, tous les dossiers sur ces gens ont été détruits. Il n'y avait pas d'archives ni de noms, et même les chiffres n'étaient que grossièrement estimés. Autour de 1945, Eichmann a dû soumettre un rapport à Himmler, parce qu'il était le seul à devoir tenir des statistiques pour Himmler. Avant d'aller voir ce dernier, Eichmann m'a dit qu'à Auschwitz même on avait gazé 2,5 millions de gens. Il est absolument impossible de donner un chiffre exact. » Pensez-vous qu'il faudrait le revoir à la hausse ? qu'il pourrait atteindre 3 ou 4 millions ? « Non, je crois que 2,5 millions est excessif, mais je n'ai pas de preuve. Aucune des personnes exterminées n'était enregistrée ; seuls étaient enregistrés dans le camp ceux qui travaillaient. » Ceux qui étaient sélectionnés pour le travail, au lieu d'être tués, étaient-ils exterminés par la suite s'ils étaient juifs ? « Non, seulement il y en avait qui mouraient de leur mort naturelle, comme d'une maladie, par exemple. » Beaucoup sont morts de maladie ? « Oui, il y avait des épidémies de typhus sans interruption en raison de la surpopulation des camps et du manque d'installations sanitaires, qu'on ne pouvait construire aussi vite que les gens arrivaient.

« Durant toutes ces années, d'après mes calculs et toutes épidémies confondues, environ un demi-million de gens sont morts de maladie. »

Combien de gens sont passés par Auschwitz ? « Impossible à dire. Je n'ai aucune idée du nombre de personnes qui sont passées par ce camp. Je sais que dans les années 1943-1944 nous avions cent quarante-quatre mille détenus dans le camp qui y travaillaient. La plupart des nouveaux arrivants aptes au travail étaient évacués d'Auschwitz et je ne sais pas ce qu'ils devenaient. »

J'ai entendu dire qu'on enlevait l'or des dents des personnes exterminées. « Oui, une fois les cadavres retirés des chambres à gaz, à partir de début 1942, ordre avait été reçu du haut quartier général d'enlever tout l'or des dents et de l'envoyer au département des Finances. De là, on l'envoyait au trésorier, je crois. » Qui se chargeait de prélever l'or sur les dents des morts ? « Des détenus, le plus souvent des dentistes qui travaillaient là-bas. On sauvait habituellement les médecins, les dentistes et les infirmières des chambres à gaz pour leur confier des tâches techniques. »

Combien d'Allemands y avait-il à Auschwitz, dans votre personnel ? « Les gardes compris, vous voulez dire ? » Oui. « Eh bien, en 1943, en décembre, quand je suis parti, il y avait trois mille cinq cents gardes et près de cinq cents hommes dans l'équipe administrative, y compris ceux qui supervisaient la section agricole, les laboratoires d'essai, les chambres d'extermination, les crématoires, etc. »

Comment les Allemands pouvaient-ils ignorer ces affaires si rien qu'à Auschwitz ils étaient trois mille cinq cents à travailler ? « Je ne peux pas répondre parce qu'il est hors de doute que beaucoup de gens savaient, mais on prenait certaines précautions. Par exemple, pas un mot dans la presse ; on faisait généralement appel aux mêmes équipes pour les transports ; et presque tous ceux qui travaillaient à Auschwitz devaient prêter serment de ne pas parler. » Vous pouvez en dire plus sur ces trois mille cinq cents Allemands qui travaillaient à Auschwitz ? « Jusqu'en 1939, c'est-à-dire jusqu'au début de la guerre, le personnel des camps de concentration venait des unités SS Têtes de mort. Au début de la guerre, Eichmann, qui était inspecteur des camps de concentration, a réuni ces unités en une division de combat. Les gardes furent remplacés par des hommes plus âgés de la SS générale. Dans les années suivantes, à partir de 1941, on a employé beaucoup de gens soi-disant d'origine allemande, de Hongrie ou de Galicie, par exemple, qui devaient servir là.

« En 1943 et en 1944, les grandes unités de l'armée de terre, de la marine et de l'aviation ont été transférées aux SS pour superviser le travail dans les usines de guerre, la production d'armement, etc. Par exemple, dans une usine d'armement qui travaillait pour la marine et qui faisait travailler des détenus : dans un cas de ce genre, la marine devait fournir ses propres gardiens. Il en allait de même pour l'armée de terre et l'aviation, parce que les SS manquaient d'unités de gardes. Le personnel de l'armée de terre, de la marine et de l'aviation employé comme gardiens a été par la suite transféré aux SS. »

Qu'êtes-vous devenu après décembre 1943, quand vous avez quitté Auschwitz ? « Je suis allé travailler au QG d'Oranienburg pour l'inspecteur des camps de concentration. Auschwitz était devenu si grand qu'on a dû le diviser en trois camps, appelés Auschwitz 1, 2 et 3. On pourrait les appeler aussi "Auschwitz" proprement dit ; "Birkenau", qui serait Auschwitz 2 ; et "Monowitz", qui serait Auschwitz 3. À Monowitz se trouvaient tous les camps de travail rattachés à Auschwitz. Le chiffre de cent quarante mille que je vous ai donné ne prend en considération que ceux qui travaillaient à Auschwitz et pas les détenus de passage, qui étaient soit liquidés, soit envoyés ailleurs.

« Je suis arrivé à Oranienburg en décembre 1943. Mon superviseur immédiat était le général de corps d'armée Richard Glücks. J'étais chef du Bureau I, la section politique. Mon travail consistait à superviser totalement tous les camps de concentration, les administrations, les libérations et les punitions, les exterminations, toutes les transactions avec le RSHA, tous les dossiers des détenus : bref, tout ce qui se passait dans les camps de concentration. »

Du jour où vous avez quitté Auschwitz jusqu'à la fin de la guerre, combien de gens a-t-on exterminé là-bas ? « Le chiffre de 2,5 millions tient compte de 1944. » En a-t-on exterminé en 1945 ? « Non, tout a été arrêté fin 1944. Interdit par Himmler. » Que sont devenus les convois arrivés en 1945 ? « Il n'y avait plus guère de convois en 1945, et les seuls qui arrivaient étaient des gens aptes au travail. » Pourquoi les exterminations ont-elles cessé ? Parce qu'il n'y avait plus de Juifs à exterminer ? « En novembre 1944, j'étais avec Eichmann à Budapest et il m'a dit qu'il y avait des négociations en cours entre Himmler et des représentants des Juifs en Suisse *via* divers intermédiaires et que, dès lors, il fallait cesser immédiatement les exterminations [1]. »

À votre avis, quand ont eu lieu les dernières exterminations ? Höss réfléchit et se frotte les mains. Il finit par répondre : « Je n'en suis pas sûr, mais je crois en octobre 1944. »

Dans votre esprit, quel genre d'homme était Eichmann ? « Eichmann avait trente-quatre ou trente-cinq ans, c'était un homme très actif, aventureux. Il avait le sentiment que cette action contre les Juifs était nécessaire, et il était pleinement convaincu de sa nécessité et de sa justesse, comme moi. »

Connaissez-vous Bach-Zelewski ? « Oui, pas officiellement, mais en 1940-1941, Bach-Zelewski était le chef suprême des SS et de la police en Autriche. C'est Ernst Heinrich Schmauser qui lui a succédé [2]. Dès lors, je n'ai plus rien eu à faire avec Bach-Zelewski. » Bach-Zelewski était-il au courant de l'extermination des Juifs ? « À l'époque où il a quitté la Silésie, le programme d'extermination à Auschwitz n'avait pas commencé, mais en Russie il y avait les *Einsatzkommandos* [commandos d'action] de la Sûreté dans chaque district. C'est sûrement arrivé là-bas aussi. Parce que nous n'avons jamais reçu aucun Juif de Russie occupée et je sais de source sûre que les Juifs étaient raflés et exterminés en Russie par ces commandos. »

Vie conjugale : Höss s'est marié en 1929. Sa femme a maintenant trente-huit ans. Ils ont cinq enfants, âgés de deux ans et demi à seize ans. Il dit avoir été heureux en ménage au cours des quatre années qu'il a passées à Auschwitz. Sa femme et ses enfants vivaient tout

1. Sur l'histoire complexe des démarches des dirigeants nazis pour mettre à rançon les Juifs d'Europe, voir Yehuda Bauer, *Jews for Sale : Nazi-Jewish Negotiations, 1933-1945*, New Haven, 1994 ; *Juifs à vendre ?*, trad. fr. D. Authier, Paris, Liana Levi, 1996.

2. Ernst Heinrich Schmauser (né en 1890) fut le plus haut gradé SS et le chef de la police en Haute-Silésie du 1er mai 1941 jusqu'en 1945. Auschwitz relevait de sa juridiction. Voir Hilberg, *La Destruction des Juifs d'Europe*.

près, en ville. Il n'a connu aucun problème de couple du fait de son travail.

Au moment du VE Day [*Victory in Europe*, le 8 mai 1945], Höss se trouvait avec le général de corps d'armée Glücks à Flensburg. Himmler aussi était à Flensburg. « Himmler nous a ordonné de nous cacher auprès de l'armée ou de la marine. Je suis entré en contact avec un commandant de la marine, un commandant de sous-marin bien connu. Il nous a donné des papiers de marins, on s'est habillés en marins, et plus tard, dans le Schleswig-Holstein, c'est en tant que tels que les Britanniques nous ont rendus à la vie civile. »

Qu'est devenu Glücks ? « Je ne l'ai jamais revu depuis Flensburg. Il était très malade et est allé dans un hôpital de la marine ; je crois qu'il est mort là-bas. La dernière fois que j'ai vu Eichmann, c'était en avril 1945, à Oranienburg, quand il m'a dit avoir reçu l'ordre d'aller à Prague. C'était dans les derniers jours de la guerre. Je n'ai plus entendu parler de lui depuis. Sa famille était à Prague. » Travailliez-vous près de votre famille ? « J'étais à sept kilomètres de ma famille, dans le camp de la marine, jusqu'à ma démobilisation, puis je suis allé travailler dans une ferme près de la frontière danoise. J'ai obtenu ce boulot par le bureau du travail. J'ai travaillé là-bas huit mois avant d'être arrêté. » Avez-vous vu votre famille au cours des huit mois ? « Non, ma femme et mon fils aîné savaient où j'étais et communiquaient avec moi, mais je ne les ai pas vus. »

À l'époque où vous commandiez Auschwitz, où habitait votre famille ? « À Auschwitz. » Qu'est-ce que votre femme disait ou pensait de ce qui se passait sous votre commandement ? « Ma femme n'en a rien su jusqu'en 1942. Chaque fois qu'un gardien ou un SS lui parlait ou qu'il était question de ces choses, elle ne voulait pas le croire. Moi-même, je ne le lui ai pas dit quand elle m'a interrogé ; je lui ai répondu à côté. En 1942, elle a surpris la remarque de l'administrateur de district du parti en Haute-Silésie, Bracht, qui évoquait le programme d'extermination, et alors elle y a cru. Après quoi elle m'a interrogé et je lui ai parlé. » Quelle a été sa réaction ? « Elle a été bouleversée, elle a trouvé ça cruel et terrible. Je le lui ai expliqué de la même façon que Himmler me l'avait expliqué. Cette explication l'a satisfaite et nous n'en avons plus parlé. Cependant, à compter de ce jour, elle a souvent fait la réflexion qu'il vaudrait mieux que j'obtienne un autre poste et que nous quittions Auschwitz. »

Höss a donc cinq enfants : un garçon de seize ans, une fille de treize, une fille de douze, un garçon de huit et une fille de deux ans et demi. Tous sont vivants et se portent bien.

Ça ne vous tracassait pas de tuer des enfants du même âge que les vôtres ? « Ce n'était pas facile pour moi ni pour les autres militaires SS, mais nous étions convaincus par les ordres et par la nécessité de ces ordres.

« Si je n'avais pas eu des ordres directs et les raisons de ces ordres, j'aurais été incapable de les accomplir de mon propre chef – d'envoyer des milliers et des millions de gens à la mort. » Vous sentez-vous coupable, ou simplement dans la peau d'un soldat qui a fait son devoir ? « Jusqu'à la capitulation de l'Allemagne, j'ai cru avoir exécuté les ordres correctement et avoir agi comme il fallait. Mais après la capitulation, quand j'ai lu dans la presse les comptes rendus des procès, etc., j'en suis arrivé à la conclusion que la nécessité de l'extermination des Juifs n'était pas telle qu'on me l'avait dit : aujourd'hui je suis coupable, comme tous les autres, et je dois en supporter les conséquences. » À votre avis, quel devrait être votre châtiment ? « Être pendu. » Vraiment, ou pensez-vous qu'il y en a d'autres qui sont plus coupables que vous ? « Il y en a d'autres plus coupables que moi, en particulier ceux qui m'ont donné les ordres, qui n'étaient pas les bons. Mais comme je l'ai vu au procès de Belsen, où des SS travaillaient sous les mêmes ordres que moi, je vais devoir affronter le même châtiment. »

Connaissez-vous Josef Kramer [1] ? « Oui, je le connais bien. Il a été mon premier adjoint à Auschwitz, puis il a été dans d'autres camps. Il a été un temps commandant de Birkenau, autrement dit Auschwitz 2. Son dernier commandement a été Belsen. » Quel genre d'homme était Kramer ? « Un homme calme, doué de sens pratique, mais qui manquait d'horizons, qui n'avait aucune perspective ni aucun recul, qui n'était pas très actif ni élastique, et que je ne pouvais donc utiliser comme adjoint. Il avait du mal à concevoir les choses et à agir de sa propre initiative. Même après, quand il a été chef de camp à Birkenau, il a exécuté très précisément les ordres, mais il était incapable de s'adapter à des situations nouvelles ou de changer les ordres en fonction des conditions existantes. Il fallait tout le temps le diriger et lui dire exactement comment faire. »

À votre avis, Kramer était un sadique ? « Non. » À votre avis, êtes-vous un sadique ? « Non, je n'ai jamais frappé aucun détenu pendant toute la durée de mon commandement. Chaque fois que je

1. Josef Kramer (1907-1945) fut un tristement célèbre *Kommandant* d'Auschwitz et, plus tard, de l'horreur que fut Bergen-Belsen. Il fut jugé et exécuté par un tribunal militaire britannique en 1945. Pour un bon portrait de Kramer et des autres chefs de camp, voir Tom Segev, *Soldiers of Evil : The Commandants of the Nazi Concentration Camps*, New York, 1987.

trouvais des gardes coupables de traiter trop rudement les détenus, j'essayais de les échanger contre d'autres gardes. »

Qui a inventé les chambres à gaz ? « Elles sont nées de la situation. Les tribunaux amenaient quantité de gens qu'il fallait exécuter. J'ai toujours été opposé à l'idée d'employer continuellement les mêmes hommes dans les pelotons d'exécution. Au cours de cette période, un jour, mon chef de camp, Karl Fritzsch, est venu me voir et m'a demandé si je pouvais essayer d'exécuter des gens au Zyklon B. Jusque-là, le Zyklon B servait uniquement à désinfecter des baraques qui étaient pleines d'insectes, de puces, etc. J'ai essayé sur quelques condamnés à mort dans les cachots et c'est comme ça que ça s'est fait. Je ne voulais plus d'exécutions, alors à la place nous avons utilisé des chambres à gaz. »

Combien de camps de concentration, en Allemagne ou à l'extérieur, avaient des chambres à gaz ? « Mauthausen, Dachau, Auschwitz, et à l'est, Treblinka ; en Russie, ils utilisaient des wagons à gaz. » Et Maidanek ? « Ils avaient des chambres à gaz temporaires, mais le camp relevait de la Sûreté : l'*Einsatzkommando* et la Sûreté. À Lublin, il y avait un camp de concentration qu'on était chargé d'inspecter et de superviser, mais ce n'était pas un camp d'extermination. Maidanek se trouvait près de Lublin et c'était un camp d'extermination placé sous la direction du général de corps d'armée Globocnik, qui était le chef SS et politique de Lublin. »

11 avril 1946

Höss était assis sur son lit, l'expression de son visage assez figée, les mains serrées, faisant craquer ses articulations ; il portait des chaussures aujourd'hui. Je lui ai demandé comment il allait : « Bien. » Puis il a ajouté qu'il avait encore parfois mal aux pieds, ce qu'il attribuait à ses engelures d'il y a trois semaines. Alors que je lui demandais de décrire en détail cette douleur ou cette gêne, il a paru incapable de le faire si ce n'est pour dire que ça lui faisait mal sous la peau. Il a retiré ses souliers et j'ai examiné ses pieds, qui n'étaient pas anormaux, qui étaient d'une bonne couleur et qui ne laissaient paraître aucun trouble sensoriel particulier sous l'effet de la piqûre, du toucher léger ou d'une forte pression.

Je lui ai demandé à quoi il avait pensé aujourd'hui. Il a pris son air perplexe et apathique habituel, a promené son regard de moi jusqu'au mur, puis jusqu'à M. Triest, le traducteur, sans se départir de son air lugubre, puis a répondu : « Je n'ai pensé à rien de particulier. Le psychologue de la prison, le Dr Gilbert, m'a demandé d'écrire une courte biographie de ma jeunesse, et je l'ai fait. » Il avait à côté de lui quelques feuilles sur lesquelles il venait d'écrire son texte au crayon. Il a demandé s'il me plairait de voir cette composition qu'il avait presque achevée. Naturellement, ai-je dit, en m'empressant d'y jeter un coup d'œil. Je lui ai demandé de me dire avec ses propres mots ce qu'il avait écrit. « Exactement ce que je vous ai dit ces derniers jours, ainsi que quelque chose dont nous avons commencé à parler hier, à propos de mon père, de ma mère et de mes sœurs. C'est dur de se rappeler de ses débuts, et j'ai eu une enfance très bonne, heureuse, sauf que j'ai voulu être soldat très tôt et que je ne cessais d'essayer de quitter la maison pour rejoindre l'armée. Bien des fois, on m'a fait descendre des transports de troupes dans lesquels je m'étais caché et je suis retourné chez ma mère. »

Vie de famille : « Je viens d'une famille aisée. Mon père avait été officier dans l'armée de terre avant d'être marchand. J'ai deux sœurs, plus jeunes que moi de quatre et six ans. Mon père est mort en 1914 et ma mère en 1917. »

Père : Il est mort à quarante-deux ans d'une crise cardiaque alors que le sujet avait quatorze ans. Officier en Afrique, il avait été touché par une flèche empoisonnée dans la région abdominale supérieure, pour autant que Höss s'en souvienne, et il ne s'était jamais complètement remis de cette blessure. Il a eu aussi plusieurs attaques d'hématurie, également contractée en Afrique. Il était commandant quand il a quitté l'armée après ces maladies et s'est lancé dans les affaires. Höss reste dans le vague à propos de son secteur d'activité, mais apparemment il était une sorte d'agent. À un moment, son père a été enseignant à l'école militaire de Metz.

Mère : Morte en 1917, à trente-neuf ans. « J'étais sur le front à l'époque. Quand je suis rentré, mes sœurs m'ont dit qu'elle était morte de faiblesse générale. Elle avait toujours été souffreteuse, jamais en bonne santé. » Il était totalement incapable de me dépeindre la personnalité de sa mère et de son père, si ce n'est pour dire : « Tous deux étaient très calmes, retenus, des catholiques très fervents. Je n'ai aucun autre souvenir, si ce n'est qu'ils s'entendaient bien et vouaient tout leur amour à leurs enfants. Mes parents voulaient que je devienne prêtre catholique. C'est pour cela que je suis entré au lycée. »

Vous-même, vous souhaitiez être prêtre ? « Non, j'ai toujours voulu devenir soldat. Dans mon enfance, j'aurais bien pu me laisser convaincre de devenir missionnaire en Afrique parce que mon père me parlait beaucoup de la vie des missionnaires là-bas. »

Fratrie : Une sœur née en 1904, une sœur née en 1906. Toutes deux sont mariées. L'aînée a un enfant, l'autre en a deux. L'aînée a épousé un charpentier, l'autre un cimentier. Ses deux beaux-frères ont leurs affaires à eux. Pour autant que Höss le sache, ni l'un ni l'autre n'étaient membres du parti nazi, pas plus que ses sœurs. Le mari de l'aînée n'a jamais été dans l'armée ; celui de la plus jeune a été mobilisé et blessé peu de temps après, et donc rendu à la vie civile.

Quand avez-vous vu vos sœurs pour la dernière fois ? Les voyez-vous souvent ? « Depuis que j'ai quitté la maison, à seize ans, j'ai très peu vu mes sœurs et j'ai eu très peu de contacts avec elles. De temps en temps, nous nous écrivons ; une fois par an, pour les anniversaires, mais rien de régulier. J'ai vu ma petite sœur pour la dernière fois en 1937 et la plus grande en 1941. L'aînée vit aujourd'hui à Ludwigshaven, la plus jeune à Mannheim.

« Cette année-là, en 1941, j'ai inspecté l'usine IG Farben de Ludwigshaven et j'ai donc fait un saut pour rendre visite à ma sœur. » L'une ou l'autre de vos sœurs était-elle au courant de votre activité ? « Oui, elles savaient que j'étais dans les SS et chargé des camps de concentration, mais naturellement elles n'avaient aucune idée des détails de mon travail. De surcroît, ni l'une ni l'autre, en bonnes maîtresses de maison, n'avaient la moindre idée des camps de concentration et je n'en parlais pas beaucoup. »

Adolescence : « Je manquais de patience à l'école et je n'étais qu'un élève moyen parce que j'ai toujours eu en tête de quitter l'école pour entrer dans l'armée. En 1914, quand la guerre a éclaté, j'ai eu très envie d'être soldat, mais j'étais trop jeune. J'ai essayé de me faufiler jusqu'au front avec les transports de troupes, mais j'ai toujours été pris et ramené à la maison. En 1916, quand je travaillais comme aide à l'hôpital – tous les écoliers étaient employés à temps partiel dans les hôpitaux militaires à l'époque –, j'ai rencontré à l'hôpital un capitaine de cavalerie qui connaissait mon père. Il avait servi dans le même régiment que lui. Je l'ai convaincu de me prendre avec lui dans son escadron.

« À la fin du trimestre, au début de l'été, j'ai fait croire que j'allais rendre visite à mes grands-parents dans la Forêt-Noire. C'était pour moi une chose normale pendant les vacances d'été, et mes parents ne se sont donc pas méfiés. Cette année-là, cependant, au lieu d'aller voir mes grands-parents, je me suis rendu dans la garnison du capitaine de cavalerie. Il organisait une unité à envoyer en Turquie : le Corps asiatique. J'ai été formé à la hâte, et quinze jours après, envoyé en Turquie. C'est seulement après mon départ que j'ai écrit à ma mère où j'étais, parce que j'avais peur, s'ils savaient où j'étais en Allemagne, qu'ils me fassent rentrer. »

Qu'est-ce qui vous poussait à quitter la maison si précipitamment ? « J'étais bien à la maison, mais je voulais devenir soldat, c'est l'unique raison. » Votre père était-il un compagnon pour vous quand vous étiez petit ? « Un compagnon ? Que voulez-vous dire ? » Un ami. Pour dire les choses autrement, était-il accessible et particulièrement gentil avec vous ? « Maintenant que vous en parlez, je ne peux guère répondre à cette question parce que ça fait très longtemps et que j'avais quatorze ans quand il est mort. La plupart du temps, il n'était pas à la maison. Non, je ne devrais pas dire la plupart du temps, mais très souvent, et quand il était à la maison, c'était un bon père, mais il était, comme moi, tellement occupé... Il n'avait pas beaucoup de temps pour jouer ou faire d'autres choses avec nous, si c'est ça que vous voulez dire. »

Mes autres tentatives pour obtenir une image de son père ou de sa mère ont été infructueuses. Il semblerait cependant que la mère ait été une invalide chronique, qu'elle ait souffert de maladies dont le sujet n'a pas connaissance ou qui étaient peut-être psychosomatiques. Tout cela est trop vague pour qu'on puisse en tirer une conclusion. La seule chose certaine qu'on puisse dire à propos des liens de Höss avec sa mère, c'est qu'ils n'étaient pas intimes et qu'à sa mort il ne fut pas affecté le moins du monde ni surpris, puisqu'elle avait toujours été, comme il dit, « souffreteuse et en mauvaise santé ».

« Après ma carrière militaire, j'ai servi dans les corps francs. Y a-t-il autre chose que vous voulez que je vous raconte ? »

Parmi vos cinq enfants, quel est votre préféré ? « Il n'y a aucune différence, les cinq sont pareils. » Vous les aimez ? « Bien sûr, mon unique souci à présent n'est pas mon propre destin, parce que je serai pendu, je le sais, mais le sort de ma femme et de mes enfants. » Il a exprimé ce dernier souci avec le même air apathique, la même absence d'expression que précédemment.

Pour discipliner vos enfants, que faisiez-vous ? « Pas grand-chose, c'est ma femme qui s'en occupait. Je ne me suis que rarement occupé de discipline, et c'était avec les aînés. Peut-être les ai-je frappés légèrement deux ou trois fois, quand ils n'étaient pas sages. Il n'y avait jamais lieu de punir les enfants ; ils ne faisaient jamais de bêtises et se conduisaient toujours très bien. Ma femme est une mère très énergique pour ce qui est d'élever ses enfants. » Qu'entendez-vous par énergique ? « Eh bien, elle les traitait avec amour, mais tout au long de leur éducation on leur a appris à obéir tout de suite. »

Combien de domestiques aviez-vous chez vous à Auschwitz ? « Jusqu'en 1940, je ne disposais que d'une servante, que j'ai obtenue du Service de la main-d'œuvre. Ces filles devaient faire un an de service obligatoire dans un foyer ainsi qu'un semestre chez une famille avec des enfants. Cela faisait partie du mouvement du travail. Après 1940, quand j'ai vécu à Auschwitz, j'ai eu deux détenues qui travaillaient pour nous. Ces femmes appartenaient à une secte religieuse, les témoins de Jéhovah. Chaque fois qu'ils diffusaient des brochures ou qu'ils participaient activement à cette secte, on les plaçait dans des camps de concentration. Les deux femmes qui travaillaient pour moi à la maison avaient cinquante ans passés. Quand elles étaient physiquement aptes, ces femmes des témoins de Jéhovah, on les plaçait dans des familles avec des enfants pour leur faire oublier leurs sectes religieuses. Elles logeaient chez moi, étaient libres d'aller aux commissions, portaient des vêtements civils. Naturellement, elles devaient passer la nuit à la maison et n'avaient pas le droit de sortir rendre des visites. »

Comment avez-vous connu votre femme ? « Quand j'ai été libéré de prison, en 1928, j'ai rejoint une organisation qui s'appelait l'Union des jeunes gens – des jeunes qui voulaient quitter la ville pour la campagne afin d'apprendre l'agriculture et de devenir agriculteurs eux-mêmes. Ma femme était aussi membre de cette Union et je l'ai connue sur une propriété : elle donnait un coup de main dans la maison du propriétaire. Mais elle n'a jamais été servante. » Quel âge avait-elle ? Combien de temps lui avez-vous fait la cour ? « Elle avait vingt ans quand je l'ai rencontrée et je l'ai connue trois mois avant notre mariage. »

Avez-vous jamais eu de difficultés sur le plan sexuel ? « Aucune. Ces choses-là se sont toujours très bien passées. Quand j'étais jeune, ça a toujours été très bien aussi. À dix-sept ans, j'ai eu ma première expérience sexuelle avec une infirmière de l'hôpital de Damas. Elle avait vingt ans passés, un peu plus âgée que moi. Tout s'est bien passé. » Avez-vous eu une expérience sexuelle depuis mai 1945 ? « Non. » Des désirs sexuels ? « Eh bien, non. Il y avait la dureté du travail à la ferme, puis je me savais recherché par la police. »

N'avez-vous jamais été un peu nerveux ? « Si, par exemple à Auschwitz, durant ma dernière année là-bas, en 1942, 1943, j'avais beaucoup à faire. Les exterminations n'étaient qu'une petite partie de mon travail. Le téléphone sonnait toutes les nuits, et on me convoquait quelque part. J'étais épuisé, non seulement à cause des exterminations, mais aussi à cause des autres tâches. Ma femme se plaignait souvent que je passe si peu de temps avec ma famille et que je ne vive que pour mon travail. C'est seulement en 1943, après que je suis allé à Berlin, que mes médecins ont fait savoir à mes supérieurs que j'étais surmené et épuisé. J'ai pris six semaines de vacances vers la fin de l'année. J'ai passé cette période seul, dans un pavillon de chasse, en pleine montagne. Ma femme n'est pas venue parce qu'elle était dans les derniers mois de sa grossesse – notre dernier enfant – et elle est restée chez nous, à Auschwitz. »

Comment votre nervosité se manifestait-elle ? « Je ne sais pas, sauf que mon efficacité en souffrait un peu, et je me suis rendu compte que j'étais un peu agité et plus irritable que d'habitude. Habituellement, je suis très calme et maître de moi. » Comment vous sentez-vous à présent : nerveux ou calme ? Höss paraît réfléchir un bon moment, fixe le sol, me regarde, puis fixe le mur de ses grands yeux ternes, sans ciller : « Je me sens moins nerveux maintenant que je ne l'ai été. »

Quel genre de maison aviez-vous à Auschwitz ? « J'avais une maison qui se trouvait juste devant les portes du camp. À l'origine, elle appartenait à l'administrateur de l'artillerie polonaise. Quand je suis arrivé à Auschwitz, elle n'était pas tout à fait terminée. J'ai dû l'équiper et aménager un jardin. J'avais dix pièces, sans compter les salles de bains et les cuisines. Mais c'étaient de petites pièces, ni très grandes ni très chics. »

Je lui ai demandé s'il adhérait à quelque croyance religieuse. « J'ai quitté l'Église en 1922, et ma femme en 1935. » Pourquoi avez-vous quitté l'Église ? « Au cours de mes expériences sur le front, en Irak et en Palestine, j'ai trouvé qu'il y avait pas mal de fumisteries liées aux lieux soi-disant saints, et qu'on ne faisait pas bien les choses, surtout du côté de l'Église catholique dont j'étais membre. Et cela m'a détourné de mon ancien catholicisme, qui était rigide, strict. » De quelles fumisteries au juste avez-vous été le témoin ? En particulier, qu'est-ce qui n'allait pas dans la religion catholique telle que vous l'avez découverte en Irak et en Palestine ? « Je ne sais pas, ça fait longtemps et j'ai été tellement occupé depuis que je n'ai pas eu le temps de réfléchir à la religion, mais tout cet argent qui allait à l'Église, eh bien, il me semblait que c'était de la fumisterie. » Votre attitude religieuse a-t-elle un tant soit peu changé depuis votre arrestation ? « Je ne dirais pas changé, mais, pour la première fois, je désire voir une Bible parce que je veux voir ce que la religion enseigne à une personne. Quand j'ai quitté la maison et que je me suis trouvé soustrait à toute influence religieuse, j'étais trop petit et inexpérimenté pour bien comprendre. »

Êtes-vous allé aux services catholiques ici ? « Non. » Avez-vous quelque désir de le faire ? Vous savez que vous le pouvez, si vous le voulez. « Dire que j'ai un désir de religion serait excessif. Mais maintenant que je sais que ma vie est finie, je souhaite trouver la paix intérieure. Je voudrais maintenant découvrir ce que j'ai fait de mal dans ma vie, pas seulement à Auschwitz, mais avant. Peut-être que ce que j'ai fait et ce que j'ai toujours cru bien était en fait mal, puisque je vois, depuis la défaite de l'Allemagne en mai 1945, qu'aux yeux de l'Église et aux yeux de la culture et de l'idéologie mondiales ces choses étaient mauvaises. » Et vous-même, que pensez-vous de vos activités ? Vous avez dit vouloir trouver la paix intérieure. Sentez-vous quelque trouble émotionnel ? « Juste que j'ai mal aux pieds et que je suis plus préoccupé par le bien-être de ma famille que par le mien. »

Le fait que vous ayez conduit à la mort 2,5 millions d'hommes, de femmes et d'enfants, un chiffre phénoménal, sans parler de la supervision des exterminations, et de vos incursions dans tous les autres camps que vous supervisiez depuis 1943, ça ne vous bouleverse pas un peu parfois ? « Je croyais bien faire, j'obéissais aux ordres, et maintenant, bien entendu, je vois que c'était inutile et mal. Mais je ne vois pas ce que vous voulez dire quand vous parlez d'être bouleversé, parce que, personnellement, je n'ai tué personne. J'étais juste le directeur du programme d'extermination à Auschwitz. C'est Hitler qui l'a ordonné par le truchement de Himmler et c'est Eichmann qui m'a donné l'ordre concernant les convois. » Vous arrive-t-il jamais de penser à ces exécutions, au fait que des gens aient été gazés ou des corps brûlés ? Autrement dit, êtes-vous parfois assailli par ces pensées ? Viennent-elles vous hanter ? « Non, je n'ai pas de visions de ce genre. »

Quels journaux avez-vous lu au cours des dix dernières années ? « Il n'y avait que les journaux du parti, par exemple *Das Reich*, l'hebdomadaire politique de Goebbels. Je lisais aussi les circulaires et les magazines d'information distribués par les SS. » Avez-vous jamais lu *Der Stürmer* ? « Ça m'est arrivé d'en avoir un entre les mains, mais personnellement je désapprouvais ce journal que je trouvais trop superficiel, pornographique, et qui comportait trop de propagande. Je ne crois pas non plus qu'il disait tout à fait la vérité. » C'est une observation intéressante : vous avez tué 2,5 millions de juifs, mais vous désapprouvez *Der Stürmer*. « Oh oui, tous les gens qui avaient un peu de bon sens désapprouvaient *Der Stürmer*. » Avez-vous jamais lu le *Völkischer Beobachter* ? « Oui, je le recevais aussi, mais j'y faisais moins attention qu'aux autres périodiques. Les quotidiens ne m'intéressent pas beaucoup. »

Faites-vous des rêves d'une sorte ou d'une autre ? « Non, il m'arrive de rêver, une fois de temps en temps, mais le lendemain matin je ne me souviens pas de quoi il retournait. » Avez-vous jamais fait des cauchemars ? « Jamais. »

Votre femme est-elle bonne cuisinière ? Avez-vous des préférences concernant les différents types de nourriture ? « Non, je faisais peu attention à la nourriture, au grand chagrin de ma femme, qui est bonne cuisinière. La nourriture a toujours joué un rôle mineur dans ma vie. »

Votre femme a-t-elle jamais été membre du parti ? « Non, elle était membre de l'Organisation des femmes, mais elle n'a jamais été active, elle avait beaucoup trop à faire avec les enfants. »

Avez-vous jamais eu des secrétaires ? « Non, dans les camps de concentration nous n'avions pas de secrétaires, juste des adjoints et des employés de bureau militaires. » Quel est le plus haut grade que vous ayez atteint dans les SS ? « Lieutenant colonel. »

Avez-vous des sports ou des passe-temps favoris ? « Le cheval et la chasse, dans une certaine mesure, mais je n'avais guère de temps pour cela tant j'ai toujours été occupé et fatigué par mon travail. »

Albert Kesselring
1885-1960

Feld-maréchal de l'armée de l'air, puis commandant suprême des Forces armées allemandes en Italie. Jugé en 1947 à Venise par un tribunal militaire britannique, Albert Kesselring fut condamné à mort, mais la peine fut ensuite commuée en prison à vie. Il sortit de prison en 1952.

De 1952 à 1960, il s'investit dans des organisations de vétérans aux valeurs nationalistes. Il publia deux volumes de mémoires (1953-1955) et mourut le 16 juillet 1960 à Bad Nauheim.

4 février 1946

Entretien ce matin et cet après-midi avec Albert Kesselring, soixante ans, homme souriant aux cheveux grisonnants, et dont le port droit et l'uniforme sans décoration restent les seules traces flagrantes de l'ancien feld-maréchal. Il s'est montré agréable, coopératif, tout en restant pondéré et retenu. Il a un large sourire, et des dents un peu décolorées. On remarque une veine sinueuse superficielle sur la tempe droite.

Avait-il des motifs de se plaindre, physiques ou autres ? Il a répondu que ses dents branlaient, mais que le dentiste de la prison s'en occupait. Il y a un an, il s'est fracturé le crâne et a eu le côté gauche du visage paralysé. Je l'ai interrogé sur cette paralysie (c'est le mot qu'il a employé) : il semblerait qu'il n'y ait pas eu de lésion motrice de la musculature faciale, mais qu'il souffre d'une dysesthésie (peut-être une hyperesthésie) du côté gauche du visage et du cou.

Depuis lors, il a des périodes passagères de vertiges ou d'« amnésie », durant lesquelles sa pensée se trouble momentanément. Cela se produit en particulier en cas de fortes émotions et dure une trentaine de secondes. Quand il tourne la tête en arrière ou encore à gauche ou à droite, il a une très légère sensation de vertige. Il ne peut s'allonger que du côté droit ; s'il se couche du côté gauche, la sensibilité de la peau du visage le gêne. Il s'est blessé en Italie, près de Bologne, en garant sa voiture près d'un gros canon. Il s'est cogné la tête contre le canon et il a perdu connaissance pendant vingt-quatre heures. Il n'a pu être hospitalisé que huit heures après l'accident. Il se souvient avoir beaucoup vomi par la suite, mais aussi d'hémorragies orales. Pour ce qui est de la peau, le seul dommage est une légère lacération de la paupière gauche. L'accident est survenu à la fin d'octobre 1944. Le 15 janvier 1945, il a été déclaré de nouveau apte au service.

Il est né à Marktsheft, près de Wurtzbourg, le 20 novembre 1885. Il fut un bébé « normal », un « enfant radieux », d'un poids normal. Il ne sait pas quand il a appris à marcher, à parler et à se nourrir tout seul, mais il suppose qu'il n'y avait rien de remarquable dans son développement. Il est le sixième et dernier enfant de ses parents.

Études : Il a fait quatre ans d'école primaire à Wunsiedel, et neuf ans de lycée à Bayreuth. Puis il a fait un an d'Académie militaire à Munich, après quoi il s'est inscrit à l'école d'artillerie, toujours à Munich, pour dix-huit mois. À l'Académie militaire, il a suivi des cours de mathématiques, d'histoire, de chimie et d'histoire militaire. Et à l'école d'artillerie, des cours d'histoire et d'économie nationale.

Les écoles militaires qu'il a fréquentées, a-t-il expliqué, n'avaient rien à voir avec l'Académie militaire américaine de West Point. Presque chaque corps d'armée avait sa propre école militaire. Il pense que les écoles militaires de Bavière avaient un programme plus étendu. L'enseignement militaire y durait trois ans, contre une année seulement en Prusse. Pour entrer dans les écoles bavaroises, il fallait, entre autres choses, être diplômé du lycée. Après la Première Guerre mondiale, les écoles du Nord ont adopté le modèle bavarois.

Il y avait des écoles à Dresde, à Berlin, à Munich et dans d'autres grandes villes, ainsi que des écoles d'aviation militaires après 1933.

Kesselring a d'abord été officier d'artillerie, a-t-il dit, puis officier d'état-major, commandant d'artillerie et pilote ; il a ensuite joué un rôle de premier plan dans l'aviation, avant de devenir feld-maréchal. À la fin de la guerre, il commandait le front ouest depuis quatre semaines. Auparavant, il avait commandé les forces allemandes en Italie jusqu'en mars 1945. Il avait été sur le théâtre méditerranéen jusqu'à fin novembre 1941, en Italie, en Grèce et en Afrique à divers moments.

Je lui ai demandé s'il se considérait comme un général de Hitler ou plutôt comme un général de la vieille école. Il a répondu qu'il ne se considérait *pas* comme un général de Hitler. Il a mentionné plusieurs hommes qu'il a appelés les « généraux de Hitler », mais s'est exclu de leur nombre. Il s'est montré très réservé sur Erhard Milch, déclarant qu'il était un bon administrateur technique, et n'a nommé ni Jodl ni Keitel. Du feld-maréchal Walther Model, il a dit que c'était un « général de Hitler ». En 1919, Kesselring était capitaine ; en 1923, commandant. Il n'a jamais été blessé au cours de la Première Guerre mondiale. Il n'a jamais eu sa carte du parti nazi.

« Le mélange de caractères allemands du Nord et du Sud donne d'excellents résultats. » Je lui ai demandé quelles étaient les différences entre Allemands du Nord et Allemands du Sud. Le type nordique a des horizons plus larges, un point de vue plus vaste, parce que le pays est plus plat et qu'il peut voir plus loin. Il est meilleur organisateur que l'Allemand du Sud. Le Bavarois est plus étroit d'esprit, enclin à la mélancolie ; peut-être les montagnes et l'isolement y sont-ils pour quelque chose. Plus le pays est plat, plus les horizons sont larges. En Souabe, les gens sont plus artistes et ambitieux, plus poètes.

Se sent-il plus un général prussien ou bavarois ? ai-je demandé. Un général allemand, a-t-il répondu. Il a le sentiment que l'Allemagne, en tant qu'État, est trop petite pour l'Europe. Il croit que, comme en Amérique, peut exister une Europe unie. « Le temps des voitures à cheval est terminé. » Les avions peuvent maintenant remplacer les carrosses. A-t-il le sentiment que l'Allemagne doive conduire l'Europe ? « Pas actuellement. Le temps est passé. »

Je lui ai alors demandé si c'était l'aboutissement de ses réflexions ou s'il s'exprimait philosophiquement. « Eh bien, géographiquement et mentalement, les Allemands sont représentants d'une culture qui représentait initialement l'Europe. Mais le plus important est que ces pays se rassemblent. » Vous seriez favorable à des États-Unis d'Europe, une démocratie ? « Oh oui. Mieux vaudrait parler de Peuples unis d'Europe que d'États. Le plus important, c'est le caractère des peuples. Il est très important que les Bavarois restent bavarois, les Prussiens prussiens. » Sans aucun mélange ? « Non. Je veux dire que le caractère devrait être préservé. La Rhénanie est différente de la Poméranie. »

Croyez-vous qu'il est possible de se passer de la guerre ? « Oui. La guerre n'est possible que si vous avez quantité d'ennemis. Si tous les ennemis se rassemblent et forment un front – si vous réduisez le nombre des ennemis – il n'y aurait pas de guerre. »

Je lui ai demandé de m'en dire plus sur cette curieuse panacée à la guerre. « Eh bien, si l'Angleterre, la France, l'Allemagne, l'Espagne, l'Italie et la Grèce forment un front uni, ils ne feraient face qu'à un seul front : le front oriental. Cela ne ferait qu'un seul ennemi. »

Vous avez donc le sentiment qu'une guerre avec la Russie est inévitable ? « Cela fait des mois que je suis en prison, mais j'ai la conviction que la Russie désire dominer. » Quoi, par exemple ? L'Europe, l'Allemagne, le monde ? « Il est impossible de dominer le monde, mais le communisme pourrait se propager à travers le monde. Je peux imaginer une domination de l'Europe par les Russes qui gagneraient un bloc européen et l'ajouteraient au bloc asiatique. »

Il a eu du mal à aborder ces questions et à entrer dans les détails. J'en ai retiré l'impression qu'il était assez vague et mal informé des affaires du monde, mais qu'il épousait, avec une extrême prudence, les opinions bien connues des nazis.

Habitudes : Il s'est arrêté de fumer en 1925 à cause de sévères maux de tête, qu'il attribuait à la fumée. Au cours de la Première Guerre mondiale, il avait fumé jusqu'à vingt cigares par jour. Un beau jour, il s'est arrêté de fumer et n'a jamais repris. Il boit toujours très peu. Il n'y a jamais eu d'alcoolisme dans sa famille, bien qu'il n'y ait pas de scrupules d'ordre religieux ou autre dans la famille contre le tabac ou la boisson. « Je ne fume plus moi-même, mais j'apprécie que d'autres le fassent ; ça fait viril. »

Il est certain que son opinion sur la guerre serait la même que celle des autres généraux, à savoir que l'enthousiasme guerrier du simple soldat est toujours tempéré du fait qu'il connaît les cruautés de la guerre. Son opinion quant à l'impossibilité d'avoir de nombreux petits États en Europe repose, dit-il, sur son expérience de pilote. Dans les airs, vous franchissez les frontières d'un autre État en quelques minutes. « À l'heure actuelle, vous vous retrouvez au-dessus des frontières d'un autre avant même de vous en être aperçu. » En outre, les petits États ne seraient pas autonomes.

Il a piloté un avion pour la dernière fois en mars 1945. À cinquante-cinq ans, il a accompli tous les exercices de vol. Depuis 1934, il a fait en moyenne trois à quatre jours de vol par semaine. Il a piloté des avions A et B (chasseurs bimoteurs) ainsi que le type C (bombardiers lourds) en tant que commandant en second. Il pense détenir le record du plus grand nombre de kilomètres de vol.

Dans votre travail, y avait-il le moindre lien entre vous et Milch ? Jusqu'en 1933, Kesselring a été officier d'artillerie dans l'armée de l'air. À l'époque, Milch était secrétaire d'État [1]. Trois ans plus tard, leurs voies ont divergé : Milch est resté à Berlin, Kesselring est parti pour le front. « Milch a été en Norvège le temps de récolter quelques médailles, mais il n'était pas commandant de combat. » Ils étaient à l'origine de bons amis et des camarades, mais ensuite des différends ont surgi. En quoi consistaient au juste ces différends, il ne l'a pas dit. Mais ils étaient encore bons amis. Quels différends avez-vous eus avec Milch ? Il a éludé en répondant que c'étaient des raisons personnelles, mais que cela s'était traduit par le retrait de Kesselring du ministère de l'Air et son envoi sur le front, chose que Kesselring appréciait. Y avait-il quelque rivalité personnelle entre vous ? « Eh bien, le général Stumpf, Weber et tout un groupe d'autres gens dont je faisais partie jouissaient de privilèges, tandis que Milch, à l'époque, n'était encore que colonel, et il se pourrait bien que Milch ait été jaloux. Milch a toujours été plus ancien qu'eux dans son grade, mais quand il a été fait feld-maréchal il était plus jeune que les autres. Milch est un bon administrateur. »

Kesselring est feld-maréchal depuis 1940. L'armée allemande, marine comprise, compte vingt feld-maréchaux. C'est le grade le plus élevé, exception faite de celui de maréchal du Reich, réservé à Göring.

Kesselring a dit que son état de santé général a toujours été excellent, qu'il avait tant d'énergie qu'il en effrayait son état-major, composé d'hommes plus jeunes. Il a ri et a dit mot à mot : « Je détruisais les autres autour de moi. » Par quoi il entendait qu'il travaillait plus dur et plus longtemps que ses collaborateurs et qu'il les usait.

Avez-vous connu Rommel ? « Oui. Il était le meilleur chef des troupes d'intervention rapide, mais juste au niveau de l'armée de terre. Au-dessus, c'était trop pour lui. On a donné trop de responsabilités à Rommel. C'était un bon commandant de corps d'armée, mais il était d'humeur trop instable, trop inconstante. Un moment, il était enthousiaste ; le moment d'après, il était abattu. » Rommel a-t-il

1. L'équivalent en France du poste de « secrétaire général » dans un ministère [*N.d.T.*].

jamais été déprimé au point de devoir être hospitalisé ? « Oui. Rommel a fait une dépression nerveuse en Afrique et a été hospitalisé. Une vraie dépression. À El Alamein, il n'était plus le Rommel qu'il avait été. À compter de ce jour, ça a été trop pour lui. » Y a-t-il du vrai dans l'histoire suivant laquelle Hitler aurait donné l'ordre d'exécuter Rommel ? « Je la crois vraie à quatre-vingt-dix-neuf pour cent. J'ai entendu dire qu'il avait laissé à Rommel le choix du suicide. J'ai entendu dire que son fils l'affirmait, lui aussi. On le disait impliqué dans l'attentat du 20 juillet [1]. »

Au moment de la capitulation, Kesselring a donné sa parole qu'aucun de ses officiers ne se suiciderait, et sa « parole d'honneur vaut plus que n'importe quel gardien ». Dans l'ensemble, la façon dont les Américains traitent les officiers supérieurs n'est pas bonne, dit-il, parce qu'elle donne aux gardiens américains l'impression qu'il pourrait arriver la même chose à leurs propres dirigeants. « C'est mauvais pour les soldats américains.

« J'ai toujours eu quantité d'amis et aujourd'hui, à soixante ans, je suis entre quatre murs comme un prisonnier ordinaire. » Il n'y avait aucune colère dans sa voix, mais une amertume considérable. « Un chef militaire fait souvent face à une situation qu'il doit affronter, mais comme c'est son devoir, aucun tribunal ne peut le juger. »

Je l'ai interrogé à propos de la règle du kaiser concernant la nonviolation des droits de l'homme, à savoir qu'un soldat ne doit pas obéir à un ordre qui va à l'encontre des droits de l'homme. Je l'avais entendu de la bouche de Halder. Réponse : « Le premier devoir d'un soldat est d'obéir, sans quoi autant se passer de la carrière militaire. » Il m'a tendu un livre de Thomas Carlyle dans lequel il était dit que le devoir d'un soldat est d'obéir corps et âme. Il a aussi lu une citation du chef de l'État polonais, le maréchal Pilsudski, déclarant que toute l'institution militaire était une histoire d'obéissance. Sans l'obéissance, un soldat n'est pas un soldat.

« Selon le code militaire, a-t-il poursuivi, aucun soldat ne doit commettre de crime. Mais durant la guerre, quand il y a du sang dans l'air, un soldat peut être amené à le faire. Toutefois, si un officier, sachant que c'est mal, l'approuvait, il agirait mal. Parfois, des ordres stricts sont nécessaires pour en finir avec des choses qui menacent de tout emporter. Impossible de discuter des exécutions de masse. » Justement, qu'en pensez-vous, ou qu'en avez-vous

1. Sur la place du feld-maréchal Erwin Rommel dans le cadre général de la tentative de renversement de Hitler, voir Peter Hoffmann, *La Résistance allemande contre Hitler*.

pensé ? « Je n'en sais rien. Naturellement, c'est mal. Toutefois, il ne faudrait pas nécessairement qualifier de crimes des choses qui vont contre les droits de l'homme et qui ont eu des conséquences néfastes. Les guerres doivent être livrées par les soldats. » Je ne vois pas bien le rapport entre vos deux déclarations, à savoir les actions contre les droits de l'homme et le fait que les guerres doivent être livrées par les soldats. Vous voulez dire que des crimes ont été commis par des civils ? « Oui. Aucun soldat placé sous mon commandement n'a commis de crimes. » Je me suis laissé dire par plusieurs autres généraux que l'armée de terre avait des détachements de troupes SS avec elle, ainsi que des détachements de la Gestapo. « Peut-être – oui – pas la Gestapo, mais les SS. » Étaient-ils placés sous votre commandement général ? « Pas exactement. » Que voulez-vous dire ? Ce système de commandement est très compliqué, semble-t-il. Autrement dit, vous aviez des troupes SS dans vos armées, mais leur commandement était autonome. « Non, ils étaient responsables devant moi sur le front. » Les SS sont réputés avoir commis des crimes. « Pas les SS relevant de mes armées. »

« De surcroît, a-t-il ajouté, beaucoup de cruautés auraient pu être évitées s'il n'y avait pas eu de guerre derrière le front. » Vous voulez dire, si les partisans, la guérilla, etc., n'avaient pas agi ? « Oui. Souvent, des civils arrêtaient une voiture et abattaient des soldats. Dans d'autres cas, on incitait les soldats à venir dans un village pour les assassiner. Il est impossible à un chef militaire de rester les bras croisés quand ses soldats se font tuer autrement qu'au combat. »

Pas de représailles en Italie ? « Après que mes soldats ont battu en retraite, j'ai dû donner des ordres stricts pour les empêcher de se servir et de créer ainsi une situation chaotique. Si un camp viole les droits de l'homme, l'autre peut les violer également. » Oui, mais y a-t-il eu des représailles contre les activités des partisans avant ou après la retraite de vos soldats ? « Oui. Quelques-unes [1]. »

Histoire familiale : Son père est mort en 1934, à quatre-vingt-neuf ans. Il était presque aveugle, mais il avait encore tous ses esprits. Ancien instituteur, il avait été nommé surintendant des écoles à Bayreuth. Il s'est arrêté de travailler à soixante-treize ans, mais il faisait de la gymnastique rythmique. Kesselring a le sentiment de ressembler à son père, même si ce dernier était un peu plus

1. Pour un tableau récent, y compris des atrocités spécifiques commises contre des civils en Italie et ailleurs, voir Hannes Heer et Klaus Naumann, éd., *War of Extermination : The German Military in World War II, 1941-1944*, New York, 2000.

fort. Votre père a-t-il approuvé votre entrée à l'école militaire ? « Oui. C'était avec la permission de mon père. » Pouvez-vous décrire la personnalité de votre père ? « Introspectif, très strict, du moins était-ce l'avis des enfants, même quand nous étions grands. Il a présidé des clubs, des cercles, etc. En 1880, il était franc-maçon. Il a été grand-maître adjoint d'une grande loge. C'était un luthérien très pieux. Politiquement, il était national-libéral, ce qu'on pourrait appeler aujourd'hui un mélange d'idées démocratiques et nationalistes. » Pensez-vous que votre père approuverait le nazisme ? « Je crois qu'en tant que franc-maçon, il s'y serait opposé. Mais en dehors de la franc-maçonnerie, chacun ses penchants, je ne pense pas qu'il s'y serait opposé. Père était un Allemand absolu, et son appartenance aux francs-maçons n'allait pas contre ça. » Quelle était l'objection de Hitler à la franc-maçonnerie ? « Son caractère international. Un cousin à moi était membre d'une loge à Bayreuth et on le regardait de travers. Comprendre les autres nations ne veut pas dire éprouver de l'hostilité vis-à-vis de son pays. C'est tout le problème avec les Allemands. Ils ne voient que leur pays, que le clocher de l'église du coin. Si seulement la jeunesse allemande pouvait aller à l'étranger, et la jeunesse des autres pays venir en Allemagne. On a toujours besoin de critique si l'on veut s'améliorer. »

Quand votre père est mort, avez-vous été particulièrement bouleversé ? « Nous avons ressenti la mort de mon père avec une acuité particulière parce que nous étions une famille très unie. » Mais il était très âgé : quatre-vingt-neuf ans, c'est vraiment un âge avancé. « N'importe, vous savez comment c'est. » Oui. « L'un des ennuis, avec les nazis, c'est qu'on enlevait les enfants à leurs familles alors qu'il étaient beaucoup trop jeunes, surtout les filles. Une des premières choses à faire est de rendre les enfants à leurs familles. Notamment les quinze, seize ans. Ce n'était pas tant, ou pas seulement, l'influence du Service du travail, mais le fait de prendre les enfants le dimanche ou le soir, au lieu de laisser leurs parents s'occuper de leur éducation.

Que pensez-vous de Schirach et de ses idées sur l'éducation des jeunes ? « Il y avait beaucoup de points positifs, mais le fait est que les éducateurs étaient trop jeunes. Je ne suis pas d'accord avec au moins un de leurs slogans : "La jeunesse doit être éduquée par la jeunesse." »

Mère : « Elle est morte à cinquante-cinq ans d'une maladie des reins, quand j'avais vingt-huit ans. Elle était malade depuis plusieurs années. Il n'y a aucune tendance héréditaire aux problèmes rénaux dans la famille. » Personnalité de la mère ? « Une femme et une mère idéale. Elle ne vivait que pour la famille. Une figure lumineuse, rayonnante, pourrait-on dire. » Était-elle la figure dominante du ménage, ou diriez-vous que votre père paraissait avoir plus de pouvoir ? Kesselring a ri. « On pourrait parler de front uni contre les enfants. La discipline était du ressort de mon père, et il croyait aux vertus d'une raclée si nous la méritions. Ce qui n'arrivait pas trop souvent. »

En tant que petit dernier, diriez-vous que vous avez été de quelque façon le préféré ? « Mon frère et ma sœur le disent, mais ce n'était pas vraiment le cas. »

Au moment de la mort de sa mère, Kesselring était déjà marié et habitait Metz. Sa mère était malade, sa mort était imminente, et il ne se trouvait pas à son chevet. Il avait pris l'habitude de revenir la voir une ou deux fois par an. Quand il était en poste dans la ville voisine de Grafenberg, il rentrait le week-end à la maison.

Vie conjugale : Marié à vingt-cinq ans. Épouse aujourd'hui âgée de cinquante-sept ans, en vie et bien portante. Elle vit avec sa mère de quatre-vingt-neuf ans près de Telz. L'essentiel de son argent lui a été confisqué et il a perdu nombre de ses biens personnels quand il était au camp de Brunswick. Sa femme vit sur l'argent qu'il lui a donné. « Elle est pauvre comme une souris d'église. » Sa femme est très pieuse et appartient à une famille de prêtres. Pas d'enfants. En 1912, elle a subi une opération du vagin, sans résultat. En 1926, la ménopause a été artificiellement provoquée par des moyens électriques (elle n'avait alors pas quarante ans). Elle souffrait d'une leucémie qu'on soigna à l'aide d'un traitement à l'électricité – d'où, dit-il, la ménopause artificiellement provoquée. Interrogé sur son mariage d'un point de vue sexuel, il a répondu que c'était une réussite. « Oui », a-t-il répondu distraitement.

12 mars 1946

Kesselring a assuré avoir fait fusiller quelques soldats allemands « sur-le-champ » pour pillage [1]. L'exécution lui paraissait-elle la sanction adaptée pour le pillage ? Eh bien, il ne pouvait « tout à fait l'admettre », mais si une armée prend l'habitude de commettre des méfaits, les mesures les plus rudes sont justifiées. C'était au mieux des intérêts de la population civile et de l'armée. À cause de ce pro-

1. La discipline militaire allemande était brutale au cours de la Seconde Guerre mondiale. Dans ces années-là, les tribunaux militaires condamnèrent à mort plus de 30 000 soldats allemands, et près de 15 000 verdicts furent exécutés. Voir Wolfram Wette, *Die Wehrmacht*, Francfort, 2002, p. 165.

blème, il avait eu « une assez mauvaise querelle » au quartier général. À part cela, paradoxalement, Kesselring croyait aux méthodes éducatives – ce qui expliquait en partie les sanctions plus légères.

Il ne savait rien de la disparition des trésors artistiques du mont Cassin en Italie [1]. Il a au contraire protégé les trésors artistiques en coopérant avec le général SS Karl Wolff pour faire transporter ces trésors en lieux sûrs [2]. Il a essayé d'exclure le patrimoine artistique des zones de combat, a évité de se servir des villes de culture comme de places fortes, susceptibles d'amener les ennemis à les bombarder. Par la suite, après qu'il a été capturé, il a entendu dire que des trésors artistiques avaient été enlevés du mont Cassin. À sa connaissance, ils se trouvaient au Vatican. Savaient-ils que les trésors du mont Cassin avaient été remis à Göring ? Eh bien, il avait entendu parler d'une statue religieuse, mais rien de plus. En outre, la Division Hermann Göring était stationnée dans ce secteur, et Kesselring ne savait pas bien jusqu'où allaient ses activités.

Au procès, sir David Maxwell Fyfe a fait valoir que Kesselring avait admis, au cours d'un précédent interrogatoire, que la véritable fin du bombardement de Rotterdam était « de faire preuve d'une attitude ferme et d'assurer une paix immédiate ». Il l'a admis mais a nié que ce fût pour terroriser la population de Rotterdam. Il a nié l'exactitude de l'interrogatoire en affirmant n'avoir jamais employé l'expression « attitude ferme ». Finalement, Kesselring a admis avoir dit que des « mesures sévères » étaient préconisées. Il a ajouté qu'il était un soldat, non un politicien, et qu'il n'avait fait qu'accéder à la demande de bombardement du général Kurt Student.

Lecture lui a été faite de la déclaration de l'amiral Raeder, à savoir que, « s'il était souhaitable de fonder toutes les mesures militaires sur le droit international existant, des mesures allant au-delà du droit international existant n'en devaient pas moins être prises si une victoire décisive pouvait être obtenue et le succès acquis ».

Kesselring a dit qu'il n'était pas entièrement d'accord avec ce point de vue. Pour ce qui était de Rotterdam, ça ne tenait pas. On prouva alors que les négociations pour la capitulation de Rotterdam avaient commencé à 10 h 30 du matin et les bombardements de

1. Pour une étude du pillage de l'abbaye, voir Lynn H. Nicholas, *The Rape of Europa*, New York, 1994, p. 238 *sq.* ; *Le Pillage de l'Europe. Les œuvres d'art volées par les nazis*, trad. fr. P. Chemla, Paris, Seuil, 1995, p. 281-282 *sq.*

2. Karl Wolff (né en 1900), chef SS important, et de 1933 à 1943 adjoint de Himmler, joua un rôle important en Italie tandis que le pouvoir de Mussolini déclina à partir de 1943.

Kesselring à 1 h 30 ou 2 heures. Kesselring a expliqué que le général Student avait réclamé l'attaque, et qu'il n'était pas au courant de la capitulation à ce moment-là. Maxwell Fyfe a objecté que la communication entre les troupes au sol de Student et les bombardiers de Kesselring était excellente, et que l'attaque aurait pu être annulée par radio ou feux de signal s'il s'était agi d'une attaque non pas tactique, mais destinée à semer la terreur. Kesselring a reconnu que les conditions étaient telles qu'une attaque aurait pu être annulée, mais il s'est accroché, contre toute raison, à l'idée qu'elle était tactiquement indiquée, parce qu'il avait reçu l'ordre de la mener, et qu'il n'était pas un politique mais un soldat.

Plus tard, il a observé que le général Student s'était excusé de l'attaque auprès des Hollandais, puisqu'elle s'était produite une fois la guerre terminée. Maxwell Fyfe a ensuite questionné Kesselring sur l'attaque contre la Pologne. Kesselring, a-t-il dit, avait soutenu hier que Varsovie était un objectif militaire. En ce cas, pourquoi avoir bombardé simultanément quatorze autres métropoles et villes de Pologne ? Ce devaient être également des objectifs militaires, a dit Kesselring. Cette attaque fut lancée le 1er septembre 1939 à 5 heures du matin, et le temps manquait donc pour qu'un avion de reconnaissance survole la Pologne, a observé Maxwell Fyfe. Certes, a répondu Kesselring, mais nous avions assez d'agents qui nous avaient préalablement fourni des renseignements. En fait, a dit Maxwell Fyfe, tout le plan d'attaque de la Pologne n'avait-il pas été élaboré en avril 1939 [1] ? Kesselring a répondu qu'en avril 1939 il n'en savait rien. Il a reconnu qu'il était tout à fait possible que Göring eût été dans son QG secret une semaine avant que ne commençât l'attaque de la Pologne. Maxwell Fyfe a dit que l'attaque générale contre les villes polonaises avait été bien organisée afin de briser la résistance du pays.

Kesselring s'est indigné, déclarant que si l'on méprisait et que l'on ne croyait pas ses déclarations sous serment de feld-maréchal et de soldat – et de toute évidence Maxwell Fyfe n'y croyait pas –, il ne rimait plus à rien qu'il continue à parler. Il a répété que son attaque visait non pas les villes polonaises, mais des cibles militaires, et qu'en tant que soldat il fallait le croire.

L'examen a ensuite porté sur les partisans en Italie sous le commandement de Kesselring. Lecture a été faite de l'ordre donné par

1. Pour un récit lisible et fiable de ces événements et de l'histoire militaire de la Seconde Guerre mondiale, voir Gerhard L. Weinberg, *A World at Arms, A Global History of World War II*, Cambridge, 1994.

Keitel le 16 décembre 1942, dont on avait retrouvé une copie au QG de Kesselring en Italie :

> Ordre du Führer. L'ennemi emploie dans une guerre de partisans des fanatiques entraînés par les communistes qui n'hésitent pas à commettre des atrocités. C'est plus que jamais une question de vie ou de mort. Ce combat n'a rien à voir avec la chevalerie du soldat ou les principes de la convention de Genève. Si le combat contre les partisans à l'Est, comme dans les Balkans, n'est pas livré avec les moyens les plus brutaux, nous atteindrons sous peu le stade où les forces disponibles seront insuffisantes pour contrôler la région. En conséquence, il n'est pas seulement justifié, mais il est du devoir des troupes d'utiliser tous les moyens sans restrictions, même contre les femmes et les enfants, du moment que cela assure le succès. Toute considération pour les partisans est un crime contre le peuple allemand.

Kesselring se souvenait de l'ordre. Lui fut présenté ensuite son nouvel ordre du 10 juin 1944, ainsi formulé :

> La situation concernant les partisans sur le théâtre italien, en particulier en Italie centrale, s'est dégradée à tel point qu'elle constitue un sérieux danger pour les troupes, les lignes de ravitaillement, l'industrie de guerre et le potentiel économique. Le combat contre les partisans doit être mené avec tous les moyens dont nous disposons et avec la plus extrême sévérité. Je protégerai tout commandement qui passe outre à notre habituelle modération dans le choix de la sévérité des méthodes qu'il adopte contre les partisans. À cet égard, prévaut le vieux principe : mieux vaut commettre une erreur dans le choix des méthodes pour exécuter les ordres que de ne rien faire ou de négliger d'agir.

Kesselring a reconnu avoir donné cet ordre. De surcroît, trois jours plus tard, il a donné un autre ordre « top secret » ainsi formulé :

> Il est du devoir de toutes les troupes et de la police placées sous mon commandement d'adopter les mesures les plus sévères. Tout acte de violence commis par des partisans doit être puni immédiatement. Les rapports soumis doivent aussi donner le détail des contre-mesures adoptées. Chaque fois qu'on aura des preuves qu'il existe des groupes de partisans en nombre considérable, une partie de la population masculine de la région sera arrêtée ; et, en cas d'acte de violence, ces hommes seront exécutés.

On a rappelé à Kesselring deux exemples de la façon dont ses ordres avaient été exécutés. Des bandits avaient capturé le colonel von Gablentz. Toute la population masculine des villages sur l'étendue de la route concernée avait été arrêtée. À titre de représailles pour la capture du colonel, 560 personnes, dont 250 hommes, furent arrêtées. Maxwel Fyfe lui a demandé si jeter en prison 410 femmes et enfants était ce qu'il entendait dans son ordre par « mesures nécessaires pour faire face à la guerre de partisans ». Kesselring a répondu d'une manière équivoque que ce n'était pas nécessaire.

L'autre exemple concernait ce qui était arrivé dans le village de Civitella, le 18 juin 1944. Deux soldats allemands avaient été tués, un troisième blessé, lors d'un affrontement avec des partisans dans le village en question. Craignant des représailles, les habitants évacuèrent le village ; voyant cela, les Allemands décidèrent d'une action punitive. Le 29 juin, alors que les habitants étaient revenus et se croyaient en sécurité, les Allemands menèrent une opération de représailles bien orchestrée. Ils fusillèrent la population. Deux cent douze hommes, femmes et enfants furent tués ce jour-là. Quelques-unes des femmes mortes furent retrouvées nues. L'âge des victimes allait de un à quatre-vingt-quatre ans. Près de deux cents habitations furent incendiées. Certaines victimes furent brûlées vives dans leur maison.

Maxwell Fyfe a demandé si l'impératif militaire exigeait de tuer des bébés de un an et des gens de quatre-vingt-quatre ans. « Non », a répondu Kesselring.

Ewald von Kleist
1881-1954

Feld-maréchal, commandant de chars lors de l'invasion de la France en 1940, Ewald von Kleist conduisit la 1re armée de panzers contre l'Union soviétique en 1941.

Capturé par les forces alliées en 1945, il fut jugé pour crimes de guerre en Yougoslavie et condamné à quinze ans de prison.

Libéré puis livré à l'Union soviétique, il mourut en 1954 dans un camp près de Moscou.

12 juin 1946

Cet homme de soixante-quatre ans, Ewald von Kleist, est né le 8 août 1881 à Braunfels, dans la Hesse. Il a dit n'avoir habité la ville de sa naissance que quatre semaines, après quoi il a vécu à Hanovre.

D'une manière générale, il a été un enfant en bonne santé. Il a eu la rougeole et la scarlatine, ainsi que quelques autres maladies infantiles mineures. Par trois fois, il a souffert d'une commotion cérébrale des suites d'une chute de cheval. La première, ce fut à vingt-sept ans. Il est resté sans connaissance deux heures durant et a dû passer six semaines au lit dans une chambre plongée dans l'obscurité. La dernière commotion remonte à 1924. Et voici ce que Kleist a raconté à ce sujet :

« Hindenburg était sur le point de devenir président de l'Allemagne. Il se trouve que j'étais au lit quand l'amiral Alfred von Tirpitz m'a demandé de l'accompagner chez Hindenburg. L'amiral Tirpitz ne fut pas reçu parce que le fils de Hindenburg ne voulait pas que son père devînt président. Moi non plus, je ne voulais pas que son père devînt président. J'ai dit à Hindenburg qu'il était un soldat célèbre, mais que s'il devenait un homme politique il risquait de perdre la face à la fois comme homme d'État et comme être humain.

« À Pâques, en 1924, Hindenburg s'est pour la première fois porté candidat à la présidence. Stresemann lui a rendu visite à Hanovre, pour lui donner un projet de message pascal qu'il voulait voir Hindenburg signer et diffuser. Je tiens juste à vous raconter cette anecdote pour vous montrer quel genre d'homme était Hindenburg. Il a pris le message, l'a lu et l'a déchiré avant de le jeter dans la corbeille à papier. Hindenburg s'est assis et a rédigé son propre message pascal. Il a déclaré à Stresemann que, s'il était président, il ne serait pas un fantoche mais ferait les choses à sa manière.

« Eh bien, on est loin de la commotion cérébrale dont j'ai souffert cette année-là. Une commotion ordinaire : je suis tombé de cheval et le cheval s'est affalé sur moi. Je crois être resté quelques minutes sans connaissance, et qu'on m'a gardé alité quelques semaines. Je n'ai jamais eu de séquelles d'aucune de mes commotions. »

J'ai demandé à Kleist de m'en dire plus sur lui et ses débuts. « Pendant la Première Guerre mondiale, j'étais capitaine, et en garnison à Magdebourg j'ai connu un peu Hindenburg. Après la guerre, je l'ai mieux connu, parce qu'il habitait la même ville que moi, Hanovre. »

Kleist a fait trois ans d'école primaire, puis neuf ans de lycée. Il entra ensuite dans l'armée en tant qu'équivalent d'élève officier puis suivit les cours de l'école militaire. « Notre système de formation était très démocratique. J'ai été plus ou moins élu par le corps selon des principes démocratiques pour devenir officier. À la prochaine occasion, habituellement le 18 août, jour anniversaire de l'empereur, nous devions être nommés collectivement au rang d'officiers. J'ai été officiellement nommé le 18 août 1901.

« Le 5 février 1938, j'ai quitté le service en même temps que le général Fritsch. Puis j'ai été rappelé quand la guerre a éclaté. » Pourquoi Kleist s'était-il retiré en 1938 ? « J'étais inactif depuis un an et demi, de février 1938 à septembre 1939, quand la guerre avec la Pologne a commencé. Je me suis retiré de l'armée à cause de l'attitude du parti national-socialiste envers l'Église et d'autres questions religieuses et parce que je défendais trop la religion. »

Il a précisé qu'il était luthérien : « mais je défendais toutes les religions et toutes les Églises. Les évêques catholiques de Breslau savent comment je me suis battu pour la liberté religieuse ». Kleist avait-il jamais abordé ce sujet avec Hitler ? « Personnellement, non, mais j'étais un avocat déclaré de la religion et, dans mon commandement, j'ai pris une directive enjoignant au jeune soldat d'aller à l'office et d'être pieux. J'ai reçu de l'OKW l'ordre de retirer cette consigne. J'ai déclaré que je n'en ferais rien. »

Qui était le chef de l'OKW à l'époque ? « C'était l'été 1937, et Wilhelm Keitel en était le chef. Naturellement, ce n'est pas lui qui est à blâmer, il l'a fait sous la pression du parti. »

Kleist a ensuite raconté comment il a reçu l'ordre de reprendre du service en 1939, au début de la guerre. « Le maire du petit village où je vivais est venu me réveiller chez moi au milieu de la nuit. Il m'a dit que la mobilisation avait commencé et que je devais me présenter aussitôt pour prendre du service. Je me suis donc présenté au feld-maréchal Gerd von Rundstedt en Silésie. Nos formations contre la Pologne se préparaient à cette époque – ce devait être vers la fin août 1939. »

Kleist a dit s'être marié en 1910. Sa femme a fêté son cinquante-sixième anniversaire et, aux dernières nouvelles, elle allait bien. Il avait deux fils, de vingt-neuf et vingt-cinq ans. L'aîné était dans un camp russe de prisonniers de guerre, le plus jeune avec sa femme. Son fils de vingt-cinq ans avait été conscrit quelque temps, mais, devenu sujet aux crises d'asthme, il avait été démobilisé avant la fin de la guerre. L'aîné était un soldat de métier, et avait été capitaine de cavalerie jusqu'à la fin de la guerre. Kleist dit avoir reçu une carte postale de ce fils, datée du 1er mars 1946, précisant qu'il était en vie et se portait bien et que son adresse était c/o Croix-Rouge, Moscou, URSS.

Il a ajouté avoir été très heureux en ménage. Le père de sa femme était un riche industriel de Hanovre. « Les femmes sont merveilleuses : elles ne se plaignent jamais. Par exemple, ma femme a des douleurs aux reins, mais elle n'ennuie pas les autres avec ses soucis. Elle essaie toujours de me remonter le moral. Notre famille est généralement en bonne santé, sauf le plus jeune de mes fils, sévèrement asthmatique. »

Je lui ai dit avoir lu que les Kleist comptaient parmi les familles de propriétaires terriens les plus riches d'Allemagne. Je voulais savoir si c'était exact. Kleist a souri et l'a nié catégoriquement.

« Non, au contraire. Ma famille proche était très pauvre. D'une manière générale, les Kleist sont une famille très nombreuse et il se peut que, au total, nous possédions beaucoup de terres. Mais il n'y a pas de Kleist millionnaires. Il n'y a pas d'industriels parmi nous, pas de grands patrons d'usine ni autres gens riches. Comme beaucoup d'autres, je me suis toujours intéressé à l'histoire familiale, et j'ai retrouvé les traces du nom de Kleist jusqu'en 1175. Depuis lors, nous avons largement essaimé. C'est pour cela, j'imagine, que mon nom figure parmi ceux des propriétaires terriens les plus riches d'Allemagne. Il est vrai que tous les Kleist ont les mêmes ancêtres et que nous nous sommes toujours considérés comme des parents ; si un membre de la famille était mal loti, on l'aidait financièrement.

« Le gros des Kleist étaient pauvres et possédaient des petites fermes en Poméranie. Si vous additionnez toutes ces fermes, on arrive à une trentaine ou une quarantaine. Mais vous voyez bien à quel point ce type de raisonnement est ridicule. C'est comme si vous disiez qu'en Amérique tous les Smith sont riches. Cependant, parce qu'ils se sont attachés à la terre de Poméranie et qu'ils ont été très industrieux et économes, ils ont conservé leurs fermes et acquis des terres adjacentes, et sont devenus ainsi propriétaires. Je voudrais dire succinctement que les Kleist forment un groupe économe et industrieux, fier mais pauvre, dont la fierté commune nous a soudés à travers les vagues liens du sang. Il n'y a dans ma famille qu'un millionnaire que je connaisse. Un citoyen suisse, qui a épousé une Kleist, donc on ne saurait dire qu'il est réellement de notre famille par le sang. Mais, dans notre famille, nous avons deux poètes de renom international ainsi qu'un grand physicien. »

Nous avons parlé de l'histoire de sa famille. « Mon père était un vieux philosophe, philologue et spécialiste de langues anciennes. Il est mort à soixante-quinze ans, en 1923 ou 1924. Dans la guerre de 1870, il s'est porté volontaire et a servi un an, mais il a attrapé une pneumonie et a été rendu à la vie civile. Mon père a été très malheureux quand je suis devenu soldat. Pour je ne sais quelle raison, ça ne lui plaisait pas. Probablement croyait-il que je n'étais pas enclin à être soldat. J'ai rejoint l'artillerie de campagne, même si à l'époque il était très difficile d'être accepté tant les candidats étaient nombreux. »

Kleist a souri en se remémorant l'épisode : « Mon père a dû solliciter mon acceptation. Il l'a fait à contrecœur et a écrit : “Mon fils désire être officier mais je ne pense pas qu'il ferait un soldat et officier satisfaisant.” C'est alors qu'est arrivée la réponse inattendue : “Prière d'envoyer votre fils sur-le-champ.”

Mon père était philosophe. C'était un homme merveilleux, un idéaliste, contre la guerre. C'était un rat de bibliothèque, sans idées politiques ou économiques bien arrêtées. Il menait une vie à part. J'imagine que s'il avait exprimé quelque vue politique, elle eût été nationale-libérale – le parti de Stresemann. » Qu'aurait pensé le père de Kleist du national-socialisme s'il avait été encore en vie en janvier 1933 ? « Le national-socialisme n'existait pas à cette époque. » Je sais bien, ai-je répondu, mais néanmoins, avec le recul et de façon toute théorique, quelle eût été, à son avis, l'opinion de son père ? « Mon père était pareil à un philosophe grec. Il disait souvent en grec : "Un homme doit être notre roi, un seul doit être notre chef." Mais il ne l'entendait pas au sens de ce qui est arrivé en Allemagne sous Hitler. Les Grecs avaient aussi le mot "tyrannie". Il était admis qu'il existait de bons tyrans aussi bien que de mauvais, mais d'une manière générale la plupart des tyrans étaient haïs des Grecs. Il y a également le vers de Schiller : "Vers Denys le tyran est venu l'homme armé d'un poignard." Il m'est très difficile de dire ce que mon père aurait pensé, mais comme il aimait les Grecs et leur philosophie, il aurait sans doute désapprouvé le nazisme. Il aurait compris qu'il pouvait être légitime de donner des pouvoirs spéciaux à un homme en cas d'urgence, mais il n'aurait pas approuvé ce que Hitler est devenu plus tard, à savoir un tyran. »

Avais-je donc raison de supposer que Kleist tenait Hitler pour un tyran ? « Oui. Hitler s'est transformé en tyran. Il est devenu chancelier par des moyens démocratiques, mais il est ensuite devenu dictateur. C'était un tyran au sens des Grecs anciens. »

Kleist souscrivait-il au point de vue américain, ou peut-être à tout point de vue civilisé, selon lequel Hitler était un meurtrier ? « C'est indéniable. » Quand Kleist en a-t-il fait le constat pour la première fois ? « Je n'ai rien su des meurtres de masse, des atrocités, des violations du code militaire, etc., ni rien des activités et ordres meurtriers de Hitler jusqu'à la fin de la guerre, avant de me retrouver en prison. »

Kleist n'avait-il pas reçu des ordres de Keitel, le chef de l'OKW – qui étaient présentés ici, à la cour, comme des preuves à charge –, des ordres contraires au code d'éthique militaire international ? Kleist a fixé le sol et réfléchi à la question. « C'est quelque chose d'assez compliqué. Je sais à quoi vous faites allusion. C'est très compliqué. Je reconnais que Keitel a eu tort dans nombre de ses directives, mais personnellement je n'ai jamais suivi qu'une méthode de combat honorable et n'ai tenu aucun compte des directives susceptibles de violer la dignité humaine. J'ai agi ainsi même quand je combattais en Russie, où la campagne fut la plus violente.

De surcroît, je suis ici en qualité de témoin pour l'état-major général et l'armée de terre, et c'est presque le point crucial de notre défense. C'est un point sur lequel l'accusation va sans aucun doute insister, et je dois y réfléchir avec soin et en parler avec Manstein avant d'exprimer quelque opinion officielle sur les ordres de Keitel. »

J'ai dit que je comprenais sa position, mais comme cet entretien était tout à fait officieux, pour ce qui était du tribunal, et qu'en tout état de cause l'accusation n'y avait pas accès, pouvait-il me dire ce qu'il pensait du problème suivant sa propre échelle de valeurs ? Kleist a esquivé la question : « Je ne peux vraiment pas entrer dans les détails à propos d'ordres qui pourraient être qualifiés de criminels parce je ne suis pas juriste et que je suis incapable de trouver les échappatoires qu'un avocat pourrait détecter. Si vous voulez que je vous dise franchement mon opinion sur les ordres de Keitel, je vais vous la dire. C'étaient les ordres d'un suiveur stupide de Hitler. Moi-même je n'y ai guère prêté attention et je crois que toute tentative visant à justifier ses ordres serait une erreur de la part de ceux d'entre nous qui sont imprégnés de la tradition et de la bonne conduite militaires. Je compte sur vous pour ne pas rapporter mes observations à ce sujet. J'ai assez bien connu Keitel et je crois que c'est un homme digne. Le fait est simplement que Hitler voulait un général faible à ce poste de pouvoir afin de l'avoir totalement sous sa coupe. À la place de Keitel, sous Hitler, je n'aurais pas tenu deux semaines. »

Nous sommes revenus à l'histoire familiale. Il a continué de décrire son père avec un luxe de détails. « Mon père était un homme très affectueux, mais il était toujours malade des suites de l'infection pulmonaire contractée au cours de la guerre de 1870. Hormis ses contacts avec ses proches, il menait une vie solitaire et, comme je l'ai dit, c'était un rat de bibliothèque dont l'esprit ne se frottait pas à la réalité, mais aux livres, aux œuvres des Grecs anciens, et à sa famille. Franchement, ses livres l'occupaient plus que ses enfants. Nous autres, enfants, ne le voyions qu'à l'heure des repas, et à l'occasion il se promenait avec nous. »

Les ennuis pulmonaires de son père le rendaient-ils irritable ? « Pas vraiment, mais il était toujours très soucieux de sa santé et la compagnie de ses enfants lui fatiguait excessivement les nerfs. C'était un homme modéré en toutes choses, qui buvait un petit verre de bière par jour, que je n'ai jamais vu fumer, même si j'ai souvenir qu'il m'ait dit avoir fumé un ou deux cigares par jour quand il était jeune. » Considérait-il que son père avait une personnalité très différente de la sienne ? « Oh oui, certainement. Je ressemble plus à ma mère. Ma mère est encore en vie, bien qu'elle ait quatre-vingt-dix ans.

« C'est une chose remarquable, mais à quatre-vingt-dix ans ma mère est encore une bonne maîtresse de maison, active, alerte et qui possède toutes ses facultés. Hélas, cela fait cinq ans que je ne l'ai vue. Elle habitait une petite ville près de Hambourg, alors que ma femme vivait en Silésie. Au cours de la guerre, si je prenais une courte permission, j'allais naturellement rendre visite à ma femme. Malheureusement, ma mère s'est cassé la hanche en 1942. On a dû la plâtrer et lui mettre un clou, et maintenant elle peut se déplacer normalement, et même monter et descendre les escaliers. Elle ne fait pas son âge, à part qu'elle a la bouche ratatinée parce qu'elle a perdu toutes ses dents. Elle a une excellente mémoire. »

Kleist lui-même était un homme de taille moyenne, au teint brun-rouge, aux cheveux fins couleur auburn, et corpulent, mais alerte, avenant et souriant. Loin de paraître ses soixante-quatre ans, on lui aurait donné une petite cinquantaine d'années. Il s'est dit très intéressé par la « légende » dont j'avais fait état auparavant et qui comptait sa famille au nombre des plus riches propriétaires terriens d'Allemagne. « Tous mes proches parents, je dois le répéter, étaient pauvres. Pour la plupart, mes parents étaient des officiers ou des fonctionnaires. Dans les générations précédentes, c'étaient pour la plupart des paysans. J'ai reçu dernièrement la lettre de quelqu'un affirmant qu'il y avait une femme du nom de Kleist à Washington, D.C., et il souhaitait que je lui écrive pour savoir si nous étions apparentés. Je me suis laissé dire qu'elle était extrêmement riche. Peut-être l'auteur du livre que vous avez mentionné a-t-il rencontré les Kleist de Washington. Je sais qu'elle a parlé de moi depuis que je suis en captivité et nous devons donc être apparentés. Je désire lui envoyer les dossiers de famille, qui seraient mieux en Amérique qu'ici, vu que nous avons tous perdu nos foyers et nos maisons et que nous sommes en faillite. »

Kleist avait une sœur de cinquante-sept ans, mariée, et dont le mari était en vie. Cette sœur avait un fils, âgé de vingt-quatre ans, aujourd'hui en captivité en Russie. « J'ai toujours été dans les meilleurs termes avec ma sœur. Ma mère vit chez cette sœur depuis de longues années, en fait depuis la mort de mon père. Mon beau-frère est magistrat de district depuis 1917. Il a adhéré au parti nazi peu après 1933, non pas par conviction, mais parce que c'était la seule façon pour lui de conserver son poste. Après la guerre, il a été arrêté automatiquement mais aussitôt libéré.

« Ma sœur ressemble plus à mon père. Elle est moins active que ma mère et plus renfermée. Mon père aimait davantage sa fille, tandis que ma mère me chérissait plus. Ma sœur ne pourrait jamais tenir une maison parce que, du jour où ma mère est venue habiter chez elle, c'est elle qui a tout fait. C'est toujours elle qui fait tout chez ma sœur. » Le mari de sa sœur s'entendait-il bien avec sa belle-mère ? « Oh oui, je crois. Je leur rendais une courte visite tous les deux ou trois ans et il n'y avait pas de discorde particulière. Je crois qu'il est dans la façon d'être de ma sœur de laisser les autres diriger sa vie, et ce n'est donc pas la faute de ma mère si c'est elle qui fait tout chez ma sœur. » Kleist a souri comme s'il avait pensé à quelque chose d'amusant. « En outre, du moment qu'elle a décidé que c'est elle qui va faire le dîner, on aurait du mal à l'en empêcher. »

Nous avons parlé des enfants de Kleist et de sa famille. Je lui ai demandé duquel de ses enfants il se sentait le plus proche, etc. « Mon fils aîné est étrangement fermé, au point d'en être presque impoli par moments, et c'est donc lui qui a eu le plus de difficultés dans la vie. Pour cette raison, il m'a davantage exaspéré que le plus jeune. J'aime néanmoins mes deux fils, l'aîné autant que le cadet.

« Mes deux fils ont des personnalités très différentes. L'aîné s'est développé plus tard et a dû surmonter nombre de ses propres peurs. Je crois qu'en son for intérieur mon aîné était contre les chefs et l'autorité en général. Il avait un côté indépendant. Il refusait d'être dirigé et n'a jamais voulu tenir compte des expériences de ses aînés. » Son fils était-il un bon soldat ? « D'une certaine façon, il a été un très bon soldat, pas en temps de paix, mais au combat. Il n'était certainement pas fait pour être un soldat en temps de paix et ne serait pas resté dans l'armée une fois la guerre terminée. Son éducation et sa formation étaient celles d'un soldat de métier, mais il aurait quitté cette carrière militaire, j'en suis sûr. » Pourquoi son fils a-t-il choisi le métier des armes ? « Nous vivions au milieu de soldats parce que j'étais officier de carrière, et il semblait donc naturel qu'il en devînt un à son tour. Je crois qu'il a toujours eu dans l'idée de profiter de l'armée pour faire le tour du monde. Je sais, parce qu'il me l'a dit souvent, qu'il souhaitait être rattaché aux services secrets, ou être attaché militaire, en vue de voyager ou de voir le monde. À l'époque où il est entré dans l'armée, bien sûr, ces choses-là n'existaient pas. »

Kleist se considérait-il comme un père sévère ? Quelles étaient ses idées en matière d'éducation ? Kleist a souri : « Malheureusement, je n'ai jamais été très strict. Ma femme m'a souvent dit que si j'avais donné à mon fils aîné une bonne raclée de temps à autre, il s'en serait mieux tiré. Personnellement, je n'ai jamais infligé de châtiment physique à aucun de mes deux fils. Ma femme m'a toujours dit que j'en aurais le cœur brisé si d'aventure je les frappais. Mais ce ne sont pas des fils ingrats, et nous sommes une famille très soudée.

« J'ai toujours dit que si jamais mes enfants se retrouvaient largués dans le monde pour avoir perdu leurs parents, ils devaient avoir quelque chose à quoi se raccrocher, sur quoi ils puissent se retourner avec bonheur : autrement dit, de bons parents et un bon foyer. » Kleist aimerait-il être grand-père ? « Oui, ça fait longtemps que j'ai envie d'avoir des petits-enfants. Malheureusement, ça ne s'est pas fait, à cause de la guerre et parce que aucun de mes deux fils n'a eu l'occasion de se marier. »

Je lui ai demandé pourquoi il était ici, dans la prison de Nuremberg : l'avait-on arrêté automatiquement ? Était-il accusé de crimes de guerre ? S'était-il porté volontaire ou l'avait-on sollicité comme témoin de l'état-major général ? « J'étais dans un camp de prisonniers de guerre, en Angleterre, et je suis venu volontairement à Nuremberg en tant que témoin pour l'armée de terre. Dernièrement, j'ai été libéré de l'armée allemande, alors que j'étais dans cette prison, et on m'a fait savoir que je suis numéro sept sur la liste des criminels de guerre. Je n'ai pas la moindre idée du crime de guerre que j'aurais pu commettre. L'essentiel est que j'ai la conscience tranquille. Dans mon esprit, je devais rentrer tout de suite en Angleterre. Je sais que les autorités anglaises ont écrit une lettre au tribunal de Nuremberg, indiquant que Rundstedt et d'autres, dont moi, devions être reconduits en Angleterre dès que nous aurions cessé d'être utiles ici. Cette lettre est arrivée d'Angleterre alors que nous étions ici depuis trois ou quatre jours. Le Dr Hans Laternser, le conseiller juridique de l'état-major général, a reçu une lettre du secrétaire général du tribunal indiquant que, si l'on n'avait plus besoin de nous ici, il fallait nous renvoyer en Angleterre. Je ne sais pas de quoi il retourne avec ce Laternser ! Manstein nous a assignés à chacun des sections sur lesquelles travailler, et chacun de nous a achevé sa section et plus. Tous ces matériaux ont été remis à Manstein, qui, à son tour, les a confiés au Dr Laternser : ils sont entre ses mains depuis des semaines. Nous voici maintenant assis à ne rien faire, sauf Manstein, qui a d'une certaine façon assumé la responsabilité de la défense de l'état-major général et de l'armée de terre. Je sais que le secrétaire général du tribunal a averti Laternser par deux fois qu'il nous retenait trop longtemps ici et qu'il fallait nous renvoyer en Angleterre. Il me semble que Laternser n'arrive pas à décider si je dois rester ici pour déposer personnellement ou si une déclaration écrite sous serment suffira. »

J'ai demandé à Kleist ce qu'il pensait de Laternser. « Ce n'est pas un conseiller juridique hors pair. Au début, je l'ai pris pour un crétin. Après notre conversation d'hier, cependant, j'ai l'impression qu'il pige et fait des progrès. De toute façon, je n'ai jamais compris les avocats et j'imagine, vu sa réputation d'avocat de la défense bien connu en Allemagne, qu'il est compétent. » Kleist avait-il le sentiment que Laternser était très intelligent ? « Ce n'est pas à moi de dire s'il est intelligent ou non. J'ai souvent réfléchi au sens de l'intelligence. Franchement, je crois que l'intelligence n'est pas une entité, mais le composé de facultés d'adaptation diverses. Je pense que les avocats en général sont fins, mais pas extraordinairement intelligents parce qu'ils pensent suivant des lignes prescrites et ne sont donc pas très souples. Ce serait un grand atout d'avoir un soldat allemand pour avocat de la défense de l'état-major général – un homme qui, outre sa connaissance des affaires militaires, serait aussi un expert juridique. Naturellement, je ne peux vous donner comme ça le nom d'aucun individu en particulier qui satisferait à ces exigences, puisque la plupart de nos juges militaires étaient aussi des ballots, des officiers de terrain ratés qui avaient donc été affectés au service juridique de l'armée. Je peux en nommer une douzaine, dont certains qui ont le grade de général. Pour en revenir à Laternser, cependant, je dirai qu'au départ il était tellement ignorant des affaires militaires qu'il nageait et a failli se noyer dans tout le matériau que Manstein et nous autres, ici à Nuremberg, lui avons soumis. Laternser ne faisait pas la différence entre le haut-commandement et un sergent. C'était aussi étrange que si l'on me demandait de faire un discours sur la bombe atomique. »

J'ai prudemment demandé à Kleist quelle tâche lui avait assignée Manstein et, d'une manière générale, quelle serait la nature de sa déposition comme témoin de la défense de l'état-major général. Kleist a eu un sourire malin et a pris la pose, comme pour demander : « Vous voudriez bien le savoir, hein ? » Mais il a répondu : « Je réponds à certaines questions que Manstein imagine et nous nous sommes partagé ces questions. Certains d'entre nous, comme Halder, Brauchitsch, Westphal, Wilhelm List, Wilhelm Ritter von Leeb, Rundstedt, Günther Blumentritt, etc., auront la responsabilité de répondre à certaines accusations et d'expliquer certains aspects d'une situation militaire. »

Kleist a eu de nouveau un sourire malicieux avant d'ajouter : « Pour moi, c'est intéressant, parce que, voyez-vous, tous les généraux et feld-maréchaux ici présents n'avaient pas les mêmes convictions politiques et militaires. Sur la question de la préservation de l'état-major général, cependant, nous sommes tous unis. C'est un phénomène intéressant, signe de l'unité bien réelle de l'esprit national allemand, que d'observer comment nous nous serrons les coudes en cette heure de crise malgré nos divergences d'opinion antérieures. Je crois que c'est une noble chose. Notre principal objectif est d'infirmer l'idée qu'aurait existé une conspiration. Personnellement, je suis un homme franc et sans détour. Je vais vous dire, une conspiration c'est tellement *Quatsch* [du baratin, du non-sens]. Quant à savoir s'il y a eu conspiration chez les politiques, c'est une autre affaire. Je n'ai pas d'opinion là-dessus si ce n'est pour dire que, personnellement, je n'y crois guère.

« Voyez-vous, tout le ridicule de cette accusation de conspiration ressort on ne peut plus clairement quand vous songez qu'il y avait en 1939 des officiers qui étaient de simples colonels ou même des lieutenants-colonels et qui en 1945 se sont retrouvés généraux. Comment l'un ou l'autre de ces petits officiers aurait pu tremper dans un complot pour mener une guerre d'agression ? Mon idée, c'est qu'aucune dictature de parti ne supporterait une autre organisation rivale telle que l'état-major général. Prenez Mussolini et ses Chemises noires, par exemple, et l'épuration qu'il a jugée nécessaire dans les rangs de l'armée. Ou encore Staline, qui a fait fusiller Toukhatchevski et tant d'autres généraux à seule fin de les empêcher de devenir trop forts et de se retourner contre lui. L'accusation est donc ridicule. »

Kleist trouvait-il pareillement injustifiées les accusations portées contre les organisations comme les SS, le SD et les SA ? « C'est une chose différente. Pour commencer, ces autres organisations ne m'intéressent pas particulièrement. C'est l'armée de terre et l'état-major général – la tradition et la colonne vertébrale de l'Allemagne – qu'il faut préserver. Mais si vous m'interrogez sur les SS, les SA et ainsi de suite, je dois dire, moi aussi, que je ne trouve pas les actes d'accusations tout à fait justes parce qu'il a dû y avoir des gens inoffensifs dans ces organisations. Mon impression, sur les SS et les SA, est qu'ils ressemblaient à des syndicats, et que les gens étaient forcés d'y adhérer, ou le faisaient volontairement, par commodité. » Je lui ai dit ma conviction qu'il y avait du vrai dans ce qu'il disait, mais que l'acte d'accusation visait les dirigeants ; qu'il ne s'agissait pas de poursuivre un sténographe qui aurait appartenu à l'une des organisations. De surcroît, le juge Jackson avait souligné dans son discours inaugural sur les organisations qu'il n'était pas dans les intentions des Alliés de poursuivre chaque membre de ces organisations, mais plutôt de juger les cas individuellement, en prenant pour critère le fait qu'un individu ait ou non commis un crime de guerre ou y ait pris part. « En ce cas, je dois admettre que l'accusation portée contre les SS, le SD, les SA et la Gestapo est exacte ; les chefs de ces organisations étaient des criminels, non pas de grands gentlemen comme les chefs de l'état-major général, c'est bien connu. Mais je préférerais ne rien dire à ce sujet et je souhaite que vous ne rapportiez pas mes propos. En tant qu'Allemand, j'ai le sentiment que je pourrais dire cela à un tribunal allemand, mais pas à un tribunal étranger. Vous pouvez prendre ma réponse comme une allusion. Vous êtes psychiatre et je n'ai pas grand-chose à dire pour que vous compreniez quels sont mes sentiments. Une allusion suffit. J'ai toujours été un adversaire de Himmler et de Heydrich. »

Kleist voulait-il bien m'en dire plus sur Himmler ou Heydrich ? « Je crois que le pire criminel de tous était Heydrich. Je l'ai vu en personne et il avait un tel regard de haine que je ne l'oublierai jamais. En Silésie, j'ai mené une rude bataille contre les SS et les SA. Nous l'appelions, en plaisantant, la "quatrième guerre de Silésie". Les trois premières guerres de Silésie ont été menées par Frédéric le Grand, et l'autre, c'est moi qui l'ai conduite contre les SS et les SA. Ma grande bataille a porté contre les méthodes utilisées par ces organisations du parti pour essayer de contrôler les choses et d'asseoir leur pouvoir. »

Kleist avait-il des parents ou des proches qui avaient appartenu au parti nazi ? « Non, juste un beau-frère et un petit-neveu. »

Je l'ai interrogé sur sa carrière et sa position en 1933, à l'époque de l'accession des nazis au pouvoir. « J'étais commandant de division en Silésie. À cette époque, j'étais contre le parti nazi. En fait, nous autres, généraux de l'armée de terre, étions tous hostiles au parti, sauf un ou deux, comme le général Walter von Reichenau, qui y était favorable. Par ailleurs, Hitler a accédé au pouvoir de manière tout à fait constitutionnelle parce que son parti était le plus fort. Après coup, cependant, ce n'était pas tout à fait constitutionnel parce que Hitler n'a pu choisir ses propres ministres : c'est Hindenburg qui a nommé nombre des ministres qui au début ont servi sous Hitler. Par exemple, Schleicher, Neurath et Papen venaient tous du cabinet du vieil Hindenburg. »

25 juin 1946

L'entretien avec Kleist s'est poursuivi aujourd'hui. Je l'ai vu quelquefois entre-temps, entre le 12 juin et aujourd'hui, mais jamais très longtemps. Malgré son âge, il est resté un homme vaillant, qui fait jeune, et la vie en prison ne l'a pas particulièrement affecté.

Nous avons commencé à parler dans le détail de sa carrière militaire. Il a dit qu'il avait rejoint son unité de cavalerie dans l'artillerie en 1900. Il aimait monter à cheval et la vie militaire en général lui était très agréable. « J'aimais commander des hommes et les voir obéir aux ordres. » En 1907, il est entré à l'institut de cavalerie militaire de Hanovre. Là, il a participé à des courses de chevaux, à toutes sortes de tournois, à des courses de haies. « Les chevaux, c'était toute ma vie à l'époque : j'avais la passion des chevaux. » Il est resté trois ans à cet institut. Il est devenu lieutenant en 1910, après avoir été sous-lieutenant depuis 1901. De 1910 à 1913, il a fréquenté l'Académie de guerre, après quoi il est allé rejoindre un régiment de hussards à Dantzig. En 1914, il est devenu capitaine de cavalerie et chef d'escadron.

Au cours de la Première Guerre mondiale, jusqu'en 1917, il a servi sur le front. En 1917, il a été affecté à l'état-major général avec une division de cavalerie de la garde sur le terrain. En 1918, quand la guerre a pris fin, il a servi dans la Ruhr, à Münster, en Westphalie, jusqu'en mai 1920. « J'ai aidé à réprimer la révolution de 1918 et 1919 [1]. »

Promu commandant en 1922, il est retourné à Hanovre, où il a commandé un escadron dans l'armée des 100 000 hommes. En 1924, il a été affecté comme instructeur à l'école de cavalerie. La même année, il est devenu chef de l'état-major général de la 2e division de cavalerie en Silésie. En 1927 ou 1928, il a été promu lieutenant-colonel. En 1931, il commandait le 9e régiment d'infanterie à Potsdam. « Je suis devenu à cette époque commandant d'infanterie et je suis resté plus ou moins dans l'infanterie depuis. Je préfère les chevaux. » Le 1er janvier 1932, il a été promu colonel et a pris le commandement de la 2e division de cavalerie à Breslau, succédant alors à Rundstedt.

En octobre 1932, il a été promu au grade de général de division, pour devenir général de corps d'armée en 1934. En 1936, il a pris le commandement de l'ensemble des forces en Silésie et a été promu général de cavalerie.

J'ai voulu savoir s'il jugeait ses promotions et sa montée en grade très rapides ou pas inhabituelles. « J'étais un soldat compétent et je ne dirais pas que mes promotions étaient inhabituelles. À mon avis, je méritais d'être promu. De plus, je suis soldat depuis 1900 et je suis donc officier depuis plus de quarante-cinq ans. » J'ai voulu savoir pourquoi il avait été appelé à l'état-major général. S'était-il particulièrement distingué dans un domaine militaire ? « C'est diffi-

1. Sur la révolution, voir Craig, *Germany*, p. 396-433.

cile à dire. J'étais un bon soldat de front et un homme pratique. Peut-être cela explique-t-il mon succès dans la vie militaire. Parmi nous, les militaires, il y a beaucoup trop d'habiles politiciens et trop peu de simples soldats, d'esprits pratiques qui sachent se battre. Par exemple, je n'ai jamais écrit de livres militaires. J'ai écrit une fois trois lignes sur un sujet ou un autre dans un journal de la cavalerie. Au fond, j'étais un général du front, et ce qui m'intéressait c'était d'obtenir une victoire militaire, non pas d'écrire des traités théoriques. »

J'ai rapporté à Kleist que le feld-maréchal Leeb m'avait dit avoir écrit un livre sur l'art de la défense. Kleist a répondu qu'il n'avait jamais entendu parler de ce livre : c'était la première fois qu'on lui en parlait. J'ai ajouté que, selon Leeb, son livre est à ranger à côté du classique de l'art militaire qu'est le livre de Clausewitz [1]. Kleist a souri : « Vraiment ? À dire vrai, je n'ai jamais lu Clausewitz non plus. Je n'en sais pas suffisamment sur Clausewitz pour vous dire quelles sont ses théories. Je sais que les Russes ont dû beaucoup lire Clausewitz, et peut-être n'est-il pas trop regrettable que je n'en aie rien fait. »

Ainsi qu'il me l'a dit l'autre jour, il s'est retiré du service actif le 5 février 1938 en même temps que le colonel-général Fritsch, mais il fut rappelé à la fin d'août 1939 pour servir dans la guerre contre la Pologne. Il a alors dirigé un corps d'armée de panzers, qui consistait en deux divisions avec les troupes qui leur étaient attachées, dans le blitz contre la Pologne. « J'ai connu un très grand succès dans cette opération parce que j'ai pu utiliser la tactique de la cavalerie. Je n'ai été en Pologne que seize jours en tout et pour tout. Puis j'ai quitté la Pologne pour retrouver les Russes, pour la première fois, en termes amicaux. C'était l'époque du pacte de non-agression germano-russe, et l'Allemagne et la Russie se partageaient la Pologne. Mon impression des Russes, alors, fut qu'ils avaient des troupes excellentes, qu'ils disposaient de techniques militaires avancées, étaient étonnamment motorisés et avaient un comportement très correct. »

Puis il a pris le commandement de trois corps de panzers, connus sous le nom de groupes Kleist. « C'était en mai 1940, et j'ai entrepris d'organiser cette petite armée, qui portait mon nom, sur le territoire derrière Düsseldorf. Nous sommes ensuite allés à l'Ouest et, si je le dis moi-même, c'est que mon armée est largement responsable de la rapidité de la victoire en France. J'ai enfoncé les lignes Sedan et Maginot et j'ai atteint la côte française en sept jours, près d'Abbe-

1. Karl von Clausewitz (1780-1831), soldat prussien auteur d'un traité célèbre, *De la guerre* (1833).

ville. Au cours de mes victoires, j'ai pris les villes de Bastogne et de Calais, et ce sont les groupes Kleist qui ont attaqué Dunkerque par l'ouest. C'était au moment de la formidable catastrophe britannique qui s'est produite là-bas.

« Je dois dire que les Anglais n'ont réussi à échapper à ce piège de Dunkerque, que j'avais si soigneusement tendu, qu'avec l'aide personnelle de Hitler. Il y avait un canal, d'Arras à Dunkerque. J'avais déjà franchi ce canal et mes troupes occupaient les hauteurs qui surplombaient les Flandres. En conséquence, mon groupe de panzers avait le contrôle total de Dunkerque et de la zone dans laquelle les Britanniques étaient piégés. La vérité, c'est que les Anglais n'auraient jamais pu entrer dans Dunkerque parce que je les avais couverts. C'est alors que Hitler en personne m'a donné l'ordre de retirer mes troupes de ces hauteurs [1]. »

Pourquoi Hitler avait-il donné cet ordre ? « Hitler a pensé que c'était trop risqué. C'était absurde, les ordres de Hitler en ce temps-là. On aurait pu balayer complètement l'armée britannique ou la faire prisonnière tout entière, n'était l'ordre imbécile de Hitler. La preuve, c'est que trois jours plus tard les Anglais occupaient les hauteurs et que j'ai été à nouveau obligé de les attaquer pour les reprendre. Mais la grande masse des troupes britanniques avait déjà atteint Dunkerque et s'échappait dans des petits bateaux. Ce qui est triste, dans cette affaire, c'est que j'aurais pu capturer toute l'armée anglaise ou, en tout cas, une si grande partie de celle-ci que l'invasion de l'Angleterre eût été une simple affaire. J'ai capturé de nombreux soldats français, dont le général Henri Giraud.

« Au total, j'ai fait un million de prisonniers de guerre sur tous les fronts. Je crois avoir très bien fait. La capture de Giraud fut très amusante. Un officier de renseignement avait transmis un message radio anglais annonçant que les attaques de char avaient enfoncé le front français. Mon officier ajoutait que la radio anglaise avait annoncé que “le général français, le cher général Giraud, allait prendre le commandement du front français et rétablir la situation”. Ce qui est amusant, c'est que j'étais en train de lire ce rapport quand

1. La décision d'annuler l'attaque des chars à Dunkerque, le 24 mai 1940, fut prise par Hitler, mais sur les conseils exprès de Rundstedt. Selon Ian Kershaw, il y eut bien une erreur militaire, qui fut cependant le fait du second, non du premier. Hitler ne désirait pas laisser les Britanniques sauver la face : la décision de retenir les chars et de laisser les Britanniques s'échapper ne doit donc rien à la magnanimité de Hitler, qui souhaitait au contraire infliger un « K-O » et obliger ainsi les Britanniques à accepter les conditions de paix ; mais il écouta le général Rundstedt, en qui il avait toute confiance. Voir Kershaw, *Hitler*, vol. 2, p. 295-296 et trad. fr., vol. 2, p. 447-449.

la porte s'est ouverte et que j'ai vu entrer un général français qui avait fière allure et qui n'était autre que le général Giraud. Il avait été très vaillant, mais il s'était un peu mépris sur la situation. Il avait pris une voiture de reconnaissance et était entré dans notre territoire à la recherche de ses troupes ; au lieu de quoi, il trouva les miennes et fut fait prisonnier par deux simples soldats. » Kleist gloussa.

« J'ai dit au général Giraud que je m'en voulais de devoir accueillir un général français aussi célèbre de manière aussi ordinaire. Nous étions en très bons termes, et je peux vous assurer que je l'ai traité avec autant de respect que je l'aurais fait avec tout général allemand.

« Dans la deuxième partie de la campagne de France, j'ai traversé le front près d'Amiens et percé les positions de Weygand sur l'Oise. Là encore, j'ai réussi et fait un nombre considérable de prisonniers en traversant une vaste région. Dans la troisième partie de la campagne de France, j'ai franchi la Marne à Château-Thierry pour foncer sur Lyon et la frontière suisse. Dans la dernière partie de la campagne, j'ai occupé la côte atlantique, depuis la Manche jusqu'aux Pyrénées [1]. »

J'ai dit qu'à ce qu'il me semblait il avait dû être l'un des chefs militaires les plus actifs en France. Kleist l'a reconnu volontiers. « Sans jouer les modestes, je peux affirmer que j'ai été le commandant de l'armée de terre *le* plus actif en France et que, par l'action de mes panzers, j'ai abrégé de plusieurs mois la campagne de France. Vous savez, on a beaucoup parlé du manque d'esprit combatif des soldats français. Je crois que c'est exagéré. Ils se sont battus très vaillamment jusqu'à ce que nos puissants éléments allemands rendent la situation désespérée et qu'ils se soient retrouvés complètement encerclés. Peut-être y a-t-il une différence entre un soldat français et un soldat allemand : dès qu'un Français est encerclé, il renonce. Par la suite, au cours de cette guerre, nous autres, Allemands, avons été dans des situations bien pires et plus désespérées et nous avons continué à nous battre avec notre véritable esprit allemand.

« On peut en dire autant, en un sens différent, de l'esprit combatif des Russes. Les Russes sont si primitifs qu'ils ne renoncent pas, même quand ils sont entourés d'une douzaine de mitrailleuses. Je dirai que c'est une différence entre la bravoure allemande et la bravoure russe, au sens où la première est logique, la seconde brutale. Les Français, quant à eux, manquent d'initiative. L'une des raisons

1. Pour un récit complet, voir Ernest R. May, *Strange Victory : Hitler's Conquest of France*, New York, 2001

de cette faiblesse française est probablement qu'ils n'avaient personne en qui ils croyaient à cette époque. Du moins est-ce l'impression que j'ai retirée au cours des mois passés en France chaque fois que je suis entré dans une maison française : je n'y ai jamais trouvé de portraits de grands hommes d'État français ou de généraux, pas même de Napoléon. Autrement dit, les Français n'attachaient pas d'importance à leurs dirigeants. En tout cas, telle a été mon impression à l'époque ; qu'elle fût juste ou non, je n'en sais rien. »

Est-il vrai que les Français ont en général accueilli les Allemands avec enthousiasme ? « Non. Je ne dirais pas cela. Je sais que la propagande a répandu beaucoup d'histoires, y compris aux actualités cinématographiques, montrant des Français qui accueillaient les soldats allemands avec de grands gestes des mains. Je dirai que tout cela était de la propagande mensongère. Les Français ont été très corrects, exactement comme je me serais comporté si j'avais été envahi par un adversaire se conduisant en homme du monde. Les Français étaient froids mais polis. Dans les montagnes, bien entendu, il y avait des partisans, mais ils ne m'ont jamais créé beaucoup de soucis. Je crois qu'ils sont devenus actifs beaucoup plus tard, quand l'invasion de Normandie a été bien enclenchée.

« Au cours de mon séjour là-bas, je n'ai cessé de circuler en France et je me suis aperçu que, même si les Français d'une ville quelconque pouvaient être froids deux ou trois jours, ils adoptaient ensuite une attitude chaleureuse, celle qu'on pouvait attendre entre une nation civilisée et une autre. En leur faveur, je dirai qu'en général les Français n'ont jamais été serviles ni insinuants dans leur attitude. »

Après qu'il eut achevé sa mission dans la guerre contre la France et dans l'occupation de la côte française, il fut transféré le 1er janvier 1941 en Roumanie, où il commença à entraîner des soldats roumains pour la guerre contre la Russie. Il semblait donc évident, ai-je observé, qu'il savait que la guerre contre la Russie était déjà à l'ordre du jour. Kleist entraînait-il ces soldats roumains pour une guerre contre la Russie ? « Je voulais dire, en cas de guerre contre la Russie, tant il y avait de divisions russes déployées le long de la frontière roumaine. » Pour la première fois, au cours de l'entretien, Kleist a paru agacé ; dès lors, il a semblé choisir ses mots avec plus de soin et s'exprimer moins librement.

Je lui ai demandé de continuer le récit de sa carrière militaire. « Certainement, certainement. Je n'ai rien à cacher. Je suis resté en Roumanie jusqu'au début de mars 1941, après quoi je suis allé en Bulgarie à cause de la nouvelle du débarquement britannique en Grèce. Il n'y a pas eu de combats en Bulgarie. Tout se passait dans un climat cordial. Puis, le 6 avril 1941, j'ai été chargé d'entrer en Grèce et en Yougoslavie. Dans cette guerre contre la Yougoslavie, j'ai commandé deux corps. L'un d'eux était en Roumanie et consistait largement en soldats d'origine allemande ; l'autre, de composition similaire, rassemblait des Bulgares d'origine allemande. Le 8 avril, j'ai rassemblé mon armée, et le 12 j'ai pris Belgrade. Une sérieuse bataille s'est engagée sur la route près de Sofia, tandis qu'un autre choc assez sévère s'est produit contre les troupes yougoslaves sur la route près de Belgrade.

« L'entrée effective dans Belgrade a été paisible et j'ai pris du bon temps. Sur la route, j'ai abattu quelques cerfs avec des chasseurs yougoslaves qui étaient bien disposés envers l'armée allemande tant ils redoutaient la menace des Rouges. J'ai quitté le pays peu après pour prendre un commandement plus actif.

« J'ai été ensuite affecté en Silésie, où j'ai eu mon propre état-major et mon propre groupe d'armée jusqu'à la mi-juin. J'ai alors été rattaché au Groupe d'armée Sud du feld-maréchal Rundstedt dans sa campagne contre la Russie. J'étais l'expert en panzers de Rundstedt et chargé de plusieurs corps d'unités de panzers. Cette année-là, entre autres succès, j'ai pris Rostov, qui se trouve près du grand coude du Dniepr, un peu au nord de la Crimée.

« En 1942, j'avais progressé plus loin que toutes les autres troupes en Russie. J'étais en fait dans le Caucase et plus près de la Chine que de Berlin. Puis je suis arrivé à la Caspienne et à Stalingrad sans difficulté en rebroussant chemin. Les Russes sont arrivés à soixante kilomètres de Rostov, et fut un temps où mes seules communications avec l'arrière passaient par Rostov. À ce moment-là, mon QG se trouvait à six cent cinquante kilomètres de Rostov. En janvier ou février 1943, j'ai reçu l'ordre de battre en retraite. J'étais en charge du groupe d'armée en tant que successeur du feld-maréchal List. Rundstedt n'était plus en Russie mais commandait de nouveau la bataille de France.

« Les Russes étaient cinq fois supérieurs à nous autres, pauvres mais vaillants Allemands, tant sur le plan numérique que par leur matériel. Mon chef immédiat n'était autre que Hitler lui-même. Par malheur, les conseils de Hitler, en ces temps critiques, étaient invariablement nuls. »

Kleist avait-il réussi à battre en retraite avec le plus clair de son armée ? « Quand l'ordre de la retraite est arrivé, j'avais en fait deux armées. J'ai réussi à ramener l'une d'elles à l'arrière, *via* Rostov. L'autre armée, que j'ai laissée au commandement de l'un de mes principaux généraux, a tenu la ligne jusqu'à la fin de l'été 1943 puis a battu en retraite avec de lourdes pertes mais sans être décimée. Ce fut possible parce que les Russes se tenaient dans leur dos, au nord de la Crimée. Les Russes progressaient au nord de la Crimée contre le groupe d'armée Manstein, qui était obligé de battre en retraite. J'étais donc dans la nécessité de suivre le retrait de Manstein. Puis la Crimée s'est retrouvée coupée parce que Hitler a refusé de consentir à un retrait de nos troupes de cette région quand il en était encore temps. Au cours de l'hiver et du printemps de 1943-1944, je me suis lentement replié sur le fleuve qui marquait la frontière de la Bessarabie et de la Roumanie. La Crimée s'est retrouvée isolée, derrière notre front, et assiégée par les Russes. Le 1er avril 1944, je suis rentré au pays. »

J'ai demandé à Kleist ce qui l'avait conduit à prendre sa retraite à ce moment-là. « Eh bien, le 1er décembre 1943, j'ai dit à Hitler d'abandonner le Commandement suprême. Le 29 mars 1944, j'ai eu de nouveau une discussion très vive avec Hitler et j'ai eu l'impression que c'était plus son entourage que lui-même qui voyait en moi un subordonné incommode. Quand je suis allé lui dire au revoir, Hitler en personne m'a dit qu'il ne voyait rien à me reprocher en tant que soldat. Il m'a dit quantité de choses amicales. Il a dit qu'il avait très peu de gens capables de diriger une guerre opérationnelle. Il m'a conseillé de prendre du repos tant je m'étais tué au travail et il a laissé entendre qu'on me demanderait de reprendre du service. Je crois vraiment que, si je suis rentré à la maison à l'époque, c'est que j'ai toujours donné franchement mon avis à Hitler. »

Qu'avait-il pensé de Hitler dans les dernières années ? « Je crois que Hitler était plus un cas pour psychiatre que pour général. »

Lui-même, dans ses contacts avec Hitler, avait-il perçu des choses anormales ? « Non. Je connaissais ses manières tapageuses, son habitude de frapper du poing sur la table, ses accès de rage et tout cela. Je ne suis qu'un simple soldat et il n'est pas dans mes habitudes d'analyser les tempéraments. Il était le chef de l'État, et ça me suffisait. Dans mon esprit, les traits que je viens d'indiquer faisaient partie du tempérament de Hitler et n'avaient donc rien de remarquable. Moi-même, je ne manque pas de tempérament : en fait, j'en ai deux fois autant que Hitler. Quand Hitler me criait après, je gueulais deux fois plus fort. Je ne suis pas psychiatre et je ne pouvais pas comprendre que Hitler était en fait quelqu'un d'anormal. Si vous le mettiez au pied du mur, il se calmait ou même se taisait. Vous lui parliez deux heures et vous croyiez avoir enfin réussi à la convaincre de quelque chose : il reprenait alors là où vous aviez commencé comme si vous n'aviez pas dit un mot après.

« C'est intéressant, mais c'était tragique. Si vous recevez un ordre militaire, vous devez obéir. C'est là toute la différence entre un ordre militaire et un ordre politique. On peut saboter un ordre politique, mais désobéir à un commandement militaire relève de la trahison. »

J'ai demandé à Kleist qui était coupable des ennuis créés par les nazis. « Je ne peux rien affirmer, parce que tout ce que je dis n'est qu'hypothèse. Par exemple, de juin 1942 jusqu'à la fin de 1944, j'ai été sur le front tous les jours. Il m'est arrivé à maintes occasions d'aller voir Hitler pour une heure, peut-être, mais je ne suis jamais resté assez longtemps pour me faire une idée générale de ce qui se passait. Aujourd'hui, si je devais porter un jugement, je dirais que les coupables ont pour nom Hitler, Heydrich, Himmler et, d'après ce que j'ai entendu ici, Bormann. Hitler s'est toujours méfié, dès le début, des généraux, et cette suspicion n'a fait que croître avec le temps. »

Kleist avait-il eu le sentiment que des chefs politiques comme Göring, Goebbels, Ribbentrop et d'autres étaient aussi coupables ? « À mon sens, Ribbentrop n'avait rien à dire et avait très peu d'influence. Pour ce qui est de Göring, il se trouve maintenant sur le banc des accusés et il m'est difficile de dire quoi que ce soit contre un homme qui risque sa vie. Deuxièmement, Göring était totalement sous l'emprise suggestive et hypnotique de Hitler, si bien que lui non plus n'avait guère d'influence. Goebbels était le plus malin de la bande, mais malheureusement sa mauvaise influence ne m'est apparue qu'après la fin de la guerre. »

J'ai demandé à Kleist son opinion sur la persécution des Églises, l'extermination des Juifs, la tuerie des partisans et les autres atrocités commises par les nazis. « C'est à la persécution des Églises que je suis le plus sensible. En fait, quand je suis parti pour la première fois, le 5 février 1938, c'était notamment parce que je me battais pour les Églises et que j'étais opposé à l'attitude national-socialiste envers elles. En ce qui concerne les Juifs, je peux seulement dire que quelques-uns de mes meilleurs amis étaient juifs. Je crois que cela résume bien mes sentiments sur la question. J'ai grandi dans une petite ville du nord de la Frise, où nous partagions une petite maison avec une autre famille. Un genre de duplex. Nous avions pour voisins une famille juive, tout ce qu'il y a de plus respectable et honorable. Le père était un vieil enseignant juif, un rabbin ou un prédicateur. Il avait deux enfants qui étaient à peu près du même âge que ma sœur et moi. Toute mon enfance, j'ai joué avec ces enfants et nous étions comme membres de la même famille. Au moment de la Pâque juive, nous rendions visite à nos voisins juifs et partagions *matsah* et sucre.

« Notre autre voisin était un marchand de bestiaux juif. Je montais ses chevaux à travers les prairies. C'est comme ça que j'ai appris à monter à cheval. Je n'en finirais pas de vous donner des exemples d'amis et de voisins juifs.

« Les voisins de ma belle-famille, à Hanovre, étaient des banquiers juifs du nom de Meyer. Il y avait des contacts permanents entre ma belle-famille et les Meyer. Jusqu'en 1928, j'ai toujours eu des relations de bon voisinage, chaleureuses et intimes, avec les Meyer. Après 1928, j'ai quitté Hanovre et c'est tout naturellement qu'on s'est perdu de vue.

« Ce que je vous ai dit caractérise mon attitude envers les Églises et les Juifs. Il existe de mauvais chrétiens et de mauvais juifs. Quand on m'a conduit dans cette prison, j'ai dit à Rundstedt que Nuremberg me procurait la seconde grande humiliation de ma vie. La première fois, c'était quand les lois de Nuremberg avaient été proclamées, et que j'avais été contraint de les entendre [1]. »

Avez-vous jamais pris publiquement position contre les lois de Nuremberg ? « L'occasion ne s'est pas présentée. J'ai été invité à Nuremberg à ce moment-là à cause d'un spectacle militaire. Les militaires invités, dont moi, reçurent l'ordre d'assister à une session du Reichstag dans un théâtre de Nuremberg lors d'une fête du parti. C'est là, bouche bée, que j'ai entendu proclamer les lois de Nuremberg. Je ne pouvais rien dire contre ces lois parce que je faisais simplement partie de l'auditoire.

« En Silésie, quand quelqu'un me demandait de l'aide, surtout des Juifs, j'ai toujours fait tout mon possible. À Breslau, un avocat qui représentait les Juifs de la ville est souvent venu me demander de l'aide. »

Kleist était-il au courant du meurtre des Juifs en masse qui s'était déroulé de 1941 jusqu'à la fin de la guerre ? « Non. J'ai déclaré sous serment que je n'en savais rien. Dans le courant de l'hiver 1941-1942, j'ai eu vent de rumeurs sur le front : on disait que les Juifs étaient déportés pour les réunir quelque part. Puis j'ai entendu parler d'un pogrome à Lemberg, à huit cents kilomètres derrière mon front. On m'a dit à cette époque que la responsabilité en incombait à des Polonais ou à des Russes. Puis j'ai entendu dire que l'on fusillait les Juifs en masse en Bessarabie, à mille kilomètres de distance. Je n'ai jamais été là-bas. On nous a dit que c'étaient les Roumains qui faisaient ça, et je l'ai cru jusqu'à ce que j'aille là-bas.

1. Proclamées en septembre 1935, lors du rassemblement du parti nazi, ces lois de sinistre mémoire créaient au fond un système d'apartheid pour tous les Juifs d'Allemagne et marquèrent une étape importante dans leur persécution. Cf. Robert Gellately, *Gestapo and German Society*.

« En 1944, il y a eu le massacre des Juifs à Kichinev, et une fois encore on m'a dit que c'étaient les Roumains. J'ai observé qu'une partie de la ville de Kichinev était détruite. J'ai demandé aux Roumains ce qui s'était passé, et ils m'ont dit que cette section détruite de la ville était constituée de maisons juives que les Juifs eux-mêmes avaient incendiées. Je dois avouer que je n'y ai pas cru tant c'était ridicule. Je n'ai jamais eu de données dignes de foi concernant la responsabilité des Allemands dans ces atrocités.

« En janvier 1943, quand j'ai repris le groupe d'armée, j'ai entendu dire que des Juifs devaient être massacrés sur mon territoire. J'ai aussitôt appelé le chef suprême des SS et de la police, un dénommé Gerret Korsemann, qui soit dit en passant ne relevait pas de mon commandement [1]. Je lui ai dit ce que j'avais entendu. Je lui ai fait savoir que je ne tolérerais aucune action contre les Juifs. Il m'a certifié n'avoir pris aucune mesure contre les Juifs, et n'avoir reçu aucun ordre en ce sens. »

Était-ce le cas ? « À cette époque, je n'ai rien su de plus. Aujourd'hui, dans les documents russes, il est dit que des Juifs ont été assassinés dans une zone qui aurait été sous la responsabilité de Korsemann et sur mon territoire. Mais ces documents ne sont pas datés. Je ne pense pas, depuis cette époque, qu'on ait massacré d'autres Juifs dans ma zone. »

Quand il avait eu vent de ces rumeurs, Kleist en avait-il été bouleversé ? « Comment l'aurais-je été ? Je viens juste d'apprendre ces choses. Pour moi, à cette époque, ce n'étaient que des rumeurs. Bien entendu, quand ces rumeurs me sont parvenues, j'ai été révolté, mais quand on m'a assuré que ce n'étaient que des rumeurs, ou que les auteurs de ces choses bestiales n'étaient pas des Allemands, j'ai été apaisé. »

Avait-il jamais entendu parler d'Auschwitz ? « Non, je n'en ai entendu parler qu'après la guerre. De tous les camps de concentration, je ne connaissais que Dachau et Oranienburg. Peut-être cela donne-t-il l'impression que je veux cacher quelque chose, mais je peux le répéter sous serment. Il y avait des amis et des parents à moi dans les camps de concentration. » Pourquoi ? « Pour des raisons politiques. Je ne sais pas exactement. Certains d'entre eux avaient sans doute tenu des propos critiques sur le régime et avaient été condamnés à six semaines d'internement. Deux de mes cousins furent exécutés plus tard pour complicité dans l'attentat du 20 juillet

1. Sur les chefs suprêmes des SS et de la police comme Gerret Korsemann (1895-1958), cf. Ruth Bettina Birn, *Die Höheren SS- und Polizeiführer. Himmlers Vertreter im Reich und in den besetzen Gebieten*, Düsseldorf, 1986.

1944. » Nous avons parlé de beaucoup d'autres choses, notamment de sa vision personnelle du monde. « Je suis chrétien. Je crois être un homme droit et digne, et je pense n'avoir jamais de ma vie commis la moindre injustice envers quiconque. J'ai le sentiment qu'on doit penser le meilleur de tout homme tant que la preuve du contraire n'a pas été faite. »

Que pensait Kleist du principe du chef ? « Je vous en ai parlé l'autre jour. Par éducation et par tradition, je suis partisan de la monarchie constitutionnelle. Je veux dire que je préférerais une monarchie telle qu'elle existe en Angleterre. Ma principale raison est que, dans le cas où le chef meurt, il n'y a pas de trouble, et c'est le fils aîné ou un autre parent qui monte sur le trône.

« Je suis donc favorable au principe de direction en vertu duquel le dirigeant est élu par le peuple – mais pas à une dictature. Hitler avait les faveurs du peuple, jusqu'au dernier, mais il avait détruit le peuple et nous tous, et il avait éliminé toute forme de liberté d'expression comme dans la presse, la radio et la vie en général. En fait, les travailleurs sont les seuls à avoir cru en Hitler. Les bourgeois ont toujours suscité la haine de Hitler et de la presse nazie et la méfiance des ouvriers. Le 20 juillet 1944, j'étais chez moi. J'ai vu comment les ouvriers se rassemblaient pour défendre Hitler et comment ils jetaient la suspicion sur tous les bourgeois, y compris les gens comme moi.

« Le programme social du NSDAP avait ses points positifs et répondait à des intentions honnêtes. Le 1er décembre 1943, Hitler a dit que, la guerre terminée, les travailleurs allemands auraient pour la première fois une position plus élevée dans l'État. Je me souviens des mots de Hitler : "Le travailleur allemand ne s'est pas trompé en s'en remettant à moi." À mes yeux, il est clair que ma classe – la classe moyenne – aurait disparu, que Hitler gagne ou perde la guerre.

« Aujourd'hui, en Allemagne, les puissances d'occupation recourent à la planification économique. Il en va de même dans tous les pays, à l'exception des États-Unis, et tôt ou tard votre pays y viendra. Par exemple, il y a les questions du blé, de l'or et de l'argent. Si les États-Unis veulent vendre deux cents livres de blé pour cinq marks et que la Russie vend à trois marks la même quantité, vous voyez aisément que l'économie de marché n'est pas viable. Quelques exemples de ce genre et c'est tout le marché boursier qui s'effondrerait. »

Erich von Manstein
1887-1973

Feld-maréchal, Erich von Manstein fut un soldat de métier doublé d'un habile stratège. Un différend avec Hitler concernant la stratégie de la guerre sur le front est et son commandement lui valurent d'être limogé en mars 1944. En 1949, un tribunal militaire britannique le condamna à dix-huit ans de prison ; sa peine fut ensuite ramenée à douze ans et il fut remis en liberté en mai 1953. Il publia ses mémoires, Victoires perdues *(1953) et devint conseiller officiel de la République fédérale d'Allemagne au moment de la reconstruction de l'armée. Il mourut le 11 juin 1973 à Irschenhausen (Haute-Bavière).*

14 juin 1946

Cet homme de cinquante-huit ans, Erich von Manstein, a déjà été interrogé à plusieurs reprises par le passé. Il est né le 24 novembre 1887 à Berlin. Il a déclaré n'avoir pas grandi là-bas parce que son père était officier et que sa famille avait déménagé dans diverses régions d'Allemagne. Il a été élevé dans diverses villes de garnison, où son père était affecté.

C'est un homme grand, de plus d'un mètre quatre-vingts, bien bâti et bien nourri. Il a un cache noir sur l'œil droit, qui a été opéré d'une cataracte il y a plusieurs années. Il a été le principal organisateur de la défense de l'état-major général et l'inspirateur des autres feld-maréchaux et généraux emprisonnés à Nuremberg. C'est lui qui a délégué leurs divers rôles à ces officiers pour préparer la défense de l'état-major général.

Son passé est sans histoires. Enfant, il avait souvent des maux de gorge et des amygdalites. On lui a enlevé les amygdales pour la première fois il y a trois ans, alors qu'on les lui avait « coupées » auparavant. Enfant, il a eu la rougeole et une scarlatine carabinée, mais sans séquelles.

À quarante-cinq ans, voici quelque treize ans, sa vision des deux yeux a commencé à se brouiller. L'œil droit était pire que le gauche, et en 1944 un ophtalmologue de Breslau lui a enlevé le cristallin de l'œil droit. Il ne peut plus lire de l'œil droit, sauf avec d'épaisses lunettes. L'œil gauche voit mieux que le droit, mais également flou. Son ophtalmologue lui a conseillé de ne pas se faire opérer l'œil gauche, sans quoi il devrait porter des lunettes en permanence.

Il y a une douzaine d'années, il a commencé à souffrir de névralgie dans le cou. Ces crises n'ont fait qu'empirer et devenir plus fréquentes au fil des années, surtout par mauvais temps ou après un mal de gorge. D'une manière générale, a-t-il dit, et même aujourd'hui, il s'estime bien portant.

Il a commencé à aller à l'école à six ans à Strasbourg, en Alsace. Son père y était alors en garnison. Il a fréquenté le lycée de 1896 à 1900, date à laquelle il a rejoint le corps des cadets à Lübeck. Il a finalement été transféré à Lichterfelde, près de Berlin, d'où il est sorti diplômé en 1906, à dix-neuf ans. Il est entré dans l'armée comme cadet.

En 1907, il est devenu lieutenant du 3e régiment de la garde. En 1914, il était sur le front avec la même unité quand il a été grièvement blessé à l'épaule et au genou gauches. Le nerf sciatique du genou gauche a été pincé mais, hormis une légère faiblesse de la jambe gauche, il s'est bien rétabli. L'épaule gauche n'a pas été atteinte de manière définitive. Ses blessures lui ont valu six mois d'hôpital. En 1915, il a été transféré à un corps d'armée. En 1916, il est entré à l'état-major général comme capitaine en campagne, et a servi en Pologne, en Serbie et en France. Il est devenu le premier officier de l'état-major général de la garde affectée à la frontière polonaise. Il a servi dans l'armée des 100 000. En 1928, il est devenu commandant au ministère de la Guerre à Berlin, où il est resté jusqu'en 1932.

À l'automne 1932, il était en poste en Poméranie. En 1934, il est retourné à Berlin en tant que chef d'état-major du District militaire III (3e division). Le commandant de cette unité était le feld-maréchal Erwin von Witzleben, qui fut plus tard impliqué dans l'attentat du 20 juillet 1944. « Witzleben était un ami à moi : un parfait gentleman. Il avait le jugement sûr, non pas sur les masses mais sur les officiers. C'était un homme très courtois et bon, intelligent, mais pas ambitieux et pas particulièrement diligent. Il ne faut pas aller jusqu'à le traiter de paresseux, mais il n'était pas particulièrement acharné au travail. Pour ce qui est de ses capacités et de son caractère, c'était un militaire compétent. »

J'ai demandé à Manstein s'il avait été surpris de la complicité de Witzleben dans l'affaire du 20 juillet 1944. « Je n'ai pas approuvé l'attentat parce que, quand on est en guerre, on ne prend pas la responsabilité d'une révolution à l'intérieur. En juillet 1944, cependant, Witzleben n'avait pas de commandement. Il était malade et s'était retiré. Il avait près de soixante ans. Il avait été commandant en chef à l'Ouest durant la campagne de France et avait bien servi. Il a dû quitter l'armée en 1942 ou 1943 pour raisons de santé. »

Manstein a été ensuite chef de la section opérationnelle de l'état-major général en 1935. Werner von Fritsch était commandant en chef et le général Ludwig Beck commandant de l'état-major général lui-même. « Le plus intelligent des deux était Beck ; la plus forte personnalité, Fritsch. Ces deux hommes étaient nos deux meilleurs officiers. Ils étaient les meilleurs de mes supérieurs. Je ne peux dire comment ils se seraient comportés dans une guerre, mais en temps de paix ils étaient certainement les meilleurs. »

Manstein a raconté comment Beck s'était retiré en 1938 parce qu'il n'était pas favorable à l'attaque contre la Tchécoslovaquie. Fritsch fut écarté de son poste en février 1938, lui aussi en raison de différends idéologiques avec Hitler, et il participa de son propre chef à la guerre contre la Pologne. Manstein n'avait aucun commentaire à faire sur la mort de Fritsch en Pologne : accident, suicide ou autre ?

« Fritsch, Beck et moi-même avons dû quitter nos postes au haut-commandement en février 1938. »

En 1932, Manstein est devenu colonel. Il a été ensuite promu au grade de général de division et, le 1er avril 1938, à celui de général de corps d'armée. Quand la guerre a commencé, en 1939, il commandait une division en Silésie. À l'époque, Manstein était le chef de l'état-major général de Rundstedt, qui commandait le Groupe d'armée Sud en Pologne. Une fois la guerre en Pologne terminée, le haut-commandement de ce groupe a été affecté à l'Ouest, et Rundstedt a commandé les forces aux frontières de la Belgique et du Luxembourg. Manstein est resté le chef d'état-major de Rundstedt jusqu'en février 1940.

En 1940, Manstein commandait un corps d'armée. En juin, il a été promu général d'infanterie. Il a servi en France jusqu'en mars 1941, après quoi il a commandé un corps de panzers qui venait d'être formé en Allemagne. Bien que Manstein ne fût pas une autorité en matière de guerre de panzers, il estime en être devenu une au cours de la campagne de Russie.

Au début de la guerre contre la Russie, il se trouvait sur le front nord, chargé du corps de panzers susmentionné. Ce sont les siens qui lancèrent l'attaque en Prusse-Orientale. Il a conservé ce poste jusqu'en septembre 1941, date à laquelle il a pris le commandement de la 11ᵉ armée en Ukraine, remplaçant son ancien commandant en chef, Schobert, tombé au combat. Manstein a gardé ce poste jusqu'en novembre 1942, date à laquelle son état-major a été automatiquement affecté à celui du Groupe d'armée Don. « J'avais le commandement du Groupe d'armée Don. En février 1942, j'ai été de nouveau promu, au grade de colonel-général, après que j'eus conquis la Crimée. Le 1er juillet 1942, je suis devenu feld-maréchal après avoir dirigé les forces qui ont pris Sébastopol. Ce fut une bataille très difficile en raison de la formidable résistance opposée par les Russes et du terrain rocailleux de la forteresse naturelle qu'était Sébastopol. »

En novembre, le Groupe d'armée Don subit des changements et devint le Groupe d'armée Sud. Ce remaniement intervint après que la 6ᵉ armée de Friedrich Paulus avait été encerclée dans la bataille de Stalingrad. « J'étais l'officier le plus haut placé dans le commandement en Russie. Ma nouvelle armée, connue sous le nom de Groupe d'armée Sud, se composait de la 6ᵉ armée de Paulus, qui était déjà en partie encerclée, de deux armées roumaines et d'une petite armée de panzers. Paulus était mon subordonné, mais j'avais peu de contact avec lui, sinon aucun. En réalité, Paulus recevait ses ordres de Hitler, qui lui conseilla de ne pas se retirer. »

J'ai demandé à Manstein si, à cette époque, il était possible à l'armée de Paulus de se retirer. Réponse : « Dans les premiers jours, ça l'était. Après l'encerclement, cependant, il y avait trop de risques, surtout en hiver, pour tenter une retraite. » Manstein croyait-il que l'ordre donné par Hitler à Paulus de se battre jusqu'au dernier était un ordre téméraire, insensé ? Son visage s'est durci, il m'a fixé de son œil découvert, mais a répondu d'une voix ferme et monocorde : « Non. Si l'armée de Paulus avait capitulé avant la fin, les Russes auraient eu l'avantage de retirer des forces qui étaient mobilisées contre Paulus et contre le front sud, où je n'avais que deux armées roumaines. La résistance de la 6e armée allemande, même jusqu'à la mort du dernier homme, était donc nécessaire. »

Manstein voulait-il dire qu'elle était nécessaire malgré la quantité de vies qu'elle aurait coûté, ainsi que Paulus l'avait expliqué devant ce tribunal quelques mois auparavant ? Il a répondu du même ton froid et monocorde : « Oui. Des vies auraient été perdues de toute façon. Et la percée des Russes à cette époque aurait signifié la perte de la guerre et la défaite complète de l'Allemagne.

« J'ai essayé, à cette époque, de soulager la 6e armée, dont j'étais le commandant suprême, au-dessus de Paulus, par des contre-attaques, mais ce n'était pas possible. J'ai fini par donner l'ordre à la 6e armée de sortir, mais Paulus m'a alors répondu qu'il était trop tard et que ce n'était pas possible. Hitler ne voulait entendre parler d'une sortie de la 6e armée à aucun moment : elle devait se battre jusqu'au dernier homme. Si la 6e armée essayait une sortie, a dit – je crois – Hitler, ce serait sa mort. »

Étiez-vous d'accord ? « Eh bien, une partie, peut-être, des hommes de la 6e armée aurait pu s'échapper, mais, bien entendu, sans armes ; donc, je voulais le faire afin de sauver quelques vies. Mais il pouvait aussi arriver que tous meurent de froid, même s'ils s'étaient tirés du piège. »

À votre avis, quel genre d'homme était Paulus ? « Un homme très intelligent, mais manquant peut-être de caractère. » Avez-vous toujours pensé cela de lui ? « Oui. Quand il a vu le danger venir, il eût été de son devoir de prendre sur ses épaules la responsabilité d'essayer de percer vers l'arrière. » Paulus a-t-il préféré renoncer ? « Non. Il est allé voir Hitler et lui a demandé s'il pouvait lui permettre d'essayer de percer vers l'arrière, et Hitler a dit qu'il devait rester à Stalingrad et y être anéanti. Ce que je reproche à Paulus, c'est qu'il n'aurait jamais dû demander à Hitler. Il aurait dû agir de son propre chef. C'est pour cela que je dis que Paulus manquait de caractère, parce que prendre une décision comme celle-là au cours d'une guerre requiert une forte personnalité. »

J'ai trouvé que Manstein était plus ou moins en train de se contredire. N'avait-il pas déclaré il y a un instant que Paulus devait rester jusqu'au bout et se battre ? Il semblait dire maintenant que Paulus aurait dû tenter une percée vers l'arrière sans poser de questions à ses supérieurs. Que voulait-il dire au juste ? « Ce que je voulais dire, c'est que Paulus aurait dû tenter une percée vers l'arrière avant d'être encerclé. Je veux dire que, une fois qu'il s'est retrouvé encerclé, il ne devait pas capituler, mais se battre jusqu'au bout. En ce sens, j'étais d'accord avec Hitler. »

Paulus a-t-il fini par capituler ? « Non. Son armée a eu le dessous dans la bataille. Près de quatre-vingt-dix mille hommes ont été capturés et, suivant nos estimations, vingt mille ou vingt-cinq mille d'entre eux seulement sont restés en vie. » Paulus a déclaré à la cour que, du fait de l'ordre de Hitler, près de cent mille hommes étaient morts à cause du gel et de la bataille, parce qu'ils se sont battus jusqu'au dernier. « À mon avis, l'armée de Paulus comptait au total près de deux cent mille hommes. J'imagine que cent mille sont probablement morts des suites de blessures ou du gel [1]. »

À l'époque, avez-vous été abattu par ces terribles pertes ? « Bien sûr. Pour ma part, en tant que chef assumant la responsabilité de cent mille hommes, le poids spirituel était très lourd. Mais j'en veux dans une certaine mesure à Paulus de n'avoir pas pris sur lui la responsabilité de percer vers l'arrière avant d'être encerclé, malgré les désirs de Hitler. D'un autre côté, je suis d'accord avec Hitler : du moment que Paulus était encerclé, il devait tenir et se battre comme il l'a fait, malgré les pertes en vies humaines, parce que, s'il capitulait, c'était la défaite de l'Allemagne. »

Manstein a dit avoir été rappelé en mars 1944 et s'être retiré chez lui en Silésie. Je lui ai demandé quelle en avait été la raison. Il a fait cette réponse énigmatique : « Officiellement, je ne sais pas. J'imagine que c'était du fait de la controverse concernant qui aurait le commandement, entre moi-même et Hitler. Je n'ai cessé de me quereller avec Hitler à ce sujet, depuis le jour où j'ai pris le commandement du Groupe d'armée jusqu'à la fin. Le chef de l'état-major général, le général Kurt Zeitzler, m'a dit que les ordres, à cette date, étaient essentiellement dictés par Himmler et Göring. »

Pour ma part, ai-je observé, j'avais cru comprendre que Hitler lui-même avait donné la plupart des ordres relatifs à la stratégie de l'armée à ce moment-là. Réponse de Manstein : « Oui, mais j'ai eu de nombreuses divergences avec Hitler sur le plan militaire, et mon impression était qu'il se laissait sans nul doute influencer par Göring et Himmler contre moi. »

Quel était le sentiment général de Manstein à propos de Hitler ? « C'était une personnalité extraordinaire. Un homme redoutablement intelligent et doué d'une exceptionnelle force de volonté. » Une force vouée au bien ou au mal ? « C'est difficile à dire. Il a tou-

1. Une estimation récente des pertes totales des armées de l'Axe à Stalingrad, y compris de la tentative de sauvetage manquée de Manstein, avance le chiffre de « plus d'un demi-million » de vies. Sur cet épisode effroyable, voir Anthony Beevor, *Stalingrad : The Fateful Siege, 1942-1943*, New York, 1999 ; *Stalingrad*, trad. fr. J. Bourdier, Paris, De Fallois, 1999 ; rééd. Le Livre de Poche, 2001.

jours imposé sa volonté. J'imagine qu'à l'époque on peut dire que sa force de volonté servait des fins à la fois mauvaises et bonnes. »

À présent, que pensait Manstein de Hitler ? « Visiblement, avec le temps, Hitler a perdu tout scrupule moral. Quoi qu'il en soit, c'est un constat que j'ai fait après coup, mais pas sur le moment. » Quand s'est-il dit pour la première fois que Hitler n'avait aucun scrupule ? « Une fois la guerre terminée. Après que j'ai entendu parler de ce qui s'était passé. La première manifestation de l'absence de toute morale chez Hitler a été sa conduite après le 20 juillet 1944, avec les procès et les pendaisons qui ont suivi, etc. Puis quand j'ai su pour l'anéantissement des Juifs. »

Ces exterminations des Juifs ont commencé plus tôt. Manstein voulait-il dire qu'il n'avait eu aucun soupçon de ces événements auparavant ? « Je sais que ça a commencé beaucoup plus tôt, probablement en 1940 ou 1941, mais je n'en ai rien su. J'étais soldat, j'étais occupé à gagner une guerre. » N'était-il pas au courant des grandes actions contre les Juifs de novembre 1938 ? Il a répondu, sans grande émotion : « Oui, naturellement. Nous jugions tous cela regrettable, mais nous y voyions un aspect d'un mouvement révolutionnaire. »

Manstein ne savait-il donc rien des nombreux camps de concentration qui existaient en Allemagne ? « En temps de paix, j'ai entendu parler d'Oranienburg et de Dachau. Je me souviens d'un jeune officier d'état-major qui avait visité Oranienburg et qui m'a raconté par la suite que deux ou trois mille internés s'y trouvaient, mais que la plupart étaient des criminels endurcis, avec une poignée de prisonniers politiques. Cet officier à moi m'a aussi dit que les internés étaient traités correctement. C'était en 1939, ou peut-être avant. Au cours de la guerre, cependant, j'étais tout le temps sur le front, et je n'ai plus jamais entendu parler de camps de concentration, d'atrocités et d'autres choses qui ne me concernaient pas. »

J'ai objecté qu'il avait dû entendre parler des *Einsatzkommandos* (commandos d'action) et des *Einsatzgruppen* (groupes d'action) en Crimée. Manstein a paru légèrement mal à l'aise, mais il est resté froid et indifférent. « L'*Einsatzgruppe* d'Ohlendorf se trouvait dans mon district. C'est ici que je l'ai appris. En tant que feld-maréchal chargé de toutes les activités de ce district, j'ai naturellement entendu dire que des commandos de ce genre opéraient dans la région. Mais on nous disait que ces formations SS avaient des fonctions de police exclusivement. Ce qu'ils faisaient, je ne l'ai jamais su. Ils étaient également actifs sur les territoires d'autres groupes d'armée. »

Donc, si je comprenais bien, il devait être au courant. Réponse : « Eh bien, il se peut qu'à l'occasion quelqu'un m'ait dit qu'il se passait de sales choses, vers le mois de septembre, quand je suis arrivé, mais j'étais envoyé en tant que commandant militaire et j'ai passé le plus clair de mon temps sur le front. Personnellement, je n'ai jamais rien vu, ni entendu parler de source sûre de l'exécution de Juifs en masse par ces *Einsatzkommandos*. Ces installations [*sic*] n'étaient pas placées sous mon commandement et, en réalité, je ne pouvais rien faire à leur sujet. »

Erhard Milch
1892-1972

Feld-maréchal et chef des armements de l'armée de l'air, Erhard Milch fut jugé en 1947 par le tribunal militaire de Nuremberg et condamné à perpétuité. En 1951, sa peine fut commuée en quinze ans d'emprisonnement.

Plus tard, il fut amnistié et libéré de prison le 4 juin 1954. Il mourut à Wuppertal le 25 janvier 1972.

22 janvier 1946

Longue conversation avec Erhard Milch, feld-maréchal de l'armée de l'air, second de Göring dans la construction de cette machine. C'est un petit homme, malin, napoléonien, qui est très affable, mais diablement pernicieux avec son affabilité. Il y aura naturellement une guerre entre les Russes et les États-Unis. L'Angleterre n'est plus une grande puissance. Les atrocités alliées ne le cèdent en rien à celles des Allemands. Quand il a été capturé, il s'est fait lui-même tabasser par un général anglais. Il était inconcevable, a-t-il dit, qu'un feld-maréchal puisse être passé à tabac. Pourquoi l'avait-on battu ? ai-je voulu savoir. Parce que les Anglais venaient de s'emparer d'un camp de concentration allemand : on l'a obligé à le traverser et à voir les horreurs. On l'a ensuite accusé d'avoir dit : « Les Russes ne sont pas des êtres humains. » Il nie avoir jamais dit quoi que ce soit. Il ne savait rien de tout cela. Il avait entendu parler des camps de concentration, mais ne s'y était jamais intéressé, n'en avait encore jamais vu.

Il n'a jamais lu de comptes rendus des atrocités dans la presse étrangère, pas plus qu'il n'a écouté d'émissions étrangères. C'était contraire à la loi allemande, puisqu'il était interdit d'écouter des stations de radio étrangères. En tant que feld-maréchal, il devait donner l'exemple à ses hommes, c'est pourquoi il n'a jamais enfreint cette loi.

Le mauvais traitement des Juifs ? Il n'en a rien su avant la fin de la guerre. C'était le « non-sens » au sommet, à savoir Hitler et Himmler, et quelques autres qui fort opportunément sont morts aujourd'hui, qui ont dû donner les ordres. Göring, qui était après tout le numéro deux après Hitler, n'était-il pas au courant de ces choses-là ? Milch n'en savait rien, sinon qu'il parlait rarement à Göring, car ils ne s'entendaient pas très bien. Mais Göring est le genre d'homme qui « vit et laisse vivre », qui n'a pas de préjugés raciaux et juge les hommes suivant ses propres méthodes.

Lui-même et l'état-major général allemand n'avaient rien à voir avec ça. En outre, les crimes de guerre alliés ne sont-ils pas tout aussi affreux ? Son cas à lui, par exemple : tabasser un feld-maréchal ! C'est contre la convention de Genève. Et il vient de lire dans le journal que Robert Patterson, notre secrétaire-adjoint à la guerre, était venu en Europe et avait déclaré que tous les prisonniers de guerre allemands étaient traités conformément à la convention de Genève. Pas un seul cas où ce soit vrai, pas un seul ! Milch s'est emporté à ce sujet. Il avait entendu dire que des soldats allemands, des sous-officiers et des officiers, étaient envoyés en Belgique et en France et vendus aux enchères comme main-d'œuvre servile à trois, quatre ou cinq marks pièce. C'était incontestable ; il le tenait d'un officier américain. Et dans le camp de rééducation pour nazis de Garmisch-Partenkirchen, camp dirigé par l'armée américaine, c'est en les battant et en les affamant qu'on rééduquait les nazis. Il le sait parce qu'il a demandé à un officier américain si c'était vrai, et l'Américain a répondu que oui, et que lui-même en avait honte.

Milch a le sentiment de n'avoir rien fait de mal. Bien au contraire, il se considère comme un pionnier de l'aviation et un bienfaiteur de l'humanité. Il a cinquante-quatre ans, deux enfants encore en vie, et deux petits-enfants que lui a donnés sa fille mariée. Le mari de cette fille était un officier de l'armée de l'air, qui est actuellement prisonnier de guerre au Canada. Milch fait quarante ans, paraît robuste et vigoureux. Il est pilote depuis trente et un ans, assure-t-il. Il était le chef de la Lufthansa mais aussi de l'armée de l'air. Il espère, une fois ces procès terminés, devenir le représentant allemand de Pan American Airways, parce qu'il a un vieux copain à lui dans cette compagnie.

Milch n'était-il pas nazi ? Bien sûr que si, et après ? Il fallait être nazi. La persécution des nazis allait devoir prendre fin parce que c'est la même chose que de persécuter des républicains, des démocrates, des socialistes ou des catholiques. Il avait entendu parler de la persécution des Juifs, mais ce n'était pas son travail, a-t-il dit.

28 février 1946

Aujourd'hui, Milch travaillait sur des notes quand je suis entré dans sa cellule. Il a souri d'un air affable et m'a invité à m'asseoir à sa table. Je me suis assis sur le lit et lui ai dit de garder son siège.

Je lui ai fait remarquer que j'avais entendu dire par d'autres personnes, ici en prison, que sans lui, Milch, jamais l'armée de l'air allemande n'aurait connu un tel essor. Milch a fait une réponse évasive : « Je ne sais pas. Je ne dirais pas cela. Pas exactement. » Il a alors entrepris d'expliquer comment, grâce à ses années d'expérience, il savait tout des transports aériens, pour l'essentiel, car il avait été directeur de l'aviation civile des années avant la guerre.

Au cours de la Première Guerre mondiale, il était capitaine dans l'armée de l'air, bien qu'à l'origine il ait été commandant dans l'artillerie. À compter de 1920, quand il s'était retiré de l'armée de l'air, il s'était occupé d'aéronautique civile et de vols commerciaux. En 1933, au début du régime hitlérien, il était devenu inspecteur général de l'armée de l'air. Je l'ai interrogé sur ses relations avec Göring. « Je n'avais pas grand-chose à faire avec lui. Il était plus en contact avec Hitler que je ne l'étais. Je suis au fond un homme d'affaires. J'étais en désaccord avec de nombreuses idées de Göring. Mais, fondamentalement, Göring était le dirigeant, et si l'on doit attribuer la construction des forces aériennes à un seul individu, c'est à Göring, pas à moi. »

Je lui ai demandé sur quoi il travaillait. « Probablement vais-je témoigner au début du procès Göring. Je ne sais pas sur quoi, mais sur toutes les questions qu'on voudra bien me poser. »

Il a dit que le fond de son témoignage était de faire voler en éclats l'accusation suivant laquelle lui-même ou Göring avait préparé une guerre d'agression en construisant une puissante armée de l'air.

« Cela ne s'accorde pas avec les faits. Après que l'Allemagne eut quitté la convention sur le désarmement, en 1933, nous avons décidé de réarmer pour être sur un pied d'égalité avec les États voisins. Pour ce qui concernait les forces aériennes, ma responsabilité était de construire, à partir de rien, une défense aérienne. Nos activités étaient connues des Anglais, des Français, des Belges et des Suédois, parce qu'ils venaient en Allemagne tandis que je suis personnellement allé voir leurs industries aériennes. Il n'y avait pas de secrets. »

J'ai répondu qu'à mon avis il y avait beaucoup de secrets en Allemagne du temps de Hitler, puisque apparemment personne ne savait ce que l'autre faisait ou avait fait. Par exemple, ai-je dit, en dehors de Himmler et d'Ohlendorf, personne ne paraissait être au courant des massacres des Juifs. Milch a pris un air grave mais composé. « C'est vrai. Et cela vaut pour moi aussi. La ligne politique de Hitler était que personne ne devait se mêler des affaires des autres ; chacun devait se cantonner à son propre domaine d'activité. »

J'ai demandé à Milch quel serait l'axe principal de sa déposition, s'il ne voyait pas d'objection à m'en parler. « Pas du tout. La principale chose que je dirai, c'est que je ne prévoyais ni ne désirais la guerre. Pour ce qui est de Göring, je ne peux que donner mes impressions. C'est vrai pour la guerre polonaise aussi bien que pour la guerre russe. Une chose que je dirai, c'est que j'ai essayé de dissuader Hitler d'une guerre sur deux fronts. Je crois que Göring aussi. Mais j'ai échoué. »

Il parcourait ses notes, essayant visiblement de repérer quelque chose. Je lui ai demandé ce qu'il cherchait. « Il y a autre chose que j'aimerais expliquer devant le tribunal, c'est ma signature sur une lettre aux SS concernant les expérimentations médicales. L'accusation possède une lettre du général SS Wolff qui m'est adressée et qui concerne les expérimentations médicales menées pour l'armée de l'air. Il existe des preuves que ces expérimentations étaient criminelles. J'entends faire valoir que je ne savais rien de ces choses et que je me suis contenté de signer une note courtoise adressée à Wolff, le bras droit de Himmler, où j'exprimais mon approbation parce que l'inspecteur médical m'avait assuré qu'il n'y avait rien à redire à ces expérimentations. C'est moi qui conseillais Göring à ce sujet, mais il n'en savait pas plus que moi. Göring n'aimait pas plus Himmler que moi, mais nous devions nous montrer courtois. Aujourd'hui encore, j'ignore quelles suites ont eu ces expérimentations, mais j'ai entendu dire que des choses criminelles avaient été perpétrées. »

Tout en parlant de cette dernière affaire, Milch a paru personnellement préoccupé. Il a refusé de commenter les expérimentations ou tout ce qui avait un rapport avec elles, si ce n'est pour dire que ni lui ni Göring n'en avaient rien su, en dehors de la lettre reçue de l'adjoint de Himmler, Wolff, à ce propos. Il savait qu'elles devaient être pratiquées sur des « criminels », a-t-il ajouté, mais son propre inspecteur médical l'avait assuré que tout était « en ordre ».

Nous avons changé de sujet. J'ai voulu savoir si, de par sa fonction officielle de feld-maréchal de l'armée de l'air, il avait quoi que ce soit à voir avec aucun des autres accusés. « Oui, mais à peine. Avec Speer, le ministre des Armements, bien entendu, dans les dernières années de la guerre, j'avais plus de contacts. »

Que pensait-il de Speer ? « Personnellement, je ne sais pas grand-chose de lui. Je le crois honnête. Je sais qu'il m'a dit fin 1944 que nous ne devions pas suivre les idées de Hitler en matière de politique de la terre brûlée. Speer, comme moi, était soucieux de sauver tout ce qui pouvait l'être pour le peuple allemand, en sorte qu'après la défaite on puisse se rabattre sur quelque chose. Par quoi j'entends des stocks de vivres, des logements, et le fait d'empêcher la destruction des usines susceptibles de produire des biens pour le peuple allemand. »

Je lui ai demandé ce qu'il pensait du principe du Führer. « Faux. » Ce fut toute sa réponse. Et du concept d'« espace vital » ? « Eh bien, le peuple allemand avait besoin de plus d'espace. Mais comme toujours Hitler a exagéré. » Qu'en est-il, à son avis, de l'idéologie de la race des maîtres ? « Ridicule. Je n'ai jamais souscrit à la théorie raciale. » Je lui ai demandé s'il avait jamais rien fait pour en empêcher la pratique en Allemagne. « Que pouvait-on faire ? Rien. » Malgré les slogans sur le *Volk*, Hitler ou le national-socialisme se souciaient-ils vraiment, à son avis, de la population ? « J'ai cru initialement, quand Hitler est arrivé au pouvoir, qu'il pensait à la prospérité du peuple et voulait une grande Allemagne pour des raisons nationalistes auxquelles j'adhérais. Mais il est bientôt apparu que Hitler ne pensait à rien d'autre qu'à toujours plus de victoires personnelles. »

Je lui ai posé l'habituelle question, à savoir pourquoi il n'avait pas démissionné s'il voyait Hitler tel qu'il était. J'ai eu droit à la réponse stéréotypée : « On ne pouvait démissionner en temps de guerre, et avant je ne savais pas qu'il visait la guerre. »

Et les camps de concentration ? lui ai-je demandé. « Je vous ai dit, la première fois qu'on s'est vus, que je me suis fait tabasser par un général britannique parce que j'ai nié avoir eu connaissance d'un petit camp qu'il m'a fait traverser. Je répète que je ne connaissais que deux camps, Oranienburg et Dachau, et pas d'autres. Le SD était au courant de ces choses. Elles étaient cachées à l'Allemand moyen et assurément à une personne comme moi, qui n'avait rien à voir avec ces affaires [1]. Une fois, j'ai visité Dachau, juste pour voir ce qui s'y passait, parce que j'avais entendu des rumeurs : c'était en 1935, je crois, mais tout ce que j'ai vu était en ordre. »

Je lui ai demandé ce qu'il pensait personnellement de Hitler. « Je l'ai connu, mais à peine. Il a toujours été correct quand je l'ai vu. Mais par la suite il est devenu impossible, on ne pouvait plus l'approcher. Je crois, personnellement, qu'il a été la plus grande tragédie qui puisse arriver à l'Allemagne. »

Pour ce qui est du national-socialisme, Milch a dit : « Je n'ai jamais voté pour lui et ne l'ai jamais approuvé. J'ai été invité à construire les forces aériennes à des fins défensives et je l'ai fait. Je n'ai jamais approuvé les théories raciales ni les autres oripeaux du nazisme. Il n'y avait pas de liberté personnelle. Tout le monde se sentait épié. On ne pouvait écouter les émissions de radio ennemies. Il n'y avait pas de liberté de la presse. Pas étonnant que les choses aient pu se passer comme elles se sont passées et que seul un petit groupe de gens ait été au courant. »

J'ai essayé de lui en faire dire plus sur la personnalité de Göring et ses relations avec lui. « Je n'approuvais pas tout ce qu'il faisait », c'est tout ce que j'ai pu obtenir.

13 mars 1946

Voici deux jours que Milch est à la barre pour le compte de Göring. Il a décrit une Allemagne mal préparée à la guerre en 1939 du point de vue de l'armée de l'air. En fait, au cours de sa déposition, il n'a pas dit grand-chose sur Göring. Son contre-interrogatoire par le juge Jackson n'avait pas donné grand-chose, si ce n'est qu'il avait reçu un cadeau de Hitler de 250 000 marks en 1942 à l'occasion de son cinquantième anniversaire.

J'ai questionné Milch sur ce cadeau. Il l'a traité avec sérénité. « Qu'y avait-il de mal à un tel cadeau ? C'était un cadeau d'anniversaire. Ce n'était pas un pot-de-vin. » Il a ajouté que d'autres avaient reçu des cadeaux semblables, certains plus importants que lui, et qu'en un sens il était injuste de la part de Jackson d'avoir soulevé la

1. Pour un tableau de la large connaissance que la population avait des camps de concentration dans l'Allemagne nazie et de son approbation à l'époque, voir Gellately, *Backing Hitler*, p. 51-69 et trad. fr., p. 77-100.

question parce que ça pouvait donner au peuple allemand une mauvaise impression de lui, à savoir qu'il s'était personnellement enrichi à la faveur de la guerre. « Ce n'est pas la vérité. Dans le privé, que j'ai abandonné quand je suis entré dans l'armée en 1933, j'aurais pu gagner mille fois plus. L'impression que ça pourrait faire au peuple allemand est inexacte. »

Je lui ai demandé ce qu'il voulait dire en essayant de convaincre la cour que l'Allemagne n'était pas prête pour la guerre en 1939. Je lui ai rappelé que Jackson lui avait demandé combien de temps il avait fallu à l'Allemagne pour conquérir la Pologne, chasser les troupes anglaises du continent et conquérir la France. Les réponses de Milch avaient été, respectivement, dix-huit jours, six semaines et deux mois. Par la suite, quand Jackson l'a mis au pied du mur en demandant comment une nation mal préparée pouvait mener des blitzkriegs, Milch avait rectifié ses propos en déclarant que l'Allemagne était préparée à une guerre contre la Pologne, mais pas contre le monde.

Milch m'a déclaré, les yeux légèrement plissés : « Le juge Jackson a été très malin. Mais je n'ai pas infirmé le moindre de ses mots. J'ai dit que l'Allemagne réarmait. Le seul point de désaccord concernait l'ampleur du réarmement. » J'ai observé que c'était un point crucial.

Et qu'en est-il des propos de Milch suivant lesquels la Pologne et la France étaient mieux préparées à la guerre que l'Allemagne, parce que l'Allemagne n'avait eu que cinq ans pour se préparer ? « Les faits parlent d'eux-mêmes. Par là, je voulais dire exactement ce que j'ai dit. L'Allemagne a battu ces pays, à cause d'une meilleure stratégie, non parce qu'elle était mieux préparée. »

Au cours de son contre-interrogatoire, le juge Jackson avait fait état d'un interrogatoire au cours duquel Milch avait dit avoir mis Hitler en garde : qu'il se débarrasse de Ribbentrop, sans quoi il aurait des ennuis avec l'Angleterre. Je lui ai demandé s'il avait des commentaires à faire sur Ribbentrop. « Parce qu'un commentaire est nécessaire sur cet imbécile ? Ce n'est pas un ministre des Affaires étrangères, mais un fidèle aveugle de Hitler. Il est aussi personnellement désagréable et suffisant. »

Et qu'en est-il du propos arraché par Jackson, à savoir que tout le monde, à commencer par le maréchal du Reich, avait peur de Himmler et des SS ? « Comme je l'ai dit à la cour, c'est vrai. Et je pourrais en dire beaucoup plus. Himmler était l'homme le plus craint d'Allemagne ; tout le monde avait peur de lui, y compris le plus loyal des Allemands. C'était un mauvais système et je suis le premier à l'admettre. Mais que pouvais-je y faire ? »

Au cours de son contre-interrogatoire par Jackson, on avait rappelé à Milch qu'il estimait Hitler « anormal » depuis mars 1943. En tant que psychiatre, cela m'intéressait, ai-je dit. Avait-il autre chose à ajouter ? « Le temps passant, Hitler est devenu peu à peu égocentrique. Qu'il fût mentalement anormal, il n'y a pas l'ombre d'un doute. Si le tribunal a eu l'impression, ainsi que Jackson l'a habilement observé, que Göring, en tant que numéro deux, était resté fidèle à un Hitler mentalement anormal, il a raison. Je n'ai pas démenti. » Milch en a presque gloussé.

« C'est étonnant de voir à quel point je me suis senti peu en désaccord avec votre M. Jackson. Je souhaitais que ce que je pensais de Hitler sorte au grand jour, mais cela n'avait pas lieu d'être tant que le juge Jackson ne se référait pas à mes précédents interrogatoires. »

J'ai demandé à Milch comment il se faisait qu'il témoignait pour Göring si, comme cela sautait aux yeux, il lui était en réalité carrément opposé. « En premier lieu, je ne suis pas opposé à Göring, sauf dans certains détails. Göring a été un nazi fanatique de la première heure. Je n'étais pas d'accord avec cela. Comme Jackson l'a indiqué, je n'ai adhéré au parti qu'après son accession au pouvoir, en 1933. Puis j'ai rapidement été chargé de l'aviation. Mon intention était de construire une force aérienne industrielle, non pas une machine de guerre. J'étais convaincu que nous avions besoin d'une parité avec les autres nations en matière d'aviation : bombardiers, chasseurs, etc. En 1938, je voyais bien la direction que prenait Hitler, et, ainsi que ça a été démontré à la cour, c'était bien connu. Il était impossible de partir à ce moment-là. »

Jackson avait insinué que le père de Milch, ou tout au moins le mari de sa mère, était juif. Göring avait pris des mesures pour, d'une certaine manière, « aryaniser » Milch. « J'avais demandé mon admission au parti national-socialiste en mars 1933, je crois. Il y a eu des questions sur le père de mon père parce qu'on ne retrouvait pas ses papiers. J'ai donc fait une déposition sous serment, que Göring a signée, suivant laquelle j'étais pleinement allemand. Mon père, pour autant que je sache, n'était pas juif, comme a dit Jackson. Peut-être était-il partiellement juif, mais je n'en ai pas honte. »

J'ai fait état d'une rumeur suivant laquelle il était un enfant naturel, que le mari de sa mère n'était pas vraiment son père. « Ce n'est pas vrai. Je suis formel. »

Quand je lui ai demandé des détails sur sa famille, il s'est montré évasif, et je n'ai pas insisté. À ce moment-là, j'étais plus curieux de ses vues sur le contre-interrogatoire.

Je suis passé à la question de Jackson concernant les mesures qu'aurait prises Milch en vue d'accélérer la mise à disposition des prisonniers de guerre russes internés pour les mettre au travail. Je l'ai aussi interrogé sur ses propos tirés des minutes des réunions du Conseil de planification centrale, dont il était membre : fournir de la main-d'œuvre russe aux mines et utiliser des femmes russes pour les travaux agricoles. Milch s'est montré aussi évasif qu'à la cour. Il m'a paru toutefois plus mal à l'aise qu'il n'avait réussi à en avoir l'air à la cour deux jours plus tôt, et a ajouté : « Dans l'effervescence de la guerre, il se dit bien des choses, et on ne les calcule pas toutes en se disant qu'elles vous seront resservies plus tard. »

J'ai demandé à Milch s'il estimait avoir failli moralement ou éthiquement en suggérant d'utiliser la main-d'œuvre russe. « Non. Si nous avions perdu notre territoire au profit des Russes, ils auraient fait la même chose. En outre, les Russes avaient pléthore de main-d'œuvre et nous étions à court. »

J'ai répondu que, d'un point de vue moral, c'était une pétition de principe, mais que je m'intéressais simplement à ses attitudes et au fait que ses actions ne lui inspiraient visiblement aucun regret. Il a redit que le général britannique l'avait frappé sur la tête peu après qu'il avait été capturé et qu'on l'avait entraîné voir le camp de concentration ; de ce fait, sa mémoire était défaillante, et il ne pouvait réellement dire si certaines choses qu'on l'accusait d'avoir dites étaient vraies ou non.

J'ai demandé : et la déclaration qu'on vous prête concernant le fait de drainer des jeunes Français pour travailler en Allemagne, afin qu'en cas d'attaque alliée sur le continent ces Français ne puissent agir comme des partisans ? Dans son esprit, a dit Milch, il s'agissait de débarrasser la France, et l'Italie en l'occurrence, des partisans, ou des éventuels partisans. Et voici qu'on s'emparait de ses propos pour en faire un adepte du travail forcé ! « Rien ne saurait être plus éloigné de la vérité ! Mais notre patrie était menacée de défaite par ces bandes du maquis et autres groupes de sauvages, et que pouvait faire d'autre un Allemand loyal désireux de remporter la victoire pour sa patrie ? »

Je n'ai pas répondu à cette question cynique et rhétorique. Je lui ai demandé s'il avait autre chose à dire concernant son rôle dans l'encouragement du travail servile. « Il ne s'agissait pas d'encourager le travail servile. Pas du tout. C'était une politique économique stratégique. En outre, on ne saurait interpréter littéralement tout ce que je suis censé avoir dit. Beaucoup de choses n'ont jamais été mises en pratique. Si elles l'avaient été, peut-être l'histoire aurait-elle été différente, et je ne serais pas assis ici, dans une cellule. »

J'ai continué d'égrener les citations de Milch par Jackson : Milch avait promis de veiller personnellement à ce que les contremaîtres allemands brutalisent les travailleurs serviles étrangers qui protestaient. Milch aurait répondu qu'il ne tolérait pas qu'un étranger dise à un contremaître allemand : « Je vais vous trancher la gorge. » J'ai enchaîné avec les citations de Jackson sur Milch, selon lesquelles celui-ci reconnaissait avoir personnellement ordonné de pendre ou de fusiller deux aviateurs russes qui avaient tenté de s'évader – ce dont les SS s'étaient chargés le lendemain même. Et cela à l'usine, pour que les autres puissent voir. Milch l'avait nié. Il persistait à nier, mais très faiblement, comme il l'avait fait à la cour. J'ai observé qu'il était peu probable que ce genre de choses figure dans les minutes d'une réunion allemande si c'était faux. Milch a répondu que les minutes pouvaient être fausses.

Milch semblait perturbé. C'était étrange, parce qu'il n'avait pas donné cette impression à la cour l'autre jour. Je lui en ai fait l'observation.

« Je ne voulais pas aller à la barre. Göring a insisté. Je pensais pouvoir déposer sur Göring et que ce serait fini. Au lieu de quoi ils vont rechercher toutes ces choses que je suis censé avoir dites. Tout cela est probablement dénué de fondement. Les choses tirées de leur contexte paraissent bien pires. En outre, nous étions en guerre. »

Mais Milch semblait inquiet et tourmenté. C'était la première fois que je voyais ce petit homme râblé, qui faisait moins que ses cinquante-quatre ans, ainsi contrarié. En partant, j'ai dit que son témoignage pour Göring l'avait compromis – à mon avis. Réponse : « Qu'ils me jugent. J'en aurai des choses à dire sur les Alliés. J'ai d'excellents amis parmi les industriels américains et anglais, mais aussi parmi les Français. Je n'ai rien fait dont j'aie honte. »

C'était bien vrai. Il n'avait pas l'air d'avoir honte. Il paraissait simplement inquiet de son immunité : échapperait-il à un procès pour crimes de guerre ?

RUDOLF MILDNER
1902-1951

Haut responsable de la Gestapo, notamment chef de la Gestapo à Chemnitz puis à Katowice, en Pologne, et donc responsable de l'envoi de milliers de Juifs à la mort au camp d'Auschwitz (Katowice). En septembre 1943, Mildner devint commandant de la Sipo et du SD au Danemark, juste avant que les nazis ne commencent une « action » pour déporter les Juifs de ce pays.

Témoin de l'accusation à Nuremberg, il resta en prison jusqu'en 1949.

24 janvier 1946

Interrogé Rudolf Mildner avec le concours de Gilbert, qui traduisait. Mildner était le chef de la police à Katowice [1]. Officiellement

1. Selon le témoignage de Mildner à Nuremberg, il travailla dix ans pour la Gestapo. Il arriva au Danemark en qualité de « chef de la Sûreté et du SD » (à compter du 20 septembre 1943) alors que se préparait une « action » visant à déporter les Juifs danois. Il jugeait le plan aussi impossible sur le plan technique que le ministre plénipotentiaire du Reich au Danemark, Werner Best. En même temps, Ribbentrop estimait que l'action pouvait susciter des « troubles » intérieurs

interrogé il y a deux jours, il a craqué. Et il est déprimé depuis que certains de ses subalternes ont témoigné du nombre de Polonais dont il avait ordonné l'exécution. Il n'a pas pris de nourriture, a vomi parfois, pleuré et trahi d'autres signes de dépression réactionnelle agitée. L'interrogatoire portait sur le rôle de Mildner dans les exécutions à Auschwitz alors qu'il présidait la cour qui a condamné à mort, dit-il, entre cinq et six cents Polonais.

Hier soir, il s'est montré aimable, chaleureux, doux, voire doucereux. Il nous a dit qu'il était le chef de la police et un fantoche en Silésie ; que même s'il siégeait à la cour et infligeait des sentences aux Polonais condamnés, les procès n'étaient que des formalités ; et que les peines et les condamnations étaient préarrangées sans même qu'il fût consulté par l'administrateur de district du parti. Lui et les autres officiels n'avaient qu'à obéir aux ordres.

C'est un homme de quarante-trois ans, fortement charpenté, avec un début de calvitie. Il pourrait être policier partout ailleurs.

Il a déclaré que le nombre de Polonais qu'il a fait exécuter pour délits mineurs, vol par exemple, ne dépasse pas cinq ou six cents. Il se décharge de toute responsabilité en la matière, affirmant que l'ordre venait de l'administrateur de district du parti, Fritz Bracht. Et d'ajouter : « Imaginez un peu. Vous, les Américains, vous êtes en Allemagne à combattre la Russie et certains Allemands vous sabotent, abattent vos soldats ou vous volent. Vous les pendriez. Et vous auriez raison. Alors, afin de maintenir l'ordre et d'empêcher les sabotages, les Allemands de Pologne et de Silésie devaient le faire, eux aussi. »

Quand je l'ai vu aujourd'hui, il avait les yeux rougis, un visage suppliant. Il a dit avoir toujours été en bonne santé et aimer le sport, et il s'est avoué incapable de comprendre ses symptômes actuels. Quand je lui ai demandé si, à son avis, il pouvait s'agir du résultat de troubles émotionnels, il en a convenu. Il les a aussi attribués à l'interrogatoire, qui, a-t-il précisé, avait été bref et ne semblait destiné qu'à l'amener à indiquer les dates et le nombre de personnes exécutées, non pas les raisons ni les circonstances.

Il est né le 10 juillet 1902 en Silésie. Il y a vécu jusqu'à l'âge de quatorze ans. Pour autant qu'il le sache, sa naissance fut normale ; il a marché, parlé, etc., aux âges normaux. Les seules maladies infantiles dont il se souvienne, c'est la rougeole, à l'occasion un rhume.

au Danemark. Hitler insista malgré tout pour que les déportations eussent lieu. Best et d'autres n'en firent pas moins comprendre clairement que les déportations étaient sur le point de commencer. S'alarmant, les Juifs essayèrent de fuir ; avec l'aide de certains Danois, beaucoup furent sauvés.

Son appétit, jusqu'à la veille, était excellent. Dans son enfance, la situation financière familiale a toujours été satisfaisante ; il a toujours eu un bon foyer, de quoi manger et s'habiller, et ainsi de suite. Il n'a jamais eu de manies alimentaires ni de problème de ce genre.

Il a été à l'école primaire jusqu'à neuf ans. Il voulait devenir médecin mais a lu *Robinson Crusoé* à peu près à cet âge et a décidé de devenir marin. En 1914, à douze ans, la Première Guerre mondiale a commencé et il a voulu tout de suite s'engager dans la marine. En fait, il a rejoint la flotte autrichienne à quatorze ans et a servi jusqu'au 1er novembre 1918, quand la guerre a pris fin, soit deux ans. Stationné dans l'Adriatique, il n'a pris part à aucune bataille, parce que l'Adriatique était surtout occupée par des sous-marins allemands et autrichiens. L'âge normal pour s'engager dans la marine était dix-sept ans, « mais j'étais grand et costaud, et faisais plus que mon âge ». Il a été accepté alors même qu'on savait qu'il n'avait que quatorze ans.

Il a fréquenté quelque temps une école de sous-officiers (de la marine autrichienne), mais en 1918, quand la guerre s'est terminée, il a abandonné ses projets initiaux, qui étaient de rester dix ans dans la marine autrichienne puis d'entrer dans les Austrian Lloyd Lines et de passer son brevet de matelot.

En 1918, il est allé à Hambourg et à Brême essayer de trouver un emploi. À l'époque, cependant, il y avait plus de six mille marins au chômage dans ces villes et il n'a pas trouvé de boulot. Il a rejoint quelques amis et s'est engagé dans un régiment d'infanterie allemand jusqu'au 19 juillet 1919. En août 1919, il est allé à Berlin, y a trouvé des amis et est parti pour la Lettonie. Des armées antibolcheviques s'y trouvaient stationnées : allemandes, russes et lettones. Il est devenu membre d'une armée russe antibolchevique. « Nous étions censés nous installer et chaque homme devait recevoir trente hectares de terre. Nous portions des uniformes mi-russes, mi-allemands, mais les insignes étaient russes. » Il y resta jusqu'en décembre 1919. Il n'y eut pas de batailles, pas grand-chose d'autre à faire que l'entraînement du régiment.

« Les troupes russes et allemandes furent toutes obligées de quitter la Lettonie et de regagner l'Allemagne à cette date. » En 1920, il eut divers emplois de courte durée en Tchécoslovaquie. Il suivit des cours particuliers d'anglais et de français, ainsi que d'autres matières au programme des lycées, tout en travaillant comme ouvrier ou manœuvre.

Puis il est retourné en Allemagne et s'est engagé pour reprendre la mer parce que l'Allemagne disposait alors d'une petite flotte marchande. Il s'est fait embaucher sur un bateau de pêche jusqu'en septembre 1921, puis comme matelot, et il est parti pour la Norvège et l'Amérique du Sud, Valparaiso, etc. Il n'a jamais eu le mal de mer et a apprécié le travail.

Il est parti de Norfolk, en Virginie, pour Anvers sur un vapeur de 8 500 tonnes, et le voyage a duré dix-neuf jours. « Au cours de ce voyage, tous les autres marins ont eu le mal de mer, mais pas moi. Je n'ai jamais eu le mal de l'air non plus, et j'ai beaucoup pris l'avion.

« En 1922, j'ai compris clairement que je ne pourrais jamais devenir officier parce que je devrais faire douze mois sur un trois-mâts école, et que l'Allemagne n'avait que deux bateaux de ce type. Seuls les fils ou neveux de capitaines – ou d'autres gens influents – allaient sur ces bateaux, pas le simple quidam comme moi.

« Je suis donc allé à Salzbourg, où j'avais de la famille, et le 1er juillet 1923 je suis entré dans la police autrichienne. » Il a fait deux ans à l'école de police de Salzbourg et de Vienne, après huit mois de travaux pratiques. Il dit avoir étudié le droit pénal, le droit criminel, le droit public, l'histoire de la Constitution autrichienne, le droit commercial et le droit du transport. Au bout de ces deux ans, il a été embauché comme employé régulier à vie et affecté à Salzbourg jusqu'en 1935. Il a également fait de courts séjours à Vienne.

« Pendant ce temps, j'ai suivi neuf mois de cours pour officiers supérieurs de police. Pour les matières enseignées au collège, j'avais des cours particuliers et, en 1927, j'ai étudié la plupart des choses qui étaient au programme des lycées. » Il a décroché son bac en 1930 et entrepris des études de droit à l'université d'Innsbruck. En 1934, il a eu son doctorat en jurisprudence. Il est devenu instructeur dans les forces de police. Il travaillait dur, la nuit, pendant la journée. Il ne s'arrêtait jamais, apprenait facilement, dormait peu mais mangeait bien et ne perdit jamais de poids.

À l'automne 1934, il est entré dans la police criminelle. Puis il est devenu membre de la « haute administration juridique ». De quoi s'agit-il ? « La police autrichienne avait plusieurs services : police d'État, police criminelle, etc. J'étais au département du droit administratif et du droit du transport. »

Il avait un bon ami, dont la carrière a suivi de près la sienne. Tous deux étaient au Département 6 de la police. Ils souhaitaient que le Département 8 reprenne le 6. Le directeur de la police avait promis que cela allait se faire. Apparemment, le 6 était un « groupe de simples officiers de police », tandis que le 8 était un « groupe universitaire ». Mildner et son ami auraient tous deux étudié la médecine, a-t-il affirmé, si on ne leur avait promis des postes au Département 8. Des années plus tôt, quand il avait abordé le sujet des études de médecine avec les chefs de la police, ils lui avaient répondu qu'il devait le faire au sein de la police, que ça coûtait moins cher et qu'il aurait en outre une place permanente au Département 8. Lorsque le moment arriva où son ami et lui devaient y être affectés, la vie politique avait changé en Autriche. Jusqu'en 1933, a déclaré Mildner, l'Autriche était un pays démocratique libre. Après 1933, les nazis et les communistes furent proscrits, et la dictature du parti socialiste chrétien de Dollfuss [1] s'installa. En février 1934, il y eut un soulèvement de la garde nationale. En juin ou juillet 1934, une insurrection nazie.

À cette date, ceux qui avaient promis à Mildner et à son ami une affectation au Département 8 avaient pris leur retraite ou avaient été transférés. « À Salzbourg, le directeur de la police nous détestait et ne voulait rien avoir à faire avec des étudiants à temps partiel comme mon ami et moi. »

Après une querelle particulièrement désagréable, Mildner et son ami quittèrent la police et allèrent en Bavière. « Je ne savais pas ce que je voulais faire. J'avais l'intention soit de lancer une entreprise, soit de rejoindre mon beau-frère à Potsdam. Mais en Bavière nous nous sommes tous deux faits arrêter : on nous a soupçonnés d'être des espions à la solde de Schuschnigg [2]. »

Trois jours après leur arrestation, ils furent libérés avec l'aval de Heydrich, le patron de la Sûreté à Berlin. Les amis se rendirent à Munich. À l'époque, il y avait quarante-cinq mille Autrichiens en Allemagne : des réfugiés nazis d'Autriche. Il y avait à Munich un service spécialement chargé de s'en occuper. La plupart d'entre eux, a dit Mildner, étaient en fait des meurtriers et des voleurs qui restaient en Allemagne en se faisant passer pour des réfugiés nazis. Heydrich ordonna à cette agence de Munich d'embaucher Mildner et son ami pour faire le tri parmi ces Autrichiens. Étiez-vous membre du parti nazi à l'époque ? « Pas encore. Mon ami et moi étions membres de la garde nationale autrichienne. C'était le 21 juin 1935. »

Leur tâche était de passer au crible tous les réfugiés autrichiens et de vérifier s'ils avaient un casier judiciaire. Les criminels devaient

1. En février 1934, les socialistes orchestrèrent une agitation contre le chancelier autrichien Engelbert Dollfuss par les socialistes (non pas par les nazis). Les nazis essayèrent de s'emparer du pouvoir à Vienne en juillet 1934 ; s'ils tuèrent Dollfuss, la tentative échoua. Voir Bukey, *Hitler's Austria*, p. 14.

2. Le chancelier Kurt von Schuschnigg succéda à Dollfuss, mais fut bientôt isolé et écarté quand Hitler décida d'annexer l'Autriche en mars 1938.

être arrêtés et remis à la justice. « Mon ami [Pifrader [1]] est allé à Berlin en 1936 pour reprendre un service analogue. Je suis resté à Munich jusqu'au 13 mars 1938. » Quant à Mildner, Heydrich l'affecta à Vienne au moment de l'occupation de l'Autriche. En mai, il reçut un document le nommant conseiller administratif de l'administration intérieure à compter de janvier 1938.

En mars 1939, on l'envoya à Prague. Il reçut l'ordre alors qu'il prenait des vacances dans une station de la frontière austro-suisse. L'idée de servir là-bas dans la Sûreté ne lui plaisait pas, parce qu'il connaissait Prague et aimait la ville.

« À Munich, j'ai essayé de me dégager de ce travail de police. J'ai essayé de passer un examen d'assesseur. Je ne voulais pas rester dans la police. J'ai fait appel au ministère de la Justice, à Berlin, mais j'ai essuyé un refus. Je voulais devenir conseiller juridique des industries. Mais, selon le droit allemand, je devais d'abord passer un examen d'assesseur pour pouvoir le faire. »

Il a appris plus tard que les requêtes qu'il avait adressées à Heydrich pour être libéré de ses fonctions avaient été refusées et il a reçu l'ordre de rester dans la police d'État. Il n'a passé que deux jours à Prague. Il connaissait les Tchèques par son expérience dans la marine. Il savait qu'il y aurait de terribles batailles parce que les Tchèques étaient un peuple épris de liberté. Et il a réussi à se faire réaffecter à Linz.

« Le 1er août 1939, ma femme était malade après avoir accouché de notre deuxième enfant. J'ai pris l'autre, ma fille, alors âgée de vingt-six mois, et suis parti en vacances en voiture et en canoë. Nous avons passé quatre semaines de vacances ensemble alors que ma femme était à l'hôpital. Le 25 août, j'ai été appelé à Salzbourg en tant que représentant du chef de la police d'État. »

Il est resté à Salzbourg jusqu'au 10 décembre, date à laquelle il a été nommé chef de la police d'État à Chemnitz, en Saxe. Au début de la guerre, dit-il, il a adressé deux requêtes à Heydrich, lui demandant l'autorisation de rejoindre la marine. Il espérait que Heydrich lui rendrait sa liberté, assure-t-il. Il n'a jamais rencontré Heydrich personnellement, et il n'avait jamais demandé son affectation à la police d'État, mais y était « entré de force ». Heydrich n'a pas voulu le laisser partir. À Chemnitz, il était censé obtenir un détachement de la Sûreté pour le Schleswig-Holstein. Il l'a appris « juste à temps

1. Probablement s'agit-il d'un autre SS autrichien, le Dr Humbert Achamer-Pifrader (1900-1945), qui devint par la suite un des chefs de l'*Einsatzgruppe A*. Il fut tué au combat en 1945. Pour une histoire complète, voir Helmut Krausnick et Hans-Heinrich Wilhelm, *Die Truppe des Weltanschauungskrieges : Die Einsatzgruppen der Sicherheitspolizei und des SD 1938-1942*, Stuttgart, 1981.

pour s'en sortir ». Il fut aussi question un temps qu'il parte à Oslo, en Norvège, en tant que commandant de la Sûreté. Il a pu l'empêcher grâce à des amis de Berlin. Par la suite, il a été désigné pour le nord de la Norvège, mais là encore il a pu contrecarrer le projet.

En février 1941, un ami et lui avaient des affaires à Berlin. C'est là qu'il a appris son transfert à Katowice. « Je ne connaissais pas la région, mais l'Est en général était une affectation peu prisée. » Pourquoi ? « Personne ne voulait aller à l'Est. La nature des tâches, le manque de culture, la poussière de charbon, les conditions générales. » Quand il a reçu la nouvelle, il s'est beaucoup énervé : « même mes amis m'ont dit qu'ils ne m'avaient encore jamais vu énervé et bouleversé à ce point ». Il a tout de suite décidé d'aller voir Heydrich bien que ses amis l'aient mis en garde contre cette idée. Ils lui ont dit que Heydrich le jetterait en prison s'il refusait Katowice. Mildner s'en est ouvert à Heinrich Müller, qui était son supérieur direct, et lui a dit son aversion pour l'Est. Mais il n'y avait rien à faire parce que Heydrich avait signé l'ordre.

« J'ai été à Katowice de mars 1941 jusqu'au 10 septembre 1943. Puis je suis allé au Danemark en tant que chef du SD et de la Sûreté. Je n'ai passé que trois mois au Danemark. Après mon départ, je crois, les conditions au Danemark ont empiré. » En décembre 1943, il a quitté le Danemark pour devenir inspecteur du SD et de la Sûreté à Cassel. Il était là depuis quarante-huit heures quand il a reçu de Berlin un ordre écrit l'informant que le chef du SD de la capitale lui avait trouvé une autre affectation et qu'il devait arrêter sa tournée d'inspection. Mais son successeur a tardé à rejoindre Cassel, si bien qu'il y est resté jusqu'en mars 1944. Il a passé les trois mois suivants à Berlin, au RSHA. Puis il est allé à Vienne en tant que représentant de la Sûreté et du SD. C'était le 1er décembre 1944. Son supérieur était Huber [1].

Telle était, selon Mildner, la différence entre la Sûreté et le SD :

1. Sûreté : employeurs de la police criminelle et de la Gestapo.
2. SD : relevant de l'organisation du parti.

Au sommet, cependant, à Berlin, se trouvaient Himmler, le chef de toute la police, et Kaltenbrunner, qui avait succédé à Heydrich à la tête de la Sûreté et du SD. Mildner connaissait Kaltenbrunner depuis Linz. Il ne le connaît pas bien, mais il sait que les gens

1. Franz Josef Huber (né en 1902) avait été, comme Heinrich Müller, policier de carrière dans la République de Weimar. Et, comme Müller, il servit dans la nouvelle Gestapo et monta les échelons. Huber finit par devenir le chef de la Gestapo à Vienne. Pour un aperçu, cf. Gellately, *Gestapo and German Society*, p. 56-57.

avaient une haute idée de lui en Autriche. « Je sais que Kaltenbrunner était malheureux à Berlin parce que c'est un Autrichien typique. Je suis sûr que Kaltenbrunner ne faisait pas mauvais usage du SD ou de la Gestapo comme l'ont fait Himmler ou Heydrich. Kaltenbrunner aime les femmes, le vin. Pas plus que moi il n'aime le travail de police.

« Après la guerre, Kaltenbrunner aurait réorganisé la Sûreté, mais pas comme un outil de Heydrich ou de Himmler. Quatre-vingts à quatre-vingt-cinq pour cent des gens de la Gestapo n'étaient pas des volontaires, mais quand Hitler est arrivé au pouvoir, en 1933, il a pris les meilleurs experts de la police criminelle et en a fait des agents de la Gestapo. Il en allait de même en Autriche. Personne ne pouvait refuser. »

Mildner est resté à Vienne jusqu'à l'arrivée des Russes. Par l'intermédiaire de Schirach, l'administrateur de district du parti, Hitler a donné l'ordre de défendre la ville. Ce qui voulait dire que Mildner devait rester à Vienne. Il avait six mille hommes sous son commandement, dont dix-neuf cents agents affectés à la censure du courrier et aux douanes. « J'avais la responsabilité de tous ces hommes ; ce fut une période difficile. » Près de huit jours avant l'encerclement de Vienne, Schirach est parti, si bien que Mildner a libéré ses hommes. Il est resté jusqu'à ce qu'on fasse sauter les ponts sur le Danube. Puis il a battu en retraite vers le territoire que n'occupaient pas les Russes.

« J'aurais réuni toute la police sous mon autorité, j'aurais empêché de faire sauter les ponts. Et j'aurais livré la ville aux Américains. Je suis allé à Salzbourg auprès de Kaltenbrunner, qui m'a donné la permission d'aller en montagne parce qu'il savait ce qui nous attendait et que je ne voulais pas rester en territoire russe. »

Du 1er au 28 mai, il est allé faire du ski en Haute-Autriche. Il y est allé sous son vrai nom, et il avait son chauffeur avec lui. Il a été fait prisonnier le 28 mai. Quand il a regagné le refuge, ce soir-là, il y avait cinq Américains, qui les ont faits prisonniers, son chauffeur et lui. Ceux qui l'ont capturé étaient polis et courtois, dit-il.

Vie conjugale : Marié en 1928, femme âgée de quarante ans. Il la connaissait depuis 1923. Trois enfants, âgés de trois, six et huit ans, rien que des filles. Sa femme a attrapé la diphtérie en 1943, et cela a été mauvais pour son cœur. Ses enfants se portent bien. Deux ont eu une petite scarlatine. Il a été heureux en ménage, si ce n'est que les troubles créés par ses nombreux changements de poste et par la guerre ont causé maintes séparations qui n'auraient pas eu lieu autrement. Il s'est mis à pleurer en parlant de sa femme et de ses enfants, et on ne s'est pas appesanti sur le sujet au cours de l'entretien.

Famille : Mère morte en 1924, à cinquante-six ans, de pneumonie ; père mort en 1933, à soixante et un ans, des suites d'une chute d'un échafaudage sur lequel il travaillait comme charpentier. *Pas de frères et sœurs.* Rien obtenu sur l'histoire familiale au cours de l'entretien, si ce n'est que ses parents étaient « très bons ».

12 février 1946

Côté dépression et appétit, son état s'est un peu amélioré, mais il est encore assez morose. Aujourd'hui, il a demandé à me parler du Danemark, car il y a réfléchi et il a le sentiment que, si je l'écoutais, ça « pourrait l'aider à penser à autre chose ».

Le 10 septembre 1943, il a reçu un coup de fil du Bureau I du RSHA à Berlin, pour créer une antenne de la Sûreté au Danemark. Il a été appelé à Berlin pour recevoir ses instructions. Il s'est rendu à Hambourg pour chercher soixante-quinze hommes de la Gestapo.

Le 9 avril 1940, les Allemands avaient occupé le Danemark. L'ancien ambassadeur d'Allemagne eut une conférence avec le roi du Danemark : assurance lui fut donnée qu'aucun engin ne serait lancé contre l'Angleterre, par air ou par mer, depuis le territoire danois. L'Allemagne n'allait pas attaquer le Danemark. Le commandant de l'armée fut nommé responsable de toutes les affaires économiques et civiles du Danemark. Un conflit aigu opposait Werner Best à Heydrich et Müller, et c'est pour cette raison qu'il avait été affecté à l'étranger [1].

Telle était la situation jusqu'en juin ou août 1943. Entre-temps, les Danois s'étaient livrés à des sabotages. Le châtiment de ces Danois était entre les mains d'officiels danois et, en même temps, de la police militaire allemande.

1. Le conflit de Werner Best avec Heydrich remontait au début de l'été 1939 : le fond de l'affaire était que Heydrich ne partageait pas les idées de Best sur le personnel et les questions d'organisation au sein du SD. Contrairement à ce qu'on imagine souvent, quand Heydrich finit par écarter Best, il ne se débarrassa pas ce faisant des « dernières entraves » à sa politique de « destruction massive » des Juifs, car Best était loin de représenter un obstacle de ce genre ; en fait, non seulement il souscrivait à cette politique, mais lui-même en formula maints aspects et les justifia idéologiquement. Voir Ulrich Herbert, *Best. Biographische Studien über Radikalismus, Weltanschauung und Vernunft 1903-1989*, Berlin, 1996, p. 228-229.

L'été 1943 fut ponctué de grands sabotages et de grèves. Le commandant militaire du Danemark décréta la loi martiale. Si l'on fit appel à la Sûreté allemande, a expliqué Mildner, c'était pour combattre les organisations clandestines, les grèves et les sabotages de groupes illégaux.

Sur ce point, Mildner paraissait satisfait. Je lui ai demandé s'il n'avait pas le sentiment que les Danois forçaient l'admiration par leur résistance au nazisme, mais la question parut le dérouter. « Non. C'était mal. S'ils n'avaient pas fait ces choses, je n'aurais pas été obligé d'arrêter ces gens, et les arrestations massives ultérieures, les otages, etc., n'auraient pas eu lieu. » Il y a là quelque chose sur lequel il faudra revenir, le « blocage » qu'il fait sur tout ce qui concerne ses valeurs. Or, d'un autre côté, c'est parce que les Tchèques « étaient un peuple épris de liberté et se battraient » qu'il avait essayé d'échapper à son affectation à Prague.

« Le 17 septembre 1943, je suis allé au Danemark. J'étais porteur d'un ordre de Müller : il fallait arrêter Niels Bohr, le célèbre spécialiste de physique atomique. Il était juif ou demi-juif. Tel était le motif de l'ordre. » Mildner a dit qu'il s'était imaginé que son travail serait différent parce qu'il avait connu quantité de Danois dans les quinze années passées, y compris des jeunes Danoises. Il ne connaissait pas la réalité de la situation danoise, a-t-il dit. « Je savais qu'il pourrait y avoir quelque résistance, mais je ne voulais pas me mêler plus que nécessaire des affaires danoises. Bohr était citoyen danois et je n'aimais pas l'ordre donné par Müller. Je ne suis pas resté longtemps au Danemark, mais au cours de cette période j'ai reçu un ordre de Himmler par le truchement de Best. J'avais déjà mis en place un office central de la Sûreté au Danemark dans les cinq villes les plus grandes. Le télégramme stipulait que "l'évacuation des Juifs danois devait commencer tout de suite". Il y avait six mille Juifs au Danemark. »

Ces Juifs, a dit Mildner, étaient des gens qui avaient fui le Portugal aux XVe et XVIe siècles et qui vivaient au Danemark depuis des centaines d'années. « J'étais très affligé. Je suis allé voir Best et je lui ai demandé pourquoi il fallait évacuer les Juifs. Ils restaient tranquilles et ne faisaient pas de mal. Ils étaient citoyens danois et le Danemark était un État souverain. Best a expliqué que Ribbentrop avait parlé à Hitler et disait qu'il valait mieux évacuer les Juifs du Danemark. Ribbentrop avait peur d'être mis sur la sellette pour n'avoir entrepris aucune action contre les Juifs au Danemark. » Autrement dit, Ribbentrop est allé au-devant des désirs de Hitler à cet égard. « Oui, c'est ce que Best a dit. Je peux dire que, si les Juifs ont été déportés du Danemark, c'est à cause de Ribbentrop. Hitler lui en aurait-il donné l'ordre plus tard ? je n'en sais rien. » Avez-vous connaissance de documents à cet égard ? « Non. C'est Best qui me l'a dit. Nous étions tous abattus. Best aussi bien que mes collègues.

« J'ai aussitôt adressé un télégramme de recommandations à Müller, le prévenant que la déportation des Juifs du Danemark allait créer de nombreux soucis. Premièrement, parce que les Juifs étaient calmes, d'un point de vue politique, et ne semblaient pas déranger le moins du monde. Deuxièmement, la déportation aurait de graves conséquences pour les relations germano-danoises, parce que l'agriculture danoise envoyait des vivres à l'Allemagne et que l'industrie danoise travaillait également pour l'Allemagne. Puis il y avait les répercussions que ça ne manquerait pas d'avoir sur les Scandinaves et en Amérique du Nord. J'ai ajouté que tous les Danois y étaient hostiles. J'ai dit aussi dans le télégramme que cela nous vaudrait davantage de sabotages et de troubles. J'ai demandé que l'ordre de déportation soit annulé. »

Quelques jours plus tard est arrivé l'ordre de Himmler à Best : il fallait donner suite à l'ordre reçu. « Désespéré, j'ai filé à l'aéroport et me suis envolé pour Berlin. Je voulais voir Kaltenbrunner. En fait, j'ai vu Müller. Je me suis de nouveau ouvert à Müller de mes inquiétudes, même si j'ai dû omettre les raisons humaines – j'ai dû utiliser d'autres arguments. » Müller a appelé sa secrétaire, en présence de Mildner, et lui a dicté un télégramme à l'attention de Himmler. Il a écrit tout ce que Mildner lui disait. « Je suis rentré en avion bien que Müller m'ait prévenu que le câble n'aurait pas un effet très positif. J'avais encore un espoir. Paul Kanstein avait été chargé de la liaison entre Best et le gouvernement danois. Kanstein connaissait bien le Danemark. Il entretenait d'excellentes relations avec tous les ministres danois. Une réunion a été organisée avec Kanstein, Best et moi-même, et nous avons décidé qu'il fallait prévenir tous les Juifs. Si l'ordre devait être exécuté, je n'avais aucun intérêt à ce que tous les Juifs tombent entre nos mains. Quelques jours plus tard, est arrivé un autre câble de Himmler : déporter les Juifs tout de suite. Un représentant d'Eichmann a débarqué avec deux navires et un détachement d'Oslo consistant en un bataillon de la police ordinaire. L'action a commencé un soir. Le 1er octobre, je crois. J'ai passé la soirée avec Kanstein. En tout, ils ont pris quatre cents à cinq cents Juifs. Ils les ont mis sur un bateau et, *via* Oslo, je crois, on les a emmenés à Stettin, puis à Theresienstadt [Tchécoslovaquie]. Les autres Juifs, qui avaient été prévenus, ont été cachés par des Danois et se sont enfuis de nuit en Suède. Il y eut un trafic animé. On pouvait y aller en canot à rames : la distance n'était que de trois kilomètres. Voilà, dans l'ensemble, ce qui s'est passé [1].

« Au QG du Führer, on était dans tous ses états. Hitler et Himmler enrageaient et ont donné l'ordre de confisquer tous les capitaux des Juifs. » Ont-ils rejeté la faute sur vous ? « Je ne sais pas. Mais Himmler était furieux contre moi, et Eichmann nous en voulait aussi, à Best et à moi. Ils ont supposé, à juste titre, que les Juifs avaient été prévenus. Toute l'action a capoté en conséquence. » Vous jugez insignifiant que quatre cents à cinq cents Juifs aient été chassés et évacués en bateau ? « Non. Mais pensez à ce qui aurait pu se produire.

« De plus, je n'ai pas arrêté Niels Bohr parce que je ne voulais pas arrêter des hommes de science danois. Bohr s'est réfugié en Suède. Cela s'est passé bien après la déportation des Juifs. De la Suède, Bohr a gagné l'Angleterre et a été reçu par Churchill, et Radio Londres a annoncé que Bohr avait décidé de donner son travail aux Alliés.

« Puis est arrivé un câble de Himmler, après la visite de Bohr à Churchill : l'officiel qui était responsable de la fuite de Bohr devait être appelé sur-le-champ à rendre des comptes. À Berlin, Müller a donné l'ordre de confisquer l'Institut de physique de Copenhague. J'ai répondu qu'ils n'avaient qu'à envoyer des experts de Berlin. Ce qu'ils ont fait plus tard.

« J'étais sur le point de signer un accord avec la police danoise concernant la multiplication des sabotages et des meurtres d'Allemands par des Danois. Des officiers allemands et des enrôlés étaient abattus, même en plein jour. Il y avait des explosions à la dynamite dans des usines travaillant pour l'Allemagne. Il y avait des blessés et des morts. Des bombes à retardement explosaient dans des restaurants fréquentés par des Allemands et des jeunes Danoises. Trente personnes sont mortes ainsi. Tous les jours, il y avait des explosions dans les usines.

1. Il faut noter que les Allemands en charge du Danemark, en particulier Werner Best, ne s'étaient pas « ravisés », mais avaient été et restaient fidèles à leur idée d'éliminer tous les Juifs d'Europe, soit par le meurtre de masse, soit par la déportation. Quand ils se rendirent compte, en septembre 1943, que l'ordre donné par Hitler de déporter les Juifs du Danemark n'était pas réalisable, ils se contentèrent de rendre évidente l'action qui se préparait, dans l'idée que les Juifs allaient s'en aller précipitamment et que les Danois les y aideraient volontiers. Le résultat final, du point de vue nazi, était que le Danemark se trouva « déjudaïsé ». Best ne se souciait pas le moins du monde de « sauver » les Juifs en tant que tels : pour l'heure, cela lui apparut comme la seule approche politiquement viable. Pour un récit convaincant du sauvetage d'environ 7 900 personnes, dont les Juifs et plusieurs centaines de leurs parents non juifs, voir Herbert, *Best*, p. 366-373.

« La police danoise ne participait pas à la poursuite de ces gens. Cela relevait de la commission militaire. Les poursuites incombaient à l'armée et à la police secrète allemande. Les personnes attrapées étaient remises à l'armée et jugées en cour martiale.

« J'ai passé un pacte avec la police danoise pour qu'elle nous aide à poursuivre ces saboteurs. Les Danois eux-mêmes pouvaient alors juger tous ceux qui étaient pris par leur police. Les divers partis étaient intacts – ils n'avaient pas été interdits au Danemark comme ils l'étaient en Norvège – et la police a accepté ma proposition. Si l'Allemagne gagnait la guerre, les prisonniers politiques bénéficieraient d'une amnistie ; ils resteraient quand même prisonniers parce que la peine de mort n'existe pas au Danemark. Si les Alliés gagnaient la guerre, ces hommes seraient libérés et deviendraient des héros. »

Le général Hermann von Hannekan, commandant de l'armée de terre au Danemark, devait être consulté à propos de ce pacte, a continué Mildner. Sa cour martiale devrait renoncer à juger les saboteurs arrêtés par la police danoise. « J'ai reçu la permission de Hannekan, mais j'avais besoin de l'approbation de Himmler. Elle n'était pas encore acquise, parce qu'il s'est produit quelque chose de nouveau dans l'intervalle. Jusque-là, il n'y avait pas de chef suprême des SS ou de la police au Danemark. Je relevais de Best. Après la déportation des Juifs et la multiplication des sabotages, Best a reçu un câble de Himmler : “Pour empêcher sabotage et meurtre par Danois, agissez sur-le-champ par contre-sabotage.” Best m'a appelé et m'a remis le câble. Il était dans tous ses états. Il redoutait que nous ne soyons obligés de prendre des otages et de les exécuter comme ils le faisaient en Norvège et en France. Ce faisant, Himmler allait ruiner tous mes projets de bonne entente avec les Danois. Entre autres projets, je comptais capturer les saboteurs et les faire disparaître de la circulation. Himmler allait compromettre la coopération de la police danoise. J'ai aussitôt adressé un câble à Müller pour lui parler du câble de Himmler.

« J'ai ajouté à ce câble qu'il était impossible d'exécuter l'ordre avec le personnel que j'avais, que la coopération entre la police allemande et la police danoise deviendrait illusoire, et que ce serait donc très mauvais pour la réputation de la police secrète allemande au Danemark. La coopération entre mes hommes et les autorités danoises était excellente à l'époque.

« J'ai dit à Müller qu'il ne servirait à rien de recourir au contre-sabotage – que c'était du massacre. » Que signifiait le contre-sabotage ? « Je vais l'expliquer dans un instant. C'est très intéressant. Chaque fois qu'un homme d'affaires danois ou allemand qui faisait des affaires avec les Allemands était assassiné, un Danois en vue serait assassiné – au départ, officieusement ; par la suite, c'est devenu tout à fait officiel. Ou, si une usine danoise travaillant pour l'Allemagne explosait à la suite d'un sabotage, on détruisait une autre usine travaillant exclusivement pour les Danois. » Une idée folle. « Oui, c'était l'idée de Hitler, pas celle de Himmler, je peux le prouver. Et si cela se faisait, c'en était fini du travail de la Sûreté au Danemark, parce que les meurtres et les attentats contre des entreprises n'en finiraient pas et que la réputation du Reich en pâtirait.

« Müller a admis qu'on ne pouvait demander aux autorités danoises de faire du contre-sabotage et a accepté d'envoyer un détachement de Berlin. Je crois que c'était juste une de ces idées spontanées comme Himmler en avait ; il donnait un ordre et il fallait l'exécuter tout de suite. Je me disais que Himmler pourrait oublier tout ça. » J'avais cru comprendre que c'étaient les ordres de Hitler. « Non. L'idée de base du contre-sabotage venait de Hitler. Voilà ce que je voulais dire.

« Je n'ai rien fait. Je savais que Günther Pancke devait venir à Copenhague, qu'il serait mon supérieur immédiat. J'ai décidé d'attendre son arrivée, puis de lui demander d'aller au QG et d'essayer de convaincre Himmler de renoncer. Je n'ai rien fait. Pancke est arrivé à la mi-octobre. Il est devenu le chef suprême des SS et de la police au Danemark.

« Je l'ai mis au courant de la situation. Best avait peur parce que nous n'avions encore rien fait en matière de contre-sabotage. J'ai demandé à Pancke d'aller voir Himmler. Il a accepté et y est allé à la mi-novembre. Ils se sont rencontrés en Prusse-Orientale, à Rastenburg. Pancke a dit que Himmler était furieux contre moi et exigeait des mesures immédiates de contre-sabotage par ses hommes. J'ai ajourné toute l'affaire. Il y avait encore un léger espoir de changement.

« Un tribunal des SS et de la police avait été mis en place pour les crimes commis au Danemark par des Allemands. Mais Pancke s'est opposé à mon plan de laisser la police danoise s'occuper des sabotages danois, parce qu'il était impatient d'étendre les pouvoirs du tribunal aux cours des SS et de la police. À Berlin, Kaltenbrunner et Müller étaient d'accord avec mon plan ; Pancke, agent de Himmler, l'a annulé et a amené Himmler à s'y opposer lui aussi. Le tribunal des SS et de la police n'est entré en activité qu'après mon départ du Danemark, en janvier 1944.

« Sur la persécution des Juifs, je souhaite juste ajouter une chose. Tous les jours, on recevait des lettres de Danois condamnant les actions contre les Juifs, contre les grèves. Un jour, Pancke a reçu un télégramme : il fallait arrêter le ministre danois de l'Économie avec sa famille. Je ne savais même pas qui était cet homme ni où il était. J'ai répondu à Himmler *via* Müller, ce qui nous a valu un nouveau câble de Himmler à Best : les ordres devaient être exécutés au Danemark. J'ai appris que le Danois était au ministère de l'Économie et avait déclaré que, si les Juifs étaient déportés, il y aurait une grève générale. J'ai renvoyé un câble : si nous arrêtions cet homme, il nous fallait arrêter tous les Danois, parce que toute la population pensait exactement comme lui. Ce sont des choses qui arrivent très souvent.

« Un jour, j'ai reçu l'ordre d'arrêter le consul italien de Copenhague parce qu'il était opposé à Mussolini. À l'époque, je me suis débrouillé pour que le consul se réfugie en Suède avec tous ses biens. » Mildner a eu un petit rire.

« Voilà pourquoi Hitler détestait les Danois : pour son anniversaire, Hitler avait félicité le roi du Danemark, qui lui avait répondu par un laconique "merci beaucoup". On dit qu'Hitler avait piqué une crise. Depuis ce jour, il détestait le Danemark. »

Du temps que Mildner était là-bas, le roi du Danemark n'a jamais été arrêté. De même, avant janvier 1944, il n'était pas interdit d'écouter des émissions de radio étrangères, pas plus qu'on n'a confisqué les capitaux juifs.

Que sont devenus les biens des quatre cents à cinq cents Juifs déportés à votre époque ? « Je ne sais pas. » Autrement dit, de votre temps, il n'y avait pas de lois concernant la confiscation des biens juifs. « Ça revient à ça. »

Lorsque la loi martiale a été proclamée au Danemark, a continué Mildner, les Allemands ont interné les trois mille hommes de l'armée danoise. Best et Mildner, a-t-il dit, ont essayé de les faire libérer. « Puis Himmler a eu cette idée folle de prendre l'armée danoise et de l'intégrer de force aux SS armés. Best s'est prononcé contre ce projet.

« Les actes de sabotage se sont multipliés, de même que les assassinats de militaires allemands, abattus d'une balle dans le dos. L'armée rapportait ces incidents quotidiens au QG, si bien que Hitler, Ribbentrop, Jodl, Keitel et les autres devaient être au courant.

« On ne recourait toujours pas au contre-sabotage. Un soir, un officier allemand a été abattu d'une balle dans le dos et l'armée a demandé des représailles, mais Best a essayé d'imposer des amendes. Pancke a pris peur de Himmler et m'a ordonné de fusiller plusieurs Danois séance tenante. Je lui ai dit que je ne savais pas qui, que nous ne pouvions pas simplement descendre dans la rue et abattre des Danois. Il m'a ordonné de prendre des prisonniers politiques. Trois détenus, des communistes, seraient traduits devant une cour martiale et abattus en tentant de s'évader. Tout était organisé d'avance. Himmler devait être informé que les trois Danois avaient été abattus en essayant de s'enfuir. » Que pensez-vous de la personnalité ou du caractère de Himmler ? « Je ne l'ai pas connu personnellement. Je sais qu'en Haute-Autriche quinze jeunes Allemandes avaient eu des relations sexuelles avec des travailleurs de l'Est. Himmler a condamné les filles à huit ans et demi de camp de concentration. » Qu'est-il arrivé aux travailleurs ? « Je présume qu'ils ont été exécutés. »

« À Cracovie, un officier de la police criminelle de plus de cinquante ans avait serré la main à un Juif. Himmler l'a su et l'a condamné à deux ans d'internement à Dachau. C'était au moment de la bataille de Stalingrad. Ça prouve que Himmler avait le temps de penser à ces choses ridicules.

« Pancke a fait exécuter les trois Danois pour apaiser Hitler et Himmler lorsqu'ils ont su qu'un officier allemand avait été abattu. Les trois ont été abattus. C'était dans la presse le lendemain. Himmler en a été informé.

« Himmler a compris qu'ils voulaient le duper. "Comment avez-vous pu ?" a-t-il câblé. Le lendemain, Pancke a reçu un ordre de Himmler : il était personnellement responsable du programme de contre-sabotage qui devait être mis en œuvre tout de suite. Et Pancke devait soumettre une liste de morts.

« Au sabotage suivant, Pancke a choisi deux noms dans une liste. Celle-ci contenait les noms et les professions des gens. Il n'y figurait pas de communistes. Le premier que Pancke ait sélectionné était prêtre et écrivain. Le second était aussi un écrivain. Tous deux devaient être assassinés sur-le-champ. De Berlin sont arrivés quatre hommes, avec peut-être un cinquième. Des Waffen-SS. »

Personnalité de Pancke ? « Un instrument impuissant entre les mains de Himmler, dont il avait peur, et qui le maltraitait. Himmler insultait Pancke comme un écolier. Pancke avait entre quarante-huit et cinquante ans et venait d'Allemagne du Nord.

« Pancke m'a donné l'ordre de faire sauter un musée à Copenhague, où les étudiants se réunissaient, et certains autres endroits. J'ai refusé en expliquant que j'avais besoin d'un ordre écrit de Himmler. Pancke s'est mis en rogne, mais ça ne s'est pas fait. Autre exemple : la police d'État était cantonnée. Ce cantonnement réunissait les services de Best, les miens, Pancke, et l'état-major, ainsi que le commissaire de la police ordinaire et ses hommes. À proximité se trouvait un grand hôtel de tourisme. Pancke a ordonné de le faire sauter à titre d'acte de contre-sabotage. J'ai demandé pourquoi. La raison en était qu'une fois, dans cet hôtel, la secrétaire de Pancke n'avait pu se faire servir un repas après 19 heures. Un décret de police interdisait rigoureusement aux restaurants de vendre après 19 heures.

« À Copenhague se trouvait un collaborateur de Best, Paul Barandon. Pancke m'a demandé de placer un explosif dans le bureau ou dans la maison de Barandon. Barandon était allemand. Pancke et Barandon avaient servi dans le même régiment au cours de la dernière guerre ; une vieille querelle les avait opposés des années plus tôt. Pour Pancke, cela suffisait. Mais la chose ne s'est pas faite.

« Les sabotages sont devenus plus fréquents. Le 18 décembre, je suis parti en permission. J'étais censé rentrer le 5 janvier. Arrivé à la maison, j'ai reçu un télégramme me demandant d'être à Copenhague le 29 décembre. L'ordre venait de Pancke, *via* son bras droit. Celui-ci m'en a donné plus tard la raison. Best, Pancke, Hannekan et Kaltenbrunner étaient tous convoqués le 30 décembre à déjeuner au QG de Hitler. Je suis allé à Berlin, j'ai fait mon rapport à Müller les 28 et 29 décembre et je lui ai dit que, parce que je n'exécutais pas les ordres de contre-sabotage, Hitler allait leur passer un savon. Et Müller a répondu : "Camarade Mildner, attention à vous. Himmler vous en veut."

« J'ai repris l'avion de Copenhague avec une petite idée de ce qui m'attendait. Le 1er janvier, Best m'a invité chez lui ; après le dîner, alors qu'on était seulement lui, sa femme et moi, au fumoir, il m'a parlé du voyage au QG de Hitler. Best et Pancke avaient été reçus à Rastenburg, s'étaient fait terriblement engueuler et promettre une bonne correction de Hitler s'ils ne menaient pas à bien le programme de contre-sabotage. En même temps, on avait signifié à Kaltenbrunner, Best et Pancke que Mildner devait disparaître immédiatement. Best et Kaltenbrunner ont essayé de me défendre, mais pas Pancke. C'est Müller qui me l'a dit plus tard. Du temps de Heydrich, j'aurais sûrement été traduit devant une cour SS. Pancke s'est fait sérieusement réprimander par Himmler, qui l'a mis à l'épreuve pour trois mois. Si d'ici là les ordres n'étaient pas exécutés, Himmler lui avait promis une action disciplinaire.

« Au déjeuner avec Hitler, se trouvaient Hannekan, Best, Pancke, Jodl, Kaltenbrunner, Keitel et Himmler. Ribbentrop a été malade tout le temps. Le déjeuner a duré trois heures, mais pas parce qu'il s'agissait d'un repas sophistiqué. Hitler a exposé ses plans pour le Danemark et a dit qu'on ne pouvait le rendre pacifique qu'au prix d'un contre-sabotage intensif. Autrement dit, meurtres et explosions. Tout cela ne devait pas être tenu secret. Si un Danois travaillant pour les nazis était assassiné ou si une usine danoise travaillant pour l'Allemagne était endommagée, le jour même il fallait s'en prendre à une usine danoise ou à une éminente personnalité ; et le lendemain, la presse devait s'en faire largement l'écho. “Des inconnus assassinent un grand scientifique danois” ou “Une usine a explosé”, devait rapporter la presse sur un ton satirique et ironique. Autrement dit, ça ne devait être un mystère pour personne. Les Danois devaient savoir. » Du terrorisme pur et simple ? « Oui. Hitler a tranquillement expliqué qu'il voulait que les choses se passent ainsi. Il est intéressant de signaler que personne n'a élevé d'objection ni répondu. C'était la loi, c'était le génie qui parlait.

« J'ai été relevé de mes fonctions le 31 décembre ; mon successeur, Otto Bovensiepen, a repris ma tâche le 5 janvier. Et je suis parti à Cassel. »

14 février 1946

Mildner a terminé son histoire sur le Danemark avant-hier, après une longue séance, et il a continué aujourd'hui. Il a paru moins enclin à parler, mais sitôt abordé le sujet de Katowice il s'est mis en marche comme un phonographe, et je l'ai à peine interrompu, le laissant raconter son histoire à sa façon, tel qu'il le voulait. Du côté de la dépression et de son mauvais appétit, des vomissements matinaux, il y a du mieux. Il a semblé plus vif et plus enjoué, mais aussi plus réservé que mardi.

« Je n'ai été qu'un court moment à Cassel, en tant qu'inspecteur du SD et des SS. Ce qui s'est passé là-bas est sans importance. » Et Katowice ? « J'y viens. Je suis resté trois mois à Berlin. À la mi-juin 1944, je suis allé à Vienne et j'y suis resté jusqu'à la fin de la guerre. Je tiens à vous éclairer sur le contexte en Silésie.

« Après la guerre de Pologne, la Silésie a été divisée en deux districts : le premier, la Basse-Silésie, dont la capitale était Breslau, et le deuxième, la Haute-Silésie, dont la capitale était Katowice. Des parties de la Silésie et de la Pologne ont été intégrées au Reich. Le district dans son ensemble comptait une population de 4,5 millions d'habitants. La Haute-Silésie, avant 1918, était pour une part allemande, pour une part (plus petite) russe et pour la majeure partie autrichienne. Les habitants étaient essentiellement allemands ou d'origine allemande, mais il y avait aussi des Polonais d'origine allemande ou des Polonais de pure souche. Il y avait deux groupes : une minorité polonaise possédant la citoyenneté allemande avant 1939, qui vivait sur le territoire du Reich, et un second groupe essentiellement allemand avant 1921, mais devenu polonais après.

« Le district lui-même était terriblement riche en charbon, en houille dure très précieuse ; il y en avait pour des millions et des millions. Il y avait là bien plus de charbon que dans la Ruhr, la Rhénanie et la Westphalie réunies. Au cours de la guerre, la production a dépassé toute celle de la région charbonnière occidentale. Partout où il y a du charbon, il y a d'autres industries. Il y avait d'immenses industries de guerre, des industries privées ; et, facteur supplémentaire, la région n'était jamais bombardée. Du fait des bombardements aériens à l'Ouest, une bonne partie de l'industrie fut transplantée sur ce territoire. IG Farben construisit de gigantesques usines à Auschwitz. On y produisait du caoutchouc synthétique, du fuel et autres produits chimiques liés. Il y avait des raffineries pour le pétrole roumain. Des usines de zinc et de fer, des aciéries. Des usines de panzers et de sous-marins.

« La Haute-Silésie n'étant pas sous la menace d'attaques aériennes, elle était la région industrielle la plus importante du Reich. À l'est, elle avait une frontière avec la Pologne. Au sud, avec la Slovaquie. Au sud-ouest, avec le protectorat de Moravie. À l'ouest, avec la Basse-Silésie et le territoire des Sudètes.

« Le taux de criminalité politique et de droit commun était élevé avant 1914 sur ce territoire. Pour commencer, il était terriblement surpeuplé et, en second lieu, il y avait un inhabituel mélange de populations. Et il y avait les trois frontières de la Russie, de l'Autriche et de l'Allemagne. À sept kilomètres et demi seulement à l'est de Katowice, trois frontières. Des pans entiers de la population se livraient à la contrebande ; des bagarres s'ensuivaient. Il était facile de passer d'un pays à l'autre pour échapper aux poursuites après avoir commis des méfaits dans un pays. Quiconque commettait un crime en Autriche pouvait aller en Russie ou en Allemagne, et inversement. Le crime se propageait. La haute trahison se généralisait : Russes contre le gouvernement russe, Allemands contre l'Allemagne, Autrichiens contre l'Autriche. En 1920-1921, il y eut trois soulèvements polonais contre le gouvernement. Essentiellement en territoire allemand. Des milliers et des milliers d'Allemands furent assassinés par les Polonais. En 1939, quand les troupes allemandes occupèrent le territoire, apparurent des mouvements clandestins et des mouvements de résistance ; des groupes qui étaient linguistiquement mélangés s'engagèrent dans des activités politiques. Une bonne partie de la population polonaise fut illégalement organisée afin de procurer des armes et des explosifs. Il y eut quantité d'assassinats.

« Telle était la situation quand je suis arrivé à Katowice le 1er mars 1941. » Son supérieur le plus haut gradé était l'administrateur de district du parti pour la Haute-Silésie, Bracht. Ce dernier concentrait « entre ses mains » tous les pouvoirs du parti. Pour ce qui est de la Sûreté, il a eu deux supérieurs, tous deux basés à Breslau. Bach-Zelewski était chef de la SS et de la police en Haute et Basse-Silésie. Il a remplacé Schmauser en mai ou juin 1941 [1].

Mildner fit savoir à Bracht qu'il ne connaissait pas le territoire parce qu'il n'y avait encore jamais été. « Il m'a mis au courant de la situation, que la Haute-Silésie était la province la plus importante du Reich, dont pouvait dépendre la victoire ou la défaite dans la guerre. Bracht s'est dit prêt à gouverner d'une main de fer afin de maintenir la sécurité.

« Il m'a dit craindre un soulèvement polonais. Les Polonais opéraient par tous les moyens et toutes sortes d'organisations, avec des bombes à retardement, qui pouvaient agir jusqu'à Breslau et Berlin. Des Polonais déclenchèrent un incendie dans une gare de chemins de fer de Berlin. Ils entretenaient des réseaux d'espions dans l'ensemble du Reich. Bombes à retardement. Destruction de voies. Eau empoisonnée. Policiers allemands tués. Militaires abattus. Des groupes de quatre-vingts bandits combattaient avec des pistolets et des grenades dans les bois. À la même époque apparurent des bandes de criminels qui dévalisaient les fermes et les maisons. Il y avait des vols tous les jours. On assassinait aussi les Polonais qui étaient nommés maires. À l'époque où j'y ai servi, la police a déploré plus de cent morts. À Cracovie et à Varsovie, c'était encore plus agité. Des trains étaient attaqués en plein jour, tous les Allemands abattus. Soulèvements déclarés en territoire polonais. Soulèvements à Varsovie et dans d'autres districts.

« Il n'y avait pas de personnel militaire en Haute-Silésie. Seulement la police ordinaire, qui était divisée entre les villes, et la police d'État, comptant deux cent cinquante hommes pour toute la région de Katowice. On vivait dans la peur constante que les émeutes fassent tache d'huile, et on ne pouvait compter sur l'aide de la population. La population polonaise ne remettait aucun criminel polonais aux Allemands. La population allemande redoutait des représailles tant les criminels étaient bien organisés.

« La crainte était donc que l'Allemagne perde la guerre, que le territoire redevienne polonais et que les Polonais exercent de terribles représailles comme ils l'avaient fait en 1920-1921.

1. Ernst Heinrich Schmauser (né en 1890) était un dirigeant SS et, du 1er mai 1941 jusqu'à 1945, il fut le chef suprême des SS et de la police à Breslau. Le camp d'Auschwitz relevait de sa juridiction.

« Le 1er juin 1942, l'administrateur de district du parti a proclamé la loi martiale. Le ministre de la Justice, Otto Thierack, et le ministre de l'Intérieur, Frick, avec Himmler et Heydrich, acceptèrent de mettre une cour martiale à la disposition de Bracht. Pour la cour martiale, le président de la cour devait être le chef de la police d'État, c'est-à-dire moi. Le deuxième membre de la cour martiale était le chef de la police criminelle. Et il devait y avoir un autre membre. Cette cour avait à juger de tous les crimes politiques et de droit commun commis contre les intérêts de l'Allemagne. »

Otto Ohlendorf
1907-1951

*Membre du parti national-socialiste depuis 1925, chef des services de sécurité de l'Office central de la Sécurité du Reich au cours de la Seconde Guerre mondiale, commandant de l'*Einsatzgruppe D *sur le front est, et général de corps d'armée SS à compter de novembre 1944.*

Condamné à mort en avril 1948 à Nuremberg, il fut pendu le 8 juin 1951.

1er mars 1946

Otto Ohlendorf est né à Hanovre en février 1907. En fait, il a dit qu'il était né à Hoheneggelsen, près de Hanovre. Il y a vécu jusqu'en 1927. Il fait plus que ses trente-neuf ans ; il paraît usé, et a un peu l'air d'une goule. C'est un homme de petite taille, aux épaules tombantes, impassible. Il a tendance à s'exprimer avec précision, mais ses manières sont celles d'un homme qui s'attend à être insulté à tout moment et qui est sur la défensive.

Il a fait trois ans d'école primaire ; le lycée à Hildesheim : neuf ans de lycée, redoublé deux années. Une année, il n'a pas été reçu ; l'autre, il aurait été recalé en raison de ses activités politiques. C'était en 1925.

Quand avez-vous adhéré au parti nazi ? « 1925. » Pourquoi avez-vous été recalé ? « Parce que je prenais la parole dans de nombreuses réunions publiques, dans les villages. » Il avait dix-huit ans et parlait publiquement de questions touchant le SD et notamment contre un parti dissident de Hanovre, les Guelfes. Les Guelfes comptaient deux factions : une monarchiste et une républicaine. Ohlendorf était hostile aux deux, parce qu'il était « contre la destruction et la division de la Prusse ». Vous avez rencontré Hitler en 1925 ? « Non. » Vous discutiez d'antisémitisme à dix-huit ans ? « Il y avait des questions politiques d'ordre général. L'antisémitisme était de celles-là. »

À dix-huit ans, quelles étaient vos vues sur les questions juives ? « Des vues générales – ce qui m'intéressait le plus, c'était d'en finir avec les luttes de classe et les questions sociales. Dans le passé, j'avais fait partie de la Jeunesse Bismarck : tous ces partis étaient représentés dans une classe du peuple. Le NSDAP représentait le peuple tout entier, indépendamment des classes. » Et les Juifs ? « Ils étaient membres d'autres partis. » Alors comment pouvez-vous imaginer que le NSDAP représentait la totalité du peuple ? « Je veux dire qu'il représentait toutes les classes. »

À quand remontent vos premiers sentiments antisémites ? « Ça remonte à l'époque du Parti populaire national allemand. Il était antisémite. Le chef en était Alfred Hugenberg, qui a été ministre de l'Économie et de l'Agriculture en 1933 [1]. »

L'antisémitisme de Hugenberg était-il du même type que celui de Hitler ? « Je ne peux pas dire. » Hugenberg prônait-il l'extermination des Juifs ? « J'en doute. Ce n'était pas au programme de Hitler avant 1942. » 1942 ? « C'est à cette date que Hitler a donné les ordres. » Avez-vous suivi les ordres ? « Je n'étais pas au courant de l'ordre général à l'époque. Je l'ai découvert ici. Je suis convaincu que Hitler n'aurait pu obtenir le soutien du peuple ni même des membres du parti à cette idée. »

« Pour revenir en arrière, plus tard, après 1925, l'antisémitisme a été abandonné, et on s'est contenté d'insister sur les différences entre nationalités. » Quand a-t-on fait renaître l'antisémitisme ?

1. Alfred Hugenberg (1865-1951) était un magnat de la presse et le chef du Parti populaire national allemand (DNVP) ; après les élections de mars 1933, il participa au gouvernement de coalition de Hitler. Hugenberg fut rapidement écarté, et son parti dissous en juin 1933.

« En 1942-1943. » N'est-ce pas vous qui avez témoigné à propos de la tuerie de quatre-vingt-dix mille Juifs ? « Oui. » Et il n'y avait pas d'antisémitisme dans l'Allemagne nazie avant 1942-1943 ? « En 1938, ces persécutions n'étaient pas de l'antisémitisme. Bon nombre de Juifs avaient des positions plus avantageuses qu'ils n'auraient dû au vu de leur pourcentage dans la population. Ces positions auraient dû revenir à des Allemands. C'est ce qui explique l'action que Goebbels a lancée fin 1938 contre les Juifs. » Tous les Juifs ont donc été dépossédés ? « Non, ce n'est pas ce que Goebbels disait vouloir. L'action de novembre 1938 qu'il a lancée contre les Juifs sans l'assentiment de Hitler consistait selon lui en des représailles à l'assassinat à Paris d'un fonctionnaire nazi par le Juif Herschel Grynszpan. » C'est ce que vous croyez ? « Non. Goebbels cherchait simplement un prétexte [1]. » Avez-vous connu personnellement Goebbels ? « Oui. » Quel genre d'homme était-ce ? « Je l'ai rencontré à plusieurs reprises. Il était intelligent, fanatique ; du fait de son pied-bot, sans doute souffrait-il d'un complexe d'infériorité : il savait qu'à cause de son apparence physique il ne pourrait jamais être dirigeant. Dans sa propagande, il n'avait aucun scrupule. Je me suis toujours opposé à Goebbels. J'ai toujours voulu qu'on éduque les gens d'une manière large tandis que Goebbels essayait de leur apporter des connaissances sur le moment seulement. Goebbels considérait les êtres humains comme des objets à utiliser à des fins politiques – sur le moment. »

Avez-vous fait quoi que ce soit de concret contre Goebbels ? « Mes rapports au SD se référaient toujours à ces faits. » Quoi d'autre concernant Goebbels ? « J'ai toujours eu le sentiment que Goebbels ne respectait pas le peuple dans son ensemble. Il était irréfléchi dans ses relations au sein de son propre bureau. Il n'avait aucune considération pour personne. Il ne s'intéressait qu'au gouvernement. Il tenait sa façon de gouverner de la hiérarchie catholique. Pour autant que je sache, Goebbels avait fréquenté une école catholique et avait été élevé dans un cloître. » Il semble s'être retourné contre les catholiques. « Oui, mais ça ne l'a pas empêché d'accepter des méthodes de gouvernement autoritaires. Goebbels n'avait foi qu'en lui-même. »

Études : Ohlendorf a fini par obtenir son bac et a fait des études de jurisprudence et d'économie à Leipzig, puis à Göttingen. Il a passé un an en Italie à étudier le fascisme, en 1931, dans le cadre d'un échange universitaire. « À mon retour, j'étais un antifasciste fanatique. Puis j'ai commencé à plaider en octobre 1933 et je suis

1. Il s'agit du pogrome du 9 novembre 1938.

devenu assistant à l'Institut d'économie mondiale à l'université de Kiel. »

Étiez-vous encore au NSDAP ? « Oui. » Comment pouviez-vous adhérer à un parti fasciste et être un antifasciste fanatique ? « C'est regrettable que vous confondiez les deux choses. Il y a une grande différence. Le fascisme est un principe purement étatique. Mussolini a dit en 1932 : “La première chose, c'est l'État, et c'est de l'État que procèdent les droits et le destin du peuple. Les hommes viennent après.” Dans le national-socialisme, c'était le contraire. Le peuple et les êtres humains en premier, puis l'État. »

C'est ce que vous croyez ? « Je le croyais. Ce qui est dommage, c'est que Hitler ait tant haï l'État, le gouvernement n'a jamais fonctionné. » Vous pensez que Hitler aimait vraiment les gens ? « Oh oui. La faute que je perçois chez Hitler, c'est qu'il a délaissé ce fondement initial, son amour du peuple, et a recherché la reconnaissance des autres nations en menant des guerres. » Vous pensez que Hitler aimait vraiment les gens s'il a ordonné la destruction de millions de Juifs ? « C'est ce qui a scellé la chute de Hitler. » Mais vous pensez que Hitler aimait les gens ? « En 1933-1939, Hitler a fait des choses formidables pour le peuple allemand. » Vous pensez que Hitler aimait les gens en général, ou juste un concept connu sous le nom de *Volk* ? « Je ne peux pas répondre de façon générale. » Soyez aussi précis que vous le désirez. « Eh bien, il aimait le peuple allemand. » Aucun autre peuple ? « Je ne sais pas. » Vous pensez que Hitler aimait les gens alors qu'il a ordonné de tuer hommes, femmes et enfants indépendamment de la couleur, de la race ou de la foi, de sang-froid, non pas lors d'une bataille contre une ville ni lors de raids aériens, mais en rang d'oignons devant des fosses – vous savez mieux que moi comment ? « Je ne peux pas répondre à vos questions de façon générale ni avec des exemples. Je ne connais pas les raisons psychologiques qui ont amené Hitler à faire ça. »

Vous-même, qu'en pensez-vous ? « On ne peut pas généraliser, quand on se place du point de vue allemand. Combien de gens au juste ont été abattus à cause de leur race ou de leurs croyances, je n'en sais rien. Il n'y a pas eu beaucoup d'Allemands exécutés. Hitler croyait le faire pour le bien du peuple allemand. » Comment Hitler pouvait-il aimer les gens et en exécuter d'autres ? « Hitler l'a fait pour son peuple. Hitler ne croyait pas que cela finirait ainsi. » Qu'en pensez-vous ? « Hitler ne s'attendait pas à une guerre mondiale. » Le monde entier semblait s'attendre à la guerre. « Je ne crois pas qu'on puisse répondre simplement à de telles questions. » Quelle est votre idée ? « Je n'ai pas dit que c'était un homme merveilleux ; nous avons commencé par discuter de la définition du fascisme et du nazisme. » Dans les faits, y avait-il la moindre différence ? « Le chef de l'État en Allemagne a adopté des convictions impérialistes. L'extermination des Juifs remonte aux campagnes de Streicher, de Goebbels et de Ley, qui ne cessaient de souligner que les Juifs étaient les ennemis du peuple allemand. » Comment avez-vous pu imaginer qu'un petit enfant juif de six mois devait être tué ? C'était un ennemi ? « Dans l'enfant, nous voyons l'adulte. Je vois le problème autrement. » Comment ? « En 1933-1934, je voyais la question juive de cette façon : donner aux Juifs une région où ils auraient une base et ils pourraient avoir des minorités dans d'autres pays. Il ne s'est rien passé de particulier, jusqu'à l'action de Goebbels en 1938. Jusqu'en 1938, il n'y avait pas de plan visant à exclure les Juifs de la vie économique. Les experts économiques n'y ont jamais souscrit. »

En quoi a consisté votre déposition devant la cour ? « J'ai raconté comment un *Einsatzgruppe* a reçu l'ordre de liquider les Juifs en Russie. Ce n'était pas un ordre antisémite ; les Juifs de Russie passaient plutôt pour le principal vecteur du bolchevisme là-bas. C'est contre ma volonté que j'ai reçu l'ordre de diriger un *Einsatzgruppe* en Russie. Il y avait cinq cents hommes. Pour la plupart, des policiers ordinaires et des Waffen-SS. La région comprenait Odessa et allait de Nikolaïev à Rostov et à la Crimée. » Saviez-vous quelle devait être votre fonction ? « Oui. Je connaissais les ordres. Les *Einsatzkommandos* relevant des colonels-généraux exécutaient les ordres. » Et vous étiez général de corps d'armée responsable d'un *Einsatzgruppe* ? « Non, je n'étais que général de brigade à l'époque. C'était en 1941-1942. » Qu'a fait votre *Einsatzgruppe* ? « Les Juifs ont été exécutés de manière militaire, alignés en rang. Il y avait des pelotons d'exécution de quinze hommes. Une balle par Juif. Autrement dit, un peloton d'exécution de quinze hommes exécutait quinze Juifs à la fois. » Vous surveilliez, vous étiez témoin ? « J'ai été là-bas deux fois, pour de courtes périodes. » Les victimes étaient-elles des hommes, des femmes et des enfants ? « Oui. » On fusillait les enfants ? « Oui. » Uman relevait-il de votre territoire ? « Non. Uman est en Ukraine [1]. » Combien de Juifs votre groupe a-t-il tués ? « Quatre-vingt-dix mille déclarés. En réalité, je crois, entre soixante et soixante-dix mille seulement ont été exécutés. » Vous teniez des archives ? « Pas individuelles. » D'où venaient ces Juifs exécutés ? « De villes russes. »

1. Uman relevait bien de la sphère d'activité d'Ohlendorf : 24 000 personnes y furent massacrées.

Vous aviez le sentiment de bien faire ? « Personnellement, je n'ai jamais eu à le faire. » Vous ne l'avez pas dirigé ? « Si. Mais les ordres étaient donnés aux chefs des *Einsatzkommandos*. Tout ce que j'avais à faire, c'était de veiller que ce soit fait aussi humainement que possible. » Vous le referiez ? « Je n'ai rien fait. » Vous dirigeriez à nouveau ces opérations ? Vous obéiriez encore à un tel ordre ? « Je ne pense pas qu'une telle question soit juste. Je crois que vous pouvez m'épargner cette question. J'ai assez souffert depuis des années. Bien des gens devaient exécuter des ordres qu'ils désapprouvaient. Par deux fois j'ai repoussé l'ordre ; la troisième, j'ai dû obtempérer. L'ordre venait de Heydrich. » Votre appétit ou votre sommeil en ont-ils été perturbés ? « Bien sûr. Et j'ai dû relever de leurs fonctions les gens qui faisaient des dépressions nerveuses. » Beaucoup ? « Quelques-uns. » Pas de sadiques parmi les bourreaux ou dans votre personnel ? « Non. Ces gens recevaient l'ordre de faire cela : ils n'étaient pas sélectionnés. L'ordre leur en était donné, et donc ils le faisaient. »

À ce stade, Ohlendorf s'abandonne d'un air triste à ses souvenirs. Il a rejeté le poids du massacre sur Heydrich. Il n'éprouve aucun remords, si ce n'est de manière on ne peut plus formelle. Il a l'air d'une goule usée, et sa conscience, si l'on peut employer cette expression, sonne aussi clair qu'un grelot, et aussi creux. Il y a pénurie d'affects, mais rien à signaler d'un point de vue clinique. Son attitude se résume à ceci : « Pourquoi me blâmer ? Je n'ai rien fait. »

« Ces Juifs se tenaient debout, alignés, on les exécutait à la manière militaire. Je veillais à ce qu'il n'y ait pas d'atrocités ni de brutalités. » Y avait-il une limite d'âge ? « Il n'y avait pas de limite d'âge. » Il a réfléchi un moment, puis a dit d'un ton morne : « Grâce à Dieu, très peu d'enfants ont été exécutés. » Combien ? « Je ne sais pas. À peine mille. » Quatre-vingt-dix mille exterminations déclarées, mais juste un millier d'enfants ? « La façon dont les Alliés ont traité les Allemands était au moins aussi moche que l'exécution de ces Juifs. Le bombardement des villes, avec des hommes, des femmes et des enfants brûlés par le phosphore : ces choses qu'ont faites les Alliés. » Avez-vous jamais entendu parler de Coventry ? « Il y en a eu des deux côtés. Je ne veux pas invoquer des excuses, mais juste énoncer les faits. »

Les lois raciales nazies : qu'en pensez-vous ? « Elles sont bonnes. Les sionistes pensent exactement la même chose : différencier le peuple allemand du peuple juif. Parfaitement bonnes. » Et les lois de Nuremberg, qu'en pensez-vous ? « Je ne me souviens pas des lois de Nuremberg. » Lorsque ont été promulguées les lois de Nuremberg, vous n'aviez pas d'objection ? « Non. »

Quelle est votre opinion sur le principe du Führer ? « Je suis opposé à tout principe du Führer s'il conduit à une dictature. Mais le principe du Führer pourrait aussi permettre à quelqu'un qui aurait un bon caractère de se faire chef, et ce serait bon. » En général, approuvez-vous, oui ou non, le principe du Führer ? « Je dois d'abord comprendre ce que l'on entend par principe du Führer. Tel que le Reich l'applique, je m'y oppose. »

Quelle est votre opinion concernant le principe du *Volk* et de l'idée de race des maîtres ? « Les peuples, pris séparément, sont différenciés – ça va contre le principe national. » Je ne vous suis pas. « Le principe national repose sur des nationalités particulières et sur les capacités que possèdent ces nationalités. » Par exemple ? « Je veux dire que chaque nationalité a des capacités qui lui sont propres. »

Alors pourquoi avoir fusillé quatre-vingt-dix mille Juifs ? « D'abord, ce n'est pas moi qui les ai fusillés. Ce sont des pelotons d'exécution. En second lieu, je ne l'ai pas approuvé. »

En ce cas, pourquoi être allé jusqu'au bout ? « Que pouvais-je faire d'autre ? » Si vous le désapprouviez, vous auriez pu protester et refuser, il me semble. « Où pouvais-je déserter ? J'étais lié à Hitler par serment. » Tenu par serment de perpétrer des meurtres de masse ? « Tenu par serment. » Tenu de quoi faire ? Que disait le serment ? « Je me serais tué que je n'aurais pu l'empêcher. Cela se serait quand même produit comme prévu. Ces ordres ont été donnés aux *Einsatzkommandos* de Berlin avant qu'ils ne rejoignent mon groupe. » Le chef de commando avait plus de pouvoir que le chef de groupe ? C'est ce que vous voulez dire ? « Non. Je recevais moi aussi des ordres de Berlin. »

Et après ce petit épisode de l'*Einsatzkommando* en 1941-1942, vous avez été promu de général de brigade au grade de général de corps d'armée ? « Oui. » Votre carrière n'a donc pas souffert des troubles émotionnels liés à l'exécution des Juifs ? « Je vous ai dit que j'étais très remué. Mais ça n'a pas eu d'effet sur mon efficacité et je suis passé à d'autres domaines. »

Combien de temps avez-vous passé en Russie ? « Un an. » Ça a pris combien de temps, d'en tuer quatre-vingt-dix mille ? « Un an. » Quel était le maximum en un seul jour ? « Quatre ou cinq mille en un jour. » Les Juifs qui allaient être tués le savaient-ils ? « Une dizaine de minutes avant l'exécution. » Y a-t-il eu des troubles ? Combien de petits enfants incapables de se tenir debout ont-ils été exécutés ? « Je ne sais pas. Je n'en ai vu aucun. » Pas de rapports ? « Rien que les chiffres. »

« Je vous ai dit toutes les nuits blanches que j'ai passées, à quel point ça me perturbait intérieurement. » Mais vous avez continué de travailler pour les nazis jusqu'à atteindre le grade de général de corps d'armée ? Ohlendorf ne répond pas. Il reste assis, serrant les lèvres d'un air assez revêche. Aucune des questions n'a été posée d'un ton hostile.

Votre femme était-elle au courant de cette histoire d'*Einsatzgruppe* ? « Non. » L'avez-vous vue depuis 1941-1942 ? « Je l'ai vue, mais je ne lui ai jamais parlé de ces choses. À mon avis, ce n'était pas un bon sujet de conversation pour une femme. »

C'est parfaitement normal d'exécuter des femmes, mais ça n'est pas bien de parler de tueries à des femmes ? « Pour commencer, je n'ai pas exécuté de femmes. Je n'ai fait que superviser. »

D'une manière générale, comment vous décririez-vous : émotif, froid ? « Émotif. » Avez-vous jamais pensé à vos enfants lorsque vous étiez dans cette situation ? « Ça a été ma première réaction. » Mais ça ne vous a pas arrêté ? « Je ne pouvais pas l'arrêter. » Vous ne pouviez pas tomber malade ou fuir ? « Ça n'aurait rien changé. Par ma présence, je pensais pouvoir empêcher des actes inhumains. » Que voulez-vous dire ? « Si vous parlez à des gens présents à Uman et à d'autres endroits, vous conviendrez qu'il vaut mieux que des gens bien soient présents pour éviter des sales exécutions. »

Qui est responsable de ces crimes ? « Le Führer et Himmler. »

Père : Mort de vieillesse, en 1943, à quatre-vingt-quatre ans. Paysan.

Mère : Soixante-douze ans, en bonne santé.

« Mon père était un homme très émotif, franc et honnête. Politiquement, il appartenait au Parti populaire allemand, il était libéral. » Était-il antisémite ? « Non. » Pensez-vous que votre père aurait exécuté ces ordres ? « Je ne sais pas. » Était-il une forte personnalité ? « Oui. » Pensez-vous être une forte personnalité ? « Oui. » Vous devez donc réellement haïr les Juifs. « Non. Nous avons été élevés dans une discipline très stricte et habitués à exécuter les ordres. Mes émotions humaines étaient les mêmes que celles des autres. »

Comment vous entendiez-vous avec votre père ? « Pendant de longues années, on ne s'est pas bien entendus. Mais dans les dernières années, bien. Mes activités politiques de jeunesse heurtaient les idées de mon père. »

Quel genre de personnalité est votre mère ? « C'est une bonne maîtresse de maison, une femme droite. » Du point de vue de la personnalité, à qui ressemblez-vous le plus ? « À mon père. » En quoi ?

« Inclinations scientifiques. Je voulais devenir professeur de philosophie, de sociologie et d'économie nationale. » Quel est le niveau d'études de vos parents ? « Faible. Mais mon père lisait beaucoup. »

Fratrie : Il est le plus jeune d'une fratrie de quatre. Frère de cinquante ans, chimiste, n'a pas fait la guerre, marié, trois enfants, hostile au parti nazi. Il est « libéral et théosophe ». Il se réclame d'une religion « d'après Steiner ». Il n'est pas antisémite ; il adhère à une « religion anthroposophique [1] ».

Enfants, vous aviez des amis juifs ? « Non. L'occasion ne s'est jamais présentée. Il n'y avait pas de Juifs dans ma ville natale. » Quand avez-vous rencontré un Juif pour la première fois ? « Je ne me souviens pas. Des marchands juifs traversaient la ville. » Votre père était contre les Juifs ? « Non. » Votre mère ? « Non. »

Frère, quarante-neuf ans, paysan, a fréquenté l'école publique et une école agricole. Il a été deuxième classe au cours de la Première Guerre mondiale. La politique ne l'intéressait pas, mais il a rejoint le parti nazi après 1933. Il est célibataire. Sa mère tient sa maison. Il « n'a pas eu de chance avec certaines femmes et n'a jamais réussi à se marier ».

Sœur, quarante-sept ans, célibataire, possède une affaire de textiles, détaillante, jamais mariée. « Elle a sans doute adhéré au parti après 1933, mais elle n'a jamais été militante. »

Sur le plan affectif, duquel de vos frères ou sœur vous sentez-vous le plus proche ? « C'est avec mon frère aîné que j'ai eu le plus de contacts. J'ai eu des discussions intellectuelles avec lui sur l'anthroposophie. Nous avons le sens de la famille. » Il y a une raison particulière au fait que votre sœur ne se soit pas mariée ? « On peut dire qu'elle appartenait à une génération de guerre. »

Ohlendorf rechigne à s'étendre sur sa famille ou ses frères et sœur, mais nous avons réussi à poursuivre quelques minutes de plus sur le sujet. Je crois qu'au fond cela se résume à une relation affective minimale entre lui et tous les membres de sa famille, et à une forte hostilité entre lui et son père. Il ne semble pas y avoir de relation particulièrement chaleureuse entre Ohlendorf et sa mère, bien que l'hostilité paraisse moins évidente envers elle. Il a dit que sa mère avait une préférence pour son fils aîné.

Vie conjugale : Marié depuis douze ans. Épouse, trente-neuf ans. Ils se sont connus sept ans avant de se marier. Se dit heureux en ménage, jamais séparés.

1. Allusion au philosophe, homme de science et éducateur autrichien Rudolf Steiner (1861-1925), fondateur d'un mouvement spirituel, l'anthroposophie.

Enfants : Cinq. Fille de neuf ans ; garçon de sept ; garçon de cinq ; garçon de deux ans et demi et fille née en mai 1945.

Religion : Protestant. Il a quitté l'Église en 1942. Sa famille, sa femme aussi ont quitté l'Église cette année-là. Ils sont retournés dans le sein de l'Église en mai 1945. Pourquoi avez-vous quitté l'Église ? « Parce que je n'étais pas d'accord avec le dogme de l'Église. » Par exemple ? « J'avais le sentiment qu'elle était en conflit avec l'État. »

Connaissez-vous Bach-Zelewski ? « Je l'ai connu [*sic*] deux fois à Berlin et depuis que je suis ici en prison. » Que pensez-vous de lui ? « Je ne le reconnais guère ici. Il était très égocentrique, il essayait d'aller de l'avant sans faire preuve de considération pour les autres. » C'est tout ce qu'Ohlendorf devait dire de Bach-Zelewski.

Des projets pour l'avenir de l'Allemagne ? « Je dépolitiserais l'Allemagne. Intensifierais l'agriculture. Créerais deux millions d'emplois de travailleurs. Deux à trois millions d'emplois agricoles. Réunirais des groupes volontaires de gens partageant les mêmes intérêts. La jeunesse elle-même est hostile à toute forme d'éducation militariste. Je me suis opposé à la politisation et je tenais Ley et Goebbels pour des adversaires du national-socialisme. »

Oswald Pohl
1892-1951

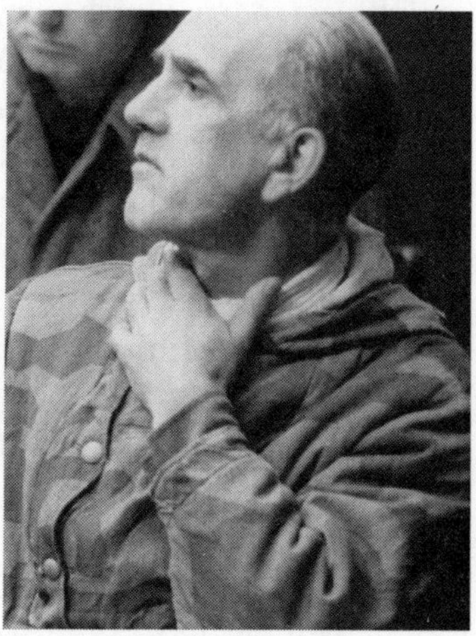

Chef de l'Office économique et administratif central SS, Oswald Pohl fut jugé en 1947 par un tribunal militaire américain, et pendu le 8 juin 1951.

4 juin 1946

Le 27 mai 1946, les autorités britanniques ont capturé cet homme de cinquante-quatre ans qui se cachait dans le nord de l'Allemagne depuis la fin de la guerre. Un grand gaillard trapu, aux cheveux mal peignés, avec une barbe de deux ou trois jours et des habits en haillons. On observait de légères écorchures superficielles du côté gauche de son visage. Il a dit à ce propos avoir été maltraité par les soldats britanniques – « une douzaine » – dans la prison où il fut conduit après son arrestation.

Cet homme apparemment passif s'exprimait d'une voix douce : « Je n'ai rien contre les hommes qui me battent parce qu'il y a indubitablement des brutes dans toutes les nationalités, et les Anglais n'y font pas exception. » Il a observé que, très certainement, du fait qu'il était haut placé sous Himmler, les gens le tenaient pour coupable avant même son procès. Il a demandé si on lui accorderait un avocat de la défense, parce qu'il comptait prouver son innocence et démontrer qu'il n'avait jamais agi de façon déshonorante. Il s'est montré courtois, déférent et doucereux.

Il a expliqué qu'il avait en charge tous les problèmes administratifs et économiques des SS. Il était chef du WVHA (Direction économique et administrative centrale) des camps de concentration et de leurs usines travaillant pour la production de guerre. Les SS dirigeaient une trentaine d'usines : par exemple les Ateliers allemands de matériel à Dachau et Oranienburg ou les Carrières à Oranienburg. Ces usines produisaient des armements [1].

Pohl est né à Duisbourg, en Rhénanie, le 30 juin 1892. À sa connaissance, il n'y a rien à signaler concernant sa naissance, et il s'est développé normalement. Il n'a souffert d'aucune maladie grave, si ce n'est d'une diphtérie sans complications dans son enfance et d'épisodiques maux de gorge.

Je lui ai demandé s'il avait beaucoup de contacts directs avec Himmler. Réponse : « Oui. Au début, je le voyais constamment, mais par la suite, quand j'ai accédé à un poste très important, je ne l'ai vu qu'une fois tous les trois mois. Je parlais seulement à Himmler des affaires économiques, comme des approvisionnements, de l'habillement et de tous les problèmes liés aux usines, au travail concentrationnaire, etc. »

Avait-il jamais rencontré le Dr Emil Puhl, le vice-président de la Reichsbank, afin d'organiser le dépôt de l'or des camps de concentration dans sa banque ? « Il m'est arrivé de rencontrer Puhl pour affaires officielles concernant le dépôt d'or à la Reichsbank. Mais surtout quand il m'a aidé à trouver des fonds étrangers pour acquérir des terres à l'Est. »

Pohl a fait sept ans d'école primaire, puis encore sept ans de lycée. Il était « bon élève » et a obtenu son brevet à vingt ans. Il s'est engagé aussitôt dans la marine, où il est devenu commissaire. Il y est resté jusqu'au 31 janvier 1934.

1. Sur l'aspect économique des camps de concentration et les études dans ce domaine, voir l'étude récente de Michael Thad Allen, *The Business of Genocide : The SS, Slave Labor, and the Concentration Camps*, Chapel Hill, 2002.

Il a quitté la marine après vingt-trois ans de service pour entrer dans la SS. Il a été chargé d'en organiser la section administrative et économique. Il est resté à ce poste, qui a pris de plus en plus d'importance jusqu'à la fin de la guerre.

Il s'est marié deux fois. Son premier mariage s'est achevé par un divorce en 1936, au bout de dix-huit ans, « pour incompatibilité ». Il a eu trois enfants de sa première femme, de trois ans plus jeune que lui. En 1942, il a épousé une jeune veuve, de quatorze ans sa cadette, qui avait déjà trois enfants et qui, depuis leur mariage, lui a donné un enfant.

5 juin 1946

Aujourd'hui, Pohl paraissait propre sur lui et soigné de sa personne. Il portait les mêmes habits loqueteux, mais il s'était rasé et les écorchures de son visage observées hier étaient à peine visibles. Il a un visage massif et carré, avec de grands traits réguliers, de rares cheveux gris avec une calvitie au sommet du crâne et une malocclusion dentaire frontale.

Je lui ai demandé comment s'était passé son interrogatoire hier. Il a répondu qu'il avait duré trois heures et qu'il avait été un peu fatigant, mais que ses nombreux interrogateurs l'avaient questionné courtoisement. Ils l'avaient confronté à divers documents et lui avaient posé de nombreuses questions détaillées, auxquelles il était difficile de répondre promptement, « parce que, après douze années dans la SS, on ne peut pas se souvenir de tout ». Il a ajouté avoir pris le parti de dire la vérité et de ne rien cacher.

Nous avons continué sur son histoire personnelle. L'an passé, alors qu'il se cachait, il était en contact avec ses deux filles et sa belle-fille. Il a vécu chez celle-ci de manière épisodique, mais le plus souvent il a travaillé comme ouvrier agricole sur une ferme que possédait un vieil ami de sa femme.

À la fin de la guerre, en mai 1945, Pohl se trouvait avec sa famille à Halfing, près de Rosenheim, en Bavière. « J'utilisais un faux nom et j'avais des faux papiers, obtenus auprès d'amis d'un petit village du nord de l'Allemagne. Pour rejoindre le nord depuis la Bavière, je me déplaçais à pied de village en village. Chaque fois que j'entrais dans une nouvelle ville, je me présentais à la police locale, et j'ai obtenu ainsi plusieurs papiers portant mon faux nom. De cette façon, j'ai pu m'en sortir sans trop de mal. »

Personne ne l'avait reconnu au cours de l'an passé ? « Mes enfants et ma belle-fille. Je vivais chez celle-ci et ses parents, les

Westphal. Je ne sais pas s'ils ont été arrêtés. Mon fils était capitaine dans la SS et se trouve aujourd'hui interné dans un camp français de prisonniers de guerre. »

Comment s'est-il débrouillé pour ne pas se faire arrêter pendant plus d'un an ? « Les autorités ont fouillé à plusieurs reprises la maison de ma belle-fille, mais j'étais prévenu à l'avance ; à chaque fois, je m'éclipsais. De plus, je m'étais fait embaucher comme ouvrier agricole sur une ferme et je restais là-bas le plus clair du temps. Ce doit être en perquisitionnant au domicile de ma belle-fille que les autorités ont trouvé un indice, peut-être un objet que j'avais laissé derrière moi, et qu'ils sont ainsi remontés jusqu'à la ferme. »

Il a ajouté que sa femme habitait Halfing et qu'il ne l'avait pas revue depuis le 13 mai 1945. Quatre semaines environ avant sa capture, il lui a écrit pour la première fois. Il doutait que ce soit la lettre qui l'eût conduit à son arrestation parce qu'il avait utilisé un faux nom et donné une fausse adresse.

Il a évoqué à grands traits ses activités dans la marine. « J'ai été responsable administratif, ou commissaire, dans des unités à terre et en mer, du 1er avril 1912 au 31 janvier 1934. J'ai débuté ma carrière comme candidat-commissaire, l'équivalent de matelot de troisième classe, sauf que pour devenir candidat-commissaire il fallait avoir atteint au moins la dernière année de lycée. En 1920-1921, dans mes moments libres, j'ai suivi des cours de commerce à l'université de Kiel. Quand j'ai quitté la marine, en 1934, j'étais capitaine. »

Je lui ai demandé de retracer brièvement sa carrière dans la SS. « J'étais chef administratif de la SS. J'étais chargé de la WHVA. » Avait-il débuté comme chef de cette section ou s'était-il hissé jusqu'à ce poste ? « J'ai commencé comme chef. J'ai été spécialement chargé par Himmler de mettre en place l'administration et l'économie de la SS. »

Comment a-t-il connu Himmler ? « En mai 1933, Hitler a rendu visite à la marine à Kiel et Himmler l'a accompagné. C'est toute une histoire. Voyez-vous, six mois auparavant, j'avais écrit une lettre à Hitler concernant le lieutenant Heydrich, qui est devenu par la suite le chef du RSHA. Dans ma lettre, j'expliquais à Hitler que, dans les milieux de la marine, le bruit courait que Heydrich avait été chassé de la marine en raison d'aventures avec des femmes et d'autres affaires peu reluisantes. J'en ai parlé, parce que les gars se moquaient de moi en disant que seuls ceux qui ne pouvaient s'élever dans la marine rejoignaient le parti ou la SS. À l'époque où j'ai écrit cette lettre, Heydrich était déjà en train de devenir un responsable de premier plan dans la SS. Ainsi l'attention de Hitler et de Himmler a-t-elle été attirée sur moi. »

De quelle façon se moquait-on de lui ? « Eh bien, ils me taquinaient en disant que si un gars n'arrivait à rien dans la marine, il rejoignait les nazis. J'ai écrit à Hitler que si tous les bruits qui couraient sur Heydrich étaient vrais, je n'arrivais pas à comprendre pourquoi on l'autorisait à porter l'uniforme de la SS. » Pohl avait-il écrit sa lettre pour se porter garant de Heydrich ? « Non. Je ne le connaissais pas. Je ne l'ai connu qu'après être entré dans la SS. » En quoi consistaient les rumeurs qui existaient dans la marine sur le compte de Heydrich ? « Des rumeurs banales. Qu'il avait été obligé de quitter la marine à cause de sa mauvaise réputation, qu'il avait des aventures avec des femmes qui se terminaient de manière immorale, et quantité d'autres histoires dont je ne me souviens plus. »

J'ai observé que ça restait encore peu clair à mes yeux. Pourquoi au juste avait-il écrit une pareille lettre à Hitler ? « J'ai écrit que si tout ce qu'on racontait sur Heydrich était vrai, il ne fallait pas lui permettre de porter l'uniforme de la SS parce que, d'après les rumeurs, il avait été chassé de la marine de manière déshonorante. Dans ma lettre, j'expliquais que, à mon avis, la SS était une organisation aussi honorable et importante que la marine, et donc que, si un homme était inapte à porter l'uniforme de la marine, il n'était pas plus apte à porter celui des SS. »

Quelles ont été les suites de cette lettre ? « Du fait de ma lettre, Himmler s'est adressé à moi à Kiel pour me dire que ce qu'on racontait dans la marine sur Heydrich était faux, parce qu'il avait personnellement enquêté sur ces rumeurs. Himmler a balayé ces rumeurs d'un revers de main, tout comme l'accusation courante suivant laquelle qui ne pouvait s'élever dans la marine adhérait au parti. »

Était-il vrai que Heydrich avait quitté la marine ? « Oui, mais personnellement j'ignore si c'était de son propre chef ou s'il avait été contraint à partir. » Que pensait-il de Heydrich ? Sa réponse a été évasive : « Je ne l'ai jamais connu dans la marine. Dans la SS, par la suite, il était un des chefs, et j'ai été souvent en contact avec lui à titre officiel, mais pour ce qui est de sa nature ou de sa conduite personnelle, je n'en sais trop rien. Je crois que tout ce qu'il a fait, il l'a fait sur ordre d'en haut. »

Pohl a rejoint le parti nazi en août 1926, alors qu'il était dans la marine. Il a expliqué qu'en tant qu'officier il n'aurait pas été autorisé à adhérer à un parti politique, mais que son poste de commissaire était considéré comme un poste de « fonctionnaire de la marine » plutôt que d'officier. « J'ai donc pu adhérer au parti. Par la suite, en 1933, les commissaires sont devenus des officiers administratifs et ont été interdits de toute activité politique. Mais à l'époque j'étais fonctionnaire, non pas officier, et je pouvais devenir membre du parti. » A-t-il donc quitté le parti quand il est devenu officier ? « Non. Tout cela s'est fait au moment même où j'ai rejoint les SS. Si j'étais resté un semestre de plus dans la marine, j'aurais été obligé de démissionner du parti.

« Après que Himmler m'a parlé de ma lettre et de son enquête sur Heydrich, je lui ai dit que j'étais d'accord avec lui. Himmler m'a alors conseillé de rejoindre ses rangs en tant qu'administrateur et m'a demandé d'y réfléchir. C'était en mai 1933. Himmler s'est montré très insistant et m'a écrit lettre sur lettre pour m'inviter à prendre en charge l'organisation administrative de la SS. En décembre 1933 et en janvier 1934, il m'a invité à Berlin et à Munich ; il m'a montré toute l'organisation administrative de la SS ainsi que les nombreux problèmes complexes qu'elle posait. C'est seulement en février 1934, après que j'ai pris la mesure du travail qui m'attendait, que j'ai fini par accepter. »

Qu'est-ce que Himmler lui avait montré ? « Il m'a surtout montré le siège de la SS à Berlin et à Munich et a esquissé la nature de mes tâches. » Lui avait-il aussi fait voir des camps de concentration à l'époque ? « Non, non. Nous n'en avons même pas parlé. » Était-il au courant de leur existence à l'époque ? Il a hésité, a fixé un long moment le sol d'un regard vide, puis m'a demandé de répéter la question et a finalement répondu : « Non [1] ».

En février 1934, il a entrepris d'« organiser et mettre sur pied » la SS. « Quand je suis entré en fonctions, la SS était une organisation relativement petite, comme un syndicat, avec un groupe ici ou là dans diverses villes et métropoles. J'ai commencé par mettre en place des directions administratives dans diverses villes clés, et j'ai choisi des hommes aptes à remplir leurs tâches. J'ai inauguré des écoles pour former ces cadres administratifs en quelques semaines avant qu'ils ne soient affectés dans mes diverses antennes à travers l'Allemagne. J'ai mis en place une administration saine dans la SS, avec des sections comptables et financières bien ordonnées. »

J'ai prié Pohl de m'indiquer, s'il le voulait bien, les moments forts de sa carrière depuis 1934.

« Quand je suis entré dans la SS, en 1934, il n'y avait que la SS générale. La SS armée n'existait même pas. Le poste auquel j'ai été nommé n'était pas indépendant, ou plutôt il n'était pas aussi indépendant qu'il l'est devenu par la suite. Au départ, mon poste faisait

1. Sur l'abondante publicité entourant les camps de concentration en Allemagne, voir Gellately, *Avec Hitler*.

partie de la direction centrale de la SS et était simplement connu comme la direction administrative. Les choses ont changé en 1935-1936, quand ont été créées les troupes générales SS. Cette structure, qui a précédé la Waffen-SS, consistait en deux petites unités, chacune de la taille d'une compagnie, basées pour l'essentiel à Stuttgart et à Munich. Celles-ci étaient financées par le Reich. C'est alors que mes responsabilités ont été élargies et que mes services sont devenus plus indépendants. Naturellement, dans mes directives administratives, je devais respecter les dirigeants du Reich parce que les budgets de ces compagnies SS étaient financés par le gouvernement. Ça ne devait pas s'arrêter à ces deux compagnies : l'organisation a progressé à pas de géants.

« Entre 1934 et 1936, les services administratifs placés sous ma juridiction ont été détachés de l'administration centrale de la SS pour devenir une organisation indépendante sous le nom de Bureau du budget et de la construction.

« C'est finalement en 1939 que la Waffen-SS a été créée à partir de ces troupes générales SS. De 1934 à 1939, tout cela fut intégré au budget du Reich et détaché du parti, si bien qu'en 1939 la Waffen-SS était entièrement financée par le Reich. La SS générale continuait d'être financée par le parti et est toujours restée une organisation du parti [1].

« Jusqu'en 1939, je n'étais qu'un simple lieutenant dans la SS générale. En 1939, j'ai été promu au grade de général dans la Waffen-SS. J'ai commencé à recevoir ma solde du Reich, plutôt que du parti. C'est aussi dans le courant de l'année 1939 que le Bureau du budget et de la construction a été remanié pour devenir la Direction économique et administrative centrale ; et j'en suis resté le chef jusqu'à la capitulation. »

Il a continué à décrire les méandres de l'organisation SS qu'il présidait. Dans la SS, son seul supérieur était Himmler lui-même.

« Dans mes fonctions, je gérais deux budgets, un pour le parti et un pour le Reich. Au fil des ans, naturellement, le budget du Reich est devenu de loin le plus important.

« En dehors de la SS, j'étais surtout en relations d'affaires avec le ministre du Trésor Schwarz et le ministre des Finances, le comte Lutz Schwerin von Krosigk. J'avais très peu de rapports avec le ministre de l'Économie. En dix ans, je n'ai vu Funk que deux fois, et Puhl, le représentant de Funk pour la Reichsbank, que deux ou trois fois. »

1. Pour un bref tableau de la SS, voir notamment George H. Stein, *The Waffen SS : Hitler's Elite Guard at War*, Ithaca, 1966.

Je l'ai interrogé sur la nature de ses affaires avec Funk et Puhl. Il m'a fait une réponse énigmatique : « Avec Funk, je discutais des questions économiques générales concernant la région orientale. Quant à Puhl, je me suis arrangé avec lui pour déposer à la Reichsbank des objets précieux en provenance des camps de concentration. Comme je l'ai indiqué hier, Puhl m'a aussi aidé à me procurer à l'étranger de quoi acheter des terres à l'Est, des vivres en Hongrie et en Roumanie, etc. »

D'où venaient ces fonds de pays étrangers que Puhl l'avait aidé à obtenir pour la SS ? Pohl a paru surpris par ma question. « De la Reichsbank, naturellement. C'était la seule organisation qui possédât des schillings autrichiens, des francs français, des pengös hongrois et d'autres devises étrangères. »

Quel genre d'objets précieux Pohl avait-il convenu de déposer à la Reichsbank au cours de ses conférences avec Puhl ? « Essentiellement des objets précieux qui venaient des Juifs, a-t-il répondu avec désinvolture. Des bagues et d'autres objets en or que les camps de concentration expédiaient à mes services à Berlin. Il m'appartenait alors de les remettre à la Reichsbank. » Y avait-il autre chose que des bagues parmi ces objets en or ? « Oh, tout ce qu'un homme peut avoir sur lui en or : argent, montres, bagues et parfois de petits lingots d'or. » Y avait-il d'autres types d'objets en or pris sur les victimes des camps de concentration et déposés à la Reichsbank par la SS ? « Rien. »

J'ai dit avoir entendu d'autres histoires. En fait, il y a peu de temps, au tribunal, pendant le procès de Funk, j'avais vu un film qui montrait d'autres objets en or en plus de ceux qu'il mentionnait. Avaient-ils été pris sur les Juifs exterminés dans les chambres à gaz et les fosses d'exécution dans les camps de concentration ? « Oui », a-t-il répondu simplement. Y avait-il des dents ou des bridges en or parmi les articles qu'il avait déposés ? Il a répondu sans broncher, du même air bovin : « J'ai pensé que certains lingots d'or que je recevais étaient faits avec des dents en or fondues [1]. »

J'ai remarqué que ce sujet ne paraissait pas le troubler outre mesure. Probablement a-t-il senti qu'il lui fallait montrer de l'émotion, et il a fait un effort pour réprouver vertueusement l'existence de tels objets. Il s'est exprimé d'une voix un peu plus forte et avec quelque gesticulation, qui m'a paru théâtrale. « Que pouvais-je

1. Sur l'histoire de cet or et son rôle dans la guerre, notamment sur la réussite des efforts récents pour obtenir des indemnités du gouvernement allemand, voir le remarquable travail de Stuart E. Eizenstat, *Imperfect Justice : Looted Assets, Slave Labor, and the Unfinished Business of World War II*, New York, 2003.

faire ? Je n'ai jamais ordonné qu'on prenne ces choses. Ce n'était pas ma responsabilité. Je n'ai pas demandé qu'on les expédie à mes services. Elles étaient là, et j'étais censé les apporter à la Reichsbank, ce que j'ai fait. Personnellement, je n'ai jamais examiné les dents ni les bridges en or parce que j'étais trop occupé par d'autres tâches. Vous pensez que je descendais moi-même décharger les camions et que j'ouvrais les sacs pour y jeter un coup d'œil ? J'étais un cadre très affairé ! J'avais un spécialiste chargé de ces objets en or – plusieurs spécialistes qui se sont succédé à ce poste. D'habitude, le spécialiste était un homme du Groupe A ou B, qui faisait partie de la direction centrale de la SS. »

Ses services avaient-ils donné des directives quant à la récupération de cet or qui venait des victimes des camps de concentration ? « Absolument aucune. En fait, j'ai été surpris la première fois que sont arrivés ces objets en or. Toute l'affaire a été discutée par Funk, Himmler et Schwerin von Krosigk, et ils sont convenus que les articles seraient d'abord expédiés à mes services à des fins comptables avant d'être déposés à la Reichsbank. Je l'ai découvert plus tard. En ce qui me concernait, ce fut une surprise. »

Du jour où sont arrivés ces sacs d'or, avait-il jamais cherché à savoir d'où ils provenaient et sur ordres de qui ? Après un moment de réflexion, Pohl a répondu d'un ton mielleux, comme s'il parlait d'actions et d'obligations : « Je n'arrive vraiment pas à me souvenir de la première livraison. J'imagine que la première cargaison était accompagnée d'un homme du camp de concentration lui-même, mais personnellement je ne me préoccupais pas des détails, parce que j'avais des choses plus importantes à faire que de décharger un camion ou d'inspecter le contenu des sacs. Mes spécialistes le faisaient pour moi. Il est aussi possible que le gars qui apportait les articles en or ne m'ait jamais vu personnellement. Mes services de Berlin employaient de mille quatre cents à mille cinq cents personnes. À travers le Reich, j'avais plus de trois cents antennes. Chaque fois que des cargaisons d'or arrivaient des camps de concentration, l'officier de service me faisait un rapport. Vous devez imaginer toute la situation telle qu'elle était vraiment. J'avais cinq ou six généraux sous mes ordres. Je n'ai jamais porté personnellement les objets en or à la Reichsbank. »

J'ai insisté : lui était-il jamais venu à l'esprit que c'était de l'or taché de sang humain ? « Qu'il venait des Juifs exterminés, je le savais ; tout le monde le savait. Mais je n'y touchais pas. Il transitait simplement par mes services sur ordre de Himmler, comme convenu avec Funk et Schwerin von Krosigk, avant d'aboutir à la Reichsbank. »

Avait-il jamais formulé d'objection à toute cette affaire ? « Non. Personne ne m'a demandé mon avis. De toute façon, ça n'aurait servi à rien de protester. Par exemple, j'ai protesté contre le fait d'avoir toute la responsabilité des camps de concentration quand les camps ont été placés sous mon autorité en 1942. J'ai indiqué que je n'étais qu'un cadre administratif et que je n'avais aucune envie d'être chargé de tous les camps de concentration. On n'a tenu aucun compte de mes protestations et je me suis retrouvé avec les camps de concentration sur les bras tant je m'étais montré efficace dans la gestion de la main-d'œuvre et des usines dans les camps. J'assume la responsabilité des camps, mais pour ce qui est des mesures contre les Juifs, je n'y suis pour rien. Ces mesures venaient du RSHA. Himmler a donné des ordres à Kaltenbrunner, qui les a transmis à Müller, de la Gestapo, et tout le programme d'extermination était de la responsabilité de ce dernier. Telle était la voie suivie par tous les ordres de Himmler. Je n'ai pas participé au meurtre des Juifs. »

J'ai observé qu'il n'en avait pas moins dirigé tous les camps de concentration. « Oui, mais les camps n'avaient rien à voir avec ça. Himmler a choisi certains camps et, de pair avec Kaltenbrunner et Müller, a ordonné aux commandants de ces camps d'exécuter le programme d'extermination. Cela s'est fait suivant la chaîne de commandement que je viens de vous décrire. J'insiste : elle allait de Himmler à Kaltenbrunner, puis à Müller et enfin à Glücks, général qui comptait aussi parmi mes subordonnés, puis aux commandants des différents camps de concentration, que Himmler avait choisis pour accomplir les exterminations. Sans quoi, Himmler aurait dû me donner les ordres à moi, parce que j'étais techniquement en charge des camps de concentration. Ce que j'essaie de faire ressortir, c'est que je suis certes responsable des camps, et le programme d'extermination s'est déroulé dans ces camps, mais je ne suis pas responsable du programme d'extermination lui-même, parce que les ordres ne passaient pas par moi, mais par la chaîne d'individus que j'ai mentionnés à l'instant.

« J'avais onze grands camps de concentration sous mon commandement [1]. Depuis ces onze camps, les internés étaient envoyés vers d'autres camps dits de travail. Tel était mon boulot. Je n'avais rien à voir dans la solution finale des Juifs. C'était un acte accompli par le personnel du camp tel que les commandants. Bien entendu, le centre de tous ces ordres pour l'extermination des Juifs était

1. Pour un panorama du système des camps dans les années de guerre et la multiplication des camps par centaines en Allemagne nazie, voir Gellately, *Backing Hitler*, p. 204-223 et trad. fr., p. 269-293.

Müller de la Gestapo, qui recevait ses ordres de Kaltenbrunner, lequel exécutait les projets de Himmler.

« Müller avait succédé à Theodor Eicke, qui avait été responsable dix années durant des camps de concentration [1]. Glücks est resté en charge du Groupe D, qui relevait de mes services, mais était spécifiquement chargé des camps de concentration. Toutes ces exterminations étaient discutées entre Glücks et Müller, qui avaient des conférences ultra-secrètes toutes les semaines. »

Le bureau des camps de concentration de Glücks ne relevait-il pas des services administratifs dirigés par Pohl lui-même ? « Oui, mais comme je vous l'ai dit, ce n'est pas de moi mais directement de Müller que Glücks recevait ses ordres concernant le programme d'extermination. »

J'ai observé qu'en tant que chef de Glücks, me semblait-il, Pohl était responsable de ce que celui-ci faisait. « Eh bien, c'étaient des missions spéciales que Himmler confiait à Glücks. Il en va de même avec Hans Kammler, également un de mes subordonnés, mais qui était en même temps chargé des armes de représailles, et à ce titre en relation directe avec Speer, le ministre des Munitions. Il s'agissait des V1 et des V2, ainsi que d'autres armes de représailles [2]. Cela non plus n'avait rien à voir avec moi, même si Kammler était sous mes ordres.

« Je peux vous donner un autre exemple. Le lieutenant August Frank était aussi l'un de mes subordonnés, mais dans sa fonction particulière il était personnellement en rapport avec Hitler [3]. Il était chargé de remodeler toutes les forces armées – un travail de titan qui comprenait l'armée de terre, la marine, l'aviation et le Service de la main-d'œuvre. Je n'avais rien à voir avec ça. Au passage, depuis un an j'ai été si peu en contact avec le monde que je ne sais pas si Frank

1. Theodor Eicke (1892-1943) est connu dans l'histoire pour son rôle clé dans la création du système concentrationnaire nazi à partir de 1933, où il fut nommé *Kommandant* de Dachau. Il gravit les échelons jusqu'à devenir l'inspecteur des camps de concentration. Pour une étude du fonctionnement interne des camps et du rôle d'Eicke, voir Eugen Kogon, *L'État SS : le système des camps de concentration allemand*, Paris, Seuil, 1993 (première édition allemande, 1945).

2. Allen, *The Business of Genocide*, traite longuement de Kammler et de ces programmes. [En français, voir désormais l'ouvrage d'A. Sellier, *Histoire du camp de Dora*, Paris, La Découverte, 1998. *N.d.T.*]

3. August Frank (1898-1984) devint chef administratif de la SS en 1939. En 1942, il était l'un des dirigeants du WVHA de la Waffen-SS. Il finit bras droit d'Oswald Pohl au WVHA, mais il n'est mentionné que brièvement dans les documents de Nuremberg. Au cours de l'un des procès complémentaires de Nuremberg (affaire n° 4), il fut cependant condamné à la prison à vie. Sa peine fut ensuite commuée en quinze ans de prison. Il fut libéré en 1954.

est en vie ou mort, capturé ou non. Vous voyez donc que Glücks, Kammler et Frank, tous trois des généraux qui étaient mes subalternes, avaient chacun des tâches spéciales sur lesquelles je n'avais rien à dire. »

Pohl a-t-il connu Eichmann, l'un des plus importants organisateurs du programme d'extermination ? « Juste de vue. Il était sous les ordres de Müller à la Gestapo, il n'appartenait pas à mes services. »

En tant qu'être humain, Pohl approuvait-il le programme d'extermination pratiqué par les nazis ? Il a répondu sans faire trop de sentiment, mais en essayant de paraître vertueux : « J'ai toujours trouvé ça répugnant – en tant qu'homme. »

Avait-il autre chose à dire sur son attitude envers le programme d'extermination ? « Que dire ? Si j'avais su en 1934 ce que je sais aujourd'hui, je serais resté dans la marine. Je ne savais pas ce qui allait arriver et je ne savais pas que l'Allemagne allait perdre la guerre et se retrouver en ruine. »

J'ai observé que Höss, le commandant d'Auschwitz, m'avait confié que, « personnellement », il « méprisait » le programme d'extermination qu'il avait exécuté en gazant puis en incinérant 2,5 millions de Juifs – hommes, femmes et enfants. Höss m'avait expliqué qu'il ne pouvait pas laisser la sensibilité entrer en ligne de compte, parce que Himmler l'avait convaincu de la nécessité d'exterminer les Juifs ; et que, de surcroît, il avait reçu l'ordre d'un supérieur, ce qui rendait ses actions parfaitement légitimes. J'ai demandé à Pohl si c'était également plus ou moins sa position. Réponse : « Non. C'est l'une des raisons pour lesquelles je n'ai pas pris part aux pogromes de novembre 1938. Je n'étais pas convaincu que c'était nécessaire. J'avais le sentiment qu'il existait des voies très différentes et légales pour résoudre la question juive.

« Je connais de nombreux couples juifs mixtes. Beaucoup de ces gens étaient des amis à moi. Ma femme, avant notre mariage, travaillait pour la célèbre banque berlinoise Jacob Goldschmidt, une société juive. Quelques-unes des meilleures amies de ma femme actuelle étaient juives. Cela prouve assez ce que je ressens. En fait, la meilleure amie de ma femme est à moitié, voire entièrement juive. Je crois qu'elle vit en Angleterre aujourd'hui. »

J'ai objecté qu'il semblait sans grande importance que quelques-uns de ses meilleurs amis fussent Juifs. J'avais entendu le même discours de la part de nombreux nazis en Allemagne, qui n'en avaient pas moins prêté leur concours à la destruction économique et finalement physique des Juifs. Pohl ne se laissa pas démonter. « Si j'étais vraiment antisémite, j'aurais haï les Juifs, or je ne les ai jamais haïs.

Je n'ai fait qu'exécuter les ordres. J'ai la conscience tranquille. Je n'ai jamais ordonné la mort d'un Juif ni n'en ai tué personnellement. J'ai expliqué que le programme d'extermination ne relevait pas de mon commandement, qu'il m'échappait. »

Qu'en est-il de cette amie de sa femme, à moitié ou entièrement juive, qui vit maintenant en Angleterre ? Je ne l'ai jamais rencontrée. Elle est partie pour l'Angleterre peu après l'accession de Hitler au pouvoir. C'était avant que je ne fasse la connaissance de ma femme. Ma femme avait une autre jeune amie dont le père était juif et, pour autant que je le sache, elle se trouvait encore à Hambourg en 1944. » Pohl avait-il personnellement sauvé cette fille de l'extermination ? « Pardonnez-moi, ce n'était pas son père qui était juif, mais son grand-père. Oui, je suis intervenu en sa faveur. J'ai veillé à ce qu'il ne lui arrive rien. »

Donc, si une fille avait un grand-père juif, elle était passible d'exécution. C'est bien cela ? « Eh bien, je n'irais pas jusqu'à parler d'exécution : cela dépendait d'autres facteurs. Ces gens qui avaient du sang juif étaient persécutés, perdaient leurs appartements, ne pouvaient travailler dans la fonction publique et étaient étiquetés en tant que Juifs. » Ces gens étaient-ils obligés de porter l'étoile jaune, l'étoile de David, sur le cœur ? « À partir d'une certaine année, tous les Juifs ont dû le faire à des fins d'identification. »

Voulait-il bien m'en dire davantage sur cette jeune amie de sa femme, au grand-père juif ? « Ses parents étaient censés être évacués vers un camp de concentration, où je présume qu'ils auraient été exterminés. C'étaient des gens très dignes, et je me suis occupé de l'affaire, je me suis arrangé pour qu'ils restent à Hambourg. Je leur ai procuré des faux papiers. Alors, cela donne de moi l'image d'un antisémite ? Tenez, une autre fois, j'ai écrit à Himmler afin d'obtenir l'autorisation pour une personne mixte d'épouser une jeune fille allemande. » Il parut abandonner brusquement le sujet. Avait-il réussi à obtenir le consentement de Himmler pour que cet homme « mixte » épouse une Aryenne ? « Non, j'ai essayé pendant près d'un an, mais je n'y suis pas parvenu. On m'a répondu que je devais attendre la fin de la guerre. Je peux produire des témoins pour le prouver ; je ne connaissais même pas l'homme personnellement, et pourtant je l'ai fait. N'est-ce pas la preuve que mes croyances personnelles n'ont jamais été en accord avec les idées officielles ni avec celles du parti ? »

Plus tôt, au cours de l'entretien, Pohl avait fait allusion à sa solution « légale et différente » à la question raciale. En quoi aurait-elle consisté ? Pohl a souri : « Simple. Tellement simple qu'il est à peine nécessaire de l'expliquer. J'aurais laissé tous les Juifs en Allemagne, mais avec le statut d'étrangers, relevant d'une législation étrangère, et, naturellement, je leur aurais fermé des professions comme celles de médecin ou d'avocat. Mais pourquoi les exécuter ? De cette manière, on aurait écarté la forte influence juive et on n'aurait pas eu besoin de telles atrocités. Chaque fois que nous avions des discussions dans notre cercle, j'évoquais ma solution, sur quoi Himmler me disait : "Pohl, vous êtes trop tendre." Aussi ai-je fait de mon mieux pour me tenir à l'écart de toute la solution finale du problème juif. »

Jusqu'à quelle date est-il resté à son poste ? « Jusqu'à la fin, jusqu'à la capitulation. » Alors, que voulait-il dire en affirmant qu'il avait fait de son mieux pour se tenir à l'écart de la solution finale du problème juif ? N'y avait-il pas trempé jusqu'au cou ? « J'aurais pu participer à la chose activement si je l'avais souhaité. J'aurais pu prendre le poste de Glücks, par exemple. Quand j'ai adressé Glücks à Himmler en 1942, parce qu'il me demandait un homme qui mènerait à bien la solution finale de la question juive, j'ai exigé de Himmler que ce ne soit pas moi qui m'en charge. J'ai accepté de lui envoyer un de mes subordonnés, en l'occurrence Glücks. J'ai bien stipulé que je n'aurais à m'occuper que de l'administration des camps de concentration eux-mêmes, et du travail des détenus, mais en aucune façon du programme d'extermination. »

J'ai observé que, peut-être, il n'avait pas pris la place de Glücks parce qu'il était plus haut placé que lui, qui était l'un de ses subordonnés. Pohl a hésité, sans pour autant se sentir coincé. « Par prendre la place de Glücks, je veux dire que j'aurais pu demander à Himmler de me laisser la charge du programme d'extermination. En ce cas, Glücks en aurait été déchargé. Or j'ai personnellement adressé Glücks à Himmler à cette fin, et il a fait le boulot, tandis que j'ai continué de faire ce que j'ai toujours fait. »

J'ai demandé à Pohl s'il se considérait en quelque façon responsable ou coupable, en tant que complice ou participant direct, du meurtre de cinq millions de Juifs dans les camps de concentration, sans compter les milliers et les milliers d'autres détenus morts de maladie, de négligence, de faim et de sévices, ni les pendaisons et les exécutions. Sur ce, Pohl a paru inquiet. Il ne ressemblait plus à un homme d'affaires posé, prosaïque, parlant d'actions et d'obligations. Qu'il ne pût encore se représenter son importance personnelle dans le monde criminel des nazis, c'était clair, mais il commençait au moins à entrevoir quel était le point de vue d'une personne extérieure sur ses activités. Réponse : « En aucune façon je ne suis responsable ou coupable du meurtre des cinq millions de Juifs ou de la mort des autres dans les camps de concentration [1]. S'agissant du meurtre des cinq millions de Juifs, je n'y ai en aucune façon participé. Que j'aie été responsable des camps de concentration en Allemagne à partir de 1942 jusqu'à la fin est hors sujet. J'ai dit et redit que j'avais envoyé Glücks, un de mes subordonnés, pour se charger de ce programme et que je m'étais tenu à l'écart. Quant aux autres qui sont morts en camps de concentration, ou qui ont été punis pour mauvaise conduite ou qui ont pu être exécutés à cause du système des otages – le système des représailles –, cela non plus, ce n'est pas de ma responsabilité ; l'ordre venait de l'administrateur du district du parti, d'un fonctionnaire de police, de Himmler et de la Gestapo, et c'était une mauvaise politique. Je n'étais qu'un administrateur.

« Je commence maintenant à réfléchir à tout ce qu'ont fait Himmler et la Gestapo. J'admets que j'occupais un poste très élevé dans la SS, mais je n'étais qu'un des treize principaux chefs de service, et, en dehors de moi, il y avait des hommes tels que Daluege, Kaltenbrunner, qui était le successeur de Heydrich, et Hans Jüttner, qui dirigeait le service des chefs et avait en charge les gardes des camps de concentration. Ces gardes, par exemple, étaient placés sous mon commandement, mais Jüttner avait le pouvoir de les remplacer. Puis il y avait Gottlob Berger, chargé de recruter pour la SS. Son service était encore plus important que le mien. Et il y avait le chef du personnel, Maximilian von Herff. » J'ai dit que je n'allais pas ergoter, et que s'il n'était pas le numéro deux ou trois après Himmler, dans le meilleur des cas il était le numéro treize puisqu'il n'y avait que treize autres chefs de service. Quoi qu'il en soit, ai-je ajouté, ma question était de savoir s'il se sentait responsable de quelque façon du meurtre de cinq millions de Juifs et des autres atrocités qui avaient eu lieu de longues années durant dans les camps de concentration dont il avait la charge. « Je ne peux être responsable que des ordres que j'ai donnés. Je ne saurais être responsable de tous les actes de Himmler. »

Je lui ai demandé s'il était au courant du meurtre des Juifs. Réponse : « Beaucoup plus tard, probablement en 1942, et ça avait commencé bien avant. » Je lui ai demandé quand il avait pu en être informé au plus tôt. « À ce moment-là ou quelques mois plus tôt. Je n'avais rien à voir avec ça. Avant cette date, je n'avais rien à voir avec ça. » J'ai répondu que, de 1942 à 1945, soit une période d'au moins trois ans, il avait été responsable des camps de concentration

1. Sur le nombre exact des Juifs exterminés, voir mon introduction à ce volume et les études les plus importantes citées dans le chapitre sur Fritzsche, p. 95, note 1.

où avaient été exterminés en masse des millions d'hommes, de femmes et d'enfants – et pendant ces trois ans ou plus il n'avait pas eu le temps d'y réfléchir ? « Eh bien, c'était la guerre – je n'aurais pu continuer d'assumer mes responsabilités administratives si je m'étais laissé émotionnellement submerger par mes sentiments. »

Pensait-il qu'un homme normal, responsable, un Américain, un Français, un Russe moyen, voire un Allemand moyen en l'occurrence, aurait assumé ses fonctions ? Il a répondu d'une manière typiquement évasive : « Ce sont des questions auxquelles il est très dur de répondre. Il est extrêmement difficile d'arriver à mettre le doigt sur ce qui est honnête ou pas. Je me suis souvent posé la question. Après tout... le programme d'extermination n'était pas le secret de Himmler. Funk et Schwerin von Krosigk étaient au courant. Pourquoi n'ont-ils pas essayé de l'arrêter ? » J'ai répondu qu'ils n'avaient pas de véritable lien avec Pohl lui-même, mais que Funk, avec le procès, n'en risquait pas moins sa vie. « Oui, les hommes comme Funk formaient le gouvernement : ce sont eux qui auraient pu empêcher ça. J'ai toujours demandé à un proche de Himmler pourquoi les proches de Himmler n'empêchaient pas ça. Mais vous imaginez que les choses auraient suivi un cours différent si j'avais démissionné ? L'essentiel de ma tâche était l'administration de la Waffen-SS. » Apparemment, c'était aussi la direction des camps de concentration, ai-je ajouté. Réponse : « Non, elle relevait de Glücks. Même s'il était mon subordonné et qu'il devait me rendre des comptes comme tous les subalternes, moi j'étais spécialisé dans la main-d'œuvre des camps de concentration. » Je croyais l'avoir entendu dire qu'après 1942 les camps de concentration relevaient de sa juridiction, ai-je observé. « Oui, mais c'est Glücks qui s'en occupait. Il était mon subordonné et il était chargé de l'inspection des camps. » J'ai répondu que c'était bien là le problème : que Glücks était sous ses ordres et que tout ce qu'il faisait, il devait en rendre compte à Pohl. « Dans certaines choses, il était mon subordonné, mais Himmler et Glücks avaient des conversations privées. » J'ai dit que je n'étais pas très convaincu, parce que dans toutes les grandes organisations le chef a des entretiens avec tel ou tel subordonné. « Je ne pouvais pas parler des choses avec Glücks ; du coup, avec Himmler, je n'abordais que les questions politiques. De politique du travail, je veux dire. »

Je lui ai demandé si la situation de la main-d'œuvre dans les camps de concentration était honorable, à proprement parler. « C'était important pour la conduite de la guerre. C'était une affaire importante, qui n'avait rien de sanguinaire, que de s'assurer que les détenus des camps de concentration n'étaient pas éparpillés mais employés de manière systématique dans les industries d'armements. »

Je lui ai demandé si ces travailleurs n'étaient pas plus ou moins des esclaves. D'un air aussi impassible que d'habitude, Pohl a répondu avec indifférence : « Non. » D'après ce que j'avais compris de mes conversations, ici, avec d'autres détenus, comme d'après les preuves produites par le tribunal, ai-je observé, les détenus qui ne travaillaient pas assez dur étaient affamés, maltraités ou exterminés. Pohl a répondu d'une voix mal assurée : « Eh bien, en général, pour autant que je sache – et, ne l'oubliez pas, je n'étais pas au courant de tout parce que les commandants des camps de concentration étaient responsables des conditions qui régnaient dans leurs camps, et dans le cas des usines employant de la main-d'œuvre concentrationnaire c'est le patron ou le directeur de l'usine qui était responsable –, mais, pour autant que je sache, ces travailleurs avaient les mêmes conditions de travail que tout Allemand, y compris des primes [1]. »

En quoi consistaient ces primes ? « En Allemagne, chaque travailleur recevait des primes sous forme de coupons, en récompense d'un travail dur ou sortant de l'ordinaire. Ces coupons servaient à obtenir des cigarettes, du pain, du beurre, du thé, etc. Les détenus des camps de concentration touchaient ces primes au même titre que les autres travailleurs allemands. C'était grâce à moi. J'ai institué ce système, passant outre aux protestations de beaucoup qui n'étaient pas d'accord avec cela. »

Dites-m'en plus sur les conditions de travail idéales des camps de concentration, parce que j'ai trouvé cela intéressant et très différent de tout ce que j'avais entendu dire par ailleurs. Pohl : « Bien entendu, je dois répéter que, dans certains cas, la responsabilité du traitement de ces gens était entre les mains des usines elles-mêmes. Il se trouve que certaines usines ou industries n'ont pas respecté les règles que j'avais édictées. Mais les trente usines ou plus qui relevaient directement de moi ont toutes appliqué mes règles. »

J'ai dit avoir visité un camp près de Landsberg quelques jours après la fin de la guerre, l'an dernier, où étaient hébergés quelque quatre cents travailleurs russes. L'endroit avait été évacué dès la libération, mais la misère dépassait toute description. Les travailleurs dormaient sur des châlits sans literie, les poux et les puces grouillaient tellement qu'on ne pouvait pénétrer dans l'abri, à cause des risques de typhus. Je m'étais entretenu avec plusieurs anciens détenus de ce camp, et ils m'avaient dit qu'il existait depuis des

1. Allen, *The Business of Genocide*, et Gellately, *Avec Hitler*, montrent dans le détail que l'affirmation de Pohl est un mensonge absolu.

années, que son taux de mortalité était terrible, que les rations alimentaires étaient des rations de famine, et encore, et que chaque soir, à leur retour de l'usine, les travailleurs étaient enfermés dans leur abri jusqu'au lendemain matin, où ceux qui étaient encore en vie devaient répondre à l'appel avant d'être envoyés au travail. Une des règles de ce camp était que les internés devaient sortir ceux qui étaient morts dans la nuit et les conduire jusqu'à l'endroit où avait lieu l'appel, le matin, après quoi les corps étaient évacués. Je lui ai demandé s'il avait quelque chose à voir avec ces camps de travail. Il en existait plusieurs dans les environs de Landsberg. Pohl n'a pas semblé troublé le moins du monde par ma description : « Oui, vous voyez ce que je veux dire, à quel point ma tâche était dure, combien elle était désagréable. Je n'avais rien à voir avec ces camps des environs de Landsberg, mais ces endroits existaient. Le plus souvent, quand je tombais sur un camp pareil au cours de mes voyages, j'essayais de corriger les choses. Mais dans bien des cas je n'avais aucune autorité parce que c'était sous la responsabilité de l'usine ou de l'atelier et, par-dessus le marché, je n'étais qu'un homme. Que pouvais-je y faire ? »

J'ai observé qu'il me semblait devenir très technique dans ses réponses et que, confronté aux faits, il se contentait de les esquiver en brossant un tableau illusoire des conditions de travail exquises et idéales de la main-d'œuvre concentrationnaire. Pohl regarda par terre et répondit : « Je ne cherche pas à être technique à ce propos. Les conditions n'étaient pas idéales, je le sais. C'était la guerre et on ne peut pas être trop tendre dans une époque pareille. À chaque fois que j'essayais de faire quelque chose pour améliorer ces conditions, et même quand je présentais cela comme une chose économiquement saine, plutôt que pour des raisons humaines, Himmler disait que j'étais trop tendre. Mais il faut que vous sachiez, je crois, que plusieurs groupes, comme les usines d'armement, étaient sous la responsabilité de Speer.

« Chaque fois que ces usines avaient besoin de main-d'œuvre, elles en recevaient par Sauckel ou Speer, et je n'avais guère voix au chapitre ; il ne me restait qu'à la fournir. Chaque semaine, des employés recevaient ces demandes de Sauckel et de Speer et me les soumettaient. Je ne pouvais rien y faire, si ce n'est les approuver et les transmettre à Glücks, mon subordonné, qui avait son QG à Oranienburg. J'avais souvent des réunions avec Glücks, Sauckel, Speer et d'autres et nous discutions pour savoir si nous pouvions fournir l'imposante main-d'œuvre concentrationnaire que ces gens demandaient. Chaque fois que nous avions assez d'hommes sous la main dans les camps de concentration, j'approuvais les demandes, mais c'était Glücks qui désignait le camp qui devait fournir la main-d'œuvre. De plus, avant que des détenus ne soient remis à une usine, un représentant du camp visitait les installations pour veiller à ce que les conditions suivantes puissent être remplies : un, que les cantonnements soient en nombre suffisant. Pour ce qui est des cantonnements des travailleurs du camp de Landsberg, il est clair que ça ne faisait pas l'affaire, et il y en avait plusieurs dans ce cas-là. Deux, que la nourriture soit suffisante. Trois, que les soins médicaux soient assurés.

« Ces questions venaient toujours sur le tapis, et le représentant du camp en discutait avec le représentant de l'usine. La règle était que le commandant du camp de concentration ne livrait la main-d'œuvre à l'usine que lorsqu'il s'était assuré que les conditions mentionnées étaient satisfaites.

« La même règle valait pour ce qui concerne les gardes. Dans les toutes dernières années, les commandants des camps n'utilisaient qu'un petit nombre de gardes en raison du manque de personnel. Les usines elles-mêmes devaient fournir les autres gardes. Ainsi le voulaient les règlements que j'avais mis en place. S'ils avaient été respectés et si l'on avait suivi la procédure conformément à mes directives, il n'y aurait jamais eu les incidents ni les mauvaises conditions qu'on a observés par la suite. »

Avait-il jamais été témoin de ces incidents et de ces mauvaises conditions ? Réponse : « Si, malheureusement. Au Wurtemberg, par exemple, j'ai découvert un camp de travail terrible, avec des milliers de détenus dans des conditions tout à fait déplorables. Un manque total d'hygiène. J'en ai été bouleversé. De retour à Berlin, après ce voyage, j'ai ordonné que tous ces détenus soient renvoyés dans leurs camps de concentration respectifs pour y recevoir des soins médicaux. J'ai bien insisté là-dessus : on ne pourrait envoyer les détenus dans les usines qu'après qu'elles auraient amélioré les conditions de travail.

« Chaque fois que je passais à proximité d'un camp, au cours de mes déplacements, je le visitais. Je l'ai fait chaque fois que j'ai pu. Mais il y avait plusieurs centaines de camps de travail, et je ne pouvais pas les voir tous. Je peux vous parler de l'usine aéronautique au nord d'Oranienburg, et je sais personnellement que tout était en règle là-bas. Dans une autre usine de Silésie, où il y avait entre trois cents et quatre cents ouvriers provenant des camps de concentration, tout était en règle. Le seul point sur lequel j'ai trouvé quelque chose à redire, dans ce camp, c'était la cantine, et j'ai donné l'ordre qu'elle soit améliorée en sorte que les détenus puissent acheter des cigarettes, etc., choses dont ils avaient été privés jusqu'à ma visite. »

Qu'arrivait-il au détenu qui ne travaillait pas assez ? « Il ne touchait pas de rations supplémentaires. Le bon travailleur recevait des primes, mais pas les mauvais. » Les détenus n'étaient jamais battus à mort ? Réponse automatique : « Non, c'était interdit. Chaque fois que j'ai découvert une affaire de détenu battu à mort – et c'est arrivé, je ne le nie pas –, mais chaque fois que cela venait à ma connaissance, je prenais des dispositions pour expédier les responsables dans l'autre monde.

« J'espère que mon conseiller juridique me sera utile par la suite, et que je pourrai prouver comment je traitais les contrevenants. J'ai même enquêté sur les dénonciations anonymes de détenus. Je me souviens d'une affaire de ce type. J'ai reçu un rapport d'un camp de Stutthof – un camp de concentration près de Dantzig, en Prusse-Orientale – à propos d'un détenu qui avait été ligoté et battu à mort. Au début, je n'y ai pas cru. Auparavant, quand les camps de concentration étaient placés sous la direction de Eicke, nous savions que des choses de ce genre arrivaient tout le temps parce que Eicke était un homme rude et cruel. J'ai donc envoyé mon conseiller juridique à Stutthof afin d'y enquêter personnellement pour moi. À son retour, il m'a confirmé que ça s'était réellement produit. J'étais révolté. J'ai fait juger le coupable.

« Chaque fois que j'ai entendu des choses de ce genre, je suis intervenu sans ménagement. Mais n'oubliez pas que dans beaucoup de camps de travail il n'y avait plus de gardes SS, mais des gardes civils, et que je ne pouvais pas punir des civils. »

Voulait-il dire que les gardes SS étaient meilleurs et plus tendres que les civils ? Pohl a répondu d'un ton énergique : « *Ach*, oui ! Je ne veux pas dire que les gardes SS étaient parfaits, d'autant que vous devez bien comprendre que les gardes SS qui restaient n'étaient pas les meilleurs. Il y avait longtemps que les gardes SS des débuts avaient été mobilisés et envoyés sur le front.

« En 1944, par exemple, j'ai promulgué une directive concernant les primes et les autres choses qu'il fallait donner aux détenus – enfin, à ceux qui travaillaient bien. J'ai fait imprimer un livret sur les primes spéciales pour les détenus. Ça n'avait encore jamais été fait. »

Sans doute était-ce ce qu'il avait précédemment appelé une bonne affaire plutôt qu'un geste humain, ai-je supposé. Pohl n'était pas d'accord : « Non, c'était un geste humain. Au fond de moi, j'étais convaincu qu'il fallait traiter ces détenus dignement. Il y a des détenus – pas beaucoup, mais plusieurs – que j'ai fait sortir des camps de concentration parce que c'étaient de braves hommes et de bons travailleurs. Par la suite, ces hommes sont devenus mes employés. Je suis le seul à avoir jamais fait une chose pareille. Le directeur d'une usine de pièces de bois pour avions était un ancien détenu de camp de concentration que j'ai libéré et à qui j'ai ensuite versé un salaire de mille marks par mois. Je n'étais pas obligé de le payer mille marks : j'aurais pu me contenter de cent marks. À Dachau également, il y avait d'autres anciens détenus à qui j'avais confié des postes semblables. Je l'ai fait de mon propre chef. Ce sont là autant de faits que je peux prouver. Je peux prouver ce que je pensais sur la question des détenus. Personnellement, j'étais humain. Quant à savoir si les camps eux-mêmes étaient humains, c'est une autre histoire, mais ce n'est pas ma faute.

« Dans une fonderie de fonte, près d'Oranienburg, il y avait un excellent contremaître. Je me suis entretenu avec lui. Je lui ai dit que je voulais le faire sortir du camp de concentration. Il est toujours dans les parages ; vous pouvez vérifier auprès de lui. J'ai personnellement écrit à Kaltenbrunner pour obtenir sa libération. Kaltenbrunner a répondu qu'il était impossible de libérer cet homme parce que c'était un ancien communiste. Cela montre à quel point il était dur de faire quoi que ce soit. Je peux citer plusieurs cas. »

L'homme qu'il essayait d'aider a-t-il jamais été libéré du camp de concentration ? « Non, parce que Kaltenbrunner s'y est opposé. J'ai aidé de nombreux détenus par humanité et je n'en ai jamais tiré de profit personnel. »

« À la maison, j'avais cinq détenus à mon service. C'est moi qui ai abordé la question des témoins de Jéhovah avec Himmler. Je suis à l'origine de la décision suivant laquelle les membres de cette secte, tous internés dans des camps de concentration parce que pacifistes, devaient être employés comme domestiques dans divers foyers. Moi-même, j'en employais cinq. Quatre femmes et un homme. Vous croyez que j'aurais fait ça si je n'avais pas pensé que c'étaient des braves gens ? Tenez, ma femme a même confié nos enfants à la garde de ces détenues. C'étaient des femmes d'âge mûr, voire des femmes âgées, des témoins de Jéhovah qui, autrement, seraient probablement mortes dans des camps de concentration. À la maison, elles touchaient un salaire régulier, et elles sont restées là jusqu'à la capitulation.

« On ne saurait donner de meilleur exemple de mes sentiments envers ces détenus. Vous n'avez qu'à leur demander comment Pohl les traitait ! Vous n'imaginez quand même pas que je tuais des détenus d'un côté et que de l'autre je traitais correctement ceux que j'avais à la maison ! » J'ai répondu que, malheureusement, je pouvais très bien l'imaginer parce que Höss, le tristement célèbre commandant d'Auschwitz, qui avait exterminé 2,5 millions de Juifs et autres, m'avait raconté que lui aussi faisait travailler plusieurs témoins de Jéhovah chez lui comme domestiques. Donc, Höss avait tué d'un côté, et fait travailler des détenus pour lui de l'autre. Apparemment, ai-je observé, cela ne prouvait rien. Réponse de Pohl : « C'est effroyable ! Jamais je n'aurais pu faire ce que Höss a fait. » J'ai observé que c'était intéressant de l'entendre qualifier aussi tardivement d'effroyables les actions de Höss ; de toute évidence, il savait tout cela parfaitement parce que Auschwitz n'était que l'un des nombreux camps de concentration dont il avait la charge. Il a répondu d'une voix faible : « C'est en 1942, alors que le programme d'extermination à Auschwitz avait déjà commencé, que j'ai été mis au courant. » J'ai voulu savoir s'il avait fait quoi que ce soit à ce propos. « Que pouvais-je faire ? Si j'avais vu le moindre moyen de l'empêcher, je l'aurais fait. »

Walter Schellenberg
1910-1952

Chef du Groupe IVE (contre-espionnage) à compter de 1939, chef du Bureau VI (services secrets) du RSHA à partir de 1942, nommé chef des services secrets réunis de l'armée et des SS en 1944. Après la guerre, Walter Schellenberg comparut devant un tribunal militaire américain à l'occasion d'un procès complémentaire de Nuremberg. Il fut reconnu coupable de complicité dans le meurtre de prisonniers de guerre russes. Condamné le 2 avril 1949 à six ans de prison, il fut libéré en décembre 1950.

12 mars 1946

Walter Schellenberg, trente-six ans, est un homme mince et asthénique, de taille moyenne, plutôt réservé, avec un léger sourire et une balafre discrète près du menton.

Activité : « J'ai d'abord été responsable du contre-espionnage, puis des services secrets, Bureau VI et Bureau militaire (renseignements militaires). Les deux dernières organisations relevaient du RSHA. Le contre-espionnage faisait partie des systèmes de police [1]. »

Il ne sait pas très bien s'il est prisonnier de guerre ou témoin. En tant que membre du RSHA, pense-t-il, il est *ipso facto* sujet à arrestation. Il déclare aussi que, du fait des « tâches spéciales » du Bureau VI et du Bureau militaire, ces organisations, selon lui, ne seront peut-être pas considérées comme relevant du RSHA par la cour.

Quel était votre travail au RSHA ? « Concrètement, notre fonction était de recueillir des informations – militaires, économiques et techniques – en provenance de pays étrangers. Nous n'avions rien à voir avec la Gestapo, dirigée par Müller. »

Aviez-vous quelque chose à voir avec Himmler ? « Je recevais mes ordres de Kaltenbrunner, en sa qualité du chef du RSHA, mais j'avais le droit, dans certains dossiers importants, de demander à m'entretenir directement avec Himmler sans passer par Kaltenbrunner.

« Ce droit a toujours été attaqué, mais j'ai conservé ce privilège. Toutes les cinq ou six semaines, je faisais mon rapport à Himmler. »

Jeunesse : Né à Sarrebruck le 16 janvier 1912. Il y a habité jusqu'à la fin de ses études au gymnase en 1928. Puis il a fréquenté les universités de Bonn et de Marbourg, où il a fait des études de jurisprudence jusqu'à son diplôme, en 1933. Il a alors passé ses examens de droit, mais il n'a exercé que trois mois environ, jusqu'à la fin de 1936.

À quand remontent vos premiers liens avec le parti nazi ? « À 1933. J'étais à court d'argent, et cette année-là fut adoptée une loi qui permettait d'obtenir une aide financière si l'on appartenait à une organisation nazie. J'avais besoin du soutien de l'État. »

Pourquoi ? « Pour mon activité au tribunal. Je devais apporter un certificat tous les deux mois ; si je me montrais paresseux ou indifférent, je ne pourrais jamais obtenir cette aide. À l'époque, je faisais mon apprentissage. »

Antécédents médicaux : Petite rougeole à six ans. Deux attaques de pleurésie à huit ou neuf ans. « Enfant, j'ai toujours été souffreteux ; j'avais des infections, des rhumes de cerveau et des diarrhées. D'une manière générale, je suis resté faible et souffreteux jusqu'à quatorze ans, après quoi ma santé s'est améliorée. En 1940,

1. Pour un organigramme du RSHA en 1944, avec ses dix branches, voir Black, *Kaltenbrunner*, p. 297-299. Schellenberg était responsable du VIe Bureau, espionnage à l'étranger ou SD-Ausland – aussi bien que des renseignements militaires.

je suis tombé malade en Afrique, “empoisonnement du foie”, et j’ai passé quatre mois à l’hôpital. »

Bien qu’il ait été un enfant très souffreteux, il n’en a pas moins progressé à l’école, parce qu’il apprenait très vite. Il a toujours été premier ou deuxième de sa classe, affirme-t-il. Il a toujours été mince pour son âge, quoique de taille moyenne. Il l’est encore aujourd’hui.

Comment en êtes-vous arrivé à travailler dans l’espionnage ? « Après coup, il me semble que tout a été une affaire de hasard, un accident », a-t-il répondu dans un sourire, en levant les mains.

« En mai 1933, je suis devenu membre de la SS générale, parce que je devais faire partie d’une organisation active : je devais produire un certificat attestant mon activité. »

Combien de temps consacriez-vous à la SS à cette époque ? « Le mardi et le mercredi après-midi, ainsi que mes week-ends. On restait dans les camps SS. C’était difficile, et j’ai toujours essayé de m’en tirer en travaillant le moins possible à la SS. J’essayais de travailler dans les bureaux, des choses comme ça. Je me suis porté candidat pour enseigner l’histoire aux petits de la SS. »

Vous n’auriez pas pu choisir une organisation moins nocive que la SS ? « Rétrospectivement, oui, mais à l’époque j’étais totalement apolitique. J’avais le choix entre la SS, les SA, et ainsi de suite. On était une bande de cinq, et il nous fallait décider quelle organisation choisir. Nous avons décidé de rejoindre la SS, parce que les SA auraient sans doute demandé davantage de travail. Plus tard, on s’est aperçu que c’était tout le contraire, que les SS avaient une charge de travail plus lourde. »

Le travail vous plaisait ? « Non. C’est pourquoi je me suis orienté vers des tâches plus intellectuelles, par exemple en donnant des cours d’histoire.

« Un soir que je faisais cours, deux professeurs de l’université de Bonn sont venus. Ils faisaient partie du même groupe SS que moi. De leur point de vue, ça ne rimait à rien de donner des cours à la SS ; ma vraie place était au SD. J’ai pris rendez-vous avec ces professeurs, qui étaient aussi membres du SD. Probablement étaient-ils à la SS afin de trouver des gens pour le SD.

« Ils m’ont expliqué que le SD était chargé de contrôler toutes les informations concernant la vie économique et sociale ainsi que l’évolution politique en Allemagne. Par ma double appartenance à la SS et au SD, je pourrais éviter tout travail pour la SS, et, pour le SD, je n’aurais en tout et pour tout qu’à écrire un article toutes les deux, trois semaines. » Quel genre d’article ? « Sur les nouveaux règlements et les nouvelles lois civiles, sur le résultat des lois sur la santé héréditaire, un nouvel ensemble de lois stipulant qu'il fallait combattre des maladies comme la schizophrénie en faisant stériliser ou castrer les malades. »

Que pensiez-vous de cette législation ? « Elle ne me concernait nullement, si ce n'est que je devais mener une campagne de propagande à échelle nationale afin de déterminer la réaction des gens à ces lois. L'opinion était scindée en deux groupes.

« Le premier groupe avait des parents malades ; l'autre s'intéressait simplement aux lois. Dans le premier groupe, certains trouvaient que c'était une bonne idée : ça leur ferait du souci en moins. D'autres, en particulier en Rhénanie, s'y opposaient pour des raisons religieuses [1]. »

Quelle était votre opinion ? « Je n'en avais pas. Je ne m'y intéressais guère. Un jour, je faisais mienne l'opinion d'un groupe ; le lendemain, celle de l'autre. J'ai écrit des articles qui n'étaient ni favorables ni défavorables, parce qu'ils étaient tous objectifs. »

Aujourd'hui encore, vous ne savez qu'en penser ? « Aujourd'hui, j'estime que c'est une violation trop flagrante des droits de l'homme. » Vous ne le pensiez pas alors ? « À cette époque, je n'avais aucune opinion. » Et sur la castration et la stérilisation des ennemis politiques ? « Ce n'était pas la question. Il s'agissait uniquement de mesurer les réactions du public en procédant par sondages. »

Vous savez que l'on castrait les ennemis politiques et les Juifs ? « À cette époque, cela ne se faisait pas. On n'en parlait pas. »

Vous le savez maintenant. « Oui. Je l'ai appris en avril 1945, à Stockholm, au cours d'une conversation. »

Schellenberg a tenu les propos qui précèdent d'un air doucereux et souriant, sans doute une manière de dire : « Je ne m'attends pas à ce que vous me croyiez, mais voilà ma réponse. » J'ai observé que c'était difficile à croire vu son intimité avec les proches de Himmler. Il s'est dit navré que je pense cela. J'ai répondu que, d'un point de vue psychologique, il ne paraissait pas désolé. Il a ajouté qu'il était naturellement hostile à de telles mesures, c'est-à-dire à la castration et à la stérilisation. Mais il l'a dit sans paraître très concerné et sans beaucoup d'affect.

J'ai répété que c'était difficile à croire vu sa proximité avec Himmler, Kaltenbrunner et les autres. Réponse : « Mon travail était si différent que c'était parfaitement compréhensible. Si vous connais-

1. Pour les réactions et le contexte du programme de stérilisation, qui fut introduit en 1933 et se solda en définitive par la stérilisation forcée de 400 000 personnes, voir Gellately, *Backing Hitler*, p. 93 et trad. fr., p. 131-132.

siez mes sentiments personnels envers Himmler et Kaltenbrunner, ou plutôt les sentiments qui existaient entre nous, vous sauriez que j'ai été ravi de ne plus travailler avec eux. » Et quels étaient donc vos sentiments à leur égard ? « Je n'avais pas confiance en eux, et ils n'avaient pas confiance en moi, sauf que Himmler s'est mis dans l'idée que j'étais de son côté, plutôt que de celui de Kaltenbrunner, surtout après que j'ai utilisé des horoscopes pour l'en convaincre. »

Il a raconté comment il avait parlé à Himmler de son horoscope et prédit certains événements. Himmler était enclin à croire ces histoires d'horoscope parce que c'était « un homme faible et superstitieux [1] ».

Mais dans le monde entier, on était au courant des castrations, des stérilisations et autres pratiques semblables dans les camps avant la fin de la guerre – en fait, bien avant. « À dessein, je me refusais à écouter les informations de l'étranger : si vous les écoutiez, ça influençait votre travail. » Quelle serait votre réaction si vous étiez psychiatre et que vous entendiez une réponse de ce genre à votre question ? « C'est difficile si le psychiatre est de parti pris. » De quel parti pris voulez-vous parler ? « Eh bien, vous êtes américain, et vous-mêmes avez été soumis à une certaine propagande. » C'est vrai, mais pouvez-vous être plus clair ? « Dans mon cas, alors même que j'avais une idée de ce qui se passait, je me faisais un devoir de ne pas le voir. » Cela, je le croyais plus volontiers. « Il faut vous mettre à la place d'un Allemand, avec des centaines de gens jaloux, d'autres Allemands et des étrangers, et des informations étrangères aussi, qui le menaçaient. C'est l'une des raisons pour lesquelles tout ce qui m'aurait coûté plus de travail était purement et simplement… enfin, je me contentais de l'écarter. Je ne voulais pas en entendre parler, ne pas faire plus que ce que j'avais à faire.

« J'ai eu de très bonne heure le sentiment que bien des choses, dans le système, violaient les droits de l'homme. C'est pourquoi j'ai essayé de faire mon boulot de manière à sortir l'Allemagne de là. » Que voulez-vous dire ? « Je souhaitais que la guerre finisse rapidement et que le régime soit réformé. » Quand ? « Dès 1940. Ma première grande déception, ce fut que l'Allemagne ne signe pas la paix avec la France en 1940, après la chute de la France. Ce que nous avons signé n'était qu'un armistice : le régime de Vichy. » Que voulez-vous dire ? « Il aurait fallu signer une véritable paix avec la

1. On trouvera de nombreux renseignements utiles sur Himmler in Richard Breitman, *The Architect of Genocide. Himmler and the Final Solution*, New York, 1991.

France, puis avec tout l'Occident. Une paix avec le gouvernement de Vichy. »

Qu'avez-vous fait pour hâter la fin de la guerre, comme vous venez de le suggérer ? « J'ai essayé de mettre la main sur les services secrets politiques. » Les services secrets allemands dans d'autres pays ? « Oui. Pour obtenir des rapports me permettant de démontrer objectivement au gouvernement que ça ne pouvait pas durer comme ça. »

Les *Einsatzgruppen*. À qui devaient-ils rendre des comptes ? « Aux Bureaux III et IV. Je n'avais rien à voir là-dedans. »

À quel bureau le colonel Skorzeny [1] devait-il rendre des comptes ? « Au Bureau VI, mais je n'avais pas grand-chose à voir avec lui parce qu'à la suite de l'affaire Mussolini il a eu une position indépendante. »

Le Bureau VI n'avait rien à voir avec les atrocités ? « Rien. Dans les premiers jours, nous avons commencé à établir le contact avec les Anglais et les Américains, ainsi qu'avec le Vatican. J'ai essayé à plusieurs reprises de provoquer des discussions et des conférences politiques, de créer les bases pour établir des relations pacifiques. » Mais toujours dans l'idée de servir l'Allemagne nazie ? « C'était encore mon idée en 1941. Mais pas en 1942. C'était tellement difficile d'aboutir à quoi que ce soit avec Hitler que j'ai laissé tomber l'idée. » Mais vous avez continué de travailler pour Hitler et le régime nazi jusqu'à la fin de la guerre. « Oui. Mais j'ai conspiré. Plusieurs personnes le savent, des Suédois et des Suisses. » Des nazis ? « Au contraire. Non. »

Au cours de l'été 1942, Schellenberg a tenté de « mettre Himmler de [s]on côté ». Il a essayé de le convaincre de l'importance de ses contacts, de lui montrer à quel point il serait judicieux de renverser Hitler pour le remplacer par Himmler [2].

En fait, vous étiez donc un homme de Himmler, non pas un homme de Hitler ? « Non, on ne peut pas vraiment dire ça. Je devais travailler avec la réalité.

1. Otto Skorzeny (1908-1975) travaillait pour le VIe Bureau du RSHA (sous l'autorité de Schellenberg) et était responsable du Service S comme sabotage. Entre autres choses, il est presque devenu un héros populaire allemand en conduisant le raid audacieux qui libéra Benito Mussolini, alors prisonnier, en septembre 1943. Au cours de l'offensive des Ardennes, en 1944, il dirigea une brigade de 2 000 soldats déguisés en soldats américains, contribuant ainsi à semer le chaos derrière les lignes. En 1947, un tribunal américain l'acquitta des charges retenues contre lui. Voir Black, *Kaltenbrunner*, p. 210-211.

2. Sur les efforts de paix de Schellenberg, voir Black, *Kaltenbrunner*, p. 220-221.

« Mon plan était de travailler avec Himmler contre Hitler, comme moyen de parvenir à une fin. » Pensiez-vous, ou pensez-vous, que Himmler eût été préférable à Hitler ? « Je crois que, sous mon influence, Himmler aurait changé de politique étrangère. » Vous aviez donc tant d'influence que ça sur Himmler ? « À une époque, non, mais à partir de 1943, mon influence sur Himmler dans le domaine de la politique étrangère n'a cessé de s'accroître.

« La seule difficulté avec Himmler, c'est qu'il était d'une nature sournoise. Je ne savais jamais si je serais encore en vie le lendemain ou emprisonné. Mais je puisais de nouvelles forces dans ma conviction que l'Allemagne… que je devais tirer l'Allemagne du chaos.

« C'est pour cette raison que j'ai pris contact avec les Américains à Stockholm en 1943, contre les ordres formels du Führer. Abraham Steven Hewitt était un conseiller de Roosevelt en poste à Stockholm. Hewitt avait épousé une Vanderbilt [1]. » Quelle était la nature de vos contacts avec Hewitt ? « Ouvrir les frontières vers l'Ouest et, dans un premier temps, permettre à Himmler de prendre les rênes de l'Allemagne, mais aussi créer une alliance occidentale contre la Russie. »

Quels ont été les résultats de vos discussions avec Hewitt en novembre 1943 ? « J'en ai rendu compte à Himmler, et il s'en est entretenu avec Kaltenbrunner, qui l'a poussé à décider le contraire. À compter de ce jour, j'ai traversé une période difficile. » Vous étiez convaincu que les Alliés occidentaux se rangeraient aux côtés de l'Allemagne contre la Russie ? « Oui. Hewitt avait laissé la question en suspens, ajoutant qu'il devait s'en entretenir avec Roosevelt. » Vous pensiez que les États-Unis conspireraient contre leur allié russe, alors qu'ils avaient été alliés et qu'ils étaient en passe de gagner la guerre ? « Il y avait cette chance. Cela entraînerait un changement de gouvernement en Allemagne et la paix à l'Ouest. » Que voulez-vous dire ? « L'Allemagne devrait alors supporter le poids essentiel de la lutte contre la Russie et se retirer sur

1. Abraham Steven Hewitt était un agent de l'OSS à Stockholm et avait des contacts avec diverses personnes de l'entourage de Himmler, dont Schellenberg. Apparemment, ce dernier le croyait chargé d'une mission spéciale par le président Roosevelt. Schellenberg invita assez prudemment Hewitt – qui informa le chef de l'OSS, le général William J. Donovan, de ces sondages de paix – à visiter l'Allemagne, mais toute cette affaire ne déboucha sur rien. Hewitt formula des exigences très larges quant à ce que les Allemands devraient faire pour obtenir le soutien des Américains pour la paix, et ces conditions ne devaient jamais être acceptées. Pour un récit détaillé, voir Yehuda Bauer, *Jews for Sale : Nazi-Jewish Negotiations, 1933-1945*, New Haven, 1994, p. 104-105 ; en fr., *Juifs à vendre ?*, trad. D. Authier, Paris, L. Levi, 1996, p. 149-151 ; voir aussi Wildt, *Generation des Unbedingten*, p. 718-719.

ses frontières. » Oui, mais vous demandiez une alliance contre la Russie ? « Pas une alliance active, juste passive. Juste pour cesser les combats à l'Ouest. »

En sorte que l'Allemagne puisse vaincre la Russie ? « Eh bien, pas nécessairement vaincre la Russie, mais avec un changement de régime politique en Allemagne… un arrêt des combats. » Avec Himmler à la barre du nouveau gouvernement allemand : il était disposé à ce que l'Allemagne se retire sur ses frontières et cesse également la guerre avec la Russie ? « Himmler haïssait la Russie, mais je l'avais convaincu que la Russie ne pouvait être battue. » Himmler en était convaincu ? « Au départ, Himmler m'a détesté pour cela, puis il s'est mis à y réfléchir à cause des éléments que je lui apportais. » C'est inouï. « Oui, mais j'y suis parvenu. En 1943, je me suis mis à utiliser l'astrologie avec Himmler. J'en avais besoin comme d'un instrument pour avoir plus d'influence sur lui parce qu'il y croyait. Dans mon horoscope de Hitler, j'ai prédit l'attentat en février 1944 ; comme vous le savez, il a bel et bien eu lieu le 20 juillet 1944. Au moment de l'attentat, Himmler était profondément convaincu. Bien que Himmler lui-même ait joué un petit rôle dans l'attentat, il n'en était pas moins convaincu. J'ai aussi prédit que Hitler ne survivrait pas à avril 1945. Quand Hitler s'est tué, Himmler était plus convaincu que jamais. »

C'était plutôt tard, non ? « Mais pas trop tard. J'ai dit à dessein à Himmler qu'il était censé succéder à Hitler, être un réformateur, et qu'il devait ensuite à son tour démissionner. »

Himmler, réformateur ? L'homme qui a ordonné le meurtre de cinq millions de Juifs et qui, selon Bach-Zelewski, voulait exterminer trente millions de Slaves ? « Himmler croyait que ce serait le chaos, et je l'ai renforcé dans cette conviction : je l'ai utilisé comme outil politique à mes propres fins politiques. Je lui ai dit qu'il devait arranger tout ce qui n'allait pas, libérer tous les détenus politiques, relâcher les Juifs. » Quels Juifs ? Höttl a rapporté qu'en août 1944 Eichmann lui avait dit qu'entre quatre et cinq millions d'entre eux avaient été tués jusque-là. « Je ne le savais pas. En octobre 1944, j'ai eu une conférence avec Jean-Marie Musy, l'ancien président suisse, en présence de Himmler, et par la suite Himmler et Musy se sont vus en tête à tête [1]. J'ai appris plus tard que Himmler avait donné des ordres positifs sur le traitement des Juifs, signe que mes idées avaient fait leur chemin en lui. »

1. Il semble que Schellenberg ait organisé une entrevue entre Himmler et Jean-Marie Musy, qu'un historien de l'épisode présente comme un « homme d'État conservateur suisse ». Voir Black, *Kaltenbrunner*, p. 228-229.

Bizarre, parce que quand les troupes alliées sont entrées en Allemagne, les camps de concentration ont été incendiés et les détenus brûlés vifs ou exécutés. « Je sais. J'ai pu acheminer mille deux cents Juifs en Suisse. Cela a commencé en janvier 1945. Tous les quinze jours un train avec mille deux cents Juifs pouvait quitter l'Allemagne à destination de la Suisse. Ça ne s'est fait qu'une fois parce que Kaltenbrunner est allé voir Hitler et a fait tout arrêter [1]. »

À votre avis, Kaltenbrunner était donc pire que Himmler ? « Oui. En particulier durant la dernière phase de la guerre. Kaltenbrunner avait plus d'influence sur Hitler. Dans les faits, Kaltenbrunner était pire que Himmler.

« De même avec l'évacuation des camps : ils auraient dû être remis aux Alliés en l'état. J'en ai discuté avec Musy. Himmler était d'accord. Ces instructions ont été déjouées du fait de l'influence de Kaltenbrunner sur Hitler.

« Musy a adressé un câble de Suisse à Washington : lorsqu'ils seraient pris, ces camps seraient livrés intacts. Kaltenbrunner a donné des ordres inverses avec l'appui de Hitler. » Kaltenbrunner prétend n'y être pour rien. « J'ai témoigné sous serment à ce sujet devant la cour.

« Une autre preuve de la véracité de ces faits : Himmler, tandis que Hitler était encore en vie, a appelé à une capitulation devant les puissances occidentales. » Est-ce une rumeur ou un fait ? « Ce sont des faits. J'ai transmis l'offre de Himmler au comte Folke Bernadotte à Stockholm, et le président Roosevelt a décliné l'offre [2]. » C'eût été une reddition sans conditions ? « Envers les puissances occidentales, mais pas envers la Russie. C'était mon influence. » Mais la Russie était une alliée. « Mon influence sur Himmler n'allait pas plus loin. Himmler était tellement lâche qu'il a refusé ou

1. Musy rencontra Himmler le 3 novembre 1944 et le 1er janvier 1945 et essaya de négocier une rançon : les Allemands toucheraient tant par Juif ou convoi de Juifs libérés des camps. Musy (ancien président de la Suisse et ancien sympathisant nazi) accepta de verser 1 000 dollars pour chacun des 1 200 Juifs libérés, mais Himmler laissa entendre qu'on pouvait en sauver beaucoup plus. La presse fit état de la libération de 1 200 Juifs. Kaltenbrunner n'approuvait pas cet accord ; afin d'y mettre fin, il donna des informations à Hitler à ce sujet au début de 1945. Hitler ordonna l'arrêt du programme. Voir Black, *Kaltenbrunner*, p. 229-230, et Bauer, *Jews for Sale ?*, p. 225-230 et trad. fr., p. 315-317.

2. Le comte Folke Bernadotte était un responsable de la Croix-Rouge suédoise qui, entre autres choses, essaya de sauver quelques Juifs des camps en négociant avec Schellenberg, Kaltenbrunner et Himmler de la fin de 1944 jusqu'en 1945. La Croix-Rouge suédoise réussit à sauver près de 7 500 femmes de Ravensbrück, dont quelques-unes originaires de France, de Suède et de Pologne. Voir Bauer, *Jews for Sale ?*, p. 246-247 et trad. fr., p. 334-337.

qu'il a eu peur d'agir à cause de Kaltenbrunner et de Hitler. Ce n'est pas ma faute.

« Vous pouvez mesurer jusqu'où allait mon influence sur Himmler quand ce dernier, seul entre tous, s'est dit prêt à recevoir le représentant sioniste de Suède. » Après la liquidation des Juifs ? « J'ai toujours cru que la majeure partie des Juifs étaient encore en vie. » Jusqu'à quand ? « Jusqu'au 20 avril 1945. » À cette date, cinq millions de Juifs étaient morts. « Je n'avais rien à voir dans ces affaires-là. » C'est un mystère. « Je pensais que les Juifs étaient vivants dans des camps de concentration. »

Mais vous saviez qu'ils étaient dans des camps de concentration. « Je savais, et j'ai donc œuvré pour la libération des Juifs des camps de concentration. »

Cela ressemble à un conte de fées des frères Grimm. « Je vous l'ai prouvé. » Vraiment ? « Oui. Bon, je sais que je ne vous ai pas convaincu et ça m'est égal, mais je vous dis la vérité. » Oui, je m'y intéresse, d'un point de vue psychologique et comme à une histoire. Ça vous paraît logique ? « Je n'y vois qu'une seule explication, c'est que Himmler était un être double, ou triple. Je le vois d'après les procès. » Vous ne voyiez que le bon côté de Himmler à l'époque ? « Non, pas seulement un bon côté, mais je voyais la possibilité d'utiliser ce côté pour amener Himmler à suivre la voie que je désirais. Je n'ai jamais apprécié Himmler. Sur un plan personnel. Régulièrement, je sentais le déséquilibre du personnage. Ma vie même était en danger. Plus d'une fois, j'ai pensé à quitter l'Allemagne avant 1944. Mais j'étais convaincu que je devais rester à mon poste et faire ce que je pouvais. »

Je ne vois pas vraiment en quoi vous avez été utile, avec toutes ces atrocités commises quand vous étiez si proche de Himmler, et tous les nazis qui disent aujourd'hui que c'est Himmler qui a ordonné la boucherie et les atrocités. « J'ai réussi à faire beaucoup de choses humanitaires. » J'aimerais bien que vous m'en parliez.

« Par exemple, contre la formidable résistance de Hitler et de Kaltenbrunner, et, au départ, de Himmler également, j'ai réussi à sauver neuf mille Norvégiens et Danois, que j'avais fait libérer des camps de concentration. »

Il me vient à l'idée que ce pouvait bien être un geste diplomatique pour satisfaire Bernadotte alors que l'Allemagne était déjà en passe de perdre la guerre. « Non, si c'était le cas, je n'aurais pas eu tant de mal. Et j'en ai fait libérer beaucoup des camps de concentration. »

Vous aviez donc une grande influence sur la question des camps de concentration ? « Je n'avais aucun pouvoir sur les camps de concentration. C'était un autre service. Mais je trouvais toujours une raison d'y aller avec des demandes, prétextant que c'était en rapport avec les services secrets. »

En dehors des Norvégiens et des Danois que vous venez de mentionner, combien de gens avez-vous fait libérer des camps de concentration ? « Une centaine, avec leurs familles. » Des innocents ou des coupables ? « Des innocents. » Vous saviez donc qu'il y avait des innocents dans les camps de concentration ? « Je ne le savais que par ces dossiers. Je n'ai guère prêté attention aux autres cas. »

Cela ne vous préoccupait pas beaucoup, peut-être ? « Je dois convenir que ça ne m'a pas préoccupé tant j'étais plongé dans mes activités quotidiennes. On ne saurait m'accuser d'y avoir trempé en quoi que ce soit.

« Savoir et croire sont deux choses différentes. Je savais qu'il y avait quantité d'innocents dans les camps de concentration et qu'on y pratiquait les travaux forcés, mais je n'y voyais qu'un autre aspect négatif du système dans son ensemble, et une autre raison de combattre le système. »

Que pensez-vous de Bach-Zelewski ? « C'est un personnage compliqué. Nombre de mes ennemis personnels me décrivent comme un type froid, quelqu'un qui suit sa ligne, un type calculateur. » Et vous avez le sentiment que ce n'est pas le cas ? « Pas au sens où l'entendent mes ennemis. Mes ennemis ne savent rien de ma vie émotionnelle intérieure. Mais pour en revenir à Bach-Zelewski, je crois que c'était le genre de personnalité incapable de faire la différence entre la vérité et les mensonges. Il s'immerge tellement dans toute l'affaire qu'il est incapable de faire la part des choses. Il se persuade et croit être allé si loin qu'il doit mourir pour la cause. Initialement, ce n'était pas la vérité, mais il se persuade… Il est prêt à mourir pour elle. »

Il ne cherche pas à mourir, mais à vivre, je crois. « Oui. Je vous dis cela à titre confidentiel. »

13 mars 1946

Cet après-midi, Schellenberg m'a accueilli avec son aplomb habituel, apparemment ravi d'avoir un nouvel entretien.

Famille. Père : « Hier, j'ai appris qu'il est en vie. Cela faisait plus d'un an que je n'en avais entendu parler. » Il a quatre-vingts ans. C'était un fabricant de piano. La maison avait été fondée par l'arrière-grand-père du sujet. Dans la famille, on est doué pour la musique. « Je jouais du violoncelle. Mon père joue du piano et du violon. Grand-père, de l'orgue et du violon. J'ai commencé à suivre des leçons de violoncelle à huit ans. »

Il s'est mis à m'expliquer que son compositeur préféré était Edvard Grieg. Il a arrêté le violoncelle après une chute de cheval, à vingt-trois ans, qui lui avait valu d'avoir les os des deux mains fracturés. Il m'a fait voir les cicatrices et les difformités de ses deux mains. Quand il jouait du violoncelle pendant cinq ou dix minutes, il attrapait des crampes dans les mains, si bien qu'il lui était impossible de continuer à jouer. Parmi ses autres compositions préférées, a-t-il ajouté, il y avait les troisième et neuvième Symphonies de Beethoven, du Mozart, même s'il trouve ce dernier « plus difficile à apprécier et à comprendre que Beethoven. Ma sœur dit toujours que la seule vraie musique, c'est Mozart ».

Interrogé sur son intérêt pour les compositeurs russes, il a répondu qu'il ne les connaissait guère, mais qu'il aimait *La Promenade en traîneau* de Moussorgski. Il voulait savoir si Tchaïkovski était polonais ou russe. Il était dérouté. De toute façon, il ne connaissait aucune de ses compositions. « J'ai entendu parler d'un nouveau compositeur russe, j'ai lu quelque chose sur lui depuis que je suis en prison. » Il ne se souvenait pas du nom, mais quand j'ai mentionné Dimitri Chostakovitch, il a dit que c'était lui.

Il a également cité Paul Hindemith, qui était, croyait-il, un élève de Tchaïkovski. Hindemith était « dur à apprécier » parce qu'il était « atonal ». Il n'a jamais rien entendu de Stravinski parce qu'il était interdit sous le régime hitlérien. Alexandre Borodine, il pense en avoir entendu avant 1933, mais pas du temps de Hitler. « Ma sœur joue du Rachmaninov, mais lui non plus, on ne le jouait pas pendant la guerre. » Et avant la guerre ? « Je n'ai pas souvenir d'avoir entendu ses œuvres en concert. » Je lui ai demandé pourquoi Hindemith avait quitté l'Allemagne. Il a dit qu'il ne savait pas.

Quel est votre avis sur l'interdiction de la musique pour raisons politiques, nationales ou raciales ? « Je crois que c'est un signe de faiblesse. » Vous apparteniez pourtant à l'organisation de Himmler qui l'a interdite. « Oui. Mais dans les premiers temps, mon développement mental, sur le plan politique, laissait à désirer. Par la suite j'ai essayé de m'améliorer. Je voulais utiliser le pouvoir qui était le mien dans mon poste et suivre de nouvelles lignes. » Quel genre de lignes ? « La fin complète du régime. Je suis allé jusqu'à parler avec Himmler du meurtre de Hitler. » Himmler était-il libéral, ou plus libéral que Hitler ? « Je crois que Himmler savait qu'il n'était pas libéral mais considérait qu'il pouvait faciliter un système temporaire. » Comment voyiez-vous le système qui devait finalement prévaloir en Allemagne ? « J'ai compris de bonne heure que notre système n'était qu'un semblant vivant et latent [*sic*] de révolution intérieure étouffée dans l'œuf. Et, de ce fait, ils voulaient la guerre. À mon avis, une guerre entre l'Angleterre et l'Allemagne était une guerre fratricide. En mon for intérieur, j'admirais le gouvernement et le système politique anglais.

« Je dois dire aujourd'hui que – après tout ce que j'ai vu – je suis ravi que l'Angleterre ait gagné la guerre, parce que l'Allemagne, avec son système corrompu et sa fausse sélection de gens au gouvernement, n'aurait jamais pu donner au continent ce dont il avait besoin. Je l'ai dit à un ami suédois en 1944, qui l'a rapporté à l'ambassadeur anglais en Suède. » Que faisiez-vous en Suède en 1944 ? « J'essayais de chercher la paix de mon propre chef. » Himmler le savait-il ? « Je ne pouvais pas tout dire à Himmler tellement il était faux et hypocrite.

« L'ambassadeur d'Angleterre a répondu que des négociations avec le système allemand à cette époque étaient impossibles et a suggéré que Schellenberg "se débarrasse de Hitler".

« Mais je n'ai jamais osé aller jusque-là à cause de ma famille, qui était encore en Allemagne, et je n'osais pas les faire sortir. J'ai donc essayé de monter Himmler contre Hitler par l'astrologie.

« Il est intéressant de savoir qu'en mars 1945 Kaltenbrunner a prévenu Himmler que j'avais envoyé ma femme en Suisse. C'était faux, bien entendu, mais Himmler a fait faire une enquête. »

Himmler ne faisait confiance à personne ? « Personne. C'était toute la difficulté de ma position. À tout moment, il pouvait m'arriver quelque chose. À la fin d'avril 1945, après ma conférence avec le leader sioniste en Suède, Himmler m'a dit qu'il était désolé de ce qu'il avait fait dans sa vie, qu'il regrettait sa fourberie envers les autres, et s'en excusait. Il a dit, je le cite de mémoire : "Si seulement je vous avais écouté, Schellenberg, en 1943, il aurait été encore temps de faire quelque chose pour les Allemands." J'ai toujours eu l'impression que Himmler était sous l'influence de Hitler. Himmler était malléable, il avait pu facilement passer sous l'influence de Hitler. Himmler a beaucoup trop conspiré avec moi pour qu'on puisse dire que Hitler était sous l'influence de Himmler. Himmler et moi avons bien trop comploté contre Hitler pour cela. Vers la fin de 1943, Himmler a bel et bien parlé avec moi de tuer Hitler. Tel était le danger de ma position. Si quelqu'un changeait d'avis, c'était ma fin. C'est devenu encore plus évident après l'attentat du 20 juillet 1944, quand Kaltenbrunner a travaillé de plus en plus étroitement avec Hitler. Kaltenbrunner a conspiré contre Himmler. »

Interrogé sur la personnalité de Himmler, Schellenberg a répondu : « En apparence, il avait le type d'un instituteur, et en matière de politique étrangère son horizon n'allait pas plus loin. Dans le domaine des affaires étrangères, je n'avais donc aucune difficulté à le convaincre. Pour le reste, Himmler était un sphinx, dur à comprendre. C'était un lâche, non pas un homme courageux. » Par exemple ? « Il essayait toujours de fuir les difficultés. Quand j'avais des difficultés avec Ribbentrop, Himmler ne me soutenait jamais.

« Cette couardise est la raison pour laquelle Himmler a consenti à tout ce que le puissant et persuasif Hitler lui a dit. »

De qui venait l'idée d'exécuter les cinq millions de Juifs ? « Elle devait venir de Hitler, parce que Himmler n'avait pas le courage d'un soldat, la capacité de prendre une décision courageuse. »

À votre avis, la décision de tuer cinq millions de Juifs, d'exterminer cette race, était donc courageuse ? « Je ne dis pas que c'était bien. J'étais contre. Ce n'est pas tant de courage que je veux parler que d'esprit de décision. » En ma qualité de psychiatre, il me semble que cela exige plus de sadisme que de courage ou d'esprit de décision. « Sans doute Himmler était-il un sadique, mais Hitler l'était plus encore. Hitler a été le diable de toute cette affaire… plus sadique que Himmler. » Le sadique n'est pas seulement l'homme qui brise les os des bébés et y trouve du plaisir, c'est aussi celui qui en donne l'ordre, ou qui est au courant et n'en est pas troublé. « Si c'est votre définition du sadique, alors oui, Himmler était sadique. » Pensez-vous avoir des tendances sadiques ? « J'ai été profondément remué quand Himmler a eu une conférence avec le leader sioniste de Suède en 1945. Jusque-là, je pensais que les Juifs étaient seulement dans des camps de concentration et des camps industriels. »

Avez-vous entendu parler de sadisme dans les camps de concentration ? « Non. » Jamais été dans un camp de concentration ? « J'ai inspecté un camp, une fois – mais tout était dans les règles. M'ont-ils tout montré ? Je n'en sais rien, mais ce que j'ai vu était bien. » Quel camp ? « Oranienburg. » Qu'y avez-vous vu ? « J'ai vu là-bas des installations médicales qui valaient certainement mieux que des institutions caritatives. C'était en 1943. »

Comment se fait-il que vous ayez visité Oranienburg ? « C'est un autre haut fonctionnaire qui m'a demandé d'y aller. » Combien de gens y avait-il à Oranienburg ? « Quand j'y suis allé, on m'a dit qu'ils étaient huit mille. » Assez peu en comparaison de Dachau. « Je ne sais pas combien ils étaient dans ces camps, plus tard ou même à cette époque. C'est le chiffre qu'on m'a indiqué. »

« Pour revenir un instant aux tendances sadiques, chaque guerre n'a-t-elle pas des tendances sadiques ? » Oui. Mais par exemple ?

« Par exemple, soixante mille personnes ne sont-elles pas mortes brûlées en une nuit à Dresde [1] ? Je connais aussi le cas d'une parente à moi qui était enceinte et s'enfuyait sur une route quand elle a été mitraillée en rase-mottes par un avion qui volait à basse altitude. » De quelle nation venait cet appareil ? « Je n'en sais rien. » Pouvait-il être allemand ? « Peu probable. »

« Je sais par mon expérience sur les routes du pays que les avions anglais et américains descendaient en piqué et mitraillaient tous les paysans et les réfugiés sur les routes. » Je crois qu'il y avait des pilotes irresponsables dans les deux camps. « Oui. » Il a eu un grand sourire.

Mais, du côté allié, il n'y avait pas de gens qui tuaient et alignaient dans les tranchées, les chambres à gaz et les crématoires, des bébés, des enfants, des femmes et des hommes… de manière organisée. « Je voulais dire que toute guerre aérienne est forcément sadique. »

Vous voulez dire que cela explique les atrocités allemandes, le meurtre de cinq millions de Juifs, le gazage des gens et l'exécution des otages, toutes ces autres choses dont il a été question à la cour ? « Non. Mais que pouvais-je faire ? Que pouvaient faire les Allemands ? Bien sûr, ils savaient qu'il se passait des sales choses dans ces camps. S'ils habitaient à proximité, ils ne pouvaient pas ne pas savoir, tout comme je savais. Et après ? Nous méprisions tout cela, mais qu'y pouvions-nous ? Comme je vous l'ai dit hier, j'aurais pu partir à l'étranger, mais j'ai pensé qu'il valait mieux rester à mon poste et essayer de changer le gouvernement. Vu la situation politique actuelle, je crois que j'ai mieux fait de rester à mon travail plutôt que de filer à l'étranger et d'écrire des articles là-bas. Je dis cela à cause de tous les gens qui reviennent en Allemagne aujourd'hui et disent avoir travaillé contre Hitler. Parmi tous ceux qui ont quitté l'Allemagne, combien peuvent dire avoir libéré un Juif d'un camp de concentration ? Pas un seul. »

Et vous ? « Beaucoup. » Par exemple ? « Une famille Notebaum. Et en 1944 une famille Rosenbaum. » De quelle façon les avez-vous aidées ? « J'ai toujours prétendu que c'étaient des politiques et que pour des raisons politiques il fallait les libérer. » Qu'en avez-vous fait ? « Envoyées en Suisse. »

« Vers la fin, autour du 28 avril 1945, j'ai sauvé le camp de Ravensbrück, ainsi que deux mille Françaises, deux mille Polonaises et deux mille Juives de la mort. Je les ai fait évacuer vers la

1. Le raid sur Dresde, en février 1945, a suscité une vive controverse. Quelque 50 000 personnes perdirent la vie à la suite du bombardement allié.

Suède par la Croix-Rouge vers la fin d'avril 1945. L'ordre avait été donné de fusiller toutes les détenues du camp quand le front céderait. » D'où venait l'ordre ? « De Kaltenbrunner [1].

« Et c'est moi qui ai pris la décision d'y envoyer des voitures suédoises pour évacuer ces femmes de Ravensbrück. Sous ma responsabilité. » Une preuve quelconque ? « Tout est à la cour. »

Père : « Aucune conviction politique, toujours été un bon vivant. Avant la Première Guerre mondiale, c'était un homme très riche. Ses usines de Sarrebruck ont été fermées, mais il avait encore des succursales au Luxembourg et à Trèves, sur la Moselle.

« Il a vécu les dernières années au Luxembourg, mais depuis la fin de la guerre il a été évacué vers l'Allemagne. » Le père habite aujourd'hui chez l'une de ses filles.

Mère : Morte en 1941, à l'âge de soixante et un ans, d'un cancer du foie, après deux ans de maladie. Morte à la suite d'une seconde opération. Personnalité de la mère ? « Une personne très bonne, adorée. Peut-être une mère trop bonne. » Que voulez-vous dire ? « Elle prenait toujours le parti des enfants, alors que mon père était très strict. Elle se faisait peut-être trop de souci pour nous. J'étais le préféré de ma mère, le plus jeune. Peut-être cela tenait-il au fait que mon frère était de six ans plus âgé, si bien qu'en raison de notre différence d'âge c'est moi que ma mère préférait. » Pourquoi ? « Eh bien, j'imagine que six ans entre des enfants, cela fait long.

« Peut-être est-ce pour cela que j'étais le préféré [rires], et aussi que mon père m'a toujours dit que je n'étais pas attendu. » Vous étiez aussi le préféré de votre père ? « Oui, même s'il ne s'attendait pas à avoir d'autres enfants quand je suis né. »

Personnalité du père ? « Un homme très strict et austère. Mon père était un homme très émotif qui ne vivait que pour la musique et son métier. » Par exemple ? « C'était un idéaliste ; donc, un piètre homme d'affaires. Il ne savait pas spéculer. Il faisait trop confiance aux gens. » Vous pensez que la confiance dans les gens est une de vos faiblesses ? « Non. J'ai une approche réaliste. »

Que pensait votre père de vos activités ? « Au début, je voulais faire des études de médecine, mais mon père n'a pas voulu. Il voulait que je sois avocat. Quant à mes activités au parti, il n'avait pas la moindre idée de ce qu'elles pouvaient être. » Vous pensez qu'il

1. L'ordre d'évacuer tous les camps et prisons, et/ou de tuer les détenus incapables de voyager, se solda par des meurtres massifs. Pour une introduction et des sources, voir Gellately, *Backing Hitler*, p. 242-252 et trad. fr., p. 318-330.

sait à quoi s'en tenir aujourd'hui ? « Il sait que j'étais employé par les services secrets, mais pas dans le détail.

« Mon père estimait m'avoir donné une éducation professionnelle et que j'étais maintenant assez grand pour vivre ma vie. » Quand avez-vous vu votre père pour la dernière fois ? « Quand ma mère est morte, en 1941. » Pourquoi pas depuis ? « Impossible de m'absenter de Berlin tant j'étais occupé. »

Vous voyiez souvent votre mère avant sa mort ? « Une fois en 1937, en 1938 et en 1940. En 1940, j'ai passé deux semaines au Luxembourg. »

Fratrie : Trois frères et trois sœurs.

1. Sœur de cinquante ans, mariée, des jumeaux âgés de onze ans. « Elle s'est mariée tard, à vingt-huit ans. Elle a eu des enfants plusieurs années après. Son mari est très malade : problème cardiaque. Il a été directeur de banque, puis employé de la ville de Sarrebruck. Depuis deux ans, il n'est plus en état de travailler. » Elle a été évacuée vers une petite ville. Il a dernièrement appris par sa femme qu'elle est en contact avec cette sœur.

Personnalité de la sœur de cinquante ans ? « Très sensible. Tempérament artistique. Nombreuses migraines jusqu'à la naissance de ses enfants. Depuis, elle va mieux. C'est avec elle que je m'entendais le mieux, j'étais son frère préféré. Je m'entendais aussi très bien avec mon beau-frère. »

2. Frère, quarante-huit ans, gazé au cours de la Première Guerre mondiale, souffre depuis de troubles gastriques. Il s'est marié il y a deux ou trois ans ; pas d'enfants. Il travaillait dans l'affaire paternelle. Personnalité du frère ? « Le genre tranquille, satisfait, introverti. Je m'entendais bien avec lui. Il m'a toujours protégé parce que j'étais petit et qu'il était costaud. Il a deux têtes de plus que moi et il est plus fort. C'est un bon sportif. »

Ce frère n'a jamais été membre du parti nazi, s'est fait un devoir de préciser Schellenberg. Mais il a été appelé dans la Waffen-SS à la fin de la guerre. Il a été sur le front ouest. Toujours pas de nouvelles de lui.

3. Sœur, quarante-six ans, en bonne santé, célibataire, vit avec le père. À la fin de 1941, elle était en Amérique, où elle vivait depuis quatorze ans. Elle a été déportée en tant que ressortissante allemande. Elle a travaillé comme gouvernante chez un millionnaire pendant six ans, aidant à élever les enfants. Elle joue du piano à la perfection et parle anglais couramment.

Elle a quitté son poste de gouvernante parce que les enfants avaient grandi. Par la suite, elle a travaillé au consulat allemand de New York jusqu'au début de la guerre. Elle était secrétaire en chef.

Il s'est montré réticent à donner beaucoup d'informations sur la personnalité de sa sœur, si ce n'est pour dire qu'elle était compétente et chaleureuse. Il ne sait pas si elle était membre du parti.

4. Frère, quarante-quatre ans, en vie, mauvaise santé. « Nous pensons qu'il a pu hériter des problèmes de foie de sa mère. Marié, quatre enfants.

« Il était en charge de l'affaire paternelle à Sarrebruck. » Il a été mobilisé dans l'armée de l'air pour la durée de la guerre. Il est rentré chez lui il y a quelques semaines, à en croire les toutes dernières lettres de la maison. Il n'était qu'un « simple soldat » dans l'armée de l'air. Il avait passé son bac et « détestait la vie de soldat ; ça ne lui a jamais plu ». Schellenberg n'a jamais vu son frère depuis le début de la guerre. Il croit qu'il faisait partie du personnel au sol de l'armée de l'air. « Je n'ai jamais eu beaucoup de liens avec lui : il était très têtu. Il voulait toujours imposer sa façon de voir. » Pour autant que le sujet le sache, il n'était pas membre du parti.

5. Sœur, quarante et un ans, bonne santé, mariée, quatre enfants, mari tout juste rentré de l'armée. Elle s'est mariée jeune. « Elle avait beaucoup de fantaisie et de tempérament, une femme très vive et éveillée. » Il ne l'a jamais vue au cours de la guerre. Elle a été évacuée de Sarrebruck au début des hostilités.

Comment se fait-il que vous n'ayez jamais vu les membres de votre famille au cours de la guerre ? « La seule permission que j'ai pu obtenir du bureau, c'était pour voir ma mère, et encore ai-je dû me battre pour ça. De plus, j'avais ma jeune femme et mes enfants, et après la mort de ma mère je ne me suis occupé que de ma famille. »

6. Frère, quarante et un ans, en bonne santé, célibataire, « a toujours été une sorte d'aventurier qui ne voulait pas se fixer ». Il a vécu douze ans aux États-Unis, jusqu'en 1939. Il est agriculteur et dirigeait une roseraie à Providence, Rhode Island. Pourquoi est-il rentré en Allemagne ? « Il gagnait de moins en moins, il avait envie de changer. » Qu'a-t-il fait après son retour au pays ? « Il était représentant de Coca-Cola dans une partie de l'Allemagne. Puis il a été mobilisé par l'armée de terre. Je ne l'ai vu qu'une fois. Il était dans les transports motorisés, peut-être dans l'armée de l'air. Il est rentré maintenant. »

Couple : Marié en 1940. Quatre enfants : un garçon de cinq ans et trois filles : quatre ans, trois ans et sept mois. Le garçon souffrait de migraines petit, mais il est guéri maintenant. Ils sont tous en vie et bien portants. Sa femme est catholique, comme le sujet. Il l'a connue six mois avant de l'épouser. Elle a son bac et a fréquenté ensuite les Beaux-Arts, mais n'a jamais fait de peinture à titre professionnel. Son hobby est le portrait. Au moment de son mariage, il était chef du Bureau IV au RSHA (contre-espionnage).

La photo de sa femme est posée sur la table de sa cellule. Une belle blonde, un portrait classique de studio. À côté, un cliché de sa femme et de ses enfants, où elle ne ressemble pas du tout au grand portrait de studio. Il s'est plus ou moins excusé de son air « piteux » sur cet instantané, disant qu'elle venait d'avoir son quatrième enfant au moment où la photo avait été prise, et qu'elle était « à plat ». Il est incapable de donner beaucoup de détails chargés d'émotion sur son couple, si ce n'est pour dire qu'il a fait un bon mariage.

Prié de donner une brève esquisse de sa carrière, il a donné les éléments suivants :

> 1936 – Passe ses examens pour devenir avocat.
>
> 1937 – Arrivée à Berlin, travail dans la section des finances et du personnel du SD.
>
> 1939 – Commence à travailler dans le contre-espionnage. Bureau IV, en tant que haut conseiller administratif. Employé de l'État.
>
> 1941 – Vers juillet, devient chef du SD (Bureau VI). Son dernier grade dans la SS était général de division [*Gruppenführer*], mais quand il a commencé il était colonel.

« J'ai toujours voulu être promu dans la hiérarchie civile, mais ils m'ont promu dans la SS. » Le plus souvent, dans son travail, il était en civil.

« Wilhelm Höttl était un employé du Bureau VI, sous mon autorité. Il représentait l'Europe du Sud-Est, il était chef de ce département. »

Prié de donner ses impressions sur Höttl, il a répondu : « Höttl est un homme très intelligent, très méticuleux dans son travail. Je suis sûr qu'avec le temps il serait devenu diplomate. »

Y avait-il la moindre divergence d'opinion entre vous et Höttl ? « Ni à titre officiel ni à titre personnel. Mais Höttl était trop peu regardant avec l'argent, il dépensait beaucoup, légalement et illégalement. Je l'ai toujours tenu à l'œil. »

À votre avis, Höttl est-il un homme à qui on puisse faire confiance ? Schellenberg s'est donné un instant de réflexion avant de répondre. « Oui, mais vous devez toujours avoir l'œil sur lui. »

Qu'est-ce que ça veut dire ? Schellenberg a souri en levant les deux mains, comme pour dire : « Qui sait ? »

Revenant sur son couple, Schellenberg a dit que la mère de sa femme était polonaise. Sur cette base, Himmler avait désapprouvé son mariage. La famille de sa femme était originaire de Silésie, où elle habitait. Schellenberg avait connu sa femme dans une soirée à Berlin. Schellenberg insistant, Himmler avait fini par consentir au mariage.

Il a vu sa femme pour la dernière fois en mars 1945, quand il est parti pour la Suède. Il a fait plusieurs allers et retours entre la Suède et l'Allemagne. « Mon idée était de conclure un accord avec le gouvernement suédois pour empêcher de nouvelles actions au Danemark et en Norvège.

« J'ai réussi dans ma mission. Après quoi, les Britanniques ont occupé le Danemark et je n'ai pas pu rentrer en Allemagne. » Il a donc contacté un attaché militaire américain en Suède et a été conduit à Francfort en compagnie du comte Bernadotte.

Ce dernier a passé deux jours à Francfort, le temps de remettre Schellenberg aux autorités, puis est retourné en Suède. C'était en juin 1945. Le dernier voyage de Schellenberg en Suède avait commencé le 2 mai 1945.

PAUL O. SCHMIDT

Né en 1899. On ignore l'année de sa mort. Paul O. Schmidt était l'interprète de Hitler.

13 mars 1946

Interprète de Hitler, Paul O. Schmidt était présent à la plupart des conférences internationales et autres réunions semblables en tant que collaborateur personnel du Führer, avec rang d'ambassadeur aux Affaires étrangères. D'âge mûr, il a des poches sous les yeux, sans quoi il est bien nourri et se montre d'humeur enjouée et diserte.

Il est arrivé à la prison de Nuremberg il y a une semaine, après avoir été hospitalisé jusque-là pour une néphrite. Il m'a montré un double de la demande qu'il a rédigée pour être libéré, datée de février 1946, Alaska House, Centre d'interrogatoire d'Oberursel.

Il a été hospitalisé trois mois à Francfort pour une néphrite, dont un mois alité. Il était interné. « Je me suis rendu aux troupes américaines à Salzbourg le 22 mai 1945. »

Antécédents médicaux : Néphrite, déclarée en novembre 1945 et pas encore entièrement guérie. Il n'a jamais eu de crise de néphrite auparavant.

Passé personnel : Il a travaillé vingt-deux ans, de 1923 à 1945, aux Affaires étrangères, en tant qu'interprète de conférence internationale.

Il était membre du parti nazi depuis 1943. Il n'a jamais voulu adhérer, précise-t-il, mais il a cédé à la pression. « J'étais censé adhérer au parti et le directeur du personnel des Affaires étrangères me l'a demandé plusieurs fois. J'avais bien l'intention de rester à l'écart du parti jusqu'en 1940, histoire de pouvoir en parler à mon fils, qui a aujourd'hui dix-huit ans. Vous voyez donc quelles étaient mes opinions concernant les nazis. »

Vous désapprouviez les nazis ? « Oui. Par mon éducation comme par mes origines, j'étais tout sauf national-socialiste. J'étais libéral. Mon premier chef, aux Affaires étrangères, a été Stresemann. J'ai commencé à travailler dans les conférences en 1924. »

J'ai observé que je l'avais souvent vu en photo à côté de Hitler. Il a répondu que de telles photos étaient habituelles et nombreuses. Vous étiez un ami de Hitler ? « Au début, il pensait que je ne valais pas grand-chose parce que quelqu'un lui avait dit que j'avais été à Genève. J'ai commencé à travailler avec Hitler en 1935, et il a apprécié mon travail. » Il vous en a récompensé ? « Non. Naturellement, j'ai eu droit aux promotions normales. J'ai été secrétaire de légation avant d'être promu au rang de conseiller. J'ai bénéficié d'une autre promotion après la conférence de Munich. Puis d'une autre après l'armistice avec la France. »

Il dit parler le français aussi couramment que l'anglais, et l'espagnol pas tout à fait aussi bien, mais pas trop mal. « J'ai traduit une fois en espagnol pour Serrano Suñer. J'ai traduit aussi une fois pour Sumner Welles ; il savait un peu l'allemand, mais souhaitait un traducteur pour plus de sûreté.

« Je suis cité comme témoin de la défense pour Ribbentrop. C'est ce que m'a dit son avocat. Probablement serai-je appelé à déposer la semaine qui vient. À mon avis, ma présence n'est pas nécessaire. C'était mon devoir d'écrire les minutes de toutes les conférences. Tous ces documents sont entre les mains des Américains, certainement toutes les minutes des réunions tenues durant la guerre. Il m'est arrivé une fois d'officier comme traducteur lors d'une conférence entre le roi des Belges, Léopold III, et Hitler. Les autorités américaines et belges m'ont interrogé à ce propos. Le compte rendu de cette conférence était passé entre les mains des Américains et avait été utilisé dans la controverse du gouvernement belge avec Léopold. »

S'agissant de son attitude envers les nazis, pour qui il a travaillé de l'accession au pouvoir jusqu'à la fin de la guerre, il précise : « J'étais d'une opinion fondamentalement différente. J'étais diplomate, de même que la plupart d'entre nous – pas Ribbentrop, je veux dire la vieille bande. Nous savions que le mot compromis ne figurait pas au vocabulaire de Hitler.

« Sur presque tout – les affaires raciales, les affaires du sang et du sol –, je ne pouvais pas être d'accord. Ça m'aurait rendu la vie plus facile si j'avais été d'accord. En fait, ces gens vous volaient votre pays. Je l'ai dit à un ami anglais en 1933 : "C'est drôle, je suis étranger dans mon propre pays." Aujourd'hui, je ne trouve plus ça drôle. »

Pourquoi n'avoir pas quitté l'Allemagne ? « Eh bien, j'ai travaillé aux Affaires étrangères jusqu'à l'arrivée de Ribbentrop. Neurath était là avant Ribbentrop. J'avais besoin de travailler, je n'avais aucune autre source de revenu. Je regrette aujourd'hui de n'être pas parti à temps. »

J'ai demandé si ce point de vue ne pouvait s'appliquer à Ribbentrop ou même à Göring à cette époque. Réponse : « Eh bien, Göring était pilote en Suède, Ribbentrop était dans le commerce des spiritueux. Ils auraient pu plus aisément quitter l'Allemagne s'ils l'avaient voulu. Pour ma part, j'avais réellement besoin de mon travail pour gagner ma vie. »

J'ai eu plusieurs entretiens avec cet ancien ambassadeur du ministère des Affaires étrangères, qui fut l'interprète officiel de Hitler et d'autres dirigeants nazis au gouvernement à partir de 1933. Il parle bien anglais, possède un excellent accent anglo-américain, même s'il n'a pas un vocabulaire extraordinaire. Il est brillant sans être d'une intelligence marquante, et aime à proférer des platitudes et des aphorismes qui sont insignifiants mais dont il juge, à l'évidence, qu'ils le font apparaître comme un sage.

Son discours, dans l'ensemble, est qu'il a été dès le tout début un adversaire idéologique du nazisme, mais que, étant un fonctionnaire et « juste un interprète », il est resté aux Affaires étrangères après l'accession de Hitler au pouvoir. Il veut plus ou moins laisser de côté le fait qu'il a grimpé les échelons jusqu'à devenir ambassadeur, et il minimise ce détail en expliquant qu'il se trouve que Hitler l'appréciait, et qu'il a ainsi bénéficié de promotions qu'il aurait de toute façon pu avoir naturellement au cours de ses longues années de service.

Âgé de quarante-sept ans, il est né le 23 juin 1899 à Berlin, où il a grandi et fait ses études. Il a fait quatre ans d'école primaire avant d'entrer dans une école où il pouvait étudier les langues étrangères, au lieu d'entrer dans un établissement au programme plus classique.

En 1917, il a été mobilisé dans l'infanterie. En novembre 1918, il a été blessé à la cuisse droite par un éclat d'obus américain. Cela s'est passé dix jours avant l'armistice. Il a été hospitalisé jusqu'en janvier 1919. Il s'en est totalement remis.

Par la suite, il a fréquenté l'université de Berlin de 1919 à 1923. Il s'est spécialisé en anglais et en français, mais a également étudié l'espagnol et la philosophie. Il a obtenu un doctorat en 1923. Il a fait sa thèse sur les lectures et la critique littéraire d'un auteur anglais, Oliver Goldsmith.

Juste après avoir obtenu son diplôme, en 1923, il est entré aux Affaires étrangères. « Ils ont invité un certain nombre d'étudiants et j'ai été choisi parmi quinze ou vingt jeunes hommes. On m'a envoyé à La Haye comme interprète, pour faire mes classes. » Puis il est allé d'une conférence à l'autre en tant qu'interprète. En 1924, il a assisté à la conférence de Londres sur les réparations, la Ruhr et le plan Dawes. En 1925, il a officié à la conférence de Locarno. De 1926 à 1933, il a fait partie de la délégation allemande à la Société des Nations à Genève, officiant comme interprète dans les assemblées générales, les réunions du conseil spécial, les sessions de la commission économique. Il a été également l'interprète allemand officiel à la conférence économique mondiale de Genève en 1927, puis en 1933 à celle de Londres.

Il a aussi suivi la conférence de Genève sur le désarmement, entre 1929 et 1933, qui, dit-il, « a commencé mais ne s'est jamais terminée ». L'Allemagne s'en est retirée parce que « nous avons obtenu l'égalité des droits sur le papier, mais Hitler décida que nous n'avions pas réellement obtenu l'égalité des droits ; et, en 1933, nous nous sommes donc totalement retirés ».

Sur ce, il a souri. « Quand nous avons quitté la SDN, en 1933, j'ai fait la remarque que nous jetions par-dessus bord nos instruments, notre navigation diplomatique, et que nous avions installé quelques fanfares dans les cabines des passagers. Assez étrangement, les passagers semblaient aimer ça. Ils jouaient et chantaient des hymnes patriotiques au rythme de ces fanfares sans voir apparemment les dangers que couraient les navires. » Schmidt a paru enchanté de son allégorie.

Entre autres réunions, il a aussi servi d'interprète à Hjalmar Schacht en 1929, lors d'une réunion de la commission Young. À cette époque, Schacht présidait la Reichsbank et le gouvernement faisait appel à ses services en tant qu'expert financier et économique. Cette réunion a débouché sur la conférence de La Haye, en 1929, puis à la réunion suivante de janvier 1930. C'est à cette occasion qu'a été décidée l'évacuation des territoires allemands occupés. « Mon premier chef, Stresemann, réalisa ce que je tiens pour une prouesse ministérielle en obtenant le retrait d'une armée étrangère sans recourir à la force. Hitler et Ribbentrop ont fait tout le contraire, utilisant leurs armées pour aboutir finalement à l'occupation de l'Allemagne par les armées alliées.

« Il y a eu de nombreuses conférences avec le chancelier Brüning au moment de la crise de 1931, puis de la dépression en Amérique et en Europe. En 1931, le Premier ministre anglais, Ramsay MacDonald, a présidé une réunion des six. C'est là que j'ai rencontré Andrew Mellon, votre ancien secrétaire au Trésor, qui m'a fait l'impression d'un gentleman. J'aimais surtout sa tête, finement ciselée et marquante. »

Schmidt a continué d'égrener ses souvenirs et a raconté qu'il avait connu Cordell Hull à la Conférence économique mondiale de 1933. « Hull m'a donné l'impression qu'il était singulièrement rigide pour un ministre des Affaires étrangères – passablement têtu. Je suis d'accord avec Sumner Welles à ce propos. »

Nous avons discuté de sa famille. Son père est mort en 1930, à soixante-dix ans, des suites d'une rupture de l'appendice. Il était employé des chemins de fer à Berlin. Il avait commencé sa carrière comme simple employé pour finir directeur adjoint de l'administration des voies ferrées du district à Berlin. « Mon père a toujours été un homme de principes. Il avait débuté sa carrière dans l'armée, où il avait servi douze ans comme sergent – un début qui n'a rien d'inhabituel en Allemagne – puis on lui a donné un poste dans le civil. Ainsi a commencé sa carrière dans les chemins de fer.

« Il y a certains principes de mon père que je n'aimais pas. Par exemple, il a été très strict avec moi jusqu'à mes seize ans, après quoi il s'est adouci. Je ne sais pas pourquoi il m'a donné une pipe pour mon seizième anniversaire. Ce jour-là, mon oncle est venu et m'a offert lui aussi une pipe, me conseillant de la cacher à mon père. Mais j'ai dit à mon oncle que mon père venait de m'en donner une. Mon père était strict : il fallait obéir aux ordres. Plus ou moins l'influence militaire. Je n'ai jamais discuté de politique avec lui, mais il était conservateur et abonné au *Berliner Lokal-Anzeiger.* »

Je lui ai demandé si son père recourait aux châtiments corporels. « Il me donnait la fessée chaque fois que je le méritais, sans jamais aller trop loin. »

La mère de Schmidt a soixante-dix ans et vit dans la zone américaine, comme réfugiée, depuis le bombardement de sa maison à Berlin. Elle est nettement plus jeune que son mari et a toujours joui d'une assez bonne santé. Elle vit maintenant chez une ancienne nourrice qui a été gouvernante du bébé de Schmidt. Celle-ci les a invités, lui et sa mère, à habiter chez elle si jamais ils en avaient besoin.

« Ma mère se désintéresse complètement de la politique et ne pense qu'à sa famille. » Aucun de ses parents n'avait de don particulier pour les langues. Son père parlait le polonais parce qu'il venait de l'est de l'Allemagne, du côté de Posen. Mais, a précisé Schmidt, il n'avait pas de relations polonaises ou slaves.

Je lui ai demandé ce qu'il pensait de la déclaration de Bach-Zelewski à la cour suivant laquelle Himmler voulait exterminer trente millions de Slaves. Schmidt a répondu tout de suite, avec conviction : « Je crois que c'est un fait. Himmler haïssait les Polonais et les Slaves et était parfaitement capable non seulement de faire une telle déclaration, mais aussi de la mettre en pratique si l'occasion se présentait. »

Il a évoqué la personnalité de sa mère en termes généraux. « Le type même de la maîtresse de maison et de la bonne cuisinière, dont tout l'intérêt se concentrait sur moi parce que j'étais le seul enfant. » Je lui ai demandé si, à son avis, sa mère avait pu se montrer possessive à son égard. Réponse : « Je ne le pense pas. Je m'en serais aperçu quand je me suis marié, à vingt-quatre ans. J'imagine qu'une mère possessive aurait soulevé des objections au mariage de son fils. »

Schmidt s'est marié en 1925, à vingt-six ans. Sa femme avait à peu près le même âge. Leur unique enfant, un garçon, est né en 1926. Schmidt pensait qu'il devait officier comme interprète dans un camp de prisonniers de guerre britannique. « Je pense qu'il est libre, parce qu'il touche un salaire. Je suis très surpris qu'il puisse être interprète. Sans doute était-il doué pour les langues. Je me souviens qu'enfant il était extraordinairement doué pour reproduire les sons des disques américains et anglais. Il n'en manquait pas à la maison. Par exemple, il y avait un air qui s'appelait "Alléluia", et mon fils, encore tout petit, le prononçait déjà à la perfection. C'est un mot extrêmement difficile à prononcer pour un Allemand parce que ce sont des sons qui n'existent pas dans notre langue. »

La dernière fois qu'il a eu de ses nouvelles, sa femme était à Berlin, en bonne santé, et habitait chez sa sœur, parce que sa maison avait été détruite sous les bombes. « J'ai connu ma femme quand nous étions tous deux étudiants à l'université de Berlin. Elle s'est spécialisée dans la littérature anglaise et allemande. Au cours de la Première Guerre mondiale, elle a enseigné les langues dans une école primaire. » Selon lui, il a fait un mariage « heureux ».

Rien à signaler concernant ses antécédents médicaux. Il y a une dizaine d'années, il a souffert d'une légère commotion cérébrale des suites d'un accident d'automobile, qui l'a immobilisé huit semaines durant. La seule autre maladie importante, c'est cette néphrite qui s'est déclarée en novembre 1945 alors qu'il était détenu à Oberursel. Tout a commencé par un coup de froid ou « peut-être parce que je déteste la nourriture très épicée dont je n'ai pas l'habitude ». En général, il a joui d'une bonne santé. Dernièrement, les analyses d'urine effectuées ici n'ont révélé ni albumine, ni rejets, ni aucun autre signe de néphrite.

Il a évoqué la personnalité de sa femme en termes rayonnants et chevaleresques. « Elle réunit toutes les plus hautes qualités qu'on puisse imaginer. Elle est très intelligente et a des principes moraux (au vrai sens du terme) très élevés. C'est pourquoi elle a tout de suite réprouvé le national-socialisme, et avec force. Elle n'aimait guère que j'aie des contacts avec le national-socialisme, ce qui m'était bien sûr nécessaire dans mon travail. Quand a commencé le bombardement de Berlin, elle a décidé de rester plutôt que d'accepter les faveurs du parti ou des Affaires étrangères. La plupart des épouses et des familles de diplomates ont été évacuées vers le lac de Constance, sur la frontière suisse. »

Son fils a été mobilisé dans l'armée de l'air en octobre 1944. Il voulait être pilote et a effectivement réussi à devenir pilote de planeur. Puis, soudain, de nombreux membres des forces aériennes ont été transférés dans l'infanterie. « En 1945, mon fils a débarqué à Berlin, il était en route vers le front russe. Il était auxiliaire dans l'artillerie antiaérienne. Il a servi sur le front russe, près de Stettin. La dernière fois que j'ai eu de ses nouvelles, c'était à Noël, quand il a écrit du camp de prisonniers de guerre britannique. Je crois que ma femme a des nouvelles plus régulièrement. Apparemment, il n'est pas autorisé à rentrer à Berlin. »

Nous avons parlé de sa carrière après 1933. « Au départ, je suis simplement resté aux Affaires étrangères comme secrétaire de légation. C'est en 1935 que j'ai commencé à travailler personnellement pour Hitler. Auparavant, de 1933 à 1935, je me suis occupé de l'industrie privée, des cartels, par exemple, des industries chimique et pharmaceutique.

« En 1935, quand sir John Simon et Anthony Eden sont venus à Berlin, Neurath m'a demandé de servir d'interprète. On m'a dit que Hitler voulait savoir où j'avais travaillé précédemment. Quand on lui a dit que j'avais travaillé à Genève, à la Société des Nations, il a dit : "Alors, il ne peut pas valoir grand-chose."

« En 1935, après la conférence du matin avec Simon et Eden, Hitler s'est radouci et n'a pas tari d'éloges à mon endroit. Il a dit qu'il aimait ce que j'avais fait et qu'il voulait que je travaille pour lui personnellement. À compter de ce jour, j'ai été présent à chacune de ses conférences ou à chacun de ses entretiens avec des étrangers. Hitler ne parlait jamais anglais ni français. Göring et Ribbentrop ont fini par suivre l'exemple de Hitler. Le second m'a demandé de l'accompagner en 1935 à Londres pour les négociations sur l'armement naval. La Grande-Bretagne et l'Allemagne négociaient. C'est à cette époque que les deux pays se sont entendus sur un ratio naval : cent pour les Britanniques, trente-cinq pour les Allemands. Nous avions été reconnus coupables de violation du traité de Versailles à peine six semaines plus tôt et il était étonnant de voir la Grande-Bretagne accepter de s'asseoir à une table de conférence avec nous. C'est un des encouragements que Hitler a reçus des partisans de l'apaisement.

« À cette époque, c'était le gouvernement de Stanley Baldwin qui était au pouvoir en Grande-Bretagne ; le ministre des Affaires étrangères était sir Samuel Hoare. Du côté allemand, le spécialiste de la marine était l'amiral Schuster. Il est actuellement prisonnier des Américains. Cette conférence a été un des moments les plus marquants de la politique d'apaisement. Elle a très clairement été un encouragement pour Hitler parce qu'elle a eu lieu très peu de temps après les violations par l'Allemagne des dispositions sur le désarmement du traité de Versailles. »

J'ai demandé à Schmidt son opinion ou ses vues sur ces événements. « Je n'étais favorable ni au réarmement ni à la rupture du traité. J'avais le sentiment qu'en étant un peu plus patients, nous aurions pu obtenir l'égalité des armements. Sous Brüning, avec Neurath, nous avions reçu l'assurance de "droits égaux dans un système de sécurité". C'était une idée des Français : la sécurité. Les Français voulaient de la Grande-Bretagne et des États-Unis l'assurance réelle qu'ils seraient soutenus en cas d'ennuis avec l'Allemagne.

« J'étais donc opposé à ces méthodes, à la violation des traités. J'étais dans l'opposition, à titre à la fois privé et personnel. J'avais tâté des aspects ténébreux du militarisme au cours de la Première Guerre mondiale, quand j'étais caporal. Je ne crois pas à la valeur éducative de la formation militaire. J'estimais que la formation militaire, telle qu'elle se faisait en Allemagne ou ailleurs, était mauvaise. Je détestais le système des castes et les brimades. Dans cette optique générale, j'étais contre le rétablissement du service militaire obligatoire. Il a été rétabli en Allemagne en 1936. C'est une décision que l'Allemagne a prise en violation des dispositions du traité de Versailles. »

La conversation a glissé sur les impressions qu'il avait gardées des diverses personnalités internationales qu'il avait rencontrées. « J'ai assez bien connu Anthony Eden à Genève. Il n'a peut-être pas la carrure d'un homme d'État de première classe, mais c'est un excellent ministre des Affaires étrangères. J'ai toujours admiré comment il a su rassembler quarante-deux nations dans la réunion sur les sanctions au moment de la guerre d'Abyssinie [1]. C'était une prouesse d'homme d'État, tant il était difficile d'unir les membres de la SDN. La Yougoslavie dut sacrifier tout son commerce extérieur. J'espérais que Eden réussirait à mettre l'Italie à genoux. Bien entendu, je me disais que cet exemple serait un avertissement salutaire pour notre pays.

« Eden et la SDN étaient à deux doigts de réussir. Si les sanctions orales avaient été suivies d'effets, la guerre d'Abyssinie n'aurait pas duré une semaine de plus. Mussolini nous l'a dit très clairement à Munich. Il a déclaré formellement que, si les sanctions pétrolières avaient été appliquées, la guerre d'Abyssinie n'aurait pu aboutir. Mais Eden a été arrêté par le Français Pierre Laval, qui avait des inclinations fascistes. Assez paradoxalement, la France était donc le pays qui n'était pas d'accord avec les sanctions pétrolières.

« La SDN n'a pas été le fiasco qu'on a souvent dit. Elle était tout près de réussir : tout dépendait du pétrole. Si seulement cette mesure avait abouti, la guerre aurait été évitée. Les sanctions pétrolières auraient servi la paix et auraient servi d'avertissement aux gens qui ont créé des problèmes ensuite.

« Sir John Simon, le spécialiste international du droit, avait été recruté comme conseil par la société allemande Siemens dans une affaire d'arbitrage privé. Entre cette société et l'American International Telephone and Telegraph Company, il s'agissait de se par-

1. Allusion à l'invasion et à la guerre italiennes en Éthiopie. L'invasion commença en octobre 1935 et conduisit à l'occupation italienne d'Addis-Abeba et à l'annexion complète en mai 1936. Les Éthiopiens continuèrent de se battre hors de la capitale.

tager le marché mondial du téléphone automatique. Une commission d'arbitrage privée fut mise en place. En tant que conseil de Siemens, Simon perçut des honoraires de dix mille guinées.

« C'était un accord privé qui n'avait rien à voir avec la politique. Simon était brillant, mais il ne l'a pas été cette fois. Il a perdu la partie pour Siemens, parce qu'il était trop occupé par la politique à ce moment-là. Telle a été ma première impression de la procédure anglo-saxonne, avec contre-interrogatoire, etc.

« J'ai servi d'interprète à Hitler, à Göring, à Goebbels et à quantité d'autres. Une fois, j'ai servi d'interprète à Goebbels à la Société des Nations. Il tenait une conférence de presse et répondait aux questions. Il a aussi fait un discours sur les objectifs de l'Allemagne. Un discours typique de la SDN. Avec tous les vieux clichés.

« J'ai pris part à divers entretiens avec Goebbels. En surface, il semblait intelligent, malin et raffiné. Il aurait pu être un homme de lettres ou un professeur d'histoire. C'était cela qui étonnait quand on le rencontrait en privé. Hitler lui-même impressionnait nombre de ses visiteurs étrangers. Hitler était un hôte charmant, très prévenant, tout comme Goebbels. Celui-ci se conduisait et s'exprimait comme un ministre de n'importe quel pays démocratique occidental. Je détestais les discours publics de Goebbels. Je ne les écoutais jamais. De fait, je détestais tant Hitler que Goebbels, avec leurs discours publics tapageurs et les hurlements des foules. Quand on diffusait ces discours, je coupais la radio. Je ne suis jamais allé à aucun des grands rassemblements de masse. J'ai souvent constaté qu'un homme employé comme machiniste dans un spectacle ne va pas voir un autre spectacle. C'est trop affreux.

« Cela m'a fait comprendre d'autant mieux la différence entre prestations publiques et conversations privées. Tenez, Göring, par exemple, faisait excellente impression. Je dois dire que je l'aimais assez. La mode était aux "hommes forts". Göring avait ses faiblesses – à bien des égards, on aurait dit un enfant –, mais c'était un être humain. On ne saurait classer Hitler parmi les humains. Il était trop distant dès le tout début et n'a jamais changé. »

Schmidt a dit avoir vu Hitler pour la dernière fois en février 1945, quand il a reçu la visite du gouvernement fantoche hongrois. « Lors de cette réunion, j'ai fait office de secrétaire, j'ai rédigé les notes. Le représentant hongrois était Salasay. Hitler semblait un peu secoué après l'explosion du 20 juillet 1944, il avait le bras droit raide. Sans quoi, il était resté le même. Le but de cette réunion était d'encourager le nouveau gouvernement hongrois, de le soutenir et de lui donner des instructions sur la marche à suivre. À cette époque, en Hongrie, la situation était désespérée. Les Russes occupaient la majeure partie du pays. À l'époque, Hitler déclara que nous allions lancer une nouvelle offensive et libérer la Hongrie des Russes. C'était extravagant, mais c'était la seule chose que nous pouvions dire.

« J'ai pris l'habitude d'analyser les discours de Hitler. Je me suis toujours posé la question : qu'est-ce que Hitler aurait pu dire ? Le plus souvent, la seule autre solution était le silence. Que pouvait-il dire d'autre ? Aussi bon nombre de ses discours étaient-ils absurdes. S'il voulait faire un discours, force lui était de dire ce qu'il disait. »

J'ai demandé à Schmidt s'il avait été en contact avec Himmler et quelle impression cet homme lui avait faite. « Je ne l'ai rencontré qu'une fois à titre officiel, où je lui ai servi de traducteur. Il avait une réunion avec le maréchal Antonescu et nous avons parlé de méthodes policières. Je n'avais pas d'avis personnel sur lui. En ce qui me concerne, ce n'était qu'un personnage de second plan. Moi j'étais aux premières loges. »

Avait-il jamais rencontré Bormann ? « Oui, c'était un type sinistre. Je crois qu'il était le mauvais génie en coulisses, mais je n'ai aucune connaissance directe de ses activités. Bormann était le successeur de Hess. Il était en fait le chef adjoint, même si on ne l'appelait pas comme ça. Il dirigeait le secrétariat du parti. Il était le numéro un du parti après Hitler.

« En septembre 1938, Hitler a reçu Chamberlain à Berchtesgaden. Hitler a fait valoir les revendications de l'Allemagne sur le territoire des Sudètes. Chamberlain n'était pas d'accord. Il n'y avait pas de représentants tchèques. Les Tchèques n'avaient même pas été invités. C'est à peine s'ils étaient informés. Un allié a tranquillement abandonné un territoire qui appartenait à un autre allié. Ce fut un formidable encouragement pour Hitler, qui perçut la faiblesse de la situation des Alliés. La France était l'alliée de la Tchécoslovaquie, mais elle a aussi cédé le territoire tchèque *via* son président du conseil, Daladier.

« Sept à dix jours après celle de Berchtesgaden, a eu lieu une nouvelle réunion à Bad Godesberg. Chamberlain et Hitler se sont vus sans aucune autre partie, moi excepté. La fameuse conférence de Munich des 29-30 septembre 1938 a eu lieu deux semaines après Bad Godesberg. Les parties se sont rencontrées sur la base de la proposition soumise par Mussolini aux Français. C'est à Mussolini qu'on doit la première mouture de Munich. Il avait une vision des choses plus réaliste que les nôtres. Il en a toujours été ainsi. Les Méditerranéens sont toujours plus réalistes que les gens du Nord. Que la guerre ait été évitée en 1938, on le doit autant à Mussolini qu'à Chamberlain. Nous autres Allemands n'y étions pour rien. Hitler était tout prêt à faire la guerre.

« La tension était sensible à Berchtesgaden. L'atmosphère s'est un peu détendue à la réunion de Godesberg. À Munich, les relations personnelles étaient de nouveau tendues. Mais sitôt l'accord trouvé et dès l'instant où la Grande-Bretagne et l'Allemagne se furent entendues sur le fameux accord "plus jamais de guerre", l'atmosphère s'est améliorée. Je me suis dit que Chamberlain était ravi de faire signer à Hitler le texte qu'il avait dactylographié et apporté avec lui d'Angleterre. Chamberlain a reçu un accueil chaleureux à Munich. À cette occasion, il a été le héros des Allemands. C'est vraiment Chamberlain qui a été l'idole des Allemands à Munich, pas Hitler. Les masses allemandes ont donné des fleurs à Chamberlain. On voyait à leurs visages qu'elles remerciaient Chamberlain d'avoir sauvé la paix en Europe malgré Hitler.

« Ce spectacle n'était pas du tout au goût de Hitler. Il craignait que ça ne donne l'impression que les Allemands étaient des pacifistes – chose bien entendu impardonnable aux yeux des nazis. Les nazis n'ont donc pas du tout apprécié ce show de Munich.

« Sur des points de détail, quand Chamberlain a soulevé à plusieurs reprises le problème des biens tchèques et des règlements financiers qui devaient être conclus, Hitler s'est énervé. Mais ces moments ont été assez rares. L'accord de Munich en tant que tel était acquis dès avant la conférence. Ce qui allait se passer était quasiment certain. Hitler n'avait aucune raison de s'exciter. Hitler s'excitait toujours sur d'infimes points de détail, pas sur des points fondamentaux. Cette fois, ce fut à propos de la question des Sudètes.

« En janvier 1939, il y a eu un entretien avec le colonel Beck, le ministre polonais des Affaires étrangères. Hitler a laissé entendre qu'il faudrait faire quelque chose à propos de Dantzig. Beck a repoussé froidement les propositions de Hitler concernant le retour de Dantzig à l'Allemagne. Beck ne voyait pas les choses du même œil que nous. Il a répondu que Dantzig avait toujours fait partie de la Pologne et qu'il serait difficile de persuader l'opinion publique de consentir à des changements.

« Beck et tout le gouvernement polonais étaient des fascistes. Ils étaient censés être bien disposés envers nous pour des raisons idéologiques. Pilsudski était tenu en haute estime en Allemagne. Hitler n'aurait eu aucun mal à faire de la Pologne une alliée pour des raisons idéologiques.

« L'idée de Hitler était de récupérer le territoire allemand et de réintégrer la ville de Dantzig au Reich. Il s'est offusqué du refus de la Pologne de lui rendre ces territoires. Malgré ses inclinations fascistes, Beck refusait d'envisager une solution de cette nature. »

Je lui ai demandé quel genre d'homme semblait être Beck. « Un type de quarante-cinq ans plutôt sinistre. Il jouissait aussi d'une haute estime dans les milieux nazis. Il croyait à une "politique de la poigne", ce qui était très bien vu en Allemagne. »

Je l'ai questionné sur le dictateur espagnol, Francisco Franco ; l'avait-il jamais rencontré ? « Il y a eu une entrevue avec Hitler à Hendaye, en France, en octobre 1940. Franco et Hitler ont eu une longue discussion. Entre les lignes, il fut question de Gibraltar. Notre idée était de nous en emparer. Des troupes spéciales étaient entraînées à la guerre de forteresse. Des spécialistes de la prise des places fortes étaient formés près de Liège, en Belgique. Il y avait de nouvelles méthodes d'approche et d'attaque, étudiées en vue d'une opération sur Gibraltar. Bien entendu, il fallait obtenir le consentement de Franco. Comme je l'ai dit, il en fut question entre les lignes. La réunion s'est mal passée.

« Pour commencer, Franco hésitait. C'est un faible. De toute évidence, il jouait la montre. Comme d'habitude, nous voulions précipiter les choses. Nous pensions qu'obtenir l'accord de Franco pour attaquer Gibraltar était l'affaire d'un après-midi et que cela suffirait. Tel n'a pas été le cas. Hitler et Franco se sont séparés sans être arrivés à rien. Hitler était déçu, tout comme Franco. »

J'ai demandé à Schmidt de quelle façon Franco avait joué la montre. « Il était trop prudent. Il pensait que la partie était encore loin d'être jouée. Il ne voulait pas s'engager outre mesure face aux Britanniques. En fait, il a expliqué qu'en raison de la longueur des côtes espagnoles, il risquait de se trouver dans une très fâcheuse posture.

« Le beau-frère de Franco est venu à Berlin. Il s'agit, bien sûr, de Ramón Serrano Suñer. Nous lui avons offert de larges tranches de l'empire colonial britannique. Mais Franco voulait une garantie écrite. Sur la route de Hendaye, nous avons rencontré Laval. Au retour de Hendaye, le maréchal Pétain. Hitler a dit que si l'on avait vent de ces accords, l'empire colonial français et la flotte française se rallieraient sans aucun doute à de Gaulle. Ce qui n'a pas du tout plu à Franco. Nous nous sommes quittés déçus et méfiants les uns vis-à-vis des autres, en particulier concernant la cession de l'empire colonial français en Afrique. Serrano Suñer a mis la main sur de larges portions des colonies françaises d'Afrique. En échange, nous voulions des bases de sous-marins à Fernando Póo et en Afrique centrale. Serrano Suñer nous a lui aussi opposé une fin de non-recevoir, expliquant que c'étaient d'anciens territoires espagnols. »

Quel genre d'homme était ce Serrano Suñer ? « Un homme extrêmement intelligent, et viscéralement fasciste. Je me suis laissé dire qu'il avait été ministre de la Police en Espagne. Il n'était pas très populaire en Allemagne. Il était bien plus intelligent que Ribbentrop, notre ministre des Affaires étrangères. Serrano Suñer a eu des ennuis avec son beau-frère, Franco, et par la suite il a démissionné parce qu'il avait soutenu l'aile extrémiste du parti phalangiste, à une époque où Franco faisait quelques concessions aux puissances occidentales. Serrano Suñer était trop pro-allemand à cette date, entre 1943 et 1944. C'est précisément l'époque où Franco a envoyé le général Beigbeder aux États-Unis, affirmant qu'il s'agissait d'un voyage privé. Franco voulait rester en bons termes avec la Grande-Bretagne. Il a nommé le duc d'Albe ambassadeur en Angleterre. Les relations hispano-allemandes étaient manifestement tendues, soi-disant à cause des persécutions religieuses en Allemagne. Toutefois, avant que ne se confirment la victoire des Alliés et l'enfoncement de l'Allemagne, Franco est resté en excellents termes avec Hitler et les persécutions religieuses en Allemagne ne m'ont pas semblé le tracasser. »

J'ai prié Schmidt de m'en dire plus sur son ex-patron, Ribbentrop. « Cet homme s'est toujours fait un devoir de s'exprimer en allemand, alors qu'il parlait assez bien anglais. Il disait que, s'il parlait allemand plutôt qu'anglais au cours de conférences avec des représentants anglophones, c'est qu'il voulait se concentrer sur l'ordre du jour, non pas sur la langue. Il imitait Hitler en tout, jusqu'à la forme de sa casquette. À l'origine, il en avait une belle, mais il a ensuite imité le modèle préféré de Hitler, le type casquette de chef de gare. Il portait invariablement l'uniforme. Il inventa un uniforme spécial pour les Affaires étrangères, noir et croisé. Nous autres, des Affaires étrangères, nous ressemblions à des amiraux. Chaque fois que nous allions en Italie, on nous appelait les *ammiragli*, les "amiraux" en italien. J'ai un ami allemand qui fait partie de l'équipe des procureurs, un ancien du ministère. Il s'était disputé avec Ribbentrop et avait été envoyé au Japon. Il a toujours entretenu des bonnes relations avec l'autre côté. Il se trouve aujourd'hui ici, à Nuremberg, avec la délégation britannique. Il a quitté l'Allemagne dès avant la guerre de Russie. Nous savions plusieurs mois avant que Hitler préparait une guerre contre la Russie et qu'elle était imminente. »

Combien de temps avant le début des hostilités avez-vous su ce qui se préparait ? « Trois ou quatre mois. Nous ne le savions pas officiellement, parce que Ribbentrop ne nous en a jamais parlé. En fait, Ribbentrop et Hitler imaginaient que nous ne savions pas. Mais nous avions nos informateurs. »

J'ai observé que Ribbentrop prétendait n'avoir jamais été au courant des atrocités et des camps d'extermination. Qu'en pensait-il ? « Jusqu'à un certain point, ça se pourrait. S'il l'avait su, sans doute aurait-il soulevé des objections pour des raisons internationales. Mais qu'il ait eu vent de rumeurs sur les exterminations et les atrocités, c'est incontestable. Le fait est que Ribbentrop ne s'intéressait pas à ces choses. Il s'intéressait surtout, exclusivement pourrais-je dire, à sa position personnelle auprès de Hitler. Il passait des heures et des jours à rédiger des lettres de protestation concernant l'ingérence de Goebbels dans ses affaires, tout simplement parce qu'il veillait jalousement sur son prestige. Ribbentrop était mû par un désir anormal de rang et de position. Il voulait avoir une influence personnelle et une bonne place auprès de Hitler. Il voulait que personne ne fût plus proche de Hitler que lui. De ce point de vue, il était différent de Himmler, qui, j'en suis convaincu, voulait le pouvoir militaire. Ribbentrop ne cherchait qu'à satisfaire sa vanité. C'est un homme très superficiel. »

J'ai interrogé Schmidt sur ce qu'il pensait de la femme de Ribbentrop. « Elle l'a beaucoup poussé. Je l'ai toujours évitée. Elle soupçonnait tout le monde de ne pas être assez respectueux envers son mari. Elle était socialement ambitieuse. Elle était issue de la famille des champagnes Henkell. Elle était plus intelligente que son mari. Par exemple, elle a exprimé des vues plus intelligentes sur la résistance des Anglais à l'invasion. Là-dessus, elle avait plus de bon sens que son mari. Elle disait que les Anglais se battraient jusqu'au bout. Ribbentrop, pour sa part, a toujours décrit une Angleterre au bord de l'effondrement. Son désir de plaire à Hitler le conduisait à dire ce genre de choses sans s'en rendre compte alors même que Hitler n'était pas là. »

Schmidt avait-il été en contact avec Funk, le ministre de l'Économie ? « Un peu, à l'occasion de discussions économiques avec des étrangers. De surcroît, Funk est un type raisonnable, aussi calme et somnolent qu'il le paraît devant la cour. S'il est totalement dénué de principes, ce n'est pas un criminel. C'est le type même du bourgeois intelligent qui ne s'embarrasse guère de principes. Naturellement, je ne l'ai jamais connu quand il était au ministère de la Propagande. On l'imagine sans mal à la tête d'une gazette de droite comme la *Börsen-Zeitung*. Nous savions relativement peu de choses qui sont sorties depuis le début du procès, et je ne suis donc pas bien renseigné sur ce qui s'est produit à la cour. Je sais que Funk est un bon pianiste, qu'il est du genre à se réveiller après minuit et qu'il anime toutes les soirées auxquelles il participe. »

Schmidt avait-il son mot à dire sur Sauckel ? « L'homme responsable de l'esclavage en Allemagne ne m'inspire aucune sympathie. L'idée même de ce qu'il faisait ne me plaisait pas. Après tout, il y a des limites à ce qu'on peut faire avec des populations étrangères en matière de travaux forcés. Pour commencer, l'idée même est totalement improductive. Il faut trois ou quatre hommes pour surveiller un forçat. Sauckel mérite le châtiment le plus sévère. Vous voyez bien qu'il n'y avait pas d'hommes de caractère dans l'entourage de Hitler. Il n'y avait que des mauviettes comme Ribbentrop, Funk et consorts. Hitler voulait un auditoire silencieux. Même Göring, qui superficiellement donne l'image d'un homme de tête, était en réalité un enfant, un faible, connu comme un toxicomane dans les cercles du pouvoir.

« Je me souviens d'une fois, chez Göring, à Karin Hall. J'étais assis à côté du représentant japonais, Yosuke Matsuoka [1]. Il m'a dit : "Vous savez que Göring est fou ?" Il a ajouté que Göring avait été à l'asile, en Suède, pour toxicomanie. "Mais qu'importe, a dit Matsuoka. On dit aussi que je suis fou." Matsuoka était un homme très intelligent. Il représentait le Japon dans le conflit de la Mandchourie. Quand je l'en ai félicité à l'époque, il a répondu finement : "Je n'ai pas totalement réussi à Genève, parce que le Japon devait quitter la SDN."

« Il se trouve que j'étais à Genève au moment où le Japon s'est retiré. Cela n'a pas été une sortie marquante, comme on l'avait calculé. La sortie des Japonais de la SDN s'est faite à l'heure du repas ; c'est à peine si on l'a remarquée ; c'est pour ainsi dire tombé à plat. »

Je l'ai questionné sur ses sentiments à l'égard de la Russie. Réponse de Schmidt : « Je suis naturellement antirusse comme la plupart des Allemands. J'admire leurs réalisations dans le domaine industriel. J'ai été personnellement à Moscou. Je ne serais pas favorable au système russe dans les pays occidentaux. Je ne condamne pas le système : je reconnais les bons résultats qu'il a produits dans son propre cadre. Mais pour être communiste, il faut être fanatique. Je suis très méfiant à l'égard de tous les systèmes qui requièrent le fanatisme. Je suis convaincu que le monde serait plus souriant si les

1. Yosuke Matsuoka a été décrit comme le « belliciste ministre japonais des Affaires étrangères ». Sur le contexte de ses entrevues avec Hitler en avril 1941, voir Kershaw, *Hitler*, vol. 2, p. 363-364 et trad. fr., p. 541-543.

gens se contentaient d'avoir assez à manger et d'avoir un boulot pour les tenir occupés.

« Si ce problème était résolu, il n'y aurait pas de "ismes". Le problème économique est donc la question fondamentale. Si le problème économique était résolu, les extrémistes ne seraient pas en position de perturber le monde. L'extrémisme est uniquement le fruit de la crise économique. Le système russe nécessite un tout autre genre d'homme. Il n'est tout simplement pas cher à mon cœur. Je me considère comme un capitaliste. Le communisme et le nazisme ne sont aucunement les mêmes, mais ils procèdent des mêmes sources. Si l'on respecte l'individu, tout va bien. En revanche, si l'on ne voit en lui qu'un grain de sable, le système n'est pas bon. Je ne suis pas partisan d'un système de ce genre. À cet égard, je suis un individualiste.

« J'ai rencontré Molotov quand j'étais en Russie. Il m'a rappelé mon vieux professeur de mathématiques. Il est du genre à prendre grand soin à mettre une barre aux *t* et un point sur les *i*. Un méticuleux. Il est expert en droit. C'est un travailleur acharné, passablement têtu. Mais je ne sais pas s'il a beaucoup d'imagination. Comme tous les Russes, il obéira aux ordres sans ciller. Il n'était pas là lors de cette réunion, mais les nôtres, à Moscou, ont rapporté que Molotov n'avait pas dit un mot à Ribbentrop lors de la conférence. Au contraire, c'est Staline, comme Hitler, qui a fait toute la conversation. Mais ne vous méprenez pas sur ma pensée : Staline était infiniment plus sage et plus pondéré que Hitler.

« J'ai rencontré le représentant soviétique, Maxime Litvinov, à Genève. C'était un ambassadeur très intelligent [1]. Je crois qu'il avait été agent d'assurance à Londres avant d'entrer dans la diplomatie. C'était un diplomate du style homme d'affaires. Il parlait très bien anglais, mais avec un fort accent russe. Il a épousé une Anglaise. C'est un excellent débatteur à la table du conseil.

« En 1927, nous étions en excellents termes avec les délégations soviétiques parce que, comme nous, elles étaient hostiles au traité de Versailles. Il était tacitement entendu que nous allions collaborer. On m'a demandé une fois de servir d'interprète, mais ce n'était pas vraiment nécessaire, parce que l'anglais et le français étaient les langues officielles de la SDN. »

Il a ensuite été question de Schacht. « C'est un type très intelligent, mais un homme qui recherche les effets à court terme. Si vous examinez sa politique financière, avec l'interdiction des prêts étran-

1. Maxime Litvinov (1876-1951) commissaire soviétique aux Affaires étrangères, écarté en mai 1939, puis nommé ambassadeur aux États-Unis (1941-1943).

gers… il a oublié que l'argent qui aurait afflué en Allemagne viendrait sous forme de prêts à court terme. Son principal défaut était l'imprévoyance. Il estimait que les prêts étrangers étaient mauvais et a oublié les inconvénients des prêts à court terme. Schacht était un opportuniste. Ce n'était pas un homme hors du commun, capable d'assez d'autorité pour adopter une ligne politique à long terme.

« Mais Schacht était infiniment plus raisonnable que les nazis. Il était fondamentalement une personne dynamique et instable. Au début, il était donc tout à fait logique qu'il soit attiré par les idées à court terme, dynamiques et spectaculaires, des nazis. Comme je l'ai dit, Schacht est intelligent, mais il n'est pas particulièrement un homme de principes, bien qu'il pense, je crois, le contraire. En revanche, on peut raisonnablement concevoir qu'il a ensuite divergé d'avec les nazis. Il était trop intelligent pour se laisser porter aux extrêmes, qu'ils cherchaient à atteindre, dans leur folie.

« Notre politique étrangère était une improvisation. Comme la politique financière de Schacht, imprévoyante. Les nazis parlaient sans cesse d'un Reich de mille ans, mais ils étaient incapables d'anticiper de cinq minutes ! »

Glossaire

Einsatzgruppe : groupe d'action.
Gestapo : Geheime Staatspolizei (police secrète, également appelée Staatspolizei ou Stapo).
Kripo : Kriminalpolizei (police criminelle, policiers en civil).
Luftwaffe : armée de l'air.
Nazi : Nationalsozialist ou national-socialiste.
NSDAP : Parti ouvrier national-socialiste allemand (parti nazi).
OKW : Oberkommando der Wehrmacht (Commandement suprême de la Wehrmacht).
RSHA : Reichssicherheitshauptamt (Direction ou Office central de la Sécurité du Reich, créé en 1939 pour diriger la Gestapo, la Kripo, la SD et d'autres services de police).
SA : Sturmabteilung (« Chemises brunes » nazies, ou troupes d'assaut).
SD : Sicherheitsdienst (Service de Sécurité du parti nazi).
Sipo : Sicherheitspolizei (fondée en 1936 pour coiffer la Gestapo et la Kripo).
SS : Schutzstaffel (« Chemises noires » de Himmler).
Wehrmacht : Forces armées.
WVHA : Wirtschafts- und Verwaltungshauptamt (Direction économique et administrative centrale, branche des SS créée pour administrer les camps de concentration).

Remerciements

L'éditeur remercie Corbis Archive d'avoir bien voulu fournir les photographies et de l'avoir autorisé à reproduire les images de Sepp Dietrich, Hans Fritzsche, Erich von Manstein, Erhard Milch et Paul O. Schmidt ; la collection Grander pour l'image de Franz von Papen ; les Bundesarchiv pour celle de Rudolf Mildner ; et le Holocaust Memorial Museum des États-Unis pour les images de Erich von dem Bach-Zelewski, Kurt Daluege, Karl Dönitz, Hans Frank, Wilhelm Frick, Walther Funk, Hermann Göring, Franz Halder, Rudolf Hess, Rudolf Höss, Alfred Jodl, Wilhelm Keitel, Albert Kesselring, Constantin von Neurath, Otto Ohlendorf, Joachim von Ribbentrop, Alfred Rosenberg, Fritz Sauckel, Hjalmar Schacht, Walter Schellenberg, Baldur von Schirach, Albert Speer et Julius Streicher.

Note sur l'auteur

Leon Nathaniel Goldensohn est né le 19 octobre 1911 à New York. Licence de la Ohio State University en 1932, puis doctorat de la faculté de médecine de la George Washington University, en 1936. Il suivit une formation en neurologie au Montefiore Hospital de New York, ainsi qu'une formation de psychiatrie au New York State Rockland Hospital et au William Alanson White Institute of Psychiatry. Diplômé en neurologie et en psychiatrie, il était membre fondateur de l'Academy of Psychoanalysis.

En 1943, le Dr Goldensohn rejoignit la 63e division d'infanterie de l'armée de terre, dans le Mississippi, avec le grade de capitaine. Sur le théâtre d'opérations européen, il fut psychiatre de division de la 63e division au cours de la campagne contre l'Allemagne ; il fut promu commandant et reçut diverses décorations. Le 29 septembre 1945, le commandant Goldensohn fut envoyé au 121e Hôpital général, à Nuremberg.

Le 3 janvier 1946, Goldensohn fut affecté à l'Internal Security Detachment de Nuremberg, et nommé psychiatre de prison auprès du Tribunal militaire international pour les procès de Nuremberg. À ce titre, et ce jusqu'au 26 juillet, il fut en contact presque quotidien avec les accusés incarcérés. À l'issue de son service, il fut promu au grade de lieutenant-colonel.

Dès son retour à la vie civile, le Dr Goldensohn s'établit comme psychiatre à New York. Il enseigna également au William Alanson White Institute of Psychiatry, tout en étant conseiller aux laboratoires d'orientation du Teachers College, affilié à la Columbia University et chargé de cours à la New York University. Il est mort à cinquante ans, le 24 octobre 1961, des suites d'une crise cardiaque.

Index

Achevé d'imprimer en février 2005
dans les ateliers de Normandie Roto Impression s.a.s.
61250 Lonrai
N° d'imprimeur : 05-0317

N° d'éditeur : FU044102
Dépôt légal : février 2005

Imprimé en France